Geschichte der Wald- und Forstgesetzgebung im Bundesland Schleswig-Holstein

Rechtshistorische Reihe

Band 465

Zur Qualitätssicherung und Peer Review der vorliegenden Publikation

Die Qualität der in dieser Reihe erscheinenden Arbeiten wird vor der Publikation durch den einen Herausgeber der Reihe geprüft.

Notes on the quality assurance and peer review of this publication

Prior to publication, the quality of the work published in this series is reviewed by one of the editors of the series.

Daniel Bischof

Geschichte der Wald- und Forstgesetzgebung im Bundesland Schleswig-Holstein

Unter Einbeziehung der Entwürfe zu einem Reichsforstgesetz von 1940/42 und der Entstehung des Bundeswaldgesetzes von 1975

PL ACADEMIC RESEARCH

Bibliografische Information der Deutschen Nationalbibliothek
Die Deutsche Nationalbibliothek verzeichnet diese Publikation in der Deutschen Nationalbibliografie; detaillierte bibliografische Daten sind im Internet über http://dnb.d-nb.de abrufbar.

Zugl.: Kiel, Univ., Diss., 2016

Die vorliegende Arbeit wurde von Prof. Dr. Werner Schubert zur Aufnahme in die Reihe empfohlen.

Umschlagabbildung:
Justitia. Allegorie der Gerechtigkeit. Druck aus dem 17. Jahrhundert.

D 8
ISSN 0344-290X
ISBN 978-3-631-67928-9 (Print)
E-ISBN 978-3-653-07137-5 (E-PDF)
E-ISBN 978-3-631-69697-2 (EPUB)
E-ISBN 978-3-631-69698-9 (MOBI)
DOI 10.3726/978-3-653-07137-5

PL Academic Research ist ein Imprint der Peter Lang GmbH.

Peter Lang – Frankfurt am Main · Bern · Bruxelles · New York · Oxford · Warszawa · Wien

Diese Publikation wurde begutachtet.

www.peterlang.com

Vorwort

Die vorliegende Arbeit wurde im Wintersemester 2015/2016 von der Rechtswissenschaftlichen Fakultät der Christian-Albrechts-Universität zu Kiel als Dissertation angenommen.

Ganz besonderer Dank gebührt meinem Doktorvater Herrn Prof. Dr. Werner Schubert, der das Thema angeregt und mich in hervorragender Weise betreut hat. Durch seine langjährige Erfahrung auf dem Gebiet der Gesetzgebungsgeschichte und seine ständige Bereitschaft, die von mir vorgelegten Teilentwürfe durchzusehen und zeitnah zu besprechen, wurde die Fertigstellung der Untersuchung in großem Maße gefördert. Ebenfalls danke ich Herrn Prof. Dr. Meyer-Pritzl für die zügige Erstellung des Zweitgutachtens.

Zu danken habe ich außerdem all jenen, die mich bei meinen Recherchen in Archiven und Bibliotheken unterstützt haben, insbesondere den Mitarbeitern des Bundesarchivs in Koblenz und Berlin, des Parlamentsarchivs in Berlin, des Landesarchivs von Schleswig-Holstein, der Bereichsbibliothek Forstwissenschaften der Universität Göttingen, der Staats- und Universitätsbibliothek Hamburg, Herrn Manfred Hater vom Informations- und Dokumentationsdienst des Schleswig-Holsteinischen Landtags sowie Herrn Dr. Peter-Michael Steinsiek von der Forstwissenschaftlichen Fakultät der Universität Göttingen.

Nicht zuletzt danke ich meiner Familie, meinen Freunden und meiner Freundin, die mir während meiner juristischen Ausbildung und der Erstellung dieser Arbeit in vielerlei Hinsicht zur Seite standen.

Hamburg, im Juli 2016 *Daniel Bischof*

Inhaltsverzeichnis

Abkürzungsverzeichnis

a.A.	andere Ansicht
a.a.O.	am angegebenen Orte
a.D.	außer Dienst
Abg.	Abgeordneter
ABl. AHK	Amtsblatt der Alliierten Hohen Kommission für Deutschland
ABl. EG	Amtsblatt der Europäischen Gemeinschaften
ABl. KR	Amtsblatt des Kontrollrats in Deutschland
ABl. MRD-BK	Amtsblatt der Militärregierung Deutschland – Britisches Kontrollgebiet
ABl. SH	Amtsblatt für Schleswig-Holstein
Abt.	Abteilung
AFJZ	Allgemeine Forst- und Jagdzeitung
AFZ	Allgemeine Forstzeitschrift
AGDW	Arbeitsgemeinschaft Deutscher Waldbesitzerverbände
AgrarR	Agrarrecht
BArch	Bundesarchiv
BauGB	Baugesetzbuch
Bd.	Band
BGB	Bürgerliches Gesetzbuch
BGBl.	Bundesgesetzblatt
BGHZ	Entscheidungen des Bundesgerichtshofs in Zivilsachen
BK	Bundeskanzler
Bl.	Blatt
BMELF	Bundesministerium für Ernährung, Landwirtschaft und Forsten
BNatSchG	Bundesnaturschutzgesetz
BR-Drs.	Bundesratsdrucksache
BReg	Bundesregierung
BR-PlPr.	Bundesrat-Plenarprotokoll
BT-Drs.	Bundestagsdrucksache
BT-PArch	Parlamentsarchiv des Deutschen Bundestages
BT-PlPr.	Bundestag-Plenarprotokoll
BüL	Berichte über Landwirtschaft
BVerfGE	Entscheidungen des Bundesverfassungsgerichts
BWaldG	Bundeswaldgesetz
CDU	Christlich Demokratische Union
CS	Chronologische Sammlung der im Jahre (...) ergangenen Verordnungen und Verfügungen für die Herzogthümer Schleswig und Holstein, die Herrschaft Pinneberg, Grafschaft Ranzau und Stadt Altona
CSU	Christlich-Soziale Union

d.h.	das heißt
DDF	Der Deutsche Forstwirt
ders.	derselbe
DFuH	Der Forst- und Holzwirt
DFWR	Deutscher Forstwirtschaftsrat
DFZ	Deutsche Forst-Zeitung
Diss.	Dissertation
DVBl.	Deutsches Verwaltungsblatt
E.L.F.	Ernährung, Landwirtschaft und Forsten
EGBGB	Einführungsgesetz zum Bürgerlichen Gesetzbuche
E-RForstG	Entwurf zu einem Reichsforstgesetz
etc.	et cetera
FA	Forstarchiv
FDP	Freie Demokratische Partei
FFH	Fauna-Flora-Habitat
Fm	Festmeter
Fn.	Fußnote
FSaatG	Gesetz über forstliches Saat- und Pflanzgut
FuH	Forst und Holz
FwCbl.	Forstwissenschaftliches Centralblatt
GAKG	Gesetz über die Gemeinschaftsaufgabe `Verbesserung der Agrarstruktur und des Küstenschutzes´
gem.	gemäß
GG	Grundgesetz
GrdstVG	Grundstücksverkehrsgesetz
GS	Gesetz-Sammlung für die Königlichen Preußischen Staaten
GVOBl. BY	Bayerisches Gesetz- und Verordnungsblatt
GVOBl. NRW	Gesetz- und Verordnungsblatt für das Land Nordrhein-Westfalen
GVOBl. RP	Gesetz- und Verordnungsblatt für das Land Rheinland-Pfalz
GVOBl. SH	Gesetz- und Verordnungsblatt für Schleswig-Holstein
GVOBl. WRVW	Gesetz- und Verordnungsblatt des Wirtschaftsrates des Vereinigten Wirtschaftsgebietes
ha	Hektar
HOMA	Holzmessanweisung
Hrsg.	Herausgeber
HRW	Holz als Roh- und Werkstoff
i.d.F.	in der Fassung
i.S.v.	im Sinne von
i.V.m.	in Verbindung mit
LArch SH	Landesarchiv Schleswig-Holstein
LWaldAnpG	Gesetz zu Anpassung des Landeswaldgesetzes
LWaldG	Landeswaldgesetz
m.V.a.	mit Verweis auf
m.w.N.	mit weiteren Nachweisen

MELF	Ministerium für Ernährung, Landwirtschaft und Forsten
Mitt. H.-G.-A. Deutsch. Forstwiss.	Mitteilungen der Hermann-Göring-Akademie der Deutschen Forstwissenschaft
Niederschr. RR	Niederschriften über die Verhandlungen/Vollsitzungen des Reichsrats
NJW	Neue Juristische Wochenschrift
NPD	Nationaldemokratische Partei Deutschlands
NS	Nationalsozialistisch, -e, -er, -en,
NSDAP	Nationalsozialistische Deutsche Arbeiterpartei
NuL	Natur und Landschaft
NuR	Natur und Recht
OVG E	Entscheidungen der Oberverwaltungsgerichte für das Land-Nordrhein Westfalen in Münster sowie für die Länder Niedersachsen und Schleswig-Holstein in Lüneburg
PrGS	Preußische Gesetzsammlung
RAnz.	Deutscher Reichsanzeiger und Preußischer Staatsanzeiger
RdErl.	Runderlass
RdL	Recht der Landwirtschaft
RefE	Referentenentwurf
RegE	Regierungsentwurf
RFAGÖ	Akten aus dem Reichsforstamt (Göttingen)
RForstA	Reichsforstamt
RFWR	Reichsforstwirtschaftsrat
RGBl.	Reichsgesetzblatt
RMBl. Fv.	Reichsministerialblatt der Forstverwaltung
Rn.	Randnummer
RStGB	Reichsstrafgesetzbuch
SchlHA	Schleswig-Holsteinische Anzeigen
SH MELF	Schleswig-Holsteinisches Ministerium für Ernährung, Landwirtschaft und Forsten
SH MUNF	Schleswig-Holsteinisches Ministerium für Umwelt, Natur und Forsten
SHLT	Schleswig-Holsteinischer Landtag
SHLT-Arch	Archiv des Schleswig-Holsteinischen Landtages
SHLT-Drs.	Drucksachen des Schleswig-Holsteinischen Landtages
SHLT-PlPr.	Plenarprotokoll des Schleswig-Holsteinischen Landtages
sog.	sogenannte(r)
SPD	Sozialdemokratische Partei Deutschlands
SSW	Südschleswigscher Wählerverband
StGB	Strafgesetzbuch
SUB-HH	Staats- und Universitätsbibliothek Hamburg
TOP	Tagesordnungspunkt

u.a.	unter anderem, unter anderen
u.Ä.	und Ähnliches
Univ.	Universität
URL	Uniform Resource Locator
UVP	Umweltverträglichkeitsprüfung
v.H.	vom Hundert
VA-Prot.	Vermittlungsausschuss-Protokoll
VerfGHE BY	Sammlung von Entscheidungen des Bayerischen Verwaltungsgerichtshofs und des Bayerischen Verfassungsgerichtshofs
Verh. d. RT	Verhandlungen des Reichstages (Stenographische Berichte)
vgl.	vergleiche
VO	Verordnung
VwVfG	Verwaltungsverfahrensgesetz
WP	Wahlperiode
WuH	Wild und Hund
ZfRpfl BS	Zeitschrift für Rechtspflege im Herzogthume Braunschweig / Braunschweigische Zeitschrift für Rechtspflege
z.T.	zum Teil
ZfW	Zeitschrift für Weltforstwirtschaft
zit.	zitiert
ZRG	Zeitschrift der Savigny-Stiftung für Rechtsgeschichte
ZSHG	Zeitschrift der Gesellschaft für Schleswig-Holsteinische Geschichte

Einleitung

Gesetzgebung ist die Erschaffung und die Verabschiedung von Rechtsnormen. Bei *Wald- und Forstgesetzgebung* handelt es sich um das legislative Handeln zur Regelung der Materie *Wald* und *Forst.* Die Gesamtheit aller Rechtsnormen auf diesem Gebiet können demzufolge als *Waldrecht* oder *Forstrecht* bezeichnet werden.[1] Beide Begriffe sind geläufig und betreffen denselben Gegenstand. Eine Unterscheidung der Begriffe *Wald* und *Forst* im Rechtssinne ist deshalb eigentlich nicht erforderlich und eher kontraproduktiv, da sie zu Fehlinterpretationen bei der Auslegung der Rechtsvorschriften führen könnte.[2] Die Begrifflichkeiten *Wald* und *Forst* werden deshalb im Bundeswaldgesetz und in den Waldgesetzen der Länder synonym verwendet.[3] Im Sprachgebrauch hingegen ist eine unterschiedliche Bedeutung der Begriffe *Wald* und *Forst* anerkannt.[4] Durch die Verwendung des Begriffs *„Wald- und Forstgesetzgebung"* in dieser Arbeit soll keine künstliche rechtliche Untergliederung in zwei Bereiche vorgenommen werden, sondern vielmehr auf die unterschiedliche sprachliche Verwendung der Begriffe in jüngerer Vergangenheit Bezug genommen werden. Bis in die Mitte der 1960er Jahre war in den Reihen der Forstwirtschaft und der Politik beinahe ausschließlich von *„Forstrecht"*, *„Forstgesetzgebung"* und *„Forstgesetz"* die Rede. Ein Wandel setzte jedoch im Rahmen der Beratungen zum *„Bundesforstgesetz"* bzw. *„Bundeswaldgesetz"* ein. Hintergrund hierfür war der

---

1 Vgl. *Franz*, Forstrecht, S. 17: *„Forstrecht ist die Gesamtheit der Rechtsnormen, die in spezifischer Weise das Forstwesen regeln"*; *Stinglwagner/Haseder/Erlbeck*, Wald- und Forstlexikon, S. 308, Stichwort: Forstrecht: *„Gesamtheit aller Rechtsnormen, die das Forstwesen regeln"*.

2 *Endres*, BWaldG, § 2 Rn. 7.; Eine Unterscheidung der Begriffe *Wald* und *Forst* im Rechtssinne war auch vor der Verabschiedung des Bundeswaldgesetzes nicht üblich, *Mantel*, Forstliche Rechtslehre, S. 3.; vgl. außerdem *Rubner/Gadow*, Forst, Forstrecht, in: Cordes/Lück/Werkmüller (Hrsg.) Handwörterbuch zur deutschen Rechtsgeschichte, Bd. 1, Spalten 1630 ff. (1630).

3 *Endres*, BWaldG, § 2 Rn. 8, m.w.N.; vgl. *Klose/Orf*, Forstrecht, § 2 Rn. 3, 4. Dies gilt jedoch nur für die Waldgesetze. Bei der Verwendung der Begriffe in anderen Gesetzen muss gesondert geprüft werden, ob gegebenenfalls eine begriffliche Divergenz besteht.

4 Vgl. *Stinglwagner/Haseder/Erlbeck*, Wald- und Forstlexikon, S. 284, Stichwort: Forst. *Forst* ist danach heute die umgangssprachliche Bezeichnung für einen abgegrenzten forstwirtschaftlich genutzten Wald (Wirtschaftswald). Über die Jahrhunderte wechselte die Bedeutung jedoch mehrfach. Im Mittelalter z.B. als Bezeichnung für einen befriedeten, gebannten Wald (Bannwald). Z.T. wurde der Begriff jedoch auch synonym mit *„Wald"* verwendet, z.T. zur Unterscheidung der Größe und z.T. zur Differenzierung zwischen natürlichem und künstlich angelegtem Wald. Zur Etymologie der Begriffe Wald und Forst siehe auch: *Thomas*, BWaldG, § 2, S. 147 f.; *Dieterich*, Forstwirtschaftspolitik, S. 70.

Umstand, dass die Bedeutung der wirtschaftlichen Funktion des Waldes infolge neuerer Entwicklungen vermehrt hinter die Erholungsfunktion des Waldes und dessen Bedeutung für die Umwelt zurücktrat und der Schwerpunkt der neueren Entwürfe auf der Walderhaltung lag.[5] Bei den Novellierungen des Forstrechts einiger Länder am Anfang der 1970er Jahre sollte mit der Wahl der Bezeichnung *„Waldgesetz"* zudem auch sprachlich eine Verabschiedung von der rein forstpolizeilichen Gesetzgebung verdeutlicht werden.[6] Damit wurde gleichzeitig aus dem *„Forstrecht"* das *„Waldrecht"*.[7] Die Übergänge sind jedoch fließend und kein Begriff wurde vollständig verdrängt, sodass die Begriffe *„Forstrecht"* und *„Waldrecht"* heute gleichbedeutend nebeneinander stehen.

Die Wald- und Forstgesetzgebung in Schleswig-Holstein hat sich über einen jahrhundertelangen Zeitraum entwickelt und wurde durch die verschiedensten Einflüsse geprägt. Im Vergleich zu den anderen Flächenbundesländern sind die Waldverhältnisse in Schleswig-Holstein von einer stark unterdurchschnittlichen Bewaldungsquote gekennzeichnet. Langjährige Übernutzungen und großflächige Abholzungen führten dazu, dass der Waldanteil in Schleswig-Holstein auf seinem Tiefpunkt um das Jahr 1780 nur noch 4 % der Landesfläche ausmachte.[8] Nur dank intensiver Aufforstungsmaßnahmen konnte der Waldanteil in den letzten Jahrhunderten schrittweise wieder auf ein Niveau von 11 % an der Gesamtfläche angehoben werden. Bei einem Bundesdurchschnitt von 32 % ist Schleswig-Holstein jedoch nach wie vor das mit Abstand waldärmste Flächenbundesland Deutschlands.[9] Gleichzeitig war die besondere Waldarmut stets ein wichtiges Motiv für den Gesetzgeber zum Tätigwerden.

Erste forstrechtliche Bestimmungen auf dem Gebiet des heutigen Bundeslandes Schleswig-Holstein sind aus dem 16. Jahrhundert überliefert.[10] Mit der weiteren Ausprägung der Landeshoheit in den Herzogtümern Schleswig und Holstein folgten im 17. und 18. Jahrhundert umfangreiche *Holz- und Forstordnungen*, mit denen versucht wurde, den übermäßigen Holzverbrauch und den Forstdiebstahl einzudämmen. Ein neuer Abschnitt der Forstverfassung begann mit der Vereinigung der beiden Herzogtümer mit Preußen 1866/1867. In der Folge kam es zu einer Eingliederung der Forstorganisation in die preußische Staatsforstverwaltung und zu einer

---

5 Vgl. *Mantel*, DFuH 1965, S. 1 ff., (2); *Hasel*, RdL 1975, S. 197 ff. (197); *Hasel/Zundel*, Forstgesetzgebung in der Bundesrepublik Deutschland, S. 11.

6 *Badura*, DFuH 1976, S. 237 ff. (238).

7 *Klose/Orf*, Forstrecht, § 1, Rn. 10.

8 *Hase*, Wald- und Forstchronologie Schleswig-Holsteins, S. 12, 63; *SH MELF* (Hrsg.), Wald und Forstwirtschaft in Schleswig-Holstein, S. 25; *Jacobs*, LWaldG SH, Kommentar, Einführung, S. 1.

9 Ergebnisdatenbank der Dritten Bundeswaldinventur (2012), Anteil der Waldfläche an der Gesamtfläche Wald + Nichtwald [%] nach Land und Waldspezifikation, abrufbar unter URL: https://bwi.info [zuletzt abgerufen am 16. Juli 2016].

10 *SH MELF* (Hrsg.), Wald und Forstwirtschaft in Schleswig-Holstein, S. 14; *Jacobs*, LWaldG SH, Kommentar, Einführung, S. 1; vgl. dazu: *Hase*, FA 1988, S. 20 ff./ 150 ff.

Rechtsvereinheitlichung in einigen forstlichen Teilgebieten. Der Versuch zur Schaffung eines allgemeinen preußischen Forstgesetzes in den 1920er Jahren scheiterte jedoch. Nach dem Ersten Weltkrieg wurde die Forderung nach einem einheitlichen Forstgesetz dann auch auf Reichsebene erhoben. In den Jahren 1920/21 erarbeitete das *Reichsministerium für Ernährung und Landwirtschaft* gemeinsam mit dem *Reichsforstwirtschaftsrat* mehrere Entwürfe, die aber hauptsächlich am Widerstand der Länder und der Privatwaldbesitzer scheiterten. Mit der Machtübernahme durch die Nationalsozialisten im Jahr 1933 und der Gleichschaltung der Länder schien der Weg frei für ein *Reichsforstgesetz.* Bereits im Sommer 1934 wurde in Berlin das *Reichsforstamt* unter der Leitung von *Hermann Göring* als oberste Reichsbehörde für das Forst- und Jagdwesen im Rang eines Ministeriums errichtet. In der Folge kam es zur Verabschiedung einer Vielzahl von Gesetzen und Verordnungen zur Regelung der wichtigsten Bereiche der forstrechtlichen Materie.[11] Am Ende sollte ein Reichsforstgesetz die Verhältnisse im Deutschen Reich einheitlich und abschließend regeln. Umfangreiche Entwürfe von 1940 und 1942 bildeten die Grundlage für zahlreiche Besprechungen zwischen dem Reichsforstamt und den beteiligten Ministerien. Die Reichsforstgesetzgebungsaktion in der NS-Zeit scheiterte jedoch an einer Verknüpfung verschiedener Umstände, von denen die Kriegssituation eine bedeutende Rolle spielte.

Mit der Verabschiedung des *Grundgesetzes* und der Gründung der *Bundesrepublik Deutschland* im Mai 1949 war die Forstgesetzgebung in großen Teilen wieder Ländersache. Schleswig-Holstein nahm diesbezüglich eine Vorreiterrolle ein und erließ als eines der ersten Bundesländer am 30. Mai 1950 das *„Gesetz zur Walderhaltung“*[12]. Neben den früher vorherrschenden wirtschaftlichen Aspekten der Forstgesetzgebung traten mit dem zunehmenden Erholungsbedürfnis der Bevölkerung und der Bedeutung des Waldes für die Umwelt in der Folgezeit jedoch ganz neue Motive für den Gesetzgeber hervor. Um das Forstrecht zu modernisieren und an die fortlaufenden Entwicklungen anzupassen, wurde daraufhin im Jahr 1971 das Schleswig-Holsteinische *Landeswaldgesetz*[13] verabschiedet.

Parallel zu der gesetzlichen Entwicklung in Schleswig-Holstein gab es seit den 1950er Jahren auch auf Bundesebene Bestrebungen zur Schaffung eines bundeseinheitlichen Forstrechts. Anfängliches politisches Desinteresse und Zweifel an der Notwendigkeit für ein *Bundesforstgesetz* verhinderten jedoch eine schnelle Verabschiedung. Erst das Absinken der forstwirtschaftlichen Ertragslage in den 1960er Jahren führte einen Auffassungswandel in dieser Frage herbei. Aufgrund

11 Z.B.: *„Gesetz gegen Waldverwüstung“* vom 19. Januar 1934, RGBl. I 1934, S. 37; *„Forstliches Artgesetz“* vom 13. Dezember 1934, RGBl. I 1934, S. 1236 f.; *„Verordnung zur Verstärkung des Holzeinschlags“* vom 15. Dezember 1936, RGBl. I 1936, S. 1018 und vom 4. März 1938, RGBl. I 1938, S. 234 f.; *„Verordnung zur Förderung der Nutzholzgewinnung“* vom 30. Juli 1937, RGBl. I 1937, S. 876 ff.

12 GVOBl. SH 1950, S. 199 ff.

13 *„Waldgesetz für das Land Schleswig-Holstein (Landeswaldgesetz)“* vom 18. März 1971, GVOBl. SH 1971, S. 94 ff.

des anhaltenden Konflikts zwischen Bund und Ländern über die Reichweite der Gesetzgebungskompetenz im Forstrecht blieb die Bundesgesetzgebung jedoch zunächst auf einzelne Bereiche beschränkt, für die der Bund unstreitig zuständig war.[14] Nach weiteren politisch bedingten Verzögerungen und der Durchführung des Vermittlungsverfahrens konnte das *Bundeswaldgesetz*[15] schließlich im Jahr 1975 verabschiedet werden. In der Folgezeit haben weitere gesellschaftliche, politische, wirtschaftliche und nicht zuletzt ökologische Entwicklungen und neue wissenschaftliche Erkenntnisse diverse Anpassungen der Wald- und Forstgesetzgebung erforderlich gemacht, auf die der jeweilige Gesetzgeber mit der fortlaufenden Novellierung des Bundes- und Landesrechts reagiert hat.

Die vorliegende Arbeit soll einen umfassenden Überblick über die Entstehung der Wald- und Forstgesetzgebung auf dem Gebiet des heutigen Bundeslandes Schleswig-Holstein aus rechtshistorischer Sicht geben. Die Betrachtung erstreckt sich dabei von den Anfängen der Regelung des Forstwesens in den Herzogtümern Schleswig und Holstein bis in die Zeit der modernen Landeswaldgesetzgebung in der zweiten Hälfte des 20. Jahrhunderts. Einbezogen werden in diesem Zusammenhang zudem der Versuch zur Schaffung eines einheitlichen Forstrechts in der Weimarer Zeit, die Entwürfe zu einem Reichsforstgesetz von 1940 und 1942 und schließlich die Entstehung des Bundeswaldgesetzes von 1975. Eine rechtshistorische Untersuchung der Wald- und Forstgesetzgebung im Bundesland Schleswig-Holstein und zur Entstehung des Bundeswaldgesetzes ist in dieser Form bislang nicht erfolgt.

Im *ersten Teil* der Arbeit wird die Entwicklung der Forstgesetzgebung für Schleswig und Holstein bis zum Jahr 1933 dargestellt. Der erste Abschnitt dieses Teils enthält einen Überblick über die Geschichte der Herzogtümer Schleswig und Holstein und über die Holz- und Forstordnungen des 17. und 18. Jahrhunderts. Neben den Verordnungstexten lieferten die Veröffentlichungen des Forsthistorikers *Walter Hase*[16] und die Abhandlungen von *August Niemann*[17] und *Andreas Christopher Gudme*[18] wichtiges Quellenmaterial für diesen Teil der Untersuchung.

---

14 Z.B.: *„Gesetz über gesetzliche Handelsklassen für Rohholz“* vom 25. Februar 1969, BGBl. I 1969, S. 149 f.; *„Gesetz über forstwirtschaftliche Zusammenschlüsse“* vom 1. September 1969, BGBl. I 1969, S. 1543 ff.; *„Gesetz über die Gemeinschaftsaufgabe `Verbesserung der Agrarstruktur und des Küstenschutzes´“* vom 3. September 1969, BGBl. I 1969, S. 1573 ff.

15 *„Gesetz zur Erhaltung des Waldes und zur Förderung der Forstwirtschaft (Bundeswaldgesetz)“* vom 2. Mai 1975, BGBl. I 1975, S. 1037 ff.

16 *Hase*, Waldeigentum und Forstaufsicht in Schleswig-Holstein, 1953; *ders.*: Beitrag zur Geschichte der Forstverwaltung in Schleswig-Holstein, 1981; *ders.*: Abriß der Wald- und Forstgeschichte Schleswig-Holsteins im letzten Jahrtausend, 1983; *ders.*: Die Holz- und Forst-Ordnungen in Schleswig-Holstein, FA 1988, S. 20 ff. und S. 150 ff.; *ders.*: Wald- und Forstchronologie Schleswig-Holsteins seit der Nacheiszeit, 1997.

17 *Niemann*, Forststatistik der dänischen Staaten, S. 257 ff.

18 *Gudme*, Schleswig-Holstein: Eine Statistisch-geographisch-topographische Darstellung dieser Herzogthümer nach gedruckten und ungedruckten Quellen, Bd. 1, S. 343 ff.

Zur Entstehung der Forstgesetzgebung im Allgemeinen sind insbesondere die forstgeschichtlichen Darstellungen von *Kurt Mantel*[19] und *Karl Hasel / Ekkehard Schwartz*[20] hervorzuheben. Im Anschluss erfolgt eine Betrachtung der forstlichen Gesetzgebung für die preußische Provinz Schleswig-Holstein und der Reichsforstgesetzgebungsaktion in der Weimarer Zeit.

Im *zweiten Teil* der Arbeit folgt eine Darstellung der Forstgesetzgebung in der NS-Zeit. Hierzu werden zunächst die sich aus der Machtübernahme durch die Nationalsozialisten ergebenden Konsequenzen für die Forstorganisation betrachtet. Anschließend werden die wichtigsten Gesetze dieser Zeit auf forstlichem Gebiet aufgezeigt und inhaltlich erörtert. Der Schwerpunkt dieses Abschnitts liegt auf der inhaltlichen Darstellung der Reichsforstgesetzentwürfe von 1940 und 1942 unter Berücksichtigung der Motive. Der Entwurf aus dem Jahr 1940 ist nebst Begründung noch von der Reichsdruckerei gedruckt worden. Der Entwurf von 1942 ist in Beständen des *Bundesarchivs* vorhanden.[21] Neben der umfangreichen Begründung des Entwurfs vom Reichsforstamt lieferten die zeitgenössischen forstrechtlichen Abhandlungen von *Heinrich Eberts*[22] und *Kurt Mantel*[23] wichtige Erkenntnisse über die mit der Reichsforstgesetzgebung verfolgten Absichten. Außerdem konnte auf einen Aktenbestand aus dem Reichsforstamt zugegriffen werden, den *Eberts*[24] der Universität Göttingen hinterlassen hat.[25] Eine erste forstwissenschaftliche Untersuchung des Reichsforstgesetzentwurfs von 1942 und dessen Auswirkungen auf die neuere

---

19 *Mantel*, Wald und Forst in der Geschichte, S. 150 ff.

20 *Hasel/Schwartz*, Forstgeschichte, S. 130 ff.

21 Dieser Arbeit zugrunde gelegt wurde der Entwurf aus dem Bestand des Bundesarchivs in Berlin-Lichterfelde, Signatur: BArch R 2/4724.

22 *Eberts*, Die Neuordnung des Forstwesens in Deutschland, in: ZfW Bd. III 1935/36, S. 667–677; *ders.*: Grundgedanken des Entwurfs eines Reichsforstgesetzes, in: Mitt. H.-G.-A. Deutsch. Forst-wiss., Bd.1, 1941, S. 44–66; *ders.*: Deutsche Forstgesetzgebung, in: Intersylva, 1942 S. 167–231.

23 *Mantel*, Die deutsche Forst- und Holzwirtschaftsgesetzgebung, in: ZfW Bd. III, 1935/36, S. 711–742, 1935/36; *ders.*: Forstpolitik, in: Rubner (Hrsg.): Neudammer Forstliches Lehrbuch, Ein Handbuch für Unterricht und Praxis, 10. Aufl., Bd. 2, S. 421–588, 1942.

24 Zur Person von *Heinrich Eberts* siehe Fn. 292.

25 Der Aktenbestand (zit: RFAGÖ) enthält u.a. zahlreiche Stellungnahmen der beteiligten Ministerien und Sitzungsniederschriften über die Beratungen zum Reichsforstgesetz. Die Akten befinden sich in Verwahrung bei der Georg-August-Universität Göttingen, Fakultät für Forstwissenschaften und Waldökologie, Abteilung Forst- und Naturschutzpolitik und Forstgeschichte. Im Bundesarchiv befindet sich hingegen nur wenig Quellenmaterial zum Reichsforstgesetz, was wohl darauf zurückzuführen ist, dass das Reichsforstamt bei einem Fliegerangriff im November 1943 zum Teil zerstört wurde und ein großer Teil der Überlieferung dabei vernichtet wurde. Siehe hierzu: *Wagner*, Bundesarchiv, Reichsforstamt (R 3701) 1934–1945, Einleitung, abrufbar unter URL: http://www.argus.bstu.bundesarchiv.de/R3701-74120/index.htm [zuletzt abgerufen am 16. Juli 2016].

Forstgesetzgebung liegt vor von *Zoltán Rozsnyay* und *Uta Schulte* aus dem Jahr 1978.[26] *Heinrich Rubner* ist insbesondere dem Scheitern der Reichsforstgesetzentwürfe nachgegangen.[27] Im Rahmen der vorliegenden Arbeit erfolgt eine Auseinandersetzung mit den vorgenannten Quellen zum Reichsforstgesetz.

Der *dritte Teil* der Arbeit behandelt die Wald- und Forstgesetzgebung im Bundesland Schleswig-Holstein aus rechtshistorischer Sicht, beginnend mit der unmittelbaren Nachkriegszeit bis zur Verabschiedung des *Landeswaldgesetzes*[28] im Jahr 1971. In der Bearbeitung erfolgt zunächst ein kurzer Überblick über die geschichtliche Entwicklung von Schleswig-Holstein nach 1945 unter besonderer Berücksichtigung des Forstwesens. Daran anschließend wird die Entstehung des *Gesetzes zur Walderhaltung*[29] vom 30. Mai 1950 dargestellt. Für die Bearbeitung wurde der dem Gesetz zugrunde liegende *Referentenentwurf*[30] vom 9. Februar 1950, der in einem Bestand des Schleswig-Holsteinischen Landesarchivs überliefert ist, zum Vergleich herangezogen. Im Weiteren liegen der Darstellung die zugehörigen Landtagsvorlagen und Plenarprotokolle zugrunde.[31] Den Hauptgegenstand des dritten Teils der Arbeit bilden die Ausführungen zur Entstehungsgeschichte des Landeswaldgesetzes von 1971 und die Erläuterungen zu den einzelnen in diesem Gesetz enthaltenen Regelungen. Hierfür erfolgte insbesondere eine Untersuchung der Gesetzgebungsmaterialien und des dem Gesetz zugrunde liegenden *Referentenentwurfs*[32]. In diesem Zusammenhang werden zudem die *Niederschriften über die Ausschussberatungen*[33] ausgewertet und das rechtliche Problemfeld *„Betreten des Waldes"*, das im Gesetzgebungsverfahren eine hervorgehobene Rolle gespielt hat, näher betrachtet.

Der *vierte Teil* behandelt die Entstehung des *Bundeswaldgesetzes*[34] von 1975. Hierzu erfolgt zunächst eine Darstellung der einzelnen Etappen des Entstehungsprozesses, beginnend mit der ersten Initiative in den 1950er Jahren, über die Phase nach dem ersten Scheitern (1956–1963) und die weiteren Entwicklungen in den 1960er Jahren, zu den Regierungsentwürfen der Jahre 1969, 1972 und 1973 bis hin zur

---

26 *Rozsnyay/Schulte*, Der Reichsforstgesetzentwurf von 1942 und seine Auswirkungen auf die neuere Forstgesetzgebung, 1978.

27 *Rubner*, Deutsche Forstgeschichte 1933–1945, S. 253–268.

28 *„Waldgesetz für das Land Schleswig-Holstein (Landeswaldgesetz)"* vom 18. März 1971, GVOBl. SH 1971, S. 94 ff.

29 GVOBl. SH 1950, S. 199 ff.

30 LArch SH, 605/2738.

31 Landtagsvorlage Nr. 313/3 vom 31. März 1950, SHLT-PlPr., 33. Tagung am 24. und 25. April 1950, S. 82 f. und S. 107 ff.; Landtagsvorlage Nr. 313/3 vom 16. Mai 1950, SHLT-PlPr., 35. (Schluß-) Tagung am 30. Mai 1950, S. 24 ff. und S. 114 ff.

32 Der Referentenentwurf zum Landeswaldgesetz i.d.F. vom 1. Mai 1970 ist im Bestand des Schleswig-Holsteinischen Landesarchivs enthalten, LArch SH 786/3590.

33 Diese können im Archiv des Schleswig-Holsteinischen Landtages in der Gesetzesdokumentation Nr. XIII F 199 (S. 51–613) eingesehen werden.

34 *„Gesetz zur Erhaltung des Waldes und zur Förderung der Forstwirtschaft (Bundeswaldgesetz)"* vom 2. Mai 1975, BGBl. I 1975, S. 1037 ff.

Verabschiedung des Bundeswaldgesetzes im Jahr 1975. In diesem Zusammenhang wird außerdem die für das Forstwesen besonders bedeutsame Einzelgesetzgebung näher erläutert. Daran anschließend erfolgt eine Auseinandersetzung mit den einzelnen im Bundeswaldgesetz enthaltenen Regelungsbereichen unter besonderer Berücksichtigung der Entstehungsgeschichte. Der Schwerpunkt liegt dabei auf den zentralen Beratungsgegenständen des Gesetzgebungsprozesses, die hauptsächlich in der *Gesetzgebungskompetenz des Bundes*, der *Betretungs-* und insbesondere der *Reitregelung* sowie der Regelung zur *Förderung der Forstwirtschaft* zu sehen sind. Für die Untersuchung wurden diverse *Entwürfe*[35] aus den verschiedenen Stadien miteinander verglichen und die Motive für die Änderungen untersucht. Neben den Bundestagsdrucksachen und Parlamentsprotokollen wurden hierfür auch die Niederschriften über die Ausschussberatungen aus dem *Parlamentsarchiv des Deutschen Bundestages* herangezogen.[36] Zur allgemeinen Entstehungsgeschichte des Bundeswaldgesetzes liegen zusammenfassende Darstellungen von *Karl Hasel*[37] und *Franz Klose*[38] vor. Die gängigen Kommentare zum Bundeswaldgesetz behandeln diese überblickartig im Rahmen der Einleitung.[39] Zum Abschluss des vierten Teils erfolgt ein Ausblick auf die Novellierungen des Bundeswaldgesetzes.

Der *fünfte Teil* der Arbeit bringt zunächst eine Darstellung der *Anpassung des Schleswig-Holsteinischen Landeswaldgesetzes* an das Bundeswaldgesetz. Dieser Abschnitt baut auf dem vorhergehenden Teil auf und berücksichtigt die durch den

35 Insgesamt sind über 30 Entwürfe vom BMELF und den beteiligten Verbänden gefertigt worden. Von den Referentenentwürfen des BMELF wurden die Folgenden herangezogen: *„Entwurf eines Bundesforstgesetzes“* vom 3. Juni 1955, BArch B 116/9397; *„Entwurf eines Bundesforstgesetzes“* vom 1. Februar 1956, BArch B 116/9397; *„Entwurf eines Bundesforstgesetzes“* vom 1. August 1959, BArch B 116/9397; *„Entwurf eines Gesetzes zur Erhaltung und Bewirtschaftung des Waldes“* vom 1. März 1963, BArch B 116/9397; *„Entwurf eines Gesetzes zur Erhaltung und zur Förderung des Waldes“* vom 12. August 1968, BArch B 116/25948; *„Entwurf eines Gesetzes zur Erhaltung des Waldes und zur Förderung der Forstwirtschaft“*, Stand: 30. März 1972, BArch B 116/37540. Weitere Entwürfe sind in den *Dreijahresberichten* des *Deutschen Forstwirtschaftsrates* enthalten. Regierungsentwürfe: *„Entwurf eines Gesetzes zur Erhaltung und zur Förderung des Waldes“*, BT-Drs. 5/4233; *„Entwurf eines Gesetzes zur Erhaltung des Waldes und zur Förderung der Forstwirtschaft (Bundeswaldgesetz)“*, BR-Drs. 301/72; *„Entwurf eines Gesetzes zur Erhaltung des Waldes und zur Förderung der Forstwirtschaft (Bundeswaldgesetz)“*, BT-Drs. 7/889.

36 Gesetzesdokumentation zum BWaldG im Parlamentsarchiv des Deutschen Bundestages, BT-PArch VII/276.

37 Vgl.: *Hasel*, Waldwirtschaft und Umwelt, S. 176 f.; *Hasel*, RdL 1975, S. 197 f.; *Hasel/Zundel*, Forstgesetzgebung in der Bundesrepublik Deutschland, S. 9 f.; Vgl. außerdem: *Zundel/Schwartz*, 50 Jahre Forstpolitik in Deutschland (1945–1994), S. 73 f.

38 Vgl.: *Klose*, DFuH 1975, S. 379 ff.; *Klose*, BüL 1976, S. 305 ff. (S. 313 ff.); *Klose*, AFZ 1979, S. 493 ff.

39 Vgl.: *Klose/Orf*, Forstrecht, Einleitung S. 7; *Endres*, BWaldG, Einleitung Rn. 6 ff. (auch zu einzelnen Vorschriften); *Thomas*, BWaldG, Einführung, S. 62 ff.

teilweisen Rahmencharakter des Bundeswaldgesetzes vorgegebenen Umsetzungsverpflichtungen, denen der Schleswig-Holsteinische Gesetzgeber mit dem *„Gesetz zur Anpassung des Landeswaldgesetzes (LWaldAnpG)“*[40] vom 3. November 1977 nachgekommen ist. Nach einem Überblick zum Ablauf des Gesetzgebungsverfahrens folgt eine Untersuchung der einzelnen Änderungen des LWaldG. Ein Schwerpunkt liegt dabei auf der Darstellung der *Betretens- und Reitregelung*, deren rechtliche Vereinbarkeit mit dem Bundeswaldgesetz streitig war. Als Quellen standen hauptsächlich der *Referentenentwurf*[41] vom 1. September 1976, die parlamentarischen *Gesetzgebungsmaterialien*[42] und die in der *Gesetzesdokumentation Nr. XIII F 425*[43] enthaltenen Niederschriften über die Ausschussberatungen und Stellungnahmen der beteiligten Verbände zur Verfügung. In einem zweiten Abschnitt erfolgt ein Ausblick auf die weiteren Novellierungen des Landeswaldgesetzes. Dabei wird eine Untergliederung der Änderungen bis 2004 und danach vorgenommen, die durch die vollständige Neufassung des Schleswig-Holsteinischen *Landeswaldgesetzes*[44] in diesem Jahr bedingt ist.

---

40 GVOBl. SH 1977, S. 464 ff.

41 *„Entwurf eines Gesetzes zur Anpassung des Landeswaldgesetzes (LWaldGAnpG)“*, LArch SH 786/3590 Bl. 350 ff.

42 Regierungsentwurf eines *„Gesetzes zur Anpassung des Landeswaldgesetzes (LWald-AnpG)“* vom 12. April 1977, SHLT-Drs. 8/709; Plenarprotokoll über die erste Lesung am 3. Mai 1977, SHLT-PlPr. 8/39; Bericht und Beschlussempfehlung des Agrarausschusses vom 8. September 1977, SHLT-Drs. 8/846; Plenarprotokoll über die zweite Lesung am 20. September 1977, SHLT-PlPr. 8/45.

43 SHLT-Arch Bd. Nr. XIII F 425, Landeswaldgesetz Änderungen vom 3. November 1977 und 19. November 1982, S. 28–294.

44 *„Waldgesetz für das Land Schleswig-Holstein (Landeswaldgesetz – LWaldG)“* vom 5. Dezember 2004, GVOBl. SH 2004, S. 461 ff.

Erster Teil: Entwicklung der Forstgesetzgebung für Schleswig und Holstein bis 1933

Die Geschichte des Waldes in Schleswig-Holstein beginnt etwa um 9000 v. Chr. mit dem Rückgang des Eises. In den nächsten 7000 Jahren hatten sich unter verschiedenen klimatischen Bedingungen hauptsächlich Birken, Hainbuchen Erlen, Eichen und Buchen in Schleswig-Holstein ausgebreitet.[45] Der in der Eisenzeit zwischen 500 v. und 500 n. Christi in Schleswig-Holstein verbreitete Abbau von Raseneisenstein führte durch Rodungen und Holzentnahmen erstmalig zu einem bedeutenden Eingriff in den Waldbestand. Aufgrund der dünnen Besiedlung konnte sich der Wald jedoch in den nächsten Jahrhunderten erholen und regenerieren.[46] Zwischen dem 11. und 16. Jahrhundert war das Gebiet des heutigen Schleswig-Holsteins mit dichten Wäldern (*Dänischer Wohld, Farriswald, Riesenwohld, Rendsburger Wald, Sachsenwald*) bewachsen, die sich von Nord nach Süd und Ost nach West über die gesamte Fläche erstreckten.[47]

Die weitere Geschichte des Waldes in Schleswig-Holstein war von einer schrittweisen Entwaldung und wiederkehrenden Aufforstungsversuchen geprägt.[48] Grund für den Rückgang der Bewaldung war in erster Linie die fortbestehende Bedeutung des Waldes als Existenzgrundlage für den Menschen. Der Wald diente bis ins 19. Jahrhundert der Landbevölkerung als Holzlieferant, Weide, Mast und Wald-Feldbaufläche sowie als Stätte der Jagd, Imkerei und Fischerei.[49] In Schleswig-Holstein kam zudem ein gesteigerter Holzbedarf für den Schiffs- und Deichbau hinzu.[50] Kriegerische Auseinandersetzungen, die Ausbreitung weiterer Wirtschaftszweige, wie Köhlerei- und Glashüttengewerbe, und die einsetzende Industrialisierung im 16. Jahrhundert haben ebenfalls wesentlich zum Rückgang des Waldbestandes

---

45 *Neuschäffer*, Geschichte von Wald und Forst in Schleswig-Holstein und der alte Rendsburger Wald mit dem Forstamt Barlohe, S. 9.; Zur nacheiszeitlichen Waldzusammensetzung: *SH MELF* (Hrsg.), Wald und Forstwirtschaft in Schleswig-Holstein, S. 11 ff.

46 *Hase*, Wald- und Forstchronologie Schleswig-Holsteins, S. 31.

47 *Neuschäffer*, Geschichte von Wald und Forst in Schleswig-Holstein und der alte Rendsburger Wald mit dem Forstamt Barlohe, S. 9 f.; *Hase*, Wald- und Forstchronologie Schleswig-Holsteins, S. 32.

48 *Hase*, Abriß der Wald- und Forstgeschichte Schleswig-Holsteins im letzten Jahrtausend, S. 83.

49 *Mantel*, Wald und Forst in der Geschichte, S. 150.

50 *SH MELF* (Hrsg.), Wald und Forstwirtschaft in Schleswig-Holstein, 1982, S. 13; *Hase*, Abriß der Wald- und Forstgeschichte Schleswig-Holsteins im letzten Jahrtausend, S. 89.

beigetragen.[51] Neben dieser jahrhundertelangen Übernutzung führte auch die Urbarmachung vieler Waldflächen dazu, dass der Waldanteil in den Herzogtümern Schleswig und Holstein auf seinem Tiefpunkt um das Jahr 1780 auf etwa vier Prozent sank.[52]

Der wirtschaftliche Wert des Waldes ließ ihn aber gleichzeitig zu einem wichtigen Gegenstand der zeitgenössischen Politik werden. In der forstgeschichtlichen Forschung wird die öffentliche Einwirkung auf den Wald in drei verschiedene Phasen unterteilt: 1) Die Zeit der *lokalen Forstordnung*, 2) die Zeit der *landesherrlichen Forstordnung*, 3) die Zeit der (liberalen) *Landesforstgesetzgebung*.[53]

Die erste Phase begann etwa im frühen Mittelalter und war die Zeit der *lokalen Forstordnung*. Bis dahin hatte eine relativ geringe Bevölkerung einer großen Waldfläche gegenüber gestanden, sodass es für Beschränkungen kein Bedürfnis gab und als Folge der Wald frei benutzt werden konnte.[54] Mit Zunahme der Besiedlung wurden die freien Wälder zu *„gemeinen Wäldern“*, an denen der Gemeingebrauch der ortsansässigen Bevölkerung im Rahmen der von der Gemeinschaft gegebenen Ordnung bestand.[55] Die siedlungsnahen, kleineren Wälder werden *„Allmendwald“*, die größeren gemeinschaftlich genutzten Wälder *„gemeine Wälder“* oder *„Markwälder“* genannt. Auch diese Wälder waren nicht mehr *„frei“*, sondern grundsätzlich den Holz, Weide- und Mastbedürfnissen der Anwohner vorbehalten.[56] Daneben übernahmen die Könige, später auch die weltlichen und geistlichen Herrschaften, durch sogenannte *„Einforstungen“*[57] die Verfügungsgewalt über herrenlosen Wald und entzogen diesen damit der allgemeinen Nutzung.[58] Mit der Entwicklung des Lehenswesens und der Grundherrschaft fand eine Veränderung der Forstverfassung statt, in der nun häufig ein Forstherr aus adeligem oder geistigem Stand die Ordnung in den herrschaftlichen Forsten und gemeinen Wäldern bestimmte. Die

---

51 *Neuschäffer*, Geschichte von Wald- und Forst in Schleswig Holstein und der alte Rendsburger Wald mit dem Forstamt Barlohe, S. 10 f.

52 *Hase*, Wald- und Forstchronologie Schleswig-Holsteins, S. 12, 63; *SH MELF* (Hrsg.), Wald und Forstwirtschaft in Schleswig-Holstein, 1982, S. 25; *Jacobs*, LWaldG SH, Kommentar, Einführung, S. 1.

53 *Hasel/Schwartz*, Forstgeschichte, S. 130 ff.; *Mantel*, Wald und Forst in der Geschichte, S. 150 f.; Dabei werden abweichende Begrifflichkeiten benutzt (*„lokale Waldordnung“*, *„landesherrliche Forstordnung“*, *„Landesforstgesetzgebung“* bei *Hasel/Schwartz* und *„lokale Forstverfassung“*, *„territoriale, landesherrliche Forstverfassung“*, *„liberale Forstverfassung“* bei *Mantel*).

54 *Hasel/Schwartz*, Forstgeschichte, S. 130.

55 *Mantel*, Wald und Forst in der Geschichte, S. 151; *Schmidt*, in: Depenheuer/Möhring (Hrsg.) Waldeigentum, S. 23–42 (24).

56 *Mantel*, Wald und Forst in der Geschichte, S. 151 f. u. S. 161.

57 Mit der *„Einforstung“* unterwirft der König Wald, Weide und Ödland seiner Staatsgewalt und schafft einen Hoheitsbezirk, in dem er jegliche Art der Nutzung einer Genehmigung vorbehält, *Schuler*, Grundzüge der Forstgeschichte, S. 32.

58 *Mantel*, Wald und Forst in der Geschichte, S. 153 f.; *Schmidt*, in: Depenheuer/Möhring (Hrsg.) Waldeigentum, S. 23–42 (24 f.).

Waldbenutzung wurde fortan in *Weistümern* und *Waldordnungen* festgeschrieben.[59] In den Herzogtümern Schleswig, Holstein und Lauenburg dominierten bereits ab dem 11. – 13. Jahrhundert Lehen und Obereigentum die ursprünglichen Allmendrechte.[60]

Die Phase der *landesherrlichen Forstordnung* begann im späten Mittelalter und war entscheidend durch die aufkommenden Forst- und Holzordnungen geprägt.[61] Mit dem Rückgang der königlichen Zentralgewalt übernahmen die Landesherren die territoriale Herrschaft und erhielten von den Königen die Hoheitsrechte, insbesondere das Forst- und Jagdregal, übertragen. Daraus entwickelte sich eine landesherrliche Forsthoheit, die in dem Erlass verschiedener Forst- und Holzordnungen ihren Ausdruck fand. Der landesherrliche Forst und der herrschaftliche Forst, der im Besitz der weltlichen und geistlichen Standesherren lag, nahmen in der Zeit zwischen 1500 und 1800 den größten Teil der Waldfläche ein.[62] An die Stelle der früheren gemeinen Wälder und Allmendwälder traten die Wälder der Dorfgemeinden, Körperschaften und Genossenschaften. Bauern hatten vorwiegend Nutzungsrechte[63] an Allmend-, Herrschafts-, und landesherrlichen Forsten und selten Waldeigentum. Daneben erwarben die Städte in größerem Umfang Waldbesitz.

Die Phase der *Landesforstgesetzgebung* begann am Anfang des 19. Jahrhunderts.[64] Aufgrund der Französischen Revolution und durch die neuen philosophischen und nationalökonomischen Ideen hatte ein gesellschaftlicher und politischer Umbruch stattgefunden, der die weitere Entwicklung des Forstwesens bedeutend beeinflusste. Die Vertreter des Liberalismus forderten politische und wirtschaftliche Freiheit. In Preußen setzte mit den Stein-Hardenberg'schen Reformen am Anfang des 19. Jahrhundert eine Veränderung ein, in deren Rahmen die Forstpolizei über den Privatwald aufgehoben wurde. Der landesherrliche Wald wurde in der Folge zum größten Teil in Staatsvermögen unter öffentlich-rechtlicher Verwaltung überführt.[65] Auch der Gemeindewald vollzog sich einer Umgestaltung in öffentlich-rechtlicher Richtung und wurde zum größten Teil Kämmereivermögen der politischen Gemeinde.[66] Der Großprivatwald entstand daneben insbesondere durch die Privatisierung des

---

59 *Mantel*, Wald und Forst in der Geschichte, S. 156.

60 *Siebenbaum*, DFuH 1969, S. 414 ff. (414).

61 Hierzu und im Folgenden: *Hasel/Schwartz*, Forstgeschichte, S. 134 ff.; *Mantel*, Wald und Forst in der Geschichte, S. 164 f.; Für die Herzogtümer Schleswig und Holstein erfolgt eine Darstellung dieser Zeit im nachfolgenden Abschnitt.

62 *Mantel*, Wald und Forst in der Geschichte, S. 177.

63 Z.B. Holznutzungsrechte (Nutzholz- und Brennholzberechtigungen), Weide- und Waldstreurechte.

64 Hierzu und im Folgenden: *Mantel*, Wald und Forst in der Geschichte, S. 179; *Hasel/Schwartz*, Forstgeschichte, S. 146 ff.

65 *Mantel*, Wald und Forst in der Geschichte, S. 180.

66 *Mantel*, Wald und Forst in der Geschichte, S. 181.

adeligen herrschaftlichen Waldbesitzes und groß angelegten Waldflächenkäufen.[67] Der Kleinprivatwaldbesitz, insbesondere der Bauernwald, geht im Wesentlichen auf die Gemeinheitsteilungen und die Ablösung von Forstnutzungsrechten zurück, die im Zuge der Agrarreform ab dem Ende des 18 Jahrhunderts vorgenommen wurden.[68]

A. Gesetzgebung in den Herzogtümern Schleswig und Holstein

Zum besseren Verständnis der frühen Forstgesetzgebung folgt zunächst ein grober Überblick über die allgemeine Entwicklungsgeschichte der Herzogtümer Schleswig und Holstein. Daran anschließend werden die wichtigsten Forst- und Holzordnungen aus der Zeit der landesherrlichen Forstverfassung dargestellt.

I. Entwicklungsgeschichte der Herzogtümer Schleswig und Holstein

Am 30. April 1440 belehnte der dänische König den Grafen von Holstein und Stormarn *Adolf VIII.* mit dem Herzogtum Schleswig.[69] Die Herrschaft über die beiden Gebiete wurde dadurch erstmalig unter demselben Regenten zu einem Staatswesen vereint. Nachdem *Adolf VIII.* keine Erben hinterlassen hatte, wurde der dänische König *Christian I.* am 2. März 1460 von den schleswig-holsteinischen Räten in Ripen zum Landesherren gewählt. Im Gegenzug gewährte er mit dem *Ripener Freiheitsbrief* vom 5. März 1460 und der *Tapferen Verbesserung* vom 4. April 1460 der Ritterschaft neue Rechte und schuf ein dynastisch gebundenes Wahlrecht. Eine Trennung von Schleswig und Holstein nach fürstlichem Erbrecht sollte damit in Zukunft ausgeschlossen werden. Die beiden Territorien waren in der Folge in einer Art Realunion miteinander verbunden, wobei Holstein ein Lehen des Heiligen Römischen Reiches Deutscher Nation und das Herzogtum Schleswig ein dänisches Lehen war. Mit der Erhebung der Grafschaft Holstein zum Herzogtum im Jahre 1474 durch Kaiser *Friedrich III.* erreichte *Christian I.* eine weitere Aufwertung seiner Herrschaft.

Entgegen der Ripener Vereinbarung von 1460 fand im Jahre 1490 eine erste Erbteilung statt, die bis 1524 andauerte und die Herzogtümer Schleswig und Holstein in Verwaltungsdistrikte unter unterschiedlicher Herrschaft zergliederte, ohne dass einem der beiden Fürsten ein geschlossenes Gebiet zugewiesen wurde.[70] Unter *Christian III.* fand 1544 erneut eine Teilung statt, die sich nach der Ertragskraft der

67 *Mantel*, Wald und Forst in der Geschichte, S. 181; *Schmidt*, in: Depenheuer/Möhring (Hrsg.) Waldeigentum, S. 23–42 (34).

68 *Mantel*, Wald und Forst in der Geschichte, S. 181; *Schmidt*, in: Depenheuer/Möhring (Hrsg.) Waldeigentum, S. 23–42 (35).

69 Zur Geschichte siehe: *Scharff/Jessen-Klingenberg*, Schleswig-Holsteinische Geschichte, S. 31, 36 f.; *Bohn*, Geschichte Schleswig-Holsteins, S. 28, 39 f., 41 f.

70 *Scharff/Jessen-Klingenberg*, Schleswig-Holsteinische Geschichte, S. 39 f.

Gebiete richtete und zu einer weiteren territorialen Zersplitterung der beiden Herzogtümer führte.[71] Nach dieser Erbteilung gab es einen dänisch-königlichen, einen herzoglich-gottorfschen und einen Haderslebener Anteil. Da *Johann II.*, dem der Haderslebener Teil zufiel, keine Erben hinterließ, ging dieses Gebiet schon 1581 zur Hälfte zurück an den königlichen und zur anderen Hälfte an den herzoglichen Teil.

Im Jahr 1564 löste *Friedrich II.* einige Gebiete (Sonderburg, Norburg, Arrö, Plön, Ahrensbök) aus dem königlichen Teil der Herzogtümer heraus und gab diese zur Befriedigung von Erbansprüchen an seinen Bruder *Johann III.* (der Jüngere), dem Stammvater der Sonderburger Linie. Da die Stände eine weitere Zersplitterung der Gesamtherrschaft verhindern wollten, verweigerten diese *Johann III.* die Huldigung, sodass dieser an einer gemeinschaftlichen Regierung nicht beteiligt war und als sogenannter *„abgeteilter Herr"* herrschte.[72] Nach dem Tod *Johann III.* entstanden aus diesem Besitz fünf weitere Kleinfürstentümer, die jedoch unter der wechselnden Oberhoheit des Königs und des Gottorfer Herzogs standen und im Laufe der folgenden 200 Jahre sukzessive an die dänische Krone zurückfielen.[73]

Das 17. Jahrhundert war von kriegerischen Auseinandersetzungen und großen Verwüstungen geprägt. Im Rahmen des Dreißigjährigen Krieges waren Schleswig und Holstein zwischen 1627–1629 von den Söldnern Wallensteins besetzt. 1643 fielen die Schweden im Kampf gegen Dänemark in den Herzogtümern ein und hinterließen großen Schaden am Land. Der Schwedenkrieg von 1657–1660 hinterließ jedoch die größten Verwüstungen.[74] Der Gottorfer Herzog hatte sich in einem Geheimbündnis auf die Seite Schwedens geschlagen und erreichte dadurch, dass der dänische König das Recht auf Souveränität der herzoglichen Gebiete in Schleswig anerkennen musste.[75] Diese Errungenschaft des Gottorfer Herzogs war jedoch nur von zeitweiliger Dauer. Letztlich brachte der Große Nordische Krieg (1700–1721) die entscheidende Wendung auf dem Weg zum dänischen Gesamtstaat. Nachdem sich der herzogliche Teil erneut an die Verbindung zu Schweden hielt, besetzte der dänische König die herzoglichen Besitzungen im schleswigschen Teil und nahm diese mit dem Okkupationspatent vom 13. März 1713 in Besitz. Im Rahmen der Friedensvereinbarungen 1720/21 wurde dem dänischen König der Gebietszuwachs in Schleswig zugesprochen und durch den Erbhuldigungseid der Ritterschaft vom 4. September 1721 besiegelt. Der herzoglich-gottorfsche Anteil beschränkte sich fortan auf die holsteinischen Besitzungen und wurde schließlich durch Heirat des Gottorfer Herzogs *Karl Friedrich* mit der Zarentochter *Anna Petrowna* im Jahre

71 Hierzu und im Folgenden: *Hase,* Beitrag zur Geschichte der Forstverwaltung in Schleswig-Holstein, S. 1.; *Bohn*, Geschichte Schleswig-Holsteins, S. 50 f.; *Scharff/Jessen-Klingenberg*, Schleswig-Holsteinische Geschichte, S. 42 f.

72 *Bohn*, Geschichte Schleswig-Holsteins, S. 52 f.; *Scharff/Jessen-Klingenberg*, Schleswig-Holsteinische Geschichte, S. 43.

73 *Bohn*, Geschichte Schleswig-Holsteins, S. 53 f.

74 *Hase*, Wald- und Forstchronologie Schleswig-Holsteins, S. 46 f.

75 Hierzu und im Folgenden; *Scharff/Jessen-Klingenberg*, Schleswig-Holsteinische Geschichte, S. 52 f., S. 54; *Bohn*, Geschichte Schleswig-Holsteins, S. 65 f., S. 77 f.

1725 mit Russland verbunden. Nach dem Gebietstauschvertrag von Zarskoje Selo vom 1. Juni 1773 verzichtete Russland zugunsten von Dänemark auf die holsteinischen Gebiete. Im Gegenzug erhielt die Gottorfer Linie die Grafschaften Oldenburg und Delmenhorst, die 1777 zum Herzogtum erhoben wurden. Die Herzogtümer Schleswig und Holstein waren damit wieder unter der gemeinsamen Herrschaft der dänischen Krone vereint.

Zwischenzeitlich hatte Dänemark daneben noch weitere Gebiete erworben. Die Herrschaft Pinneberg fiel 1640 an die dänische Krone. Im Jahre 1726 folgte die Grafschaft Rantzau und durch einen Erbvertrag von 1761 ging auch das Herzogtum Plön an den König von Dänemark.[76] Das Herzogtum Lauenburg wurde auf dem Wiener Kongress 1815 in Personalunion mit dem Königreich Dänemark verbunden.[77]

Vor dem Hintergrund dieser territorialen Zersplitterung lässt sich der Geltungsbereich der gesetzgeberischen Maßnahmen auf dem Gebiet des Forstwesens nachvollziehen.

II. Die ersten Verordnungen über das Forstwesen

Eine der ältesten Verordnungen über das Forstwesen auf dem Gebiet des heutigen Bundeslandes Schleswig-Holstein war die *„Stapelholmer Constitution“*[78] vom 27. Januar 1623.[79] Im 21. Titel *„Von Holzungen“* wurde festgestellt, dass die Untertanen nicht nur ihre eigenen, sondern auch die herzoglichen Holzungen *„überflüssig und zur unweise verhawen unnd verwüsten“*. In der Folge wurde jeder Bedarf an Holz von der vorherigen Genehmigung des Hausvogtes abhängig gemacht. Für die Ausbesserung der Häuser sollte zunächst eine Inaugenscheinnahme durch den Hausvogt stattfinden, wobei dieser beurteilte, ob und welche Ausbesserungen notwendig waren und welches Holz dafür verwendet werden konnte. Die masttragenden Bäume sollten dabei verschont bleiben. Der Hausvogt hatte außerdem darauf zu achten, dass Äcker und Wiesen zukünftig mit Gräben statt mit Feldzäunen befriedet werden. Das Einzäunen der Felder diente dem Schutz vor Wild und war durch den Sachsenspiegel für Holstein und das Jütische Low für Schleswig für die Untertanen verpflichtend festgelegt.[80] Die *„Stapelholmer Constitution“* legte außerdem fest, dass für jeden Baum, den der Hausvogt zum Fällen freigegeben hat, vom Begünstigten

---

76 *Scharff/Jessen-Klingenberg*, Schleswig-Holsteinische Geschichte, S. 55 f.; *Bohn*, Geschichte Schleswig-Holsteins, S. 54.

77 *Scharff/Jessen-Klingenberg*, Schleswig-Holsteinische Geschichte, S. 59.

78 *„Constitutio und Ordnung, Unser von Gottes Gnaden Friedrichs, Erben zu Norwegen, Herzog zu Schleswig, Holstein, Stormarn und der Dithmarschen, Graf zu Oldenburg und Delmenhorst, darnach sich die Unterthanen und Einwohner in Unserm Lande Stapelholm halten und richten sollen“*; digitale Version abrufbar im Internet bei: Staats- und Universitätsbibliothek Hamburg, unter URL: http://resolver.sub.uni-hamburg.de/goobi/PPN755682939 [zuletzt abgerufen am 16. Juli 2016].

79 *Hase*, FA 1988, S. 20. ff u. 150 ff. (21).

80 *Hase*, Wald- und Forstchronologie Schleswig-Holsteins, S. 34.

drei oder vier neue *„Heister“*[81] gepflanzt werden sollten. Damit sich niemand mit Unwissenheit entschuldigen konnte, sollte die *„Stapelholmer Constitution“* zudem zweimal jährlich öffentlich von der Kanzel abgelesen werden. *Niemann* hielt die Regelungen über Holzungen in der *„Stapelholmer Constitution“* zwar nicht für besonders umfangreich, für jene Zeit aber zweckmäßig und hinreichend.[82]

Eine weitere Regelung über Holzungen aus jener Zeit kann der gemeinschaftlichen *„Policey-Ordnung“*[83] vom 27. September 1636 entnommen werden. Diese Ordnung wurde gemeinsam von König *Christian IV.* und Herzog *Friedrich III.* erlassen und galt damit sowohl in den königlichen als auch in den herzoglich-gottorfschen Teilen der Herzogtümer Schleswig und Holstein. Die Regelung über Holzungen in der *„Policey-Ordnung“* von 1636 stellt damit das *„erste allgemein verbindliche Forstgesetz“*[84] jener Zeit dar. Am Beginn der Ordnung war eine Regelung enthalten, nach der sich die Landesherren dazu verpflichteten, Holzvögte in den ihnen angehörigen Ämtern zu bestellen. Wiederum vorhanden war eine Anordnung zur Pflanzung von sechs jungen Eichen- oder Buchenheistern für jeden zur Fällung ausgewiesenen Baum. In den Dörfern und Feldmarken sollten Koppeln angelegt werden, aus denen die jungen Bäume zur Wiederbepflanzung entnommen werden konnten. Bei Strafe von fünfzig Reichstalern wurde das nicht genehmigte Heideabbrennen in der Nähe von Holzungen untersagt und auf das Fällen von Eichen und Buchen stand eine Strafe von vier Reichstalern.

Für den herzoglich-gottorfschen Teil erschien am 22. Oktober 1695 die *„Fürstliche Schleßwieg-Holsteinische Holtz-Ordnung“*[85]. In der Präambel wurde festgestellt, dass die Holzungen *„hin- und wieder mercklich verödet, ruiniret, verwüstet und geschwächet“* werden. Nach dem Zweck dieser Holzordnung sollten die Holzungen nicht nur in ihrem Stand erhalten, sondern in einen besseren versetzt werden.

---

81 *„Heister“* ist die Bezeichnung für eine Laubholzpflanze von 2 bis 3 (4) Meter Höhe, siehe: *Stinglwagner/Haseder/Erlbeck*, Wald- und Forstlexikon, S. 398, Stichwort: Heister.

82 *Niemann*, Forststatistik der dänischen Staaten, S. 259.

83 *„Der Durchleuchtigsten/Großmächtigen Durchleuchtigen/Hochgebohrnen Fürsten und Herrn/ Herrn Christian des Vierdten zu Dennemarcken / Norwegen / der Wenden und Gothen Königs / etc. Und Herrn Friedrichen /Erben zu Norwegen / beyder Herzogen zu Schleswig/Hollstein/Stormarn und der Dithmarschen/Graffen zu Oldenburg und Delmenhorst/ Policey-Ordnung. Wornach sich dero Fürstenthumbe / Schleswig Hollstein /etc. Eingeseßne/ zu achten“*, digitale Version abrufbar im Internet bei: Staats- und Universitätsbibliothek Hamburg, unter URL: http://resolver.sub.uni-hamburg.de/goobi/PPN726589861 [zuletzt abgerufen am 16. Juli 2016].

84 *Niemann*, Forststatistik der dänischen Staaten, S. 258; *Gudme*, Schleswig-Holstein. Eine statisch-geographisch-topographische Darstellung dieser Herzogthümer, Bd. 1, S. 343.

85 SUB-HH, 11 in A / 27189 : 1.

Die Artikel 1 bis 8 der Verordnung enthielten verschiedene Verbote zum Schutz des Holzbestandes, wie beispielsweise gegen das Feuerlegen im Wald, das *„Plaggen hauen“*[86], das unbeaufsichtigte Heideabbrennen und das Abhauen von Heistern.

Die Artikel 9 bis 12 regelten die *„Holzdistrikte“*. Danach sollten die Dorfschaftsholzungen in Distrikte eingeteilt und diese jeweils einer Person zur Aufsicht unterstellt werden. Bei Holzdiebstahl in diesem Distrikt musste die Aufsichtsperson den Täter liefern oder selbst für die Entwendung haften. Außerdem hatte die Aufsichtsperson das Wachstum und den Erhalt der Bäume in ihrem Bestand zu fördern. Zur Vermehrung des Holzbestandes sollten nach Art. 12 die Heiratswilligen bei Eingehen der Ehe zunächst 20 Eichen oder 30 Buchen pflanzen müssen. Zu diesem Zweck sollte in jeder Dorfschaft ein Vorrat an jungen Bäumen in eingezäunten Koppeln angepflanzt werden (Art. 13). Art. 20 untersagte das Halten von Ziegen bei oder in den Holzungen.

Erwähnenswert sind außerdem die detaillierten Vorschriften über die *Holzausweisung* in den Art. 21 bis 29. Dabei handelte es sich um ein Verfahren zur Ordnung des Holzeinschlags. Die Holzausweisungen sollten einmal jährlich stattfinden, wobei der Holzbedarf des Begünstigten vorher nach Zweck und Ausmaß bewilligt werden musste. Mit einem speziellen Hammer, der den Rest des Jahres über in versiegelter Form verwahrt wurde, wurden Jahr und Namen in den ausgewiesenen Baum eingeschlagen. Der Begünstigte hatte ab diesem Zeitpunkt ein Jahr Zeit, das Holz zu schlagen und abzutransportieren. Unter besonderen Voraussetzungen waren auch Sonderausweisungen möglich (Art. 24). So zum Bespiel durch notwendige Reparaturen an Gebäuden, Brücken und Mühlen.

Weitere Vorschriften regelten die *Beaufsichtigung der Holzungen* durch die Beamten, Schau-Reiter und Holzvögte. Art. 33 regelte die Schweinemast in den Holzungen. Art. 36 sah ein Verkaufs- und Ausfuhrverbot für ausgewiesenes Holz vor.

Am 14. November 1710 erschien für den herzoglich-gottorfschen Teil die *„Fürstl. Schleßwieg-Holsteinische revidirte Holtz-Ordnung“*.[87]

Gegenüber der Holzordnung von 1695 enthielt diese einige Konkretisierungen und Verschärfungen. Die Verbote am Anfang der Verordnung wurden mit einer Geldstrafe belegt, wobei auch die gesamte Dorfschaft zur Haftung herangezogen werden konnte.

Als Aufforstungsmaßnahme war nun jeder Hauswirt verpflichtet, jährlich vier junge Bäume zu pflanzen und zum Wachstum zu befördern. Die gleiche Verpflichtung traf die unverheirateten Knechte. Etwas abgeschwächt wurde die Pflanzverpflichtung bei der Heirat, da hier fortan nur noch 10 Bäume zu pflanzen waren.

---

86 *„Plaggen hauen“* bezeichnet das Abschälen des Waldrasens, siehe: *Stinglwagner/Haseder/Erlbeck*, Wald- und Forstlexikon, S. 651, Stichwort: Plaggen hauen.

87 *„Fürstl. Schleßwieg-Holsteinische revidirte Holzordnung“* vom 14. November 1710, digitale Version abrufbar im Internet bei: Niedersächsische Staats- und Universitätsbibliothek, unter URL:http://resolver.sub.uni-goettingen.de/purl?PPN671403508 [zuletzt abgerufen am 16. Juli 2016].

Konkretisierungen erfuhren die Regelungen im Bereich der Waldweide und der Holzausweisung. Schafe und Schweine sollten außerhalb der Mastzeiten aus dem Wald gehalten werden (Art. 20) und das Halten von Ziegen in oder bei den Holzungen wurde untersagt (Art. 22). Bei der Holzausweisung sollten die Bäume fortan mit zwei verschiedenen Hämmern markiert werden. Dazu gab es einen Amtshammer mit dem Amtsnamen und der Jahreszahl und einen weiteren mit dem herrschaftlichen Namen und der Jahreszahl. Beide Hämmer sollten an unterschiedlichen Orten verwahrt werden (Art. 24). Bei der Ausweisung von Bauholz hatten die *„Forstbedienten"*[88] eine Inaugenscheinnahme des Gebäudes vorzunehmen und zu beurteilen, ob und welches Holz erforderlich war (Art. 31). Auch bei den übrigen Ausweisungen sollten die Forstbedienten den Verbrauch zum ausgewiesenen Verwendungszweck weiter verfolgen (Art. 32).

Holzdiebe hatten das von ihnen zu Unrecht geschlagene Holz nach den in Art. 38 festgelegten Preisen zu bezahlen und eine zusätzliche Strafe zu verbüßen. Ersttäter erhielten als Strafe eine gleiche Anzahl an Tagen im Gefängnis, wie das Holz in Reichstalern wert war. Bei einer Eiche von *„1. Tonn dick"*[89] waren das beispielsweise zehn Reichstaler beziehungsweise zehn Tage Gefängnis. Wiederholungstäter kamen beim zweiten Mal für eine gleiche Anzahl an Tagen an den *„Kirchen-Pfahl"* und wurden beim dritten Mal mit einer *„Karrenstrafe"* belegt.

Neu waren auch das Verbot des Mitführens von Äxten und Beilen in den Holzungen (Art. 49) und die Regelung von Zugangsvoraussetzungen für die Anstellung der Forstbedienten, die Lesen und Schreiben können mussten (Art. 52).

Von wesentlicher Bedeutung für die forstrechtlichen Verhältnisse und das Landschaftsbild war die im 18. Jahrhundert beginnende Bodenreform in den Herzogtümern Schleswig und Holstein. Mit der Aufhebung der Feldgemeinschaften fand eine Einkoppelung und Parzellierung der Felder und Holzungen statt.[90] Im Herzogtum Schleswig erschien am 10. Februar 1766 die *„Verordnung, betr. die Beförderung der Einkoppelung und Aufhebung der Gemeinschaft der Dorfsfelder etc. für das Herzogtum Schleswig"*[91]. Für das Herzogtum Holstein erging eine Verkoppelungsverordnung am 19. September 1771.[92] Mit dieser Agrarreform wurde zudem die Ablösung der Forst- und Weideberechtigungen verbunden, die auf den landesherrlichen Wäldern lasteten. Die Berechtigten erhielten als Ausgleich für die Ablösung ihrer Rechte und zur Befriedigung ihrer Bedürfnisse oftmals ein Stück Wald. Da sich viele dieser kleinen Waldstücke zu einer

88 Im 18. Jahrhundert gängige Bezeichnung für einen (heute) *Forstbediensteten: Stinglwagner/Haseder/Erlbeck*, Wald- und Forstlexikon, S. 285, Stichwort: Forstbediensteter

89 Maßeinheit, wobei eine Tonnenstärke einem Durchmesser von etwa ½ Meter entspricht, *Hase*, FA 1988, S. 20. ff u. 150 ff. (151).

90 *Hase*, Wald- und Forstchronologie Schleswig-Holsteins, S. 60 f.

91 CS 1766, S. 5–9.

92 Hierzu und im Folgenden: *Hase*, Wald- und Forstchronologie Schleswig-Holsteins, S. 61.

forstmäßigen Bewirtschaftung nicht eigneten, wurde in der Folgezeit eine Großzahl gerodet und in Landwirtschaft überführt.[93]

Aus den in den Verordnungen enthaltenen Regelungen zum Schutz des Waldes wird ersichtlich, dass hauptsächlich die Landbevölkerung wegen ihres unwirtschaftlichen Umgangs mit dem Wald (z.B. Rodungen, Waldweide und verschwenderischer Holzgebrauch) und die Holzdiebstähle für den Rückgang des Waldes verantwortlich gemacht wurden.[94] *Kragh* ist dieser Schuldzuweisung nachgegangen und kommt zu dem Ergebnis, dass verschiedene Faktoren die Entwaldung bewirkten.[95] Neben der Landbevölkerung seien auch die Landesherren und Gutsbesitzer aus wirtschaftlichen Interessen an den vielfachen Rodungen beteiligt gewesen. Die als schädlich empfundene Viehweide im Wald habe dem Gesetzgeber als Legitimation für die Ausweitung der staatlichen Einflussnahme und der *„Aberkennung von Traditionsrechten"* sowie zur Durchsetzung von wirtschaftlichen und jagdlichen Interessen gedient. Verstöße der Landbevölkerung gegen die Forstordnungen führt *Kragh* hauptsächlich auf ein abweichendes Rechtsempfinden zurück, das auf den althergebrachten Waldnutzungsrechten beruhte. Die gesetzgeberische Beschränkung dieser Rechte sei den Bauern deshalb nur schwer vermittelbar gewesen. Wie noch zu zeigen sein wird, wurden die Regelungen in den nachfolgenden Verordnungen vielfach erweitert und schrittweise eine umfangreiche Forstaufsicht über den Privatwald eingeführt.

III. Die *„Holtz- und Jagd-Verordnung"* vom 24. April 1737

Nachdem im königlichen Anteil der Herzogtümer bereits am 1. September 1671 und am 1. September 1680 erste Holzordnungen erlassen wurden,[96] erschien im 18. Jahrhundert als Hauptordnung die *„Königliche Holtz- und Jagd-Verordnung Für Die Herzogthümer Schleswig und Holstein, imgleichen die Herrschaft Pinneberg und Grafschaft Rantzau"*[97] vom 24. April 1737. Die Verordnung umfasste 66 Paragrafen, wovon die §§ 1 bis 46 die Holzungen behandelten und die Übrigen die Jagdausübung regelten. Das Ziel dieser Verordnung war die strikte Regelung des Holzeinschlags, die Bekämpfung des Holzdiebstahls, eine nachhaltige Aufforstung und der Schutz des besonders wertvollen Eichenholzes.[98]

---

93 *Hase,* Abriß der Wald- und Forstgeschichte Schleswig-Holsteins im letzten Jahrtausend, S. 99.

94 Vgl. *Kragh,* ZSHG 139 (2014), S. 23 ff. (23 f.).

95 Hierzu und im Folgenden: *Kragh,* ZSHG 139 (2014), S. 23 ff. (36–47).

96 *Hase,* FA 1988, S. 20. ff u. 150 ff. (23).

97 *„Königliche Holtz- und Jagd-Verordnung Für Die Herzogthümer Schleswig und Holstein, imgleichen die Herrschaft Pinneberg und Grafschaft Rantzau"* vom 24. April 1737, digitale Version abrufbar im Internet bei: Niedersächsische Staats- und Universitätsbibliothek, unter URL: http://resolver.sub.uni-goettingen.de/?PPN671206931 [zuletzt abgerufen am 16. Juli 2016].

98 Vgl. *Hase,* Wald- und Forstchronologie Schleswig-Holsteins, S. 52.

Nach § 2 sollten die Dorfholzungen unter den Einwohnern zur Aufsicht und Pflege verteilt werden. Damit verbunden war auch die Haftung für Holzdiebstähle, wenn der Täter selbst nicht ergriffen werden konnte. Dieses schon aus älteren Holzordnungen bekannte Regelungskonstrukt wurde in der vorliegenden Holzordnung jedoch um ein weiteres Element erweitert. Neben den genannten Pflichten erhielt die Aufsichtsperson nun das Recht, die Holzdiebe festzuhalten und wurde zur Hälfte an den zu zahlenden *„Brüch-Geldern"*[99] beteiligt.

Um eine Angleichung der Bestrafung zu erreichen, enthielt § 4 einen Strafenkatalog. Bei Uneinbringlichkeit richtete sich die Strafe nach § 5, wonach der Unvermögende

> *„(...) des Sonntags, wann die Gemeine nach und von der Kirche gehet, etliche Stunden an denen auf den öffentlichen Kirch-Wegen gesetzten Pfählen ins Hals-Eisen geschlossen, auch ihm zum Zeichen seines Verbrechens ein mäßiges Stück Holtz zu tragen gegeben, oder aber derselbe für jede 10 Rthlr. auf einen Monaht, und also proportionaliter für das geringere quantum, mit der Karre unabitlich bestraffet werden."*

Um den Holzdiebstahl noch weiter einzudämmen, sollte nach § 6 von den Holzvögten und Hegereitern über das ausgewiesene Holz ein *Attest* ausgestellt werden. Ohne einen solchen Nachweis konnte mitgeführtes Holz konfisziert und versteigert werden. § 8 der Verordnung regelte Verbote, die bereits in den früheren Holzordnungen enthalten waren. Ebenfalls bekannt ist die in § 13 enthaltene Regelung, nach der von dem Bräutigam vor der Hochzeit eine bestimmte Anzahl an Bäumen zu pflanzen war. Konkret waren nach der Verordnung von 1737 zehn junge Eichen oder 15 junge Buchen zu pflanzen und drei Jahre lang nach der Anpflanzung im Wachstum zu erhalten. Freigestellt war den Untertanen nach § 14 die Pflanzung von Weidenbäumen zur eigenen Nutzung. § 15 regelte die Abschaffung der Holzzäune und den Ersatz durch Anlegen von lebendigen Hecken aus Dornen, Haseln, Ellern und Weiden. Eine Regelung zur Viehhaltung im Wald enthielt § 18. Danach waren Schweine nur in der Mastzeit in den Holzungen geduldet, Ziegen ganz verboten und Schafe nur unter der strengen Aufsicht von Hirten gestattet. Ebenfalls erwähnenswert ist § 20, der die Anpflanzung von Nadelholz befahl. Zwischen 1741 und 1748 wurde der Nadelholzanbau in den landesherrlichen Forsten Schleswigs und Holsteins verwirklicht.[100] Eine weitere Verbreitung des Nadelholzes war durch die in späterer Zeit stattfindenden Heide- und Ödlandaufforstungen bedingt.[101] Die Holzausweisung war in den §§ 23 bis 30 geregelt und verlief im Wesentlichen nach dem gleichen Verfahren, wie es auch die anderen Holzordnungen vorsahen.

---

99 *„Brüche"* bezeichnet eine Geldstrafe, siehe: *Stinglwagner/Haseder/Erlbeck*, Wald- und Forstlexikon, S. 287, Stichwort: Forstbrüche.

100 *Hase*, Abriß der Wald- und Forstgeschichte Schleswig-Holsteins im letzten Jahrtausend, S. 97.

101 *Hase*, Wald- und Forstchronologie Schleswig-Holsteins, S. 200.

§ 35 enthielt eine Vorschrift für das Köhlereigewerbe. Ohne Anweisung durfte keine Kohle erzeugt oder ein Meiler angelegt werden. Nach § 38 wurde den Forst- und Holzbedienten der Handel mit Brettern, Kohlen sowie Bau- und Brennholz untersagt. Die Holzvögte sollten in oder bei den Holzungen wohnen und durften überhaupt kein anderes Gewerbe ausführen. Voraussetzung für die Zulassung zum Forstdienst war das Beherrschen von Lesen und Schreiben und ein gutes Verständnis für die Anpflanzung und Unterhaltung der Holzungen.

Dieser Holzordnung folgte im königlichen Teil der Herzogtümer eine Vielzahl weiterer Vorschriften mit Bezug zum Forstwesen, von denen die Folgenden zu nennen sind:[102]

28. November 1739	*„Rente-Cammer-Verfügung, das bey den Holtz-Ausweisungen die Taxation der Bäume nach dem wirklichen Wert, wie sie sonst auszubringen gewesen geschehen solle“*;
2. September 1743	*„Verordnung, betreffend die Ausweisung des jährlichen Deputat-, Brenn-, Nuß-, Pflug- und Rade-Holtzes“*;
18. September 1743	*„Verfügung wegen der Holtz-Ausweisungen überhaupt und der zu führenden Wild-Rechnungen“*;
25. Juli 1744	*„Verfügung, daß bey Holtz-Brüch-Fällen, so nicht dem Jagd-Bedienten, sondern von einem Dritten denunciiret, die Halbscheid der Brüche diesem, und nicht jenem gebühre“*;
2. Dezember 1744	*„Declaration vorstehender Verfügung, daß solche von der den Holtz-Voigten im 3ten §pho der Holtz- und Jagd-Verordnung beygelegten Hälfte der Brüche und confiscirten Sachen zu verstehen“*;
1. März 1745	*„Declaration des 13ten §phi der Holtz-Jagd-Verordnung, daß auch die Wittwer, in so ferne sie wieder heyrathen wollen, zu Anpflanzung junger Bäume verbunden seyn“*;
14. Dezember 1745	*„Königl Edict, wie der Weibes-Personen und junge unangesessene Leute und Knechte, so Holtz-Diebereyen entweder selbst, oder durch andere verüben, zu bestrafen“*.

IV. Die *„Allgemeine Holz- und Jagdverordnung“* vom 30. April 1781

Unter der Herrschaft des dänischen Königs *Christian VII.* erging am 30. April 1781 die *„Allgemeine Holz- und Jagdverordnung für die Städte, Aemter und Landschaften in den Herzogthümern Schleswig und Holstein, wie auch für die Herrschaft Pinneberg*

102 Die folgenden Vorschriften sind abgedruckt in: *Cronhelm*, (Hrsg.), Corpus Constitutionum Regio-Holsaticarum, oder Allerhöchst-autorisirte Sammlung der in dem Herzogthum Holstein, Königl. Antheils, samt incorporirten Landen, wie auch der Herrschaft Pinneberg, Stadt Altona und Grafschaft Rantzau, in Kraft eines beständigen Gesetzes, ergangenen Constitutionen, Edicten, Mandaten, Decreten, Resolutionen, Privilegien, Consessionen und anderen Verfügungen, Erster Band, 1749, S. 1283–1294.

und Grafschaft Ranzau"[103]. Die Verordnung war in zwei Hauptstücke unterteilt, wobei sich das erste dem Forstwesen (§§ 1–137) und das zweite der Jagd (§§ 138–179) widmete. Das erste Hauptstück war weiter in acht Abteilungen gegliedert.[104]

Die erste Abteilung (§§ 1–23) handelte *„Von den Hölzungen überhaupt, von der Aufsicht über selbige, deren Erhaltung und Verbesserung"*.

Die §§ 1–10 regelten die *Organisation des Forstwesens*. In diesem Abschnitt wurde die Aufsicht über die Holzungen der *Königlichen Rentekammer* in Kopenhagen zugewiesen und die Aufgaben und Pflichten der Jägermeister, Oberförster, Hausvögte, Hegereiter und der Holzvögte festgelegt und ihr Verhältnis untereinander konkretisiert.

§ 11 regelte eine neue Zuteilung der *Aufsicht über die Dorfschaftsholzungen*, die den *„Interessenten"*[105] der angrenzenden Dorfschaften, insbesondere den halben und vollen *„Hufenern"*[106], zugewiesen werden sollte. Die Aufsicht gewährte auch das Recht zur Pfändung von Wagen, Pferden, Äxten, Beilen und Sägen, wenn eine Person sich unrechtmäßig im Wald aufhielt und diese Gegenstände mit sich führte (§ 13). Für die Ergreifung eines Holzentwenders wurde eine Belohnung von der Hälfte der zu zahlenden Strafe festgelegt (§ 14).

In § 16 wurde festgestellt, dass die Anlage von Holzungen nur erfolgreich sei, wenn diese von der *„äusserst schädlichen Viehweide befreyet und eingehäget"* werden. Dieser Vorschrift liegt der Wille des Gesetzgebers zugrunde, die Verkoppelung und Ablösung der Forst- und Weideberechtigungen voranzutreiben. Auch die Forstbedienten sollten auf eine Ablösung und Abfindung der Berechtigten hinwirken. Nach § 17 der Verordnung sollten die Holzungen, in denen die Untertanen keine *„Weidegerechtigkeit"* hatten, baldmöglichst eingefriedet werden.

Gem. § 18 war es eine wesentliche Pflicht der Forstbeamten, dem Abgang des Holzes entgegenzuwirken und für eine Vermehrung der Waldungen Sorge zu tragen. Am besten sollte dies durch die Besamung des Erdreichs in den befriedeten Holzungen geschehen. Zu diesem Zweck sollte die Mast der eigenen Holzungen zur Einsaat verwendet werden, soweit diese nicht den Untertanen überlassen war (§ 19). Wie schon in der Verordnung von 1737 wurde auch in dieser die Pflanzung

---

103 Abgedruckt in: *Bergius* (Hrsg.), Sammlung auserlesener teutschen Landesgesetze welche das Policey-und Cameralwesen zum Gegenstand haben, Sechstes Alphabet, 1784, S. 74–123.

104 Die nachfolgende Betrachtung beschränkt sich auf Darstellung der Vorschriften über das Forstwesen.

105 *„Interessent"* ist eine alte norddeutsche Bezeichnung für einen Nutzungsberechtigten, siehe: *Stinglwagner/Haseder/Erlbeck*, Wald- und Forstlexikon, S. 445, Stichwort: Interessent.

106 *„Hufner"* ist ein Mitglied der bäuerlichen Gemeinschaft, der eine *„Hufe"* bewirtschaftet. *„Hufe"* bezeichnet die Einheit altbäuerlicher Rechte an Hofstätte, Ackerland und Allmende, die auf die Lebensansprüche und Arbeitskapazität einer Bauernfamilie zugeschnitten war (häufigstes Maß ca. 8–15 ha), siehe: *Ries* (Hrsg.), Pareys Landwirtschafts-Lexikon, Bd. 1, S. 333, Stichwort: Hufe.

von Nadelholz empfohlen („*Tannen- und Lerchenbäume*", § 20). Zum Schutz des Eichenholzes sollte dieses fortan beim Hausbau nur noch für die Außenwände benutzt werden dürfen und das Anfertigen von Särgen daraus wurde bei Strafe verboten (§§ 22, 23).

Die zweite Abteilung (§§ 24–32) handelte „*Von Unsern reservirten und eingefriedigten Hölzungen, Gehägen und Zuschlägen*". Es handelte sich um Vorschriften, die allein für die landesherrlichen Holzungen galten. Daneben unterschied die Verordnung noch zwischen „*Feste-Hölzungen*", „*Kirchen-, Hospitals- und Pfarrhölzungen*" und den „*privat Eigenthums-Hölzungen*".

Die landesherrlichen Holzungen wurden zu großen Teilen eingefriedet und die Dorfschaften wegen ihrer „*Gerechtsame*"[107] abgefunden. In den noch nicht eingefriedeten Holzungen bestanden die Nutzungsrechte der Dorfschaften weiter fort. Auch hier war jedoch die Ablösung der Weide- und Weichholzberechtigungen gegen Abgabe von Waldflächen im Gange.[108] Die Einfriedung erfolgte durch mit Buschwerk bestandenen Erdwällen, die in erster Line dem Schutz des Waldes vor dem Weidevieh und zum anderen dem Wind- und Wetterschutz dienten.[109] Weiterhin gehörten einige Streuholzungen zum landesherrlichen Waldbesitz. Diese kleinen Parzellen lagen verstreut und sollten entweder zur Urbarmachung des Bodens geräumt oder zur Ablösung der Waldberechtigungen abgegeben werden. Von einigem Umfang waren auch die zur Landesherrschaft gehörenden Heidegründe, die in erster Linie zur Nadelholzkultur vorgesehen waren.[110]

Die zweite Abteilung der Holzverordnung regelte unter anderem die Instandhaltung der landesherrlichen Holzungen durch die Forstbedienten. Zudem galt für diese Art der Holzungen ein Betretungsverbot für die Allgemeinheit (§ 25)[111]. Die Mast der Bäume sollte in erster Linie zur Anzucht junger Bäume verwendet werden und eine Verpachtung der Mastflächen nur stattfinden, wenn eine Beschädigung der Holzungen ausgeschlossen werden konnte (§ 28). Ansonsten wurde die Viehweide

---

107 „*Gerechtsame*" bezeichnen ein beschränkt-dingliches Recht an Vermögen und Nutzungen, die aus dem Recht an der Allmendeberechtigung erwachsen sind. „*Holzgerechtsame*" bezeichnet das Recht auf einen Holzanteil aus den Gemeinde- und Korporationswaldungen. „*Weidegerechtsame*" bezeichnen das Recht das Vieh auf die gemeine Weide zu treiben. Siehe: *Ries* (Hrsg.), Pareys Landwirtschafts-Lexikon, Bd. 1, S. 258, 327, Stichwort: Gerechtsame, Holzgerechtsame und Bd. 2, S. 334, Stichwort: Weidegerechtsame.

108 *Niemann*, Forststatistik der dänischen Staaten, S. 302 f.

109 *Hase*, Waldeigentum und Forstaufsicht in Schleswig-Holstein, S. 33.

110 *Niemann*, Forststatistik der dänischen Staaten, S. 303.

111 § 25 der allgemeinen Holz- und Jagdverordnung von 1781: „*Die Hecken zu den befriedigten Hölzungen und Gehägen müssen beständig verschloßen seyn, und niemand, der nicht in solchen Hölzungen Verrichtungen, oder sonst von den Forstbedienten dazu Erlaubnis hat, muß sich bey Strafe eines Mark Lübsch darin finden lassen; wer sich aber darin, wenn ihm auch gleich nichts Ungebührliches bewiesen werden kann, mit einem Wagen, Axt, Beil oder Säge betreten läßt, brüchet dafür einen Rthlr.*"

in den landesherrlichen Holzungen vollständig verboten und das Vieh der Untertanen, wenn es trotzdem seinen Weg in die geschlossenen Holzungen fand, konfisziert und der Wert dessen durch Verkauf oder Auslösung durch den Eigentümer der Staatskasse zugeführt (§§ 30, 31).

Die dritte Abteilung (§§ 33–37) normierte die *„Feste-Hölzungen"*. Bei dieser besonderen Art der Holzungen stand das Grundeigentum dem Landesherrn zu. Durch Festebrief war jedoch das Recht zur Bewirtschaftung an einen sogenannten *„Festehufen"* übertragen, dem der wirtschaftliche Ertrag und das nutzbare Eigentum zustanden.[112] Da die Holzungen selbst im Eigentum des Landesherren standen, erfolgte auch die Aufsicht darüber wie in den übrigen Holzungen. Daneben war aber auch der Feste-Inhaber zur Aufsicht verpflichtet und hatte für etwaige Holzdiebstähle einzustehen (§ 34). Für jeden ihm ausgewiesenen Baum war der Feste-Inhaber verpflichtet, neun Bäume gleicher Art zu Pflanzen (§ 35). Ansonsten galt im Wesentlichen das allgemeine Recht (§ 37). Die Festehöfe waren zu diesem Zeitpunkt schon im Inbegriff aufgehoben und in eigentümliche *„Bondenhöfe"*[113] verwandelt zu werden.[114]

Die vierte Abteilung (§§ 38–66) handelte *„Von dem Gebrauch der Hölzungen und den dadurch zu erwartenden Vortheilen"*. Der Abschnitt hatte insbesondere forstwirtschaftliche Regelungspunkte zum Inhalt. Die Deckung der laufenden Kosten und Einkünfte für die Staatskasse sollte insbesondere durch die jährlich stattfindenden Holzausweisungen und den Gebrauch der Mast erzielt werden (§ 38). Die §§ 39 bis 59 regelten das Verfahren der Holzausweisung. Die Bäume wurden mit dem *„Kronhammer"* und dem *„Jahrzahlhammer"* gekennzeichnet, wobei die kränklichen und schwachen Bäume primär abgeschlagen werden sollten. Zum Bau sollten *„noch brauchbare"* Bäume verwendet werden. Die gesunden Kapitalbäume waren besonderen Verwendungszwecken vorbehalten, wie zum Beispiel als Schiffszimmerholz und zur Anfertigung von Mühlenwellen (§ 42). Zur Beförderung der Feldkultur sollten insbesondere auch die streuweise stehenden Bäume ausgewiesen werden. Es sollte zudem keine Ausweisung vor dem 12. September, bei masttragenden Bäumen vor dem 12. November, stattfinden und zum Schutz der nächsten Baumgeneration das Holz bis spätestens Ende März geschlagen sein (§§ 44, 51). Die Nutzung der Mast war in den §§ 60 bis 66 geregelt. Die in den unbefriedeten Holzungen fallende Mast sollte in Augenschein genommen und danach bestimmt werden, welche Anzahl an Schweinen von den Untertanen gegen Bezahlung in den Wald getrieben werden durften.

In der fünften Abteilung (§§ 67–72) wurden die *„Kirchen-, Hospitals-, und Pfarr-Holzungen"* geregelt. Die Holzausweisung und Aufsicht in diesen Holzungen wurde

---

112 *Gudme*, Schleswig-Holstein. Eine statisch-geographisch-topographische Darstellung dieser Herzogthümer, Bd. 1, S. 344.

113 Bei den *„Bondenhöfen"* handelt es sich um die von jeher freien und ursprünglichen erbeigentümlichen Hufenstellen. Der Inhaber wurde mit dem dänischen Wort für Bauer *„Bonde"* bezeichnet, worunter auch die die freien Bauern verstanden werden können, *Hase*, Waldeigentum und Forstaufsicht in Schleswig-Holstein, S. 34.

114 *Niemann*, Forststatistik der dänischen Staaten, S. 304.

ebenfalls von den Forstbedienten wie in den landesherrlichen Holzungen vorgenommen. Da der private Gebrauch des Holzes und der Mast jedoch den Inhabern der Holzungen zustand, erfolgte keine Bezahlung und bei der Ausweisung war ein Kirchen-, Hospitals- oder Stiftungsbedienter hinzuzuziehen (§ 67). Ebenso stand auch der Kommunalwald unter der Aufsicht.[115]

Die sechste Abteilung (§§ 73–118) nimmt einen großen Teil der Verordnung für sich in Anspruch und handelte *„Von Forstfreveln, besonders von Beraubungen Unserer Hölzungen, Bestrafung derer, die sich an selbigen vergreifen, nicht weniger von Abstellung verschiedener andern zum Nachtheil der Waldungen gereichende Unordnungen, auch Holz-Brüch-Gerichten oder Dingungs-Seßionen"*[116].

Primär sollten die Holzdiebe ihre Beute zurückgeben müssen oder den Wert dieser ersetzen. Zusätzlich wurde eine Geld-, Haft- oder Leibesstrafe gegen den Delinquenten verhängt. Zu diesem Zweck wurde in §§ 74, 75 zunächst der Holzwert festgestellt. § 76 regelte die zusätzliche Geldstrafe für den Ersttäter. Dabei war nicht nur der vollendete Holzdiebstahl unter Strafe gestellt, sondern unterschiedslos auch der Versuch mit derselben Strafe belegt, wie es in § 77 heißt (*„wenn die That bloß angefangen ist"*). Strafschärfend wirkte die Benutzung einer Säge beim Holzdiebstahl oder die Begehung an einem Sonntag (§ 81). Wiederholungstäter hatten zudem mit Festungsarbeit, Zuchthausstrafe oder Leibestrafe zu rechnen (§§ 82, 83, 85). Die Haftung für Gehilfen und Mittäter war in den §§ 91, 92 festgelegt. Um den Absatz des gestohlenen Holzes zu erschweren, wurden zudem alle Fährmänner, Baumwärter und Passagegeldeinnehmer angewiesen, kein Holz ohne entsprechenden Passierschein passieren zu lassen (§ 94). Die §§ 95 ff. enthielten spezielle Verbote, die vielmals schon aus den älteren Holzordnungen bekannt sind (sonstige Baumbeschädigungen, Verbot des Plaggenhauens[117], Köhlerei im Wald, Heidebrennen, Viehweide, Verkaufsverbote, Feuerverbot). Die §§ 111 ff. enthielten Schlussvorschriften über die Belohnung des Anzeigenden und das Verfahren der *„Holzbrüchdingung"*. Dabei handelte es sich um eine Art gerichtliches Verfahren zur Untersuchung der vorgenannten *„Forstfrevel"* und zur Verhängung von Strafen, das halbjährlich vom Amtmann des Bezirks durchgeführt werden sollte. Die Verhandlungen werden auch *„Brüchsessionen"* genannt. Nach *Hase* waren die vielfach stattfindenden Forstfrevel zu jener Zeit auf die mangelnde Organisation und die zu schlechte Bezahlung der Holzvögte (*Bestechlichkeit*) zurückzuführen.[118] Außerdem hätten die nur halbjährlich

---

115 *Hase*, Waldeigentum und Forstaufsicht in Schleswig-Holstein, S. 34.

116 Als *„Forstfrevel"* wurden alle Übertretungen der zum Schutze des Waldes aufgestellten polizeilichen Vorschriften bezeichnet. Heute unterfallen diese Handlungen (z.B. Forstdiebstahl, Brandstiftung) dem allgemeinen Strafrecht oder werden von den Forstbehörden als Ordnungswidrigkeit verfolgt. Siehe: *Stinglwagner/Haseder/Erlbeck*, Wald- und Forstlexikon, S. 288, Stichwort: Forstfrevel.

117 Zum Begriff siehe Fn. 86.

118 *Hase*, Abriß der Wald- und Forstgeschichte Schleswig-Holsteins im letzten Jahrtausend, S. 97; Zur Ineffektivität der Forstaufsicht siehe auch: *Kragh*, ZSHG 139 (2014), S. 23 ff. (44 ff.).

stattfinden *Brüchsessionen* keine abschreckende Wirkung und eine Strafe sei durch Flucht in eine angrenzende Jurisdiktion leicht vermeidbar gewesen.

Die siebte Abteilung (§§ 119–128) handelte *„Von Unsern Torf-Möhren"* und wird wegen der geringeren Relevanz hier nicht weiter behandelt.

Die achte Abteilung (§§ 129–137) handelte *„Von privat Eigenthums-Holzungen und Möhren"*. Die Privatholzungen waren in Entstehung und Umfang verschiedener Natur. Einige waren ursprüngliche Eigentumsholzungen und führten den Namen *„Bondenholzungen"*. Darunter wurden in der forstgesetzlichen Sprache

> *„(...) die Eigentumshölzungen, ohne Unterschied, auch in denjenigen Ämtern verstanden, wo jene verschiedene Verfassung der Hofstellen nicht einheimisch war. Auch die erst in neuern Zeiten den Höfen beigelegten Holztheile werden gewöhnlich Bondenkoppeln und Bondengehege genannt."*[119]

Diese zuletzt genannten *„beigelegten Holzteile"* waren jedoch eines anderen Ursprungs als die ursprünglich eigentümlichen Bondenholzungen.[120] Sie sind zum einen bei der Landaufteilung im Rahmen der Auflösung der Feldgemeinschaften den berechtigten Interessenten der Dorfschaft als Privatwald zugeteilt worden. Zum anderen stammten die beigelegten Holzteile auch aus der Auflösung der Festeverfassung, wobei die Festeholzungen den ehemaligen Festebauern als Waldabfindung überlassen wurden. Der größte Teil des privaten Kleinwaldes stammt wohl aus der Abfindung der Dorfschaften mit Waldfläche für die Ablösung ihrer Forstberechtigungen.

In dieser Art der Holzungen konnten die Eigentümer grundsätzlich selbst, ohne Zuziehung von Forstbedienten, Holz fällen und die Mast benutzen, solange sie *„wirtschaftlich"* und *„haushälterisch"* handelten. War jedoch der Untergang der Holzungen durch eine Übernutzung oder Missbrauch zu besorgen, konnte dieses Recht eingeschränkt und eine Strafe festgesetzt werden (§ 129). Wer dennoch mit dem unregelmäßigen und ungebührlichen Holzfällen fortfuhr, konnte nach § 130 beim ersten Mal mit einer *„Brüche"*[121] bestraft werden. Beim zweiten Mal wurde ihm die Dispositionsbefugnis über die Holzungen vollends entzogen, sodass er jeden Holzbedarf vorher genehmigen und vom Forstbedienten ausweisen lassen musste. Sollte er trotzdem weiter eigenmächtig Holz einschlagen, erfolgte eine Bestrafung, als hätte er das Holz aus den landesherrlichen Holzungen entwendet. Die gleiche Bestrafung legte § 131 für das eigenmächtige Fällen in den Distrikten fest, in denen es auch vorher schon üblich war, dass die Holzausweisung unter staatlicher Aufsicht stattfand. Bei diesen Holzausweisungen wurde ein eigener *„Bondenhammer"* benutzt, der außerhalb der Ausweisungszeit unter amtlicher Verwahrung stand. Im

---

119 *Niemann*, Forststatistik der dänischen Staaten, S. 305 f.

120 Hierzu und im Folgenden: *Hase*, Waldeigentum und Forstaufsicht in Schleswig-Holstein, S. 35; *Niemann*, Forststatistik der dänischen Staaten, S. 306.

121 Zum Begriff siehe Fn. 99.

Ergebnis stand deshalb der Holzeinschlag in diesen Holzungen unter der strengen Aufsicht der Forstbeamten.

Die §§ 132–135 enthielten Sondervorschriften für einige Landesteile, in denen es besondere Nutzungsverhältnisse gab oder spezielle Verordnungen erlassen worden waren. Damit auch der Eigentümer einer Holzung ein Werkzeug gegen Holzdiebe hatte, konnte er Entwendungen bei den Amtshäusern zur Anzeige bringen und erhielt vom Schuldigen den Schaden ersetzt (§ 136).

Eine Sonderrolle in forstrechtlicher Sicht fiel den adeligen Gutsbesitzen zu. Die Gutsholzungen wurden in der Verordnung nicht erwähnt, da diese nicht unter der staatlichen Forsthoheit standen und frei bewirtschaftet und benutzt werden konnten.[122] König *Friedrich I.* hatte dem Adel auf dem Landtage zu Kiel am 6. Mai 1524 die volle Gerichtsbarkeit über ihre Untertanen zugesprochen, sodass die fürstlichen Holzordnungen in diesen Distrikten nicht galten.[123]

V. Die *„Allgemeine neue Forst- und Jagdverordnung"* vom 2. Juli 1784 und das Patent vom 15. Juni 1785

Bereits vier Jahre später wurde die Verordnung von 1781 aufgehoben und durch die *„Allgemeine neue Forst- und Jagdverordnung, mit beygefügten Instructionen für die Ober- und Unter- Forst – und Jagdbediente"*[124] vom 2. Juli 1784 ersetzt. In der Präambel dieser neuen Verordnung wurde festgestellt, dass die mit dem Erlass der Holz- und Jagdverordnung von 1781 verfolgte Absicht, das Forstwesen in allen Distrikten einheitlich zu regeln, zwar gelungen sei, manche Punkte jedoch unvollständig blieben und nähere Bestimmungen notwendig seien. Die Verordnung war erneut in zwei Hauptstücke unterteilt, wovon das erste das Forstwesen (§§1–138) und das zweite die Jagd (§§ 139–180) regelte. Das erste Hauptstück war weiter in neun Abteilungen gegliedert, die denen der Vorgängerverordnung in großem Maße ähnelten. Neu waren insbesondere die Anhänge Litr. A bis E, die Instruktionen für die Forstbedienten enthielten.

Die erste Abteilung (§§ 1–20) handelte abermals *„Von den Holzungen überhaupt, von der Aufsicht über selbige, deren Erhaltung und Verbesserung"*. Eine Veränderung dieser Abteilung ist dahingehend zu beobachten, dass die Vorschriften über die Aufsicht gestrafft wurden und statt der Konkretisierung der Aufgaben, einen Verweis auf den Anhang beinhalteten. § 11 enthielt eine Erweiterung, nach der die Aufsichtspflichtigen über die Dorfschaftsholzungen mit einem Reinigungseid ihre Bestrafung für Holzentwendungen verhindern oder zumindest mildern konnten. Dafür musste der Aufsichtsinhaber beeidigen,

---

122 *Niemann*, Forststatistik der dänischen Staaten, S. 309; *Gudme*, Schleswig-Holstein. Eine statisch-geographisch-topographische Darstellung dieser Herzogthümer, Bd. 1, S. 346.

123 *Hase*, Wald- und Forstchronologie Schleswig-Holsteins, S. 37; *Hase*, FA 1988, S. 20. ff u. 150 ff. (22).

124 CS 1784, S. 35 ff.

„daß er das vermißte oder entwandte Holz weder selbst entwandt, noch durch andere entwenden lassen, ihm auch überall nicht, welchergestalt selbiges weg, oder wohin es gekommen, bekannt sey".

Die §§ 18–21 der Verordnung von 1781 wurden neuerdings in § 18 gesammelt zusammengefasst. Im Übrigen sind die Vorschriften nahezu mit denen der Vorgängerverordnung identisch.

Die Regelungen in der zweiten Abteilung (§§ 21–30) über die landesherrlichen Holzungen enthielten keine wesentlichen Abweichungen zu der Vorgängerverordnung.

Die dritte Abteilung (§§ 31–36) regelte erneut die *„Festehölzungen"*. Nach § 31 konnte sich neuerdings auch der Festeinhaber durch Reinigungseid von der Strafe wegen Holzentwendungen aus seinen Waldungen befreien oder diese abmildern. Ansonsten blieben die Regelungen nahezu unverändert.

Die vierte Abteilung (§§ 37–66) handelte *„Von der Nutzung der Hölzungen"*. Abgesehen von der Änderung der Überschrift dieses Titels sind keine wesentlichen Veränderungen zu der Vorgängervorschrift getroffen worden. Die Holzausweisung und Nutzung der Mast erfolgte demnach wie bislang üblich.

Ebenso sind die Regelungen in der fünften Abteilung (§§ 67–72) *„Von Kirchen-, Hospitals- und Pfarrholzungen"* nahezu unverändert aus der Vorgängerverordnung übernommen worden.

Die sechste Abteilung (§§ 73–109) handelte von *„Forstfreveln, besonders von Beraubungen Unserer Hölzungen, Bestrafung derer, die sich an selbige vergreifen, wie auch von Abstellung verschiedener andern zum Nachtheil der Waldungen gereichenden Unordnungen, und von Holz-Brüchgerichten und Dingungssessionen"*. Die Vorschriften blieben auch in diesem Abschnitt größtenteils mit den Vorgängervorschriften identisch. In den §§ 90 und 91 sind Erweiterungen über das Verfahren gegen Militärangehörige und ledige Personen aufgenommen worden. Nachdem die Verordnung von 1781 ein uneingeschränktes Verbot für das Halten von Schafen in den Holzungen ausgesprochen hatte und Schweine nur zur Mastzeit geduldet wurden, war nach der neueren Verordnung eine Ausnahme möglich. Dort, wo die Untertanen in den nicht eingefriedeten Holzungen ein Weiderecht für Schafe nachweisen konnten, sollte ihnen dieses vorerst erhalten bleiben. Ziegen bleiben ausnahmslos verboten.

Die siebte Abteilung (§§ 110–118) regelte die *„Brüchsessionen"*. Die vormals in der sechsten Abteilung enthaltenen Vorschriften nahmen neuerdings einen eigenen Abschnitt in Anspruch. Die Vorschriften sind um eine Kostenregelung ergänzt worden, nach der die Kosten für das Verfahren, bei Unvermögen des Verurteilten, der Kasse der *„Holz- und Jagd-Brüchgelder"* zur Last fielen (§ 117).

Die achte Abteilung (§§ 119–129) *„Von Königlichen Torfmöhren"* wird auch an dieser Stelle nicht weiter behandelt.

Die neunte Abteilung (§§ 130–138) *„Von privat Eigenthumshölzungen und Möhren"* enthielt keine wesentlichen Veränderungen. In § 136 wurde die Staatsaufsicht über die Eigentumsholzungen wie folgt begründet:

„So wie Wir überhaupt keineswegs das wohlerworbene Eigenthum Unserer Unterthanen zu schmälern gedenken, sondern bloß die Landesväterliche Absicht haben, zum Besten der Nachkommenschaft dafür zu sorgen, daß sorglose Hauswirthe ihre Eigenthumshölzungen nicht zum unwiederbringlichen Schaden der Hufen verwüsten und mißbrauchen: So ist es auch Unser Wille, daß ein jeder Eigenthümer den haushälterischen Gebrauch seiner Hölzung fernerhin in der Maaße behalte, wie er dazu durch die ergangenen Verfügungen berechtigt ist.“

Neu waren hingegen die eingangs bereits erwähnen Anhänge Litr. A. – E. mit den Instruktionen für die Jägermeister (A), Oberförster (B), Hausvögte in Forstsachen (C), Hegereiter und Holzvögte (D) sowie für die Hegereiter und diejenigen Holzvögte, welche zugleich Jagdbediente sind (E). In diesen Instruktionen wurden die Rechte und Pflichten der einzelnen Forstbedienten geregelt und ihr Verhältnis untereinander konkretisiert.

Einige Änderungen erhielt die Forst- und Jagdverordnung von 1784 durch das *„Patent, wodurch einige Paragraphen der allgemeinen neuen Forst- und Jagdverordnung theils abgeändert, theils aber näher bestimmt werden“*[125] vom 15. Juni 1785. Das Patent war in acht Abschnitte unterteilt, von denen sich sieben mit dem Forstwesen befassten.

Die Abschnitte 1–3 des Patents betrafen die Haftung der Aufsichtspflichtigen für Holzentwendungen in ihren Distrikten. Für die Beurteilung einer Ermäßigung oder des völligen Entfallens der Strafe sollte bei dem in § 11 vorgeschriebenen Reinigungseid genauestens untersucht werden, inwiefern der Aufsichtspflichtige die Aufsicht gebührend geführt oder diese vernachlässigt hat. Ebenso sollte in dem Verfahren gegen die Festeinhaber verfahren werden. Für die Fälle, in denen noch die ganze Dorfschaft für Holzentwendungen zur Haftung herangezogen werden konnte, sollte bei Fehlen jeglicher Fahrlässigkeit eine Haftung nur für den Werterersatz möglich sein.

Die Abschnitte 4 und 5 enthielten eine Modifizierung der Vorschriften zum Verbot der Viehweide in den landesherrlichen Holzungen (§§ 27, 28 und 101 der Forst- und Jagdverordnung von 1784). Die Strafen wurden erhöht und die Vollstreckung dergleichen geregelt.

Von größerer Bedeutung ist der sechste Abschnitt des Patents, der die Vorschriften über Eigentumsholzungen ergänzte. Die Aufsicht der Forstbedienten wurde über die Fällung hinaus auch auf die Anpflanzung der Bäume ausgedehnt. Zu diesem Zweck wurde verordnet, dass auch alle Eigentumsholzungen einzufrieden und von der Weide zu befreien waren. In der Vorschrift heißt es:

„Da die Erfahrung gelehrt hat, daß Unsere, auf Erhaltung der Eigenthumshölzungen für die Nachkommenschaft gerichtete landesväterliche Absicht nicht erreicht wird, wenn man nicht auch dafür sorgt, daß, wie eine haushälterische Benutzung es schon von selbst erfordert, die eigenthümlichen Hölzungen von der Weide befreyt und anstatt der abgängigen

125 CS 1785, S. 67 ff.

und gefälleten Bäume junge wieder angezogen werden; so muß die Unsern Beamten (...) anbefohlene Aufsicht auf die haushälterische Nutzung der Bondenhölzungen, sich nicht bloß auf Fällung der jetzt darin vorhandenen Bäume, sondern auch auf die Cultur dieser Hölzungen erstrecken.“

Die Holzungen sollten fortan ausschließlich zur Forstkultur genutzt werden. Nachdem die Viehhaltung in den landesherrlichen Holzungen schon in den vorangegangen Verordnungen immer weiter eingeschränkt beziehungsweise zuletzt ganz verboten wurde, sollte ihr das gleiche Schicksal auch in den Eigentumsholzungen zukommen. Ausnahmen sollten nach vorheriger Untersuchung durch die Amts- und Forstbedienten jedoch genehmigt werden können, wenn eine Einfriedung nicht möglich oder die Waldweide zur Befriedigung der Bedürfnisse der Untertanen erforderlich war. Auch in diesen Fällen waren die Holzungen aber zu erhalten und nach den Vorschriften der Forst- und Jagdverordnung *„haushälterisch“* zu bewirtschaften. Das hinter dieser Regelung stehende Motiv bestand hauptsächlich darin, die dauerhafte Deckung des Eigenbedarfs der Bauern an Holz sicherzustellen und durch die Erhaltung der eigentümlichen Holzungen, eine Entlastung der landesherrlichen Forsten herbeizuführen.[126]

Der siebte Abschnitt enthielt eine Konkretisierung der Vorschriften über die *„Brüchsession“*. Da es Zweifel an der Zuständigkeit der *„Amtsbrüchsession“* gab, wurde klargestellt, dass sich diese allein auf den Bezirk der Zuwiderhandlung beschränkte.

Über 150 Jahre blieben diese Vorschriften in Kraft. Eine endgültige Aufhebung der allgemeinen neuen Forst- und Jagdverordnung von 1784 und des 6. Abschnitts des Patents von 1785 erfolgte erst mit dem *Schleswig-Holsteinischen Gesetz zur Walderhaltung*[127] vom 30. Mai 1950. Die lange Geltungsdauer ist nicht zuletzt durch die vielfältigen Erfolge begründet, die durch die Verordnung erzielt wurden. Sie bildete den Grundstein für die Abschaffung der Waldweide, die Ablösung der Holzberechtigungen, den Aufbau einer planmäßigen Waldbewirtschaftung und für die Heideaufforstungen, sodass mit ihr ein *„Wandel zugunsten des Waldes“* herbeigeführt werden konnte.[128]

B. Gesetzgebung für die preußische Provinz Schleswig-Holstein

Nachfolgend wird die forstrechtliche Gesetzgebung in der Zeit der Zugehörigkeit Schleswig-Holsteins zu Preußen dargestellt. Dazu erfolgt zunächst ein Überblick über die Vereinigung der Herzogtümer mit Preußen (dazu I.), den Waldzustand (dazu II.) und die Organisation des Forstwesens (dazu III.). Anschließend erfolgt eine

126 *Kragh*, ZSHG 139 (2014), S. 23 ff. (35).
127 GVOBl. SH 1950, S. 199 ff.
128 *SH MELF* (Hrsg.), Wald und Forstwirtschaft in Schleswig-Holstein, 1982, S. 15.

Darstellung der Gesetzgebung über den Privatwald (dazu IV.) und den Kommunalwald (dazu V.), der Forststrafgesetzgebung (dazu VI.), des Versuchs zur Schaffung eines allgemeinen preußischen Forstgesetzes (dazu VII.) und des Waldschutzes bei der Auflösung der Familienfideikommisse (dazu VIII.).

I. Die Vereinigung der Herzogtümer mit Preußen

Die erste Hälfte des 19. Jahrhunderts war in den Herzogtümern Schleswig und Holstein von inneren Auseinandersetzungen und einem an Bedeutung gewinnenden Konflikt über die nationale Frage geprägt.[129] Insbesondere in den neu geschaffenen Ständeversammlungen kamen die Gegensätze deutlich zum Ausdruck. Im Norden Schleswigs hatte sich gegen Ende der Dreißigerjahre eine nationaldänische Bewegung gebildet, die ein Zurückdrängen des Deutschen in Kultur und Verwaltung anstrebte. Auf der anderen Seite standen deutsche Schleswig-Holsteiner, die einen nationalen Verfassungsstaat und schließlich eine Aufnahme Schleswigs in den Deutschen Bund forderten. Einen ersten Höhepunkt erreichte der Konflikt 1848 mit der *Erhebung der Schleswig-Holsteiner* gegen Dänemark. Nach kriegerischen Auseinandersetzungen, in denen die Schleswig-Holsteiner durch österreichische und preußische Truppen unterstützt wurden, blieben die Herzogtümer zunächst Bestandteil des dänischen Gesamtstaates. Im Gegenzug verpflichtete sich Dänemark im *Londoner Vertrag* vom 8. Mai 1852, eine Inkorporation Schleswigs zu unterlassen, die Rechte des Deutschen Bundes in den Herzogtümern Holstein und Lauenburg zu wahren und eine Gesamtstaatsverfassung in gesetzmäßiger Weise einzuführen. In den folgenden Jahren führte Dänemark eine Verwaltungsreform durch, die eine Trennung der gemeinsamen Verwaltung zur Folge hatte. Nachdem die Einführung einer Gesamtstaatsverfassung scheiterte, verabschiedete Dänemark im November 1863 eine dänisch-schleswigsche Verfassung und verstieß damit gegen die Abmachungen von 1852. Als Folge besetzten im Dezember 1863 hannoversche und sächsische Truppen die südlichen Herzogtümer Holstein und Lauenburg. Österreichische und preußische Truppen marschierten im Februar 1864 in Schleswig ein und besetzten im Verlauf des Krieges ganz Jütland. Der *Wiener Frieden* vom 30. Oktober 1864 beendete den Krieg zwischen den Parteien und führte dazu, dass Dänemark alle drei Herzogtümer an Österreich und Preußen abtreten musste. Die unterschiedlichen Vorstellungen von Österreich und Preußen über die Zukunft der Herzogtümer führten jedoch zu einer erneuten kriegerischen Auseinandersetzung, bei der sich Preußen behaupten konnte. Als Folge übertrug der österreichische Kaiser im *Prager Friedensvertrag* vom 23. August 1866 sein Anrecht auf die Herzogtümer auf den König von Preußen.

Am 24. Dezember 1866 erließ Preußen das *„Gesetz, betreffend die Vereinigung der Herzogthümer Holstein und Schleswig mit der Preußischen Monarchie“*[130] und legte

129 Hierzu und zur Geschichte im Folgenden: *Scharff/Jessen-Klingenberg*, Schleswig-Holsteinische Geschichte, S. 59–71; *Bohn*, Geschichte Schleswig-Holsteins, S. 85–95.

130 GS 1866, S. 875.

damit den Grundstein für den künftigen Zusammenschluss. Die formelle Besitzergreifung folgte schließlich durch das *„Patent wegen Besitznahme der Herzogthümer Holstein und Schleswig"*[131] vom 12. Januar 1867.

II. Zustand des Waldes am Ende des 19. Jahrhunderts

Am Ende des 19. Jahrhunderts machte die Waldfläche in Schleswig-Holstein einen Anteil von 6,55 % an der Gesamtfläche aus.[132] Schleswig-Holstein war damit die am wenigsten bewaldete Provinz ganz Preußens und durch einen sehr zersplitterten Waldbesitz geprägt. Die insgesamt 124.532 ha Wald setzten sich zusammen aus: 77.318 ha Privatwald, 34.770 ha Staatswald, 9.481 ha Gemeindewald, 2.497 ha Stiftungswald und 465 ha Genossenschaftswald.

III. Organisation des Forstwesens

Die Eingliederung der Herzogtümer in den preußischen Staat hatte eine Reorganisation der Verwaltung zur Folge. Aus forstrechtlicher Sicht ist zunächst die *„Verordnung, betreffend die Organisation der Forstverwaltung in den neu erworbenen Gebietstheilen"*[133] vom 4. Juli 1867 von Bedeutung. Die Verordnung enthielt hinsichtlich der dem Staat gehörenden Forsten eine Ermächtigung für die Ressortminister, Anordnungen über die forstlichen Materien zu treffen. Dies betraf die Verwaltung und Nutzbarmachung der Forsten und Jagden, die Angelegenheiten der Forstbeamten und die Bezirksabgrenzungen. In der Folge wurden die schleswig-holsteinischen Staatsforsten in die preußische Staatsforstverwaltung eingegliedert. Diese unterstand zunächst dem *Finanzministerium Abt. Domänen und Forsten* und ab 1878 dem *Ministerium für Landwirtschaft, Domänen und Forsten.*[134] Das Landesgebiet wurde nach preußischem Vorbild in drei Forstinspektionsbezirke und 16 Oberförstereien eingeteilt.[135] Die das Forstwesen betreffenden gesetzlichen Bestimmungen blieben jedoch zunächst in Kraft und wurden unverändert von Preußen übernommen.[136]

Im Herzogtum Lauenburg erfolgte eine gesonderte Behandlung.[137] Ein Teil der Landesforsten wurde dem damaligen Kreiskommunalverband übertragen und den Sachsenwald überließ man dem Reichskanzler *Fürst Otto von Bismarck* im Juni 1871

131 GS 1867, S. 129 f.
132 Hierzu und im Folgenden: *Hagen/Donner*, Die forstlichen Verhältnisse Preußens, Bd. 1, S. 24 f.
133 GS 1867, S. 1129 f.
134 *Hase*, Beitrag zur Geschichte der Forstverwaltung in Schleswig-Holstein, S. 80.
135 *Hase*, Wald- und Forstchronologie Schleswig-Holsteins, S. 106; *Hase*, Beitrag zur Geschichte der Forstverwaltung in Schleswig-Holstein, S. 87.
136 *Hasel*, Zur Geschichte der Forstgesetzgebung in Preußen, S. 72.
137 Im Folgenden: *Hase*, Abriß der Wald- und Forstgeschichte Schleswig-Holsteins im letzten Jahrtausend, S. 100.

in Anerkennung seiner Verdienste bei der Reichsgründung als Dotation. Erst 1876 wurde das Herzogtum Lauenburg mit der Provinz Schleswig-Holstein vereinigt.

Neben der Neuordnung der Forstverwaltung waren die Bestrebungen zur *Heide- und Ödlandaufforstung* charakteristisch für die preußische Zeit.[138] Dazu kaufte der Staat einerseits Ödlandflächen zur Kultivierung mit Nadelholz auf und gewährte andererseits Aufforstungsbeihilfen an Kreise, Gemeinden und Private. Bis zum Ausbruch des Ersten Weltkriegs konnten dadurch im Staatsforst 11.600 ha aufgeforstet werden. Daneben wirkte insbesondere der 1871 gegründete Heidekulturverein Schleswig-Holstein an der Aufforstung von 14.000 ha Wald im Nichtstaatswald mit.

Ebenfalls von Bedeutung war das *„Gesetz, betreffend die Ablösung der Reallasten in der Provinz Schleswig-Holstein"*[139] vom 3. Januar 1873. Nach den Vorschriften dieses Gesetzes wurden die Grund- und Reallasten, die auf den Grundstücken lasteten, für ablösbar erklärt. § 36 dieses Gesetzes enthielt eine Regelung für die *Ablösung der Holznutzungsrechte* der Festeinhaber, denen Festeholzungen im Sinne der §§ 31 bis 36 der Forst- und Jagdverordnung vom 2. Juli 1784 gehörten. Die Festeinhaber sollten dadurch entschädigt werden,

> *„daß Ihnen die Festehölzungen mit allen Holzbeständen vom Fiskus zum vollen Eigenthum als Zubehör ihrer Festestellen abgetreten werden gegen eine an den Fiskus zu entrichtende Jahresrente, welche drei Prozent des sachverständig zu ermittelnden Kapitalwerths des auf den Festehölzungen befindlichen Bestandes an hartem Holz ausmacht."*

Daneben sollten auch die als Dienstbarkeiten auf dem Grundeigentum lastenden Nutzungsberechtigungen abgelöst werden. Dazu wurde am 17. August 1876 das *„Gesetz, betreffend die Ablösung der Servituten, die Theilung der Gemeinheiten und die Zusammenlegung der Grundstücke für die Provinz Schleswig-Holstein, mit Ausschluß des Kreises Herzogtum Lauenburg"*[140] erlassen. Forstwirtschaftlich betraf dieses insbesondere die noch bestehenden Nutzungsberechtigungen zur Weide, zur Mast und zum Mitgenuss von Holz. Die Grundstücke, die ungeteilt von mehreren Personen gemeinschaftlich genutzt wurden, sollten geteilt und wirtschaftlich zusammengelegt werden. Die Ablösung, Teilung und Zusammenlegung sollte eine Verbesserung der Bewirtschaftung bewirken und vermengt liegende Grundstücke vereinheitlichen. Das Gesetz stellt damit eine Fortsetzung der Bestrebungen zur Gemeinheitsteilung und Ablösung der Forst- und Weidegerechtigkeit dar, die in den Verkoppelungs- und Holzordnungen des 18. Jahrhunderts ihren Ursprung hatten. Sowohl der Eigentümer als auch der Nutzungsberechtigte konnte die Ablösung, Teilung und Zusammenlegung verlangen (§ 2). Jedem Teilnehmer an diesem Prozess sollte an Stelle seines

---

138 Hierzu und im Folgenden: *Hase*, Beitrag zur Geschichte der Forstverwaltung in Schleswig-Holstein, S. 93 f.; *Hase*, Abriß der Wald- und Forstgeschichte Schleswig-Holsteins im letzten Jahrtausend, S.100 f.; *SH MELF* (Hrsg.), Wald und Forstwirtschaft in Schleswig-Holstein, 1982, S. 59.

139 GS 1873, S. 3 ff.

140 GS 1876, S. 377 ff.

Eigentums oder Nutzungsrechts eine angemessene Abfindung in Geldrente, Kapital oder Grundstücken gewährt werden (§ 9). Dazu erfolgte zunächst eine sachverständige Wertermittlung des Grundstücks oder des Rechts (§§ 10, 11). Im Übrigen enthielt das Gesetz weitere Vorschriften über die Einzelheiten der Abfindung und des Auseinandersetzungsverfahrens.

IV. Gesetzgebung über die Privatwaldungen

In Preußen war die Staatsaufsicht über den Privatwald bereits mit dem *„Edikt zur Beförderung der Land-Cultur"*[141] vom 14. September 1811 beseitigt worden. Nach § 1 dieses sogenannten *Landeskulturediktes* sollten alle Beschränkungen des Grundeigentums aufgehoben werden. Für die Privatwaldungen regelte § 4 des Ediktes die Aufhebung der Einschränkungen, die aus dem allgemeinen Landrecht und den Provinzial-Forstordnungen herrührten. § 5 legte fest, dass landwirtschaftliche Flächen in Forst- und andere Nutzungsarten umgewandelt werden konnten und hob diesbezügliche gesetzliche Beschränkungen auf.

Mit dem *„Gesetz, betreffend Schutzwaldungen und Waldgenossenschaften"*[142] vom 6. Juli 1875 wurde die Eigenständigkeit der Privatwaldungen auch in formeller Hinsicht bestätigt. Eine Ausnahme galt für die *„Bondenholzungen"* in Schleswig-Holstein – hierzu sogleich – , die weiterhin nach den bestehenden Vorschriften unter der Staatsaufsicht verbleiben sollten. In § 1 des Gesetzes heißt es:

> *„Die Benutzung und Bewirthschaftung von Waldgrundstücken unterliegt nur denjenigen landespolizeilichen Beschränkungen, welche durch das gegenwärtige Gesetz vorgeschrieben oder zugelassen sind.*
> *Die über die Beaufsichtigung, Benutzung und Bewirthschaftung der Staats-, Gemeinde-, Korporations-, Genossenschafts- und Institutenforsten, sowie der Schleswig-Holsteinischen sogenannten Bondenholzungen, bestehenden besonderen Vorschriften bleiben jedoch in Kraft."*

Damit wurde klargestellt, dass die §§ 131 ff. der Forstordnung von 1784 und der sechste Abschnitt des Patents von 1785 weiterhin in Kraft blieben und die Beschränkungen bezüglich der *Bondenholzungen* aufrecht erhalten werden sollten. Dennoch waren mit dieser Regelung Unklarheiten verbunden, weshalb kurz die Herkunft der Bondenholzungen ins Gedächtnis gerufen werden soll.[143] Diese Art der eigentümlichen Holzungen in Schleswig-Holstein waren zum einen die Waldungen, die den Bauern als reales Eigentum von jeher zustanden und solche, die den Bauern im Wege der Verkoppelung und Gemeinheitsteilung zugeteilt wurden. Daneben fallen auch die ehemaligen Festehölzungen in diese Kategorie, die im Rahmen der Forstrechtsablösung in das freie Eigentum der Festebauern übergingen

141 GS 1811, S. 300 ff.
142 GS 1875, S. 416 ff.
143 Siehe hierzu auch S. 25.

und den Bondenholzungen gleichgestellt wurden.[144] In der Forstordnung von 1784 wurden unter dem Begriff der Bondenholzungen unterschiedslos alle freien Bauernwaldungen der verschiedenen Kategorien verstanden. Im sog. *Schutzwaldgesetz* von 1875 wurden darunter jedoch nur die Waldungen verstanden, die den Bauern im Wege der Ablösung der Forstberechtigungen aus dem Staatswald zugewandt worden sind.[145] Besonderheiten galten außerdem in Süderdithmarschen und dem Herzogtum Lauenburg, auf die nicht weiter eingegangen werden soll.[146]

Im Übrigen regelte das Schutzwaldgesetz von 1875 Maßregeln zur Gefahrenabwendung (§§ 2–22) und die Bildung von Waldgenossenschaften (§§ 23–46). Die abzuwendenden Gefahren waren abschließend in § 2 aufgelistet; u.a. Gefahr der Versandung (a), der Überschüttung, der Überflutung und des Nachrutschens durch Bodenabschwemmungen (b), des Abbruches, des Eisganges, der Verminderung des Wasserstandes und der nachteiligen Windeinwirkung durch die Zerstörung eines Waldbestandes (c, d, e).

Zur Abwendung dieser Gefahren für benachbarte Grundstücke, Gebäude, öffentliche Anlagen und Wasserläufe konnte auf Antrag auf dem gefahrbringenden Grundstück die Art der Nutzung eingeschränkt und die Ausführung von Waldkulturen und sonstigen Schutzanlagen angeordnet werden. Bedingung war, dass

> *„der abzuwendende Schaden den aus der Einschränkung für den Eigenthümer entstehenden Nachtheil beträchtlich überwiegt“* (§ 2).

Als Schutzmaßnahmen kamen in Betracht: Verbot oder Genehmigungspflicht für Waldrodungen, Streu- und Weidenutzung, die Anordnung zur Betriebsführung nach einem genehmigten Betriebsplan und forstliche Sachverständige heranzuziehen sowie im Einzelfall Anordnungen zur Neuaufforstung, Anlage von Gräben, Dämmen, Verbauungen, Sickerkanälen und bestimmte Befestigungsmaßnahmen für Wege und Ufer.[147] In § 3 des Gesetzes wurde der Kreis der *Antragsberechtigten* geregelt. Antragsteller konnten danach jeder gefährdete Interessent, die Kommunalverbände oder die Landespolizeibehörde sein. Die Kosten für die Herstellung der Schutzanlagen sowie die Entschädigung des Eigentümers und der ersatzberechtigten Dritten (§ 4) hatte in erster Linie der Antragsteller zu tragen (§ 5). Bis zur Höhe des Wertes des abzuwendenden Schadens und bis zur Höhe des Mehrwertes, welche die Grundstücke durch die Schutzanlagen erhielten, hatte auch der Eigentümer des gefahrbringenden Grundstücks zu den Kosten beizutragen (§ 5). Welche Maßregeln zur Anwendung gelangten, wurde durch den Kreisausschuss entschieden, der in diesen Fällen die Bezeichnung *Waldschutzgericht* führte (§ 6). Die folgenden Paragrafen regelten das besondere Verfahren vor dem Waldschutzgericht.

144 *Hase*, Waldeigentum und Forstaufsicht in Schleswig-Holstein, S. 80.
145 *Hase*, Waldeigentum und Forstaufsicht in Schleswig-Holstein, S. 81.
146 Siehe dazu: *Hase*, Waldeigentum und Forstaufsicht in Schleswig-Holstein, S. 83 ff.
147 *Hasel*, Zur Geschichte der Forstgesetzgebung in Preußen, S. 76 f.

Die §§ 23 ff. enthielten Vorschriften über die *Bildung von Waldgenossenschaften*, die zu dem Zweck der gemeinsamen forstmäßigen Benutzung von nebeneinander und vermengt gelegenen Waldstücken gebildet werden konnten. Das Rechtsverhältnis dieser Genossenschaften wurde durch Statut festgelegt, dessen Mindestinhalt in § 26 festgeschrieben war. Die Waldgenossenschaften unterstanden nach Maßgabe des § 44 der Staatsaufsicht.

Insgesamt wurden die mit dem Schutzwaldgesetz von 1875 bezweckten Erfolge nicht erreicht. Bezüglich der Schutzwaldungen war insbesondere die Entschädigungspflicht des Antragstellers ein Hindernis.[148] Die Höhe der Entschädigung war im Vorfeld häufig noch nicht zu übersehen, sodass Privatpersonen sich diesbezüglich eher zurückhielten und die Beantragung von Schutzmaßregeln den Landespolizeibehörden überließen.[149] Da die Landespolizeibehörden und die Gebietskörperschaften aber häufig nicht über den erforderlichen forstlichen Sachverstand verfügten, war die Bereitwilligkeit zur Übernahme des Antragsrisikos ebenfalls nicht sehr groß.[150] Entsprechend war auch die Bildung von Waldgenossenschaften wenig erfolgreich. Ein Grund dafür waren die Bedenken der Privatwaldbesitzer, ihre Verfügungsgewalt einzuschränken und sich selbst in staatliche Aufsicht zu begeben.[151] Darüber hinaus gab es weder finanzielle Unterstützung noch eine sachverständig beratende Stelle bei der Bildung von Waldgenossenschaften. Da es auch in der Folgezeit kein allgemeines Forstgesetz für Preußen gab, unterlag der Privatwald – abgesehen von den Bondenholzungen in Schleswig-Holstein – bis zur nationalsozialistischen Zeit keinen Einschränkungen. Erst mit dem *„Waldgesetz für das Land Schleswig-Holstein“*[152] vom 18. März 1971 ist das Schutzwaldgesetz außer Kraft gesetzt worden.

V. Gesetzgebung über die Kommunalwaldungen

Während in anderen Provinzen eigene Gesetze über die Verwaltung und Bewirtschaftung der den Gemeinden und öffentlichen Anstalten gehörenden Holzungen erlassen wurden,[153] spielte diese Materie in Schleswig-Holstein eine untergeordnete Rolle. Der Großteil der Kommunalwaldungen entfiel auf den Kreiskommunalverband des Herzogtums Lauenburg, wohingegen im restlichen Schleswig-Holstein – nach einer Statistik von 1893 – nur eine Gesamtfläche von 1.382 ha Gemeindewald vorhanden war.[154] In Schleswig-Holstein beaufsichtigte der Staat

148 *Rosenstock*, Zur Geschichte der preussischen Staatsforstverwaltung, S. 295.
149 *Hagen/Donner*, Die forstlichen Verhältnisse Preußens, Bd. 1, S. 82.
150 *Hasel*, Zur Geschichte der Forstgesetzgebung in Preußen, S. 76.
151 *Hasel*, Zur Geschichte der Forstgesetzgebung in Preußen, S. 82; *Rosenstock*, Zur Geschichte der preussischen Staatsforstverwaltung, S. 294 f.
152 GVOBl. SH 1971, S. 94 ff.
153 Siehe: *„Gesetz, betreffend die Verwaltung der den Gemeinden und öffentlichen Anstalten gehörigen Holzungen in den Provinzen Preußen, Brandenburg, Pommern, Posen, Schlesien und Sachsen“* vom 14. August 1876, GS 1876, S. 373.
154 *Hagen/Donner*, Die forstlichen Verhältnisse Preußens, Bd. 1, S. 87. und Bd. 2, S. 5.

nur die Erhaltung des Waldes und machte besonders einschneidende Maßnahmen von einer vorherigen Genehmigung abgängig.[155] Bezüglich der städtischen Forsten hieß es im „*Gesetz, betreffend die Verfassung und Verwaltung der Städte und Flecken in der Provinz Schleswig-Holstein*"[156] vom 14. April 1869 in § 71:

> „*Die Gemeindebeschlüsse (§ 52) bedürfen zu ihrer Wirksamkeit, außer in dem Gesetz besonders dahin gewiesenen Fällen, der Genehmigung der Regierung, wenn sie betreffen:*
> *(...)*
> *5) außerordentliche Benutzungen des Stadtvermögens, welche die Substanz selbst angreifen, z.B. Waldabtrieb außer forstmäßiger Bewirthschaftung; (...)*"

In der „*Landgemeindeordnung für die Provinz Schleswig-Holstein*"[157] vom 4. Juli 1892 waren keine besonderen Vorschriften über die Verwaltung der Gemeindewaldungen enthalten.

Die gesetzlichen Bestimmungen, die in den einzelnen Landesteilen Preußens hinsichtlich des Forstbetriebs und der Staatsaufsicht für die Gemeindewaldungen galten, sollten nach dem „*Gesetz über gemeinschaftliche Holzungen*"[158] vom 14. März 1881 auch auf die gemeinschaftlichen Holzungen Anwendung finden (§ 2). Dies waren solche, an denen das Eigentum mehreren Personen gemeinschaftlich zustand, wenn die Gemeinschaft nicht durch ein privatrechtliches Verhältnis zustande gekommen ist. Namentlich waren dies die Holzungen der Real-, und Nutzungsgemeinden, der Markgenossenschaften, der Gehöferschaften, der Erbgenossenschaften und anderer gleichartiger Genossenschaften. Daneben fielen auch die Holzungen in den Anwendungsbereich, welche den Mitgliedern einer solchen Genossenschaft, einer Klasse von Mitgliedern oder den Einwohnern einer Gemeinde im Rahmen der Gemeinheitsteilung und Forstservitutenablösung als Gesamtabfindung überwiesen wurden und bis zum Inkrafttreten des Gesetzes gemeinschaftliches Eigentum geblieben sind (§ 1). Soweit in diesen Holzungen der Forstbetrieb von den Staatsforstbehörden oder Beamten geführt wurde, verblieb es jedoch bei den bestehenden gesetzlichen Vorschriften (§ 10). Über die Durchführung und den Erfolg des Gesetzes liegen keine großen Erkenntnisse vor.[159] Nach neunzigjähriger Geltung wurde das Gesetz über gemeinschaftliche Holzungen in Schleswig-Holstein mit dem *Landeswaldgesetz*[160] von 1971 außer Kraft gesetzt.

155 *Rosenstock*, Zur Geschichte der preussischen Staatsforstverwaltung, S. 291.
156 GS 1869, S. 589 ff.
157 GS 1892, S. 155 ff.
158 GS 1881, S. 261 ff.
159 *Hasel*, Zur Geschichte der Forstgesetzgebung in Preußen, S. 67.
160 GVOBl. SH 1971, S. 94 ff.

VI. Forststrafgesetzgebung

Mit Verordnung vom 25. Juni 1867 wurde in Schleswig-Holstein das *Strafgesetzbuch für die Preußischen Staaten* und eine eigene *Strafprozessordnung* eingeführt.[161] In Ergänzung des Strafgesetzbuches und der Strafprozessordnung wurden mit selbiger Verordnung das *Holzdiebstahlsgesetz*[162] von 1852 und weitere das Forststrafwesen betreffende Vorschriften[163] für Schleswig-Holstein in Kraft gesetzt. Mit dem *„Gesetz, betreffend die Redaktion des Strafgesetzbuchs für den Norddeutschen Bund als Strafgesetzbuch für das Deutsche Reich“*[164] vom 15. Mai 1871 wurde sodann ein allgemein gültiges Strafrecht für das gesamte Deutsche Reich geschaffen (*Reichsstrafgesetzbuch – RStGB*). Von Bedeutung für das Forststrafrecht waren insbesondere die Vorschriften über den Diebstahl (§§ 242 ff.) aus dem RStGB, die auf den Diebstahl an bereits eingeschlagenem Holz Anwendung fanden. Daneben wurden die Vorschriften über den Diebstahl auch auf abgebrochenes und umgeworfenes Holz, mit dessen Zurichtung bereits begonnen war und andere Walderzeugnisse angewendet, soweit sich diese in einer umschlossenen Holzablage befanden.[165] Das allgemeine Strafrecht schloss damit die Lücke für Holzentwendungen, auf die das Holzdiebstahlsgesetz von 1852 keine Anwendung fand. Daneben waren noch weitere Vorschriften von Relevanz für das Forststrafrecht. Die vorsätzliche Brandstiftung in Waldungen konnte gem. § 306 RStGB mit Zuchthausstrafe bis zu zehn Jahren geahndet werden. Das Anzünden von Feuer an gefährlichen Stellen in Waldungen war durch § 368 Nr. 6 RStGB unter Strafe gestellt. Ebenso verhielt es sich mit dem unbefugten Gehen, Fahren, Reiten und Viehtreiben in eingefriedeten Schonungen oder solchen, deren Betreten durch ein Warnzeichen untersagt war (§ 368 Nr. 9 RStGB).

Eine einheitliche Regelung des Strafverfahrens wurde mit der *„Strafprozeßordnung“*[166] vom 1. Februar 1877 angestrebt. Im *„Einführungsgesetz zur Strafprozeßordnung“*[167] vom 1. Februar 1877 war jedoch geregelt, dass die Forst- und Feldrügesachen durch die Amtsgerichte in einem besonderen Verfahren verhandelt und entschieden werden konnten, wenn ein Landesgesetz dies anordnete (§ 3). Preußen machte von dieser Möglichkeit Gebrauch und erließ am 15. April 1878 das

161 *„Verordnung, betreffend das Strafrecht und das Strafverfahren in den durch das Gesetz vom 20. September 1866 und die beiden Gesetze vom 24. Dezember 1866 mit der Monarchie vereinigten Landestheilen, mit Ausnahme des vormaligen Oberamtsbezirks Meisenheim und der Enklave Kaulsdorf.“*, GS 1867, S. 921 ff.

162 *„Gesetz, den Diebstahl an Holz und anderen Waldprodukten betreffend“* vom 2. Juni 1852, GS 1852 S. 305 ff.

163 *„Gesetz über die Strafe der Widersetzlichkeit bei Forst- und Jagdverbrechen“* vom 31. März 1837, GS 1837, S. 67 ff.; *„Gesetz über den Waffengebrauch der Forst- und Jagdbeamten“* vom 31. März 1837, GS 1837, S. 65 f.

164 RGBl. 1871, S. 127 ff.

165 *Hagen/Donner*, Die forstlichen Verhältnisse Preußens, Bd. 1, S. 98.

166 RGBl. 1877, S. 253 ff.

167 RGBl. 1877, S. 346 ff.

„Gesetz, betreffend den Forstdiebstahl“[168], das an die Stelle des Holzdiebstahlsgesetzes von 1852 trat und in den §§ 19 ff. Vorschriften über das Verfahren vor den Amtsgerichten enthielt. In § 1 war eine Definition für den Forstdiebstahl enthalten. Danach musste der Diebstahl in einem Forst oder auf einem hauptsächlich zur Holznutzung bestimmten Grundstück verübt werden und sich auf eines der folgenden Tatobjekte beziehen:

> *„1) an Holz, welches noch nicht vom Stamme oder vom Boden getrennt ist;*
> *2) an Holz, welches durch Zufall abgebrochen oder umgeworfen, und mit dessen Zurichtung noch nicht der Anfang gemacht worden ist;*
> *3) an Spänen, Abraum oder Borke, sofern dieselben noch nicht in einer umschlossenen Holzablage sich befinden, oder noch nicht geworben oder eingesammelt sind;*
> *4) an anderen Walderzeugnissen, insbesondere Holzpflanzen, Gras, Haide, Plaggen, Moos, Laub, Streuwerk, Nadelholzzapfen, Waldsämereien, Baumsaft und Harz, sofern dieselben noch nicht geworben oder eingesammelt sind.“*

Die Strafe für den Forstdiebstahl betrug den fünffachen Wert des Entwendeten und bei Hinzutreten von besonderen Umständen den zehnfachen (§§ 2, 3, 7). Diese Strafschärfung konnte beispielsweise dadurch veranlasst sein, dass die Tat an einem Sonn- oder Festtag oder zur Nachtzeit begangen wurde (§ 3 Nr. 1), der Täter sich unkenntlich gemacht hat (§ 3 Nr. 2), ein Schneidwerkzeug benutzt hat (§ 3 Nr. 4) oder innerhalb von zwei Jahren nach rechtskräftiger Verurteilung rückfällig geworden ist (§ 7). Nach § 4 waren auch der Versuch des Forstdiebstahls und die Teilnahme daran unter Strafe gestellt. Gefängnisstrafe kam in Betracht, wenn der Forstdiebstahl von drei oder mehreren Personen gemeinschaftlich oder zum Zwecke der Veräußerung des Entwendeten ausgeführt wurde (§ 6) sowie für Wiederholungstäter ab der dritten Begehung (§ 8). Neben der Strafe hatte der Täter dem Bestohlenen den Wert des Entwendeten zu ersetzen, wobei ein darüber hinausgehender Schadensersatz nur im Zivilprozess geltend gemacht werden konnte (§ 9). In § 15 war die Einziehung von mitgeführten Äxten, Sägen, Messern und anderen zum Forstdiebstahl geeigneten Werkzeuge geregelt. Außer in den Fällen der §§ 6 und 8 war das Amtsgericht für Zuwiderhandlungen gegen das Forstdiebstahlsgesetz zuständig (§ 19). Im Übrigen enthielt das Gesetz weitere Regelungen hinsichtlich des Verfahrens (Gerichtsstand, Zustellungen, öffentliche Klage und Strafbefehl, Berufung, Revision, Vollstreckung) und die üblichen Schlussbestimmungen.

Mit dem *„Gesetz zur Abänderung des Gesetzes, betreffend den Forstdiebstahl vom 15. April 1878“*[169] vom 14. Dezember 1920 wurde das Gesetz noch einmal novelliert, wobei es nicht zu wesentlichen Änderungen kam.

Nachdem durch das Reichsstrafgesetzbuch und das Forstdiebstahlsgesetz das Forststrafrecht im Wesentlichen einer einheitlichen Regelung zugeführt wurde, bestanden in den einzelnen Provinzen noch etwa 250 gültige Strafgesetze, die den

---

168 GS 1878, S. 222.
169 PrGS 1921, S. 103 ff.

„Forstfrevel“[170] unter Strafe stellten, der weder als Forstdiebstahl einzustufen war, noch unter das Strafgesetzbuch fiel.[171] Um auch auf diesem Gebiet einen einheitlichen Zustand herzustellen, erging das *„Feld- und Forstpolizeigesetz“*[172] vom 1. April 1880.

Das Gesetz war in folgende fünf Titel untergliedert: Strafbestimmungen (§§ 1–52), Strafverfahren (§§ 53–61), Feld- und Forsthüter (§§ 62–66), Schadensersatz und Pfändung (§§ 67–88) und Übergangs- und Schlussbestimmungen (§§ 89–97). Die das Forstwesen betreffenden Strafbestimmungen befanden sich hauptsächlich in den §§ 35 ff. und behandelten verschiedene Gegenstände des Forstfrevels. Unter anderem waren Bestimmungen enthalten, die bestimmte Handlungen auf Forstgrundstücken unter Strafe stellten, z.B. das unbefugte Betreten von Forstkulturen und das Übersteigen von Einfriedungen (§§ 36 Nr. 3, 4). Eine weitere Bestimmung stellte Handlungen unter Strafe, die zu einer Brandgefahr im Wald führen konnten (§ 44). Vielfach handelte es sich um Vorschriften, die sich heute in ähnlicher Weise in den Verboten und Bestimmungen über Ordnungswidrigkeiten der Landeswaldgesetze wiederfinden lassen.

Da die Strafbestimmungen der vorherigen Feld- und Forstpolizeigesetze und alle entgegenstehenden gesetzlichen Bestimmungen außer Kraft gesetzt wurden, konnte mit dem Feld- und Forstpolizeigesetz die Vereinheitlichung der Gesetzgebung gefördert werden. Durch das Gesetz wurden überholte ältere Strafbestimmungen aufgehoben und das Forstpolizeirecht mit dem Forstdiebstahlsgesetz von 1878 in Einklang gebracht.[173] Eine Neufassung erfolgte mit dem *„Gesetz zur Änderung des Feld- und Forstpolizeigesetzes vom 1. April 1880“*[174] vom 15. Januar 1926. Das Gesetz war zwischenzeitlich durch zahlreiche Gesetze in einzelnen Bestimmungen geändert worden (siehe Art. 1) und sollte nun insbesondere besser an das allgemeine Strafrecht angepasst werden.

Von Bedeutung für das Forststrafwesen war weiterhin noch das *„Gesetz zur Aufhebung veralteter Polizei- und Strafgesetze“*[175] vom 23. März 1931. In § 3 des Gesetzes wurde festgelegt, dass aufgrund von Vorschriften, die vor dem 1. Januar 1800 erlassen worden waren, keine Strafen mehr verhängt werden durften. Dies hatte zur Folge, dass die Strafbestimmungen der Forst- und Jagdverordnung von 1784, soweit diese noch galt, keine Anwendung mehr fanden. Die Staatsaufsicht über die Bondenholzungen blieb davon jedoch unberührt.[176]

---

170 Zum Begriff siehe: Fn. 116.

171 *Hagen/Donner*, Die forstlichen Verhältnisse Preußens, Bd. 1, S. 99.

172 GS 1880, S. 230 ff.

173 *Hagen/Donner*, Die forstlichen Verhältnisse Preußens, Bd. 1, S. 100.

174 PrGS 1926, S. 9 ff.

175 PrGS 1931, S. 33 f.

176 Siehe dazu: *Baltz*, DFZ, 1931, S. 501.

VII. Versuch der Einführung eines allgemeinen Forstgesetzes

Schon im 19. Jahrhundert gab es in Preußen Bestrebungen zur Schaffung eines allgemeinen Forstrechts, die letztlich in der Verabschiedung des Schutzwaldgesetzes von 1875 mündeten.[177] Im Grundsatz wurde damit an der freien Privatwaldwirtschaft festgehalten.

Die Debatte um ein allgemeines Forstgesetz für Preußen kam erneut nach dem Ersten Weltkrieg auf. Unter veränderten politischen Umständen entstanden nun Forderungen nach Sozialisierung und Beaufsichtigung des Privatwaldes durch den Staat.[178] Preußen hatte durch den Versailler Vertrag die größten Gebietsverluste hinzunehmen. Von einer ehemaligen Gesamtwaldfläche der preußischen Staatsforsten von 2.749.590 ha mussten 21 % (581.513 ha) eingebüßt werden.[179] In der preußischen Provinz Schleswig-Holstein kam es nach der Volksabstimmung im Februar und März 1920 zu einer Abtretung Nordschleswigs an Dänemark, wodurch 9.450 ha Staatswald und 10.785 ha Privat- und Kommunalwald verloren gingen.[180] In Schleswig-Holstein hatte die Notlage der Nachkriegszeit zur Folge, dass sich am 29. September 1919 der erste Waldbesitzerverband gründete und die Landwirtschaftskammer am 1. Oktober 1919 eine *„Geschäftsstelle für Forst- und Jagdwirtschaft"* einrichtete, um eine bessere Vertretung der forstlichen Belange zu erreichen.[181]

Ein vorbereitender Entwurf des Ministeriums für Landwirtschaft, Domänen und Forsten für ein *preußisches Forstkulturgesetz* wurde erstmals im November 1920 veröffentlicht.[182] Der Entwurf enthielt 91 Paragrafen und regelte in fünf Abschnitten die *Beaufsichtigung der Privatwaldungen*, die *Waldgenossenschaften*, die *Waldumwandlung*, die *Strafvorschriften* und die *Übergangsvorschriften.*

Der gesamte Privatwald sollte nach dem Entwurf erstmalig unter staatliche Beaufsichtigung gestellt werden. Aufsichtsbehörde sollten die nach dem *Gesetz*[183] vom 3. Juni 1919 gebildeten *Landeskulturbehörden* sein. Die *Grundpflicht der Privatwaldbesitzer* sollte darin bestehen, die Waldungen nach den Grundsätzen einer pfleglichen Forstwirtschaft zu bewirtschaften, wobei sie die Wirtschaftsziele, die Holz- und Betriebsart, die Umtriebszeit und die technische Behandlung des Waldes

---

177 Siehe dazu die Darstellung bei: *Hasel*, Zur Geschichte der Forstgesetzgebung in Preußen, S. 68 ff.

178 *Hasel*, Zur Geschichte der Forstgesetzgebung in Preußen, S. 87.

179 *Rosenstock*, Zur Geschichte der preussischen Staatsforstverwaltung, S. 342.

180 *Hase*, Abriß der Wald- und Forstgeschichte Schleswig-Holsteins im letzten Jahrtausend, S. 101.

181 *Siebenbaum*, in: Festschrift zum 50 jährigen Bestehen der Forstabteilung der Landwirtschafskammer Schleswig-Holstein, S. 14 ff. (14); *Hase*, Abriß der Wald- und Forstgeschichte Schleswig-Holsteins im letzten Jahrtausend, S. 101.

182 Pr. Ministerium für Landwirtschaft, Domänen und Forsten, *„Vorbereitender Entwurf eines Forstkulturgesetzes für Preußen"*, abgedruckt in: DDF v. 20. November 1920, Nr. 21/22, S. 157 ff.

183 *„Gesetz über Landeskulturbehörden"* vom 3. Juni 1919, PrGS 1919, S. 101 ff.

selbst bestimmen können sollten. Je nach Größe sollten genehmigungspflichtige Betriebspläne oder Betriebsgutachten aufgestellt werden müssen. Für Waldungen über fünf Hektar Größe bestand zudem eine Buchführungspflicht über den jährlichen Holzeinschlag, die Nebennutzungen und den Holzverbrauch. Daneben sah der Entwurf auch eine Pflicht zur Anstellung genügend befähigter Personen zum Schutz und zur Bewirtschaftung des Waldes vor und enthielt eine Genehmigungspflicht für Waldrodungen, ein Wiederaufforstungsgebot und einen Aufforstungszwang für Waldblößen und Ödländereien.

Die *Bildung einer Waldgenossenschaft* kam für Eigentümer nebeneinander oder vermengt liegender Grundstücke in Betracht. Grundsätzlich beruhten die Vorschriften auf dem Prinzip der Freiwilligkeit und ließen das Eigentum der Genossen unberührt. Neben einer Bildung aus eigenem Willen war jedoch auch eine Bildung von Amts wegen möglich. Abhängig von der Zweckrichtung kamen drei verschiedene Genossenschaftsmodelle in Betracht. Die *Waldbetriebsgenossenschaft* war auf die gemeinschaftliche Beschützung des Genossenschaftswaldes ausgerichtet, wobei die Walderzeugnisse gesondert den jeweiligen Eigentümern zustanden. Die *Waldwirtschaftsgenossenschaft* diente der gemeinsamen Durchführung eines einheitlichen Wirtschaftsplans bei gemeinschaftlicher Nutzung und Verwertung der Walderzeugnisse. Bei der *Aufforstungsgenossenschaft* stand die gemeinschaftliche Aufforstung von Ödländereien im Mittelpunkt.

Bezüglich der *Waldumwandlung* enthielt der Entwurf die Möglichkeit zur Anordnung, dass Waldgrundstücke unter bestimmten Voraussetzungen in eine landwirtschaftliche Nutzung umgewandelt werden mussten. So zum Beispiel bei einer erheblich besseren Nutzbarkeit zu landwirtschaftlichen Zwecken oder aus Gründen der Volksernährung. Kam der Eigentümer des Grundstücks dieser Anordnung nicht freiwillig nach, konnte er gegen angemessene Entschädigung in Geld durch den Staat enteignet werden.

In den *Übergangsbestimmungen* wurde zudem ausdrücklich festgelegt, dass die für die Bondenholzungen in Schleswig-Holstein geltenden Vorschriften der Forst- und Jagdverordnung vom 2. Juli 1784 mit dem Inkrafttreten des Forstkulturgesetzes aufgehoben werden sollten.

Da eine baldige Verabschiedung des Forstkulturgesetzes nicht absehbar war und infolge hoher Holzpreise übermäßige Abholzungen in den Privatwaldungen durchgeführt wurden, wollte man zumindest mit gesetzgeberischen Mitteln versuchen, die Kahlschläge einzudämmen.[184] Auf Reichsebene beabsichtigte das Reichswirtschaftsministerium hierzu den Erlass einer *„Verordnung über die Einschränkung der Kahlschläge in den nichtstaatlichen Waldungen“*, verabschiedete eine solche aber nicht mehr.[185] Stattdessen legte die preußische Regierung selbst am 10. Dezember

184 Vgl. *Hasel*, Zur Geschichte der Forstgesetzgebung in Preußen, S. 96.

185 Der Entwurf der Verordnung ist abgedruckt in: *RFWR*, Mitteilungen d. RFWR vom 20. April 1920 (Nr. 3), Verhandlungen des Ständigen Ausschusses des Reichsforstwirtschaftsrates am 27. und 28. Februar 1920 in Berlin, S. 58 ff. (65 f.)

1920 der Landesversammlung einen *„Entwurf eines Preußischen Gesetzes über Kahlschläge in Privatwaldungen"* vor.[186]

Danach sollten Kahlschläge, die 1/60 der Betriebsfläche überschritten, genehmigungspflichtig werden. Nach einer ersten Lesung in der verfassungsgebenden Landesversammlung am 16. Dezember 1920 wurde der Entwurf dem Landwirtschaftsausschuss überwiesen.[187] Wegen der Auflösung der Landesversammlung im März 1921 kam es aber nicht mehr zu einer weiteren Beratung.[188] Nach Durchführung der Wahlen legte eine Gruppe sozialdemokratischer Abgeordneter am 7. Mai 1921 einen gleichlautenden Entwurf erneut vor, woraufhin es zu einer wiederholten ersten Lesung des Entwurfs am 29. September 1921 kam.[189] Im November 1921 wurde eine weitere Beratung des Gesetzes vom Landwirtschaftsausschuss in den Februar 1922 vertagt, da man erwartete, das Forstkulturgesetz bis dahin verabschiedet zu haben und damit die Regelung eines Teilbereichs entbehrlich zu machen.[190] Dazu sollte es jedoch nicht kommen, sodass schließlich am 29. Juli 1922 – *„als minimierte Ausgabe des Kahlschlaggesetzes"*[191] – das *„Gesetz zur Erhaltung des Baumbestandes und Erhaltung und Freigabe von Uferwegen im Interesse der Volksgesundheit"*[192] erlassen wurde.

Nach diesem sogenannten *Baumschutzgesetz* sollten Verzeichnisse für Baumbestände und Grünflächen angelegt werden, welche in Großstädten oder deren Nähe, bzw. in Bade- und Kurorten oder Industriegebieten aus Rücksicht auf die Volksgesundheit oder als Erholungsstätten für die Bevölkerung zu erhalten sind (§ 1). Maßnahmen, die zu einer Änderung des Holzbestandes führten, bedurften der Genehmigung. Das Baumschutzgesetz von 1922 war im Ergebnis das einzige verabschiedete Gesetz, das aus den Bemühungen um ein allgemeines Forstgesetz für Preußen in den 1920er Jahren hervorgegangen ist. Größere Bedeutung erlangte jedoch auch dieses Gesetz nur im Bereich der Stadt Berlin und im Gebiet des Siedlungsverbandes des Ruhrkohlebezirks.[193]

Obwohl die Arbeiten am *Forstkulturgesetz* fortgesetzt wurden, kam es nicht mehr zu einer Verabschiedung. *Hasel* nennt eine Vielzahl von Gründen, die für

---

186 *RFWR*, Mitteilungen d. RFWR vom 22. Januar 1922 (Nr. 10), 3. Vollversammlung des Reichsforstwirtschaftsrates am 9. und 10. September 1921 in Kreuznach, S. 184 ff. (200 f., 222 ff.); Der Entwurf dieses Gesetzes ist gleichlautend mit dem späteren Entwurf nach dem Antrag der Abgeordneten *Siering, Peters* und Genossen v. 7. Mai 1921, abgedruckt in: *RFWR*, Mitteilungen d. RFWR vom 18. Juli 1921 (Nr. 8), S. 172.

187 *Hasel*, Zur Geschichte der Forstgesetzgebung in Preußen, S. 97 f.

188 *Endres, M.*, Handbuch der Forstpolitik, S. 185.

189 *Hasel*, Zur Geschichte der Forstgesetzgebung in Preußen, S. 98; Zu dem Entwurf nach dem *„Antrag Siering, Peters und Genossen"* siehe: *RFWR*, Mitteilungen d. RFWR vom 18. Juli 1921 (Nr. 8), S. 172.

190 *Hasel*, Zur Geschichte der Forstgesetzgebung in Preußen, S. 99.

191 *Hasel*, Zur Geschichte der Forstgesetzgebung in Preußen, S. 100.

192 PrGS 1922, S. 213 ff.

193 *Hasel*, Zur Geschichte der Forstgesetzgebung in Preußen, S. 102.

das Scheitern des Forstkulturgesetzes ausschlaggebend waren.[194] Zunächst sei der Widerstand der großen Mehrzahl der Privatwaldbesitzer gegen jegliche Art einer Staatsaufsicht genannt, der zusätzlich durch die Furcht vor der Sozialisierung genährt worden sei. Die Staatsaufsicht über den Privatwaldbesitz sei von den Gegnern des Forstkulturgesetzes als dauernder Eingriff in die Betriebsführung und Vorstufe der Sozialisierung dargestellt worden. Hinzu komme das Versäumnis der Regierung, dem Gesetzesentwurf mit positiven staatlichen Leistungen eine finanzielle Anreizwirkung für die Waldbesitzer zu geben. Diese seien vielfach nicht in der Lage gewesen, die Hebung der Privatwaldwirtschaft mit eigenen Mitteln zu leisten. Andererseits habe die *„verzweifelte Lage der staatlichen Finanzen“* eine solche Hilfe nicht zugelassen. Ein weiterer wichtiger Grund sei die Uneinigkeit über die Forstaufsichtsbehörde und das mangelnde Entgegenkommen der Regierung diesbezüglich gewesen. Gegensätzliche Auffassungen in der Waldbewirtschaftung würden ebenfalls eine Rolle beim Scheitern gespielt haben. Auf der einen Seite habe die, als kahlschlagfreundlich geltende, preußische Staatsforstverwaltung gestanden und auf der anderen Seite die aufkommende Dauerwaldbewegung. Die in den Anfangsjahren günstige Stimmung für ein Forstkulturgesetz sei außerdem durch die langwierige Diskussion um eine reichsgesetzliche Ermächtigungsgrundlage, die es dem Landesgesetzgeber ermöglichte, auch den Nutzungsberechtigten gegenüber Beschränkungen zu erlassen, verflogen. Hintergrund war Art. 111 des *„Einführungsgesetzes zum Bürgerlichen Gesetzbuch“*[195] vom 18. August 1896, der die landesgesetzlichen Vorschriften unberührt ließ, *„welche im öffentlichen Interesse das Eigenthum in Ansehung thatsächlicher Verfügungen beschränken“*. Zweifelhaft war aber, ob davon auch Maßnahmen erfasst waren, die den Nutzungsberechtigten Beschränkungen auferlegten.[196]

So kam es, dass sich die Vertreter des Privatwaldes durchsetzten und das Interesse an einem Forstkulturgesetz sowohl in der Regierung als auch in den politischen Parteien bald nachließ. Bis zum Untergang Preußens sollte es nicht mehr zu einer einheitlichen und umfassenden Forstgesetzgebung kommen.[197]

VIII. Waldschutz im Rahmen der Auflösung der Familienfideikommisse

Nicht unerwähnt bleiben sollen die gesetzgeberischen Maßnahmen zum Waldschutz im Rahmen der Auflösung der Familienfideikommisse. Während der Privatwald in Preußen grundsätzlich keinen Einschränkungen unterlag, waren die Waldfideikommisse gesetzlich gegen Teilung, Veräußerung und Verschuldung geschützt

194 Im Folgenden: *Hasel*, Zur Geschichte der Forstgesetzgebung in Preußen, S. 112 ff.
195 RGBl. 1896, S. 604 ff.
196 Zu dieser Problematik sogleich: S. 53.
197 *Hasel/Schwartz*, Forstgeschichte, S. 150 f.

und mussten betriebsplanmäßig bewirtschaftet werden.[198] Die *Weimarer Reichsverfassung*[199] vom 11. August 1919 ordnete in Art. 155 Abs. 2 S. 2 jedoch die Auflösung der Fideikommisse an („*Die Fideikommisse sind aufzulösen*") und löste damit eine Vielzahl gesetzgeberischer Maßnahmen aus. Mit der Auflösung sollte einerseits der gesicherte Erhalt des fideikommissarisch gebundenen Familienvermögens und die dadurch bewirkte gefestigte Stellung einiger Familien beseitigt werden und andererseits spielten „*sozial- und agrarpolitische Interessen an einer gerechten Bodenverteilung*" eine Rolle.[200]

In Preußen hatte man bereits im März 1919 eine „*Verordnung über Familiengüter*"[201] erlassen, die deren freiwillige Auflösung regelte. Familiengüter im Sinne dieser Verordnung waren nach § 1 Abs. 5 „*standesherrliche Hausvermögen, Familienfideikommisse, Lehen und Erbstammgüter*". § 10 der genannten Verordnung verpflichtete den Inhaber eines Familienguts den dazugehörigen Wald

> „*nach forstwirtschaftlichen Grundsätzen, welche die Nachhaltigkeit der Erträge gewährleisten, zu bewirtschaften und für den Schutz und die Bewirtschaftung des Waldes durch genügend befähigte Personen ausreichende Fürsorge zu treffen.*"

Außerdem musste die Bewirtschaftung weiterhin nach einem Wirtschaftsplan erfolgen. Bei einem erheblichen Verstoß des Inhabers gegen die Pflicht zur ordnungsgemäßen Bewirtschaftung, konnte das Familiengut unter staatliche Zwangsverwaltung gestellt werden.

Auch das sogenannte „*Adelsgesetz*"[202] vom 23. Juni 1920 enthielt eine Vorschrift zum Waldschutz. § 7 sollte sicherstellen, dass das Waldvermögen im Fall der Auflösung des Hausvermögens gegen eine unwirtschaftliche Zersplitterung geschützt und eine betriebsplanmäßige Bewirtschaftung unter staatlicher Aufsicht sichergestellt war. Eine Neufassung der „*Verordnung über Familiengüter*"[203] vom 30. Dezember 1920 übernahm diese Vorschrift. Im Fall einer unfreiwilligen Aufhebung der Familiengüter durch die „*Zwangsauflösungsverordnung*"[204] vom 19. November 1920 konnten die Waldungen als „*Waldgut*" erklärt werden und unterlagen damit – neben den oben genannten – noch weiteren Beschränkungen hinsichtlich des Verfügungsrechts.

198 *Ortegel*, Die Forstwirtschaft, S. 58.
199 RGBl. 1919, S. 1383 ff., „*Die Verfassung des Deutschen Reichs*" vom 11. August 1919.
200 *Mantel*, Forstliche Rechtslehre, S. 148.
201 PrGS 1919, S. 39 ff.
202 PrGS 1920 S. 367 ff., „*Gesetz über die Aufhebung der Standesvorrechte des Adels und die Auflösung der Hausvermögen*" vom 23. Juni 1920.
203 PrGS 1921, S. 77 ff.
204 PrGS 1920, S. 463 ff. – „*Verordnung über die Zwangsauflösung der Familiengüter und Hausvermögen*" vom 19. November 1920.

Sehr ausführliche Bestimmungen enthält das *„Zwangsauflösungsgesetz“*[205] vom 22. April 1930. Insbesondere die Vorschriften über die staatliche Forstaufsicht sind erwähnenswert, die durch die §§ 157 ff. angeordnet wurde. Neben der Pflicht zur betriebsplanmäßigen Bewirtschaftung war der Eigentümer eines Waldguts einer großen Anzahl weiterer Beschränkungen unterworfen. Mehreinschläge mussten beispielsweise durch einen Plan zur Wiedereinsparung gedeckt sein (§ 158 Abs. 6); die Forstaufsichtsbehörde konnte die Aufforstung von abgeholzten Flächen und *„Räumden“*[206] anordnen (§ 158 Abs. 8); außerordentliche Kahlschläge, die Umwandlung in eine andere Nutzungsart (§ 158 Abs. 7) sowie die Teilung und Veräußerung des Waldgutes (§ 160) mussten von der Forstaufsichtsbehörde genehmigt werden. Der Eigentümer konnte sich dabei freiwillig der Aufsicht durch die Landwirtschaftskammer unterstellen. In diesem Fall nahmen die staatlichen Forstaufsichtsbehörden nur noch die Oberaufsicht wahr (§ 158 Abs. 10 und 12). In § 165 war das Anerbenrecht geregelt, wonach das Waldgut zur Verhinderung einer Zersplitterung unter Einschränkung des Pflichtteilsrechts auf den Gutserben (Anerben) überging.

Die Darstellung macht deutlich, dass die Forstaufsicht über den ehemals gebundenen Privatwald viel weiter ging, als es beim freien Privatwald geplant war. Viele Vorschriften, die ihren Weg in das Zwangsauflösungsgesetz gefunden haben, wurden auch bei den Beratungen zu einem Reichsforstgesetz diskutiert.

C. Reichsforstgesetzgebung in der Weimarer Zeit

Parallel zu den Bemühungen um ein Forstkulturgesetz in Preußen gab es auch auf Reichsebene am Anfang der 1920er Jahre den Versuch, ein einheitliches Forstrecht zu schaffen. Die Situation der Forstwirtschaft hatte sich im Vergleich zum vorangegangenen Jahrhundert erheblich verändert, wohingegen die Gesetze der Länder nicht an die neuen Umstände angepasst wurden und weitgehend nicht mehr zeitgemäß und überholt waren.[207] Der Wandel vom Agrar- zum Industrieland und die Zunahme des Wohlstandes führten zu einem gesteigerten Nutzholzbedarf, der mit der Eigenerzeugung nicht mehr gedeckt werden konnte.[208] Waren bis 1863 noch geringe Holzausfuhren möglich, konnten bereits in den ersten sieben Jahren vor dem Ersten Weltkrieg nur noch etwa 65 % des Bedarfs aus eigenen Beständen gedeckt werden, wobei die Deckung des Fehlbedarfs mit Einfuhren aus dem Ausland nach dem Krieg zunächst

---

205 PrGS 1930, S.125 ff. (136 ff.) – *„Bekanntmachung der Neufassung (...) der Zwangsauflösungsverordnung vom 19. November 1920“* vom 27. Juni 1930.

206 *„Räumde“* ist eine alte norddt. Bezeichnung für eine dauernd oder vorübergehend unvollkommen bestockte Fläche oder (früher auch allg. Bez.) für eine lichte Stelle im Wald, für welche die vorhandenen Samenbäume zur Besamung der Gesamtfläche nicht ausreichten, siehe: *Stinglwagner/Haseder/Erlbeck*, Wald- und Forstlexikon, S. 680, Stichwort: Räumde.

207 *Hasel/Schwartz*, Forstgeschichte, S. 158.

208 *Eberts*, Forstrecht, in: Müller (Hrsg.) Grundlagen der Forstwirtschaft, S. 63 ff. (74); *Hasel/Schwartz*, Forstgeschichte, S. 158.

unmöglich geworden war.[209] Im Februar 1920 wurden die Landesregierungen vom Reichswirtschaftsministerium darauf aufmerksam gemacht, dass die Versorgung mit Nutz- und Brennholz aufgrund der bevorstehenden Holzlieferungen an die Entente, den verringerten Einfuhrmöglichkeiten aufgrund der Devisenknappheit und dem Verlust besonders ertragreicher Waldgebiete durch den Versailler Vertrag nicht mehr sichergestellt und eine Steigerung der inländischen Holzerzeugung erforderlich sei.[210] In der Not der Nachkriegszeit wurde der Reichswirtschaftsminister mit der *„Verordnung über die Erhöhung des Holzeinschlags zur Linderung des Mangels an Nutz- und Brennholz“*[211] ermächtigt,

> *„für die Zeit vom 1. Oktober 1919 bis 30. September 1920 und mit Zustimmung des Reichsrats auch für die Zeit vom 1. Oktober 1920 bis 30. September 1921 den Mindesteinschlag an Derbholz[212] im Reiche festzusetzen und ihn nach einheitlichen Grundsätzen auf die einzelnen Länder zu verteilen.“*

Gegenüber der Einschlagsmenge im Wirtschaftsjahr 1913 wurde in der Folge für 1919/20 ein Mehreinschlag an Derbholz von einem Drittel angeordnet.[213]

Um die Schwierigkeiten bei der Holzversorgung zu beseitigen, musste die Produktionsleistung der einheimischen Holzerzeugung gesteigert werden, wofür insbesondere eine Hebung des Ertragsvermögens im Privatwald nötig war, da dieses noch weit hinter dem der anderen Waldbesitzarten zurückblieb.[214] Da eine Leistungssteigerung in den Waldungen mit den bestehenden, veralteten Gesetzen aber nicht erreichbar erschien, sollte ein allgemeines Reichsforstgesetz die Voraussetzungen für diesen Fortschritt schaffen.[215] In Erkenntnis dieser Lage wurde beim Reichsministerium für Ernährung und Landwirtschaft ein Dezernat für Forst- und Holzwirtschaft eingerichtet.[216] Als Beirat für die Reichsregierung in forstwirtschaftlichen Angelegenheiten und als Gesamtvertretung der deutschen Forstwirtschaft wurde zudem im

---

209 *Eberts*, Forstrecht, in: Müller (Hrsg.) Grundlagen der Forstwirtschaft, S. 63 ff. (74).

210 *Kahl*, DDF 1924, S. 241 f. (241); *Niejahr*, Zur Zielsetzung und rechtlichen Problematik eines Bundesforstgesetzes, S. 13

211 RGBl. 1919, S. 1925 f.

212 *„Derbholz“* ist die Bezeichnung für oberirdisch gewachsenes Holz mit einem Durchmesser von über 7 cm mit Rinde, siehe: *Stinglwagner/Haseder/Erlbeck*, Wald- und Forstlexikon, S. 173, Stichwort: Derbholz.

213 *Endres, M.*, Handbuch der Forstpolitik, S. 189.

214 *Hasel/Schwartz*, Forstgeschichte, S. 159.

215 *Hasel/Schwartz*, Forstgeschichte, S. 159; *Zundel/Schwartz*, 50 Jahre Forstpolitik in Deutschland (1945–1994), S. 10.

216 *Eberts*, Forstrecht, in: Müller (Hrsg.) Grundlagen der Forstwirtschaft, S. 63 ff. (74); *Endres, M.*, Handbuch der Forstpolitik, S. 189; *Zundel/Schwartz*, 50 Jahre Forstpolitik in Deutschland (1945–1994), S. 10.

Herbst 1919 der *Reichsforstwirtschaftsrat*[217] gegründet, der in großem Maße an den Beratungen zu einem Reichsforstgesetz beteiligt war.[218]

I. Die Entwürfe zu einem Reichsforstgesetz

Bereits kurz nach seiner Gründung beriet der Ständige Ausschuss des Reichsforstwirtschaftsrates in seiner Sitzung am 31. Oktober 1919 die Aufsicht über Privatwaldungen und hielt in einem Beschluss Folgendes fest:

> *„Der ständige Ausschuß des R.F.R. hält die Einführung einer Staatsaufsicht über die nicht öffentlichen Waldungen innerhalb gewisser die wirtschaftliche Freiheit der Waldbesitzer gewährleistender Grenzen für geboten und beantragt, ihn bei Ausarbeitung der einschlägigen Gesetze, sei es im Reiche oder in den Bundesstaaten, hinzuzuziehen.“*[219]

In seiner Sitzung am 27./28. Februar 1920 beschloss der ständige Ausschuss sodann:

> *„Die Schaffung eines Reichsrahmengesetzes für Waldkultur bei der Reichsregierung zu beantragen.“*[220]

Wie aus einem Rundschreiben des Reichswirtschaftsministeriums an die Staatsforstverwaltungen der Länder vom 6. Februar 1920 ersichtlich wird, war zu diesem

---

217 Der Reichsforstwirtschaftsrat (RFWR) wurde am 29. Oktober 1919 in Berlin als vom Deutschen Reich anerkannte Gesamtvertretung der Forstwirtschaft gegründet. Der RFWR war privatrechtlich organisiert und basierte nicht auf einer gesetzlichen Grundlage, weshalb sein Einfluss und seine Befugnisse im Wesentlichen auf eine beratende Funktion beschränkt waren. Der satzungsgemäße Zweck war auf die Förderung der Forstwirtschaft im Deutschen Reich gerichtet, wobei der RFWR den Reichs- und Landesbehörden, insbesondere dem Reichswirtschaftsministerium (ab 1920 dem Reichsministerium für Ernährung und Landwirtschaft), als ständiger forstlicher Beirat dienen und auf deren Wunsch Gutachten erstellen sollte. Daneben erhielt er die Befugnis, den Erlass von Gesetzen und Verordnungen auf forstlichem Gebiet bei den gesetzgebenden Körperschaften anzuregen. Der RFWR bestand aus 77 Mitgliedern (20 Vertreter der Staatsforsten, 10 Vertreter der Gemeindeforsten, 24 Vertreter der Privatforsten, 4 Vertreter der Forstwissenschaft, 6 Forstverwaltungsbeamte, 6 forstliche Betriebsbeamte und Angestellte und 7 Waldarbeiter). Der RFWR verfügte über einen Vorstand, einen ständigen Ausschuss, eine Vollversammlung und die Möglichkeit zum Einsatz von Sonderausschüssen: *Endres, M.*, Handbuch der Forstpolitik, S. 331–333; Die Satzung des RFWR ist abgedruckt in: *RFWR*, Mitteilungen d. RFWR v. 23. Februar 1920 (Nr. 1), S. 32 ff.

218 *Weber*, Handbuch der Forstwissenschaft, Bd. 4, S. 359.

219 *RFWR*, Mitteilungen d. RFWR v. 23. Februar 1920 (Nr. 1), Niederschrift über die Sitzung des Ständigen Ausschusses des Reichsforstwirtschaftsrates vom 31. Oktober 1919 in Berlin, Reichswirtschaftsministerium, S. 40 ff. (43).

220 *RFWR*, Mitteilungen d. RFWR v. 15. März 1920 (Nr. 2), Beschlüsse des Ständigen Ausschusses des R.F.R. in den Sitzungen am 27. und 28. Februar in Berlin, S. 56.

Zeitpunkt auch das Ministerium schon mit Vorarbeiten für ein *„Reichsrahmengesetz über die Bewirtschaftung der Forsten Deutschlands"* befasst, das in seiner Zielvorstellung, mit Hilfe einer stärkeren Handhabung der staatlichen Aufsicht über die Privatwaldungen, eine intensivere Bewirtschaftung der einheimischen Forsten erreichen sollte.[221] Auf der dritten Sitzung des Ständigen Ausschusses des Reichsforstwirtschaftsrates am 23. April 1920 wurde eine Gruppe von Vertretern bestimmt, die Richtlinien eines Rahmengesetzes für Forstkultur ausarbeiten sollten.[222] Bereits in der nachfolgenden Sitzung lag ein Entwurf des Reichsministeriums für Ernährung und Landwirtschaft vor, der an dieser Stelle kurz dargestellt werden soll.

1. Der Entwurf des Reichsministeriums für Ernährung und Landwirtschaft

Bis zum Juni 1920 erarbeitete das Reichsministerium für Ernährung und Landwirtschaft *„Grundzüge zu einem Reichsforstgesetz"*[223] und legte diese erste Entwurfsfassung dem Reichsforstwirtschaftsrat zur Beratung vor. Zu der Beratung im Ministerium waren auch sieben Vertreter des Reichsforstwirtschaftsrates zugezogen worden.[224] Der erste Entwurf war als Rahmengesetz ausgestaltet und sollte die Ziele und Richtlinien der neuen Forstpolitik abstecken, die durch Landesgesetze weiter ausgefüllt werden sollten. Er enthielt 23 Paragrafen und war in vier Abschnitte unterteilt.

Abschnitt I (§§ 1–14) regelte die *allgemeinen Vorschriften*, die für alle Waldarten gelten sollten. Nach der Definition in § 1 galten als Wald *„alle Grundstücke, die wesentlich der Holzzucht dienen"*. § 2 enthielt eine Generalanweisung zur Waldbewirtschaftung um die Holzerzeugung zu fördern und nachhaltig sicherzustellen. Dies sollte durch eine pflegliche Bodenbehandlung und eine sachgemäße Begründung und Kultivierung der Bestände erreicht werden. Die Möglichkeit, bestimmte Flächen als Schutzwaldungen und – zur Förderung der Volksgesundheit – als Schonwaldungen auszuweisen, blieb einer landesgesetzlichen Regelung vorbehalten (§ 3 Abs. 2). Durch Landesgesetz sollte auch eine Mindestgröße festgelegt werden, ab der für alle Waldungen periodische Betriebspläne aufgestellt werden mussten (§ 6 Abs. 1). Für kleinere Waldungen sollte die Aufstellung von Betriebsgutachten angeordnet werden können (§ 6 Abs. 2). Das Reich und die Länder sollten außerdem vom Waldeigentümer die Ermittlung der Flächengröße und Erhebungen über den

---

221 Das Rundschreiben ist abgedruckt in: *RFWR*, Mitteilungen d. RFWR v. 20. April 1920 (Nr. 3), Verhandlungen des Ständigen Ausschusses des Reichsforstwirtschaftsrates am 27. und 28. Februar in Berlin, S. 58 ff. (67).

222 *RFWR*, Mitteilungen d. RFWR v. 11. Juni 1920 (Nr. 4), Dritte Sitzung des Ständigen Ausschusses des Reichsforstwirtschaftsrates am 23. April 1920 in Berlin, S. 74 ff., (77).

223 BArch R 401/1730.

224 *RFWR*, Mitteilungen d. RFWR vom 28. August 1920 (Nr. 5), Vierte Sitzung des Ständigen Ausschusses des Reichsforstwirtschaftsrates am 23. und 24. Juni 1920 in Eisenach, S. 83 ff. (84).

Waldzustand und die Erträge der Walderzeugnisse verlangen können (§ 5). Große Bedeutung kam § 7 zu, wonach Waldrodungen für genehmigungspflichtig zu erklären sein sollten. Durch Landesgesetz sollte auch die Aufforstung bestimmter Grundstücke angeordnet werden können. Dazu zählten solche, die ohne triftigen Grund der Holznutzung entzogen wurden, sowie Räumden und Ödländereien, die sich am besten zur forstlichen Benutzung eigneten (§ 8). Daneben sollte es einen Aufforstungszwang für *„Schlagflächen"*[225] geben, die in den letzten fünf Jahren vor dem Inkrafttreten des Reichsforstgesetzes abgetrieben wurden. Für neu entstehende Schlagflächen sollte eine Aufforstungsanordnung innerhalb von fünf Jahren erfolgen (§ 9). Für den Fall, dass eine forstmäßige Benutzung von Wald- und Ödlandflächen nur auf genossenschaftlichem Wege zweckmäßig war, hatte das Landesgesetz Vorschriften über die zwangsweise Bildung von Genossenschaften zu regeln (§ 11). Der Entwurf enthielt weiterhin eine Genehmigungspflicht für Waldteilungen (§ 12) und ein Verbot für die Neubegründung von Dienstbarkeiten, die sich auf die Nutzung von Walderzeugnissen bezogen (§ 13). Gem. § 14 sollten fortan alle Waldungen von *„Sachverständigen"* bewirtschaftet werden, wozu ein Befähigungsnachweis eingefordert wurde. Das Landesgesetz sollte auch regeln, ab welcher Flächengröße genügend befähigte Personen für die Verwaltung, Betriebsausführung und zum Schutz bestellt werden mussten.

Abschnitt II (§§ 15–17) regelte die Vorschriften für die *Waldungen der Gemeinden, Gemeindeverbände und sonstigen öffentlich-rechtlichen Körperschaften, Anstalten und Stiftungen.* Die staatliche Aufsicht sollte durch Landesgesetz bestimmt werden; die Aufteilung der Gemeindewaldungen unter die Gemeindemitglieder wurde für unzulässig erklärt. Über die Verwertung der Walderzeugnisse sollten die Gemeinden selbst bestimmen können, wobei die Länder aus Rücksicht auf das Gemeinwohl Einschränkungen anordnen können sollten.

Abschnitt III (§§ 18–20) enthielt Vorschriften über die *Privatwaldungen.* Auch der Privatwald sollte durch Landesgesetz unter staatliche Aufsicht gestellt werden, wobei den Waldbesitzern die Festlegung der Wirtschaftsziele, die technische Behandlung, die Verwaltung, Betriebsführung und Nutzung verbleiben sollte. Bei nachweislich ausreichender Befähigung sollten auch die Privatwaldbesitzer als Sachverständige im Sinne von § 14 angesehen werden können und die Betriebspläne und Betriebsgutachten selbst aufstellen dürfen.

Abschnitt IV (§§ 21–23) enthielt die *Schlussvorschriften* zum Inkrafttreten und zur Beauftragung des Reichsministers für Ernährung und Landwirtschaft mit der Ausführung. Die erforderlichen Zwangsmittel und Strafen zur Ausführung des Gesetzes sollten durch Landesgesetz geregelt werden.

---

225 *„Schlagflächen"* → *„Schlag"* sind die Flächen, auf der sich die Holzernte vollzieht. Im Gegensatz zu Rodungen werden jedoch die Baumstümpfe belassen, siehe: *Stinglwagner/Haseder/Erlbeck*, Wald- und Forstlexikon, S. 748, Stichwort: Schlagfläche → Schlag.

2. *Die Beratung des Entwurfs im Reichsforstwirtschaftsrat*

Das Reichsministerium für Ernährung und Landwirtschaft leitete den Entwurf im Juni 1920 dem Ständigen Ausschuss des Reichsforstwirtschaftsrates zu, der auf seiner Sitzung am 23./24. Juni 1920 in Eisenach eine erste Beratung durchführte und den Entwurf anschließend an einen selbstständigen Ausschuss für das Reichsforstgesetz („*Zehnerausschuss*") zur weiteren Beratung überwies.[226] Der Zehnerausschuss legte nach seiner Sitzung am 11./12. September 1920 einen Gesetzentwurf vor, der nach einer weiteren Beratung im Ständigen Ausschuss am 13./14. September 1920 und kleineren Abänderungen der Vollversammlung zugeleitet wurde.[227] Der Reichsforstwirtschaftrat führte sodann eine weitere Beratung des Entwurfs auf seiner Vollversammlung in München am 15. September 1920 durch und beschloss eine eigene Endfassung des Entwurfs.[228] Der Entwurf war weiterhin in die gleichen vier Abschnitte gegliedert und enthielt nun 24 Paragrafen.

Zur Klarstellung, dass auch die Staatswaldungen unter das Gesetz fallen sollten, enthielt § 1 des neuen Entwurfs nun zunächst die Bestimmung, dass alle Waldungen im Reich den Bestimmungen des neuen Gesetzes unterliegen sollten.[229] Erst danach erfolgte eine Definition des Waldes, wozu alle Grundstücke zählten, „*die zur Holzzucht bestimmt sind*" (§ 1). In § 3 Abs. 2 wurde der Begriff der „*Schonwaldungen*" aufgrund seiner Unbestimmtheit wieder aus dem Entwurf gestrichen. Außerdem befürchtete man, durch die Festlegung stadtnaher Waldungen als Schonwaldungen, einen zu starken Eingriff in die Eigentumsrechte vorzunehmen.

Die Auskunftspflicht der Waldeigentümer sollte sich nun nur noch auf „*Angaben*" über die Flächengröße erstrecken, da man unter dem vorher verwandten Begriff „*Ermittlungen*" wissenschaftliche Aufstellungen verstand, die von den Waldeigentümern nicht verlangt werden könnten. Aus demselben Grund wurde der Ausdruck „*Erhebungen über den Waldzustand*" durch [Angaben über] „*Holzarten und Bestandsalter*" ersetzt (§ 5). Die Pflicht zur Aufstellung von Betriebsplänen und Betriebsgutachten, je nach landesrechtlich festzusetzender Mindestgröße, blieb bestehen (§ 6). Nach dem neuen Entwurf sollte nicht mehr nur die Waldrodung, sondern jede Art der Überführung von Waldboden in eine andere Nutzungsart

---

226 *RFWR*, Mitteilungen d. RFWR vom 28. August 1920 (Nr. 5), Vierte Sitzung des Ständigen Ausschusses des Reichsforstwirtschaftsrates am 23. und 24. Juni 1920 in Eisenach, S. 83 ff.

227 *RFWR*, Mitteilungen d. RFWR v. 11. Dezember 1920 (Nr. 6), Sitzung des Zehnerausschusses des Reichsforstwirtschaftsrates (93 f.) und Fünfte Sitzung des Ständigen Ausschusses des R.F.R am 13. und 14. September in München, S. 95 f.

228 Siehe: *RFWR*, Mitteilungen d. RFWR v. 11. Dezember 1920 (Nr. 6), Entwurf eines Reichsforstgesetzes nach den Beschlüssen des Reichsforstwirtschaftsrates, S. 144 f.

229 Zur Begründung der weiteren Entwurfsänderungen im Folgenden: Ausführungen von Forstmeister *v. Arnswaldt* in: *RFWR*, Mitteilungen d. RFWR v. 11. Dezember 1920 (Nr. 6), Zweite Vollversammlung des Reichsforstwirtschaftsrates am 14. und 15. September 1920 in München, S. 96 ff. (130 f.).

für genehmigungspflichtig erklärt werden. Zur Präzisierung wurde neben Waldrodungen auch die *Waldausstockung*[230] als Beispiel genannt. Neu hinzugekommen war eine Vorschrift, der zufolge nach einer genehmigten Waldrodung der Boden innerhalb einer Frist entweder der neuen Benutzungsart zugeführt oder wieder aufgeforstet werden musste (§ 7). Der Aufforstungszwang blieb in seiner Form bestehen, wobei abgeholzte Flächen nun innerhalb von 3 Jahren wieder in Bestockung gebracht werden mussten (§ 9). Die Genehmigungspflicht für Waldteilungen wurde in ein Verbot umgewandelt (§ 11).

In Abschnitt II sind die Regelungen des Ministerialentwurfs im Wesentlichen erhalten geblieben. Das Verbot der Aufteilung der Gemeindewaldungen unter die Gemeindemitglieder wurde gestrichen. Waldaufteilungen sollten nach dem neuen Entwurf ohnehin verboten sein. Außerdem sollten bestehende Formen der Staatsaufsicht nur dann beseitigt oder eingeschränkt werden dürfen, wenn dies von einem Sachverständigen aus volkswirtschaftlichen Gründen für geboten erachtet wurde (§ 14).

Bezüglich der Vorschriften über die *Privatwaldungen* in Abschnitt III kam eine bedeutende Regelung über die Durchführung der Staatsaufsicht hinzu. Zwar sollte die Oberaufsicht der staatlichen Organe gewahrt bleiben, die Ausführung der Aufsicht sollte aber auf die forstlichen *Selbstverwaltungs- und Vertretungskörper*[231] übertragen werden (§20).

Die Schlussbestimmungen wurden um eine Vorschrift ergänzt, nach der die Vorschriften des Reichsforstgesetzes für die Länder zwingend und alle entgegenstehenden landesgesetzlichen Regelungen unwirksam sein sollten (§ 21).

3. *Weiterer Verlauf der Beratung*

Der erste Entwurf scheitere letztlich am Widerstand der Länder Preußen und Bayern, die der Ansicht waren, dass der Entwurf in dieser Form zu weit in ihre Zuständigkeit eingreife und zu weitreichende Verpflichtungen hinsichtlich der Ausgestaltung ihrer Forstgesetzgebung vorsehe.[232] Die Privatwaldbesitzer standen

230 *„Waldausstockung"* ist eine alte Bezeichnung für Waldrodung; *„ausstocken"* bezeichnet aber auch das Entfernen des Stockholzes und Wurzelholzes nach einem Abtrieb und ist immer dann erforderlich, wenn die Fläche einer anderen (z.B. landwirtschaftlichen) Nutzungsart zugeführt wird; *„Stockholz"* gehört zum Nichtderbholz und ist die unterirdische Holzmasse samt dem daran verbleibenden Teil des Baumschaftes (Wurzelstock); *„Abtrieb"* bezeichnet das Abholzen aller Bäume auf einer Bestandsfläche in einem Vorgang, siehe: *Stinglwagner/Haseder/Erlbeck*, Wald- und Forstlexikon, S. 893, Stichwort: Waldausstockung; S. 55, Stichwort: ausstocken; S. 818, Stichwort: Stockholz; S. 14, Stichwort: Abtrieb.

231 Darunter waren in erster Linie die Waldbesitzerverbände und Forstabteilungen der Landwirtschaftskammern zu verstehen, *Weber*, DDF 1922, S. 121 ff. u. 130 ff. (132).

232 *Zundel/Schwartz*, 50 Jahre Forstpolitik in Deutschland (1945–1994), S. 10; *Weber*, Handbuch der Forstwissenschaft, Bd. 4, S. 359 f.; *Eberts*, Forstrecht, in: Müller

indessen hinter dem Entwurf zu einem Reichsforstgesetz, was insbesondere darauf zurückzuführen war, dass die Staatsaufsicht unter Mitwirkung der Selbstverwaltungskörperschaften wahrgenommen werden sollte und eine solche Regelung ohne reichsgesetzliche Grundlage fraglich erschien.[233]

Ein zweiter Entwurf des Reichsministeriums für Ernährung und Landwirtschaft, der vom Reichsforstwirtschaftsrat nach einer Beratung am 8. November 1921 in Bamberg – mit einigen Änderungen – als neuer Entwurf angenommen wurde, fand ebenfalls nicht die Zustimmung der Landesregierungen.[234] Dieser zweite *„Entwurf eines Gesetzes zur Förderung der Forstwirtschaft"* war stark vereinfacht worden und enthielt nur noch Ermächtigungen für die Länder.[235] Die am 8. November 1921 beschlossene Fassung des Reichsforstwirtschaftsrates enthielt nur noch vier Paragrafen und sollte die Landesgesetzgebung ermächtigen, auf folgenden Gebieten Vorschriften zu erlassen: (§ 1) Bewirtschaftung der Waldungen ab einer bestimmten Größe nach Betriebsplänen und Betriebsgutachten und Anstellung von forstsachverständigen Personen für größere Waldungen; (§ 2) Einrichtung von Schutzwaldungen, Aufforstung und Waldteilung; (§ 3) Regelungen zu einem behördlichen Einspruchsverfahren gegen *„waldverwüstende Hauungen"* und zur Überführung von Waldflächen in eine andere Nutzungsart; (§ 4) Anzeigepflicht für Waldrodungen und (§ 5) Beteiligung der forstlichen Selbstverwaltungs- und Vertretungskörperschaften an der staatlichen Aufsicht. Mit Ausnahme der letzten Vorschrift waren diese Regelungen auch schon im Entwurf des Reichsministeriums für Ernährung und Landwirtschaft enthalten. Die in Bamberg vorgenommen Änderungen wurden vom Reichsministerium für Ernährung und Landwirtschaft übernommen und in den *„Referenten-Entwurf eines Gesetzes zur Förderung der Forstwirtschaft"* vom 25. November 1921 eingefügt.[236]

Der neue Entwurf stieß jedoch bei den Privatwaldbesitzern auf Widerstand, da sie von den Ermächtigungsregelungen für die Länder zu große Eingriffsmöglichkeiten befürchteten.[237] Vielmehr wünschten die Privatwaldbesitzer ein umfassenderes Reichsforstgesetz, damit der Landesgesetzgebung ein konkreter Rahmen zur

---

(Hrsg.) Grundlagen der Forstwirtschaft, S. 63 ff. (74); Nach Art. 10 der Weimarer Reichsverfassung (RGBl. 1919, S. 1383 ff.) konnte das Reich im Wege der Gesetzgebung Grundsätze aufstellen für: *„(...) 4. das Bodenrecht, die Bodenverteilung, (...) die Bindung des Grundgesetzes (...)"*.

233 *Niejahr*, Zur Zielsetzung und rechtlichen Problematik eines Bundesforstgesetzes, S. 14.

234 *Weber*, Handbuch der Forstwissenschaft, Bd. 4, S. 360; Der Entwurf des Reichsministeriums für Ernährung und Landwirtschaft und die abgeänderte Fassung des Reichsforstwirtschaftsrates sind abgedruckt in: *RFWR*, Mitteilungen d. RFWR v. 20. Januar 1922 (Nr. 10), 8. Sitzung des Ständigen Ausschusses des Reichsforstwirtschaftsrates am 8. November in Bamberg, S. 239 f.

235 *Hasel/Schwartz*, Forstgeschichte, S. 159.

236 *Anonymus*, DDF 1922, S. 41 ff. (41).

237 *Niejahr*, Zur Zielsetzung und rechtlichen Problematik eines Bundesforstgesetzes, S. 14.

Ausgestaltung ihrer Befugnisse gesetzt werde und keine zu weitgehenden Eingriffe in die Bewirtschaftungsfreiheit und das Eigentum erfolgten.[238] Der erste Entwurf des Reichsforstwirtschaftsrates hatte deshalb Höchstvorschriften, die in dem neuen Entwurf jedoch nicht mehr vorhanden waren. Gerade diese Höchstvorschriften sollten vor übertriebenen Eingriffen in das Grundeigentum schützen.[239] In einigen Ländern war es zu einer stärkeren Beschränkung der privaten Waldwirtschaft gekommen, die von Vertretern des Privat- und Gemeindewaldbesitzes als *„erster Schritt der Sozialisierung"* bezeichnet wurden.[240]

Zwischenzeitlich hatten auch einige Landesregierungen Forstgesetzentwürfe fertig gestellt und drängten auf eine reichsgesetzliche Ermächtigungsgrundlage.[241]

Solch eine war nötig, da weiterhin Zweifel bestanden, ob die Länder überhaupt berechtigt waren, auch positive Leistungen (Aufstellung von Betriebsplänen und Betriebsgutachten, Anstellung von sachverständigen Forstbedienten, Aufforstung) von den Waldbesitzern zu fordern und ob aufgrund der Art. 109 und Art. 111 EGBGB den Nutzungsberechtigten seitens der Länder Beschränkungen auferlegt werden konnten.[242] Das Reichsjustizministerium verneinte dies, sodass zunächst eine reichsgesetzliche Ermächtigungsgrundlage für die Länder als erforderlich angesehen wurde.[243] Zu diesem Zweck erließ die Reichsregierung, anstelle eines umfassenden Forstgesetzes, die *„Verordnung zur Förderung der Forst- und Weidewirtschaft"*[244] vom 7. Februar 1924, die im nachfolgenden Abschnitt behandelt wird.

II. Verordnung zur Förderung der Forst- und Weidewirtschaft

Nachdem die Reichsregierung dem Reichsrat den Entwurf für ein *„Gesetz zur Förderung der Forst- und Weidewirtschaft"* zugeleitet hatte, entschied sich dieser auf seiner Sitzung am 12. Juni 1923 für die Überweisung der Vorlage an den zuständigen Ausschuss.[245] Nach den Ausschussberatungen übernahm der Reichsrat den Entwurf in seiner Sitzung am 20. September 1923 im Wesentlichen unverändert und leitete diesen zurück an die Reichsregierung.[246] Mit Schreiben vom 3. Oktober 1923

238 *Anonymus*, DDF 1922 S. 1 f. (1).
239 *Weber*, DDF 1922, S. 121 ff. u. 130 ff. (131).
240 *Anonymus*, DDF 1922 S. 1 f. (2).
241 *Weber*, Handbuch der Forstwissenschaft, Bd. 4, S. 360; so auch insbesondere Preußen, vgl. *Arnswaldt*, DDF 1923, S. 959.
242 *Endres, M.*, Handbuch der Forstpolitik, S. 186 f.; *Weber*, Handbuch der Forstwissenschaft, Bd. 4, S. 360.
243 *Eberts*, Forstrecht, in: Müller (Hrsg.) Grundlagen der Forstwirtschaft, S. 63 ff. (74); *Endres, M.*, Handbuch der Forstpolitik, S. 186.
244 RGBl. I 1924, S. 50 f.
245 Niederschr. RR, 47. Sitzung, 12. Juli 1923, § 745 u.
246 Niederschr. RR, 60. Sitzung, 20. September 1923, § 1019; Einzige Änderung war die Streichung der Worte *„sowie unter angemessener Berücksichtigung der Bedürfnisse der allgemeinen Wirtschaft"* im dritten Absatz auf den Antrag des Vertreters der Provinz Hannover.

wurde der Entwurf eines *„Gesetzes zur Förderung der Forst- und Weidewirtschaft"* sodann dem Reichstag zur Beschlussfassung vorgelegt.[247] Dieser Entwurf, der mit der letztlich erlassenen Verordnung wörtlich übereinstimmt, enthält in drei Absätzen Ermächtigungen für den Landesgesetzgeber.

Die Begründung des Entwurfs wies auf die schwierige Lage der Forstwirtschaft in dieser Zeit hin.[248] Schon vor dem Ersten Weltkrieg hätte der Bedarf an Nutzholz mit Einfuhren aus dem Ausland gedeckt werden müssen. Der Verlust vieler ertragreicher Waldungen durch den Versailler Vertrag habe dieses Defizit in der Nachkriegszeit weiter anwachsen lassen. Zudem sei in den folgenden Jahren durch den Anstieg der lange ruhenden Bautätigkeit, einer Erneuerung der Eisenbahnschwellen und einer Wiederbelebung der holzverarbeitenden Industrie mit einem weiteren Anstieg des Nutzholzbedarfs zu rechnen. Die Deckung des Fehlbedarfs durch Einfuhren aus dem Ausland stieße hingegen auf große Schwierigkeiten. Um diese Missstände zu beseitigen, sollte zukünftig eine nachhaltigere Forstwirtschaft und insbesondere eine zielbewusste Anzucht von nutzholzgeeigneten Stämmen betrieben werden.

Nach den Regelungen in den ersten beiden Absätzen konnten zur Förderung der Forst- und Bergweidewirtschaft auch dem Nutzungsberechtigten Verpflichtungen durch Landesgesetz auferlegt werden. Damit sollten die Zweifel, die aus der Regelung des Art. 111 EGBGB resultierten, ausgeräumt werden. Die Begründung des Entwurfs stellte insbesondere auf den Entwurf zu einem Forstkulturgesetz in Preußen und den Entwurf für ein Almschutzgesetz in Bayern ab, welche die Nutzungsberechtigten durch Maßnahmen zur ordnungsgemäßen Bewirtschaftung und Erhaltung der Waldungen und Almen in ihrer freien Verfügungsbefugnis einschränken sollten.[249]

Bezüglich der Forstwirtschaft waren *„bestimmte Maßregeln zur ordnungsgemäßen Bewirtschaftung der Waldungen"* vorgesehen (Abs. 1 Nr. 1). Der Eigentümer oder Nutzungsberechtigte sollte jedoch *„die Betriebsart und innerhalb der Grenzen einer pfleglichen Forstwirtschaft auch die Wirtschaftsziele, den Gang der Abnutzung und die technische Behandlung des Waldes nach seinem Ermessen"* bestimmen können. Als solche Maßregeln kamen nach der Entwurfsbegründung beispielsweise Bestimmungen über die Aufstellung von periodischen Wirtschaftsplänen, eine Buchungspflicht des Holzeinschlags, die Anstellung genügend forstsachverständiger Personen und die Einrichtung einer forstsachverständigen Beratung in Betracht.[250]

Außerdem sollte durch Landesgesetz die Verpflichtung zur Aufforstung von abgeholzten Flächen, Räumden und Ödländereien angeordnet werden können (Abs. 1 Nr. 2). Nach Maßgabe der Entwurfsbegründung war die Ertragssteigerung der vorhandenen Waldungen allein nicht ausreichend um die Holznot zu mildern, sodass insbesondere Flächen wie Räumden und Ödländereien, die sich zwar für die

247 Verh. d. RT, Bd. 380, Nr. 6229, S. 1.
248 Verh. d. RT, Bd. 380, Nr. 6229, S. 1 ff.
249 Verh. d. RT, Bd. 380, Nr. 6229, S. 2.
250 Verh. d. RT, Bd. 380, Nr. 6229, S. 2.

Holzzucht, nicht aber für andere Nutzungszwecke eigneten, aufgeforstet werden sollten.[251]

Bezüglich der Bergweidewirtschaft sollte die Verpflichtung, *„die Bergweiden als solche zu erhalten und ordnungsgemäß zu bewirtschaften"*, festgelegt werden können. Nach dem dritten Absatz konnten durch Landesgesetz auch Vorschriften zu Sicherung der Erfüllung dieser Verpflichtungen erlassen werden.

Nach einer ersten Beratung am 10. Oktober 1923 im Reichstag, wurde der Entwurf zur Vorberatung dem Rechtsausschuss überwiesen.[252] Der Sturz des Kabinetts *Stresemann* am 23. November 1923 führte jedoch zunächst zu einer weitgehenden Handlungsunfähigkeit der Reichsregierung.[253] Dies hatte zur Konsequenz, dass der Reichstag mit Zustimmung des Reichsrates am 8. Dezember 1923 ein bis zum 15. Februar 1924 befristetes Gesetz beschloss, mit dem die Reichsregierung ermächtigt wurde *„die Maßnahmen zu treffen, die sie im Hinblick auf die Not von Volk und Reich für erforderlich und dringend erachtet"*.[254] Um eine vorzeitige Auflösung zu verhindern, beschloss der Reichstag anschließend seine Vertagung und trat erst am 20. Februar 1924 wieder zusammen.[255] Aufgrund dieses Gesetzes wurde schließlich am 7. Februar 1924 die Verordnung zur Förderung der Forst- und Weidewirtschaft erlassen.[256] Der Entwurf zu dem geplanten Gesetz wurde anschließend mit Schreiben vom 29. Februar 1924 formwahrend zurückgezogen.[257]

Die Verordnung zur Förderung der Forst- und Weidewirtschaft ist im Ergebnis weitgehend wirkungslos geblieben.[258] Da es sich nur um eine Ermächtigung für die Landesgesetzgebung handelte, sind die meisten Länder untätig geblieben und hielten an ihrem veralteten Forstrecht fest. Nur Hessen (1923) und Thüringen (1930) verabschiedeten in der Weimarer Zeit ein *Landesforstgesetz*,[259] wobei angemerkt sei, dass nur das thüringische zeitlich nach der Verordnung von 1924 entstanden ist. *Weber* sah den Grund für die Wirkungslosigkeit insbesondere im Fehlen von zwingenden Gesetzesbestimmungen und bezeichnete die *„Reichsforstgesetzgebungsaktion"* als *„fehlgeschlagen"*.[260] *Mantel* sah in der Verordnung *„praktisch eine Verzichtserklärung des Reiches auf die Forstgesetzgebung"*.[261] Diese Einschätzung ist sicherlich nicht ganz unzutreffend, zumal in der Begründung des ursprünglichen Gesetzentwurfs

251 Verh. d. RT, Bd. 380, Nr. 6229, S. 2.
252 Verh. d. RT, Bd. 361, 388. Sitz., S. 12106 (D).
253 *Abramowski*, Akten der Reichskanzlei – Die Kabinette Marx I und II, Bd. 1, S. VII.
254 RGBl. I, 1923, S. 1179.
255 *Abramowski*, Akten der Reichskanzlei – Die Kabinette Marx I und II, Bd. 1, S. XII, XVI.
256 RGBl. I 1924, S. 50.
257 Verh. d. RT, Bd. 361, 405. Sitz., S. 12581 (C).
258 *Rozsnyay/Schulte*, Der Reichsforstgesetzentwurf von 1942 und seine Auswirkungen auf die neuere Forstgesetzgebung, S. 19.; *Hasel/Schwartz*, Forstgeschichte, S. 159.
259 *Hasel/Schwartz*, Forstgeschichte, S. 159 f.
260 *Weber*, Handbuch der Forstwissenschaft, Bd. 4, S. 361.
261 *Mantel*, DFuH 1965, S. 1–3, (1).

die Distanzierung von einer umfassenden Reichsforstgesetzgebung wie folgt begründet wurde:

> *„Bei der Vielgestalt der tatsächlichen und rechtlichen Verhältnisse auf dem gedachten Gebiet kann nicht in Frage kommen, einheitlich für das Reichsgebiet zu entscheiden, welche Wege im einzelnen zu Erreichung des gesteckten Zieles zu beschreiten sind. Vielmehr wird es grundsätzlich der Entscheidung der Länder überlassen bleiben müssen, inwieweit sie einen weiteren Ausbau ihrer Gesetzgebung für notwendig oder zweckmäßig erachten."*[262]

Eine Änderung dieser Sichtweise erfolgte erst wieder in der NS-Zeit, in der die Idee eines Reichsforstgesetzes ein zweites Mal aufgegriffen wurde.

D. Zusammenfassung

Die Geschichte der Forstgesetzgebung war stets eng mit den politischen Gegebenheiten der jeweiligen Zeit verbunden. Durch den Anstieg der fürstlichen Macht in der Zeit der Herzogtümer Schleswig und Holstein bildete sich eine landesherrliche Forsthoheit heraus, die sich in gesetzgeberischer Aktivität durch den Erlass verschiedener Verordnungen auf dem Gebiet des Forstwesens manifestierte. Aufgrund der territorialen Zersplitterung der Herrschaftssphären war auch der rechtliche Zustand ein uneinheitlicher. Dennoch war den verschiedenen Verordnungen gemein, dass sie Bestimmungen über den Schutz und die Erhaltung der Waldungen enthielten. Besonders wertvolle Holzarten wurden für bestimmte Zwecke geschont, Forstdiebe mit harten Sanktionen belegt und die Wiederaufforstung von abgeholzten Flächen angeordnet. Zu jener Zeit dürfte das Motiv für den Erlass solcher Regelungen in erster Linie die Holzknappheit und die wirtschaftliche Bedeutung des Waldes gewesen sein. Die Einhaltung dieser Vorschriften sollte durch die Ausbildung einer staatlichen Forstaufsicht sichergestellt werden, wozu die Waldungen durch Forstbedienstete beaufsichtigt wurden und jede Fällung von einer vorherigen Ausweisung abhängig gemacht wurde. Zu einer größeren Vereinheitlichung des Rechts in den Herzogtümern Schleswig und Holstein kam es durch die *Allgemeine neue Forst- und Jagdverordnung* vom 2. Juli 1784 und das *Patent* vom 15. Juni 1785, mit denen insbesondere die Ablösung der Forst- und Weideberechtigungen vorangetrieben und eine staatliche Aufsicht über den Privatwald hergestellt wurde. Auch das Landschaftsbild wurde durch die landesherrlichen Verordnungen nachhaltig geprägt. Die Anpflanzung von Nadelholz, die Verkoppelung der Felder und das Anlegen von Wallhecken (sog. *„Knicks"*[263]) dokumentieren bis heute das Ergebnis dieser gesetzgeberischen Maßnahmen.

---

262 Verh. d. RT, Bd. 380, Nr. 6229, S. 1.

263 *„Knicks"* (auch Wallhecken) sind auf Wällen aus Erde und Stein angelegte Hecken. In Schleswig-Holstein sind noch etwa 80.000 km davon vorhanden. Ursprünglich dienten die Knicks zur Einzäunung der Koppeln. Knicks spenden Schatten, bremsen den Wind, verhindern Erosion und haben Einfluss auf die Bodenfeuchtigkeit, siehe: *Stinglwagner/Haseder/Erlbeck*, Wald- und Forstlexikon, S. 487, Stichwort: Knicks.

Mit der Inkorporation der Herzogtümer in den preußischen Staat erfolgte eine Reorganisation des Forstwesens nach preußischem Vorbild. Die gesetzlichen Vorschriften der neu erworbenen Provinzen blieben dabei jedoch zunächst unangetastet. Dieser uneinheitliche rechtliche Zustand sollte infolge der Reichsgründung 1871 langsam behoben werden. In forstlicher Hinsicht führten das *Reichstrafgesetzbuch* (1871), das *Preußische Forstdiebstahlsgesetz* (1878) und das *Preußische Feld- und Forstpolizeigesetz* (1880) zumindest für das Forststrafrecht zu einer Vereinheitlichung. Die Privatwaldwirtschaft blieb auch durch das *Schutzwaldgesetz* von 1875 im Grundsatz frei, mit Ausnahme der Schleswig-Holsteinischen Bondenholzungen, die auch weiterhin der staatlichen Aufsicht nach der *Forst- und Jagdverordnung* von 1784 unterlagen. Obwohl die Notwendigkeit der staatlichen Einwirkung auf den Privatwald spätestens infolge des Ersten Weltkriegs erkannt wurde, scheiterte der Versuch zur Schaffung eines preußischen *Forstkulturgesetzes* an einer Vielzahl von Umständen. Insbesondere der Widerstand der Privatwaldbesitzer, die langwierige Diskussion um eine reichsgesetzliche Ermächtigungsgrundlage und die wirtschaftlichen Verhältnisse der Weimarer Zeit trugen zum Misserfolg dieser Initiative bei. Kleinere Errungenschaften der Forstgesetzgebung konnten lediglich mit dem *Gesetz zur Erhaltung des Baumbestandes* von 1922, das erstmals auf die Sozialfunktion des Waldes als Naherholungsstätte und seine positiven Wirkungen für die Gesundheit abstellte, sowie mit den Vorschriften zum Waldschutz bei der Familienfideikommissauflösung verbucht werden.

Die schwierige Gesamtsituation nach dem Ersten Weltkrieg veranlasste auch auf Reichsebene den Versuch zum Erlass eines allgemeinen Forstgesetzes. Durch ein Reichsrahmengesetz wollte man die überholte Landesgesetzgebung auf den Kurs der neuen forstpolitischen Ziele bringen und damit eine Hebung der einheimischen Holzerzeugung erreichen. Insbesondere im Privatwald sollte durch eine staatliche Aufsicht eine Ertragssteigerung herbeigeführt werden. Das Reichsministerium für Ernährung und Landwirtschaft erarbeitete gemeinsam mit dem Reichsforstwirtschaftsrat in den Jahren 1920/21 mehrere Entwürfe für ein *Reichsforstgesetz*, die jedoch aufgrund des Widerstandes der Länder und der Privatwaldbesitzer in dieser Form nicht verabschiedet wurden. Darüber hinaus wurde der Gesetzgebungsprozess durch die langanhaltende Diskussion um die Kompetenz der Länder, auch den Nutzungsberechtigten eines Waldgrundstücks in seiner Verfügungsbefugnis zu beschränken und von diesen positive Leistungen zu verlangen, erschwert. Damit wenigstens die von einigen Ländern geplanten Forstgesetze verabschiedet werden konnten, erging im Jahr 1924 die *Verordnung zur Förderung der Forst- und Weidewirtschaft*, mit der die Länder ermächtigt wurden, entsprechende Vorschriften zu erlassen. Da jedoch ein Großteil der Länder bei der Umsetzung der nicht zwingenden Ermächtigung untätig blieb, änderte sich an den bestehenden Verhältnissen wenig.

Auch wenn die gewünschten Erfolge im Ergebnis nicht erreicht wurden, demonstrieren die langwierigen Verhandlungen, dass die Forstwirtschaft an Bedeutung gewonnen hatte. Die Diskussion um die Schonwaldungen, die bei den Beratungen zu einem Reichsforstgesetz im Reichsforstwirtschaftsrat geführt wurde, zeigt, dass auch das Bewusstsein für die Wohlfahrtswirkungen des Waldes in der Weimarer Zeit angestiegen war. Man berücksichtigte nunmehr auch die soziale Funktion des Waldes mit seinen positiven Effekten für die Gesundheit und als Naherholungsgebiet für die Bevölkerung. Dennoch war die Reichsforstgesetzgebungsaktion der 1920er Jahre in erster Linie wirtschaftlich motiviert und sollte die Probleme bei der Holzversorgung beseitigen. Die Produktionskraft des Waldes stand deutlich im Vordergrund.

Obwohl der erste Versuch zur Schaffung eines allgemeinen Reichsforstgesetzes als Misserfolg bezeichnet werden kann, geriet der Gedanke daran nicht in Vergessenheit. Der nächste Versuch sollte unter völlig veränderten politischen Umständen im nationalsozialistischen System unternommen werden, das sich durch die Gleichschaltung der Länder eines bedeutenden Widersachers entledigt hatte.

Zweiter Teil: Forstgesetzgebung und weitere Pläne in der NS-Zeit (1933–1945)

Die Weimarer Politik vermochte die Probleme der Forstwirtschaft nicht zu lösen. Auch in den Jahren 1925 bis 1929 konnte der Bedarf an Nutzholz mit der inländischen Holzerzeugung nur zu etwa 63 % gedeckt werden, wobei sich die Lage der Forstwirtschaft in den folgenden Jahren der Weltwirtschaftskrise noch verschlechterte, in denen der Erlös für Nutzholz drastisch sank und gleichzeitig der Aufwand für Verwaltung, Betrieb und Personal anstieg.[264] Nach der Machübernahme durch die Nationalsozialisten im Jahre 1933 wurde deshalb der Plan, mit Hilfe eines einheitlichen und abschließenden Forstgesetzes die gesamte forstrechtliche Materie zu regeln, erneut aufgegriffen.[265] Aufgrund der Devisenlage Deutschlands und der Autarkiebestrebungen *Hitlers* sollte die Volkswirtschaft zu einer größtmöglichen Erzeugung gebracht werden.[266] Forstpolitisches Ziel war dabei die Produktionssteigerung in allen Waldbesitzarten.[267] Statistisch entfielen bei der Waldbesitzverteilung 33 % auf die Staatswaldungen, 17 % auf die Gemeinde- und sonstige Körperschaftswaldungen und 50 % auf die Privatwaldungen.[268] Vom Privatbesitz befanden sich 35 % in freiem Besitz, 13 % in gebundenem Vermögen (Fideikommisse) und 2 % waren Gemeinschaftswaldungen. Die Staatswaldungen und Privatwaldungen in gebundenen Besitz lieferten in einer durchschnittlichen Jahresnutzung 4,5 und 4,0 Fm[269] Derbholz[270] (davon 2,8 und 2,6 Fm Nutzholz) pro Hektar und befanden sich damit bezüglich der Holzmasse bereits auf einem hohen Niveau. Der Kleinbetrieb (unter 100 ha) und insbesondere der Bauernwald waren hingegen weniger leistungsfähig. Letzterer lieferte zum Vergleich – in Preußen – nur 1,6 Fm Derbholz (davon 0,5 Fm Nutzholz) pro Hektar.

---

264 *Eberts*, Forstrecht, in: Müller (Hrsg.) Grundlagen der Forstwirtschaft, S. 63 ff. (74).

265 *Hasel*, Waldwirtschaft und Umwelt, S. 173.

266 *Rozsnyay/Schulte*, Der Reichsforstgesetzentwurf von 1942 und seine Auswirkungen auf die neuere Forstgesetzgebung, S. 29; vgl. *Klueting*, in: Radkau/Uekötter (Hrsg.) Naturschutz und Nationalsozialismus, S. 77 ff. (91).

267 *Hasel/Schwartz*, Forstgeschichte, S. 160.

268 Zu den statistischen Werten (im Folgenden): *Eberts*, ZfW Bd. III 1935/36, S. 667 ff. (669 f.)

269 *Fm = Festmeter*: Bezeichnung für das Holzvolumen lang ausgehaltenen Rundholzes, das einem Kubikmeter entspricht (Bezeichnung seit 1. Januar 1978 nicht mehr zugelassen) siehe: *Stinglwagner/Haseder/Erlbeck*, Wald- und Forstlexikon, S. 260, Stichwort: Festmeter.

270 Zum Begriff siehe Fn. 212.

Im Zuge der Errichtung des Einparteienstaates erstrebte das nationalsozialistische Regime die Schaffung einer autoritären Zentralgewalt des Reiches und die Aufhebung der Hoheitsrechte der Länder und ihrer Gesetzgebungsbefugnisse.[271] Diese politische Umwandlung hatte eine vollständige Neuordnung der Forstorganisation zur Folge und leitete eine Vielzahl gesetzgeberischer Maßnahmen auf dem Gebiet der Forst- und Holzwirtschaft ein. Am Ende wollte man mit einem umfassenden Reichsforstgesetz die Verhältnisse einheitlich und erschöpfend regeln. Nach langen Jahren der Vorbereitung und Beratung wurden in den Jahren 1940 und 1942 zwei Hauptentwürfe zu einem Reichsforstgesetz fertig gestellt, das jedoch hauptsächlich aufgrund der Kriegssituation nicht mehr zum Abschluss kam.

Neben den gesetzgeberischen Maßnahmen sollte auch ein Bewusstseinswandel in der Einstellung zum Wald herbeigeführt werden. Die *„Wald-Propaganda“* im NS-Staat ideologisierte den Wald und versuchte immer wieder eine besondere Verbindung zwischen dem deutschen Wald und dem deutschen Volk aufzuzeigen.[272] Die nationalsozialistische Anschauung über das Verhältnis von Gemeinnutz und Eigennutz sowie die Stellung zum Privateigentum bedeuteten dabei eine völlige Abkehr von der *„liberalistischen Einstellung“* der vorangegangen Zeit.[273] Der deutsche Wald wurde zum *„deutschen Volksgut“*[274] erklärt, das der Waldbesitzer lediglich als *„Treuhänder des Volkes“* vom *„Volke als Lehen“* erhalten habe und für dessen Aufgabenerfüllung er gegenüber dem Volk die Verantwortung trage.[275] Die privatwirtschaftliche Rentabilität hatte in der nationalsozialistischen Wirtschafspolitik in ihrem Stellenwert hinter die volkswirtschaftliche Produktivität zurückzutreten.[276] Nach *Mantel* war das *„gemein- oder nationalwirtschaftliche Prinzip“*, das die *„Wahrung der gemeinschaftlichen Interessen der Volksgesamtheit vor den eigennützigen Individualinteressen“* forderte, das oberste Richtziel der Forstwirtschaft in der nationalsozialistischen Zeit.[277]

---

271 *Hasel/Schwartz*, Forstgeschichte, S. 160.

272 *Steinsiek*, Forst- und Holzforschung im *„Dritten Reich“*, S. 188.

273 Vgl. *Rozsnyay/Schulte*, Der Reichsforstgesetzentwurf von 1942 und seine Auswirkungen auf die neuere Forstgesetzgebung, S. 32.

274 So im Vorwort von: *RForstA*, E-RForstG (1940); *Eberts*, Mitt. H.-G.-A. Deutsch. Forstwiss., Bd.1, 1941, S. 44 ff. (48).

275 *Eberts*, Mitt. H.-G.-A. Deutsch. Forstwiss., Bd.1, 1941, S. 44 ff. (48).

276 *Hasel/Schwartz*, Forstgeschichte, S. 160.

277 *Mantel*, Forstpolitik, S. 421 ff. (487), in: Rubner (Hrsg.): Neudammer Forstliches Lehrbuch, Bd. 2.

A. Neuordnung der Forstorganisation in der NS-Zeit[278]

Die Reorganisation der Forstverwaltung wurde durch das *Reichsnährstandgesetz*[279] vom 13. September 1933 und der dazugehörigen *Verordnung*[280] vom 8. Dezember 1933 eingeleitet, mit denen der Reichsnährstand als Selbstverwaltungskörperschaft für die Vertretung der Landwirtschaft errichtet wurde. Nach § 1 Abs. 2 des Reichsnährstandgesetzes umfasste die Landwirtschaft – neben anderen Materien – auch die Forstwirtschaft. Der Reichsnährstand löste damit die Landwirtschaftskammern ab und trat als Rechtsnachfolger an deren Stelle. An der Spitze stand der *Reichsbauernführer*, der vom Reichskanzler ernannt wurde (§ 10 der VO). Das Amt des Reichsbauernführers bekleidete *Walther Darré*, der gleichzeitig auch Reichsminister für Ernährung und Landwirtschaft war. Örtlich gliederte sich der Reichsnährstand in Landes,- Kreis- und Ortsbauernschaften (§ 11 der VO).

In Preußen löste man mit dem *„Gesetz über die Landesforstverwaltung"*[281] vom 1. Dezember 1933 die Angelegenheiten der Landesforstverwaltung aus dem Landwirtschaftsministerium heraus und leitete diese auf den Ministerpräsidenten über. Unter dem seinerzeitigen Ministerpräsidenten *Hermann Göring* wurde sodann eine eigene Abteilung unter der Leitung eines Oberlandforstmeisters geschaffen. Diese selbstständige oberste Landesbehörde führte die Bezeichnung *„Der Preußische Ministerpräsident, Landesforstverwaltung"*.[282] Die Forstabteilung beim Regierungspräsidenten in Schleswig stand fortan unter der Leitung eines Landforstmeisters und führte die Bezeichnung *„Regierungsforstamt"*.[283] Verwaltungsmäßig ist noch das *„Gesetz über Groß-Hamburg und andere Gebietsbereinigungen"*[284] vom 26. Januar 1937 für Schleswig-Holstein von Bedeutung, mit dem die Städte Lübeck und Geesthacht, der oldenburgische Landesteil Lübeck sowie mehrere Gemeinden aus ihrer bisherigen Landeszugehörigkeit herausgelöst und dem Regierungsbezirk Schleswig zugeteilt wurden.

Mit dem *„Gesetz über den Neuaufbau des Reichs"*[285] vom 30. Januar 1934 wurden schließlich die Landesparlamente aufgelöst und die Hoheitsrechte der Länder auf

---

278 Wegen der Vielzahl der Umorganisationen der Forstverwaltung und der Verschiedenartigkeit der Verhältnisse können an dieser Stelle nur die wichtigsten Maßnahmen behandelt werden. Eine ausführliche Darstellung zur Neuorganisation der Forstwirtschaft enthält der Aufsatz mit dem Titel *„Deutsche Forstgesetzgebung"* von *Eberts* in: Intersylva 1942 S. 167 ff. (175 ff.).

279 *„Gesetz über den vorläufigen Aufbau des Reichsnährstandes und Maßnahmen zur Markt- und Preisregelung für landwirtschaftliche Erzeugnisse"* vom 13. September 1933, RGBl. I 1933, S. 626 f.

280 *„Erste Verordnung über den vorläufigen Aufbau des Reichsnährstandes"* vom 8. Dezember 1933, RGBl. I 1933, S. 1060 f.

281 PrGS 1933, S. 417.

282 *Eberts*, Intersylva 1942, S. 167 ff. (175).

283 *Hase*, Wald- und Forstchronologie Schleswig-Holsteins, S. 136.

284 RGBl. I 1937, S. 91.

285 RGBl. I 1934, S. 75.

das Reich übertragen. Als oberste Reichsbehörde für das Forst- und Jagdwesen wurde in der Folge mit dem *„Gesetz zur Überleitung des Forst- und Jagdwesens auf das Reich"*[286] vom 3. Juli 1934 das *Reichsforstamt* geschaffen, an dessen Spitze der Reichsforstmeister – *Hermann Göring* – stand.[287] Im März 1935 wurde zudem die preußische oberste Landesforstbehörde mit dem Reichsforstamt vereinigt und führte die Bezeichnung *„Der Reichsforstmeister und Preußische Landesforstmeister"* (ab 1938 nur noch *„Der Reichsforstmeister"*).[288] In den Jahren 1934–1937 gliederte sich das Reichsforstamt weiter in ein Persönliches Referat und vier Fachabteilungen (1. Zentral- und Personalabteilung, 2. Forstverwaltung und Forstwirtschaftsbetrieb, 3. Forst- und Holzwirtschaftspolitik, 4. Reichsjagdamt).[289] Das Reichsforstamt übernahm damit die Angelegenheiten auf dem Gebiet des Forst- und Jagdwesens, die vorher in den Zuständigkeitsbereich des Reichsministeriums für Ernährung und Landwirtschaft fielen und wurde im Rang einem Reichsministerium gleichgestellt.[290] Bis zum Jahr 1945 entstanden noch weitere Abteilungen im Reichsforstamt, sodass es am Ende neun unterschiedliche Fachbereiche gab (1. Zentralabteilung, 2. Personalabteilung, 3. Forstwissenschaft und Forstpolitik, 4. Forstverwaltung und Forstwirtschaftsbetrieb, 5. Privatwald, 6. Holzwirtschaft, 7. Kolonialabteilung, 8. Reichsjagdamt, 9. Naturschutzabteilung).[291]

Eine wichtige Position im Reichsforstamt hinsichtlich der Reichsforstgesetzgebung bekleidete *Prof. Heinrich Eberts*[292]. Im Jahr 1933 wurde *Eberts* unter Ernennung

---

286 RGBl. I 1934, S. 534.

287 *Mantel*, Forstpolitik, S. 421 ff. (490), in: Rubner (Hrsg.): Neudammer Forstliches Lehrbuch, Bd. 2.

288 *Eberts*, Intersylva 1942, S. 167 ff. (176).

289 *Rubner*, Deutsche Forstgeschichte 1933–1945, Tab. 23, S. 264.

290 Siehe dazu: *„Erste Durchführungsverordnung zur Überleitung des Forst- und Jagdwesens auf das Reich"* vom 12. Juli 1934, RGBl. I 1934 S. 617; *„Zweite Durchführungsverordnung zur Überleitung des Forst- und Jagdwesens auf das Reich"* vom 28. Januar 1935, RGBl. I 1935, S. 70; *„Erlass über den Übergang einzelner Aufgaben des Reichsministeriums für Ernährung und Landwirtschaft auf das Reichsforstamt"* vom 12. Juli 1935, RGBl. I 1935, S. 1031.

291 *Rubner*, Deutsche Forstgeschichte 1933–1945, Tab. 23, S. 264.

292 *Heinrich Eberts* (*1883, †1979) wurde in Fördersdorf (Ostpreußen) als Sohn eines Forstmeisters geboren. Im Jahr 1901 legte er die Reifeprüfung in Königsberg ab. Nach einer praktischen Lehrzeit auf dem Forstamt seines Vaters nahm er das Studium der Forstwissenschaft an der Universität Königsberg und der Forstakademie in Hann.-Münden auf, das er 1905 mit der Referendarprüfung abschloss. 1909 legte er die forstliche Staatsprüfung ab und begann mit seinem Dienst bei der preußischen Staatsforstverwaltung. Von 1914 bis 1918 nahm er am Ersten Weltkrieg teil. 1919 übernahm er die Leitung der Oberförsterei Ullersdorf in Schlesien. 1928 wurde Eberts zum Regierungs- und Forstrat ernannt und in die Forstinspektion nach Kassel versetzt. Im selben Jahr wurde ihm ein Lehrauftrag für Forstpolitik und Forstverwaltungslehre in Hann.-Münden erteilt. Die Ernennung zum Oberregierungs- und Oberforstrat erfolgte 1930. Im Jahr 1931 wurde

zum Landforstmeister in die Forstabteilung des Preußischen Ministeriums für Landwirtschaft, Domänen und Forsten berufen und bekam dort die Arbeitsgebiete Forstpolitik, Forstgesetzgebung und forstliches Ausbildungswesen übertragen.[293] Mit der Errichtung des Reichsforstamtes im Jahre 1934 wurde er dort als Leiter der Zentral- und Personalabteilung eingesetzt und ab 1936 mit der Ausarbeitung eines Reichsforstgesetzes beauftragt.[294] 1934 erfolgte außerdem die Ernennung *Eberts* zum Oberlandforstmeister, 1937 die zum Ministerialdirigenten und 1940 die zum Ministerialdirektor.[295] Von 1938 bis 1945 leitete *Eberts* im Reichsforstamt die Abteilung Forstpolitik und Forstwissenschaft, wobei die Arbeiten am Reichsforstgesetz einen Schwerpunkt seiner Tätigkeit bildeten.[296] Durch die Umgliederung des Reichsforstamtes im April 1941 in neun Abteilungen wurde *Eberts* zudem von anderen Verpflichtungen freigestellt und konnte vorrangig die Überarbeitung des Reichsforstgesetzes in seiner Abteilung voranbringen.[297] In der gleichen Zeit wurde *Prof. Dr. Karl Abetz*[298] als Generalreferent ins Reichsforstamt berufen, der gemeinsam mit

---

Eberts als ordentlicher Professor auf den Lehrstuhl für Forstpolitik und Forstverwaltung an der Forstlichen Hochschule Hann.-Münden berufen. In den Jahren 1934–1945 war Eberts Abteilungsleiter im Reichsforstamt (siehe Haupttext). Nach Kriegsende war Eberts bis Mai 1946 interniert. Im Jahr 1949 wurde er vom Entnazifizierungs-Hauptausschuss der Stadt Göttingen als entlastet eingestuft. Auch nach seiner Versetzung in den Ruhestand 1951 blieb Eberts als Verfasser von forstwissenschaftlichen Schriften – insbesondere auf den Gebieten der Forstgesetzgebung und Forstverwaltung – aktiv. Im Jahr 1958 verlieh die Forstliche Fakultät der Universität Göttingen Eberts den Ehrendoktortitel in Anerkennung seiner Leistungen auf wissenschaftlichem Gebiet. Die Angaben zur Person von Heinrich Eberts beruhen auf folgenden Quellen: *Kollmann*, HRW 1958, S. 319; *Abetz*, AFJZ 1963, S. 199 f.; *Anonymus*, HRW 1973, S. 175 f. (176); *Hasel*, FA 1977, S. 188 ff.; *Mantel*, DFuH 1979, S. 233 ff.; *Steinsiek*, Forst- und Holzforschung im *„Dritten Reich“*, S. 49 ff.

293 *Rubner*, Deutsche Forstgeschichte 1933–1945, S. 254; *Abetz*, AFJZ 1963, S. 199 f. (199).

294 *Steinsiek*, Forst- und Holzforschung im *„Dritten Reich“*, S. 50; *Rubner*, Deutsche Forstgeschichte 1933–1945, S. 254.

295 *Abetz*, AFJZ 1963, S. 199 f. (199).

296 *Steinsiek*, Forst- und Holzforschung im *„Dritten Reich“*, S. 53.

297 *Rubner*, Deutsche Forstgeschichte 1933–1945, S. 265.

298 *Karl Abetz* (*1896, †1964) wurde in Bauschlott, Kreis Pforzheim geboren. Nach dem Abitur 1914 leistete Abetz bis zum Ende des Ersten Weltkriegs Kriegsdienst. Anschließend begann er mit dem Studium der Forstwissenschaft in Karlsruhe und Freiburg, das er 1922 abschloss. Die Promotion erfolgte ein Jahr später. 1924 trat Abetz als Forstassessor in den badischen Staatsdienst ein. Bereits 1927 wurde er zum Forstrat und Mitglied der Forstabteilung des Badischen Finanzministeriums ernannt. 1928 übertrug ihm das Land Braunschweig die Leitung der Forsteinrichtungs- und forstlichen Versuchsanstalt. 1933 übernahm Abetz unter Ernennung zum Landforstmeister die Leitung der Braunschweigischen Landesforstverwaltung. 1934 folgte er einem Ruf als ordentlicher Professor an die Forstliche Hochschule

dem Ministerialrat *Adolf Otto* einige Überarbeitungen an dem Reichsforstgesetzentwurf vornahm, die sich in dem Zweitentwurf vom Februar 1942 niedergeschlagen haben.[299]

Die Bewertung der Person *Eberts* in Bezug auf sein Wirken im nationalsozialistischen Staat erweist sich als schwierig und ergibt ein divergierendes Bild. In fachlicher Hinsicht werden *Eberts* große Verdienste zuerkannt, insbesondere im Hinblick auf die Entwürfe zu einem Reichsforstgesetz. Bei *Hasel* heißt es, *Eberts* und *Abetz* hätten sich *„mit einem Höchstmaß an Sachkenntnis und Verantwortungsbewusstsein um die bestmögliche Gestaltung des Reichsforstgesetzes bemüht"* und das Leitziel des Gesetzes mit Mitteln angesteuert, *„die immer noch von dem Gedanken der Rechtsstaatlichkeit getragen waren"*.[300] Weiter heißt es bei *Hasel*:

> *„Mit viel Mut wurden jahrzehntelang heftig umstrittene forstpolitische Fragen angepackt und zu einer im ganzen guten Lösung zu bringen versucht. Von billigen parteipolitischen Parolen hat man sich bewußt ferngehalten"*.[301]

Auch *Rozsnyay/Schulte* bestätigen den beiden *„hervorragenden Forstpolitikern"*, dass der *„Gesetzentwurf vorwiegend sachorientiert ausfiel"* und man weitgehend darauf bedacht war, *„das Prinzip der Rechtstaatlichkeit nicht aus den Augen zu verlieren"*.[302] Bei *Klose/Orf* heißt es, dass der Reichsforstgesetzentwurf *„zukunftsweisende forstpolitische Ideen enthielt, die in die moderne Forstgesetzgebung nach 1945 Eingang gefunden haben"*.[303] Auch *Steinsiek* geht davon aus, dass die forstpolitischen Ziele von *Eberts* im Wesentlichen mit denen Westdeutschlands nach 1945 kompatibel waren.[304]

Hann.-Münden. 1935 übernahm er den Lehrstuhl für Forsteinrichtung und Forstl. Betriebswirtschaftslehre in Freiburg. Nach nochmaligem Kriegsdienst in den Jahren 1940/41 wurde Abetz im März 1941 an das Reichsforstamt abgeordnet, wo er ab Januar 1942 – unter Beibehaltung seiner Professur an der Universität Freiburg – die Stellung eines Generalreferenten innehatte. In dieser Eigenschaft trat er u.a. als Verhandlungsführer des Reichsforstamts in den Beratungen zum Reichsforstgesetz mit den beteiligten Stellen auf. Daneben oblag ihm die Koordination der verschiedenen Abteilungen im Reichsforstamt. Nachdem Abetz in der Nachkriegszeit die Weiterführung seines Lehrstuhls vorläufig untersagt wurde, konnte er diesen im Jahr 1949 wieder aufnehmen und behielt ihn bis 1964. Die Angaben zur Person von Karl Abetz beruhen auf folgenden Quellen: *Assmann*, FwCbl. 1964, S. 118 ff.; *Hildebrandt*, FA 1964, S. 124 ff.; *Hasel*, AFZ 1987, S. 1051 ff.; *Steinsiek*, Abetz, Karl, Prof. Dr., in: Jarck/Scheel (Hrsg.) Braunschweigisches Biographisches Lexikon, 19. u. 20. Jhdt., S. 19 f.

299 *Rubner*, Deutsche Forstgeschichte 1933–1945, S. 265.

300 *Hasel*, Waldwirtschaft und Umwelt, S. 173; *Hasel/Schwartz*, Forstgeschichte, S. 161.

301 *Hasel*, Waldwirtschaft und Umwelt, S. 173.

302 *Rozsnyay/Schulte*, Der Reichsforstgesetzentwurf von 1942 und seine Auswirkungen auf die neuere Forstgesetzgebung, S. 55.

303 *Klose/Orf*, Forstrecht, Einleitung S. 5.

304 *Steinsiek*, Die Forstliche Fakultät der Universität Göttingen im Nationalsozialismus, S. 242.

Steinsiek nahm jedoch auch eine differenziertere Würdigung der Persönlichkeit von *Eberts* vor, wofür er insbesondere Unterlagen aus dem persönlichen Nachlass und autobiographische Aufzeichnungen von *Eberts* untersuchte.[305] Danach sei *Eberts* – eigenen Angaben zufolge – nur widerwillig im Jahr 1933 in die NSDAP eingetreten, der er ablehnend gegenüber gestanden habe. Während seiner Zeit im Reichsforstamt sei es wiederholt zu Konflikten mit Vorgesetzen gekommen, wobei sich *Eberts* gegen die parteipolitischen Interessen der NSDAP gestellt haben soll. Sein Wirken im NS-Staat habe *Eberts* unter anderem damit erklärt, dass er Schädigungen der Forstwirtschaft und des Waldes habe verhindern wollen. Der Wahrheitsgehalt dieser von *Eberts* gemachten Angaben ließ sich laut *Steinsiek* nicht überprüfen. Tatsache sei jedoch, dass *Eberts* in seinem Entnazifizierungsverfahren hochrangige und namhafte Entlastungszeugen aus Forstverwaltung, Forstwissenschaft und Naturschutz auf seiner Seite hatte, die seine ablehnende Haltung gegenüber dem Nationalsozialismus unter Beweis stellen sollten. Im Ergebnis wurde *Eberts* im Jahr 1949 bei der Beurteilung seiner Verantwortlichkeit vom Entnazifizierungs-Hauptausschuss der Stadt Göttingen in die Gruppe 5 (Entlastete) eingestuft.

Eine weitere Veröffentlichung von *Steinsiek* zeigt jedoch auch ein anderes Bild von *Eberts*. In Bezug auf den Aufbau des Reichsforstamtes heißt es darin:

> *„Eberts hatte ein Faible für zentralistische Strukturen. Dem „Dritten Reich" brachte er große, aufrichtig empfundene Sympathien entgegen, weil er die Misere der deutschen Forst- und Holzwirtschaft offenbar allein durch einen starken, ja autoritären Staat am ehesten zu überwinden hoffte. In der Diktatur sah Eberts die einzige Möglichkeit, der von ihm so stark bekämpften Zersplitterung des forstlichen Rechtswesens und des Forstwesens in Deutschland überhaupt ein Ende zu setzen. Dahin zielten auch die wesentlich von ihm erarbeiteten Entwürfe eines Reichsforstgesetzes."*[306]

Hinsichtlich der Tätigkeit im Reichsforstamt schreibt *Steinsiek*:

> *„Eberts und Abetz können ohne Frage als linientreue, NS-konforme Diener der nationalsozialistischen Reichsregierung angesprochen werden."*[307]

Im Hinblick auf eine von *Eberts* im Jahr 1933 bei einer öffentlichen *„Kundgebung gegen Versailles"* gehaltenen Rede urteilte Steinsiek wie folgt über Eberts:

305 Hierzu und im Folgenden: *Steinsiek*, Forst- und Holzforschung im *„Dritten Reich"*, S. 49–57.

306 *Steinsiek*, Die Forstliche Fakultät der Universität Göttingen im Nationalsozialismus, S. 100 f.

307 *Steinsiek*, Die Forstliche Fakultät der Universität Göttingen im Nationalsozialismus, S. 240.

„Eberts hat sich ohne Not und mit Wissen um die Greueltaten der Nationalsozialisten ganz auf deren Seite geschlagen. Er hat auch sonst keinen Hehl aus der besonderen Zuneigung gemacht, die er für die Diktatur, für Hitler und seine Kriegsziele empfand.“[308]

Steinsiek geht im Weiteren davon aus, dass *Eberts* auf seinen Dienstreisen in die besetzen polnischen Gebiete von den NS-Verbrechen gegen die polnische und jüdische Zivilbevölkerung Kenntnis erlangt habe.[309]

Die vorstehenden Ausführungen zeigen ein ambivalentes Charakterbild *Eberts* im Hinblick auf seine Tätigkeit im Reichsforstamt. Auf der einen Seite stand eine Person, deren fachliche Leistungen in Bezug auf die Reichsforstgesetzentwürfe auch in der Zeit Deutschlands nach 1945 weitgehend auf Anerkennung stießen. Andererseits war *Eberts* einer der *„einflussreichsten Forstfunktionäre des ‚Dritten Reichs‘“*[310] und als Ministerialdirektor im Reichsforstamt eine wichtige Stütze der Verwaltung des NS-Staates. Soweit die Angaben *Eberts* über seine ablehnende Haltung gegenüber dem Nationalsozialismus zutreffen sollten, bleibt festzuhalten, dass er die nationalsozialistischen Strukturen jedenfalls bereitwillig annahm, um seine forstpolitischen Ziele zu verwirklichen.

Für die Neuordnung des Forstwesens war auch das *„Gesetz über die Marktordnung auf dem Gebiete der Forst- und Holzwirtschaft“*[311] vom 16. Oktober 1935 von Bedeutung, mit dem der Reichsforstmeister ermächtigt wurde, zur Durchführung der Marktordnung die Erzeugung, den Absatz und die Preise von Erzeugnissen der Forst- und Holzwirtschaft zu regeln. Dazu konnten Betriebe der Erzeuger-, Bearbeiter- und Verteilergruppe zusammengeschlossen und damit eine Lenkung der gesamten Forst- und Holzwirtschaft erreicht werden. Mit der *„Verordnung über den Zusammenschluss der Forst- und Holzwirtschaft“*[312] vom 20. Oktober 1936 machte der Reichsforstmeister von dieser Ermächtigung Gebrauch und schloss *„die Erzeuger-, Bearbeiter- und Verteilerbetriebe von Rohholz, Schnittholz und Holzhalbwaren zur ‚Marktvereinigung der deutschen Forst- und Holzwirtschaft‘ (Marktvereinigung)“* zusammen. Diese Marktvereinigung war unmittelbar dem Reichsforstmeister unterstellt und diente diesem zur Durchführung und Überwachung der Marktordnung. Im September 1939 wurde die Marktvereinigung aufgelöst und ihre Aufgaben und Befugnisse der neu errichteten *„Reichsstelle für Holz“* übertragen.[313] Dieser Reichsstelle für Holz waren die, aufgrund § 7 der *„Verordnung über*

308 *Steinsiek*, Die Forstliche Fakultät der Universität Göttingen im Nationalsozialismus, S. 242.

309 *Steinsiek*, Die Forstliche Fakultät der Universität Göttingen im Nationalsozialismus, S. 242.

310 *Steinsiek*, Die Forstliche Fakultät der Universität Göttingen im Nationalsozialismus, S. 44 (Fn. 170).

311 RGBl. I 1935, S. 1239.

312 RGBl. I 1936, S. 909.

313 *„Verordnung über die Errichtung der Reichsstelle für Holz“* vom 5. September 1939, RGBl. I 1939, S. 1677.

die Wirtschaftsverwaltung"[314] vom 27. August 1939, in jedem Wehrkreis zu bildenden Forst- und Holzwirtschaftsämter unterstellt. Zweck dieser Forst- und Holzwirtschaftsämter war die Sicherung der kriegswirtschaftlichen Erfordernisse auf dem Gebiet der Forst- und Holzwirtschaft und die Versorgung der Wehrmacht mit Holz.[315] Mit Art. III der *Durchführungsverordnung*[316] erhielten diese Ämter deshalb die Aufgabe zur Aufbringung, Sicherstellung und Überwachung der Erzeugung in den verschiedenen Waldbesitzarten sowie die Sicherstellung der Produktionsfähigkeit der Betriebe der holzbearbeitenden und- verarbeitenden Industrie und der unentbehrlichen Betriebe des Holzhandels. Für Schleswig-Holstein wurde ein Forst- und Holzwirtschaftsamt im Wehrkreis X beim Reichsstatthalter in Hamburg errichtet.[317]

Mit der *„Verordnung über den Aufbau der Reichsforstverwaltung"*[318] vom 31. Mai 1940 und der dazugehörenden *Durchführungsverordnung*[319] vom selben Tag erfolgte sodann eine Neuregelung der Forstverwaltung in der Mittelstufe. Dazu wurde die Reichsforstverwaltung der Mittelstufe als Landesforstamt in die Mittelbehörde[320] der allgemeinen Verwaltung eingegliedert und von einem Oberlandforstmeister geleitet. In der Unterstufe erfolgte keine Eingliederung der Forstämter in die allgemeine Verwaltung, sodass diese als selbstständige Einheit bestehen blieben.

Obwohl die Zuständigkeit in forstlichen Angelegenheiten mit dem *„Gesetz zur Überleitung des Forst- und Jagdwesens auf das Reich"*[321] grundsätzlich auf das Reichsforstamt übertragen wurde, verblieb die Aufgabe der Privatwaldbetreuung zunächst beim Reichsnährstand. *Eberts* sah in dem Nebeneinanderbestehen der staatlichen Forstverwaltung und der forstlichen Selbstverwaltung des Reichsnährstandes einen *„schädlichen Dualismus in der Lenkung und Betreuung der Forstwirtschaft"*.[322] Der Versuch *Görings* im Frühjahr 1939, eine eigene Selbstverwaltung der Forstwirtschaft unter Angliederung an das Reichsforstamt zu schaffen, scheiterte zu Friedenszeiten noch am Widerstand des Reichsbauernführers und wurde wegen des Kriegsbeginns zunächst nicht weiter verfolgt.[323]

---

314 RGBl. 1939 I, S. 1495 ff. i.d.F. vom 28. November 1939, RGBl. I 1939, S. 2315.

315 *Eberts*, Intersylva 1942, S. 167 ff. (191 f.).

316 *„Verordnung zur Durchführung der Verordnung über die Wirtschaftsverwaltung (Zweite Durchführungsverordnung)"*, RGBl. I 1939, S. 1569, i.d.F. vom 5. September 1939, RGBl. I 1939, S. 1677.

317 *Hase*, Abriß der Wald- und Forstgeschichte Schleswig-Holsteins im letzten Jahrtausend, S. 103.

318 RGBl. I 1940, S. 839

319 *„Durchführungsverordnung zur Verordnung über den Aufbau der Reichsforstverwaltung"* vom 31. Mai 1940, RGBl. 1940 S. 840 f.

320 Mittelbehörde in Preußen war der Oberpräsident.

321 RGBl. I 1934, S. 534 f.

322 *Eberts*, Intersylva 1942, S. 167 ff. (188).

323 Vgl. *Rubner*, Deutsche Forstgeschichte 1933–1945, S. 255 f.; Eine ausführliche Darstellung zum *„Projekt zur Überleitung der Privatwaldungen auf den Reichsforstmeister"* erfolgt bei: *Hartmannsgruber*, Akten der Reichskanzlei 1939, S. 211 ff.

Man einigte sich jedoch dahin, dass die teilweise bestehenden Hindernisse durch die Doppelorganisation zumindest auf dem Gebiet der kriegswirtschaftlichen Maßnahmen ausgeschaltet werden mussten.[324] Zur *„Durchführung kriegswirtschaftlicher Maßnahmen der Forst- und Holzwirtschaft in den Privatforsten"* erging deshalb am 15. September 1939 mit Geltung für die Dauer des Krieges eine *„Gemeinsame Anordnung des Reichsforstmeisters, des Reichsernährungsministers und des Reichsbauernführers"*[325], die im Wesentlichen fünf Punkte regelte. Erstens wurde für jeden Wehrkreis eine Forstabteilung der Landesbauernschaft mit der Durchführung der kriegswirtschaftlichen Maßnahmen in den Privatforsten beauftragt. Zweitens sollten sich die Forstabteilungen der nachgeordneten Forstdienststellen des Reichsnährstandes für die Durchführung ihrer Aufgaben bedienen können. Drittens wurden die Forstabteilungen des Reichsnährstandes den staatlichen Forst- und Holzwirtschaftsämtern als *Abteilung Privatforsten* unterstellt. Viertens wurde angeordnet, dass durch diese Unterstellung die Zugehörigkeit zum Reichsnährstand unberührt blieb. Fünftens wurde im Reichsforstamt für die Durchführung der kriegswirtschaftlichen Maßnahmen eine Abteilung Privatforsten gegründet, deren Leiter gleichzeitig der Leiter der Reichsforstabteilung des Reichsnährstandes war.

In einer zweiten *„Gemeinsamen Anordnung über die Organisation der Reichsforstverwaltung und des Reichsnährstandes zur Betreuung des Privatwaldes in den eingegliederten Ostgauen"*[326] vom 6./9. März 1940 dehnte man die im *„Altreich"* geltende Regelung sowohl örtlich als auch inhaltlich weiter aus. Die Anordnung erstreckte sich nun auf die gesamte Betreuung des Privatwaldes, die jetzt durch die Forstämter in der Unterstufe wahrgenommen werden sollte. Daneben oblag den Forstämtern auch die Staatsforstverwaltung und die Forstaufsicht. Mit einer dritten *Anordnung*[327] wurde diese Regelung unter Beachtung der regionalen Besonderheiten auf die österreichischen Gebiete ausgedehnt. Den Abschluss dieser Entwicklung bildeten jedoch die, nicht mehr nur für Kriegszeiten geltende, *„Gemeinsame Anordnung des Reichsforstmeisters, des Reichsministers für Ernährung und Landwirtschaft und des Reichsbauernführers über die Betreuung des deutschen Privatwaldes im gesamten Reichsgebiet"*[328] vom 20. Februar 1941 und die dazugehörige *Durchführungsanordnung*[329] vom 17. März 1941, mit denen eine gemeinsame Organisation der Reichsforstverwaltung und des Reichsnährstandes zur Betreuung des deutschen Privatwaldes nach dem Muster der Regelung vom 6./9. März 1940 im

---

324 *Eberts*, Intersylva 1942, S. 167 ff. (188).

325 RMBl. Fv. 1939, S. 252.

326 RMBl. Fv. 1940, S. 133.

327 *„Gemeinsame Anordnung über die Organisation der Reichsforstverwaltung und des Reichsnährstandes zur Betreuung des Privatwaldes in der Ostmark"*, RdErl. vom 22. Juni 1940 – II/IV 6012 – RMBl. Fv. 1940, S. 235

328 RMBl. Fv. 1941, S. 73.

329 *„Durchführung der gemeinsamen Anordnung über die Betreuung des deutschen Privatwaldes im gesamten Reichsgebiet"*, RdErl. d. Reichsforstmeisters vom 17. März 1941 – II/IV/I 2549^{II} – RMBl. Fv. 1941, S. 73 f.

gesamten Reichsgebiet eingerichtet werden sollte. Im Ergebnis sollte damit sowohl die Durchführung der Forstaufsicht als auch die forstliche Betreuung des Privatwaldes durch eine einheitliche Organisation der Staatsforstverwaltung vollzogen werden. Um trotzdem die Belange der Selbstverwaltung in angemessener Weise zu wahren, sollten die Beschäftigen des Reichsnährstandes bei der Betreuung maßgeblich mitwirken.[330] Nach der Ansicht von *Eberts* war die Schaffung dieser neuartigen Einheitsorganisation *„eine sehr glückliche Lösung des Problems der Zusammenfassung von Staatsverwaltung und fachlicher Selbstverwaltung“.*[331]

B. Einzelgesetzgebung

Die Forst- und Holzgesetzgebung in der nationalsozialistischen Zeit fand ihren Ausdruck im Erlass zahlreicher Gesetze und Verordnungen auf dem Gebiet der Forst- und Holzwirtschaft. Einige dieser gesetzgeberischen Maßnahmen galten noch lange bis in die Zeiten der Bundesrepublik fort, bevor sie ersetzt wurden.

I. Gesetz gegen Waldverwüstung

Da mit der allgemeinen Wiederbelebung der Wirtschaft im Jahre 1933 auch die Holzpreise anstiegen, befürchtete man aufgrund der allgemeinen Notlage und Verschuldung der Forstwirtschaft, dass die Privatwaldbesitzer übermäßige Eingriffe in ihre Bestände vornehmen könnten.[332] Um dem entgegenzuwirken, erließ die Reichsregierung am 18. Januar 1934 das *„Gesetz gegen Waldverwüstung“*[333].

Das Gesetz galt für den gesamten nichtstaatlichen Wald und verbot die Abholzung hiebunreifer *Nadelhochwaldbestände*[334] (d.h. weniger als 50 Jahre alt). Als zweite Maßnahme limitierte es den Abtrieb in den sonstigen Hochwaldflächen auf einen bestimmten Bruchteil der Betriebseinheit.[335] Im Fall der Zuwiderhandlung war die Verhängung einer Gefängnisstrafe bis zu einem Jahr und/oder Geldstrafe möglich. Zusätzlich musste die abgetriebene Fläche innerhalb einer Frist von zwei Jahren wieder aufgeforstet werden. Nach § 6 konnten die obersten Landesbehörden in den Durchführungsbestimmungen Ausnahmen von dem Abholzungsverbot zulassen, die nach dem Willen des Gesetzgebers aus bestimmte Gründen (z.B. bei Windbrüchen, Waldbränden, Insektenschäden, erforderlichem Wechsel

330 *Eberts*, Intersylva 1942, S. 167 ff. (189).
331 *Eberts*, Intersylva 1942, S. 167 ff. (190)
332 *Eberts*, Intersylva 1942, S. 167 ff. (200).
333 RGBl. I 1934, S. 37.
334 *„Hochwald“* ist die Bezeichnung für die am meisten verbreitete Betriebsart im forstwirtschaftlich genutzten Wald (hochstämmiger Wirtschaftswald), bei dem der Baumbestand durch Naturverjüngung, Saat oder Pflanzung entsteht. Produktionsziel ist die Gewinnung von Nutzholz. siehe: *Stinglwagner/Haseder/Erlbeck*, Wald- und Forstlexikon, S. 408, Stichwort: Hochwald.
335 In Waldungen von 10–50 ha auf $\frac{1}{20}$, von 50–100 ha auf $\frac{1}{30}$, von über 100 ha auf $\frac{1}{40}$.

der Betriebs- oder Holzart) und ausnahmsweise auch aus persönlichen Gründen des Waldbesitzers (z.B. Entschuldung) gerechtfertigt sein konnten.[336] In Preußen erging eine *Durchführungsverordnung*[337] am 24. Februar 1934. *Eberts* nahm zu dem Waldverwüstungsgesetz im Jahre 1942 wie folgt Stellung:

> *„Das Waldverwüstungsgesetz ist ein aus den Verhältnissen der Zeit geborenes, forstpolitisch ziemlich grobes, aber im Hinblick auf den erstrebten Erfolg zunächst wirksames Prohibitivgesetz, eine Not- und Übergangsmaßnahme, die nunmehr so bald wie möglich durch die positiven Vorschriften des Reichsforstgesetzes ersetzt werden muß.“*[338]

Da es nicht mehr zum Erlass des geplanten Reichsforstgesetzes kam, galt das Waldverwüstungsgesetz bis weit in die Zeit der Bundesrepublik fort und wurde erst mit dem *Bundeswaldgesetz*[339] von 1975 wieder außer Kraft gesetzt.

II. Forstliches Artgesetz

Ein weiteres Gesetz aus der Zeit des Nationalsozialismus war das *„Forstliche Artgesetz“*[340] vom 13. Dezember 1934. In seiner Wortwahl stark an die nationalsozialistische Rassenideologie angelehnt,[341] sollte es dem Zweck nach *„Zur Sicherung der Erhaltung und Nachzucht hochwertigen Erbguts des deutschen Waldes sowie zur Ausmerzung rassisch minderwertiger Bestände“* dienen.

Ausschlaggebend für diese gesetzgeberische Maßnahme waren neue Erkenntnisse über die Bedeutsamkeit der Samenherkunft für die Forstwirtschaft, die seit Beginn des 20. Jahrhunderts durch forstliche Vergleichsversuche gewonnen wurden.[342] Da in früheren Zeiten häufig der Preis das entscheidende Merkmal für den Saatgutbezug darstellte, zog man eine große Anzahl minderwertiger Bestände heran und erkannte dies erst Jahrzehnte später. Der Reichsforstwirtschaftsrat nahm sich diesem Problem an und gründete in den 1920er Jahren einen *„Hauptausschuss für forstliche Saatgutanerkennung“*, der ein Verfahren zur forstlichen Saatgutanerkennung auf freiwilliger Grundlage entwickelte.

Das forstliche Artgesetz verpflichtete nun den Waldbesitzer oder Nutzungsberechtigten *„schlechtrassige Bestände auszumerzen“* und ermächtigte den

---

336 Amtliche Begründung zum Gesetz gegen Waldverwüstung, RAnz. 1934, Nr. 19 v. 23. Januar 1934.

337 *„Verordnung zur Durchführung des Reichsgesetzes gegen Waldverwüstung“* vom 24. Februar 1934, PrGS, 1934, S. 70 f.

338 *Eberts*, Intersylva 1942, S. 167 ff. (201).

339 *„Gesetz zur Erhaltung des Waldes und zur Förderung der Forstwirtschaft“* vom 2. Mai 1975, BGBl. I 1975, S. 1037 ff. (Gesetzestext auszugsweise abgedruckt in Anhang B.V.).

340 RGBl. I 1934, S. 1236 f.

341 Vgl. *Klueting*, in: Radkau/Uekötter (Hrsg.) Naturschutz und Nationalsozialismus, S. 77 ff. (90).

342 Hierzu und im Folgenden: *Hasel/Schwartz*, Forstgeschichte, S. 162.

Reichsforstmeister festzulegen, dass zur Nachzucht bestimmter Holzarten nur anerkanntes Saatgut Verwendung finden durfte. In den folgenden Jahren wurden mehrere *Durchführungsverordnungen*[343] erlassen, die nähere Einzelheiten regelten. Auch das Forstliche Artgesetz war nur als Übergangsmaßnahme gedacht und sollte mit dem Erlass entsprechender Vorschriften im Reichsforstgesetz wieder aufgehoben werden.[344] Letztlich wurde das Forstliche Artgesetz samt Durchführungsverordnungen aber erst mit dem *„Gesetz über forstliches Saat- und Pflanzgut"*[345] vom 25. September 1957 außer Kraft gesetzt.

III. Schutz des Waldes vor Bränden

Weitere gesetzgeberische Maßnahmen mit dem Zweck der Walderhaltung betrafen den Brandschutz. In den Jahren 1934 und 1935 kam es vielerorts zu Waldbränden, wodurch der Forstwirtschaft ein hoher Schaden entstand.[346] Da die Vorschriften des Reichsstrafgesetzbuches und der Forstpolizeigesetze als nicht ausreichend angesehen wurden, sollten strengere Sicherungsmaßnahmen den Schutz des Waldes gegen Feuer gewährleisten.[347] Preußen erließ dazu am 12. Juli 1934 die *„Verordnung zum Schutze des Waldes"*[348]. Danach war das Errichten von Zelten oder Lagerstätten im Wald oder in gefährlicher Nähe von Wäldern ohne schriftliche Erlaubnis des Eigentümers oder Nutzungsberechtigten verboten (§ 1). Außerdem verbot die Verordnung bis zum 30. September 1934, im Wald oder in gefährlicher Nähe von Wäldern im Freien offenes Feuer oder Licht anzuzünden, unverwahrtes Feuer oder Licht mit sich zu führen oder zu rauchen (§ 2).

Eine reichseinheitliche Brandschutzregelung erging mit der *„Verordnung zur Verhütung und Bekämpfung von Waldbränden in den nicht im Eigentum des Reichs oder der Länder stehenden Waldungen"*[349] vom 18. Juni 1937. Die Sicherung der nichtstaatlichen Wald-, Moor- und Heideflächen gegen Brände wurde den Forstaufsichtsbehörden übertragen, die dem Waldeigentümer die Herstellung technischer Einrichtungen und die Durchführung technischer Maßnahmen zur Verhütung und Bekämpfung von Waldbränden auferlegen konnten. Solche technischen

343 *„Verordnung zur Durchführung des Forstlichen Artgesetzes"* vom 19. März 1935, RGBl. I 1935, S. 469 f.; *„Zweite Verordnung zur Durchführung des Forstlichen Artgesetzes"* vom 20. Oktober 1936, RGBl. I 1936, S. 906; *„Dritte Verordnung zur Durchführung des Forstlichen Artgesetzes"* vom 22. November 1938, RGBl. I 1938 S. 1697 ff.; *„Vierte Verordnung zur Durchführung des Forstlichen Artgesetzes"* vom 3. Juni 1940, RAnz. 1940, Nr. 131 v. 7. Juni 1940; *„Fünfte Verordnung zur Durchführung des Forstlichen Artgesetzes"* vom 23. Dezember 1941, RGBl. I 1942, S. 14 f.

344 *Eberts*, Intersylva 1942, S. 167 ff. (203).

345 BGBl. I 1957, S. 1388.

346 *Eberts*, Intersylva 1942, S. 167 ff. (202).

347 So *Eberts*, Intersylva 1942, S. 167 ff. (202).

348 PrGS 1934, S. 333.

349 RGBl. I 1937, S. 721.

Einrichtungen konnten beispielsweise Feuerwachtürme sein.[350] Außerdem mussten in allen waldbrandgefährdeten Gebieten, die mindestens 500 ha groß waren, Gefahrenbezirke gebildet werden, für die ein Forstverwaltungsbeamter mit der Durchführung der Verordnung beauftragt wurde. Der Beauftragte hatte die Einrichtung und Ausübung des Feuerwachdienstes durch Richtlinien festzulegen und mit den Wachmannschaften Löschübungen vorzunehmen. Im Falle eines Waldbrandes stand dem Beauftragen die uneingeschränkte Leitung der Löscharbeiten zu, wobei alle geeigneten Personen ohne Aufforderung zur Hilfeleistung verpflichtet waren. Die Kosten für die Durchführung dieser Maßnahmen oblagen den betroffenen Waldeigentümern anteilsmäßig.

Des Weiteren wurde am 25. Juni 1938 die *„Verordnung zum Schutze der Wälder, Moore und Heiden gegen Brände"*[351] erlassen. Danach war jedermann, der ein Schadenfeuer auf den entsprechenden Gebieten entdeckte, zur sofortigen Löschung verpflichtet. War dies ohne weitere Hilfskräfte nicht möglich, traf denjenigen eine sofortige Benachrichtigungspflicht der zuständigen Stellen. Die Verordnung enthielt darüber hinaus eine Reihe weiterer Verbote gegen Handlungen, die eine Brandgefahr im Wald herbeiführen konnten (u.a. Mitführen von offenem Feuer oder Licht, Wegwerfen/Fallenlassen brennender oder glimmender Gegenstände, Unterhaltung einer ständigen Feuerstelle oder Errichtung eines Kohlenmeilers ohne behördliche Genehmigung, Anzünden des Kohlenmeilers ohne Benachrichtigung des Grundeigentümers oder Nutzungsberechtigten, Nichtbeaufsichtigen eines Kohlenmeiler oder aus ihm Kohlen auszuziehen, ohne diese zuvor gelöscht zu haben, Abbrennen von Bodendecken etc., Rauchen in der Zeit vom 11. März – 31.Oktober). Die Fortgeltung dieser Verordnungen nach dem Zweiten Weltkrieg als Bundesrecht war umstritten.[352]

IV. Gesetzgebung zur Steigerung des Holzeinschlags

Mit dem allgemeinen Wirtschaftsaufschwung im Jahre 1933 stieg auch der Holzbedarf wieder an, der mit der inländischen Erzeugung allein jedoch nicht gedeckt werden konnte. Da eine Steigerung der Einfuhren aus dem Ausland aufgrund der Devisenlage weiterhin nicht in Betracht kam, sollten gesetzliche Anordnungen zur Verstärkung des Holzeinschlags und zur Senkung des (Brenn-) Holzverbrauchs eine Deckung des Fehlbedarfs herbeiführen.[353] Ein weiterer Grund für diese Maßnahmen stellte der neue Vierjahresplan von 1936 dar, mit dem *Hitler* seine Autarkiebestrebungen weiter verfolgte und kriegsvorbereitende Schritte eingeleitet wurden.[354] Am 18. Oktober 1936 erging die *„Verordnung zur Durchführung des*

350 *Eberts*, Intersylva 1942, S. 167 ff. (202).
351 RGBl. I 1938, S. 700 f.
352 *Hasel*, Waldwirtschaft und Umwelt, S. 174.
353 *Eberts*, Intersylva 1942, S. 167 ff. (203, 205).
354 *Klueting*, in: Radkau/Uekötter (Hrsg.) Naturschutz und Nationalsozialismus, S. 77 ff. (90 f.).

Vierjahresplanes"[355], womit der Preußische Ministerpräsident und Reichsforstmeister *Göring* beauftragt wurde. Diesem wurde nun die Befugnis zum Erlass von Rechtsverordnungen und Verwaltungsvorschriften zugesprochen und er erhielt das Recht, alle Behörden und Dienststellen der Partei anzuhören und mit Weisungen zu versehen.

In seiner Rolle als Beauftragter für den Vierjahresplan erließ *Göring* am 7. Dezember 1936 die *„Verordnung zur verstärkten Deckung des Rohstoffbedarfs an Holz"*[356], mit der der Reichsforstmeister ermächtigt wurde *„die Höhe des jährlichen Einschlages in Waldungen jeder Besitzart zu regeln"*. Die *Verordnung*[357] des Reichsforstmeisters folgte am 15. Dezember 1936 und ordnete für alle Waldungen jeder Besitzart über 50 ha für das Forstwirtschaftsjahr 1936/37 einen Mehreinschlag von 150 % des *Abnutzungssatzes*[358] an. Angemerkt sei an dieser Stelle, dass in den staatlichen Waldungen bereits seit 1934 regelmäßig ein Mehreinschlag von 50 % angeordnet wurde.[359] Für das Forstwirtschaftsjahr 1937/38 wurde derselbe Mehreinschlag festgesetzt.[360] Mit der *„Verordnung zur Verstärkung des Holzeinschlags"*[361] vom 4. März 1938 wurden die vorherigen Verordnungen aufgehoben und die Materie neu geregelt. Danach konnte der Reichsforstmeister gebietsweise die Höhe des Einschlags in den Waldungen jeder Besitzart und Größe für jeden einzelnen Wald oder Betrieb nach einzelnen Holzarten und Holzsorten festsetzen. Für die Durchführung und Überwachung des Einschlags wurden Prüfstellen bei den staatlichen Forstbehörden und den forstlichen Dienststellen des Reichsnährstandes gebildet. Alle nichtstaatlichen Waldbesitzer unterlagen zudem einer Auskunftspflicht über den Waldzustand, Holzvorräte, Altersklassenverhältnisse, Hiebsätze sowie alle sonstigen für die Beurteilung der betriebswirtschaftlichen Verhältnisse und Leistungsfähigkeit benötigten Angaben und waren verpflichtet, Ortsbesichtigungen zuzulassen und benötigte Unterlagen vorzulegen. Gegen Höhe und Art des festgesetzten Einschlags war der Einspruch statthaft, über den die Landesforstverwaltung entschied. Gegen diese Entscheidung war die Beschwerde zum Reichsforstmeister statthaft.

Durch die Einrichtung der Forst- und Holzwirtschaftsämter und der Reichsstelle für Holz im September 1939 ist diese Verordnung wiederum hinsichtlich der

---

355 RGBl. I 1936, S. 887.

356 RGBl. I 1936, S. 1011.

357 *„Verordnung zur Verstärkung des Holzeinschlags"* vom 15. Dezember 1936, RGBl. I 1936, S. 1018.

358 *„Abnutzungssatz"* → *„Hiebsatz"*: Der Hiebsatz ist die durch die Forsteinrichtung geplante, nachhaltig jährlich einschlagbare Holzmenge, siehe: *Stinglwagner/Haseder/Erlbeck*, Wald- und Forstlexikon, S. 13, Stichwort: Abnutzungssatz → S. 406, Sichtwort Hiebsatz.

359 *Rubner*, Deutsche Forstgeschichte 1933–1945, S. 122.

360 *„Vierte Verordnung zur Verstärkung des Holzeinschlags"* vom 26. Juni 1937, RGBl. I 1937, S. 752; die Zweite und Dritte Verordnung zur Verstärkung des Holzeinschlags regelten das Verfahren der Einschlagsfestsetzung, siehe: RAnz. 1937, Nr. 23 v. 27. Januar 1937 u. RAnz. 1937, Nr. 102 v. 30. April 1937.

361 RGBl. I 1938, S. 234 f.

Festsetzung des Holzeinschlags obsolet geworden, da die Anordnung über die Aufbringung des Holzeinschlags seitdem für jedes Forstwirtschaftsjahr vom Reichsforstmeister und der Reichsstelle für Holz festgelegt wurde.[362]

In der Zeit zwischen 1933–1945 erfolgte insgesamt ein Mehreinschlag von 48 % gegenüber dem normalen Hiebsatz.[363] Eine Steigerung des Holzeinschlags erfolgte insbesondere in der Phase von 1934 bis 1938 und nahm mit dem Beginn des Krieges und in dessen Verlauf wieder etwas ab.[364] Diese Abnahme war dadurch begründet, dass man sich einerseits an den Holzbeständen in den besetzten Gebieten bediente und so den heimischen Einschlag senken konnte und andererseits zur Zeit des Krieges weniger Arbeitskräfte und Transportmöglichkeiten zur Verfügung standen. Letztlich richteten die in der NS-Zeit angeordneten Mehreinschläge einen großen Schaden am Waldbestand an und führten dazu, dass der mit dem Gesetz gegen Waldverwüstungen angestrebte Zweck, den Wald vor übermäßigen Zerstörungen zu schützen, in faktischer Sicht unterlaufen wurde.[365]

Zur Durchführung des Vierjahresplanes wurde am 30. Juli 1937 außerdem die *„Verordnung zur Förderung der Nutzholzgewinnung“*[366] erlassen. Danach war die Aufarbeitung, Veräußerung oder Verwendung von Rohholz als Brennholz verboten, wenn es sich auch zur Verwendung als *Nutzholz*[367] eignete. Außerdem regelte die Verordnung, dass die staatlichen Forstbehörden bei der *„Aushaltung“*[368] des Nutzholzes und beim Verkauf des Handelsnutzholzes in Körperschafts- und Gemeinschaftswaldungen mitwirken konnten. Der zweite Abschnitt der Verordnung regelte die *Holznutzungsrechte*, die nach Möglichkeit umgewandelt oder abgelöst werden sollten. Eine Umwandlung kam insbesondere dann in Frage, wenn das Holznutzungsrecht nur dadurch erfüllt werden konnte, dass Nutzholz als Brennholz aufgearbeitet werden musste oder wenn das Holznutzungsrecht die forstliche Bewirtschaftung des Waldgrundstücks in anderer Weise behinderte. An Stelle der Holzsorten, auf die das Recht lautete, sollte der Berechtigte ein anderes Holz von gleichem Nutzungswert bei der Umwandlung erhalten. War eine Umwandlung nicht möglich oder wurde sie vom Berechtigten abgelehnt, sollte das Recht abgelöst werden. Der Verpflichtete musste den Berechtigten

---

362 *Eberts*, Intersylva 1942, S. 167 ff. (206).

363 *Zundel/Schwartz*, 50 Jahre Forstpolitik in Deutschland (1945–1994), S. 14.

364 Dazu und im Folgenden: *Zundel/Schwartz*, 50 Jahre Forstpolitik in Deutschland (1945–1994), S. 14; *Rubner*, Deutsche Forstgeschichte 1933–1945, Tab. 23, S. 122.

365 *Klueting*, in: Radkau/Uekötter (Hrsg.) Naturschutz und Nationalsozialismus, S. 77 ff. (89).

366 RGBl. I 1937, S. 876 ff.

367 Eine Klassifizierung von Nutzholz enthielt die *„Verordnung über die Aushaltung, Messung und Sortenbildung des Holzes in den deutschen Forsten“* vom 1. April 1936, RAnz. 1936, Nr. 89 v. 17. April 1936.

368 *„Aushaltung“* → *„Ausformung“*: Bezeichnung für die Aufbereitung (Zerlegung) der gefällten Bäume in einzelne, dem Verwendungszweck entsprechende Teile, siehe: *Stinglwagner/Haseder/Erlbeck*, Wald- und Forstlexikon, S. 53, Stichwort: Aushaltung /Ausformung.

dabei nach dem Nutzungswert (= 15-fache des Jahreswertes) entschädigen. Als Abfindungsmöglichkeiten kam die Land,- Wald,- Sach- oder Geldabfindung in Betracht. Nach *Eberts* habe die Verordnung in den folgenden Jahren zu einer erheblichen Steigerung der Nutzholzgewinnung geführt und die Ablösung der Forstnutzungsrechte vorangetrieben.[369] Aufgrund der Kriegsverhältnisse und der Unvollkommenheit der Vorschriften über die Ablösung der Forstrechte, sei diese später jedoch weitestgehend eingestellt worden. Insbesondere der Entschädigungssatz sei zu niedrig angesetzt worden, weshalb sich der Reichsforstgesetzentwurf dieser Thematik erneut mit umfassenden Vorschriften annehme.

V. Waldschutz bei der Auflösung der Familienfideikommisse

Nachdem die Gesetzgebung zur Auflösung der Familienfideikommisse in Preußen ihren vorläufigen Abschluss im Jahre 1930 erreicht hatte, nahm sich die nationalsozialistische Regierung dieser Materie erneut an. Mit dem *„Gesetz zur Vereinheitlichung der Fideikommißauflösung“*[370] vom 26. Juni 1935 und der dazugehörigen *Durchführungsverordnung*[371] vom 24. August 1935 wurde die Zuständigkeit und das Verfahren bei der Auflösung einer reichseinheitlichen Regelung zugeführt. Am 6. Juli 1938 folgte das *„Gesetz über das Erlöschen der Familienfideikommisse und sonstiger gebundener Vermögen“*[372], das den Zeitpunkt des Erlöschens der noch bestehenden Familienfideikommisse auf den 1. Januar 1939 festlegte. Der zu dem Fideikommissvermögen gehörende Wald wurde, wenn er sich nach Beschaffenheit und Umfang zu einer forstmäßigen Bewirtschaftung eignete und größer als 100 ha war, von Amts wegen in einen *Schutzforst* umgebildet (§ 5 *„Waldschutz“*). Der Zweck dieser Maßnahme bestand darin, den Waldbesitz durch die Schutzforstbildung gegen ordnungswidrige Bewirtschaftung und unwirtschaftliche Zersplitterung zu schützen. Waldgüter und Waldstiftungen nach preußischem Recht durften nicht mehr errichtet werden und bestehende Waldgüter, Waldstiftungen und Schutzforste sollten in Schutzforste neuen Rechts umgebildet werden (§§ 15, 16, 17).

Das Schutzforstrecht wurde sodann durch die *„Verordnung über den Waldschutz bei der Fideikommißauflösung (Schutzforstverordnung)“*[373] vom 21. Dezember 1939 näher ausgestaltet. Danach konnten auch sonstige Grundstücke und Vermögensgegenstände, die nicht zum gebundenen Vermögen gehörten, dem Schutzforst zugeschlagen werden, wenn diese zur Bewirtschaftung des Schutzforstes erforderlich waren. Das Gleiche galt für sonstige forstliche Grundstücke, wenn diese zweckmäßigerweise zusammen mit dem Schutzforst bewirtschaftet wurden (§ 1). Die Schutzforsteigenschaft wurde gem. § 2 im Grundbuch eingetragen. Eine positive

---

369 *Eberts*, Intersylva 1942, S. 167 ff. (204).

370 RGBl. I 1935, S. 785 ff.

371 *„Verordnung zur Durchführung des Gesetzes zur Vereinheitlichung der Fideikommißauflösung“* vom 24. August 1935, RGBl. I 1935, S. 1103 ff.

372 RGBl. I 1938, S. 823 ff.

373 RGBl. I 1939, S. 2457 ff.

Verpflichtung des Eigentümers oder Nutzungsberechtigten ergab sich aus § 3 der Schutzforstverordnung.

> *„Schutzforste sind nach den Grundsätzen einer pfleglichen Forstwirtschaft nachhaltig zu bewirtschaften. Ihre Ertragsfähigkeit ist zum Besten der Volksgemeinschaft zu erhalten und möglichst zu steigern."*

Grobe oder wiederholte Verstöße gegen diese – sehr vage formulierte – Verpflichtung konnten eine Entziehung und Übertragung der Verwaltung an einen Schutzforstverwalter nach sich ziehen (§ 5). Die Aufsicht über die Schutzforste wurde von den Forstaufsichtsbehörden ausgeführt (§ 4). Weitere Vorschriften zum Schutz gegen eine ordnungswidrige Bewirtschaftung waren nicht enthalten.

Eberts ging jedoch davon aus, dass dieses Ziel mit den Vorschriften erfüllt sei und es eines weiteren Schutzes mit dem Erlass des Reichsforstgesetzes nicht mehr bedürfe, da dieses einen wirksamen Schutz diesbezüglich für alle Waldbesitzarten schaffen würde.[374] Das zweite Ziel, die Schutzforsten gegen eine unwirtschaftliche Zersplitterung zu schützen, sah *Eberts* hingegen als nicht erreicht an, da die Veräußerung und Erbteilung von Schutzforsten nicht hinreichend beschränkt worden seien.[375] Tatsächlich war auch eine Teilveräußerung möglich, wie sich aus § 6 der Schutzforstverordnung ergibt, wobei die Zugehörigkeit des Grundstücks zum Schutzforst dadurch nicht berührt wurde. Im Reichsforstgesetz wollte man deshalb einen effektiveren Schutz gegen die Zersplitterung regeln, da jede Eigentumszersplitterung in der Forstwirtschaft eine nachteilige Beeinflussung der Gesamtleistung nach sich ziehe und zwangsläufig unwirtschaftlich wirke.[376]

VI. Bildung forstwirtschaftlicher Zusammenschlüsse

Einen weiteren Gegenstand der Gesetzgebung in der NS-Zeit bildeten die forstwirtschaftlichen Zusammenschlüsse. Insbesondere im Kleinprivatwald sollte durch die Bildung von forstwirtschaftlichen Zusammenschlüssen, wie Forstverbänden und Waldgenossenschaften, eine erhebliche Leistungssteigerung herbeigeführt werden.[377] Da man die Bildung von Forstverbänden als *„kriegswirtschaftlich sehr bedeutsam"* einstufte und deshalb langwierige Zustimmungsprozesse vermeiden wollte, beabsichtigten die Forstpolitiker des Reichsforstamtes ursprünglich eine spezialgesetzliche Forstverbandsverordnung zu erlassen, entschieden sich jedoch auf Wunsch des Reichsinnenministeriums, die Bildung von Forstverbänden im Reichsforstgesetz zu regeln.[378] Im Reichsforstgesetzentwurf von 1942 wurden sodann entsprechende

374 *Eberts*, Intersylva 1942, S. 167 ff. (201 f.).
375 *Eberts*, Intersylva 1942, S. 167 ff. (201).
376 *Eberts*, Intersylva 1942, S. 167 ff. (201 f.).
377 *Eberts*, Intersylva 1942, S. 167 ff. (221 f.).
378 Siehe Ausführungen von *Prof. Dr. Abetz* in: Niederschrift über die Besprechung des Entwurfs zu einem Reichsforstgesetz im Reichsinnenministerium am 11. September 1941, RFAGÖ 93, VER, A 73.

Regelungen aufgenommen.[379] Da ein baldiges Inkrafttreten des Reichsforstgesetzes im Jahre 1943 jedoch aufgrund mehrerer Faktoren[380] wenig aussichtsreich war, entschloss man sich auf die alte Linie zurückzukehren und regelte die Bildung von Forstverbänden im Rahmen der Einzelgesetzgebung.

Als Beauftragter für den Vierjahresplan erließ *Göring* am 7. Mai 1943 die *„Verordnung über die Bildung wirtschaftlicher Zusammenschlüsse in der Forstwirtschaft“*[381]. Dem Zweck nach erging die Verordnung *„Zur Steigerung der Erzeugung von Holz und forstlichen Nebenerzeugnissen, zur Sicherung der Holzaufbringung für die deutsche Wirtschaft und zur Stärkung der wirtschaftlichen Kraft der Waldbesitzer“*. Dazu konnten Forstverbände und Waldwirtschaftsgenossenschaften als Körperschaften des öffentlichen Rechts gebildet werden. Der Unterschied bestand darin, dass *Forstverbände* zur Verwirklichung einzelner oder mehrerer Maßnahmen des Forstbetriebes und *Waldwirtschaftsgenossenschaften* zur gemeinschaftlichen Durchführung eines einheitlichen Wirtschaftsplanes zusammengeschlossen werden konnten. Daneben gab es noch *Forstverbände höherer Ordnung*, die besondere Aufgaben wahrnehmen sollten und in denen Forstverbände, Waldwirtschaftsgenossenschaften und sonstige Waldeigentümer unter einem Dach zusammengeschlossen werden konnten.

Eine nähere Ausgestaltung erfolgte durch die *„Verordnung über die Bildung von Forstverbänden“*[382] vom 7. Mai 1943. § 1 der Forstverbandsverordnung nannte eine Vielzahl der möglichen Aufgaben eines Forstverbandes. Darunter fielen beispielsweise die gemeinsame Aufbringung und Verwertung von Holz- und forstlichen Nebenerzeugnissen, der Bau und die Unterhaltung von Holzabfuhrwegen und Holzbringungsanlagen sowie die Ausführung von Forstkulturen und die Aufforstung von Ödland. Forstverbände unterstanden der staatlichen Aufsicht und regelten ihre Angelegenheiten in Selbstverwaltung. Die Rechtsverhältnisse des Forstverbandes und seiner Mitglieder wurde durch eine Satzung festgelegt. Organe des Forstverbandes waren der Vorstand, die Verbandsversammlung und der Verbandsausschuss.

Mit dem *„Runderlass des Reichsforstmeisters über die Bildung von Forstverbänden“*[383] vom 30. Juni 1943 erging zur rechtlichen Konkretisierung der Aufgaben und der Bildung von Forstverbänden die *„Erste Durchführungsanordnung zur Verordnung über die Bildung von Forstverbänden“*[384] vom 30. Juni 1943 nebst zugehöriger *„Verfahrensordnung für die Bildung von Forstverbänden“*[385] und zwei Mustersatzungen. Das Ziel bei der Bildung von Forstverbänden mitten im Kriege war die Sicherung der Holzaufbringung. Dennoch waren Forstverbände nach der

379 Die § 54 ff. des E-RForstG von 1942 regelten die Bildung von Forstverbänden; die § 102 ff. die Genossenschaftswaldungen, BArch R 2/4724.
380 Zum Scheitern des Reichsforstgesetzes in der NS-Zeit siehe S. 119 ff.
381 RGBl. I 1943, S. 298.
382 RGBl. I 1943, S. 298 ff.
383 RMBl. Fv. 1943, S. 134 f.
384 RMBl. Fv. 1943, S. 142 ff.
385 RMBl. Fv. 1943, S. 135 ff.

Durchführungsanordnung in Kriegszeiten nur dort zu bilden, *„wo mit ihrer Bildung nennenswerte Erfolge in verhältnismäßig kurzer Zeit zu erreichen sind"*.[386]

Am 6. April 1944 folgten zwei weitere Runderlasse des Reichsforstmeisters mit denen die Zweite und Dritte Durchführungsanordnung zur Verordnung über die Bildung von Forstverbänden erlassen wurden.[387] Die Zweite Durchführungsanordnung beinhaltete Vorschriften über die Bildung von *Bezirksforstverbänden*[388], mit denen eine weitere Leistungsfähigkeit der Forstverbände angestrebt wurde. In erster Linie sollte die Bildung von Bezirksforstverbänden die Durchführung kriegswichtiger Aufgaben ermöglichen. Die Dritte Durchführungsanordnung regelte die Umgestaltung bestehender Forstverbände und ähnlicher Zusammenschlüsse in Forstverbände neuen Rechts, wie es in § 19 der Forstverbandsverordnung angeordnet wurde. Wie aus dem Runderlass hervorgeht, stand auch diese Umgestaltung im Zeichen der Kriegswirtschaft.

> *„Da die Form der Körperschaft des öffentlichen Rechts die strafferen Vorschriften der Forstverbandsverordnung und die Vereinheitlichung der Organisation in den meisten Fällen dazu beitragen werden, die Verbandsarbeit und ihre Steuerung hinsichtlich der Durchführung kriegswichtiger Aufgaben zu erleichtern, ist die Umbildung so bald als möglich durchzuführen"*.[389]

Überhaupt zeigt sich bei den Vorschriften über die forstwirtschaftlichen Zusammenschlüsse der totalitäre Anspruch des NS-Regimes sehr deutlich, das alle Lebensbereiche mit gleichgeschalteten Vereinigungen durchziehen und damit dem Zugriff des Staates eröffnen wollte.[390] Offizielle Zahlen zum Umfang der Forstverbandsbildung liegen nicht vor. *Rozsnyay* und *Schulte* gehen davon aus, dass die Forstverbandsverordnung sich kaum auf die Praxis ausgewirkt habe und zu Kriegszeiten keine Forstverbände nach dieser Verordnung gebildet wurden.[391]

---

386 RMBl. Fv. 1943, S. 143

387 *„Anordnung über die Bildung von Bezirksforstverbänden"* (2. Durchführungsanordnung) RMBl. Fv. 1944, S. 58 ff.; *„Anordnung über die Umgestaltung bestehender Forstverbände"* (3. Durchführungsanordnung), RMBl. Fv. 1944, S. 62 f.

388 Dabei handelte es sich um Forstverbände höherer Ordnung i.S.v. § 18 der Forstverbandsverordnung.

389 RdErl. d. Reichsforstmeisters vom 6. April 1944 – F 203.03 -59-, RMBl. Fv. 1944, S. 62.

390 Vgl. *Rozsnyay/Schulte*, Der Reichsforstgesetzentwurf von 1942 und seine Auswirkungen auf die neuere Forstgesetzgebung, S. 48 f.

391 *Rozsnyay/Schulte*, Der Reichsforstgesetzentwurf von 1942 und seine Auswirkungen auf die neuere Forstgesetzgebung, S. 155; Die Bildung von Forstverbänden nach der Forstverbandsverordnung von 1943 fand in Schleswig-Holstein jedoch in der Nachkriegszeit statt und diente Aufforstungszwecken. Dazu später im dritten Teil dieser Arbeit: Wald- und Forstgesetzgebung im Bundesland Schleswig-Holstein (1945–1971).

Die Vorschriften über die Bildung forstwirtschaftlicher Zusammenschlüsse aus der NS-Zeit galten bis 1969 als Bundesrecht weiter und wurden erst durch das „*Gesetz über forstwirtschaftliche Zusammenschlüsse*"[392] vom 1. September 1969 ersetzt.

VII. Sonstige gesetzgeberische Maßnahmen

Im Rahmen der Durchführung der *Marktordnung*, die bereits weiter oben erwähnt wurde, erging eine Vielzahl von holzwirtschaftlichen Vorschriften zur Regulierung der Erzeugung, des Absatzes und der Preise von Holz.[393]

Ein weiteres Gebiet der Gesetzgebung war auf die in der Forstwirtschaft tätigen Menschen ausgerichtet.[394] Mit der Zunahme des Aufgabenkreises der Reichsforstverwaltung stiegen auch die Anforderungen an die Forstbeamten und Forstangestellten, weshalb seit 1937 die forstlichen Ausbildungs- und Prüfungsvorschriften einer reichseinheitlichen Regelung zugeführt wurden. Weitere Maßnahmen galten der Vereinheitlichung der Amts- und Berufsbezeichnungen und der Dienstkleidung sowie der Errichtung einer neuen Waldfacharbeiter-Laufbahn, mit der in einem weiteren Schritt ein Waldfacharbeiterstand aufgebaut werden sollte. Die gesetzgeberischen Maßnahmen zur einheitlichen Ausrichtung verfolgten dabei insbesondere den Zweck, die in der Forstwirtschaft tätigen Menschen auf die politischen Ideale der Zeit einzurichten. *Eberts* forderte von den Forstbeamten und Forstangestellten aller Waldbesitzarten und Dienstgrade die „*Abkehr von einseitig-fiskalischem, rein betriebswirtschaftlichem Denken einerseits, von einseitig forsthoheitlicher Einstellung andererseits und Hinwendung zu ganzheitlicher, volksbezogener Auffassung*".[395]

Eine Neuregelung des *Forststrafrechts* im Reichsforstgesetz war nicht vorgesehen.[396] Dennoch wurde gefordert, dass Delikte an Gemeingütern zukünftig besonders streng zu bestrafen seien, wobei auch hier wieder das Bewusstsein vom „*Volksgut Wald*" die Begründung liefern sollte.[397] Wurde der Umstand, dass es sich beim Tatobjekt um ein „*Gemeingut*" handelte, früher eher als strafmildernd berücksichtigt, sollte nach der Ansicht von *Mantel* in der NS-Zeit eine Bewertung in gegensätzlicher Richtung erfolgen.[398]

C. Die Entwürfe zu einem Reichsforstgesetz 1940/42

Trotz der Vielzahl der erlassenen Spezialgesetze war der Erlass eines umfassenden und abschließenden Reichsforstgesetzes das Hauptziel der Forstpolitik im NS-Staat.

392 BGBl. I 1969, S. 1543 ff.
393 *Eberts*, Intersylva 1942, S. 167 ff. (208); einen umfangreichen Überblick über die bis 1942 diesbezüglich erlassenen Vorschriften gibt *Eberts* auf den Seiten 208 ff.
394 Hierzu und im Folgenden: *Eberts*, Intersylva 1942, S. 167 ff. (195 ff.).
395 *Eberts*, Intersylva 1942, S. 167 ff. (196).
396 *Eberts*, Intersylva 1942, S. 167 ff. (218).
397 *Mantel*, ZfW Bd. III 1935/36, S. 711 ff. (720).
398 *Mantel*, ZfW Bd. III 1935/36, S. 711 ff. (720).

In mehreren Veröffentlichungen beschrieb *Eberts* die fünf Aufgaben der Forstwirtschaft, die auch bei der Ausarbeitung des Reichsforstgesetzentwurfs zugrunde gelegt wurden.[399] Die *„volkskulturelle Aufgabe“* bestand darin, den Wald aufgrund seiner Bedeutung für das Landschaftsbild und seiner Wohlfahrtswirkungen für die Bevölkerung zu erhalten. Die *„landeskulturelle Aufgabe“* der Forstwirtschaft bezog sich auf die Erhaltung des Waldes wegen seiner Wirkungen auf das Klima, zum Windschutz, auf den Wasserhaushalt, zur Hochwasserverhütung, zur Bodenhaltung, zur Lawinen- und Flugsandverhütung und auf weitere Faktoren. Die *„nationalwirtschaftliche Aufgabe“* diente zur Bedarfsdeckung der Volkswirtschaft mit Holz, Harz, Gerbstoffen und anderen Walderzeugnissen. Die *„sozialpolitische und sozialökonomische Aufgabe“* bestand in der Schaffung und Erhaltung einer Arbeits- und Einkommensquelle für die Haupt- und Nebenerwerbstätigen in der Forstwirtschaft, der Holzindustrie und im Holzhandel. Die *„wehrtechnische und wehrwirtschaftliche Aufgabe“* bestand im natürlichen Schutz von Grenzen und militärischen Abschnitten sowie in der Rohstoffversorgung mit Holz in Kriegszeiten, das auch als Ersatz für andere Rohstoffe genutzt werden sollte.[400]

Um diese Aufgaben erfüllen zu können, sollte ein Reichsforstgesetz die notwendigen Grundlagen herbeiführen. Dabei war die Leistungssteigerung im gesamten Wald das wichtigste Ziel der Forstwirtschaftspolitik, das mit den folgenden Maßnahmen erreicht werden sollte:

„1. Durchführung der Wirtschaftslenkung mit Hilfe einer straffen Forstaufsicht in Verbindung mit einer fürsorglichen forstlichen Betreuung des nichtstaatlichen Waldbesitzes,
2. Verpflichtung der Waldbesitzer zu nachhaltiger, pfleglicher und planmäßiger Forstwirtschaft nach forstlichen Grundsätzen mit dem Ziel höchster Nutzholzerzeugung,
3. Verpflichtung der Waldbesitzer zur Durchführung aller notwendigen Schutzmaßnahmen in ihren Waldungen, zur Rücksichtnahme auf Nachbarwaldungen und zur Duldung der Mitbenutzung von Grundstücken oder Anlagen für die Holzbringung,
4. Einschaltung der nötigen forstlichen Sachkunde bei der Bewirtschaftung der Waldungen durch Bestellung genügend ausgebildeter Forstbediensteter,
5. Verhütung von Wasserschäden im Walde, insbesondere im Hochgebirge, in Verbindung mit Maßnahmen zum Wiederhinausschieben der Waldgrenze,
6. Grundsätzliche flächenmäßige Trennung von Land- und Forstwirtschaft im Sinne einer großzügigen Neuabgrenzung von Wald und Feld durch
a) Beseitigung der Weide und der Streunutzung sowie schädlicher landwirtschaftlicher Zwischennutzungen im Walde,
b) Hergabe von landwirtschaftlich genutzten Flächen oder Rodeland seitens der Waldbesitzer als Ersatz für die Nutzungen zu a),

399 *Eberts*, ZfW Bd. III 1935/36, S. 667 ff. (672); *Eberts*, Mitt. H.-G.-A. Deutsch. Forstwiss., Bd.1, 1941, S. 44 ff. (46 ff.); *Eberts*, Intersylva 1942, S. 167 ff. (173); *RForstA*, Begründung E-RForstG (1940), S. 11.

400 Vgl. zu den Aufgaben des Waldes ferner *Mantel*, Forstpolitik, S. 421 ff. (471–485), in: Rubner (Hrsg.): Neudammer Forstliches Lehrbuch, Bd. 2.

c) Aufforstung von Ödland und anderen Grundflächen, die durch geringe landwirtschaftliche Nutzung volkswirtschaftlich nicht genügend ausgenutzt sind,

d) Trennung von Wald und Almweide im Gebirge,

7. Sicherung der Leistung des größeren Waldbesitzes durch Bildung von Schutzforsten als lebenskräftige Wirtschaftseinheiten,

8. Verminderung der Zersplitterung der Forstwirtschaft des kleineren Waldbesitzes durch Genossenschaftsbildung,

9. Verminderung der Zersplitterung des Waldbesitzes durch Umlegung,

10. Umwandlung oder Ablösung der waldschädlichen Nutzungsrechte am Walde,

11. Sicherung der volkskulturellen und landeskulturellen Aufgaben der Wälder durch Erklärung zu Schonwald oder Bannwald,

12. Förderung des Übergangs nichtstaatlicher Waldungen in die Hand des Staates, wenn dies zur Sicherung der Leistungssteigerung notwendig ist; eine Enteignung soll jedoch nur in besonderen Fällen, insbesondere dann vorgenommen werden, wenn es auf andere Weise nicht gelingt, Wald- oder Ödlandflächen einer vollen Ausnutzung ihrer Ertragsfähigkeit zuzuführen."[401]

Der erste Entwurf zum Reichsforstgesetz wurde am 22. Januar 1940 an die Reichsministerien, die Länderverwaltungen und die Parteikanzlei versandt.[402] Der Entwurf enthielt 199 Paragrafen und war in acht Teile gegliedert (1. *Forsthoheit*, 2. *Vorschriften über alle Waldungen*, 3. *Staatswaldungen*, 4. *Körperschaftswaldungen*, 5. *Privatwaldungen*, 6. *Schonwaldungen und Bannwaldungen*, 7. *Waldbereinigung*, 8. *Durchführung*).[403]

Zu dem Entwurf gingen daraufhin zahlreiche Stellungnahmen und Änderungsvorschläge im Reichsforstamt ein, die den Grundstein für viele Auseinandersetzungen zwischen den beteiligten Ministerien lieferten und den Beginn der eigentlichen Beratungsphase hinauszögerten. Die ursprünglich für den 19. März 1940 geplante, später auf den 12. April 1940 verlegte, Referentenbesprechung im Reichsforstamt musste außerdem *„wegen der angespannten Geschäftslage"* abgesagt werden.[404] Erschwerend kam hinzu, dass mit dem *„Erlaß des Führers und Reichskanzlers über eine vorübergehende Einschränkung der Rechtssetzung"*[405] vom 5. Juni 1940 alle Gesetze und Verordnungen, *„bei denen es sich nicht um Rechtsvorschriften handelt, die für den Abwehrkampf des deutschen Volkes oder zur Durchführung bereits erlassener Gesetze unerläßlich sind"*, für die Dauer von sechs Monaten zurückgestellt wurden. Ob das Reichsforstgesetz dieses Merkmal der *Kriegswichtigkeit* für sich in Anspruch nehmen

---

401 RForstA, Begründung E-RForstG (1940), S. 15.

402 *Rubner*, Deutsche Forstgeschichte 1933–1945, S. 256; *Hartmannsgruber*, Akten der Reichskanzlei 1940, S. 48.

403 *RForstA*, E-RForstG (1940).

404 Zitiert nach *Hartmannsgruber*, Akten der Reichskanzlei 1940, S. 49 (Fn. 6).

405 Abgedruckt bei *Hartmannsgruber*, Akten der Reichskanzlei 1940, S. 311.

konnte, wurde unterschiedlich beurteilt,[406] sodass eine Referentenbesprechung im Jahr 1940 letztlich nicht mehr stattfand. Nach Ablauf des sechsmonatigen Zeitraums wurde der Erlass am 20. Dezember 1940 zudem um weitere sechs Monate, und im Mai 1941 schließlich unbefristet verlängert.[407] Wie aus einem Schreiben aus dem Reichsinnenministerium an Generalforstmeister *Alpers* vom 12. April 1941 hervorgeht, drängte *Göring* jedoch auf den baldigen Erlass des Reichsforstgesetzes, das *„für die Durchführung der kriegswirtschaftlichen Aufgaben der Forst- und Holzwirtschaft äusserst bedeutsam"* sei.[408] Zur Beschleunigung der Vorarbeiten sollten sich deshalb die Referenten des Reichsinnenministeriums und des Reichsforstamtes alsbald zur Erörterung des Reichsforstgesetzes zusammenfinden und etwaige Zweifelsfragen und Abänderungswünsche noch vor den Besprechungen mit den anderen Ministerien klären. Die Besprechungen zwischen dem Reichsinnenministerium und dem Reichsforstamt begannen sodann am 24. April 1941 und zogen sich bis zum Ende des Jahres hin.[409] Seit Juli 1941 fanden außerdem gemeinschaftliche Verhandlungen mit wechselnder Beteiligung statt.[410] Neben den Referenten des *Reichsforstamtes*, des *Reichsinnenministeriums* und des *Reichsernährungsministeriums* wurden vereinzelt auch immer wieder Vertreter aus dem *Reichsjustizministerium*, der *Parteikanzlei* und dem *Reichsfinanzministerium* zugezogen.

In dieser langwierigen Beratungsphase mussten zahlreiche Änderungsvorschläge und Einwendungen diskutiert und fachlich umgesetzt werden, was eine baldige Verabschiedung immer weiter in die Ferne rücken ließ. Besonders intensiv waren die Verhandlungen mit dem *Reichsernährungsministerium* und dem *Reichsinnenministerium*. Etliche Einwände des Reichsernährungsministeriums betrafen die zukünftige Rolle des Reichsnährstandes in der Privatwaldbetreuung und weitere Spannungslagen im land- und forstwirtschaftlichen Gefüge (z.B. zwischen der Waldeigentumsgenossenschaftsbildung und dem Reichserbhofgesetz). Das *Reichsinnenministerium* äußerte mehrfach Vorbehalte hinsichtlich der Bestimmungen über die Gemeindewaldungen und strebte insgesamt eine stärkere Einbindung der allgemeinen Verwaltung bei der Durchführung des Reichsforstgesetzes an. Auch unter den beteiligten Ministerien herrschte in Teilen große Uneinigkeit, wie es beispielsweise die Meinungsverschiedenheit zwischen *Reichsjustizministerium* und *Reichsinnenministerium* über die Zuständigkeit der ordentlichen Gerichte oder der Verwaltungsgerichte in Entschädigungsfällen zeigt. Widerstand war auch immer

---

406 Siehe z.B. Dokument Nr. 158 *„Ministervorlage des Ministerialrats von Knorre im Reichsfinanzministerium"* vom 7. August 1940, abgedruckt bei: *Hartmannsgruber*, Akten der Reichskanzlei 1940, S. 529 ff. Danach wurde dem Reichsforstgesetzentwurf vor dem Hintergrund des Führererlasses und der fehlenden Kriegswichtigkeit keine aktuelle Bedeutung beigemessen (S. 529).

407 *Hartmannsgruber*, Akten der Reichskanzlei 1940, S. 311 (Fn. 11).

408 RFAGÖ 93, REI, A 87.

409 RFAGÖ 93, VER, A 73.

410 RFAGÖ 93, VER, A 90

da zu erwarten, wo das Reichsforstamt unter Übergehung anderer Behörden die Entscheidungsgewalt an sich ziehen wollte.

Insgesamt wurde die erste Entwurfsfassung an vielen Stellen überarbeitet und ganze Abschnitte hinzugefügt, sodass den beteiligten Stellen im Februar 1942 eine modifizierte Fassung vorgelegt werden konnte. Dieser zweite *„Entwurf eines Reichsforstgesetzes“*[411] enthielt nun 205 Paragrafen, war aber in seinem Aufbau unverändert geblieben. Trotz der vielen Verbesserungen erhielt der Entwurf nicht die notwendige Zustimmung aller beteiligten Ministerien, da zu einzelnen Punkten weiterhin Uneinigkeit bestand. Neben den materiell-rechtlichen Fragestellungen wurde insbesondere die beabsichtigte Durchführung des Reichsforstgesetzes unter dem Eindruck der sich verschärfenden Kriegslage zu einem Problem. Wie noch zu zeigen sein wird, gelang es dem Reichsforstamt nicht, den Entwurf zur Verabschiedung zu führen, sodass die Reichsforstgesetzgebungsaktion auch in der NS-Zeit scheiterte (dazu unter D.).

I. Forsthoheit[412]

Der erste Teil zum Entwurf eines Reichsforstgesetzes sollte die Forsthoheit regeln, worunter in der nationalsozialistischen Zeit *„das Recht und die Pflicht des Staates, die Forstwirtschaft zur bestmöglichen Erfüllung ihrer Aufgaben gegenüber der Volksgesamtheit fähig zu machen und anzuhalten“*, verstanden wurde.[413] Die Forsthoheit erstreckte sich auf das gesamte Forstwesen des Reichs, einschließlich der Ordnung der forst- und holzwirtschaftlichen Marktverhältnisse. Außerdem sollte der Reichsforstmeister Regelungen über die *„volkswirtschaftlich beste Verwendung des Rohstoffes Holz und der übrigen Roherzeugnisse des Waldes“* aufstellen dürfen. Nach Ansicht des Reichswirtschaftsministeriums würde diese Formulierung – bei wörtlicher Auslegung – jedoch auch das Recht zu Eingriffen in der holzverarbeitenden Wirtschaft zulassen, für die das Reichsforstamt nicht zuständig sei.[414] Um diese Zweifel auszuräumen, sicherten Vertreter des Reichsforstamts in einer Besprechung im Reichswirtschaftsministerium am 10. Juni 1941 zu, keine Änderungen hinsichtlich der Zuständigkeit in Fragen der Holzwirtschaft vornehmen zu wollen.[415] In dieser Sitzung einigte man sich dann auf folgende Fassung, die so auch im Entwurf von 1942 enthalten war: *„Er* [der Reichsforstmeister] *führt den Rohstoff Holz und die übrigen Roherzeugnisse des Waldes der besten Verwendung zu“*.

---

411 E-RForstG (1942), BArch R 2/4724.

412 Für die nachfolgende Darstellung wurde der gedruckte Reichsforstgesetzentwurf von 1940 [E-RForstG (1940)] und der im Bundesarchiv unter der Signatur BArch R 2/4724 vorhandene Zweitentwurf vom Februar 1942 [E-RForstG (1942)] herangezogen.

413 *RForstA*, Begründung E-RForstG (1940), S. 16.

414 RFAGÖ 93, REI, A 25.

415 RFAGÖ 93, VER, A 75.

Zur Ausführung der Forstaufsicht unterstanden die staatlichen Waldungen der Forstverwaltung durch die Forstbehörden. Bezüglich der nichtstaatlichen Waldungen umfasste die Forsthoheit die Forstaufsicht und die forstliche Betreuung.

Die *Forstaufsicht* sollte die Einhaltung der forstgesetzlichen Vorschriften sicherstellen und insbesondere den Waldbesitzer zu *pfleglicher, nachhaltiger, planmäßiger und sachkundiger Wirtschaft* anhalten. Dazu untergliederte sich die Forstaufsicht weiter in die Betriebsaufsicht und die Betriebsführung. Die *Betriebsaufsicht* diente der Überwachung der Forstbetriebe, wohingegen die *Betriebsführung* die gesamte Leitung und Ausführung des forstlichen Betriebes umfassen konnte. Die Durchführung der Forstaufsicht oblag den Forstbehörden.

Die *forstliche Betreuung* umfasste ein breites Aufgabenfeld und sollte weitgehend an den *„freien Willen und das Verantwortungsbewusstsein des Waldbesitzers“*[416] anknüpfen. Mittel der forstlichen Betreuung waren insbesondere die Belehrung und Aufklärung des Waldbesitzers durch Maßnahmen der Fortbildung wie beispielsweise Vorträge, Lehrgänge und Lehrwanderungen im Wald. Daneben stand die Beratung hinsichtlich der Durchführung und Aufstellung von Wirtschaftsplänen, bei der Bildung von Waldgenossenschaften und beim Verkauf der Walderzeugnisse einschließlich der forstlichen Steuerangelegenheiten.

Nach der Begründung zum Reichsforstgesetzentwurf sollten Forstaufsicht und forstliche Betreuung in der praktischen Ausübung ineinander übergehen und gemeinsam die gewünschten Erfolge herbeiführen.[417] Die allgemeinen Forstaufsichtsmaßnahmen (Überwachung und Genehmigungspflicht) sollten ergänzend zu der betreuenden Tätigkeit der Forstbehörden hinzutreten. Zwangsmittel und Strafen sollte nur subsidiär zum Einsatz kommen. Wegen der sachlichen Verflechtung der Aufsichts- und Betreuungstätigkeit sollte diese nach den Vorstellungen der Forstpolitiker im Reichsforstamt auch in personeller Hinsicht aus einer Hand erfolgen.

Für die Wahrnehmung selbstständiger Aufgaben durch die forstlichen Dienststellen des Reichsnährstandes verblieb daneben kein Raum. Nach dem Entwurf von 1940 war der Reichsforstmeister zwar befugt, sich zur Durchführung der Betreuung anderer forstlicher Dienststellen zu bedienen, im Reichsforstgesetzentwurf von 1942 wurde diese Passage jedoch wesentlich abgewandelt. Dieser enthielt nun in § 8 E-RForstG (1942) die Regelung, dass der Reichsnährstand seine forstlichen Organe den Forstbehörden für die Betreuung des Privatwaldes und zur Mitwirkung bei den übrigen Privatwaldangelegenheiten zur Verfügung stellen musste. Entsprechend der *Gemeinsamen Anordnung*[418] vom 20. Februar 1941 wurde die Rolle des Reichsnährstandes damit auch im Reichsforstgesetz rechtlich verankert.

416 Zur forstlichen Betreuung siehe: *RForstA*, Begründung E-RForstG (1940), S. 19.

417 Hierzu und im Folgenden: *RForstA*, Begründung E-RForstG (1940), S. 17, 19.

418 *„Gemeinsame Anordnung des Reichsforstmeisters, des Reichsministers für Ernährung und Landwirtschaft und des Reichsbauernführers über die Betreuung des deutschen Privatwaldes im gesamten Reichsgebiet“* vom 20. Februar 1941, RMBl. Fv. 1941, S. 73.

Ebenfalls neu im Entwurf von 1942 war die Einrichtung eines *Reichsbeirats für Forstwirtschaft*, der sich aus Vertretern der verschiedenen Waldbesitzarten und der Forstwissenschaft zusammensetzen und dem Reichsforstmeister zur Beratung in forstlichen Fragen dienen sollte.[419] Um die begrenzte Zuständigkeit des Reichsforstamtes herauszustellen, wurden mehrere Maßnahmen im Entwurf von 1942 vom Einvernehmen der beteiligten Ministerien abhängig gemacht. So zum Beispiel bei der Bildung von Forstaufsichtsbezirken, deren Regelung im Einvernehmen mit dem Reichsminister des Innern erfolgen sollte.[420]

II. Vorschriften für alle Waldungen

Der zweite Teil des Gesetzes enthielt die Vorschriften für alle Waldbesitzarten und war weiter in sechs Abschnitte unterteilt. Der Entwurf von 1942 enthielt zusätzlich einen siebten Abschnitt über die Bildung von Forstverbänden, der als Vorbild für die Forstverbandsverordnung von 1943 diente und damit als einziger größerer Bestandteil des Reichsforstgesetzentwurfs noch rechtskräftig wurde.[421]

1. *Allgemeine Pflichten der Waldbesitzer*

Um die allgemeinen Pflichten der Waldbesitzer festsetzen zu können, erfolgte zunächst eine Definition des Begriffes *„Wald“*, § 9 E-RForstG (1940).

> *„Wald (Waldung, Forst) im Sinne dieses Gesetzes ist jede Grundfläche, die zur Erzeugung von Holz oder zu forstlicher Nebennutzung dient oder bestimmt ist.“*

Neben dieser Definition wurde der Wald weiter nach seiner Funktion im engeren Sinne unterteilt. Diente der Wald ausschließlich oder überwiegend der Holzerzeugung, handelte es sich um *„Wirtschaftswald“*. *„Schonwald“* diente überwiegend der Erholung des Volkes und sollte deshalb besonders schonend bewirtschaftet werden. Der *„Bannwald“* bildete die dritte Kategorie und diente überwiegend der Abwehr von Gefahren. Diese Unterteilung wurde im Entwurf von 1942 wieder gestrichen, wobei schon in der Begründung von 1940 angemerkt wurde, dass diese Begriffsbestimmung keine rechtsbegründende Wirkung habe.[422] Die besonderen Vorschriften über Schon- und Bannwaldungen waren zudem gesondert im sechsten Teil des Gesetzes geregelt.

Ferner definierte der Entwurf den Begriff der *„Waldbesitzer“* in § 11 E-RForstG (1940). Dies waren die *„Waldeigentümer und die Nutzungsberechtigten, denen die tatsächliche*

---

419 § 9 E-RForstG (1942), BArch R 2/4724.
420 § 5 E-RForstG (1942), BArch R 2/4724.
421 Eine Darstellung der Gesetzgebung zu den forstwirtschaftlichen Zusammenschlüssen erfolgte bereits im Kapitel über die Einzelgesetzgebung im NS-Staat ab S. 76.
422 *RForstA*, Begründung E-RForstG (1940), S. 20.

Gewalt über den Wald zusteht". Nicht darunter fielen die Berechtigten aus Forstnutzungsrechten, da diesen die tatsächliche Gewalt über den Wald fehlte.[423]

Das Herzstück des Reichsforstgesetzes enthielt § 12 E-RForstG (1940), worin die *Grundpflichten der Waldbesitzer* geregelt waren, die in den übrigen Teilen des Gesetzes weiter ergänzt und konkretisiert wurden. Übergeordnetes Ziel dieser Vorschrift war die höchstmögliche Nutzholzerzeugung, die durch pflegliche, nachhaltige und planmäßige Waldbewirtschaftung erreicht werden sollte. Im Entwurf von 1942 wurde zusätzlich eine sachkundige Bewirtschaftung gefordert.[424] Die Pflicht zur *pfleglichen Bewirtschaftung* des Waldes sollte nach der Gesetzesbegründung einerseits Waldverwüstungen vermeiden und andererseits die Waldbesitzer zu kultur- und bestandspflegenden Maßnahmen anhalten.[425] *Nachhaltigkeit* im Sinne des Gesetzes bedeutete in erster Linie die dauerhafte Sicherstellung der Höchstleistung bei der Holzerzeugung, wobei der volkswirtschaftliche Aspekt die bestimmende Rolle spielte. Die Pflicht zur *planmäßigen Bewirtschaftung* setzte die Aufstellung von Wirtschaftsplänen durch die Waldbesitzer voraus, deren nähere Regelung in § 20 E-RForstG (1940) erfolgte. Auch wenn das Reichsforstgesetz die Leistungssteigerung in der Vordergrund stellte und als Hauptziel ausgab, sollte *„die Schönheit des Waldes, die Eigenart des Landschaftsbildes und die heimische Tierwelt"* dabei nach Möglichkeit berücksichtigt werden. Dieses den Forstgesetzen bis dahin eher fremde Element, wurde im Entwurf von 1942 noch ergänzt, indem die Aufgaben der Landschaftspflege, die Ziele des Natur- und Heimatschutzes sowie die Bedeutung des Waldes für die Landeskultur ebenfalls bei der Bewirtschaftung mit einbezogen werden sollten.[426]

Weitere Grundpflichten der Waldbesitzer ergaben sich aus dem zweiten Absatz von § 12 E-RForstG (1940). Danach waren die Waldbesitzer zu einer sorgfältigen Bodenpflege, guter Wasserhaltung und -führung sowie einer zweckmäßigen Erschließung ihrer Waldungen, durch Herstellung von Wegen und Holzbringungsanlagen, verpflichtet.

In § 12 Abs. 3 E-RForstG (1940) wurden die wesentlichen Vorschriften des Forstlichen Artgesetzes übernommen, das gem. § 195 Abs. 1 Nr. 3 E-RForstG (1940) mit Inkrafttreten des Reichsforstgesetzes außer Kraft treten sollte. Diese Grundpflicht umfasste im Wesentlichen zwei Elemente. Zum einen sollten *„schlechtrassige Bestände und Bäume"* ausgemerzt werden und zum anderen zur Nachzucht nur anerkanntes Saatgut verwendet werden.

Die Absätze 2 und 3 wurden im Entwurf von 1942 wieder aus den Grundpflichten gestrichen und in abgewandelter Form in den nachfolgenden Abschnitten übernommen.[427]

---

423 *RForstA*, Begründung E-RForstG (1940), S. 21.

424 § 15 Abs. 1 E-RForstG (1942), BArch R 2/4724.

425 Hierzu und im Folgenden: *RForstA*, Begründung E-RForstG (1940), S. 21.

426 § 15 Abs. 2 E-RForstG (1942), BArch R 2/4724.

427 §§ 23, 25, 32 E-RForstG (1942), BArch R 2/4724.

§ 12 Abs. 4 E-RForstG (1940) sollte den Forstbehörden die Möglichkeit eröffnen, die Waldbewirtschaftung im Nachhaltbetrieb anzuordnen und Ausnahmen von der Pflicht zur höchsten Nutzholzerzeugung zuzulassen. Nach der Gesetzesbegründung stellte die erste Maßnahme eine Verschärfung der in Absatz 1 geregelten Grundpflicht zur Nachhaltigkeit dar und sollte insbesondere in Kleinwaldungen zum Einsatz kommen, wenn die Waldbesitzer durch die Wahl einer anderen Bewirtschaftungsart ihrer Pflicht zur höchstmöglichen Leistungssteigerung nicht nachkamen. Die zweite Maßnahme kam insbesondere für Bauernwaldungen in Betracht, die ausschließlich der Brenn- und Nutzholzversorgung des Hofes dienten und in denen die Pflicht zur höchsten Nutzholzerzeugung eine unbillige Härte darstellen konnte.[428]

Weitere *Pflichten der Waldbesitzer* ergaben sich aus den §§ 13–16 E-RForstG (1940). Danach konnte der Waldbesitzer durch die Forstbehörde verpflichtet werden, seine Waldungen ausreichend abzumarken, um damit eine deutliche Trennung zwischen Wald und Feld festzusetzen, § 13 E-RForstG (1940). Nach § 14 E-RForstG (1940) musste der Waldbesitzer Gefahren, die seinen Waldungen durch tierische- oder pflanzliche Schädlinge und durch Feuer oder sonstige Naturereignisse (z.B. Wind und Sturm) drohten, verhüten und bekämpfen. Außerdem musste er auf Anordnung der Forstbehörden entsprechende Schutzmaßnahmen ausführen oder zumindest dulden. Zur Konkretisierung wurden im Entwurf von 1942 noch Gefahren aufgenommen, die durch Wild entstehen konnten.[429]

§ 15 E-RForstG (1940) regelte den *Schutz der Nachbargrundstücke.* Betriebsmaßnahmen, die zu einer offensichtlichen Gefährdung des Nachbargrundstücks führen konnten, waren danach vom Waldbesitzer zu unterlassen. Bei erkennbaren Gefahren mussten zudem rechtzeitige Abwehrmaßnahmen ergriffen werden, um deren Eintritt zu verhindern. Nachbargrundstücke waren dabei nicht nur die direkt angrenzenden Grundstücke, sondern auch solche, die nur in der Nähe lagen.[430] Auch nichtforstlich genutzte Grundstücke fielen unter diesen Begriff. Eine offensichtliche Gefahr konnte beispielsweise dann vorliegen, wenn durch die Abholzung eines Bestandes die nachbarliche Waldung einer Windbeschädigung ausgesetzt wurde.

§ 16 E-RForstG (1940) regelte das *Freihalten der Waldgrenze.* Dazu musste zwischen einem forstwirtschaftlich und einem landwirtschaftlich genutzten Grundstück ein Streifen von vier Metern Breite vom Baumwuchs freigehalten werden. Zwischen zwei forstwirtschaftlich genutzten Grundstücken galt eine Abstandsfläche von zwei Metern. Zunächst sollte durch diese Regelung eine Vereinheitlichung des zersplitterten Rechts herbeigeführt werden, da viele Landesgesetze eine unterschiedliche Regelung vorsahen und Art. 124 EGBGB die Vorschriften auf diesem Gebiet unberührt ließ.[431] Daneben sollten die Abstandsflächen dem Schutz angrenzender

428 Zu den beiden Maßnahmen: *RForstA*, Begründung E-RForstG (1940), S. 21.
429 § 17 E-RForstG (1942), BArch R 2/4724.
430 Hierzu und im Folgenden: *RForstA*, Begründung E-RForstG (1940), S. 22.
431 *RForstA*, Begründung E-RForstG (1940), S. 22 f.

landwirtschaftlich genutzter Grundstücke, denen durch die Wurzeln und den Schattenwurf des Waldes Nachteile entstehen konnten, dienen.[432]

Zum Schutz des Waldes gegen Feuer und Naturereignisse sowie zur Verhütung von Schäden durch tierische und pflanzliche Schädlinge sollte der Reichsforstmeister gem. § 17 E-RForstG (1940) entsprechende Anordnungen treffen können.

2. *Bewirtschaftung der Waldungen*

Der zweite Abschnitt legte die wesentlichen *Pflichten zur Waldbewirtschaftung* fest, die sich aus der Grundpflicht zur pfleglichen, nachhaltigen, planmäßigen und sachkundigen Bewirtschaftung ableiten ließen.

Zunächst sollte der Reichsforstmeister allgemeine Anordnungen treffen und Richtlinien aufstellen können, nach denen der Wald bewirtschaftet werden musste, § 19 Abs. 1 E-RForstG (1940). Dabei sollten die Eigenarten der verschiedenen Waldgebiete und Besitzarten sowie ab 1942 auch die Betriebsgrößen und Rechtsverhältnisse berücksichtigt werden.[433] Die Aufstellung von allgemeinen Richtlinien sollte den Einfluss der forstlichen Großraumplanung auf den einzelnen Forstbetrieb sicherstellen und gleichzeitig dem Waldbesitzer Grundlagen für die waldbaulichen Planung geben.[434]

Wie bereits weiter oben angemerkt, wurde im Entwurf von 1942 die Pflicht zur sorgfältigen Bodenpflege und zur guten Wasserhaltung und Wasserführung aus den Grundpflichten der Waldbesitzer herausgenommen und dem Abschnitt über Waldbewirtschaftung in einem gesonderten Paragrafen zugeordnet.[435] Dabei sollten durch die Bodenpflege Erosionsschäden durch Hochwasser und Wind vermieden und durch die wasserwirtschaftlichen Maßnahmen die Wasserversorgung und Wasserreinhaltung für die Allgemeinheit sichergestellt werden.[436]

Der Reichsforstmeister sollte auch anordnen können, dass Kahlschläge zur Genehmigung anzumelden sind, § 19 Abs. 2 E-RForstG (1940). Eine allgemeine Genehmigungspflicht für Kahlschläge wurde wegen der großen Belastung für die Forstbehörden mit der Begründung abgelehnt, dass eine solche nur standortbezogen notwendig sei.[437] Nach der Entwurfsfassung von 1942 sollte die Genehmigung auch von der Hinterlegung des für die Wiederaufforstung notwendigen Geldbetrages abhängig gemacht werden können.[438]

§ 20 E-RForstG (1940) verpflichtete die Waldbesitzer zur Bewirtschaftung ihrer Waldungen nach genehmigungspflichtigen *Wirtschaftsplänen*. Mit der Aufstellung

432 *RForstA*, Begründung E-RForstG (1940), S. 22 f.
433 § 22 E-RForstG (1942), BArch R 2/4724.
434 *RForstA*, Begründung E-RForstG (1940), S. 24.
435 § 23 E-RForstG (1942), BArch R 2/4724.
436 *Rozsnyay/Schulte*, Der Reichsforstgesetzentwurf von 1942 und seine Auswirkungen auf die neuere Forstgesetzgebung, S. 79.
437 *RForstA*, Begründung E-RForstG (1940), S. 24.
438 § 24 E-RForstG (1942), BArch R 2/4724.

von Wirtschaftsplänen sollten die Waldbesitzer in erster Linie ihrer Grundpflicht zur nachhaltigen und planmäßigen Waldbewirtschaftung nachkommen.[439] Die Wirtschaftsplanpflicht sollte von einer durch den Reichsforstmeister zu bestimmenden Betriebsgröße abhängig gemacht werden, unterhalb derer nur ein einfacher, gutachterlicher Wirtschaftsplan (Wirtschaftsgutachten) aufzustellen war. Im Entwurf von 1942 wurde das Wirtschaftsgutachten zwar nicht mehr erwähnt, eine Ausnahme von der Wirtschaftsplanpflicht sollte jedoch auf Grundlage der Betriebsgröße möglich bleiben.[440] Ein Nebeneffekt der wirtschaftsplanmäßigen Bewirtschaftung aller Waldungen war zudem eine bessere statistische Erfassung der Leistungsfähigkeit der gesamten Forstwirtschaft, wodurch wertvolle Daten für die volkswirtschaftliche Planung gewonnen werden konnten.[441]

Um der Pflicht zur *sachkundigen Bewirtschaftung* der Waldungen nachzukommen, sah § 21 E-RForstG (1940) eine Pflicht der Waldbesitzer zur Anstellung von genügend ausgebildeten und befähigten Forstbediensteten in ausreichender Anzahl vor. Die Anzahl der zu bestellenden Personen sollte sich primär nach der Betriebsgröße richten. Sekundär sollten aber auch die Standortverhältnisse, die Betriebs- und Holzart und der Holzertrag bei der Bemessung berücksichtigt werden.[442]

Zur Sicherung der Stetigkeit der Holzerzeugung wurde gem. § 22 E-RForstG (1940) ein *Wiederaufforstungszwang* für Kahlschlagflächen, Waldflächen mit regelwidrig gelichteten Holzbeständen, Waldblößen und *„Räumden"*[443] angeordnet. Daneben bestand die Pflicht, Forstkulturen und Verjüngungen rechtzeitig nachzubessern, zu schützen und zu pflegen. Obwohl eine Wiederaufforstungspflicht auch in einigen Landesforstgesetzen enthalten war, wuchs der Räumden- und Waldblößenanteil zwischen 1900 und 1927, insbesondere im Privatwald, stetig an.[444] Die Waldbesitzer sollten die Wiederaufforstung ohne Verzug vornehmen, wozu auch eine Frist durch die Forstbehörden gesetzt werden konnte. Kam der Waldbesitzer der Aufforstung nicht nach, sollte auf erster Stufe eine Ersatzvornahme auf dessen Kosten durchgeführt werden können. Als ultima ratio war danach die Möglichkeit der Enteignung vorgesehen, die im Entwurf von 1942 jedoch wieder aus dem Wortlaut gestrichen wurde. Das Reichswirtschaftsministerium äußerte schon im April 1940 Bedenken gegen die Vielzahl der vereinzelten Enteignungsvorschriften und wies darauf hin, dass die Enteignungsgesetze der Länder für die Zwecke des Reichsforstgesetzes ausreichen würden.[445] Die Empfehlung lautete deshalb, die Vorschrift zu streichen und die Enteignung an anderer Stelle einheitlich mit Verweis auf Enteignungsgesetze zu regeln.

---

439 *RForstA*, Begründung E-RForstG (1940), S. 25.
440 § 29 E-RForstG (1942), BArch R 2/4724.
441 *Rozsnyay/Schulte*, Der Reichsforstgesetzentwurf von 1942 und seine Auswirkungen auf die neuere Forstgesetzgebung, S. 85
442 *RForstA*, Begründung E-RForstG (1940), S. 25.
443 Zum Begriff siehe Fn. 206.
444 Im Jahre 1927 lag der Räumden- und Waldblößenanteil der Hochwaldfläche im freien Privatwald bei 6,0%, siehe: *RForstA*, Begründung E-RForstG (1940), S. 26.
445 RFAGÖ 93, REI, A 25.

Um die angestrebte Höchstleistung der Waldungen nicht durch die als waldschädlich angesehene Waldweide und Waldstreunutzung zu gefährden, sollte die *Ausübung forstlicher Nebennutzungen* nach § 23 E-RForstG (1940) zurückgedrängt werden. Nur wenn die Leistungsfähigkeit nicht gemindert und die Bewirtschaftung nicht beeinträchtigt wurde, durften die Waldbesitzer diese weiterhin ausüben. Der Reichsforstmeister sollte die Ausübung der forstlichen Nebennutzungen aus Gründen des Gemeinwohls regeln, beschränken und untersagen können. Andererseits sollte er diese auch anordnen können, was nach Ansicht der Verfasser des Reichsforstgesetzentwurfs insbesondere bei landwirtschaftlichen Missernten und im Kriege wichtig werden konnte.[446] Aus den Walderzeugnissen konnte sowohl eine unzureichende Auslandseinfuhr kompensiert als auch eine Verbesserung der Ernährungslage erreicht werden. Für forstliche Nebennutzungen, die aufgrund von Forstnutzungsrechten ausgeübt wurden, galten hingegen die besonderen Vorschriften des siebten Teils über die Waldbereinigung.

Zur Durchführung der Forstaufsicht sah § 24 E-RForstG (1940) eine *Auskunftspflicht der Waldbesitzer* vor. Waldbesitzer, die ihre Waldungen nach Wirtschaftsplänen zu bewirtschaften hatten, unterlagen zusätzlich einer *Buchführungspflicht.*

3. Bringung und Abfuhr der Walderzeugnisse

Der dritte Abschnitt des Reichsforstgesetzentwurfs regelte rechtliche Fragestellungen beim Holzabtransport aus den Waldungen. Unter Bringung von Walderzeugnisses wurde *„das Herausschaffen der Walderzeugnisse (des Holzes) vom Gewinnungsort (Fällungsort) an einen Abfuhrweg oder Lagerplatz verstanden, von dem später die Abfuhr durch den Käufer durchgeführt werden kann“*.[447] Auch hinter diesen Regelungen stand der Zweck, die volkswirtschaftliche Leistung der Forstwirtschaft zu heben. Die Forstpolitiker des Reichsforstamtes verfolgten mit der gesetzlichen Regelung dieses Gegenstands insbesondere drei Ziele:

> *„1. für die bessere Bringung und Abfuhr der Walderzeugnisse die Benutzung fremder Grundstücke und für die Bringung die Benutzung fremder Bringungsanlagen zu ermöglichen,*
> *2. Die Herstellung gemeinschaftlicher Bringungsanlagen zu fördern,*
> *3. Die Holztrift zu regeln.“*[448]

Problematisch waren insbesondere die Holzbringung in abgelegenen Gebirgswaldungen und der Abtransport besonders hochwertiger massiver Stämme, die dafür zunächst zersägt werden mussten und damit ihre Verwendbarkeit als Nutzholz verloren.[449]

Zur Erreichung des ersten Ziels regelte § 25 E-RForstG (1940) die Pflicht des benachbarten Grundstückseigentümers oder Nutzungsberechtigten zur Duldung der

446 *RForstA*, Begründung E-RForstG (1940), S. 26.
447 Hierzu und im Folgenden: *RForstA*, Begründung E-RForstG (1940), S. 27.
448 *RForstA,* Begründung E-RForstG (1940), S. 27.
449 *RForstA*, Begründung E-RForstG (1940), S. 27.

notwendigen Benutzung seines Grundstücks bei der Bringung oder Abfuhr von Walderzeugnissen.

Erfolgte die Benutzung des benachbarten Grundstücks unter Gebrauch der Infrastruktur (z.B. befestigte Wege), war eine angemessene Vergütung an den Eigentümer zu zahlen, wobei die Geltendmachung eines Schadens dadurch nicht ausgeschlossen wurde. Während in der ursprünglichen Fassung die ordentlichen Gerichte bei Streitigkeiten über die Höhe des Schadens für zuständig erklärt wurden, sollte nach dem Reichsforstgesetzentwurf von 1942 zunächst die untere Verwaltungsbehörde darüber entscheiden und gegen diese Entscheidung der Verwaltungsrechtsweg eröffnet sein.[450] Parallel zu dieser Vorschrift bestand eine entgeltliche Duldungspflicht für den Eigentümer oder Nutzungsberechtigten von Bringungsanlagen, wenn die Bringung von Walderzeugnissen nur bei Mitbenutzung dieser Anlage möglich war. Nach dem Entwurf von 1942 konnte die Forstbehörde die gemeinschaftliche Herstellung solcher Bringungsanlagen anordnen.[451]

Für die *„Holztrift"*[452] und deren Errichtung war gem. § 28 E-RForstG (1940) eine Genehmigung der Forstbehörde notwendig, über die im Einvernehmen mit der Wasserwirtschaftsbehörde entschieden wurde. Die Pflichten des Triftberechtigten wurden im Entwurf von 1942 auf die Mittrift beschränkt, wozu dieser das Triftholz anderer Personen, die bei der Holzbringung auf denselben Wasserlauf angewiesen waren, gegen angemessene Vergütung mittriften musste.[453] Kam eine Einigung zwischen den Beteiligten über die Höhe der Vergütung nicht zustande, entschied darüber die untere Verwaltungsbehörde auf Antrag der unteren Forstbehörde, wobei auch in diesem Fall der Weg zu den Verwaltungsgerichten gegeben sein sollte.

4. Wildbach- und Lawinenverbauung, Verhütung von Wasserschäden

Der vierte Abschnitt enthielt besondere Vorschriften über die *Wildbach- und Lawinenverbauung*, die sich an den gesetzlichen Vorschriften orientierten, die Österreich vor seinem *„Anschluss"* an das Deutsche Reich auf diesem Gebiet erlassen hatte.[454] Die Wildbachverbauung diente dem Zweck, der Runsen- und Geschiebebildung im Gebirge und den daraus entstehenden nachteiligen Folgen für die Forst- und

450 § 33 Abs. 3 E-RForstG (1942), BArch R 2/4724; Zu der Auseinandersetzung zwischen Reichsjustizministerium und Reichsinnenministerium über die Zuständigkeit der ordentlichen Gerichte in Entschädigungsfällen siehe S. 116.

451 § 34 E-RForstG (1942), BArch R 2/4724.

452 Unter *„Holztrift"* verstand man *„die Holzbringung durch wilde Flößerei in den Wildbächen, sonstigen Bachläufen und in den Oberläufen der Flüsse, zum Unterschied von der gebundenen Flößerei in den Flüssen, Strömen und Seen"*, siehe: *RForstA*, Begründung E-RForstG (1940), S. 27.

453 § 37 E-RForstG (1942), BArch R 2/4724.

454 *Eberts*, Intersylva 1942, S. 167 ff. (220).

Landwirtschaft entgegenzuwirken.[455] Eine weitere Aufgabe bestand darin, eine weitere Absenkung der Waldgrenze zu vermeiden und die Voraussetzungen für eine wieder höherliegende Waldgrenze zu schaffen.

Dazu sollten Einzugsgebiete von Gebirgswässern zu Wildbachgebieten erklärt werden können, § 30 E-RForstG (1940). In diesen Wildbachgebieten sollte der Reichsforstmeister forstliche, bauliche und sonstige Vorkehrungen anordnen können, die notwendig waren, um das Gebirgswasser unschädlich abzuleiten, Bodenrutschungen und Geschiebebildungen zu verhindern und das Geschiebe zurückzuhalten, § 31 E-RForstG (1940). Zur Durchführung dieser Vorkehrungen regelte § 34 E-RForstG (1940) die Rechte und Pflichten der Grundeigentümer und Nutzungsberechtigten der betroffenen Gebiete. Diese hatten die für die Vorkehrungen erforderliche Anfuhr, Lagerung und Zubereitung der Baustoffe sowie die Errichtung von Unterkunfts- und Lagerräumen auf ihrem Grundstück zu dulden. Waren die Baustoffe von Natur aus in den Wildbachgebieten vorhanden, mussten diese dem Träger der Wildbachverbauung gegen angemessene Vergütung überlassen werden, ohne dass dadurch die Geltendmachung weiterer Schäden ausgeschlossen wurde. In § 35 E-RForstG (1940) waren die Zwangsmaßnahmen zur Durchsetzung der Wildbachverbauung gegen die Rechte und den Widerstand einzelner Grundeigentümer geregelt. Dazu sollten Nutzungsberechtigungen abgelöst und Nutzungsrechte aufgehoben werden können. Außerdem war die Möglichkeit einer Enteignung des Grundeigentümers vorgesehen, die im Entwurf von 1942 in die allgemeine Vorschrift zur Enteignung, § 53 E-RForstG (1942) überführt wurde. Darüber hinaus sollte ein künftiges *Reichsenteignungsgesetz*[456] diese Materie erfassen, weshalb eine weitergehende Regelung im Reichsforstgesetz überflüssig erschien.[457] Für die Lawinenverbauung sollten diese Vorschriften sinngemäß gelten.

5. *Änderungen in der Benutzungsart*

Der fünfte Abschnitt behandelte einen Teilaspekt der land- und forstwirtschaftlichen Raumordnung. Da im NS-Staat der Grundsatz galt, dass jede Grundfläche der volkswirtschaftlich besten Benutzung zuzuführen ist, sollte festgestellt werden, welche Flächen zukünftig aufzuforsten sind und welche einer landwirtschaftlichen Benutzung zugeführt werden können.[458] Die Erhaltung und Vergrößerung der Waldfläche war dabei für die Leistungsfähigkeit der Forstwirtschaft von größter Bedeutung. Insbesondere zwei Arten von Benutzungsänderungen waren von besonderer Relevanz. Zum einen die *Rodung*, bei der die Waldfläche einer anderen, meist landwirtschaftlichen, Nutzungsart zugeführt wurde, und zum anderen die *Neuaufforstung*, bei der Ödland

455 Zu Zweck und Aufgabe der Wildbachverbauung siehe: *RForstA*, Begründung E-RForstG (1940), S. 29.
456 Zum geplanten Reichsenteignungsgesetz siehe S. 95.
457 Niederschrift über die Besprechung des Entwurfs zu einem Reichsforstgesetz im Reichsministerium des Innern am 24. Juni 1941, RFAGÖ 93, VER, A 73.
458 Hierzu und im Folgenden: *RForstA*, Begründung E-RForstG (1940), S. 32 f.

und andere Flächen forstwirtschaftlich nutzbar gemacht wurden. Das Reichsforstgesetz sollte beide Maßnahmen einer gesetzlichen Regelung zuführen. Obwohl in der Zeit zwischen 1933 bis 1945 durch Militär, Autobahnbau und Nahrungsmittelbeschaffung außerordentliche hohe Anforderungen an den Boden gestellt wurden, konnte der Waldflächenanteil durch Ödlandaufforstung im gleichen Zeitraum durchschnittlich um etwa 1.500 ha pro Jahr vermehrt werden.[459]

Nach § 40 E-RForstG (1940) wurde dafür zunächst die *Genehmigungspflicht für Waldrodungen* angeordnet, die nur unter engen Voraussetzungen erteilt werden durfte. Im Entwurf von 1942 wurden drei Bedingungen festgesetzt, die für eine Rodungsgenehmigung erfüllt sein mussten.[460] Zunächst musste die Waldfläche zu einer volkswirtschaftlich besseren Benutzung unzweifelhaft dauernd geeignet sein. Daneben musste für die Rodung ein volkswirtschaftliches Bedürfnis bestehen und zuletzt durften für die Nachbargrundstücke keine unverhältnismäßig großen Nachteile zu erwarten sein. Mit einer etwaigen Genehmigungserteilung sollte dem Waldbesitzer eine Frist zur Überführung der Waldfläche in die neue Benutzungsart gesetzt werden und bei Verstreichen dieser eine Wiederaufforstung angeordnet werden können.

In § 41 E-RForstG (1940) war die *Neuaufforstung auf Anordnung* geregelt. Die Vorschrift enthielt einen Aufforstungszwang für Ödländereien und andere ähnlich ungenügend genutzte Flächen, wenn diese mehr zu forstwirtschaftlicher als zu landwirtschaftlicher Benutzung geeignet waren. Anders als in der Weimarer Zeit sah der Entwurf zu einem Reichsforstgesetz der Vierzigerjahre sogar die Möglichkeit staatlicher Beihilfen für die Neuaufforstung vor. Damit die volkswirtschaftlich bestmögliche Grundflächennutzung erreicht werden konnte, sollte der Grundeigentümer auch enteignet werden können, wenn er die Neuaufforstung nicht innerhalb der gesetzten Frist durchführte oder finanziell dazu nicht in der Lage war. Um die Bedenken der Vertreter des Reichsinnenministeriums diesbezüglich auszuräumen, die darin keine Enteignung im Sinne der Enteignungsgesetze sahen, wurde im Entwurf von 1942 klargestellt, dass dem Staat nur die Möglichkeit zur Übernahme des Eigentums gegen Entschädigung eingeräumt werden sollte und das auch nur, wenn der Nichtaufforstung schuldhaft nicht nachgekommen wurde.[461]

Andererseits wollte man auch vermeiden, dass jedwede Grundfläche ohne weitere behördliche Prüfung in forstwirtschaftliche Nutzung überführt werden konnte. Insbesondere bei der Möglichkeit einer landwirtschaftlichen Nutzung sollte diese vorgehen. Gem. § 42 E-RForstG (1940) bestand deshalb eine Anzeigepflicht für die Aufforstung von Flächen, die eine andere Beschaffenheit als die in § 41 E-RForstG (1940) genannten aufwiesen. Im Entwurf von 1942 wurde daraus sogar eine Genehmigungspflicht.[462]

---

459 *Zundel/Schwartz*, 50 Jahre Forstpolitik in Deutschland (1945–1994), S. 13, im Vergleich dazu: Vor 1913 ca. 10.000 ha / nach 1948 ca. 7.000 ha jährlich.

460 § 48 E-RForstG (1942), BArch R 2/4724.

461 RFAGÖ 93, VER, A 73 und § 49 E-RForstG (1942), BArch R 2/4724.

462 § 50 E-RForstG (1942), BArch R 2/4724.

6. Eigentumsänderungen

Die Vorschriften des sechsten Abschnitts dienten nach der Gesetzesbegründung dem Zweck

> *„die Überwachung der Bewegung des Waldeigentums zu sichern und Eigentumsänderungen, soweit sie für die Leistung des Waldes schädlich sind, zu verhindern, soweit sie auf die Leistung günstig einwirken zu fördern, soweit sie für die Erfüllung der Aufgaben des Waldes notwendig sind, zu erzwingen.“*[463]

Insbesondere die Zersplitterung des kleinen Privatwaldbesitzes war den Forstpolitikern im Reichsforstamt ein Dorn im Auge, da sich die Leistungsfähigkeit der Waldungen mit Abnahme der Betriebsgröße verringerte.[464] Um dem entgegenzuwirken, sollten dem Staat im Reichsforstgesetz Einwirkungsmöglichkeiten auf die Waldeigentumsverhältnisse eingeräumt werden.

Zunächst sollte dafür jeder *Eigentumsübergang an Waldgrundstücken* von einer Genehmigung abhängig gemacht werden, § 43 ff. E-RForstG (1940). Darunter fielen auch die Belastung von Waldgrundstücken mit dinglichen Rechten und die Teilung des Waldbesitzes. Die Vorschriften waren an die *„Grundstückverkehrsbekanntmachung“*[465] vom 26. Januar 1937 angelehnt und wurden aus dem Entwurf von 1942 wieder gestrichen, da man sich nach Auseinandersetzungen mit dem Reichswirtschaftsministerium und dem Reichsinnenministerium darauf einigte, die Vorschriften in die Grundstücksverkehrsbekanntmachung zu überführen.[466]

Daneben wurden alle nichtstaatlichen Waldungen mit einem *Vorkaufsrecht* zugunsten des Reichs belastet, § 46 ff. E-RForstG (1940). Dieses Vorkaufsrecht stand im Rang vor allen sonstigen Vorkaufsrechten und musste innerhalb einer Frist von sechs Wochen vom Reichsforstmeister ausgeübt werden. Das Vorkaufsrecht sollte insbesondere den Ankauf von schlecht bewirtschafteten Grundstücken ermöglichen und durch eine Angliederung derselben an eine staatliche Waldung deren Leistungssteigerung herbeiführen.[467]

---

463 *RForstA*, Begründung E-RForstG (1940), S. 34.

464 Vgl. *RForstA*, Begründung E-RForstG (1940), S. 34.

465 *„Bekanntmachung über den Verkehr mit landwirtschaftlichen oder forstwirtschaftlichen Grundstücken“* RGBl. I 1937, S. 35 ff.

466 Siehe dazu: Besprechung mit dem Reichsinnenministerium am 15. Mai 1941, RFAGÖ 93, VER, A 73; Ergebnisse der Besprechung über den Entwurf eines Reichsforstgesetzes im Reichswirtschaftsministerium am 10. Juni 1941, RFAGÖ 93, VER, A 75.; Nach dem *„Erlaß des Führers über die Einschränkung des Verkehrs mit landwirtschaftlichen Grundstücken im Kriege“* vom 28. Juli 1942 (RGBl. I 1942, S. 481) sollte jeder nicht unbedingt notwendige Eigentums- oder Besitzwechsel an landwirtschaftlichen Grundstücken grundsätzlich unterbleiben und nur in eng begrenzten Ausnahmefällen zugelassen werden.

467 *RForstA*, Begründung E-RForstG (1940), S. 34.

Als letztes Mittel kam die *Enteignung von Waldeigentum* zugunsten des Reichs in Betracht, wofür dem Grundeigentümer eine angemessene Entschädigung in Geld gewährt werden sollte, § 48 ff. E-RForstG (1940). Im Entwurf von 1942 wurde die Enteignung auf bestimmte Maßnahmen beschränkt, die zur Wildbach- und Lawinenverbauung sowie zur Erreichung von Schonwald- oder Bannwaldzwecken notwendig waren.[468] Im Übrigen wurde auf die Vorschriften des allgemeinen Enteignungsrechts verwiesen. Der Grund dafür lag darin, dass im Hinblick auf die Enteignungsregelungen im Reichsforstgesetz von verschiedenen Ressorts Vorbehalte geäußert wurden. Das *Reichswirtschaftsministerium* bemängelte bereits in einer ersten Stellungnahme vom 15. April 1940 die unklare Abgrenzung zwischen der Zuständigkeit der Forstbehörde und der Enteignungsbehörde.[469] Außerdem sah es die Enteignungsgesetze der Länder als ausreichend für die Zwecke des Reichsforstgesetzes an, da diese als Voraussetzung der Verleihung des Enteignungsrechts *„Gründe des öffentlichen Wohls"* voraussetzten und bei der derzeit geltenden weiten Auslegung dieses Begriffs, die im Entwurf vorgesehenen Enteignungsfälle erfasst wären.[470] Das *Reichslandwirtschaftsministerium* beklagte in einer ersten Zusammenstellung von Änderungsvorschlägen insbesondere die Unvereinbarkeit der Enteignungsvorschriften und anderer Zwangsmaßnahmen mit dem Erbhofrecht.[471] Nach Verhandlungen mit verschiedenen Ministerien einigte man sich schließlich bei einer gemeinsamen Besprechung des Entwurfs am 26. August 1941 auf eine endgültige Fassung, in der die Enteignungsfälle einzeln aufgezählt wurden und der höheren Forstbehörde ein Antragsrecht zur Einleitung des Enteignungsverfahrens eingeräumt wurde.[472]

Bezüglich des Verweises auf das allgemeine Enteignungsrechts sei noch angemerkt, dass seit Mitte der 1930er Jahre an einem *Reichsenteignungsgesetz* gearbeitet wurde, das diese Materie einheitlich regeln und die Landesgesetze ablösen sollte.[473] Die Arbeiten an diesem Reichsenteignungsgesetzes, mit denen zuletzt der von der Akademie für Deutsches Recht eigens gebildete Ausschuss für Enteignungsrecht befasst war, dauerten bis 1942 an und wurden nicht mehr zum Abschluss gebracht. Den Gründen für das Scheitern des Reichsenteignungsgesetzes ist *Schleusener* in seiner Dissertationsschrift nachgegangen und führt dieses hauptsächlich auf drei

---

468 § 53 E-RForstG (1942), BArch R 2/4724.

469 RFAGÖ 93, REI, A 25.

470 RFAGÖ 93, REI, A 25.

471 RFAGÖ 93, REI, A 25.

472 Niederschrift über die Besprechung des Entwurfs zu einem Reichsforstgesetz am 26. August 1941 im Reichsforstamt mit Vertretern des Reichsinnenministeriums, des Reichsernährungsministeriums, des Reichsfinanzministeriums, der Parteikanzlei, des Preußischen Finanzministeriums und des Reichsforstamtes, RFAGÖ 93, VER, A 90.

473 Siehe dazu: *Schubert*, Zur Entwicklung des Enteignungsrechts von 1919–1945 und den Plänen des NS-Staates für ein Reichsenteignungsgesetz, ZRG, Bd. 111, 1994, S. 482–524 (503 ff.).

Faktoren zurück.[474] Zunächst habe zwischen den verschiedenen Ressortministern eine grundsätzliche Uneinigkeit über die Beurteilung des Eigentums und der Enteignung sowie über die Ziele eines einheitlichen Reichsenteignungsgesetzes bestanden. Ob man lediglich eine Vereinheitlichung des zersplitterten Rechtszustands unter Beibehaltung des herkömmlichen Enteignungsrechts oder eine umfassende Neufassung des Enteignungsrechts im Sinne der nationalsozialistischen Eigentumsauffassung („*Gemeinnutz geht vor Eigennutz*") durchführen wollte, sei bis zum Schluss nicht geklärt worden. Ein wesentlicher Faktor für das Scheitern sei zudem der Vorstoß des Reichsinnenministeriums, die Zuständigkeit in Enteignungsfragen an sich ziehen zu wollen, gewesen, da im Großteil des Reichs das Wirtschaftsressort für diese Materie zuständig war und dieses Bestreben eine offene Konfrontation bedeutete. Eine abschließende Klärung dieser Kompetenzfrage kam ebenfalls nicht zustande. Zuletzt sei auch die allgemein ablehnende Haltung der Regimeführung – insbesondere *Hitlers* – gegen eine gesetzliche Festlegung nationalsozialistischer Rechtsgrundsätze maßgebend, die darauf zurückzuführen sei, dass derartige Maßnahmen auch immer die Gefahr der Einengung von Entscheidungsspielräumen beinhalten würden und die Bedeutung von *„Führerentscheiden"* geschmälert hätten.

III. Staatswaldungen

In der NS-Zeit wurde allgemein davon ausgegangen, dass der Staatswaldbesitz *„die für die Volksgesamtheit günstigste Form des Waldeigentums"* sei.[475] Festgemacht wurde diese Einschätzung von den Verfassern des Reichsforstgesetzes unter anderem an statistischen Werten, nach denen im Jahr 1927 von der gesamten Waldfläche im Deutschen Reich zwar nur 32,6 % Staatsforsten waren, diese jedoch 44 % der gesamten Derbholzerzeugung und 46,5 % der gesamten Nutzholzerzeugung lieferten. Nach der Definition in § 52 E-RForstG (1940) waren *Staatswaldungen* solche, die im Alleineigentum des Reichs oder eines Landes standen. Nicht darunter fielen die Staatsanteilwaldungen, an denen der Staat nur einen Miteigentumsanteil besaß. Für diese sollten gem. § 57 E-RForstG (1940) die Vorschriften über Gemeinschaftswaldungen [§§ 78–84 E-RForstG (1940)] sinngemäß gelten.

Die Bewirtschaftung des Staatswaldes sollte der übrigen Forstwirtschaft bei der Erfüllung ihrer Aufgaben ein Vorbild sein, wobei als oberste Richtlinie die Steigerung der Erzeugungskraft und die Mehrung und Verbesserung des Holzvorrats ausgegeben wurde, § 53 E-RForstG (1940). Das Hauptwirtschaftsziel war dabei die Deckung der nationalen Wirtschaft mit dem Rohstoff Holz und anderen Walderzeugnissen, das mit einer nach wirtschaftlichen Gesichtspunkten ausgerichteten Betriebsführung erreicht werden sollte. Sobald es die politischen und wirtschaftlichen Verhältnisse wieder zuließen, sollten nach dem Reichsforstgesetz wie in früheren Zeiten Holzrücklagen gebildet werden, deren Bestand überhaupt erst den Mehreinschlag

474 Hierzu und im Folgenden: *Schleusener*, Eigentumspolitik im NS-Staat, S. 134 ff.
475 *RForstA*, Begründung E-RForstG (1940), S. 37.

von 50 % ab 1935 ermöglichte.[476] Besondere Berücksichtigung sollten die Aufgaben der Schon- und Bannwaldungen, die Schönheit des Waldbildes, die Landschaftspflege und die Ziele des Natur- und Heimatschutzes in den Staatswaldungen erfahren.

In § 54 E-RForstG (1940) wurden sodann die besonderen Aufgaben der Staatswaldungen festgelegt, die *„wegen ungewöhnlich langer Zeiträume oder hoher Aufwendungen die Leistungsfähigkeit der nichtstaatlichen Forstbetriebe übersteigen"*. Als Beispiel dieser Aufgaben wurden in der Gesetzesbegründung die Stark- und Wertholzzucht und die forstliche Pflanzenzüchtung genannt.[477] Die Ödlandaufforstung in den Staatswaldungen zählte ebenfalls zu den besonderen Aufgaben und wurde besonders betont. Außerdem sollten das forstliche Forschungs- und Versuchswesen, die Aus- und Weiterbildung der Forstbediensteten sowie eine Verbesserung der Arbeitstechnik in den Staatswaldungen durchgeführt werden. Um auch der sozialpolitischen Aufgabe nachzukommen, sollten in den Staatsforstbetrieben vorbildliche Arbeitsbedingungen geschaffen und besondere Fürsorge für die Waldarbeiter geübt werden, § 55 E-RForstG (1940).

Im Entwurf von 1942 war noch eine Regelung für Waldungen hinzugefügt worden, die unter der Verwaltung der Wehrmacht standen. Für diese sollten vom Reichsforstmeister im Einvernehmen mit dem Oberkommando der Wehrmacht besondere Richtlinien für die Durchführung des Reichsforstgesetzes durch die Dienststellen der Wehrmacht festgelegt werden. Eine entsprechende Regelung hatte das *Oberkommando der Wehrmacht* bereits mit Schreiben vom 9. März 1940 und der *Reichsminister der Luftfahrt und Oberbefehlshaber der Luftwaffe* mit Schreiben vom 26. März 1940 gegenüber dem Reichsforstamt mit der Begründung erbeten, dass für die Wahrnehmung der hoheitlichen Aufgaben der Wehrmacht in einigen Fällen Abweichungen von den Vorschriften des Reichsforstgesetzes notwendig seien.[478]

Da auch die übrigen Vorschriften des Reichsforstgesetzes, mit Ausnahme der Vorschriften über Körperschafts- und Privatwaldungen, für die Staatswaldungen gelten sollten, konnte man sich in diesem Abschnitt auf einige wenige Sondervorschriften beschränken.

IV. Körperschaftswaldungen

In die Kategorie der *Körperschaftswaldungen* fielen gem. § 58 E-RForstG (1940) die Waldungen der Gemeinden, der Gemeindeverbände, der Gemeindezweckverbände, der Reichsgaue und der übrigen Körperschaften, Stiftungen und Anstalten des öffentlichen Rechts. Im Entwurf von 1942 wurden die Waldeigentumsgenossenschaften und die Gemeinschaftswaldungen, die den Status einer öffentlich-rechtlichen Körperschaft besaßen, ausdrücklich ausgenommen, da sie aufgrund ihrer Entstehung eher den Privatwaldungen zuzuordnen waren.[479] Das *Reichsministerium*

---

476 *RForstA*, Begründung E-RForstG (1940), S. 38.
477 *RForstA*, Begründung E-RForstG (1940), S. 38.
478 RFAGÖ 93, REI, A 25.
479 § 50 E-RForstG (1942), BArch R 2/4724; *Eberts*, Intersylva 1942, S. 167 ff. (222).

für Ernährung und Landwirtschaft regte dies schon mit Schreiben vom 31. Mai 1940 an und wies zusätzlich darauf hin, dass die Selbstbewirtschaftung in diesen bäuerlichen Gemeinschaftsformen nicht grundsätzlich ausgeschlossen werden dürfe.[480]

Unter den Körperschaftswaldungen machte der Gemeindewald den weitaus größten Anteil aus, der sich weiter grob in Dorf- und Stadtwaldungen unterscheiden ließ.[481] Insbesondere bei der Entwicklung der Dorfwaldungen aus den ehemaligen Markgenossenschaftswaldungen war es zu sehr unterschiedlich ausgeprägten Eigentumsverhältnissen am Wald gekommen. Ebenso war die Staatsaufsicht über die Körperschaftswaldungen uneinheitlich in den verschiedenen Landesgesetzen geregelt, wobei sich insbesondere drei verschiedene Systeme herausbildeten: Die Beförsterung, die technische Betriebsaufsicht und die allgemeine Vermögens- bzw. Forstaufsicht.

Bei der *Beförsterung* unterschied man weiter zwischen einer vollen Beförsterung, bei der die Gemeindewaldungen ganz in die staatliche Forstverwaltung eingegliedert wurden, und einer eingeschränkten Beförsterung, bei der die Gemeindewaldungen nur bezüglich der Betriebsleitung dem staatlichen Forstamt unterstellt waren, die Gemeinden den Betriebsvollzug jedoch durch eigene Forstbedienstete ausführten.

Die *technische Betriebsaufsicht* bezog sich durch Organisations-, Ertrags- und Betriebsregelungen auf die Bewirtschaftung der Gemeindewaldungen, wobei in der Regel nur eine Kontrolle der jährlichen und periodischen Betriebspläne erfolgte.[482]

In einigen Gebieten unterstanden die Gemeindewaldungen, wie die Privatwaldungen, nur der allgemeinen Forstaufsicht, in anderen Gebieten fehlte eine Forstaufsicht über die Gemeindewaldungen vollständig (z.B. in der Provinz Schleswig-Holstein).[483] Die Forstpolitiker im Reichsforstamt waren der Überzeugung, dass die volle Beförsterung die beste Form der Staatsaufsicht sei und eine größtmögliche Leistungsfähigkeit herbeiführe, die sich im Ergebnis von der Leistungsfähigkeit der Staatswaldungen kaum unterscheiden lasse. Betriebsaufsicht und allgemeine Forstaufsicht würden hingegen unbefriedigend auf den Zustand und die Leistung der Gemeindewaldungen wirken. Zur Vereinheitlichung dieses zersplitterten Rechtszustands sah das Reichsforstgesetz eine Ausdehnung der Forstaufsicht auf sämtliche Gemeindewaldungen vor, die sich fortan in Betriebsaufsicht und Betriebsführung unterscheiden sollte.

Wie der Staatswald sollte auch der Gemeindewald bei der Erfüllung seiner nationalwirtschaftlichen, volkskulturellen und landeskulturellen Aufgaben dem sonstigen Nichtstaatswald ein Vorbild sein.[484] Daneben bestanden besondere Aufgaben des Gemeindewaldes für die eigene Gemeinde, der er insbesondere als Erholungsstätte,

480 RFAGÖ 93, REI, A 25.

481 Hierzu und im Folgenden: *RForstA*, Begründung E-RForstG (1940), S. 39 ff.

482 *Rozsnyay/Schulte*, Der Reichsforstgesetzentwurf von 1942 und seine Auswirkungen auf die neuere Forstgesetzgebung, S. 117.

483 Hierzu und im Folgenden: *RForstA*, Begründung E-RForstG (1940), S. 42 f.

484 Zu den Aufgaben des Gemeindewaldes: *RForstA*, Begründung E-RForstG (1940), S. 43.

Holzlieferant und Einnahmequelle dienen sollte. Ganz nach nationalsozialistischer Eigentumsauffassung sollte der Nutzen einzelner Einwohner hinter dem Nutzen der Gemeinde und dieser wiederum hinter dem der Volksgesamtheit zurücktreten.

In seinem Aufbau war der vierte Teil des Reichsforstgesetzentwurfs in folgende vier Abschnitte unterteilt: 1) *Gemeinsame Vorschriften*, 2) *Körperschaftswaldungen unter Betriebsführung*, 3) *Körperschaftswaldungen unter Betriebsaufsicht* und 4) *Gemeinschaftswaldungen*. Letzterer Abschnitt wurde im Entwurf von 1942 im fünften Teil über Privatwaldungen untergebracht.[485] Ein neuer vierter Abschnitt regelte die *Waldungen der Reichsgaue*.

1. Gemeinsame Vorschriften

Die *Forstaufsicht* über die Körperschaftswaldungen sollte sich nach dem Reichsforstgesetzentwurf in der Regel auf die Betriebsführung durch die staatlichen Forstbehörden gem. § 4 Abs. 3 E-RForstG (1940) und die forstliche Betreuung nach § 6 E-RForstG (1940) erstrecken, § 60 E-RForstG (1940). Eine Anordnung der weniger strengen Betriebsaufsicht gem. § 4 Abs. 2 E-RForstG (1940) kam nur in Betracht, wenn die Gewähr gegeben war, dass die Zwecke der Forstaufsicht auch ohne Betriebsführung erreicht wurden. Nach der Gesetzesbegründung konnte dies allenfalls bei größeren Körperschaftswaldungen, die sich in gutem Zustand befanden und von wissenschaftlich ausgebildeten selbstständigen Betriebsleitern verwaltet wurden, erwartet werden.[486] Im Entwurf von 1942 wurde dieses Regel-Ausnahme Verhältnis dahingehend umgekehrt, dass zunächst zu prüfen war, ob eine Betriebsaufsicht unter den dargestellten Voraussetzungen in Betracht kam und erst bei Nichtvorliegen sollte die staatliche Betriebsführung zur Anwendung kommen.[487]

Gem. § 62 E-RForstG (1940) waren *Wirtschaftspläne* für die Körperschaftwaldungen aufzustellen und bei wesentlichen Abweichungen davon die Genehmigung der höheren Forstbehörde einzuholen. Nach dem Entwurf von 1942 sollten die Wirtschaftspläne generell genehmigungspflichtig sein.[488] Ebenso bedurften *Mehreinschläge* von mehr als 10 % des wirtschaftsplanmäßigen Hiebsatzes [§ 64 E-RForstG (1940)] und die *Streu- und Waldweidenutzung* [§ 65 E-RForstG (1940)], soweit diese nicht auf Forstnutzungsrechten beruhten, der Genehmigung.

2. Körperschaftswaldungen unter Betriebsführung

Zur Durchführung der *Betriebsführung* sollten die Körperschaftswaldungen mit den Staatswaldungen zu einem Dienstbezirk zusammengeschlossen werden können, wobei der Leiter der unteren Forstbehörde zum Betriebsleiter der

485 Aufgrund dieser Einordnung erfolgt eine Darstellung des Abschnitts über Gemeinschaftswaldungen im Teil über Privatwaldungen.
486 *RForstA*, Begründung E-RForstG (1940), S. 44.
487 § 73 E-RForstG (1942), BArch R 2/4724.
488 § 75 E-RForstG (1942), BArch R 2/4724.

Körperschaftswaldung bestellt wurde. In Abkehr vom ursprünglichen Entwurf sollte nach dem Entwurf von 1942 der *„Betriebs- und Schutzdienst"* von Forstbediensteten der Körperschaftswaldungen wahrgenommen werden, wenn dies nicht unzweckmäßig war oder landesgesetzliche Vorschriften diese Aufgabe auch schon vorher den staatlichen Forstbehörden übertragen hatten.[489] Die in den Körperschaftswaldungen beschäftigten Forstbediensteten konnten zudem in den staatlichen Forstdienst übernommen werden, § 67 E-RForstG (1940).

Die Betriebsführung erstreckte sich auch auf die Verwertung der Forsterzeugnisse, wozu der Verkauf des Handelsholzes nach den staatlichen Holzverkaufsbedingungen von der unteren Forstbehörde im Einvernehmen mit dem Leiter der Körperschaft durchgeführt werden sollte, § 70 E-RForstG (1940). Die Verwertung des übrigen Holzes und der Nebennutzungen verblieb bei der Körperschaft, wobei auch hier die Forstbehörde bei der Preisveranschlagung und der Verkaufsberatung mitwirken und den Verkauf auf Antrag übernehmen können sollte.

Der Zustand und die Bewirtschaftung der Körperschaftswaldungen sollten regelmäßig durch die höhere Forstbehörde geprüft werden, § 71 E-RForstG (1940).

Nach der Kostenregelung in § 72 E-RForstG (1940) hatte der Staat die Verwaltungskosten der obersten und der höheren Forstbehörden zu tragen, wohingegen für die Kosten der unteren Forstbehörde Forstverwaltungsbeiträge von den Körperschaften erhoben werden sollten. Die Kosten für eigenes Personal und ausgeführte Betriebsarbeiten oblagen den Körperschaften allein.

3. Körperschaftswaldungen unter Betriebsaufsicht

Für die *Betriebsaufsicht* gab es nur wenige Sondervorschriften. Zur Durchführung der Betriebsaufsicht sollten die Körperschaften den Forstbehörden ihre jährlichen Betriebsvorschläge zur Genehmigung vorlegen, § 75 E-RForstG (1940). Inwieweit der Zustand und die Bewirtschaftung der Körperschaftswaldungen den gesetzlichen Vorschriften und den Bestimmungen der Wirtschaftspläne und Betriebsvorschläge entsprach, sollte durch die Forstbehörden bei örtlichen Prüfungen festgestellt werden, § 77 E-RForstG (1940). Nach der Gesetzesbegründung sollten diese Prüfungen jährlich vorgenommen werden und nur bei kleineren Körperschafswaldungen ausnahmsweise alle zwei bis drei Jahre erfolgen.[490] Die Kosten für die Betriebsaufsicht sollten vom Staat getragen werden. Neu hinzugekommen war im Entwurf von 1942 die Möglichkeit, mehrere Körperschaftswaldungen zur Bildung eines gemeinsamen Forstamtes in einem Forstverband zusammenzuschließen. Im Ergebnis konnten damit die Voraussetzungen für die Anwendung der Betriebsaufsicht geschaffen und die Anordnung der Betriebsführung vermieden werden.

489 § 85 E-RForstG (1942), BArch R 2/4724.

490 *RForstA*, Begründung E-RForstG (1940), S. 48.

4. *Waldungen der Reichsgaue*

Im Entwurf von 1942 waren in § 93 Vorschriften über die Verwaltung der *Reichsgauwaldungen* hinzugefügt worden.[491] Die Gauwaldungen sollten von den staatlichen Forstbehörden nach den Rechts- und Verwaltungsvorschriften verwaltet werden, die für Staatswaldungen galten, wozu der Reichsgau dem Staat die dafür entstehenden Kosten erstatten sollte. Aus den Reichsforstamtsakten geht hervor, dass die Gauwaldungen in größerem Umfang aus vormaligen Landeswaldungen geschaffen und deshalb den Staatswaldungen gleichgestellt werden sollten, obwohl es sich bei den Gauen um kommunale Körperschaften unter Aufsicht des Reichsinnenministeriums handelte.[492] Im Jahr 1943 entschied man sich mit der *„Verordnung über die Verwaltung der Reichsgauwaldungen“*[493] vom 19. November 1943 für eine separate Regelung, die weitgehend den Regelungen des Reichsforstgesetzentwurfs von 1942 über die Körperschaftswaldungen unter Betriebsaufsicht glichen. Nach der Verordnung unterstanden die Gauwaldungen der staatlichen Betriebsaufsicht durch die höhere Forstbehörde (*Der Reichsstatthalter – Landesforstamt*), die in jährlich stattfindenden örtlichen Prüfungen den Zustand und die Bewirtschaftung des Waldes kontrollierte. Die Bewirtschaftung sollte von ausgebildeten Dienstkräften nach einem genehmigungspflichtigen Wirtschaftsplan vorgenommen werden. Mehreinschläge, die den wirtschaftsplanmäßigen Hiebsatz um mehr als 10 % überschritten sowie die Streu- und Waldweidenutzung waren ebenfalls genehmigungspflichtig. Die Kosten für die Betriebsaufsicht hatte der Staat zu tragen. Die Verordnung trat rückwirkend zum 1. Oktober 1943 in Kraft und wurde vom *Ministerrat für die Reichsverteidigung* erlassen.[494]

V. Privatwaldungen

Der fünfte Teil des Reichsforstgesetzentwurfs enthielt die Vorschriften über den *Privatwald*, worunter alle Waldungen zu verstehen waren, *„die nicht im Eigentum des Staates, einer Körperschaft, Stiftung oder Anstalt des öffentlichen Rechts“* standen.[495] Der Flächenanteil des Privatwaldes machte ca. 50 % der Gesamtwaldfläche aus und ließ sich weiter in *Kleinprivatwald* (unter 100 ha), *mittelgroßen Privatwald* (100–1000 ha) und *Großprivatwald* (über 1000 ha) unterteilen.[496] Nach einer Betriebsstatistik von 1927 lag der Anteil des Kleinprivatwaldes an der gesamten Privatwaldfläche

491 E-RForstG (1942), BArch R 2/4724.

492 Protokoll über die Besprechung mit dem Reichsinnenministerium am 15. Mai 1941, RFAGÖ 93, VER, A 73.

493 RGBl. 1943, S. 662 f.

494 Unterzeichner waren *Göring* als Vorsitzender des Ministerrats für die Reichsverteidigung, *Himmler* als Generalbevollmächtigter für die Reichsverwaltung und *Lammers* als Reichsminister und Chef der Parteikanzlei.

495 § 94 E-RForstG (1942), BArch R 2/4724.

496 Hierzu und im Folgenden: *RForstA*, Begründung E-RForstG (1940), S. 52 f.

bei 50 %, der des mittelgroßen Privatwaldes bei 24,5 % und der des Großprivatwaldes bei 25,5 %. Die Leistungsfähigkeit des Privatwaldes blieb im Durchschnitt hinter den anderen Besitzarten zurück, wobei der Kleinprivatwald im Vergleich am schlechtesten dastand. Insbesondere der Bauernwald, der in Verbindung mit einem landwirtschaftlichen Betrieb bewirtschaftet wurde und oft nur eine dienende Funktion als Brennholz- und Waldstreulieferant hatte, wurde häufig in der Pflege vernachlässigt und wies den schlechtesten Leistungszustand auf.[497]

Einen Hauptgrund für die unbefriedigende Ertragsleistung des Privatwaldes sahen die Schöpfer des Reichsforstgesetzentwurfs darin,

> *„daß von dem Privatwaldbesitz eine Erfüllung von Aufgaben für die Volksgesamtheit und eine Steigerung seiner Leistungen überhaupt nicht verlangt wurde, daß ihm keinerlei allgemeine Pflichten auferlegt waren, daß die Bewirtschaftung der Waldungen nach Wirtschaftsplänen und die Bestellung genügend befähigter Personen für die Bewirtschaftung teils gar nicht, teils erst seit kurzem gefordert wurden und daß schließlich mit wenigen Ausnahmen nichts geschehen war, um die ungünstigen Wirkungen der Zersplitterung des Waldbesitzes zu beseitigen.“*[498]

Tatsächlich bestanden in den meisten deutschen Ländern nur geringe staatliche Einwirkungsmöglichkeiten auf die freie Privatwaldwirtschaft.[499] Lediglich die Fideikommissforsten wurden bei der Auflösung durch gesetzliche Vorschriften besonders geschützt und einer staatlichen Forstaufsicht unterstellt.

Um auch im Privatwald eine Leistungssteigerung herbeizuführen, mussten grundlegende Veränderungen im Verhältnis zwischen Staat und Privatwaldbesitzer geschaffen werden. Als wesentliche Voraussetzung zur Erreichung dieses allem übergeordneten Ziels sollte der Waldbesitzer in die Lage versetzt werden, mit dem Ertrag aus seinem Wald die Kosten der notwendigen Verbesserungen, die Aufstellung eines Wirtschaftsplans und die Anstellung genügend befähigter Forstbediensteter finanzieren zu können, worin man im Reichsforstamt eine wichtige Aufgabe der forst- und holzwirtschaftlichen Preispolitik sah.[500] Da diese Voraussetzung im Großprivatwald schon vielerorts erfüllt war, sollte insbesondere auf den Kleinprivatwald und den kleineren mittelgroßen Privatwald eingewirkt werden. Um die Nachteile aus der geringeren Betriebsgröße zu beseitigen, wollte man vorzugsweise mehrere Betriebe in Waldgenossenschaften zur gemeinschaftlichen Durchführung forstlicher Aufgaben oder auch der gesamten Bewirtschaftung zusammenschließen. Der größere Privatwald sollte durch die Bildung von Schutzforsten gegen Zersplitterung geschützt werden und seine Betriebsgröße und Leistungsfähigkeit dadurch erhalten bleiben.

---

497 *Rozsnyay/Schulte*, Der Reichsforstgesetzentwurf von 1942 und seine Auswirkungen auf die neuere Forstgesetzgebung, S. 127.

498 *RForstA*, Begründung E-RForstG (1940), S. 54.

499 *RForstA*, Begründung E-RForstG (1940), S. 53.

500 Hierzu und im Folgenden: *RForstA*, Begründung E-RForstG (1940), S. 54.

Trotz des Vorrangs der volkswirtschaftlichen Produktivität vor der privatwirtschaftlichen Rentabilität wurde das Privatwaldeigentum in seiner geschichtlich erwachsenen Form jedoch grundsätzlich anerkannt und sogar zu einem Grundsatz erklärt, der dem Reichsforstgesetz zugrunde gelegt wurde.[501] Laut *Eberts* war eine Überführung von Privatwald in Staatseigentum und eine Bevormundung bei jeglichen Einzelheiten der Bewirtschaftung nicht beabsichtigt, solange die Aufgaben gegenüber der Volksgesamtheit erfüllt wurden. War dies gewährleistet, sollte der Eigentümer freie Verfügungsgewalt über den Wald haben und auch seinen eigenwirtschaftlichen Zielen nachgehen können. Auch *Mantel* betonte, dass der nationalsozialistische Staat alle kollektivistischen Bestrebungen ablehne und das Privateigentum grundsätzlich anerkenne.[502]

Dennoch sollte mit den Vorschriften über die Privatwaldungen eine entschiedene Abkehr von den liberalistischen Auffassungen des 19. Jahrhunderts erfolgen. Die nationalsozialistische Eigentumsauffassung ließ viel weiter reichende Maßnahmen zu, als man zunächst bei der von *Eberts* ausgesprochenen *„Eigentumsgarantie“* erwarten könnte.

Der Entwurf zum Reichsforstgesetz regelte zunächst in einem ersten Abschnitt die Vorschriften für *alle Privatwaldungen*, im zweiten Abschnitt die *Genossenschaftswaldungen* und in einem dritten (bzw. vierten im E-RForstG 1942) Abschnitt die *Schutzforsten*. In dem Entwurf von 1942 wurde zudem die Regelung der *Gemeinschaftswaldungen* als neuer dritter Abschnitt eingefügt.

1. Vorschriften für alle Privatwaldungen

Zur Durchführung der staatlichen *Forstaufsicht* sollten alle Privatwaldungen gem. § 86 Abs. 2 E-RForstG (1940) der Betriebsaufsicht und der forstlichen Betreuung unterliegen, wobei die Betriebsführung weiterhin dem Waldbesitzer obliegen sollte. Von entscheidender Bedeutung für den Erfolg war nach der Gesetzesbegründung, *„daß der Waldbesitzer zu den Organen der Forstaufsicht und der forstlichen Betreuung Vertrauen hat und freiwillig alle Kräfte für die Steigerung der Leistung seines Waldes einsetzt.“*[503]

Die Anwendung von staatlichem Zwang durch die Organe der Forsthoheit sollte einem verständnisvollen Eingehen auf die berechtigten Interessen und Wünsche der Waldbesitzer weichen und nur als letztes Mittel in Betracht kommen. Der Reichsforstgesetzentwurf stellte die Betreuung der Privatwaldbesitzer damit in fortschrittlicher Weise über die Forstaufsicht und nahm damit eine Abkehr von der überkommenen Praxis vor, die auf Überwachung, Genehmigung, Zwang und Strafe

501 Siehe dazu und im Folgenden: *Eberts*, Mitt. H.-G.-A. Deutsch. Forstwiss., Bd.1, 1941, S. 44 ff. (50).

502 *Mantel*, Forstpolitik, S. 421 ff. (519), in: Rubner (Hrsg.): Neudammer Forstliches Lehrbuch, Bd. 2.

503 *RForstA*, Begründung E-RForstG (1940), S. 55.

setzte.[504] *Rozsnyay* und *Schulte* sahen in der Auffassung über die Privatwaldbetreuung *„eine der wesentlichen Impulse, die das Gedankengut des Reichsforstgesetzes an die Nachkriegsforstgesetzgebung weitergegeben hat.“*[505]

Hatte der Waldbesitzer nachweislich selbst eine genügende forstliche Ausbildung und Befähigung zur ordnungsgemäßen Bewirtschaftung und zum Schutz seiner Waldungen, konnte er gem. § 87 E-RForstG (1940) von der Pflicht zur Bestellung entsprechend qualifizierter Forstbediensteter befreit werden.

Mehreinschläge bis zur Höhe des wirtschaftsplanmäßigen jährlichen Hiebsatzes mussten bei der zuständigen Forstbehörde gem. § 88 E-RForstG (1940) angezeigt werden. Darüber hinausgehende Mehreinschläge und sonstige wesentliche Abweichungen vom Wirtschaftsplan waren genehmigungspflichtig. In beiden Fällen war ein Plan zur Wiedereinsparung der Mehreinschläge bei der Forstbehörde vorzulegen, von dessen erfolgreicher Durchführung auch zukünftige Genehmigungen für Mehreinschläge abhängig gemacht werden konnten.

Ob der Zustand der Bewirtschaftung den gesetzlichen Vorschriften und den Bestimmungen des Wirtschaftsplanes entsprach, sollte von den Forstbehörden durch örtliche *Betriebsprüfungen* festgestellt werden, § 89 E-RForstG (1940). Wie bei den Körperschaftswaldungen, sollten diese Prüfungen in den mittleren und größeren Waldungen in der Regel jährlich stattfinden.[506] Für unter Wirtschaftsplanpflicht stehende Waldungen sollten die Forstbehörden zudem die Aufstellung und Vorlage von jährlichen Betriebsvorschlägen verlangen können, wobei wesentliche Abweichungen davon genehmigungspflichtig sein sollten, § 90 E-RForstG (1940). Eine solche Anordnung sollte jedoch nur ausnahmsweise in Betracht kommen, wenn zum Beispiel der Wald nicht ordnungsgemäß bewirtschaftet wurde oder andere wesentliche Verstöße gegen die Vorschriften des Reichsforstgesetzes oder den Bestimmungen des Wirtschaftsplanes vorlagen.[507]

Einen einschneidenden Eingriff in die Privatautonomie der Waldbesitzer stellte § 91 E-RForstG (1940) dar, nach dem eine *staatliche Betriebsführung* bis zur Dauer von fünf Jahren angeordnet werden konnte. Voraussetzung war, dass der Waldbesitzer grobe oder wiederholte Verstöße (im Entwurf von 1942 *„wiederholt grobe Verstöße“*[508]) gegen die Vorschriften des Reichsforstgesetzes oder den aufgrund dessen ergangenen Anordnungen beging und einer Unterlassensaufforderung schuldhalt nicht nachkam. Als Vorlage für diese Vorschrift dürfte eine ähnliche Regelung im *Preußischen Zwangsauflösungsgesetz* vom 22. April 1930 gedient haben, die bei

---

504 *Hasel*, Waldwirtschaft und Umwelt, S. 184.

505 *Rozsnyay/Schulte*, Der Reichsforstgesetzentwurf von 1942 und seine Auswirkungen auf die neuere Forstgesetzgebung, S. 132.

506 *RForstA*, Begründung E-RForstG (1940), S. 56.

507 *RForstA*, Begründung E-RForstG (1940), S. 56.

508 § 100 E-RForstG (1942), BArch R 2/4724.

erheblichen Verstößen gegen den Wirtschaftsplan ebenfalls eine Entziehung der Bewirtschaftung des Waldguts oder Schutzforstes für fünf Jahren anordnete.[509]

Zuletzt folgte eine *Kostenregelung*, wonach die Kosten der Betriebsaufsicht vom Staat und die von den Waldbesitzern verschuldeten Kosten von diesen zu tragen waren, § 92 E-RForstG (1940).

2. Genossenschaftswaldungen

Wie bereits eingangs erwähnt, war mit der Bildung von *Genossenschaftswaldungen* der Zusammenschluss des Kleinprivatwaldbesitzes beabsichtigt, um damit die sich aus der Betriebsgröße ergebenden Nachteile zu beseitigen und eine Leistungssteigerung herbeizuführen. Dazu sollten gem. § 94 E-RForstG (1940) Privatwaldgrundstücke und Aufforstungsländereien im Privatbesitz zu Genossenschaftswaldungen zusammengeschlossen werden. Die Voraussetzungen waren, dass die Grundstücke nach dem Zusammenschluss eine größere wirtschaftlich zusammenhängende Waldfläche bildeten und nicht zu den Schutzforsten gehörten. Bemerkenswert ist dabei, dass sich der Zusammenschluss auf alle Grundstücke beziehen sollte, die im wirtschaftlichen Zusammenhang eines Waldbereichs lagen.[510] Aus der Begründung zum Reichsforstgesetz geht außerdem hervor, dass ein räumlicher Zusammenhang nicht erforderlich war und die räumliche Ausdehnung grundsätzlich nicht durch das Gesetz beschränkt werden sollte. Man ging jedoch davon aus, dass die Grenzen des Gemeindegebiets einen natürlichen Rahmen für den Genossenschaftswald bilden würden. Daneben sollten auch Grundstücke anderer Besitzart in den Zusammenschluss einbezogen werden können, wenn dies zur Erfüllung der Aufgaben zweckmäßig war, § 95 E-RForstG (1940).

Die Eigentümer der vereinigten Grundstücke bildeten eine Waldgenossenschaft, die nach ihrer Zweckrichtung in verschiedenen Formen ausgeprägt sein konnte, § 96 E-RForstG (1940). Die *Waldwirtschaftsgenossenschaft* verfolgte den Zweck, Wirtschaftspläne und Betriebsvorschläge gemeinschaftlich durchzuführen. *Waldeigentumsgenossenschaften* verfolgten denselben Zweck, wobei in dieser Form auch das Grundstückseigentum auf die Genossenschaft überging und die bisherigen Eigentümer einen entsprechenden Anteil am Vermögen der Genossenschaft erwarben. Die *Waldbetriebsgenossenschaft*, die ihrem Zweck nach auf die Durchführung einzelner Maßnahmen des Forstbetriebs gerichtet war, wurde aus dem Entwurf von 1942 wieder gestrichen, da sich die Gesetzgeber von dieser Form des Zusammenschlusses keine wesentliche Verbesserung für die Waldbewirtschaftung erhofften.[511] Die Waldgenossenschaften entstanden mit Genehmigung der Satzung und sollten primär auf freiwilliger Basis gebildet werden. Bei der Waldwirtschaftsgenossenschaft mussten dafür

---

509 § 158 Abs. 13 des *Preußischen Zwangsauflösungsgesetz* vom 22. April 1930, PrGS 1930, S. 136 ff.

510 Hierzu und im Folgenden: *RForstA*, Begründung E-RForstG (1940), S. 59 f.

511 *Rozsnyay/Schulte*, Der Reichsforstgesetzentwurf von 1942 und seine Auswirkungen auf die neuere Forstgesetzgebung, S. 139.

mehr als die Hälfte der beteiligten Eigentümer, denen zugleich mehr als die Hälfte der Fläche gehörte, der Bildung zustimmen. Bei den Waldeigentumsgenossenschaften war eine entsprechende zwei Drittel Mehrheit erforderlich.

Obwohl die freiwillige Bildung von Waldgenossenschaften nach älteren *Gesetzen*[512] kaum Erfolg gezeigt hatte, gab man sich optimistisch und erwartete, dass *„die Notwendigkeit der Bildung von Waldgenossenschaften beim Kleinwaldbesitz volles Verständnis finden wird“*[513]. Nichtsdestotrotz sollte auch eine Zwangsvereinigung durch Erlass der Satzung von Amts wegen möglich sein, wenn die forstwirtschaftlichen Pflichten der Eigentümer und die Aufgaben der Waldungen nur auf diese Weise erreicht werden konnten, § 97 E-RForstG (1940).

Ursprünglich sollten die Waldgenossenschaften in der Form einer rechtsfähigen Vereinigung des Privatrechts gebildet werden, wovon man im Entwurf von 1942 jedoch wieder Abstand nahm und das Gebilde einer Körperschaft des öffentlichen Rechts bevorzugte.[514] *Rozsnyay* und *Schulte* führen diese Kehrtwendung auf den zunehmenden Einfluss des Krieges zurück, in dem sich die Holzversorgungsschwierigkeiten ausweiteten und die Leistungssteigerung der Wälder zu einer öffentlich-rechtlichen und kriegswichtigen Aufgabe geworden war.[515]

Weitere Einzelheiten über die Rechtsverhältnisse der Grundstücke, die Satzung, die Mitgliedschaft und die Auflösung der Genossenschaft waren in den §§ 98 – 103 E-RForstG (1940) geregelt.

Die §§ 104 und 105 E-RForstG (1940) normierten die *Aufsicht*. Neben der Forstaufsicht, die sich grundsätzlich nach den allgemeinen Vorschriften über die Privatwaldungen richtete, unterstanden die Waldgenossenschaften der allgemeinen Verwaltungsaufsicht des Staates. In diesem Rahmen konnte der Leiter der Genossenschaft abgesetzt und alle sonstigen Maßnahmen angeordnet werden, die für die Erfüllung des Genossenschaftszwecks und zur gesetz- und satzungsmäßigen Verwaltung der Genossenschaftsangelegenheiten notwendig waren. Im Entwurf von 1942 wurden zudem die Vorschriften über die Forstaufsicht überarbeitet. Während es bei der Anwendung der allgemeinen Privatwaldvorschriften für die Waldwirtschaftsgenossenschaften verblieb, sollten die Waldeigentumsgenossenschaften in Angelegenheiten der Forstaufsicht wie Körperschaftswaldungen behandelt werden und damit auch grundsätzlich der Betriebsführung unterliegen.[516]

Weiterhin sollten auch die Genossenschaftswaldungen unter staatliche Betriebsführung gestellt werden, wenn diese es selbst beantragten oder die Erfüllung der Aufgaben auf andere Weise nicht oder nur mit unverhältnismäßigen Kosten zu erreichen waren, § 106 E-RForstG (1940). Dabei sollten die Vorschriften für die

---

512 Vgl. dazu die Ausführungen zum Preußischen Gesetz, betreffend Schutzwaldungen und Waldgenossenschaften vom 6. Juli 1875

513 *RForstA*, Begründung E-RForstG (1940), S. 59 f.

514 § 104 E-RForstG (1942), BArch R 2/4724.

515 *Rozsnyay/Schulte*, Der Reichsforstgesetzentwurf von 1942 und seine Auswirkungen auf die neuere Forstgesetzgebung, S. 143.

516 § 114 E-RForstG (1942), BArch R 2/4724.

unter Betriebsführung stehenden Körperschaftswaldungen sinngemäß angewendet werden. Diese Regelung galt ab 1942 entsprechend den Änderungen bei der Forstaufsicht nur noch für die Waldwirtschaftsgenossenschaften, da die Waldeigentumsgenossenschaften ohnehin der Betriebsführung unterstehen sollten.

3. *Gemeinschaftswaldungen*

Die *Gemeinschaftswaldungen* sind ihrem Ursprung nach hauptsächlich aus den alten deutschrechtlichen Markgenossenschaftswaldungen sowie durch Gemeinheitsteilungen und Forstrechtsablösungen hervorgegangen.[517] Im Reichsforstgesetz wurden sie definiert als *„Waldungen, an denen das Eigentum einer Gemeinschaft oder mehreren Personen gemeinschaftlich zusteht, sofern die Gemeinschaft nicht auf einem privatrechtlichen Titel beruht“*[518]. Ursprünglich wollten die Verfasser des Reichsforstgesetzes eine Leistungssteigerung in den Gemeinschaftswaldungen durch eine Umwandlung zum Gemeindewald erreichen.[519] Die Gemeinschaftswaldungen konnten dazu entweder durch Beschluss der Eigentümer oder Abtretungsverlangen der Gemeinde gegen Entschädigung in das Gemeindevermögen überführt werden, §§ 80, 82 E-RForstG (1940). Nach der Konzeption des Entwurfs von 1942 wurde diese Idee jedoch verworfen und die Umbildung der Gemeinschaftswaldungen in Eigentumsgenossenschaften beschlossen.[520] Die Forstaufsicht sollte sich dementsprechend nach den Vorschriften für Körperschaftwaldungen richten.[521]

4. *Schutzforsten*

Zu der Bildung von *Schutzforsten* ist schon einiges im Abschnitt über den Waldschutz bei der Familienfideikommissauflösung in der NS-Zeit gesagt worden. Insbesondere durch das *„Gesetz über das Erlöschen der Familienfideikommisse“*[522] vom 6. Juli 1938 und die sogenannte *„Schutzforstverordnung“*[523] vom 21. Dezember 1939 wurde eine reichseinheitliche Regelung über den Umgang mit ehemals gebundenem Waldvermögen eingeführt. Da nach dem Reichsforstgesetz keine Unterschiede mehr zwischen ehemals gebundenem und freiem Waldbesitz gemacht werden sollten, wollte man die Schutzforstbildung auf den gesamten mittleren und größeren Privatwald ausdehnen.[524] Der Zweck der Schutzforstbildung war gem. § 110 E-RForstG (1940):

---

517 *RForstA*, Begründung E-RForstG (1940), S. 49.
518 § 119 E-RForstG (1942), BArch R 2/4724.
519 *RForstA*, Begründung E-RForstG (1940), S. 50.
520 § 120 E-RForstG (1942), BArch R 2/4724.
521 § 122 E-RForstG (1942), BArch R 2/4724.
522 RGBl. I 1938, S. 825 ff.
523 *„Verordnung über den Waldschutz bei der Familienfideikommißauflösung“* vom 21. Dezember 1939, RGBl. I 1939, S. 2459 ff.
524 *RForstA*, Begründung E-RForstG (1940), S. 66.

> *„Privatwaldungen, die sich zu selbstständiger forstlicher Bewirtschaftung eignen, gegen Zersplitterung zu schützen und sie als lebenskräftige Wirtschaftseinheiten besonders befähigen, ihre Aufgaben gegenüber der Volksgesamtheit zu erfüllen".*

Die Schutzforste bildeten gewissermaßen das Gegenstück zu den Waldgenossenschaften und Forstverbänden, die auf die Leistungssteigerung in den kleineren Privatwaldungen zugeschnitten waren. Die Waldungen eines Schutzforstes sollten in der Regel zwischen 100 ha und 5.000 ha groß sein, wobei aus einem Waldbesitz auch mehrere Schutzforste gebildet werden konnten, § 112 E-RForstG (1940). Das Reichsforstgesetz sah neben der freiwilligen Bildung eines Schutzforstes durch den Eigentümer auch eine Bildung von Amts wegen vor, die ab einer Waldgröße von 500 ha zwingend vorgeschrieben war, § 115 E-RForstG (1940). Kleinere Waldungen, aus denen kein Schutzforst gebildet werden konnte, sollten bei Vorliegen der Voraussetzungen in eine Waldgenossenschaft einbezogen werden.[525]

Besondere Vorschriften zum Schutz gegen ordnungswidrige Bewirtschaftung waren in diesem Abschnitt nicht mehr vorgesehen, da bereits durch die Vorschriften des Reichsforstgesetzes für alle Waldungen ein solcher Schutz gewährleistet sein sollte.[526] Gegenüber der Schutzforstverordnung sah das Reichsforstgesetz jedoch eine stärkere Beschränkung des Eigentumsüberganges zum Schutz gegen unwirtschaftliche Zersplitterung vor, § 116 E-RForstG (1940). Nach Ansicht der Forstpolitiker des Reichsforstamtes handelte es sich dabei um eine unentbehrliche Regelung des Reichsforstgesetzes zur Erhaltung von lebenskräftigen Wirtschaftseinheiten.[527] Bezüglich der Forstaufsicht sollten die allgemeinen Vorschriften für alle Privatwaldungen Anwendung finden, sodass die Schutzforste unter Aufrechterhaltung der Eigenbewirtschaftung nur der Betriebsaufsicht und forstlichen Betreuung unterlagen, § 122 E-RForstG (1940).

VI. Schonwaldungen und Bannwaldungen

Der sechste Teil des Reichsforstgesetzes beinhaltete Sondervorschriften für Waldungen, die aufgrund ihrer besonderen Bedeutung für die Erfüllung der volks- und landeskulturellen Aufgaben in spezieller Weise geschützt und bewirtschaftet werden mussten.[528] Der Gesetzentwurf unterschied dabei zwischen *Schonwaldungen*, die überwiegend der Erholung der Bevölkerung dienen und deshalb besonders schonend bewirtschaftet werden sollten, und *Bannwaldungen*, die nach ihrem Hauptzweck der Gefahrenabwehr dienten.

---

525 *RForstA*, Begründung E-RForstG (1940), S. 67.

526 *RForstA*, Begründung E-RForstG (1940), S. 66.

527 Niederschrift über die Besprechung über das Reichsforstgesetz im Reichsinnenministerium am 13. Juni 1941, RFAGÖ 93, VER, A 73.

528 *RForstA*, Begründung E-RForstG (1940), S. 68.

1. *Schonwaldungen*

Der Abschnitt über Schonwaldungen behandelte die relativ neuartige forstliche Materie der Wohlfahrtswirkungen des Waldes, die erstmalig im *„Preußischen Baumschutzgesetz"*[529] vom 29. Juli 1922 berücksichtigt wurden. Schon nach § 12 E-RForstG (1940) war es eine allgemeine Grundpflicht eines jeden Waldbesitzers, *„die Schönheit des Waldes, die Eigenart des Landschaftsbildes und die heimische Tierwelt"* bei der Bewirtschaftung zu berücksichtigen. Durch die Erklärung zu Schonwald konnten den Waldbesitzern noch weitergehende Pflichten auferlegt werden. Eine Erklärung zu Schonwald konnte gem. § 124 E-RForstG (1940) für Waldungen erfolgen, *„die mit Rücksicht auf die Volksgesundheit oder als Erholungsstätte der Bevölkerung oder aus anderen Gründen des Gemeinwohls zu erhalten und mit bestimmten Beschränkungen zu bewirtschaften sind"*. Insbesondere für Waldungen in der Nähe von Großstädten, Bade- und Kurorten und Industriebetrieben kam dies in Betracht, wobei die Aufzählung die möglichen Standorte nicht abschließend erfasste.

Bei der *Erklärung zu Schonwald* sollte in erster Linie die Bedeutung des Waldes für die Volksgesundheit und seine Funktion als Erholungsstätte berücksichtigt werden. Daneben konnte eine Erklärung aber auch aus anderen Gründen des Gemeinwohls erfolgen, worunter der Gesetzgeber vor allem Gründe der Reichsverteidigung verstanden wissen wollte.[530] Hinsichtlich der *Forstaufsicht* sollten die Vorschriften für die jeweilige Besitzart angewendet werden, § 128 E-RForstG (1940). Die besonderen *Verpflichtungen der Besitzer* von Schonwaldungen waren in den §§ 129 – 131 E-RForstG (1940) geregelt. Das Gesetz sah hierbei ein *generelles Rodungsverbot* vor, das nur für Siedlungszwecke oder zur Reichsverteidigung eingeschränkt werden konnte. Daneben sollten für Schonwaldgrundstücke eine *Verschärfung der Neuaufforstungspflicht* und eine *Beschränkung für Kahlschläge* gelten. Zur Kompensation der Erklärung zu Schonwald sollte der Berechtigte nach § 132 E-RForstG (1940) für Aufforstungsaufwendungen und Schäden, die durch die Einschränkung der Bewirtschaftung entstanden, angemessen entschädigt werden. Nicht vorgesehen war hingegen eine Entschädigung für die Einschränkung der Benutzung, die sich zum Beispiel in einem entgangenen Gewinn äußern konnte, weil das Grundstück nicht in ertragreichere landwirtschaftliche Nutzung umgewandelt werden durfte.[531] Hier sollte der *„Grundsatz entschädigungsloser Rechtsbeschränkung zugunsten der Volksgesamtheit"* gelten.[532]

---

529 *„Gesetz zur Erhaltung des Baumbestandes und Erhaltung und Freigabe von Uferwegen im Interesse der Volksgesundheit"* vom 29. Juli 1922, PrGS 1922, S. 213 ff.

530 *RForstA*, Begründung E-RForstG (1940), S. 68, 70.

531 *RForstA*, Begründung E-RForstG (1940), S. 71.

532 *RForstA*, Begründung E-RForstG (1940), S. 71.

2. *Bannwaldungen*

Die *Erklärung zu Bannwald* sollte in erster Linie der Gefahrenabwehr dienen. Bereits im 19. Jahrhundert wurden in mehreren Ländern Gesetze zum Erhalt der Schutzwirkungen des Waldes und aus anderen landeskulturellen Gründen erlassen.[533] In Preußen erging auf diesem Gebiet das *„Gesetz, betreffend Schutzwaldungen und Waldgenossenschaften"*[534] vom 6. Juli 1875. Um Verwechslungen mit den Regelungen über die Schutzforste zu vermeiden, nahm man im Reichsforstgesetz Abstand vom früher verwendeten Begriff *„Schutzwaldungen"* und übernahm stattdessen die im österreichischen Recht gebräuchliche Bezeichnung *„Bannwald"*.[535]

Nach dem Hauptzweck der Regelungen konnten Waldungen gem. § 136 E-RForstG (1940) zu Bannwald erklärt werden, *„wenn dies zur Abwendung besonderer Gefahren oder aus anderen Gründen des Gemeinwohls zum Schutze der Landeskultur notwendig ist"*.

Im Weiteren nannte das Gesetz in zwei Gruppen die wichtigsten Bannwaldzwecke:

> *„1. zum Schutze von Grundstücken, Gebäuden oder Anlagen gegen Bodenabschwemmung, Geröllbildung, Steinschlag, Hangrutschung, Bergstürze, Lawinen, Überflutung, Uferabbruch, Eisgang sowie gegen erhebliche Gefährdung durch Windwirkung, Frost, Aushagerung oder Versanden"*
>
> *2. zur besseren Zurückhaltung des Niederschlagswassers im Boden, zur Verminderung des Entstehens von Hochwasser und zur Erhaltung der Quellen."*

Hinsichtlich der *Bewirtschaftung von Bannwaldgrundstücken* sollte der Eigentümer die gleichen Einschränkungen hinsichtlich der Rodung, Neuaufforstung und Kahlschlagdurchführung hinnehmen müssen, wie sie für den Schonwald angeordnet wurden. Daneben sollten dem Eigentümer oder Nutzungsberechtigten von Bannwaldgrundstücken *„die Durchführung oder Unterlassung bestimmter Maßnahmen oder die Herstellung von Anlagen"* auferlegt werden können, § 138 E-RForstG (1940). Nach der Gesetzesbegründung konnte dies beispielsweise die Auflage zur Herstellung von Schutzanlagen wie Dämmen, Stützmauern oder Bodenbefestigungen sein.[536]

Für die Kosten und Nachteile, die aus der Erklärung zu Bannwald entstanden, war in § 141 E-RForstG (1940) eine Entschädigung vorgesehen, wobei auch der Eigentümer des gefährdeten Grundstücks, Gebäudes oder der Anlage bis zur Höhe seines Vorteils zur Entschädigung herangezogen werden können sollte. Im Übrigen sollte die Entschädigung von den beteiligten Gemeinden, Gemeindeverbänden und in besonderen Fällen vom Reich geleistet werden.

---

533 *RForstA*, Begründung E-RForstG (1940), S. 72.
534 GS 1875, S. 416 ff.
535 *RForstA*, Begründung E-RForstG (1940), S. 72.
536 *RForstA*, Begründung E-RForstG (1940), S. 75.

Ein entscheidender Unterschied zum *Preußischen Schutzwaldgesetz* von 1875 bestand darin, dass die Erklärung zu Bannwald im Ermessen der Behörde stand und auch von Amts wegen erklärt werden konnte.[537] Im Preußischen Schutzwaldgesetz war hingegen der Antrag des Eigentümers eines gefährdeten Grundstücks erforderlich, der sich dadurch aber auch gleichzeitig entschädigungspflichtig machte. Die daraus resultierende Zurückhaltung der Eigentümer gefährdeter Grundstücke, die lieber die Gefahr als die durch den Antrag entstehenden Kosten in Kauf nahmen, hatte wesentlich zur Unwirksamkeit des Gesetzes von 1875 beigetragen.

VII. Waldbereinigung

Unter *Waldbereinigung* verstanden die Schöpfer des Reichsforstgesetzes *„die Befreiung des Waldes von den Hemmnissen, die sich aus den ungünstigen eigentums- und nutzungsrechtlichen Zuständen ergeben"*.[538] Gemeint waren damit zum einen die *Zersplitterung des Kleinprivatwaldbesitzes* und zum anderen die Belastung des Waldbesitzes mit *Forstnutzungsrechten.* Der Besitzersplitterung versuchte man in erster Linie mit der Bildung von Waldgenossenschaften entgegenzuwirken. Ergänzend dazu sollte die Grundstückszusammenlegung (Waldumlegung) von zersplittertem Besitz den nachteiligen Zustand weiter beheben. Von größerer Bedeutung für die Steigerung der forstwirtschaftlichen Erzeugung war jedoch die Beseitigung der Forstnutzungsrechte, die als *„waldschädlich"* und *„schlimmes Hemmnis der Leistungssteigerung"* angesehen wurden.

1. Forstnutzungsrechte

Die sehr umfangreiche Einleitung zu den Forstnutzungsrechten in der Begründung des Reichsforstgesetzentwurfs lässt erahnen, welch hohen Stellenwert die Forstpolitiker des NS-Staates der Ablösung der Forstnutzungsrechte beimaßen.

Bei den *Forstnutzungsrechten* handelte es sich um dingliche Nutzungsrechte an einem fremden Grundstück, die sich nach der Begriffsdefinition in § 142 E-RForstG (1940) konkretisieren ließen in *„Rechte auf wiederkehrende Entnahme oder auf wiederkehrende Lieferung von Walderzeugnissen, die zugunsten des Eigentümers eines Grundstücks oder zugunsten einer bestimmten Person an einem Waldgrundstück bestehen."* Die Ursprünge der Forstnutzungsrechte sind mannigfaltig und gehen weit in die Forstgeschichte zurück.[539] Die größte Bedeutung unter ihnen hatten die *Holznutzungsrechte,* die sich weiter in Nutzholz- und Brennholzberechtigungen unterscheiden ließen. Daneben bestanden noch eine Reihe von *Nebennutzungsrechten,* von denen die Weide- und Waldstreurechte am wichtigsten waren. Bereits seit der zweiten Hälfte des 18. Jahrhunderts ergingen in den meisten deutschen Ländern Gesetze, die durch Ablösung und Einschränkung der Forstnutzungsrechte deren

---

537 Hierzu und im Folgenden: *RForstA*, Begründung E-RForstG (1940), S. 76.
538 Hierzu und im Folgenden: *RForstA*, Begründung E-RForstG (1940), S. 77.
539 Hierzu und im Folgenden: *RForstA*, Begründung E-RForstG (1940), S. 78 ff.

schädliche Wirkung auf den Wald einzudämmen versuchten. Die preußische Ablösungsgesetzgebung in der zweiten Hälfte des 19. Jahrhunderts führte sogar dazu, dass ein großer Teil der wichtigsten Forstnutzungsrechte in einem Zug beseitigt werden konnte. Dennoch waren ca. 30 % der preußischen Staatswaldfläche mit Forstrechten belastet, was im Vergleich mit dem Reichsdurchschnitt, bei dem eine Belastung von 43 % der Staatswaldfläche vorlag, noch einen geringen Wert darstellte.

Die aus den vielen Nachteilen der Forstnutzungsrechte für die Forstwirtschaft resultierende Abneigung der Forstpolitiker im Reichsforstamt wird an einer Stelle in der Begründung zum Reichsforstgesetz besonders deutlich:

> *„Die Forstnutzungsrechte führen zur Verminderung der Massen- und Wertleistung des Waldes durch Störung der Wirtschaft, Beschränkung der Bestandspflege, Verhinderung natürlicher Verjüngung und richtiger Holzartenmischung, zu höherem Kostenaufwand durch verstärkten Personalbedarf für die Mehrarbeit und erhöhte Überwachung und durch Beschädigungen an Kulturen, Beständen, Wegen und Gräben und zur Waldverwüstung durch Streunutzung. Sie führen ferner zur Holzverschwendung beim Bauen und Heizen, zur Verwendung hochwertigen Nutzholzes als Brennholz und damit zur Vernichtung volkswirtschaftlicher Werte. Sie mindern das Verantwortungsbewusstsein und die Tatkraft des Berechtigten, der sich wie ein Rentenempfänger im Besitz des sicheren Rechtsbezugs fühlt; sie veranlassen ihn, veraltete Zustände und Einrichtungen beizubehalten und erzeugen in ihm leicht eine Abneigung gegen den Staat und seine Organe.*
> *Die Forstnutzungsrechte sind (...) mehr als je zuvor waldschädlich und damit schädlich für die Gesamtheit. Sie sind daher grundsätzlich abzulösen oder, soweit eine Ablösung nicht möglich ist, so zu regeln, daß ihre schädlichen Wirkungen nach Möglichkeit verhindert werden.“*[540]

Gleichwohl sollte die Gerechtigkeit bei der Gesetzgebung nicht außer Betracht gelassen werden, weshalb folgende Punkte berücksichtigt werden mussten.[541] Zunächst handelte es sich bei den Forstnutzungsrechten zu einem Großteil um Reste früheren Eigentums. Weiterhin bildeten die Forstnutzungsrechte in einigen Gebieten (z.B. im Hochgebirge) noch immer die Lebensgrundlage des Bauerntums und stellten einen Stützpfeiler des Erbhofes dar. Daraus folgte, dass die Ablösung stets einzelfallbezogen begutachtet werden musste und dort, wo die Forstnutzungsrechte eine unentbehrliche Lebensgrundlage darstellten, eine Ablösung nicht erfolgen sollte.

Bereits die *„Verordnung zur Förderung der Nutzholzgewinnung“*[542] vom 30. Juli 1937 war ein Bestandteil der Gesetzgebung zur Beseitigung der Forstnutzungsrechte. Diese nur als Übergangslösung erlassene Verordnung behandelte jedoch nur die Holznutzungsrechte und setzte primär auf deren Umwandlung. Die Regelung

540 *RForstA*, Begründung E-RForstG (1940), S. 83.
541 Hierzu und im Folgenden: *RForstA*, Begründung E-RForstG (1940), S. 83.
542 RGBl. I 1937, 876 ff.

einer umfassenden Ablösungsordnung sollte dem Reichsforstgesetz vorbehalten bleiben. Dennoch zeigte sich bei der Durchführung der Verordnung eine viel größere Bereitschaft zur Ablösung, als von den Forstpolitikern vorher angenommen wurde.[543] Diese und weitere Erfahrungen, die sich aus den Schwierigkeiten bei der Durchführung der Verordnung ergeben hatten, konnten in der Ausarbeitung des Reichsforstgesetzes berücksichtigt werden.

Um eine Neuverbreitung von Forstnutzungsrechten zu verhindern, untersagte § 145 E-RForstG (1940) jegliche Neubestellung oder Erweiterung derselben. Auch die Berechtigung und Verpflichtung aus einem Forstnutzungsrecht sollte grundsätzlich nicht mehr auf eine andere Person übertragen werden können, § 146 E-RForstG (1940). Wurden Forstnutzungsrechte seit 30 Jahren nicht mehr ausgeübt, erloschen diese entschädigungslos, § 147 E-RForstG (1940). Für die weitere Ausübung von Forstnutzungsrechten wurde in § 149 E-RForstG (1940) geregelt, dass diese schonend und ohne Beeinträchtigung der Leistungsfähigkeit des Waldes ausgeübt werden mussten. Die Vorschrift orientierte sich dabei an § 1020 BGB, der den Berechtigten aus einer Grunddienstbarkeit bei deren Ausübung zur Schonung der Interessen des Eigentümers des belasteten Grundstücks verpflichtete.[544]

Die §§ 151 – 155 E-RForstG (1940) regelten das weitere Schicksal der Forstnutzungsrechte, das in der Umwandlung, Einschränkung oder Ablösung bestehen konnte.

Die *Umwandlung* war ähnlich der Nutzholzverordnung von 1937 ausgestaltet und bestand darin, dass der Berechtigte Walderzeugnisse von gleichem Gebrauchswert erhalten sollte, wenn zur Erfüllung des Forstrechts nutzholztaugliches Holz als Brennholz abgegeben werden musste oder das Forstrecht die volkswirtschaftlich beste Waldbewirtschaftung in anderer Weise unmittelbar behinderte.

Ging der Umfang des Forstnutzungsrechts über den eigenwirtschaftlichen Bedarf des Berechtigten hinaus, sollte das Recht gegen Entschädigung auf dieses Maß eingeschränkt werden. Mit der allgemeinen Veränderung der Verhältnisse und dem technischen Forstschritt gingen die Forstrechte häufig weit über den tatsächlichen Bedarf hinaus, was den Berechtigten zu einem *„verschwenderischen Verbrauch oder zu unwirtschaftlicher Verwendung der Früchte des Rechts verleitet“*[545].

Innerhalb einer Frist von 30 Jahren nach dem Inkrafttreten des Reichsforstgesetzes sollten die Forstnutzungsrechte jedoch spätestens gegen *Entschädigung* abgelöst werden. Eine Ausnahme sollte gelten, wenn die Ausübung des Forstnutzungsrechts für die Weiterführung eines landwirtschaftlichen oder kleingewerblichen Betriebes notwendig war und die Aufgaben des Waldes dadurch nicht beeinträchtigt wurden.

Die *Entschädigungsregelungen* befanden sich in den §§ 156–163 E-RForstG (1940). Als Bemessungsgrundlage für die Entschädigung sollte der durchschnittliche jährliche Nutzungswert (Jahreswert) des Rechts dienen, der nach den Arten und den

543 *RForstA*, Begründung E-RForstG (1940), S. 84.
544 *RForstA*, Begründung E-RForstG (1940), S. 86.
545 *RForstA*, Begründung E-RForstG (1940), S. 88.

Mengen der Walderzeugnisse zu ermitteln war. Als angemessene Entschädigung sollte dem Berechtigten im Rahmen seines eigenwirtschaftlichen Bedarfs das Fünfundzwanzigfache und im Übrigen das Fünfzehnfache des Jahreswerts zufließen. Die Entschädigung konnte als Landabfindung, Waldabfindung, Sachabfindung oder Geldabfindung gegeben werden. Gem. § 198 E-RForstG (1940) sollte für alle Forstnutzungsrechte, die aufgrund der *Verordnung zur Förderung der Nutzholzgewinnung* von 1937 abgelöst worden sind, die Entschädigungsregelung des Reichsforstgesetzes rückwirkend angewendet werden.

Gem. § 164 E-RForstG (1940) sollte für die Durchführung der Ablösung bei der höheren Verwaltungsbehörde eine Ablösungsstelle eingerichtet werden, der neben einem Vorsitzenden noch zwei Beisitzende angehörten. Um die Unparteilichkeit der Ablösungsstelle zu wahren, sollte ein Beisitzender auf Vorschlag des Leiters der höheren Forstbehörde aus dem Kreis der Verpflichteten und der andere auf Vorschlag des Landesbauernführers aus dem Kreis der Berechtigten berufen werden. Nach dem Entwurf von 1942 sollte gegen die Entscheidung der Ablösungsbehörde die Klage vor dem Verwaltungsgericht erhoben werden können.[546]

2. *Waldumlegung*

Wie bei fast allen Maßnahmen des Reichsforstgesetzentwurfs, stand auch bei der *Waldumlegung* die Leistungssteigerung der Waldungen als übergeordnetes Ziel im Vordergrund.

Objekt der Waldumlegung waren Grundstücke, die durch ungenügende Größe, schlechte Form oder ungünstige Lage in ihrer ordnungsmäßigen Bewirtschaftung beeinträchtigt waren, § 170 E-RForstG (1940). Die Ursache der Grundstückszersplitterung lag häufig in der früheren Aufteilung der Gemeinheiten und in Erbteilungen.[547] Bereits im 19. Jahrhundert wurde man sich über die nachteiligen Auswirkungen der Grundstückszersplitterung vermehrt bewusst und erließ erste gesetzliche Regelungen zur Zusammenlegung von Grundstücken. Da eine Waldumlegung aufgrund der Problematik eines angemessenen Wertausgleichs und der hohen Kosten als besonders schwierig galt, wurde auf diese bei der Durchführung der Gesetze häufig verzichtet. Man beschränkte sich vielmehr auf die Umlegung landwirtschaftlicher Flächen, bei denen die Grundstückszersplitterung noch nachteiliger für die Bewirtschaftung wirkte und bezog allenfalls in die Feldmark hineinragende kleinere Waldgrundstücke in die Umlegung mit ein. Mit dem *„Umlegungsgesetz"*[548] vom 26. Juni 1936 und der dazu ergangenen *„Reichsumlegungsordnung"*[549] vom 16. Juni 1937 wurde das Recht der ländlichen Grundstücksumlegung sodann reichseinheitlich geregelt, wobei gem. § 157 der Reichsumlegungsordnung die Umlegung von Waldflächen über 25 ha durch eine besondere Verordnung gere-

546 § 177 E-RForstG (1942), BArch R 2/4724.
547 Hierzu und im Folgenden: *RForstA*, Begründung E-RForstG (1940), S. 94 f.
548 RGBl. I 1936, S. 518.
549 RGBl. I 1937, S. 629 ff.

gelt werden sollte. Mit dem Reichsforstgesetz wollte man diese Lücke nun schließen und auch die Umlegung größerer Waldflächen regeln. Gem. § 170 E-RForstG (1940) sollten alle Waldungen innerhalb eines Gemeindegebietes eine Waldmark bilden und die Vorschriften des Reichsforstgesetzes über die Waldumlegung ab einer Mindestgröße der Waldmark von 25 ha angewendet werden.

Die verschiedenen *Zwecke der Waldumlegung* ergaben sich aus § 171 E-RForstG (1940). Der Hauptzweck bestand darin, die Zersplitterung des Waldbesitzes durch Zusammenschluss zu einem geschlossenen Einzelbesitz zu beseitigen. Daneben sollte die Waldumlegung auch eine bessere Abgrenzung der Waldgrundstücke gegeneinander und gegen die Feldmark ermöglichen. Der weitere Zweck bestand in der erleichterten Bildung von Waldgenossenschaften und der Ermöglichung einer zweckmäßigen Herstellung und Unterhaltung von Holzabfuhrwegen, Bringungsanlagen, Entwässerungsgräben und anderen Anlagen.

Besondere Schwierigkeiten bei der Waldumlegung brachte der angemessene *Wertausgleich* mit sich, da der Holzbestand, der insbesondere je nach Alter und Holzart einen erheblichen Wertunterschied aufweisen konnte, mit ausgetauscht wurde.[550] Nach § 174 E-RForstG (1940) sollte jeder Teilnehmer an der Waldumlegung für die abzutretenden Grundstücke *„nach Möglichkeit durch Grundstücke von gleicher Standortsgüte, gleichgünstiger Verkehrslage und mit gleichwertigen Holzbeständen abzufinden“* sein. Andernfalls kam ein Ausgleich der Unterschiede durch Vergrößerung oder Verringerung der Grundstücke und durch Geldabfindung in Betracht.

Die *Durchführung der Waldumlegung* oblag den allgemeinen Umlegungsbehörden unter Beteiligung der Forstbehörden und dem Waldumlegungsbeauftragten, der vom Reichsminister für Ernährung und Landwirtschaft im Einvernehmen mit dem Reichsforstmeister bei der Umlegungsbehörde bestellt wurde, §§ 177, 178 E-RForstG (1940). Die Kosten der Waldumlegung, die bei der Umlegungsbehörde entstanden, sollten vom Staat getragen werden. Die Ausführungskosten der Umlegung sollten hingegen auf die Grundstückseigentümer nach dem Verhältnis ihrer Beteiligung verteilt werden, § 181 E-RForstG (1940).

VIII. Durchführung

Der achte Teil des Reichsforstgesetzentwurfs behandelte in drei Abschnitten das Verfahren (1.), die Zwangsmittel und Strafen (2.) und die Schlussvorschriften (3.)

1. Verfahren

§ 182 E-RForstG (1940) regelte zunächst den Rechtsschutz in Angelegenheiten des Reichsforstgesetzes durch ein allgemeines und einheitliches Beschwerdeverfahren. Dieses gab dem von einer Entscheidung oder Maßnahme der unteren und der höheren

550 *Rozsnyay/Schulte*, Der Reichsforstgesetzentwurf von 1942 und seine Auswirkungen auf die neuere Forstgesetzgebung, S. 190 mit Verweis auf: *Hasel*, Waldwirtschaft und Umwelt, S. 300.

Forstbehörde unmittelbar Betroffenen oder einem sonstigen Verfahrensbeteiligten das Recht zur Beschwerde, die innerhalb einer Frist von vier Wochen eingelegt werden musste und von der nächsthöheren Forstbehörde beschieden wurde. Im Entwurf von 1942 wurde die Frist auf zwei Wochen verkürzt und klargestellt, dass die Entscheidung der nächsthöheren Forstbehörde über die Beschwerde endgültig war.[551] Ursprünglich sollte auch eine weitergehende Beschwerde gegen die Entscheidung der höheren Forstbehörde zum Reichsforstamt zugelassen werden, § 183 E-RForstG (1940). Da nach dem Entwurf von 1942 bei den wichtigeren Entscheidungen im Reichsforstgesetz die Klage im verwaltungsgerichtlichen Verfahren vorgesehen war und eine Rechtsbeschwerde auch im Übrigen künftig nicht mehr zulässig sein sollte, entfernte man die Möglichkeit einer weitergehenden Beschwerde auch aus dem Reichsforstgesetz.[552] Der Beschwerde sollte gem. § 184 E-RForstG (1940) aufschiebende Wirkung zukommen, wenn nicht die sofortige Vollziehbarkeit in der Entscheidung festgestellt wurde.

Einen wesentlichen Streitpunkt bei den Beratungen zum Reichsforstgesetz spielte die *Konkurrenz zwischen den Verwaltungsgerichten und den ordentlichen Gerichten* in Entschädigungsfällen und anderen vermögensrechtlichen Streitigkeiten. Nach der Entwurfsfassung von 1940 sollten in diesen Fällen die ordentlichen Gerichte entscheiden, wohingegen der Entwurf von 1942 den Verwaltungsrechtsweg vorschrieb.[553]

Das *Reichsinnenministerium* vertrat dabei den Standpunkt, dass alle Entscheidungen auf dem Gebiet des Verwaltungsrechts von den Verwaltungsgerichten zu entscheiden seien und es bei einer behördlichen Entscheidung, unabhängig von der Einordnung als vermögensrechtliche Streitigkeit, für den ordentlichen Rechtsweg keinen Platz mehr gebe.[554] Begründet wurde diese Sichtweise einerseits mit dem höheren Sachverstand der Verwaltungsrichter für öffentlich-rechtliche Fragestellungen und andererseits mit der gestiegenen Bedeutung der Verwaltung gegenüber der Justiz in der NS-Zeit.[555]

Das *Reichsjustizministerium* berief sich hingegen auf die hergebrachte Spruchpraxis und Zuweisung zu den ordentlichen Gerichten und vertrat die Auffassung, dass es sich bei der Enteignungsentschädigung nach wie vor um einen privatrechtlichen Anspruch handele, der von den ordentlichen Gerichten zu beurteilen sei.[556]

---

551 § 188 E-RForstG (1942), BArch R 2/4724.

552 Besprechung über das Reichsforstgesetz im Reichsinnenministerium am 20. Juni 1941, RFAGÖ 93, VER, A 73.

553 Vgl. zum Beispiel die §§ 25, 29, 34, 35 des Entwurfs von 1940 mit den §§ 33, 37, 42, 43 des Entwurfs von 1942.

554 Vermerk über die Besprechung im Reichsministerium des Innern am 11. November 1941, RFAGÖ 93, VER, A 90.

555 Niederschrift über die Besprechung des Entwurfs zu einem Reichsforstgesetz im Reichsjustizministerium am 30. Januar 1942, RFAGÖ 93, VER, A 90.

556 Niederschrift über die Besprechung des Entwurfs zu einem Reichsforstgesetz im Reichsjustizministerium am 30. Januar 1942, RFAGÖ 93, VER, A 90; Schnellbrief des Reichsjustizministeriums an das Reichsinnenministerium vom 6. Februar 1942, RFAGÖ 93, VER, A 88.

Das *Reichsforstamt* schloss sich in dieser Angelegenheit, wohl weniger aus innerer Überzeugung als aus dem Umstand, dass man das Reichsforstgesetz endlich verabschieden wollte, dem Reichsinnenministerium an.[557] Aus dem 1942 veröffentlichen Entwurf wird deutlich, dass sich das Reichsinnenministerium durchsetzen konnte und der Verwaltungsrechtsweg in den Entschädigungsfällen des Reichsforstgesetzes beschritten werden sollte.

Eine weitere Auseinandersetzung der beteiligten Ministerien drehte sich um die weitere Beteiligung des *Reichsnährstandes* bei Entscheidungen der Forstbehörden. Nach einer Übereinkunft zwischen dem *Reichsforstamt* und dem *Reichsernährungsministerium* war neben der Anhörung des Reichsnährstandes auch das Benehmen oder Einvernehmen mit diesem in Einzelfällen vorgesehen.[558] Das *Reichsinnenministerium* äußerte gegen die letzte Form der Beteiligung jedoch starke Bedenken, da dem Grundsatz nach nur eine Behörde entscheiden und dabei nicht von der Zustimmung durch eine Nicht-Behörde abhängig sein sollte.[559] Eng mit dieser Fragestellung verknüpft war die Forderung des *Reichsernährungsministeriums*, dem Reichsnährstand ein selbstständiges Klage- und Beschwerderecht im verwaltungsrechtlichen Verfahren einzuräumen. Nach Ansicht des *Reichsinnenministeriums* konnte es diesbezüglich jedoch nur ein Entweder-oder geben, da dem Reichsnährstand bei einer Beteiligung im Rahmen des Einvernehmens kein formelles Klagerecht in derselben Angelegenheit mehr zugestanden werden könne.[560]

Im Ergebnis einigte man sich auf ein besonderes Klage- und Beschwerderecht des Reichsnährstandes, wenn nach dem Gesetz der Verwaltungsrechtsweg eröffnet war.[561] Das *Reichsernährungsministerium* sollte jedoch in innerdienstlichen Anweisungen darauf hinwirken, dass von dem Klage- und Beschwerderecht nur in dringenden Fällen Gebrauch gemacht werden sollte, wenn die Interessen der Landwirtschaft gefährdet waren.[562]

557 Niederschrift über die Besprechung des Entwurfs zu einem Reichsforstgesetz im Reichsjustizministerium am 30. Januar 1942, RFAGÖ 93, VER, A 90.
558 Niederschrift über die Besprechung des Entwurfs zu einem Reichsforstgesetz am 26. August 1941 im Reichsforstamt, RFAGÖ 93, VER, A 90.
559 Niederschrift über die Besprechung des Entwurfs zu einem Reichsforstgesetz am 26. August 1941 im Reichsforstamt, RFAGÖ 93, VER, A 90.
560 Vermerk: Besprechung im Reichsministerium des Innern am 11. November 1941, RFAGÖ 93, VER, A 90.
561 § 190 E-RForstG (1942), BArch R 2/4724.
562 Vermerk: Besprechung im Reichsministerium des Innern am 11. November 1941, RFAGÖ 93, VER, A 90.

2. *Zwangsmittel, Strafen*

Im zweiten Abschnitt des achten Teils waren zunächst die *Zwangsmittel* zur Durchsetzung der forstbehördlichen Entscheidungen geregelt, die sich nach dem allgemeinen Vollstreckungsrecht richten sollten, § 186 E-RForstG (1940). Da es noch keine reichseinheitliche Gesetzgebung zu den Zwangsmitteln gab, sollten sich die Befugnisse nach den landesgesetzlichen Regelungen richten.[563] In Preußen waren dies die klassischen Mittel der Ersatzvornahme, des Zwangsgeldes und des unmittelbaren Zwang.

Daneben regelte § 187 E-RForstG (1940) *strafbare Handlungen*, die als Antragsdelikte verfolgt werden konnten und auf der Stufe eines Vergehens standen. Besonders schädliche Handlungen sollten dabei mit Gefängnisstrafe von bis zu einem Jahr sanktioniert werden können, wenn diese vorsätzlich begangen wurden. Darunter fielen beispielsweise ungenehmigte Rodungen und überplanmäßige Holzeinschläge. Bei Fahrlässigkeit und Zuwiderhandlungen gegen sonstige Vorschriften des Gesetzes kam eine Geldstrafe von bis zu 10.000 RM in Betracht.

3. *Schlussvorschriften*

Im letzten Abschnitt waren noch einige Schlussvorschriften geregelt. Der Reichsforstmeister sollte einzelne Aufgaben des Reichsforstgesetzes auf andere Stellen übertragen können und Ausnahmen für Fälle aussprechen können, in denen den Betroffenen durch die Anwendung des Gesetzes unverhältnismäßig große wirtschaftliche Nachteile entstehen würden. Des Weiteren war in § 192 E-RForstG (1940) festgestellt, dass Entschädigungen für Rechtsbeschränkungen nur in den im Gesetz genannten Fällen gewährt werden sollten. Geringe Nachteile und Schäden hatte der Betroffene zum Nutzen der Volksgesamtheit hinzunehmen.[564]

Aus der Gesetzesbegründung geht hervor, dass das Gesetz so schnell wie möglich in Kraft gesetzt werden sollte. Insbesondere der erhöhte Holzbedarf infolge der Kriegssituation machte eine Verabschiedung für die Forstpolitiker im Reichsforstamt besonders dringlich.[565] Weitere Schwierigkeiten ergaben sich aus der Tatsache, dass die Arbeiten zu den Durchführungsbestimmungen für einige Vorschriften noch nicht abgeschlossen waren. § 195 E-RForstG (1940) bestimmte deshalb, dass die Vorschriften des Gesetzes zu verschiedenen Zeiten in Kraft gesetzt werden konnten. Nach der Begründung war beabsichtigt, zunächst nur die Teile 1 bis 3 und Teil 8 in Kraft zu setzen und die Teile 4 und 5 baldmöglichst folgen zu lassen. Die Teile 6 und 7 sollten erst in Kraft gesetzt werden, nachdem sich die übrigen Vorschriften bewährt hatten.[566]

563 *RForstA*, Begründung E-RForstG (1940), S. 100.
564 *RForstA*, Begründung E-RForstG (1940), S. 101.
565 *RForstA*, Begründung E-RForstG (1940), S. 101.
566 *RForstA*, Begründung E-RForstG (1940), S. 101.

In § 196 E-RForstG (1940) war sodann die *Aufhebung* der überholten Reichsgesetze geregelt. Darunter fielen die *Verordnung zur Förderung der Forst- und Weidewirtschaft* vom 7. Februar 1924, das *Gesetz gegen Waldverwüstung* vom 18. Januar 1934, das *Forstliche Artgesetz* vom 13. Dezember 1934, die *Verordnung zur Förderung der Nutzholzgewinnung* vom 30. Juli 1937, einige Vorschriften des *Familienfideikommisserlöschensgesetz* vom 6. Juli 1938 und die *Schutzforstverordnung* vom 21. Dezember 1939. Dabei handelte es sich nur um diejenigen Vorschriften, die mit dem Erlass des Reichsforstgesetzes entbehrlich geworden wären oder deren Inhalt übernommen wurde. Soweit der Reichsforstmeister nichts anderes bestimmte, sollten auch alle landesgesetzlichen Vorschriften unter diesen Voraussetzungen außer Kraft treten, § 197 E-RForstG (1940). Daneben zählte der Entwurf eine Reihe von forstrechtlichen Gesetzen auf, die von dem Inkrafttreten des Reichsforstgesetzes unberührt bleiben sollten.

Als Unterzeichner waren in dem Entwurf vorgesehen: 1) *Der Führer und Reichskanzler*, 2) *Der Reichsforstmeister*, 3) *Der Reichsminister des Innern*, 4) *Der Reichsminister für Ernährung und Landwirtschaft*, 5) *Der Reichsminister der Finanzen*, 6) *Der Reichsminister der Justiz* und 7) der *Reichsarbeitsminister*. Im Entwurf von 1942 kam zudem als 8) *Der Generalinspektor für Wasser und Energie* hinzu.[567] Da das *Reichswirtschaftsministerium* weniger direkt beteiligt war und durch weitere Unterzeichner wohl auch weitere Verzögerungen zu befürchten waren, verzichte das Reichswirtschaftsministerium auf Wunsch des Reichsforstamtes auf eine Mitzeichnung.[568]

D. Scheitern des Reichsforstgesetzes in der NS-Zeit und Schlussbetrachtung

Warum die Bemühungen um ein Reichsforstgesetz auch in der nationalsozialistischen Zeit nicht zum Abschluss kamen, beruht auf einer Vielzahl einzelner Faktoren, die im Ergebnis eine Verabschiedung immer weiter verzögerten und am Ende unmöglich machten.

Zunächst sind die zahlreichen Stellungnahmen und Änderungsvorschläge der beteiligten Ministerien zu nennen, durch die eine langwierige Beratungsphase in Gang gesetzt wurde. Die fachliche Umsetzung der auf den unterschiedlichen Standpunkten basierenden rechtlichen und tatsächlichen Problemstellungen sowie die Abstimmungsprozesse mit der Vielzahl der einbezogenen Stellen waren sehr zeitintensiv und standen einer schnellen Verabschiedung im Wege. Erschwerend kam hinzu, dass die eigentliche Beratungsphase erst im April 1941 und damit über ein Jahr nach dem Versand des ersten Reichsforstgesetzentwurfs beginnen konnte.

567 E-RForstG (1942), S. 97, BArch R 2/4724.

568 Vgl. Ergebnisse der Besprechung über den Entwurf eines Reichsforstgesetzes im Reichswirtschaftsministerium am 10. Juni 1941, RFAGÖ 93, VER, A 75.

Ursächlich dafür war mitunter die durch den *Führererlass*[569] vom 5. Juni 1940 angeordnete Zurückstellung aller nicht unbedingt kriegswichtigen Gesetze und die unterschiedliche Bewertung dieses Merkmals. Aufgrund dieser Verzögerungen konnte den beteiligten Stellen erst im Februar 1942 eine überarbeitete Fassung des Reichsforstgesetzentwurfs vorgelegt werden.

Rozsnyay und *Schulte* gingen in ihrer Untersuchung davon aus, dass der Entwurf im Februar 1942 erlassreif war und die Zustimmung aller beteiligten Reichsministerien und obersten Reichsbehörden gefunden hatte.[570] Hauptgrund für das Scheitern waren nach Ansicht der beiden Verfasser die Bedenken des Reichsjustizministeriums über die Kriegswichtigkeit gewesen, die am Ende zur Einstellung der Arbeiten am Reichsforstgesetz geführt hätten. Aus den Akten des Reichsforstamtes wird jedoch ersichtlich, dass auch über den materiell-rechtlichen Teil des Reichsforstgesetzes noch keine abschließende Einigkeit herrschte und sich die weiteren Beratungen noch über mehrere Monate hinzogen.[571] Auch die Zustimmungen der beteiligten Reichsministerien erfolgten nicht völlig vorbehaltslos. Das *Reichsjustizministerium* erklärte seine Zustimmung erst, nachdem es in einer Besprechung am 11./12. März 1942 zwischen den beiderseitigen Referenten weitere Zugeständnisse einholen konnte.[572] In einer Besprechung am 23. März 1942 mussten die Vertreter des Reichsforstamtes gegenüber den Sachbearbeitern des *Generalinspektors für Wasser und Energie* weitere Zusagen bezüglich der Vorschriften über die Wildbach- und Lawinenverbauung machen, deren Einarbeitung für die Zustimmung vorausgesetzt wurde.[573] Das *Reichsfinanzministerium* machte seine Zustimmung davon abhängig, dass Abweichungen von dem *Grundsatz der Gebührenfreiheit*[574] in den Durchführungsbestimmungen festgesetzt werden konnten.[575] Überhaupt ist bei den Verhandlungen nach Februar 1942 auffällig, dass immer weitere Bestimmungen erst in den Durch- und Ausführungsvorschriften geregelt werden sollten.

---

569 *„Erlaß des Führers und Reichskanzlers über eine vorübergehende Einschränkung der Rechtssetzung"* vom 5. Juni 1940, abgedruckt bei *Hartmannsgruber*, Akten der Reichskanzlei 1940, S. 311.

570 *Rozsnyay/Schulte*, Der Reichsforstgesetzentwurf von 1942 und seine Auswirkungen auf die neuere Forstgesetzgebung, S. 201.

571 Letzte Stellungnahmen zum Reichsforstgesetz, Laufzeit der Akte 16. Februar 1942–6. August 1942, RFAGÖ 93, STE, A 83.

572 Schreiben des Reichsministers der Justiz an den Reichsforstmeister vom 13. März 1942, RFAGÖ 93, STE, A 84

573 Niederschrift über die Besprechung des Entwurfs zum Reichsforstgesetz am 23. März 1942 zwischen Vertretern vom Generalinspektor für Wasser und Energie und dem Reichsforstamt und Schreiben des Generalinspektors für Wasser und Energie an den Reichsforstmeister vom 27. März 1942, RFAGÖ 93, STE, A 84.

574 § 199 E-RForstG (1942), BArch R 2/4724.

575 Schreiben des Reichsministers der Finanzen an den Reichsforstmeisters vom 9. Mai 1942, RFAGÖ 93, STE, A 84.

Aus diesem Vorhaben ergab sich jedoch ein weiteres Problem. Die Durchführungsvorschriften waren noch nicht vollständig ausgearbeitet und mussten im Einvernehmen mit den beteiligten Obersten Reichsbehörden ergehen.[576] Das dafür besonders wichtige *Reichsinnenministerium* erklärte allerdings schon im Februar 1942, dass für die Mitarbeit daran derzeit keine Kapazitäten zur Verfügung stünden:

> *„Nachdem der Führer angeordnet hat, daß in verstärktem Maße Personal an die Wehrmacht abzugeben ist, können weder mein Ministerium noch unterstellte Behörden neben ihren unbedingt kriegswichtigen Arbeiten die Mitwirkung an dem Erlaß von Durchführungs- oder Ausführungsvorschriften oder an der praktischen Durchführung übernehmen. Wenn ich also mit der Fertigstellung und Veröffentlichung des Gesetzes einverstanden bin und alles tun werde, um den Abschluß der Arbeiten an dem Gesetz selbst beschleunigen zu helfen, so könnte ich doch einem sofortigen Inkrafttreten, sei es auch nur teilweise, nicht zustimmen.“*[577]

Daraus wird ebenfalls ersichtlich, dass auch ein Teilinkrafttreten, wie ursprünglich geplant, nicht unproblematisch war. Die Verabschiedung einiger Abschnitte in Kriegszeiten dürfte zudem illusorisch geworden sein. In seiner Veröffentlichung über die Deutsche Forstgeschichte von 1933–1945 ging *Rubner* davon aus, dass die Betreuung und Beratung des Privatwaldes mit dem vorhandenen Personal nicht hätte geleistet werden können.[578] Im gesamten Reichsgebiet gab es 1942 zur Privatwaldbetreuung nur 164 Forstämter mit 560 Bezirksförsterstellen, wobei die Betreuungsflächen viel zu groß waren und zu zerstreut lagen.[579]

Mit Fortdauer des Krieges musste sich diese Lage noch verschlechtert haben, da, wie auch das *Reichsinnenministerium* betonte, immer mehr Personal an die Wehrmacht abzugeben war. Generalforstmeister *Alpers* meldete sich freiwillig zum Fronteinsatz. Kurz vor seinem Aufbruch bat er in einem Schreiben vom 30. Mai 1942 an *Herbert Backe*[580] um tatkräftige Unterstützung zur baldigen Verabschiedung des Reichsforstgesetzes und betonte, dass *Göring* wegen der Kriegswichtigkeit eines einheitlichen materiellen Forstrechts großen Wert darauf lege.[581] Auch hinsichtlich der Art der Betreuung des Privatwaldes, die sich nach der Gesetzesbegründung *„in erster Linie an den freien Willen und an das Verantwortungsbewusstsein des*

---

576 § 204 E-RForstG (1942), BArch R 2/4724.

577 Schreiben des Reichsministers des Innern an den Reichsforstmeister vom 7. Februar 1942, RFAGÖ 93, REI, A 87.

578 *Rubner*, Deutsche Forstgeschichte 1933–1945, S. 257 f.

579 *Zundel/Schwartz*, 50 Jahre Forstpolitik in Deutschland (1945–1994), S. 12, m.V.a. *Mantel*, Forstpolitik, S. 421 ff. (494), in: Rubner (Hrsg.): Neudammer Forstliches Lehrbuch, Bd. 2.

580 *Herbert Backe* war zu diesem Zeitpunkt Staatssekretär im Reichsernährungsministerium, ab 1. April 1944 Reichsernährungsminister.

581 Schreiben vom 30. Mai 1942, RFAGÖ 93, STE, A 85.

Waldbesitzers"[582] wenden sollte, erhebt *Rubner* Zweifel an der praktischen Durchführbarkeit in Kriegszeiten:

> *„Gerade hier ist aber hervorzuheben, daß die hehren Begriffe des Entwurfs vom 22. Januar 1940 wie die Figuren einer Glasmenagerie wirken angesichts der Tatsache, daß im Kriege im wesentlichen doch Holz gemacht werden mußte".*[583]

Auch das im Reichsforstgesetzentwurf verankerte Gebot der Nachhaltigkeit konnte in Kriegszeiten kaum aufrechterhalten werden und wurde durch die zwangswirtschaftlichen Maßnahmen in tatsächlicher Hinsicht unterlaufen.[584] *Eberts* beurteilte diese Entwicklung in der Nachkriegszeit kritisch und maß ihr ein entscheidendes Mitverschulden am Scheitern des Reichsforstgesetzes bei.

> *„Inzwischen hatte die seit 1934 aus kleinen Anfängen zu einer umfassenden Zwangswirtschaft aufgeblähte Holzwirtschafts- und Marktordnungs-Gesetzgebung, die den jährlichen Holzeinschlag nicht nach dem nachhaltigen Holzertrag des Waldes, sondern auf Grund politischer Ziele nach dem Bedarf der ihnen dienstbar gemachten Wirtschaft durch Umlagen festsetzte, alle forstpolitischen Maßnahmen und Planungen überwuchert und illusorisch gemacht."*[585]

Ein wesentlicher Grund für das Scheitern dürfte zudem die nicht unbedingte Kriegswichtigkeit des Reichsforstgesetzentwurfs gewesen sein.[586] Nachdem der *Führererlass zur kriegsbedingten Einschränkung der Rechtssetzung* im Mai 1941 unbefristet verlängert worden war,[587] wurde die Bewertung dieses Merkmals das entscheidende Kriterium, das selbst für ein erlassreifes Gesetz das Aus bedeuten konnte. Noch im April 1942 bestätigte *Hans-Heinrich Lammers* als Reichsminister und Chef der Reichskanzlei gegenüber *Alpers*, dass *Göring* als Beauftragter für den Vierjahresplan die Kriegswichtigkeit des Reichsforstgesetzes bejaht habe und der Entwurf, sobald er eingebracht sei, sofort in Umlauf gesetzt werde.[588] Später änderte sich diese

---

582 *RForstA*, Begründung E-RForstG (1940), S. 19.

583 *Rubner*, Deutsche Forstgeschichte 1933–1945, S. 257. Rubner bezieht sich dabei auf die Veröffentlichung von Rozsnyay und Schulte, die in der Auffassung des Reichsforstgesetzentwurfs über die Privatwaldbetreuung einen der *„wesentlichsten Impulse"* für die Nachkriegsgesetzgebung sahen. Siehe auch: *Rozsnyay/Schulte*, Der Reichsforstgesetzentwurf von 1942 und seine Auswirkungen auf die neuere Forstgesetzgebung, S. 131 f.

584 *Rozsnyay/Schulte*, Der Reichsforstgesetzentwurf von 1942 und seine Auswirkungen auf die neuere Forstgesetzgebung, S. 202.

585 *Eberts*, Forstrecht, in: Müller (Hrsg.) Grundlagen der Forstwirtschaft, S. 63 ff. (69).

586 *Rozsnyay/Schulte*, Der Reichsforstgesetzentwurf von 1942 und seine Auswirkungen auf die neuere Forstgesetzgebung, S. 201.; *Steinsiek/Rozsnyay*, Grundzüge der deutschen Forstgeschichte 1933–1950 unter besonderer Berücksichtigung Niedersachsens, S. 17.

587 Abgedruckt bei *Hartmannsgruber*, Akten der Reichskanzlei 1940, S. 311.

588 Schreiben vom 8. April 1942, RFAGÖ 93, STE, A 85.

Einschätzung, sodass es am Ende dennoch die fehlende Kriegswichtigkeit war, die eine Einstellung der Arbeiten am Reichsforstgesetz bedingte.[589] *Göring* selbst soll die Arbeiten am Reichsforstgesetz *„mit Rücksicht auf die Verschärfung der Kriegslage"* abgebrochen haben.[590] Allein der Abschnitt über die Forstverbände konnte das Kriterium der Kriegswichtigkeit noch für sich in Anspruch nehmen, weshalb im Jahr 1943 eine separate Gesetzgebung hierzu erging.[591] Die Vertreter des Reichsforstamtes hatten gegenüber denen des Generalbevollmächtigten für den Vierjahresplan bereits im Juli 1941 auf die Bedeutung einer Forstverbandsordnung hingewiesen, um damit auf einen vom Reichsforstgesetz unabhängigen Erlass zu drängen.[592]

Rubner nennt in seiner Untersuchung zum Scheitern des Reichsforstgesetzes noch weitere Gründe und nimmt dabei Bezug auf eine mündliche Besprechung mit *Erich Koennecke,* der seinerzeit als Personalsachbearbeiter im Reichsforstamt tätig war.[593] Nach dessen Ansicht seien insbesondere der Widerstand der Gauleiter und die wachsende Gleichgültigkeit *Görings* gegenüber dem Reichsforstgesetz für das Scheitern ausschlaggebend gewesen. Auch *Steinsiek* geht davon aus, dass die sich verschärfende Kriegslage und die schwindende Macht *Görings* ein Inkrafttreten des Reichsforstgesetzes verhindert haben.[594] Nach *Abetz* lag der wahre Grund für den Abbruch der Arbeiten am Reichsforstgesetz in den Differenzen zwischen dem Reichsforstmeister und den Reichsstatthaltern bezüglich der Organisation der Reichsgauwaldungen.[595]

Zu welchem Zeitpunkt die Arbeiten am Reichforstgesetz eingestellt wurden, lässt sich nicht mehr genau nachvollziehen. Auf eine Anfrage des *Generalinspektors für Wasser und Energie* nach dem Stand der Entwurfsfassung teilte das *Reichsforstamt* mit Schreiben vom 24. März 1943 jedenfalls mit, dass die Arbeiten am Reichforstgesetz derzeit nicht fortgesetzt würden.[596] Damit war das Ende des Reichsforstgesetzes entschieden. Ob es auch bei einem Erlass in der Nachkriegszeit Bestand gehabt

---

589 *Rozsnyay/Schulte,* Der Reichsforstgesetzentwurf von 1942 und seine Auswirkungen auf die neuere Forstgesetzgebung, S. 201; *Schuler,* Grundzüge der Forstgeschichte, S. 65; *Klueting,* in: Radkau/Uekötter (Hrsg.) Naturschutz und Nationalsozialismus, S. 77 ff. (92).

590 *Abetz,* AFJZ 1963, S. 199 f. (199).

591 Siehe dazu den Abschnitt: Bildung forstwirtschaftlicher Zusammenschlüsse, S. 76 ff.

592 Niederschrift über eine Besprechung des Entwurfs zu einem Reichsforstgesetz bei dem Herrn Generalbevollmächtigten für den Vierjahresplan am 16. Juli 1941, RFAGÖ 93, VER, A 75.

593 *Rubner,* Deutsche Forstgeschichte 1933–1945, S. 267; vgl. dazu *Klueting,* in: Radkau/Uekötter (Hrsg.) Naturschutz und Nationalsozialismus, S. 77 ff. (92), die Konflikte des Generalforstmeisters *Alpers* mit der bayerischen Landesforstverwaltung und den österreichischen Gauleitern als Grund für das Scheitern des Entwurfs von 1940 nennt.

594 *Steinsiek,* Forst- und Holzforschung im *„Dritten Reich"*, S. 188.

595 *Abetz,* AFJZ 1963, S. 199 f.

596 RFAGÖ 93, REI, A24.

hätte oder von den alliierten Besatzungsmächten aufgehoben worden wäre, bleibt offen. In Anbetracht der Kompetenzverteilung nach dem Grundgesetz für die Bundesrepublik, das zum Föderalismus zurückkehrte, wäre für ein abschließendes und bundesweit geltendes Forstgesetz ohnehin kein Raum gewesen.[597] Dennoch waren die Bemühungen nicht gänzlich ohne Resultat, da die fachlichen Grundsätze des Reichsforstgesetzentwurfs, der *„zukunftsweisende forstpolitische Ideen enthielt"*[598], die forstliche Nachkriegsgesetzgebung der Länder in großem Maße beeinflussten.[599]

597 *Hasel/Schwartz*, Forstgeschichte, S. 162.
598 *Klose/Orf*, Forstrecht, Einleitung S. 5.
599 *Rozsnyay/Schulte*, Der Reichsforstgesetzentwurf von 1942 und seine Auswirkungen auf die neuere Forstgesetzgebung, S. 207.

Dritter Teil: Wald- und Forstgesetzgebung im Bundesland Schleswig-Holstein (1945–1971)

Mit der bedingungslosen Kapitulation der deutschen Wehrmacht im Mai 1945 war der Zweite Weltkrieg in Europa beendet. Seine verheerenden Folgen führten in Schleswig-Holstein zu einer Notzeit ungeahnter Dimensionen. Seit Ende 1944 strömten hunderttausende Flüchtlinge und Vertriebene aus Danzig, Pommern und Schlesien ins Land, deren Anzahl sich durch die Abtretung der Gebiete östlich der Oder-Neiße-Linie an Polen nach dem Potsdamer Abkommen vom 2. August 1945 noch vermehrte. Hinzu kamen internierte Militärangehörige und über 100.000 sogenannte *„Displaced Persons“*.[600] Bis 1950 wuchs die Gesamtbevölkerung in Schleswig-Holstein auf 2.680.510 Menschen, was gegenüber 1939 (Stand 17. Mai 1939 = 1.588.994) eine Zunahme von fast 70 % bedeutete.[601] Aus dieser massiven Bevölkerungszunahme entstanden weitreichende Probleme, die sich insbesondere in dem bestehenden Mangel an Nahrung, Wohnraum, Kleidung und Brennstoffen widerspiegelten.[602] Erst als 1948/49 allmählich eine politische und wirtschaftliche Festigung stattfand, konnten die aus dem Zusammenbruch entstandenen Missstände langsam behoben werden.[603]

Bei der Aufteilung Deutschlands im Jahr 1945 wurde die preußische Provinz Schleswig-Holstein der Britischen Besatzungszone zugeschlagen und unterstand fortan der gesetzgebenden Gewalt der britischen Militärregierung. Die Geburtsstunde des Landes Schleswig-Holstein wurde mit der *Verordnung Nr. 46*[604] der britischen Militärregierung vom 23. August 1946 eingeläutet, mit der die Provinzen des Landes Preußen in der Britischen Zone aufgelöst wurden und Schleswig-Holstein als selbstständiges Land neu gebildet wurde. Mit dem *Gesetz Nr. 46*[605] des Alliierten Kontrollrats in Deutschland vom 25. Februar 1947 wurde der preußische Staat, der faktisch schon nicht mehr existierte, auch formell aufgelöst. Der Wiederaufbau der Verwaltung fand in den ersten Jahren der Nachkriegszeit statt. Die ersten freien Wahlen auf kommunaler Ebene wurden im Herbst 1946 durchgeführt. Im Februar

---

600 *Bohn*, Geschichte Schleswig-Holsteins, S. 111 f.; *Scharff/Jessen-Klingenberg*, Schleswig-Holsteinische Geschichte, S. 85; Mit dem Begriff *„Displaced Persons“* sind Personen gemeint, die sich kriegsbedingt und zwangsweise außerhalb ihres Heimatstaates aufhielten (Kriegsgefangene, Zwangsarbeiter, Häftlinge aus Konzentrationslagern und Flüchtlinge).

601 *Scharff/Jessen-Klingenberg*, Schleswig-Holsteinische Geschichte, S. 85.

602 *Bohn*, Geschichte Schleswig-Holsteins, S. 112.

603 *Scharff/Jessen-Klingenberg*, Schleswig-Holsteinische Geschichte, S. 86.

604 ABl. MRD-BK, No. 13, 1946, S. 305 f.

605 ABl. KR, Nr. 14 vom 31. März 1947, S. 262.

1946 wurde zudem ein provisorischer Landtag („*Provinzialbeirat*“) von der britischen Militärregierung zugelassen, der jedoch im Wesentlichen auf eine beratende Funktion beschränkt war.[606] Die ersten freien Wahlen zum Schleswig-Holsteinischen Landtag fanden am 20. April 1947 statt.[607] Nach der Verkündung des Grundgesetzes und der Gründung der Bundesrepublik Deutschland am 23. Mai 1949 erließ Schleswig-Holstein am 13. Dezember 1949 seine *Landesverfassung*[608].

Die *Neuordnung der Forstverwaltung* in Schleswig-Holstein wurde im Jahr 1948 eingeleitet. Das für Schleswig-Holstein zuständige Forst- und Holzwirtschaftsamt in Hamburg wurde am 15. Februar 1948 aufgelöst und seine Aufgaben dem Schleswig-Holsteinischen Ministerium für Ernährung, Landwirtschaft und Forsten (*MELF*) übertragen, bei dem eine Abteilung Forst- und Holzwirtschaft errichtet wurde.[609] Zum 1. April 1948 wurde auch das Regierungsforstamt Schleswig mit der Ministerialforstabteilung vereinigt.[610] Diesem oblagen sowohl die forsthoheitlichen Aufgaben als auch die Verwaltung der zehn staatlichen Forstämter. Die Betriebsverwaltung der landeseigenen Forsten wurde sodann am 22. März 1954 von den Aufgaben der Hoheitsverwaltung abgespalten und auf das neu gebildete „*Landesforstamt Schleswig-Holstein*“ delegiert.[611] Die forsthoheitlichen Aufgaben nahmen in der Folge die beiden Aufsichtsforstämter Nord (Kiel) und Süd (Mölln) wahr.[612] Die fachliche Förderung der Forstwirtschaft wurde nach dem Zweiten Weltkrieg wieder in Selbstverwaltung organisiert. Nachdem der Reichsnährstand per *Gesetz*[613] aufgehoben wurde und mehrere vorläufige *Regelungen*[614] zur landwirtschaftlichen

606 *Scharff/Jessen-Klingenberg*, Schleswig-Holsteinische Geschichte, S. 86.

607 siehe dazu auch: „*Wahlgesetz für den Landtag von Schleswig-Holstein*“ vom 31. Januar 1947 (ABl. SH, 1947, S. 95) und „*Gesetz über die Wahl des Schleswig-Holsteinischen Landtags am 20. April 1947*“ vom 28. März 1947 (GVOBl. SH 1947, S. 1)

608 „*Landessatzung für Schleswig-Holstein*“ vom 13. Dezember 1949, GVOBl. SH 1950, S. 3 ff.

609 *Hase*, FA 1989, S. 27 ff. (28).

610 *Zundel/Schwartz*, 50 Jahre Forstpolitik in Deutschland (1945–1994), S. 30.

611 *Hase*, Beitrag zur Geschichte der Forstverwaltung in Schleswig-Holstein, S. 142.

612 *Hase*, Beitrag zur Geschichte der Forstverwaltung in Schleswig-Holstein, S. 138, 140; *Hase*, Wald- und Forstchronologie Schleswig-Holsteins, S. 152.

613 „*Gesetz über die Auflösung des Reichsnährstandes im Vereinigten Wirtschaftsgebiet*“ vom 21. Januar 1948, GVOBl. WRVW, 1948, Nr. 5, S. 21 f.

614 „*Erste Verordnung zur Neuregelung der landwirtschaftlichen Verwaltung in Schleswig-Holstein*“ vom 28. Mai 1947, GVOBl. SH 1947, S. 6 f.; „*Zweite Verordnung zur vorläufigen Regelung der Landwirtschaftlichen Verwaltung in Schleswig-Holstein*“ vom 29. Juli 1947, GVOBl. SH 1947, S 17 ff.; „*Dritte Verordnung zur vorläufigen Regelung der landwirtschaftlichen Verwaltung in Schleswig-Holstein. Einrichtung von Bauernkammern und Bauernausschüssen*“ vom 29. Juli 1947, GVOBl. SH 1947, S. 20 ff.; „*Vierte Verordnung zur vorläufigen Regelung der landwirtschaftlichen Verwaltung in Schleswig-Holstein – Einrichtung von Bauernkammern und Bauernausschüssen –.*“ vom 9. Februar 1948, GVOBl. SH 1948, S. 22.; „*Gesetz über die Landesbauernkammer Schleswig-Holstein*“ vom 30. Mai 1950, GVOBl. SH 1950 S. 209 ff.

Verwaltung ergingen, wurde mit dem *„Gesetz über die Landwirtschaftskammer Schleswig-Holstein“*[615] vom 19. Mai 1953 die Landwirtschaftskammer erneut ins Leben gerufen. Diese sollte fortan wieder als Selbstverwaltungskörperschaft die forstliche Betreuung und Beratung des Nichtstaatswaldes übernehmen.

Die Schleswig-Holsteinische Forstwirtschaft geriet in der Nachkriegszeit zunächst in eine schwerwiegende Notlage. Im ersten Jahr der Besatzung war die Kohlezufuhr nach Schleswig-Holstein wegen der als Reparationen zu leistenden Kohlezwangsexporte zeitweilig gesperrt, wodurch eine arge Brennstoffnot entstand und große Mengen an Holz zum Heizen verwendet werden mussten.[616] Der Nutzholzanteil betrug in Schleswig-Holstein im Forstwirtschaftsjahr 1946 nur noch 24 % des Gesamteinschlags.[617] Beinahe der gesamte restliche Einschlag fiel der Brennstoffnot zum Opfer, die durch den sehr kalten Winter 1946/47 und den hohen Flüchtlingszugang noch verstärkt wurde.[618] Die Versorgungskrise ließ zudem einen starken Anstieg beim Holzdiebstahl verzeichnen.[619] Ein weiterer schwerer Eingriff in den Holzbestand war durch die Direkteinschläge der britischen Besatzungsmacht bedingt, die im Krieg beinahe die Hälfte ihres Holzvorrats aufgewendet hatte und nun als Reparationsleistung Ersatz aus der Besatzungszone verlangte.[620] Zur Durchführung und Kontrolle der Holzaufbringung, des Holzexports und der Versorgung der Displaced Persons errichtete die britische Militärregierung 1946 die *North German Timber Control* (NGTC), die dem zuständigen Forst- und Holzwirtschaftsamt entsprechende Weisungen zur Ausführung erteilte.[621] Der Holzeinschlag wurde in der Nachkriegszeit insgesamt ohne Berücksichtigung der Nachhaltigkeit und waldbaulicher Aspekte durchgeführt. Bedingt durch die Direkteinschläge der Besatzungsmacht und die Brennholzhiebe betrug der jährliche Gesamteinschlag im Durchschnitt der Jahre 1945–1947 in den staatlichen Forstämtern Schleswig-Holsteins 22,4 Fm pro Hektar, was einem Hiebsatz

---

615 GVOBl. SH 1953, S. 53 ff.

616 *Hase,* Abriß der Wald- und Forstgeschichte Schleswig-Holsteins im letzten Jahrtausend, S. 103 ff.; *Hase,* FA 1989, S. 27 ff. (27); *Wahl,* Die Kriegs- und Nachkriegseinwirkungen auf die deutsche Forstwirtschaft unter besonderer Berücksichtigung von Schleswig-Holstein, S. 29.

617 *Steinsiek,* FuH 1995, S. 375 ff. (379).

618 *Wahl,* Die Kriegs- und Nachkriegseinwirkungen auf die deutsche Forstwirtschaft unter besonderer Berücksichtigung von Schleswig-Holstein, S. 38.

619 *Hase* FA 1989, S. 27 ff. (29); *Wahl,* Die Kriegs- und Nachkriegseinwirkungen auf die deutsche Forstwirtschaft unter besonderer Berücksichtigung von Schleswig-Holstein, S. 66.

620 *Hase,* FA 1989, S. 27 ff. (28); *Wahl,* Die Kriegs- und Nachkriegseinwirkungen auf die deutsche Forstwirtschaft unter besonderer Berücksichtigung von Schleswig-Holstein, S. 20 f.

621 *Hase,* FA 1989, S. 27 ff. (28); *Steinsiek/Rozsnyay,* Grundzüge der deutschen Forstgeschichte 1933–1950 unter besonderer Berücksichtigung Niedersachsens, S. 99.

von 466 % entspricht.[622] Im Forstwirtschaftsjahr 1946 erfolgten dabei die stärksten Mehreinschläge, wobei auch der Körperschaftswald (47,4 Fm/ha = Hiebsatzüberschreitung um etwa 1.000 %) und der Privatwald (9,4 Fm/ha = Hiebsatzüberschreitung um etwa 118 %) zu leiden hatte.[623]

Im Juni 1948 wurde vom Direktor der Verwaltung für Ernährung, Landwirtschaft und Forsten eine Forsterhebung im Vereinigten Wirtschaftsgebiet angeordnet, die einen Überblick über die noch vorhandenen Bestände und die Struktur des Waldes in jener Zeit gab.[624] Schleswig-Holstein schnitt bei der Bestandsinventur mit nur 7,8 % Bewaldung der Gesamtfläche am schlechtesten ab (Gesamtfläche 1.566.600 ha; Holzbodenfläche 122.900 ha). Bei der Besitzartenverteilung entfielen 36.600 ha auf den Staatswald (29,7 %), 17.200 ha auf den Körperschaftswald (14 %) und 69.100 ha auf den Privatwald (56,3 %). Durch die massive Bevölkerungszunahme und die starken Mehreinschläge in der Nachkriegszeit hatte sich der ohnehin geringe Waldanteil pro Kopf in Schleswig-Holstein zwischen 1935 und 1948 um etwa 29 % verringert.[625]

Die unkontrollierten Holzeinschläge in der Nachkriegszeit verursachten zudem unberechenbare Spätfolgen. Insbesondere die durch den Mehreinschlag entstandenen weiträumigen Kahlflächen setzten die Wälder der Gefahr von Sturmschäden und Sandverwehungen schutzlos aus.[626] Nach Angaben von *Hase* fielen den Stürmen und Orkanen in den Jahren 1949, 1950 und zwischen 1954–1956 etwa 400.000 Fm Windfallholz zum Opfer. Nur großangelegte und sehr kostspielige Wieder- und Neuaufforstungen konnten das natürliche Waldgefüge und die damit verbundene Schutzfunktion des Waldes wiederherstellen. Für eine planmäßige Aufforstungsaktion in der Nachkriegszeit gewann die Bildung von forstwirtschaftlichen Zusammenschlüssen wieder an Bedeutung. Der erste Forstverband in Schleswig-Holstein wurde im Jahre 1951 auf der Grundlage der Forstverbandsverordnung von 1943 als öffentlich-rechtliche Körperschaft gebildet.[627] Die Rechtsformwahl war erforderlich, um neben den zur Verfügung stehenden Landesmitteln auch Bundesmittel für die Aufforstung zu erhalten.[628]

---

622 *Steinsiek/Rozsnyay*, Grundzüge der deutschen Forstgeschichte 1933–1950 unter besonderer Berücksichtigung Niedersachsens, S. 170, 172 m.V.a. *Wahl*, Die Kriegs- und Nachkriegseinwirkungen auf die deutsche Forstwirtschaft unter besonderer Berücksichtigung von Schleswig-Holstein.

623 *Steinsiek/Rozsnyay*, Grundzüge der deutschen Forstgeschichte 1933–1950 unter besonderer Berücksichtigung Niedersachsens, S. 173.

624 *Hase*, Beitrag zur Geschichte der Forstverwaltung in Schleswig-Holstein, S. 146; Zu den Ergebnissen der Bestandsinventur siehe: *BMELF* (Hrsg.): Die Forsterhebung 1948 im Vereinigten Wirtschaftsgebiet, 1951.

625 *Steinsiek*, FuH 1995, S. 375 ff. (378).

626 Hierzu und im Folgenden: *Hase*, FA 1989, S. 27 ff. (31 ff.).

627 *Petry*, Von der Aufforstung zur Waldbildung, in: SH MELF (Hrsg.), Wald und Wild in Schleswig-Holstein, S. 35 ff. (36); *Hase*, FA 1989, S. 27 ff. (33).

628 *Petry*, Von der Aufforstung zur Waldbildung, in: SH MELF (Hrsg.), Wald und Wild in Schleswig-Holstein, S. 35 ff. (36); *Hase*, FA 1989, S. 27 ff. (33).

Da die vom MELF durchgeführte Aufforstungsmaßnahme in den Jahren 1951 bis 1953 große Erfolge erzielte, konnten bis 1958 weitere 43 Forstverbände auf freiwilliger Basis gebildet und eine Fläche von ca. 3.100 ha aufgeforstet werden.[629] Bis 1968 vermehrte sich diese Aufforstungsfläche der Forstverbände auf etwa 4.900 ha, womit der für die Land- und Forstwirtschaft dringend erforderliche Windschutz schrittweise hergestellt werden konnte.[630] Daneben bestanden forstwirtschaftliche Zusammenschlüsse in Form von 18 privaten Waldbauvereinen, die bei insgesamt 1.373 Mitgliedern über eine Fläche von 12.053 ha verfügten und eine Hebung der Ertragsleistung bezweckten.[631]

Zur Verbesserung der Agrarstruktur wurde im Jahr 1953 außerdem das *„Programm Nord"* von der Landesregierung ins Leben gerufen, das neben anderen Maßnahmen auch die Verbesserung des Windschutzes und die Aufforstung zum Ziel hatte und mit Zuschüssen des Bundes unterstützt wurde.[632] Bis 1969 konnten mit diesem Programm weitere 3.895 ha neu aufgeforstet werden.[633]

Ein weiteres Problem bestand in dem vermehrten Auftreten von Insektenschäden in den Wäldern und an gefälltem Holz, weshalb sich die Landesregierung veranlasst sah, am 9. Juli 1949 die *„Verordnung zur Bekämpfung forstschädlicher Insekten"*[634] zu erlassen. Danach waren die Waldeigentümer bei einem Befall ihrer Bestände zur Durchführung von Bekämpfungsmaßnahmen verpflichtet. Darüber hinaus durfte gefälltes Nadelderbholz in der Zeit vom 1. Mai – 30. September eines Jahres nicht unentrindet im Wald oder innerhalb einer Entfernung von drei Kilometern zum nächsten Nadelholzbestand gelagert werden.

Für die Forstwirtschaft waren außerdem das *Kontrollratsgesetz Nr. 45*[635] und die *Verordnung Nr. 103*[636] der britischen Militärregierung von Bedeutung.

Mit dem *Kontrollratsgesetz Nr. 45* vom 20. Februar 1947 wurde das Reichserbhofrecht und die bis dahin geltenden Vorschriften über den Verkehr mit land- und forstwirtschaftlichen Grundstücken aufgehoben und neu geregelt. Danach war jede Verfügung über ein land- oder forstwirtschaftliches Grundstück

---

629 *Petry*, Von der Aufforstung zur Waldbildung, in: SH MELF (Hrsg.), Wald und Wild in Schleswig-Holstein, S. 35 ff. (37).

630 *Hase*, FA 1989, S. 27 ff. (33); *Hasel*, Waldwirtschaft und Umwelt, S. 315.

631 *Petry*, Forstwirtschaftliche Zusammenschlüsse in Schleswig-Holstein, in: DFWR (Hrsg.), Forstwirtschaftliche Zusammenschlüsse in der Bundesrepublik Deutschland, S. 289–315 (292 f.). Die Gründung der Vereine erfolgte im Zeitraum von 1947–1954 nach den vereinsrechtlichen Vorschriften des BGB.

632 *Scharff/Jessen-Klingenberg*, Schleswig-Holsteinische Geschichte, S. 94; *Hase*, Beitrag zur Geschichte der Forstverwaltung in Schleswig-Holstein, S. 150.

633 *Stuhr*, Waldbildung im *„Programm Nord"*, in: Festschrift zum 50 jährigen Bestehen der Forstabteilung der Landwirtschaftskammer Schleswig-Holstein, S. 55–61 (55).

634 GVOBl. SH 1949, S. 165.

635 *„Gesetz Nr. 45 Aufhebung der Erbhofgesetze und Einführung neuer Bestimmungen über land- und forstwirtschaftliche Grundstücke"*, ABl. KR, Nr. 14 vom 31. März 1947, S. 256 ff.

636 ABl. MRD-BK, No. 21, S. 595 f.

genehmigungspflichtig. Auch die Belastung mit einem Grundpfandrecht und die Verpachtung eines solchen Grundstücks waren nur mit Genehmigung zulässig.[637]

Mit der *Verordnung Nr. 103* vom 4. September 1947 plante die britische Militärregierung des Weiteren eine umfassende Bodenreform durchzuführen und beauftragte die Landesregierungen mit dem Erlass entsprechender Vorschriften. Mit der Verordnung wollte man einerseits den politischen und wirtschaftlichen Einfluss des Großgrundbesitzes durch Festlegung einer höchst zulässigen Größe des Grundbesitzes verringern und andererseits einem größeren Teil der Bevölkerung die Ansiedlung auf dem Land ermöglichen. Das Höchstmaß des zulässigen Grundbesitzes sollte dafür auf 150 Hektar beschränkt werden, soweit der Wert des Grund und Bodens 200.000 RM überstieg. Das von Schleswig-Holstein erlassene *„Gesetz zur Einleitung der Agrarreform“*[638] vom 12. März 1948 ging sogar noch darüber hinaus und setzte als zulässige Hektarfläche für Grundeigentum in einer Hand entweder eine Landfläche von 100 Hektar oder eine Landfläche von bis zu 50.000 RM Bodenwert fest. Das *„Gesetz über Landabgabe und Enteignung zur Durchführung der Agrarreform“*[639] vom 8. Februar 1949 regelte sodann die weiteren Einzelheiten des Verfahrens und der Entschädigung. Sogar in Art. 8 der *Landessatzung*[640] wurden die Grundsätze der Agrarreform aufgenommen und erhielten damit Verfassungsrang. Erst nach den Neuwahlen des Landtages im Juli 1950 konnte durch eine bürgerliche Mehrheit die Streichung von Art. 8 der Landesverfassung erreicht werden.[641] Mit Ausnahme des *„30.000 ha-Abkommens“* war es zwischenzeitlich nicht zu nennenswerten Landabgaben oder Enteignungen gekommen.[642] Eine endgültige Aufhebung der Vorschriften zur Umsetzung der Agrarreform erfolgte im Dezember 1960.[643]

---

637 Die Genehmigungspflicht für Verpachtungen wurde mit dem *„Gesetz Nr. A-23 Beseitigung der Wirksamkeit von Bestimmungen des Kontrollratsgesetzes Nr. 45“* vom 13. März 1952 wieder aufgehoben, ABl. AHK, Nr. 77 vom 21. März 1952, S. 1548. Die Genehmigungspflicht für die rechtsgeschäftliche Veräußerung von land- und forstwirtschaftlichen Grundstücken besteht bis heute fort und ist seit 1961 in dem *„Gesetz über Maßnahmen zur Verbesserung der Agrarstruktur und zur Sicherung land- und forstwirtschaftlicher Betriebe (Grundstücksverkehrsgesetz – GrdstVG)“* vom 28. Juli 1961 (BGBl. I S. 1091 ff.) geregelt.

638 GVOBl. SH 1948, S. 81 ff.

639 GVOBl. SH 1949, S. 21 ff.

640 *„Landessatzung für Schleswig-Holstein“* vom 13. Dezember 1949, GVOBl. SH 1950 S. 3 ff.

641 *„Gesetz zur Änderung der Landessatzung für Schleswig-Holstein“* vom 20. November 1950, GVOBl. SH 1950, S. 289.

642 Vgl. *Hase*, FA 1989, S. 27 ff. (32). Danach mussten 30.000 ha Land (davon 200 ha Wald) von Mehrfachbesitzern zu Siedlungszwecken abgegeben werden.

643 *„Gesetz zur Aufhebung der Vorschriften auf dem Gebiet des Bodenrechts“* vom 24. Dezember 1960, GVOBl. SH 1961, S. 2.

A. Das Gesetz zur Walderhaltung vom 30. Mai 1950

Im Rahmen der forstlichen Gesetzgebung bedarf das *„Gesetz zur Walderhaltung“*[644] vom 30. Mai 1950 einer näheren Erläuterung, da es wichtige Regelungen zur Abholzung, Waldumwandlung und Aufforstung enthielt und gleichzeitig eines der ersten Landeswaldgesetze der Nachkriegszeit überhaupt war.[645] Die Gesetzgebungskompetenz für wesentliche Inhalte des Forstrechts ergab sich nach dem Zweiten Weltkrieg insbesondere aus Art. 74 Nr. 17 (*„Förderung der land- und forstwirtschaftlichen Erzeugung“*) und Nr. 18 (*„Bodenrecht“*) des Bonner *Grundgesetzes*[646], das für diese Materie eine konkurrierende Gesetzgebung von Bund und Ländern vorsah. Zum Teil konnten sich die Länder bei der Verabschiedung der Landeswaldgesetze auch auf die ausschließliche Gesetzgebungskompetenz gem. Art. 30 GG stützen, wohingegen der Bund die Rahmengesetzgebungskompetenz für die Bereiche *Jagdwesen, Naturschutz und Landschaftspflege* sowie *Bodenverteilung* und *Raumordnung* (Art. 75 Nr. 3 und Nr. 4 GG) besaß.

Wie aus der Begründung zum Gesetzentwurf hervorgeht, haben die starken Holzeinschläge der Nachkriegszeit, die sich anschließenden Sturmschäden und die ohnehin schlechte Bewaldungsquote die Politik veranlasst, eine gesetzliche Grundlage zur Verbesserung der Landeskultur zu schaffen.[647] Die bestehenden gesetzlichen Regelungen, namentlich die Bondenholzgesetzgebung von 1784/85 und das Waldverwüstungsgesetz von 1934, reichten für die Zwecke einer zeitgemäßen Forstgesetzgebung nicht mehr aus. Die Bestimmungen aus der Forst- und Jagdverordnung von 1784 konnten nur noch auf einen kleinen Teil der Waldungen Schleswig-Holsteins angewendet werden und das Waldverwüstungsgesetz verbot nur den Abtrieb unter 50 Jahre alter Nadelholzbestände, wobei Waldungen unter 10 ha vollständig ausgenommen waren. Damit waren aber weiterhin Abholzungen möglich, die weit über das forstwirtschaftlich vertretbare Maß hinausgingen. Zudem befürchteten die Verfasser des Entwurfs, dass die Waldverminderung noch nicht abgeschlossen sei und der dadurch hervorgerufene nachteilige Einfluss auf Bodenverwehungen und die Wasserführung des Landes noch zunehmen könne. Die Ausgangslage für die Schaffung des Walderhaltungsgesetzes von 1950 war demnach durch einen überaus schlechten Waldzustand und eine überholte Forstgesetzgebung gekennzeichnet.

---

644 GVOBl. SH 1950, S. 199 ff.

645 Nordrhein-Westfalen erließ am 31. März 1950 das *„Gesetz zum Schutz des Waldes“*, GVOBl. NRW 1950, S. 63 f. und Rheinland-Pfalz am 16. November 1950 das *„Landesforstgesetz von Rheinland-Pfalz“*, GVOBl. RP 1950, S. 299 ff.

646 BGBl., 1949, S. 1 ff.

647 Hierzu und im Folgenden siehe die Gesetzesbegründung: Landtagsvorlage Nr. 313/3 vom 31. März 1950, SHLT-PlPr., 33. Tagung am 24. und 25. April 1950, S. 107 ff. (110 f.)

I. Referentenentwurf vom 9. Februar 1950

Der *Referentenentwurf*[648] zum Walderhaltungsgesetz vom 9. Februar 1950 enthielt 17 Paragrafen und behandelte im Wesentlichen drei Kernthemen der Forstgesetzgebung: Die *Genehmigungspflicht für Abholzungen*, die *Überführung in eine andere Benutzungsart* und die *Aufforstungspflicht.*

Zunächst wurde jede *Abholzung* von Wald für genehmigungspflichtig erklärt (§ 1). Unter Abholzung wurde dabei nicht nur der gesamte Kahlschlag verstanden, sondern auch solche Eingriffe in den Baumbestand, die zu einer Bestockung von unter 60 % des Normal-Sollbestandes führten. Da sich die Genehmigungspflicht grundsätzlich auf jede Abholzung bezog und nicht auf Waldungen von mehr als 10 ha Größe beschränkt war, konnte eine wichtige Lücke des Waldverwüstungsgesetz von 1934 geschlossen werden. Dass in Schleswig-Holstein jede Abholzung von einer Genehmigung abhängig gemacht wurde, stellte eine Besonderheit gegenüber den Forstgesetzen der anderen Bundesländer[649] dar und war durch die Waldarmut und die besondere Bedeutung des Waldes bedingt.[650] Die Genehmigung zur Abholzung sollte in der Regel versagt werden, wenn die Wiederaufforstung nicht gesichert war oder es sich um Schutzwald handelte (§ 5). Zur Sicherung der Wiederaufforstung sollten Auflagen erteilt werden können, wobei insbesondere an die Hinterlegung des dafür erforderlichen Geldbetrages gedacht wurde (§ 3).

Darüber hinaus wurden die Voraussetzungen für eine Überführung in nichtforstmäßige Benutzung geregelt, die ebenfalls genehmigungspflichtig sein sollte (§ 4). Die Rodungsgenehmigung sollte in der Regel erteilt werden, wenn die zu rodende Fläche (a) keine Eignung zur forstmäßigen Benutzung besaß, (b) zur nachhaltigen landwirtschaftlichen Benutzung besser geeignet war als zur Holzzucht oder (c) aus sonstigen Gründen dauernd mit erheblich größerem Vorteil für die Allgemeinheit zu nicht-forstlichen Zwecken genutzt werden konnte. Die Genehmigungsbehörde sollte für die Benutzungsänderung eine Frist setzen, bei deren Nichteinhaltung sie die Wiederaufforstung anordnen können sollte. Auch diesbezüglich sollte die Hinterlegung eines Geldbetrages gefordert werden können.

In § 6 enthielt der Gesetzentwurf zudem die Anordnung, dass alle Kahlflächen, Blößen und *„Räumden"*[651], ohne Rücksicht auf ihre Größe und die Zeit ihrer Entstehung, innerhalb einer von der Genehmigungsbehörde festzusetzenden Frist

648 LArch SH, 605/2738.

649 Nach dem Nordrhein-Westfälischen *„Gesetz zum Schutze des Waldes"* vom 31. März 1950 (GVOBl. NRW 1950, S. 63 f.) bedurften nur *Übernutzungen,* d.h. Holzeinschläge, die über die Leistungsfähigkeit des Waldes hinausgingen, der behördlichen Genehmigung (§ 7). Das *„Landesforstgesetz von Rheinland-Pfalz"* (GVOBl. RP, 1950, S. 299 ff.) vom 16. November 1950 enthielt keine Genehmigungspflicht für Abholzungen, sondern gab dem Waldbesitzer bestimmte Grundpflichten (z.B. Wiederaufforstung von Kahlschlagflächen etc.) auf (§ 18).

650 *Eberts*, Forstrecht, in: Müller (Hrsg.) Grundlagen der Forstwirtschaft, S. 63 ff. (389).

651 Zum Begriff siehe Fn. 206.

aufzuforsten waren. Neben der Aufforstung sollten die Waldbesitzer zudem zur Ausbesserung und Pflege der Bestände verpflichtet werden.

Um die die *Wiederaufforstung* notfalls durchsetzen zu können, sah § 7 die Möglichkeit zur Anordnung der Ersatzvornahme auf Kosten des Verpflichteten vor. Verpflichtete für alle Maßnahmen des Gesetzes waren sowohl der Eigentümer als auch der Nutzungsberechtigte (§ 9). Die Genehmigungsbehörde für die staatlichen Waldungen war das Ministerium für Landwirtschaft, Ernährung und Forsten; in den nichtstaatlichen Waldungen die zuständigen Aufsichtsforstämter (§ 10). Als Rechtsmittel sah der Entwurf die Beschwerde zum Landwirtschaftsministerium und gegen diese Beschwerdeentscheidung die Klage vor den Verwaltungsgerichten vor (§ 11).

§ 14 beinhaltete *Strafbestimmungen* für Zuwiderhandlungen gegen die Genehmigungs- und Wiederaufforstungspflichten. Mit dem Inkrafttreten des Gesetzes sollten die über 150 Jahre alten Bestimmungen über Bondenholzungen (§§ 130–138 der allgemeinen neuen Forst- und Jagdverordnung von 1784) und der sechste Abschnitt des dazugehörigen Patents von 1785 außer Kraft treten.

II. Landtagsvorlage Nr. 313/3 vom 31. März 1950, *„Entwurf Gesetz zur Walderhaltung“*[652]

Nach Durchführung einiger kleinerer Änderungen, wurde der Referentenentwurf als Landtagsvorlage Nr. 313/3 ins Parlament eingebracht. In Bezug auf die drei Kernthematiken ist der Entwurf im Wesentlichen erhalten geblieben, enthielt jedoch nur noch 15 Paragrafen. Der äußere Aufbau wurde durch Abschnittsüberschriften übersichtlicher strukturiert. Danach war der Entwurf in die folgenden vier Kapitel aufgeteilt: *„I. Abholzungsgenehmigung und Verpflichtung zur Wiederaufforstung“*, *„II. Verfahrens-Vorschriften“*, *„III. Strafbestimmungen“* und *„IV. Schlußbestimmungen“*.

Inhaltlich ist eine Änderung bei der Wiederaufforstungspflicht von Bedeutung. Im Gegensatz zum Referentenentwurf wurde die Anordnung zur Wiederaufforstung nun in das Ermessen der Aufsichtsforstämter gestellt (§ 5 *„Die Aufsichtsbehörde kann die Wiederaufforstung von unbestockten sowie unvollständig bestockten Waldflächen (...) anordnen“*). Zur Sicherung der Auflagen sah der Entwurf zudem vor, dass die Hinterlegung des für die Wiederaufforstung erforderlichen Geldbetrages schon vor der Genehmigungserteilung verlangt werden konnte (§ 6). Außerdem sahen die Schlussbestimmungen vor, dass sämtliche forstlichen Bestimmungen der Forst- und Jagdverordnung von 1784 außer Kraft treten sollten.

652 Landtagsvorlage Nr. 313/3 vom 31. März 1950, SHLT-PlPr., 33. Tagung am 24. und 25. April 1950, S. 107 ff. (110 f.)

III. Erste Lesung eines Gesetzes zur Walderhaltung am 24./25. April 1950

In der Ansprache zur ersten Lesung[653] wies Ministerpräsident *Bruno Diekmann* (SPD) noch einmal auf die geringe Bewaldungsquote Schleswig-Holsteins von nur 7,7 % hin und zog den Vergleich zum übrigen Westdeutschland, bei dem die Quote etwa bei 27,8 % lag. Da diese Verhältnisse wohl allgemein bekannt waren, konnte sich der Ministerpräsident kurz fassen:

> *„Ich glaube, ich brauche den hier vorliegenden Entwurf nicht weiter zu begründen. Sie werden alle mit mir darin übereinstimmen, daß wir den geringen Waldbestand, den wir in Schleswig-Holstein haben, unbedingt zu erhalten haben."*[654]

Im Übrigen betonte der Ministerpräsident, dass weiterhin Abholzungen stattfinden würden, gegen die das MELF mangels gesetzlicher Grundlage nichts unternehmen könne. Dabei bezog sich *Diekmann* in erster Linie auf Waldungen von unter 10 ha Größe, die von dem Waldverwüstungsgesetz von 1934 ausgenommen waren.

Nach weiteren Wortmeldungen in der Aussprache zur ersten Lesung vom Abg. *Hundt* (SPD) und Abg. *Münchow* (SSW), die das Gesetz dem Grunde nach begrüßten, wurde der Entwurf einstimmig dem *Ausschuss für Landwirtschaft und Ernährung* überwiesen.

IV. Bericht des Ausschusses für Landwirtschaft und Ernährung zum Entwurf eines Gesetzes zur Walderhaltung vom 16. Mai 1950 und zweite Lesung am 30. Mai 1950[655]

Nach den Beratungen des Ausschusses in der Sitzung am 28. April 1950 wurden an dem Entwurf zwei nennenswerte Abänderungen vorgenommen. Zum einen wurde die Möglichkeit der Aufsichtsbehörden, die Hinterlegung des für die Wiederaufforstung notwendigen Geldbetrages bereits vor Genehmigungserteilung fordern zu können, wieder gestrichen (§ 6). Eine weitere Änderung bezog sich auf die Pflege des Waldes, die vormals nur als Bestandteil der Wiederaufforstungspflicht begriffen wurde. In einem neu eingefügten § 7 wurde die Pflege des Waldes nun eigenständig geregelt und damit zu einer allgemeinen Pflicht erhoben („*Die Waldungen sind nach forstlichen Grundsätzen zu bewirtschaften, insbesondere sind die Anpflanzungen zu pflegen, Durchforstungen auszuführen und lückige Bestände zu unterbauen*").

Der Vorsitzende des Ausschusses für Landwirtschaft und Ernährung *Hundt* begründete die Hinzufügung des § 7 damit,

---

653 SHLT-PlPr., 33. Tagung am 24. und 25. April 1950, S. 82 f.

654 SHLT-PlPr., 33. Tagung am 24. und 25. April 1950, S. 82.

655 Landtagsvorlage Nr. 313/3 vom 16. Mai 1950, SHLT-PlPr., 35. (Schluß-) Tagung am 30. Mai 1950, S. 114 ff. und Protokoll zur zweiten Lesung S. 24 ff.

„daß es in keinem Lande notwendiger ist als hier in dem waldarmen Schleswig-Holstein, daß etwas mehr als in der bisher gewohnten Weise für die Erhaltung und Pflege des Waldes getan werden muß."[656]

Dabei hatte der Ausschuss insbesondere die Verhältnisse im Bauernwald vor Augen, die noch an vielen Stellen verbessert werden konnten.

Die Änderung in § 6 ist darauf zurückzuführen, dass der Ausschuss in der ursprünglichen Regelung (Hinterlegung des Geldbetrages bereits vor der Abholzungsgenehmigung) eine vermeidbare Härte sah. Einerseits sei der Grund für den Holzeinschlag für gewöhnlich der Geldbedarf des Waldbesitzers, sodass eine Hinterlegung in bar häufig nur durch die Aufnahme von Kreditmitteln erfolgen könne. Andererseits habe die Finanzgeschichte oft gezeigt, dass über lange Zeit hinterlegte Geldbeträge restlos in sich zerfließen können (Inflation, Währungsumstellung). Aus diesen Gründen räumte man einer individuellen, zwischen Waldbesitzer und Behörde zeitnah zu schließenden, Vereinbarung zur Sicherung der Wiederaufforstung den Vorzug ein.

Im Anschluss an die Ausführungen zu den Abänderungen des Entwurfs richtete der Abgeordnete *Hundt* noch einen Aufruf an die Landesregierung und forderte diese auf *„in Kürze auf dem Gebiet des Forstwesens eine umfassende Modifikation der Gesetzgebung"* vorzunehmen. Auch der Abg. *Münchow* (SSW) richtete in der Generalaussprache zur zweiten Lesung einen Appell an die Landesregierung und forderte diese auf, bei der Wiederaufforstung in den Staatsforsten mit gutem Beispiel voranzugehen. Außerdem richtete *Münchow* die Empfehlung an die Landesregierung, dem privaten Waldbesitzer auch Mittel zur Durchführung der Aufforstung in Form von Kulturpflanzen zur Verfügung zu stellen.

Nach Schließung der Generalaussprache wurde das Gesetz in der vom Ausschuss vorgeschlagenen Fassung einstimmig angenommen. Die Verkündung im Gesetz- und Verordnungsblatt für Schleswig-Holstein erfolgte am 15. Juli 1950.[657]

V. Schlussbetrachtung zum Gesetz zur Walderhaltung

In der Literatur erfuhr das Walderhaltungsgesetz rückblickend betrachtet eine sehr positive Resonanz. *Eberts* sah in dem Schleswig-Holsteinischen Walderhaltungsgesetz einen wesentlichen Fortschritt gegenüber dem früheren Zustand des Forstrechts.[658] Dass man abweichend von den Forstgesetzen anderer Länder nur ein Mindestmaß an Beschränkungen im Gesetz verankert hat, führte *Eberts* auf die *„freiheitliche Haltung"* der Bevölkerung zurück, auf die man von gesetzgeberischer Seite Rücksicht genommen habe. *Hase* urteilte im Jahre 1989 folgendermaßen über das 1950 verabschiedete Walderhaltungsgesetz:

656 SHLT-PlPr., 35. (Schluß-) Tagung am 30. Mai 1950, S. 24.

657 GVOBl. SH 1950, S. 199 ff.

658 *Eberts*, Forstrecht, in: Müller (Hrsg.) Grundlagen der Forstwirtschaft, S. 63 ff. (389).

„So kurz das Gesetz gefaßt war, kann man nur sagen, daß wir recht gut damit arbeiten konnten und beste Erfolge erzielt haben. Es ist mit diesem Gesetz gelungen, den Altwald zu erhalten und mit den Neuaufforstungen den Wald Schleswig-Holsteins von 7,8 % auf 9 % zu erhöhen.“[659]

Auch die Landesregierung ging zwanzig Jahre später davon aus, dass mit dem Walderhaltungsgesetz von 1950 die erheblichen Waldverluste der Nachkriegszeit ausgeglichen werden konnten und darüber hinaus sogar eine Vergrößerung der Waldfläche erreicht wurde.[660]

B. Waldgesetz für das Land Schleswig-Holstein vom 18. März 1971

Eine wesentliche Neureglung der Waldgesetzgebung erfolgte in Schleswig-Holstein mit dem *Landeswaldgesetz*[661] von 1971. Die Begründung zum Regierungsentwurf nennt verschiedene Gründe, die den Gesetzgeber zum erneuten Tätigwerden veranlasst haben.[662] Zunächst sah man im Walderhaltungsgesetz von 1950 nicht mehr alle Anforderungen an ein modernes Forstgesetz erfüllt. Aufgrund einer erheblichen Änderung der forstwirtschaftlichen und gesellschaftlichen Grundsituation hätten die *Wohlfahrtswirkungen*[663] des Waldes gegenüber dem rein wirtschaftlichen Wert für Waldbesitzer und Volkswirtschaft zunehmend an Bedeutung gewonnen. Hinzu sei ein gestiegenes Erholungsbedürfnis der Bevölkerung gekommen, das durch den allgemeinen Wandel der Lebensgewohnheiten und dem Anwachsen der großstädtischen Ballungszentren begründet gewesen sei. Schleswig-Holsteins Nähe zur Großstadt Hamburg, die zunehmende Motorisierung und die Verbesserung der Verkehrsinfrastruktur hätten zu einer sprunghaften Zunahme des Fremden- und Wochenendverkehrs geführt, der eine besondere Inanspruchnahme des Waldes bedeuten und gesetzliche Regelungen zur Walderhaltung erforderlich machen würde. Gleichzeitig habe diese Entwicklung zu Auseinandersetzungen zwischen Waldbesuchern und Waldbesitzern geführt, deren Interessen häufig im Gegensatz zueinander gestanden hätten. Eine wichtige Aufgabe sah der Gesetzgeber deshalb darin, die Ansprüche der Öffentlichkeit mit der Gewährleistung des Waldeigentums in einen gerechten Einklang zu bringen.

---

659 *Hase*, FA 1989, S. 27 ff. (34).

660 RegE zum Landeswaldgesetz vom 11. Juni 1970, SHLT-Drs. VI/1266, S. 21.

661 GVOBl. SH 1971, S. 94 ff. (abgedruckt in Anhang B.I.)

662 Hierzu und im Folgenden: RegE zum Landeswaldgesetz vom 11. Juni 1970, SHLT-Drs. VI/1266, S. 20 ff.

663 Unter *Wohlfahrtswirkungen* werden nach dem RegE die wohltätigen Wirkungen des Waldes auf das Klima, den Wasserhaushalt, die Reinhaltung der Luft, die Bodenfruchtbarkeit und den Immissionsschutz verstanden. Zur Bedeutung der Wohlfahrtswirkungen im Rahmen der forstpolitischen Funktionenlehre siehe *Dieterich*, Forstwirtschaftspolitik, S.234 ff.

Ein weiterer wesentlicher Grund für das Gesetz lag in der Verschlechterung der wirtschaftlichen Situation der Forstwirtschaft. Zur Zeit des Gesetzesentwurfs habe die Bundesrepublik Deutschland beinahe 50 % des Bedarfs an Holz und Holzerzeugnissen aus dem Ausland einführen müssen, wobei der Holzpreis aufgrund der weitgehenden Liberalisierung des Handels vom Weltmarkt bestimmt worden sei. Gestiegene Produktionskosten (insbesondere Löhne), außergewöhnliche Belastungen durch Naturereignisse und die negative Preisentwicklung hätten für die deutsche Forstwirtschaft zu erheblichen Absatzschwierigkeiten geführt und ein Absinken der Rentabilität bewirkt. Diese ungünstige Ausgangslage sei in Schleswig-Holstein noch durch das Fehlen einer leistungsfähigen Holzindustrie, den Importdruck aus Skandinavien und die ungünstigen klimatischen Verhältnisse verstärkt worden. Nach dem Ziel des *Raumordnungsplanes*[664] sollte in Schleswig-Holstein außerdem eine Erhöhung des Waldanteils auf 12 % bis 1985 gefördert werden. Durch eine weitere Verschlechterung der forstwirtschaftlichen Ertragslage sah man dieses Ziel jedoch als gefährdet an, da ein wachsendes wirtschaftliches Desinteresse der Waldbesitzer zwangsläufig zu einer Vernachlässigung der Waldpflege und zu Substanzeingriffen führen würde.

Über die Waldverhältnisse gibt die im Jahr 1961 in Schleswig-Holstein durchgeführte *Forsterhebung*[665] Auskunft, die alle Betriebe ab einer Mindestgröße von 0,5 ha erfasste.[666] Danach stand Schleswig-Holstein, abgesehen von den Stadtstaaten, weiterhin als waldärmstes Bundesland dar. Der Waldanteil hatte sich zwar mittlerweile auf 8,6 % (Gesamtfläche 1.569.373 ha / 134.782 ha Waldfläche) erhöht; dies machte jedoch nur einem Anteil von 1,9 % an der Waldfläche im gesamten Bundesgebiet aus. Der durchschnittliche Anteil der Waldfläche an der Gesamtfläche lag 1961 im Bundesgebiet bei 28,7 %. Die Besitzartenverteilung in Schleswig-Holstein gliederte sich 1961 wie folgt (Forstliche Betriebsfläche in ha / % an der gesamten forstlichen Betriebsfläche):

Bundesforsten	3.987 ha	3,0 %
Landesforsten	37.776 ha	28,3 %
Kreis- und Gemeindeforsten	17.366 ha	13,0 %
Forsten sonst. Körperschaften	1.044 ha	0,8 %
Gemeinschaftsforsten	665 ha	0,5 %
Privatforsten	72.808 ha	54,5 %

Aus der Verteilung der Waldfläche auf die verschiedenen Besitzarten wird die Bedeutung des Privatwaldes in Schleswig-Holstein ersichtlich. Der Wald der sonstigen

---

664 Raumordnungsplan für das Land Schleswig-Holstein, Ziff. 22 Abs. 2, Abl. SH 1969, S. 315 ff.

665 Mit dem *„Gesetz über eine Betriebszählung in der Land- und Forstwirtschaft"* vom 13. April 1960 (BGBl. I 1960, S. 217 ff.) wurden bundesweit Forsterhebungen angeordnet und im Jahr 1961 durchgeführt.

666 Zu den Ergebnissen im Folgenden: *Statistisches Landesamt Schleswig-Holstein* (Hrsg.), Die Forsten Schleswig-Holsteins – Ergebnisse der Forsterhebung 1961.

Körperschaften und die Gemeinschaftsforsten spielen in Schleswig-Holstein hingegen nur eine untergeordnete Rolle.

Bei der Gliederung der Betriebe nach Größenklassen ist auffällig, dass von den 9.996 forstwirtschaftlichen Betrieben in Schleswig-Holstein, 8.270 eine Holzbodenfläche von weniger als 5 ha bewirtschaften. Etwa 20 % der Holzbodenfläche im Privatwald waren damit kleinere Waldparzellen von unter 5 ha Größe. Diesen kleineren Forsten, die häufig in Verbindung mit landwirtschaftlichen Betrieben geführt wurden, standen einige wenige Großprivatwaldbesitzer und sehr große staatliche Forstbetriebe gegenüber. Aus dieser Statistik wird deutlich, dass die Waldarmut in Schleswig-Holstein und die Besitzartenverteilung, insbesondere die große Anzahl an kleinen forstwirtschaftlichen Betrieben, den Gesetzgeber vor große Herausforderungen stellte.

In der Zwischenzeit war es in Schleswig-Holstein zu einer geringfügigen Novellierung des Walderhaltungsgesetzes durch das *„Gesetz zur Änderung des Gesetzes zur Walderhaltung“*[667] vom 20. Dezember 1961 gekommen. Die einzig relevante Neuerung bestand darin, dass die *Kreislandwirtschaftsbehörden*[668] als untere Forstbehörde eingesetzt wurden und diesen damit die Aufgabe der staatlichen Forstaufsicht zukam. Hauptgrund für diese Entscheidung dürfte die große Anzahl der forst- und landwirtschaftlichen Mischbetriebe gewesen sein. In den Beratungen zum Landeswaldgesetz von 1971 wurde diese Zuständigkeit von der SPD-Fraktion wiederholt angezweifelt, da man lieber den staatlichen Forstämtern diese Kompetenz zuweisen wollte.

In einer Veröffentlichung von 1971 stellte *Karl Hasel*[669] den nachfolgend wiedergegebenen Katalog von Grundsätzen und Forderungen auf, an denen sich die bestehende und künftige Forstgesetzgebung der Länder messen lassen sollte.[670]

„1. Ein Landesforstgesetz muß aus einem Guß sein und die gesamte Materie umfassend und lückenlos und für alle Waldbesitzarten zugleich regeln.

2. Ein Landesforstgesetz ist kein Polizei-, sondern ein Wirtschaftsgesetz. Im Vordergrund steht nicht das Verbot, sondern die Verpflichtung des Waldbesitzers zu ordnungsgemäßer, funktionengerechter Waldbewirtschaftung. Damit entsteht eine Situation, die von jener aller anderen Wirtschaftszweige grundverschieden ist. Die Notwendigkeit

667 GVOBl. SH 1962, S. 31.

668 Die Kreislandwirtschaftsbehörden wurden nach dem *„Gesetz über die landwirtschaftliche Verwaltung in Schleswig-Holstein“* vom 30. Mai 1950 gebildet, GVOBl. SH 1950, S. 213.

669 *Karl Hasel* war zu diesem Zeitpunkt Professor und Direktor des Instituts für Forstpolitik, Holzmarktlehre, Forstgeschichte und Naturschutz an der Georg-August-Universität Göttingen.

670 *Hasel*, Waldwirtschaft und Umwelt, S. 183 f., Die Forderungen orientierten sich dabei an der von *Prof. Dr. Victor Dieterich* entwickelten forstpolitischen Funktionenlehre, dazu: *Dieterich*, Forstwirtschaftspolitik, S. 17 ff., 172 ff. *Dieterich* untersuchte in dieser Veröffentlichung die verschiedenen Funktionen des Waldes (*Flächenfunktion*, *Rohstofffunktion*, *Arbeitsfunktion*, *Einkommensfunktion* und *Vermögensfunktion*) und deren Verhältnis untereinander.

dazu ergibt sich aus der besonderen Eigenart der Forstwirtschaft, insbesondere ihrer Langfristigkeit, die in anderen Wirtschaftszweigen kein Gegenstück hat.
Vor der Forstaufsicht steht die umfassende Beratung, Unterstützung und Förderung des Waldbesitzers, um vorhandene Strukturmängel zu beheben, fehlendes Wissen auszugleichen und ihm eine funktionengerechte und einkömmliche Waldbewirtschaftung zu ermöglichen.

3. *Ein Landesforstgesetz muß den forstpolitischen Eigenarten und besonderen Bedürfnissen der verschiedenen Waldbesitzarten angemessen Rechnung tragen.*
4. *Ein Landesforstgesetz muß möglichste Leistungssteigerung der Forstwirtschaft erstreben, um die Rohstoff- und Einkommensfunktion zu optimaler Wirkung zu bringen.*
5. *Ein Landesforstgesetz muß die Voraussetzungen schaffen für wirtschaftliche und rationelle Betriebsführung.*
6. *Ein Landesforstgesetz muß der Schutz- und Erholungsfunktion des Waldes den ihr gebührenden Rang zuweisen und die landespflegerischen Aufgaben des Waldes und seine Bedeutung für die Raumordnung scharf herausarbeiten.*
7. *Ein Landesforstgesetz muß das Waldbetretensrecht regeln, solange keine bundesrechtliche Vorschrift darüber besteht.*
8. *Ein Landesforstgesetz muß Entschädigungen der Waldbesitzer für die Dienstleistungsfunktionen des Waldes vorsehen, soweit und solange das nicht durch ein Bundesgesetz geschieht."*

Anhand dieser Auflistung werden die zeitgemäßen Vorstellungen von einem idealen Landeswaldgesetz und die an den Gesetzgeber gerichteten Anforderungen besonders deutlich. Nach der folgenden Darstellung der Entstehung des Landeswaldgesetzes von 1971 (dazu I.) werden die einzelnen Regelungen näher betrachtet (dazu II.) und in diesem Rahmen aufgezeigt, inwiefern der Gesetzgeber dem obigen Maßstab Rechnung getragen hat.

I. Zur Entstehung des Landeswaldgesetzes von 1971

Unter dem Eindruck der veränderten forstwirtschaftlichen und gesellschaftlichen Grundsituation erarbeitete das *Ministerium für Ernährung, Landwirtschaft und Forsten*[671] einen Referentenentwurf für ein Schleswig-Holsteinisches Landeswaldgesetz

671 Das Amt des Landwirtschaftsministers bekleidete in der 6. Wahlperiode *Dr. Ernst Engelbrecht-Greve* (CDU) (*12. Juli 1916; † 10. Januar 1990). Nach Abitur und landwirtschaftlicher Ausbildung diente *Engelbrecht Greve* von 1937–1945 als Soldat im Zweiten Weltkrieg, zuletzt als Kommandeur einer Artillerie-Abteilung. Nach Kriegsgefangenschaft war er als selbstständiger Landwirt tätig und übernahm verschiedene politische Ämter (1949–1955 Mitglied des Gemeinderates und des Amtsausschusses Herzhorn; 1953–1962 Mitglied des Deutschen Bundestages; 1957–1961 Mitglied des Fraktionsvorstandes der CDU des Bundestages; 1958–1962 Mitglied des Europäischen Parlaments). Seit dem 29. Oktober 1962 bekleidete *Engelbrecht-Greve* das Amt des Schleswig-Holsteinischen Ministers für Ernährung, Landwirtschaft und Forsten und behielt dieses durchgängig bis zum 26. Mai 1975.

und leitete diesen den beteiligten Ministerien und Verbänden mit Schreiben vom 10. April 1970 zur Stellungnahme zu.[672] Da dieser Entwurf aufgrund seiner besonderen Dringlichkeit unter Zeitdruck erarbeitet wurde, erfolgte eine nachträgliche Überarbeitung mit einigen Ergänzungen und Änderungen formaler Natur. Mit Schreiben vom 6. Mai 1970 wurde den beteiligten Stellen das entsprechende Korrigendum nebst einer berichtigten Fassung des Entwurfs mit Stand vom 1. Mai 1970 erneut übersandt.[673] Die *Landesregierung*[674] brachte den Entwurf eines Waldgesetzes schließlich am 11. Juni 1970 als Drucksache VI/1266 ins Parlament ein. Der Entwurf enthielt 34 Paragrafen und war in acht Abschnitte gegliedert (I. Allgemeine Vorschriften, II. Betreten des Waldes, III. Waldpflege und Bewirtschaftung, IV. Walderhaltung, V. Forstschutz, VI. Förderung und Betreuung der Forstwirtschaft, VII. Forstaufsicht und Forstbehörden, VIII. Schluss- und Ahndungsvorschriften).

1. Erste Lesung des Entwurfs für ein Landeswaldgesetz am 16. September 1970

Die erste Lesung des Entwurfs für ein Landeswaldgesetz fand am 16. September 1970 statt.[675] Mit Ausnahme der FDP nahmen Abgeordnete aller im Landtag vertretenen Parteien Stellung zu dem Entwurf, wobei die Wohlfahrts- und Erholungsfunktion des Waldes und die damit verbundene Frage der Sozialpflichtigkeit des Waldeigentums

---

Seit dem 24. Mai 1971 war er zudem Stellvertreter des Ministerpräsidenten im Kabinett von Dr. Stoltenberg II (7. WP). *Landtagsinformationssystem Schleswig-Holstein* (abrufbar unter URL: http://lissh.lvn.parlanet.de) → Amts- und Mandatsträger: Dr. Engelbrecht-Greve [zuletzt abgerufen am 16. Juli 2016].

672 Referentenentwurf vom 7. April 1970 nebst Übersendungsschreiben vom 10. April 1970, LArch SH, 786/3590.

673 Referentenentwurf vom 1. Mai 1970 nebst Korrigendum vom 24. April 1970 und Übersendungsschreiben vom 6. Mai 1970, LArch SH 786/3590. Bei der weiteren Bearbeitung wird der Referentenentwurf vom 1. Mai 1970 zugrunde gelegt. Als Empfänger des Entwurfs werden in dem Übersendungsschreiben folgende Ministerien und Verbände aufgeführt: *Staatskanzlei, Innenministerium, Justizministerium, Finanzministerium, Kultusministerium, Ministerium für Wirtschaft und Verkehr, Landwirtschaftskammer Schleswig-Holstein, Bauernverband Schleswig-Holstein e.V., Schleswig-Holsteinischer Waldbesitzerverband e.V., Landesjagdverband Schleswig-Holstein e.V., Schutzgemeinschaft Deutscher Wald – Landesverband Nord – e.V., Deutscher Städtetag, Schleswig-Holsteinischer Landkreistag, Deutscher Städtebund, Schleswig-Holsteinischer Gemeindetag.*

674 Nach den Landtagswahlen vom 23. April 1967 behielt die Regierungskoalition aus CDU und FDP die Mehrheit. Wahlergebnis in % (Sitze): CDU 46 % (34), SPD 39,4 % (30), FDP 5,9 % (4), NPD 5,8 % (4), SSW 1,9 % (1), *Statistisches Amt für Hamburg und Schleswig-Holstein*, abrufbar unter URL: http://www.statistik-nord.de/wahlen/wahlen-in-schleswig-holstein/wahlen-seit-1947/ [zuletzt abgerufen am 16. Juli 2016].

675 SHLT-PlPr., 34. Tagung, 72. Sitzung am 16. September 1970, S. 3309 ff.

den Schwerpunkt der Erörterungen bildeten. Um den Zugang zum Wald als Erholungslandschaft für die Bevölkerung auf eine rechtliche Grundlage zu stellen, regelte der zweite Abschnitt des Regierungsentwurfs das Recht zum *Betreten des Waldes.*[676]

Der amtierende Landwirtschaftsminister *Engelbrecht-Greve* (CDU) wies in seiner Rede zur Begründung des Entwurfs auf den engen Zusammenhang zwischen dem Recht zum Betreten des Waldes mit der Verpflichtung zur Walderhaltung, des Waldschutzes, der Waldbewirtschaftung, der Wildhege und der Landespflege hin.[677] Eine Hauptaufgabe der gesetzlichen Regelungen bestand nach seinen Ausführungen außerdem darin, *„innerhalb des vom Grundgesetz abgesteckten Rahmens den Anspruch auf Schutz des Eigentums mit der Sozialpflichtigkeit des Eigentums im Interesse der Öffentlichkeit in Einklang zur bringen"*.[678] Nach der Konzeption des Regierungsentwurfs sollte das Betretungsrecht deshalb im Staats- und Körperschaftswald uneingeschränkt bestehen, im Privatwald hingegen auf Waldwege und Schneisen beschränkt sein.[679] Im Übrigen betonte der Minister die Notwendigkeit einer fachlichen und finanziellen Förderung der Forstwirtschaft, um damit die strukturellen Mängel zu beseitigen und die wirtschaftliche Lage zu verbessern.[680]

Die Stellungnahme für die SPD-Fraktion wurde von dem Abgeordneten *Kurt Hamer*[681] abgegeben und muss vor dem Hintergrund betrachtet werden, dass die SPD-Fraktion bereits am 19. Mai 1970 einen *Entwurf für ein Erholungsgesetz* in das Parlament eingebracht hatte, mit dem das Recht zum Betreten des Waldes in allen Waldbesitzarten uneingeschränkt gewährleistet werden sollte.[682] Dementsprechend sprach sich der

---

676 Siehe § 5 ff. RegE zum Landeswaldgesetz vom 11. Juni 1970, SHLT-Drs. VI/1266.

677 SHLT-PlPr., 34. Tagung, 72. Sitzung am 16. September 1970, S. 3310.

678 SHLT-PlPr., 34. Tagung, 72. Sitzung am 16. September 1970, S. 3310.

679 § 5 des RegE zum Landeswaldgesetz vom 11. Juni 1970, SHLT-Drs. VI/1266. Weitere Ausnahmen vom Betretungsrecht waren in § 6 geregelt. Zum Betretungsrecht im Einzelnen siehe S. 161 ff.

680 SHLT-PlPr., 34. Tagung, 72. Sitzung am 16. September 1970, S. 3312.

681 *Kurt Hamer* (*24. April 1926; † 3. Januar 1991). Nach Besuch der Volksschule und einer Lehrerausbildungsanstalt arbeitete *Kurt Hamer* von 1948–1957 als Volksschullehrer; ab 1957 als Realschullehrer. Zwischen 1959–1982 nahm er kommunalpolitische Tätigkeiten in der Stadtvertretung und im Kreistag wahr. Seit dem 16. Mai 1967 (6. WP) war *Hamer* zudem Mitglied des Schleswig-Holsteinischen Landtages, in den er auch in der 7., 8., 9. und 10. Wahlperiode für die SPD-Fraktion einzog. Seit der 8. Wahlperiode übernahm *Hamer* zudem das Amt des 1. Landtagsvizepräsidenten. In der 6. Wahlperiode war er u.a. Mitglied des Ausschusses für Ernährung, Landwirtschaft und Forsten und damit an den Beratungen zum Schleswig-Holsteinischen Landeswaldgesetz von 1971 beteiligt. *Landtagsinformationssystem Schleswig-Holstein* (abrufbar unter URL: http://lissh.lvn.parlanet.de) → Amts- und Mandatsträger: Kurt Hamer [zuletzt abgerufen am 16. Juli 2016].

682 *„Entwurf eines Gesetzes über die Förderung der Erholung durch Gewährung des freien Zugangs zu Wald, Gewässern und Meeresstrand (Erholungsgesetz)"* vom 19. Mai 1970, SHLT-Drs. VI/1239. Der Entwurf wurde am 2. Juni 1970 in erster Lesung im Parlament beraten und dem Ausschuss für Ernährung, Landwirtschaft und Forsten

Abgeordnete *Hamer* auch für eine derartige Regelung im Landeswaldgesetz aus und kritisierte die – nach seiner Ansicht – unzureichende Betonung der Sozialfunktion des Waldes im Regierungsentwurf.[683] Die damit einhergehende Einschränkung der Rechte der Privatwaldbesitzer sah der Abgeordnete durch die Sozialbindung des privaten Waldeigentums als gerechtfertigt an. Auch im Hinblick auf die Wirtschaftlichkeit der Forstwirtschaft vertrat die SPD-Fraktion eine von den Vorstellungen der Regierung abweichende Auffassung. War die Waldbewirtschaftung für den Privatwaldbesitzer hochgradig unrentabel und nur mit Lasten verbunden, sollte die Waldfläche – nach Ansicht des Abgeordneten *Hamer* – mit Zustimmung des Waldeigentümers in staatliche Forstwirtschaft überführt werden können. Darüber hinaus regte der Abgeordnete *Hamer* die Aufnahme von Bestimmungen über Erholungswaldgebiete an und bezog sich dabei auf eine entsprechende Regelung des im Jahre 1969 nicht mehr zur Verabschiedung gelangten Entwurfs eines *Bundeswaldgesetzes*[684]. Hinsichtlich der übrigen Abschnitte des Gesetzes signalisierte die SPD-Fraktion ihr grundsätzliches Einverständnis und stimmte einer Überweisung an den Agrarausschuss zu.

Als nächster Redner übernahm der parlamentarische Vertreter des MELF – *Fritz Latendorf*[685] – für die CDU-Fraktion das Wort.[686] Dieser äußerte sich ebenfalls

---

(federführend) sowie den Ausschüssen für Finanzen und Innere Verwaltung überwiesen, SHLT-PlPr., 32. Tagung, 68. Sitzung am 2. Juni 1970, S. 3081–3097. Da die Ausschussberatungen zu dem Entwurf eines Erholungsgesetzes gemeinsam mit denen zum Entwurf des Landeswaldgesetzes stattfanden, erfolgt eine Erörterung der relevanten Punkte im Zusammenhang mit dem Landeswaldgesetz.

683 Hierzu und im Folgenden: SHLT-PlPr., 34. Tagung, 72. Sitzung am 16. September 1970, S. 3312 ff.

684 Siehe § 5 des Entwurfs eines Gesetzes zur Erhaltung und Förderung des Waldes vom 20. Mai 1969, BT-Drs. 5/4233.

685 *Fritz Latendorf* (*8. Februar 1924; † 12. August 2000). Nachdem *Latendorf* die Oberrealschule mit dem Abitur abgeschlossen hatte, absolvierte er eine landwirtschaftliche Fachschulausbildung bis er 1942 zum Wehrdienst eingezogen wurde. Nach seiner Entlassung aus der Kriegsgefangenschaft Ende 1945 nahm er seine landwirtschaftliche Ausbildung wieder auf und war seit 1953 als Landwirt auf einem eigenen Hof tätig. Seit 1954 war *Latendorf* auf Gemeindeebene politisch aktiv und in der Zeit von 1960–1966 Mitglied des Kreistages. Seit dem 29. Oktober 1962 (5. WP) war *Latendorf* als Mitglied der CDU-Fraktion im Schleswig-Holsteinischen Landtag vertreten, in den er auch in den nachfolgenden Wahlperioden (5. WP – 12. WP) gewählt wurde. In der 6. Wahlperiode war *Latendorf* Vorsitzender des Ausschusses für Ernährung, Landwirtschaft und Forsten und darüber hinaus in fünf weiteren Ausschüssen aktiv. Zudem war er in der 6. und 7. Wahlperiode Parlamentarischer Vertreter des Ministeriums für Ernährung, Landwirtschaft und Forsten in den Kabinetten von Dr. Lemke und Dr. Stoltenberg I, *Landtagsinformationssystem Schleswig-Holstein*, abrufbar unter URL: http://lissh.lvn.parlanet.de → Amts- und Mandatsträger: Fritz Latendorf [zuletzt abgerufen am 16. Juli 2016].

686 Im Folgenden: SHLT-PlPr., 34. Tagung, 72. Sitzung am 16. September 1970, S. 3318 ff.

umfangreich zum Betretungsrecht des Waldes und verteidigte die einschränkende Konzeption des Regierungsentwurfs. Im Übrigen empfahl er eine weitere Ausnahme für Waldflächen von unter fünf Hektar Größe und kündigte an, in den Ausschusssitzungen auch das uneingeschränkte Betretungsrecht im Staatswald einer weiteren Prüfung unterziehen zu wollen. Im Hinblick auf die zu erwartenden finanziellen Auswirkungen des Gesetzes und die Beteiligung der Kommunen beantragte der Abgeordnete *Latendorf* zum Abschluss seiner Ausführungen, den Entwurf nicht nur dem Agrarausschuss, sondern auch den Ausschüssen für Finanzen und Innere Verwaltung zur Beratung zu überweisen.

Im Anschluss wurde das Wort an den Abgeordneten *Wolfgang Ehlers* von der NPD[687] übertragen, der im Namen seiner Partei einen Antrag zum Entwurf des Waldgesetzes gestellt hatte.[688] Der Antrag – Drucksache VI/1397 – zielte darauf ab, auch den Schutz der Tierwelt und die jagdlichen Interessen im Gesetzentwurf zu berücksichtigen. Demensprechend sprach sich die NPD-Fraktion dafür aus, das Betretungsrecht generell in allen Waldbesitzarten auf die Waldwege zu beschränken und beantragte die Überweisung des Antrags an den zuständigen Ausschuss.

Weitere Stellungnahmen wurden von den Abgeordneten *Dr. Karl Becker* (SPD), *Heinz-Wilhelm Fölster* (CDU), *Heinz Klinke* (SPD) und *Berthold Bahnsen* (SSW) abgegeben, von denen die beiden folgenden Punkte noch erwähnt sein sollen. Der Abgeordnete *Dr. Becker* führte für die Begründung eines uneingeschränkten Betretungsrechts die Lage in den Bundesländern Nordrhein-Westfalen und Bayern an, in denen der Bevölkerung der vollumfängliche Zugang zum Wald gesetzlich gewährleistet worden sei.[689] Der Abgeordnete *Fölster* führte dagegen die Gefahr von Jagdunfällen bei einem freien Betretungsrecht ins Feld und regte die Regelung einer gerechten Entschädigung für die Privatwaldbesitzer an.[690]

Die erste Lesung endete mit der Überweisung des Gesetzentwurfs (Drucksache VI/1266) nebst Änderungsantrag der NPD (Drucksache VI/1397) an den Ausschuss für Ernährung, Landwirtschaft und Forsten (federführend), den Ausschuss für Finanzen und den Ausschuss für Innere Verwaltung.[691]

---

687 Der NPD gelang bei der Landtagswahl 1967 der erst- und letztmalige Einzug in das Schleswig-Holsteinische Landesparlament. Der Wahlerfolg geht auf einen bundesweiten Trend zurück, wobei die Stimmanteile bei den nachfolgenden Wahlen schon wieder bedeutungslos blieben, vgl. *Scharff/Jessen-Klingenberg*, Schleswig-Holsteinische Geschichte, S. 96 f.

688 Zum Antrag der NPD-Fraktion zum Entwurf eines Waldgesetzes vom 15. September 1970, SHLT-Drs. VI/1397. Zu den folgenden Ausführungen: SHLT-PlPr., 34. Tagung, 72. Sitzung am 16. September 1970, S. 3324 ff.

689 SHLT-PlPr., 34. Tagung, 72. Sitzung am 16. September 1970, S. 3327 f.

690 SHLT-PlPr., 34. Tagung, 72. Sitzung am 16. September 1970, S. 3328 ff.

691 SHLT-PlPr., 34. Tagung, 72. Sitzung am 16. September 1970, S. 3333.

2. *Die Beratungen in den Ausschüssen*

a) Ausschuss für Ernährung, Landwirtschaft und Forsten

Die Beratungen des *Ausschuss für Ernährung, Landwirtschaft und Forsten* hinsichtlich des Landeswaldgesetzes erstreckten sich über zehn Sitzungen im Zeitraum vom 17. September 1970 bis zum 21. Januar 1971 und wurden vom Abgeordneten *Latendorf* (CDU) als Vorsitzendem geleitet.[692] In einem Teil der Sitzungen bezogen sich die Beratungen auch auf den von der SPD eingebrachten Entwurf eines Erholungsgesetzes (Drucksache VI/1239) und den Entwurf eines Gesetzes zur Änderung des Landeswassergesetzes (Drucksache VI/1265). Der Entwurf eines Erholungsgesetzes stand dabei in Konkurrenz zu den beiden anderen Vorlagen, da die Regierung dazu neigte, den *„Gemeingebrauch"*[693] an Wald und Gewässern nicht in einem Sondergesetz, sondern in einem Landeswaldgesetz und im Landeswassergesetz zu regeln.[694]

In der ersten Zusammenkunft des Ausschusses am Tag nach der ersten Lesung wurde eine Bereisung zu einigen Seen durchgeführt und das weitere Vorgehen abgestimmt.[695] Hierzu sollten in den kommenden Sitzungen Anhörungen von verschiedenen Institutionen zu den Gesetzesentwürfen erfolgen. Entsprechend dieser Vorgabe führte der Ausschuss am 15./16. Oktober 1970 eine Anhörung zu allen drei Gesetzesentwürfen durch, die sich ausschließlich auf die Fragen des *„Gemeingebrauchs"* bezog.[696] Die Mehrheit der angehörten Institutionen sprach sich dabei für

---

692 Zu den Niederschriften über die Ausschussberatungen: SHLT-Arch Bd. Nr. XIII F 199, Dokumentation zum Waldgesetz für das Land Schleswig-Holstein vom 18. März 1971, S. 51–569.

693 Der Begriff *„Gemeingebrauch"* wurde in der Diskussion um ein Recht zum Betreten des Waldes nicht im verwaltungsrechtlichen Sinne benutzt, da man sich weitgehend darüber einig war, dass der Wald nicht zur öffentlichen Sache gewidmet war, siehe (mit weiteren Nachweisen): *Menkeberenshemke*, Das Recht zum Betreten des Waldes, S. 100; *Decker*, Das Recht zum Betreten von Wald und Feld außerhalb der Wege, S. 28 ff.; *Schröder*, DFUH 1976, S. 320 ff. (320); *Orf*, RdL 2008, S. 281 ff. (281); *Mantel*, Forstliche Rechtslehre, S. 117 ff.; a.A. *Thomas*, der vom Bestehen eines Gemeingebrauchs ausgeht, *Thomas*, BWaldG, § 14, S. 306.

694 Vgl. die Ausführungen des damaligen Landwirtschaftsminister *Dr. Engelbrecht-Greve* in der ersten Lesung des Erholungsgesetzes, SHLT-PlPr., 32. Tagung, 68. Sitzung am 2. Juni 1970, S. 3086 f.

695 SHLT-Arch Bd. Nr. XIII F 199, S. 59–60, Niederschrift über die 51. Sitzung (Bereisung) des Ausschusses für E.L.F. am 17. September 1970.

696 SHLT-Arch Bd. Nr. XIII F 199, S. 61–317, Niederschriften über die 53. und 54. (öffentliche) Sitzung des Ausschusses für E.L.F. am 15./16. Oktober 1970. Folgende Verbände und Institutionen wurden angehört: *Schleswig-Holsteinischer Landkreistag, Schleswig-Holsteinischer Fremdenverkehrsverband, Bauernverband Schleswig-Holstein, Schleswig-Holsteinischer Waldbesitzerverband, Landwirtschaftskammer, Landesverband der Landeskulturverbände, Landesjagdverband Schleswig-Holstein, Deutscher Städtetag Landesverband Schleswig-Holstein, Schleswig-Holsteinischer Gemeindetag, Deutscher Städtebund Landesverband Schleswig-Holstein, Schutzgemeinschaft*

ein einheitliches Betretungsrecht aus, das unabhängig von der Besitzart grundsätzlich auf allen Waldwegen für alle Waldflächen mit einer Größe von über fünf Hektar gelten sollte.[697] Daneben sollten mit finanzieller Unterstützung des Landes frei begehbare *Erholungswaldgebiete* geschaffen werden, wofür vorrangig der Staatswald in Anspruch genommen werden sollte. Eine unterschiedliche Auffassung bestand darüber, ob die Einschränkung des Betretungsrechts zur Nachtzeit im Gesetzentwurf aufrechterhalten werden sollte. Im Ergebnis entschied man sich dagegen. Die Vertreter der Waldbesitzer sprachen sich in der Anhörung zudem für eine großzügige Entschädigungsregelung für die Entsorgung des Abfalls aus, dessen Zunahme man durch den stärkeren Erholungsverkehr befürchtete. Am liebsten wollte man sich dabei an der nordrhein-westfälischen Regelung orientieren, nach der die Abfallstoffe auf Kosten des Landes beseitigt werden mussten.

Eine weitere Anhörung fand am 29. Oktober 1970 statt und diente dem Zweck, die nicht den *„Gemeingebrauch“* betreffenden Vorschriften der Gesetzentwürfe zu erörtern.[698] Hierbei spielte insbesondere die Frage nach der unteren Forstbehörde eine größere Rolle, wobei sich die Mehrheit dafür aussprach, diese Zuständigkeit bei den Kreislandwirtschaftsbehörden zu belassen.[699]

Deutscher Wald, Cristian-Albrechts-Universität zu Kiel Zoologisches Institut, Landesfischereiverband Schleswig-Holstein, Landessportfischerverband Schleswig-Holstein, Schleswig-Holsteinischer Heimatbund, den Landesbeauftragten für Naturschutz und Landschaftspflege, Touristenverein „Die Naturfreunde“ Verband für Touristik und Natur Landesverband Nordmark, Verein zur Pflege der Natur- und Landeskunde, Landeskanuverband, Schleswig-Holsteinischer Ruderverband, Vereinigung Schleswig-Holsteinischer Segler-Vereine, Landesverband der Reit- und Fahrvereine Bad Segeberg, Deutscher Camping-Club Landesverband Schleswig-Holstein, ADAC Gau Schleswig-Holstein.

697 Hierzu und im Folgenden: Zusammenfassung der wichtigsten Stellungnahmen durch Minister Engelbrecht-Greve in: SHLT-Arch Bd. Nr. XIII F 199, S. 439–449, Niederschrift über die 59. Sitzung des Ausschusses für E.L.F. am 19. November 1970.

698 SHLT-Arch Bd. Nr. XIII F 199, S. 318–438, Niederschrift über die 56. (öffentliche) Sitzung des Ausschusses für E.L.F. am 29. Oktober 1970. Folgende Verbände und Institutionen wurden angehört: *Bauernverband Schleswig-Holstein, Landwirtschaftskammer Schleswig-Holstein, Schleswig-Holsteinischer Waldbesitzerverband, Landesverband der Landeskulturverbände, Schleswig-Holsteinischer Landkreistag, Schleswig-Holsteinischer Gemeindetag, Deutscher Städtebund Landesverband Schleswig-Holstein, Deutscher Städtetag Landesverband Schleswig-Holstein, Bund Deutscher Forstmänner Landesverband Schleswig-Holstein im Deutschen Beamtenbund, Fachgruppe Forstbeamte und –angestellte Landesgruppe Schleswig-Holstein und Hamburg in der Gewerkschaft Gartenbau, Land- und Forstwirtschaft im DGB, Landesfischereiverband Schleswig-Holstein, Landesverband der Seen- Fluss- und Teichwirte Schleswig-Holstein, Deutscher Verein von Gas- und Wasserfachmännern, Verband der deutschen Gas- und Wasserwerke Landesgruppe Schleswig-Holstein/ Hamburg, Marschenverband Schleswig-Holstein.*

699 SHLT-Arch Bd. Nr. XIII F 199, S. 439–449, Niederschrift über die 59. Sitzung des Ausschusses für E.L.F. am 19. November 1970.

In der Sitzung des Ausschusses am 19. November 1970 einigte man sich aus rechtssystemischen Gründen darauf, nur die Entwürfe zum Landeswaldgesetz und zum Landeswassergesetz weiter zu behandeln und die wesentlichen Punkte aus dem Entwurf zu einem Erholungsgesetz bei den weiteren Beratungen zu den beiden Gesetzesentwürfen zu berücksichtigen.[700] In den nachfolgenden Sitzungen des Ausschusses für Ernährung, Landwirtschaft und Forsten am 1. Dezember 1970, 10. Dezember 1970, 7. Januar 1971 und 14. Januar 1971 erfolgte eine inhaltliche Erörterung der einzelnen Regelungen.[701] Die Meinungen der Fraktionen entzweiten sich dabei insbesondere an der konkreten Ausgestaltung des *Betretungsrechts* und dessen Ausnahmen. In einem engen Zusammenhang damit standen die Errichtung von *Erholungswäldern* und die *Entschädigung* der Privatwaldbesitzer für die Öffnung ihrer Wälder. Ebenso im Hinblick auf die Festschreibung einer *finanziellen Förderungspflicht* sowie den *Zuständigkeiten* für die fachliche Förderung und die Forstaufsicht vertrat die SPD-Fraktion eine andere Auffassung als die Ausschussmehrheit. Entgegen dem Regierungsentwurf sollte die fachliche Förderung und Forstaufsicht einheitlich durch die staatlichen Forstämter als untere Forstbehörde wahrgenommen werden. Im Ergebnis blieb die SPD-Fraktion mit ihren Änderungsvorschlägen jedoch weitgehend erfolglos. Ebenso erteilte der Ausschuss dem mitüberwiesenen Änderungsantrag der NPD-Fraktion (Drucksache VI/1397), der den Schutz der Tierwelt mit in das Gesetz aufzunehmen versuchte, eine Absage.

Am 21. Januar 1971 übermittelte der Ausschuss für Ernährung, Landwirtschaft und Forsten dem Landtag seinen Bericht und seine Änderungsvorschläge zum Entwurf des Waldgesetzes.[702] Der Ausschussentwurf war um sechs weitere Paragrafen angewachsen, die im Wesentlichen die neu eingefügten Regelungen zum Erholungswald enthielten. Des Weiteren schlug der Ausschuss vor, den Antrag der NPD-Fraktion als erledigt anzusehen.

b) Ausschuss für Innere Verwaltung

Die Beratung des Waldgesetzentwurfs erfolgte im *Innenausschuss* in zwei Sitzungen am 8. Oktober 1970 und 7. Januar 1971.[703] Hinsichtlich des *Betretungsrechts* schlug der Innenausschuss dem Ernährungsausschuss zur Vermeidung von Kompetenzkonflikten zwischen Gemeinde und Kreis vor, nur von den Gemeinden die *Herstellung von Zugängen zum Wald* zu verlangen und die Kreise bei dieser Aufgabe

---

700 SHLT-Arch Bd. Nr. XIII F 199, S. 439–449, Niederschrift über die 59. Sitzung des Ausschusses für E.L.F. am 19. November 1970.

701 Siehe dazu und im Folgenden: SHLT-Arch Bd. Nr. XIII F 199, S. 450–568, Niederschriften über die 60., 61., 62. und 63. Sitzung des Ausschusses für E.L.F. am 1. Dezember 1970, 10. Dezember 1970, 7. Januar 1971 und 14. Januar 1971.

702 SHLT-Drs. VI/1564.

703 Siehe hierzu und im Folgenden: SHLT-Arch Bd. Nr. XIII F 199, S. 570–578, Niederschriften über die 66. und 76. Sitzung des Ausschusses für Innere Verwaltung am 8. Oktober 1970 und 7. Januar 1971.

unberücksichtigt zu lassen. Im Übrigen war die Ausgestaltung der Regelungen zum *Erholungswald* Gegenstand der Beratung, wobei die finanziellen Verpflichtungen der Gemeinden, die zum Beispiel im Zusammenhang mit der Schaffung von Einrichtungen und Anlagen im Erholungswald entstehen konnten, den Schwerpunkt bildeten. Der Ausschuss schloss sodann seine Beratung und übermittelte seine Änderungsvorschläge an den federführenden Ausschuss.

c) Ausschuss für Finanzen

Die Beratung des Waldgesetzentwurfs im *Finanzausschuss* erfolgte in der Sitzung am 19. Januar 1971.[704] Im Mittelpunkt standen dabei die finanziellen Auswirkungen des Gesetzentwurfs, die sich insbesondere aus der Möglichkeit ergaben, Waldgebiete zu Erholungswäldern zu erklären. Durch die Einschränkung der Bewirtschaftung und die Kosten für die Einrichtung der Erholungswälder sah man sich mit finanziellen Mehrbelastungen konfrontiert, die zu diesem Zeitpunkt noch nicht bezifferbar waren. Der Regierungsentwurf sah zudem eine Kostenerstattung für die Privatwaldbesitzer von bis zu 50 % der Waldbrandversicherung und für die Beseitigung von Waldverunreinigungen vor. Auf Bedenken stieß auch die Verteilung der Kostenlast zwischen Land, Kreis und Gemeinde. Der Entwurf des Ernährungsausschusses sah vor, dass die Gemeinden von den Aufwendungen für die Schaffung und Unterhaltung der Einrichtungen und Anlagen im Erholungswald 50 % vom Land und 30 % von den Kreisen erstattet bekommen. Man befürchtete jedoch, dass einige finanzschwache Gemeinden auch bei der Übernahme von nur 20 % der Kosten finanziell überfordert sein könnten. Im Ergebnis sprach man sich jedoch gegen eine vollständige Kostenübernahme durch das Land aus und beließ es bei der bestehenden Regelung. Der einzige Änderungsvorschlag des Finanzausschusses bezog sich auf die *finanzielle Förderung* der Privatwaldbesitzer. Diese sollten nach Maßgabe des Landeshaushalts finanzielle Unterstützung für vordringliche forstliche Maßnahmen erhalten, die die Leistungsfähigkeit der Forstwirtschaft überschritten (§ 24 des Reg-E). Nach einem zwischenzeitlich eingefügten Vorschlag des Ernährungsausschusses, sollten solche Finanzhilfen jedoch auch für Maßnahmen gewährt werden, die den Erholungswert des Waldes für die Bevölkerung verbesserten. Der Finanzausschuss forderte die Streichung dieses Zusatzes, womit sich letztlich auch der Ernährungsausschuss in seiner 64. Sitzung am 21. Januar 1971 einverstanden erklärte.[705] Im Übrigen stimmte der Finanzausschuss dem Entwurf zu.

---

704 Siehe hierzu und im Folgenden: SHLT-Arch Bd. Nr. XIII F 199, S. 579–590, Niederschrift über die 104. Sitzung des Ausschusses für Finanzen am 19. Januar 1971.

705 SHLT-Arch Bd. Nr. XIII F 199, S. 569, Niederschrift über die 64. Sitzung des Ausschusses für E.L.F. am 21. Januar 1970.

3. Zweite Lesung des Entwurfs für ein Landeswaldgesetz am 9. Februar 1971

Die zweite Lesung erfolgte am 9. Februar 1971 im Schleswig-Holsteinischen Landtag.[706] Gegenstand der Beratung war neben dem Entwurf für ein Landeswaldgesetz und den Änderungsvorschlägen des Ernährungsausschusses auch ein von der SPD-Fraktion eingebrachter Änderungsantrag (Drucksache VI/1584), mit dem diese ihre im Ausschuss nicht durchsetzbaren Interessen weiter verfolgte.

Die zweite Lesung begann mit den Ausführungen des Abgeordneten *Latendorf* (CDU) als Berichterstatter des Ernährungsausschusses.[707] Nach einer kurzen Zusammenfassung des Ablaufs der Ausschussberatungen, begründete der Abgeordnete *Latendorf* die einzelnen Änderungsvorschläge des Ausschusses und wies das Parlament auf die Regelungen hin, über die in den Fraktionen verschiedene Auffassungen herrschten. Im Anschluss erteilte der Landtagspräsident den Fraktionen noch einmal die Möglichkeit, zu dem Gesetzentwurf eine Erklärung abzugeben. Hierzu erhielt der Abgeordnete *Hamer* (SPD) das Wort, der zunächst sein Bedauern über den Umstand bekundete, dass sich die separate Verabschiedung eines Erholungsgesetzes in den Ausschüssen nicht durchsetzen konnte.[708] Dennoch sah er einen Großteil der Forderungen der SPD-Fraktion zur Regelung des Erholungsverkehrs auch im Ausschussentwurf zum Landeswaldgesetz verwirklicht und wies dazu auf die vorhandenen Parallelen hin. Der Abgeordnete *Ehlers* (NPD) sah in dem Ausschussentwurf insbesondere seine Vorstellungen von einem auf Waldwege beschränkten Betretungsrecht realisiert.[709] Einen Rückschritt im Vergleich zum Regierungsentwurf sah *Ehlers* hingegen in der Streichung des Betretungsverbots zur Nachtzeit, wegen der damit verbundenen Belastung für die Tierwelt, insbesondere des Wildes im Wald. Der Abgeordnete *Fölster* (CDU) legte noch einmal die grundlegenden Unterschiede zwischen den Ansichten der CDU-Fraktion und den Vorstellungen der SPD-Fraktion hinsichtlich der Schaffung von Erholungswäldern, der Beteiligung der Gemeinden an den Kosten und der Forstorganisation dar.[710]

---

706 SHLT-PlPr., 39. Tagung, 81. Sitzung am 9. Februar 1971, S. 3832 ff.

707 Zu den Ausführungen des Abgeordneten *Latendorf*: SHLT-PlPr., 39. Tagung, 81. Sitzung am 9. Februar 1971, S. 3833 ff.

708 Zu den Ausführungen des Abgeordneten *Hamer*: SHLT-PlPr., 39. Tagung, 81. Sitzung am 9. Februar 1971, S. 3835 ff. In dem Bericht des Ausschusses für Ernährung, Landwirtschaft und Forsten zum Entwurf eines Gesetzes zur Änderung des Wassergesetzes des Landes Schleswig-Holstein vom 4. März 1971 (SHLT-Drs. VI/1624) schlägt dieser vor, den Entwurf der SPD-Fraktion für ein Erholungsgesetz für erledigt zu erklären. Damit war das Schicksal des Erholungsgesetzes endgültig beschieden.

709 Zu den Ausführungen des Abgeordneten *Ehlers*: SHLT-PlPr., 39. Tagung, 81. Sitzung am 9. Februar 1971, S. 3837 f.

710 Zu den Ausführungen des Abgeordneten *Fölster*: SHLT-PlPr., 39. Tagung, 81. Sitzung am 9. Februar 1971, S. 3838 ff.

An die Fraktionserklärungen schloss sich die Einzelberatung zu den Vorschriften an, wobei auch der Änderungsantrag der SPD einbezogen wurde.[711] Der Abgeordnete *Hamer* erhielt hinsichtlich der von der SPD-Fraktion vorgeschlagenen Änderungen erneut die Möglichkeit zur Begründung, die dem Antrag im Ergebnis jedoch nicht zum Erfolg verhelfen konnte. Mit Ausnahme einer peripheren Änderung im Abschnitt über den Erholungswald, erhielt der gesamte Entwurf für ein Landeswaldgesetz in der Ausschussfassung vom Parlament die Zustimmung und wurde in einer einstimmigen Schlussabstimmung angenommen.[712]

Das Waldgesetz für das Land Schleswig-Holstein wurde sodann am 18. März 1971 von Ministerpräsident *Dr. Lemke*, Finanzminister *Qualen*, Innenminister *Dr. Schlegelberger* und dem Minister für Ernährung Landwirtschaft und Forsten *Engelbrecht-Greve* ausgefertigt, am 25. März 1971 im Gesetzblatt verkündet[713] und trat am 1. Mai 1971 in Kraft.

II. Die einzelnen Regelungen im Landeswaldgesetz

Zu der nachfolgenden Darstellung der einzelnen Regelungsbereiche werden der *Referentenentwurf*[714] vom 1. Mai 1970, der *Regierungsentwurf*[715] vom 11. Juni 1970 und die im Gesetz- und Verordnungsblatt veröffentlichte *Fassung*[716] vom 18. März 1971 des Waldgesetzes für das Land Schleswig-Holstein zum Vergleich herangezogen.[717] Welche Gründe für die wichtigsten Änderungen in den verschiedenen Fassungen ausschlaggebend waren, wird dabei durch Heranziehung der Gesetzgebungsmaterialien und unter Berücksichtigung des historischen Kontextes ermittelt.

Bei einem groben Vergleich des Gesetzesaufbaus kann festgestellt werden, dass die Gliederung in acht Abschnitte vom Referentenentwurf bis zum verkündeten Landeswaldgesetz beibehalten wurde und nur die Überschriften geringfügig geändert wurden. Im Verlauf der Beratungen ist der Entwurf jedoch um einige Paragrafen angewachsen, was insbesondere auf der Einfügung der Regelungen über den Erholungswald in Abschnitt II beruht, die im Referenten- und Regierungsentwurf nicht vorgesehen waren.

---

711 Zur Einzelberatung: SHLT-PlPr., 39. Tagung, 81. Sitzung am 9. Februar 1971, S. 3840 ff.

712 Zur Schlussabstimmung: SHLT-PlPr., 39. Tagung, 81. Sitzung am 9. Februar 1971, S. 3844.

713 GVOBl. SH 1971, S. 94 ff.

714 LArch SH 786/3590.

715 SHLT-Drs. VI/1266.

716 GVOBl. SH 1971, S. 94 ff. (abgedruckt in Anhang B.I.).

717 Zur Vereinfachung werden die verschiedenen Fassungen im Folgenden als Referentenentwurf, Regierungsentwurf und Landeswaldgesetz bezeichnet, ohne dass jeweils ein Hinweis auf die Fundstelle erfolgt. Paragrafenangaben beziehen sich, soweit nicht anders gekennzeichnet, auf die verabschiedete Fassung des Landeswaldgesetzes.

Referentenentwurf (1. Mai 1970)	Regierungsentwurf (11. Juni 1970)	Landeswaldgesetz (18. März 1971)
§ 1		
Abschnitt I: Allgemeine Vorschriften §§ 2, 3, 4	Abschnitt I: Allgemeine Vorschriften §§ 1, 2, 3, 4	Abschnitt I: Allgemeine Vorschriften §§ 1, 2, 3, 4
Abschnitt II: Betreten des Waldes §§ 5, 5a, 6, 7, 8	Abschnitt II: Betreten des Waldes §§ 5, 6, 7, 8, 9, 10	Abschnitt II: Betreten des Waldes §§ 5, 6, 7, 8, 9, 10, 11, 12, 13, 14, 15, 16
Abschnitt III: Waldpflege und Bewirtschaftung §§ 9, 10, 10b	Abschnitt III: Waldpflege und Bewirtschaftung §§ 11, 12	Abschnitt III: Waldpflege und Bewirtschaftung §§ 17, 18
Abschnitt IV: Walderhaltung §§ 11, 12, 13, 13a, 14, 15, 16	Abschnitt IV: Walderhaltung §§ 13, 14, 15, 16, 17, 18, 19	Abschnitt IV: Walderhaltung §§ 19, 20, 21, 22, 23, 24, 25
Abschnitt V: Waldschutz §§ 17, 18, 19	Abschnitt V: Forstschutz §§ 20, 21	Abschnitt V: Forstschutz §§ 26,27
Abschnitt VI: Förderung und Betreuung der Forstwirtschaft §§ 20, 20a, 21	Abschnitt VI: Förderung und Betreuung der Forstwirtschaft §§ 22, 23, 24	Abschnitt VI: Förderung der Forstwirtschaft §§ 28, 29, 30
Abschnitt VII: Forstaufsicht §§ 22, 22a, 23, 24, 25	Abschnitt VII: Forstaufsicht und Forstbehörden §§ 25, 26, 27, 28, 29	Abschnitt VII: Forstaufsicht und Forstbehörden §§ 31, 32, 33, 34, 35
Abschnitt VIII: Schluß- und Ahndungsvorschriften §§ 26, 27, 28, 28a, 29	Abschnitt VIII: Schluß- und Ahndungsvorschriften §§ 30, 31, 32, 33, 34	Abschnitt VIII: Schluß- und Ahndungsvorschriften §§ 36, 37, 38, 39, 40

Die Gesetzgebungskompetenz für die Regelungen im Schleswig-Holsteinischen Landeswaldgesetz stützte der Gesetzgeber auf die ausschließliche Gesetzgebungskompetenz der Länder gem. Art. 30 GG und die konkurrierende

Gesetzgebungskompetenz gem. Art. 74 GG.[718] Nach Art. 30 GG stehen den Ländern die Ausübung der staatlichen Gewalt und die Erfüllung der staatlichen Aufgaben zu, soweit das Grundgesetz keine andere Regelung trifft oder zulässt. Zur *ausschließlichen Gesetzgebungskompetenz* der Länder gehören danach die Vorschriften zur Verwaltung des Staatswaldes, die Vorschriften über die forstliche Vermögensverwaltung der unter Rechtsaufsicht des Staates stehenden juristischen Personen und die Organisation der öffentlichen Forstverwaltung.[719] Hinsichtlich der *konkurrierenden Gesetzgebung* weist der Katalog in Art. 74 GG den Ländern die Befugnis zur Gesetzgebung für die *Förderung der forstwirtschaftlichen Erzeugung* und die *Ein- und Ausfuhr forstwirtschaftlicher Produkte* (Nr. 17), das *Bodenrecht* (Nr. 18) den *Schutz beim Verkehr mit forstwirtschaftlichem Saat- und Pflanzgut und den Schutz der Bäume und Pflanzen gegen Krankheiten und Schädlinge* (Nr. 20) zu, solange und soweit der Bund von seiner Gesetzgebungskompetenz keinen Gebrauch macht (Art. 72 Abs. 1 GG). Obwohl ein allgemeines Bundeswaldgesetz im Verlauf der Gesetzesberatungen zum Schleswig-Holsteinischen Landeswaldgesetz noch nicht zustande gekommen war, hatte der Bundesgesetzgeber seine Gesetzgebungsbefugnis zu diesem Zeitpunkt bereits in einigen Teilbereichen ausgeübt.[720] Daneben hatte der Bund das Recht gem. Art. 75 GG Rahmenvorschriften über das *Jagdwesen, den Naturschutz, die Landschaftspflege* (Nr. 3) sowie über die *Bodenverteilung* und die *Raumordnung* (Nr. 4) zu erlassen, wenn ein Bedürfnis für eine bundesgesetzliche Regelung bestand (Art. 72 Abs. 2 GG).

Bei der Erstellung des Entwurfs haben sich die Verfasser laut Gesetzesbegründung an den neueren Forstgesetzen anderer Bundesländer, insbesondere am *Nordrhein-Westfälischen* und am *Hessischen Landeswaldgesetz*, orientiert und zum Betretungsrecht das *dänische Naturschutzgesetz* und den *Entwurf für ein bayerisches Naturschutzgesetz* herangezogen.[721]

1. Allgemeine Vorschriften

Der erste Abschnitt des Schleswig-Holsteinischen Landeswaldgesetzes begann mit der Voranstellung einer *Grundsatzbestimmung* und enthielt daneben allgemeine Vorschriften über den *Geltungsbereich* und *Begriffsdefinitionen.*

In § 1 des Landeswaldgesetzes ist das wesentliche Leitziel des Gesetzes festgehalten worden, das darin bestand, den Wald *„wegen seines wirtschaftlichen Wertes, seiner Wohlfahrtswirkungen und seiner Bedeutung für die Umwelt des Menschen*

718 Begründung zum RegE, SHLT-Drs. VI/1266, S. 20.

719 Begründung zum RegE, SHLT-Drs. VI/1266, S. 20.

720 *„Gesetz über forstliches Saat- und Pflanzgut“* vom 25. September 1957 (BGBl. I 1957, S. 1388 ff.), *„Gesetz zum Ausgleich von Schäden infolge besonderer Naturereignisse in der Forstwirtschaft (Forstschäden-Ausgleichsgesetz)“* vom 29. August 1969 (BGBl. I 1969, S. 1533 ff.), *„Gesetz über forstwirtschaftliche Zusammenschlüsse“* vom 1. September 1969 (BGBl. I 1969, S. 1543 ff.).

721 Begründung zum RegE, SHLT-Drs. VI/1266, S. 24.

zu erhalten und unter Beachtung des Landschaftsbildes nach Möglichkeit in seinem Bestande zu mehren". Während der Referentenentwurf die Wohlfahrtswirkungen noch im Einzelnen aufzählte (*„günstiger Einfluss auf den Wasserhaushalt, die Bodenfruchtbarkeit, das Klima und die Reinhaltung der Luft"*, *„wesentlicher Bestandteil unserer Lebensgrundlagen"*) und § 1 dem ersten Abschnitt voranstellte, entschwand der Begriff *„Wohlfahrtswirkungen"* wieder aus dem Regierungsentwurf. Die SPD-Fraktion kritisierte bereits in der ersten Lesung die unzureichende Betonung der Sozialfunktion des Waldes im Regierungsentwurf und konnte sich in den Ausschussberatungen letztendlich damit durchsetzen, die Wohlfahrtswirkungen auch in den Wortlaut von § 1 aufzunehmen.[722]

Als weiteres Ziel formulierte § 1 LWaldG die gerechte Abwägung der Rechte und Pflichten der Waldbesitzer mit den Interessen des Gemeinwohls. Damit wollte der Gesetzgeber in erster Linie dafür Sorge tragen, dass ein gerechter Ausgleich zwischen der Gewährleistung des Waldeigentums auf der einen Seite und der besonderen Sozialpflichtigkeit des Eigentums im Hinblick auf das Betretungsrecht und die sonstigen Einschränkungen der Dispositionsbefugnis des Waldbesitzers (*Pflicht zur ordnungsgemäßen Bewirtschaftung, Wiederaufforstungsgebot* und *Umwandlungsverbot*) auf der anderen Seite herbeigeführt wird.[723] Im zweiten Absatz der Vorschrift stellte der Gesetzgeber sodann drei grundsätzliche Verpflichtungen auf, wonach *„alle"* den Wald im Rahmen des Gesetzes zu schützen hatten, der Waldbesitzer die Lebens- und Ertragsfähigkeit des Waldes zu erhalten und der Staat den Wald zu fördern hatte. Der Änderungsantrag der NPD-Fraktion zum Landeswaldgesetz zielte darauf ab, auch die Tierwelt wegen ihrer besonderen Schutzbedürftigkeit in die Grundsatzbestimmung in § 1 aufzunehmen.[724] Dieses Anliegen wurde jedoch von der Mehrzahl der Ausschussmitglieder mit der Begründung abgelehnt, dass ansonsten auch weitere Begriffe, wie zum Beispiel die *„Pflanzenwelt"*, hätten aufgenommen werden müssen, womit eine unklare Rechtssituation geschaffen worden wäre.[725] Außerdem habe man Fragen, die in bedenklicher Nähe zum Tierschutzgesetz, zum Naturschutzgesetz und zum Jagdgesetz standen, nicht im Waldgesetz regeln wollen. Zudem sei der Schutz der Tierwelt in § 9 des Regierungsentwurfs ausreichend gewährleistet.[726]

---

722 SHLT-PlPr., 34. Tagung, 72. Sitzung am 16. September 1970, S. 3313; SHLT-Arch Bd. Nr. XIII F 199, S. 469, 508, Niederschrift über die 61. Sitzung des Ausschusses für E.L.F. am 10. Dezember 1970, S. 3 f. und Niederschrift über die 62. Sitzung des Ausschusses für E.L.F. am 7. Januar 1971, S. 8 f.

723 Begründung zum RegE, SHLT-Drs. VI/1266, S. 24 f.

724 SHLT-Drs. VI/1397.

725 Hierzu und im Folgenden: SHLT-Arch Bd. Nr. XIII F 199, S. 471, Niederschrift über die 61. Sitzung des Ausschusses für E.L.F. am 10. Dezember 1970, S. 4 f.

726 Nach § 9 des RegE waren die Waldbesucher verpflichtet, die Ruhe und Ordnung im Wald nicht zu stören und keine Eingriffe in die natürliche Lebensgemeinschaft des Waldes vorzunehmen oder Tiere zu beunruhigen.

Der *Geltungsbereich* des Landeswaldgesetzes sollte sich gem. § 2 LWaldG unabhängig von der Besitzart auf alle Wälder erstrecken und damit, vorbehaltlich besonderer Bestimmungen, gleichermaßen für den Staats-, Körperschafts- und Privatwald gelten.

Staatswald im Sinne des Gesetzes waren *„Wälder im Eigentum des Landes Schleswig-Holstein, eines anderen deutschen Landes oder des Bundes"*. Unter *Körperschaftswald* verstand das Gesetz die *„Wälder im Eigentum der Gemeinden, Kreise, Zweckverbände oder der Körperschaften, Stiftungen und Anstalten öffentlichen Rechts"*. Als *Privatwald* galten alle übrigen Wälder.

In § 3 des Landeswaldgesetzes folgte sodann eine Definition des Begriffes *„Wald"*, worunter das Gesetz *„jede mit Waldbäumen bestockte Grundfläche"* verstand. Da das Walderhaltungsgesetz von 1950 keine Begriffsbestimmung für *„Wald"* enthielt, sah man eine solche zur Abgrenzung des sachlichen Anwendungsbereiches als unerlässlich an.[727] Nach der Gesetzesbegründung hat man den Begriff *„Forst"* aufgrund seiner gedanklichen Verknüpfung mit der forstlichen Bewirtschaftung nicht verwendet und sich für den umfassenderen Begriff *„Wald"* entschieden.[728] Zum Wald hinzu gezählt wurden außerdem *„im Wald liegende oder mit ihm verbundene Kahlflächen, Blößen, Wildäsungsflächen, Holzlagerplätze, Wege, Sicherungs- und Windschutzstreifen und ähnliche dem Wald dienende Flächen"*. Ausgenommen waren ausdrücklich *„einzelne Baumgruppen, Baumreihen, außerhalb vom Wald gelegene Weihnachtsbaum- und Schmuckreisigkulturen*[729]*, Baumschulen und Parkanlagen"*. Die NPD-Fraktion regte im Verlauf der ersten Lesung eine Präzisierung des Waldbegriffs durch Aufnahme einer Mindestgrößenangabe an.[730] Da in Schleswig-Holstein jedoch auch die kleinen Waldflächen wichtige Funktionen ausüben konnten, haben die Verfasser des Regierungsentwurfs eine solche Regelung für nicht zweckmäßig gehalten und sich bewusst gegen eine Ausklammerung dieser aus dem Anwendungsbereich des Gesetzes entschieden.[731]

---

727 Begründung zum RegE, SHLT-Drs. VI/1266, S. 25.

728 Im Entwurf zu einem Reichsforstgesetz von 1942 hat man Wald noch folgendermaßen definiert: *„Wald (Waldung, Forst) im Sinne dieses Gesetzes ist jede Grundfläche, die zur Erzeugung von Holz oder zu forstlicher Nebennutzung dient oder bestimmt ist."* (§ 11 E-RForstG (1942), BArch R 2/4724). Im Landeswaldgesetz von 1971 wollte man den Waldbegriff aus Gründen der Normenklarheit unabhängig von seiner Eigenschaft zur Holzerzeugung oder von günstigen Wirkungen auf Klima, Luft, Wasser, Boden, Tiere, Menschen oder landwirtschaftlichen Kulturen definieren, da es sich dabei um schwer nachprüfbare Merkmale handele, die eine Anwendung des Gesetzes erschweren könnten (Begründung zum RegE, SHLT-Drs. VI/1266, S. 26).

729 Weihnachtsbaum- und Schmuckreisigkulturen sind feldmäßig angelegt und sollten aufgrund ihres Charakters einer nur vorübergehenden Nutzung vom Gesetz ausgenommen werden (Begründung zum RegE, SHLT-Drs. VI/1266, S. 26).

730 SHLT-PlPr., 34. Tagung, 72. Sitzung am 16. September 1970, S. 3324 f.

731 Begründung zum RegE, SHLT-Drs. VI/1266, S. 26.

Als *„Waldbesitzer"* wurden in § 4 des Landeswaldgesetzes *„der Waldeigentümer und der Nutzungsberechtigte, sofern dieser unmittelbarer Besitzer des Waldes ist"*, definiert. Die Nutzungsberechtigung konnte laut Gesetzesbegründung auf dinglicher oder privatrechtlicher (z.B. Pacht) Grundlage beruhen.[732] *Forstnutzungsberechtigte* fielen hingegen nicht unter den Begriff des Waldbesitzers, da das Forstnutzungsrecht dem Inhaber kein Recht zum Besitz vermittelt.

Bei einem Vergleich des Referentenentwurfs mit dem Regierungsentwurf und der verkündeten Fassung des Landeswaldgesetzes kann festgestellt werden, dass es im parlamentarischen Gesetzgebungsprozess zu keinen bedeutsamen Änderungen im ersten Abschnitt gekommen ist.

2. Betreten des Waldes

Die Vorschriften im *zweiten Abschnitt* des Landeswaldgesetzes regelten das *Recht zum Betreten des Waldes.* Da die Erholungsfunktion des Waldes zunehmend an Bedeutung gewonnen und das Betretungsrecht in Schleswig-Holstein bislang keine Normierung erfahren hatte, war es ein Hauptanliegen des Gesetzgebers, dafür eine rechtliche Grundlage zu schaffen. Die unterschiedlichen Vorstellungen der im Landtag vertretenen Fraktion und der im Rahmen der Ausschussberatungen angehörten Institutionen über Umfang und Ausgestaltung des Betretungsrechts führten dazu, dass diese Frage im gesamten Gesetzgebungsprozess kontrovers diskutiert wurde und einen zentralen Beratungsgegenstand bildete. Der Gesetzgeber stand dabei vor der Herausforderung, *„im Rahmen der verfassungsmäßigen Ordnung die Gewährleistung des Eigentums mit der besonderen Sozialpflichtigkeit des Waldeigentums im Interesse des Allgemeinwohls in Einklang zu bringen"*[733].

a) Verfassungsrechtliche Grundlagen

Hauptanknüpfungspunkt für die Regelung des Waldbetretungsrechts ist Art. 14 GG, worin das Eigentum als Grundrecht verfassungsrechtlich geschützt und als Institut gewährleistet wird.[734] Für den Gesetzgeber ging es dabei um die Frage, inwieweit das Betreten der Wälder in das verfassungsrechtlich geschützte Recht der Waldeigentümer eingreift. Art 14 Abs. 1 GG lautet:

> *„(1) Das Eigentum und das Erbrecht werden gewährleistet. Inhalt und Schranken werden durch die Gesetze bestimmt."*

---

732 Hierzu und im Folgenden: Begründung zum RegE, SHLT-Drs. VI/1266, S. 26.

733 Begründung zum RegE, SHLT-Drs. VI/1266, S. 22.

734 *Hamann/Lenz*, Grundgesetz Kommentar, 1970, Art. 14 Rn. 1, 3; Zum Inhalt der Institutsgarantie siehe: BVerfG, Entscheidung vom 18. Dezember 1968 – 1 BvR 638/64, 1 BvR 673/64, 1 BvR 200/56, 1 BvR 238/56, 1 BvR 249/56 –, BVerfGE 24, 367 – *„Die Institutsgarantie verbietet, solche Sachbereiche der Privatrechtsordnung zu entziehen, die zum elementaren Bestand grundrechtlich geschützter Betätigung im vermögensrechtlichen Bereich gehören"*.

Eine inhaltliche Bestimmung des Eigentumsbegriffs nimmt das Grundgesetz nicht vor, sondern überlässt dem Gesetzgeber gem. Art. 14 Abs. 1 S. 2 GG den Inhalt und die Schranken des Eigentums zu bestimmen. Der in Art 14 Abs. 1 S. 2 GG statuierte Grundsatz legt demnach fest, dass das Eigentum nicht schrankenlos gewährleistet wird. Auch die zivilrechtlichen Befugnisse des Eigentümers und seine Verfügungsfreiheit sind nicht grenzenlos, sondern werden durch entgegenstehende gesetzliche Vorschriften und die Rechte Dritter begrenzt.[735] Von großer Bedeutung in diesem Zusammenhang ist § 903 BGB, der die zivilrechtlichen Befugnisse des Eigentümers regelt. Danach kann der Eigentümer einer Sache damit zwar grundsätzlich nach Belieben verfahren und andere von jeder Einwirkung ausschließen; dies gilt jedoch nicht, soweit das Gesetz oder Rechte Dritter entgegenstehen. Bei der Ausgestaltung der gesetzlichen Schranken muss der Gesetzgeber die grundgesetzlichen Wertentscheidungen und Prinzipien abwägen und ist seinerseits an die Wesensgehaltsschranke in Art. 19 Abs. 2 GG gebunden.[736] Die darin festgelegte Wesensgehaltsgarantie bestimmt, dass kein Grundrecht in seinem Wesensgehalt angetastet werden darf. Elementarer Bestandteil des zivilrechtlichen Eigentums, d.h. zum Wesensgehalt zählend, ist dabei seine Bestimmung zum privaten Nutzen und die freie Dispositionsbefugnis des Eigentümers.[737] Nach der Rechtsprechung des Bundesverfassungsgerichts zu den Grenzen der Befugnis des Gesetzgebers heißt es in einer Entscheidung aus dem Jahre 1967:

> *„Inhalt und Schranken des Eigentums dürfen nicht in einer Weise bestimmt werden, die sachwidrig ist und in die Interessen der Beteiligten ohne Grund oder übermäßig eingreift (BVerfGE 14, 263 (278); 18, 121 (132)). Eine Regelung nach Art. 14 Abs. 1 Satz 2 GG steht, mit anderen Worten, unter dem Grundsatz der Verhältnismäßigkeit (BVerfGE 8, 71 (80)); die Einschränkung der Eigentümerbefugnisse muß zur Erreichung des angestrebten Zieles geeignet und notwendig, sie darf nicht übermäßig belastend und deshalb unzumutbar sein.“*[738]

Eine Konkretisierung der Eigentumsbindung enthalten Art. 14 Abs. 2 und Abs. 3 GG, worin die Sozialpflichtigkeit des Eigentums und die entschädigungspflichtige Enteignung geregelt werden.

> *„(2) Eigentum verpflichtet. Sein Gebrauch soll zugleich dem Wohle der Allgemeinheit dienen.*
>
> *(3) Eine Enteignung ist nur zum Wohle der Allgemeinheit zulässig. Sie darf nur durch Gesetz oder aufgrund eines Gesetzes erfolgen, das Art und Ausmaß der Entschädigung regelt. Die Entschädigung ist unter gerechter Abwägung der Interessen der Allgemeinheit und der Beteiligten zu bestimmen. Wegen der Höhe der Entschädigung steht im Streitfalle der Rechtsweg vor den ordentlichen Gerichten offen.“*

---

735 *Nießlein*, Waldeigentum und Gesellschaft, S. 62 f.

736 *Hamann/Lenz*, Grundgesetz Kommentar, 1970, Art. 14 Rn. 4.

737 *Schalburg*, DFuH 1969, S. 451 ff. (451).

738 BVerfG, Entscheidung vom 14. Februar 1967–1 BvL 17/63 –, BVerfGE 21, 150, Rn. 17.

Der Eigentümer muss den in Art. 14 Abs. 2 GG festgehaltenen Grundsatz der Sozialpflichtigkeit berücksichtigen und den Gebrauch seines Eigentums so einrichten, dass er gleichzeitig dem Allgemeinwohl dient.[739] Eine besondere Schwierigkeit für den Gesetzgeber lag zur Zeit der Gesetzesberatung in der Abgrenzung zwischen einer vom Eigentümer wegen der Sozialpflichtigkeit entschädigungslos hinzunehmenden Einschränkung des Eigentums und einer entschädigungspflichtigen Enteignung. Die Rechtsprechung zu dieser Frage war noch nicht gefestigt und wurde ständig fortentwickelt. Die Grenzziehung musste dabei im Einzelfall von den Gerichten vorgenommen werden und konnte nicht abstrakt festgelegt werden, da der Inhalt und die Funktion des Eigentums an die jeweiligen gesellschaftlichen Verhältnisse angepasst werden mussten und eine Einschränkung auch situationsgebunden gerechtfertigt sein konnte.[740] Über die Jahre hinweg wurden in der Literatur und Rechtsprechung verschiedene Theorien entwickelt, mit denen eine Abgrenzung zwischen Sozialpflichtigkeit des Eigentums und einer entschädigungspflichtigen Enteignung im Einzelfall erfolgen sollte.[741] Für den Fall, dass ein hoheitlicher Akt das Waldeigentum betraf, musste bei dieser Abgrenzung außerdem die Besonderheit beachtet werden, dass das Waldeigentum aus seiner historischen Entwicklung heraus mit einer gesteigerten Sozialpflichtigkeit verbunden ist, da der Besitz und die Nutzung stets in irgendeiner Form beschränkt waren.[742]

Dem Schleswig-Holsteinischen Gesetzgeber oblag damit die Aufgabe, das Betretungsrecht und die sonstigen den Waldeigentümer in seiner Verfügungsgewalt beschränkenden Regelungen im Rahmen der Sozialbindung des Waldeigentums auszugestalten und einen enteignenden oder enteignungsgleichen Eingriff in die Rechte der Waldbesitzer zu vermeiden.

739 *Hamann/Lenz*, Grundgesetz Kommentar, 1970, Art. 14 Rn. 5.

740 *Menkeberenshemke*, Das Recht zum Betreten des Waldes, S. 220 ff.; *Badura*, DFuH 1976, S. 237 ff. (242).

741 Siehe hierzu: *Hasel*, FwCbl. 1963, S. 100 ff.; *Nießlein*, Waldeigentum und Gesellschaft, S. 62 ff.; *Menkeberenshemke*, Das Recht zum Betreten des Waldes, S. 220 ff.; *Badura*, DFuH 1976, S. 237 ff. (240 ff.); *Leisner*, AgrarR 1977, S. 356 ff.; *Ebersbach*, AgrarR 1972, S. 129 ff.; *Kimminich*, AgrarR 1980, S. 177 ff.; *Mantel*, Forstliche Rechtslehre, S. 130 ff.; Aus der älteren Rechtsprechung sind insbesondere drei Leitfälle zur Sozialpflichtigkeit des Grundeigentums von Bedeutung. Das *„Pappelurteil"* (BVerwG, Urteil vom 21. Juni 1956 – I C 202.54 –, BVerwGE 3, 335–341), das *„Grünflächenurteil"* (BGH, Urteil vom 20. Dezember 1956 – III ZR 82/55 –, BGHZ 23, 30–35) und das *„Buchendomurteil"* (BGH, Urteil vom 25. März 1957 – III ZR 253/55 –, juris) siehe: *Klose/Orf*, Forstrecht, § 5 Rn. 32, 32a.

742 Begründung zum RegE, SHLT-Drs. VI/1266, S. 23; *Menkeberenshemke*, Das Recht zum Betreten des Waldes, S. 230; *Ebersbach*, AgrarR 1972, S. 129 ff. (129); *Mantel*, Forstliche Rechtslehre, S. 130.

b) Rechtslage bis 1970

Bevor es zu einer Normierung des Betretungsrechts im Bundeswaldgesetz und in den Waldgesetzen der Länder kam, bestand eine uneinheitliche und weitgehend unklare Rechtslage in Deutschland. Unter bestimmten Voraussetzungen war das Betreten des Waldes strafrechtlich sanktioniert. So verbot § 368 Nr. 9 StGB das Gehen, Reiten, Fahren und Viehtreiben in eingefriedeten Schonungen und auf Privatwegen, deren Betreten durch Warnzeichen untersagt war.[743] Außerdem galt in Schleswig-Holstein weiterhin das preußische *„Feld- und Forstpolizeigesetz“*[744] von 1880. Nach § 36 dieses Gesetzes wurde bestraft, wer sich unbefugt auf Forstgrundstücken außerhalb der öffentlichen Wege und solcher Wege, die er benutzen durfte, aufhielt und dabei ein Werkzeug zum Holzfällen oder ein ähnliches Gerät mit sich führte. Auch das Übersteigen von Einfriedungen, das Betreten von Forstkulturen und das Betreten solcher Flächen, auf denen gerade Waldarbeiten stattfanden, waren mit Strafe bedroht.

Eine positivrechtliche Regelung enthielt das preußische *„Gesetz zur Erhaltung des Baumbestandes und Erhaltung und Freigabe von Uferwegen im Interesse der Volksgesundheit“*[745] von 1922, das jedoch nur bedingt auf Waldflächen anwendbar war.[746] Eindeutiger formulierte die Bayerische Verfassung von 1946 das Waldbetretungsrecht in Art. 141 Abs. 3:

> *„Der Genuß der Naturschönheiten und die Erholung in der freien Natur, insbesondere das Betreten von Wald und Bergweide, das Befahren der Gewässer und die Aneignung wildwachsender Früchte in ortsüblichem Umfang ist jedermann gestattet. Staat und Gemeinde sind berechtigt und verpflichtet, der Allgemeinheit die Zugänge zu Bergen, Seen, Flüssen und sonstigen landschaftlichen Schönheiten freizuhalten und allenfalls durch Einschränkungen des Eigentumsrechts freizumachen sowie Wanderwege und Erholungsparks anzulegen.“*[747]

---

743 Strafgesetzbuch vom 15. Mai 1871 (RGBl. 1871, S. 127 ff.) in der Fassung der Bekanntmachung vom 1. September 1969 (BGBl. I 1969, S. 1449 ff.). Mit Art. 19 Nr. 206 *„Einführungsgesetz zum Strafgesetzbuch“* vom 2. März 1974 (BGBl. I 1974, S. 469 ff. (500) wurde die Vorschrift aufgehoben.

744 GS 1880, S. 230 ff.

745 PrGS 1922, S. 213 ff.; § 1 des Gesetzes lautete: *„Der Provinzialausschuß [...] bestimmt [...] welche Baumbestände und Grünflächen in Großstädten oder in der Nähe von Großstädten, in der Nähe von Bade- oder Kurorten oder in Industriegebieten aus Rücksicht auf die Volksgesundheit oder als Erholungsstätten der Bevölkerung zu erhalten sind, und welche Uferwege an Seen und Wasserläufen neben den bestehenden öffentlichen Wegen dem Fußgängerverkehr zwecks Förderung des Wanderns dienen sollen.“*

746 *Klose/Orf*, Forstrecht, § 14 Rn. 2.

747 Art. 141 Abs. 3 der *„Verfassung des Freistaates Bayern“* vom 2. Dezember 1946, GVOBl. BY 1946, S. 333 ff.

Dabei handelte es sich jedoch um eine einmalige Verfassungsnorm, die den Verfassungen der übrigen Länder fremd war.[748]

Mangels eindeutiger positivrechtlicher Regelung eines Waldbetretungsrechts in den übrigen Bundesländern und aufgrund des zunehmenden Erholungsbedürfnisses der Bevölkerung wurde in der Literatur das Bestehen eines *„Gewohnheitsrechts zum Betreten des Waldes"* diskutiert und überwiegend bejaht.[749] Wie aus einer gutachterlichen Stellungnahme des Schleswig-Holsteinischen Justizministeriums vom 13. Juli 1970 hervorgeht, ging dieses ebenfalls von der Herausbildung eines gewohnheitsrechtlichen Betretungsrechts in Schleswig-Holstein aus.[750] Aus der Begründung zum Regierungsentwurf für ein Schleswig-Holsteinisches Waldgesetz geht zudem hervor, dass der Wald – unabhängig vom Bestehen eines Gewohnheitsrechts zum Betreten des Waldes – weitgehend auch ohne Erlaubnis der Waldbesitzer von der Bevölkerung auf den Wegen in tatsächlicher Hinsicht betreten wurde, soweit er nicht ausdrücklich gesperrt war.[751]

In der Rechtsprechung war das Waldbetretungsrecht eher selten Entscheidungsgegenstand. Aus der älteren Rechtsprechung sind drei Entscheidungen des *OLG Braunschweig* zu erwähnen, nach denen ein Betretungsrecht des Waldes auch außerhalb der Waldwege auf gewohnheitsrechtlicher Grundlage anerkannt wurde.[752] Nach Gründung der Bundesrepublik bis zur Verabschiedung des

---

748 *Menkeberenshemke*, Das Recht zum Betreten des Waldes, S. 98.

749 *Klose/Orf*, Forstrecht, § 14 Rn. 3, m.w.N.; *Menkeberenshemke*, Das Recht zum Betreten des Waldes, S. 100 ff. m.w.N.; Gegen ein Betretungsrecht auf gewohnheitsrechtlicher Grundlage: *Decker*, Das Recht zum Betreten von Wald und Feld außerhalb der Wege, S. 36 ff. (75); differenzierend: *Endres*, BWaldG, § 14 Rn. 2 ff.; *Mantel*, Forstliche Rechtslehre, S. 119 f. (121): *„Man wird daher besser nicht von einem gewohnheitsrechtlich entstandenen Waldbetretensrecht sprechen, sondern von einem Brauch, nach dem das Betreten des Waldes im Rahmen der vom Waldeigentümer und von der Forstpolizei bestimmten Beschränkungen üblich ist, ohne daß diese Übung auf einer Rechtsnorm beruhen würde."*

750 Gutachterliche Stellungnahme des Schleswig-Holsteinischen Justizministeriums vom 13. Juli 1970 zur Prüfung der Frage, ob es verfassungsrechtlich erforderlich ist, das Betretungsrecht im Privatwald auf Waldwege zu beschränken, LArch SH 786/3590.

751 Begründung zum RegE, SHLT-Drs. VI/1266, S. 27; In der öffentlichen Anhörung vertrat der Vertreter des Schleswig-Holsteinischen Waldbesitzerverbandes die Auffassung, dass schätzungsweise 90–95 % des Privatwaldes für die Öffentlichkeit bereits auf Wegen zugänglich sei. Von dieser Schätzung ausgenommen waren Flächen, die aus forstschützenden oder betriebswirtschaftlichen Gründen gesperrt waren, z.B. Forstkulturen (ca. 30 % der Fläche), siehe Ausführungen von Herrn *Dr. Peters*, SHLT-Arch Bd. Nr. XIII F 199, S. 61–170, Niederschrift über die 53. (öffentliche) Sitzung des Ausschusses für E.L.F. am 15. Oktober 1970 (40 ff.)

752 Vgl. *Decker*, Das Recht zum Betreten von Wald und Feld außerhalb der Wege, S. 46 f. und *Menkeberenshemke*, Das Recht zum Betreten des Waldes, S. 99 f.; OLG Braunschweig, ZfRpfl BS, Bd. 27, 1880, S. 14 ff: Die Entscheidung erging zum Forststrafrecht,

Bundeswaldgesetzes 1975 war das Betretungsrecht zudem vereinzelt Gegenstand der Rechtsprechung in Bayern zu Art. 141 der Landesverfassung. In einer Entscheidung des *Bayerischen Verfassungsgerichtshofs* vom 24. Februar 1950 wird festgehalten, dass Art. 141 Abs. 3 S. 1 der Bayerischen Verfassung dem Einzelnen ein verfassungsmäßiges Recht zum Betreten des Waldes vermittele.[753] In Anknüpfung an diese Rechtsprechung hat der *Bayerische Verfassungsgerichtshof* in einer weiteren Entscheidung vom 13. Oktober 1951 das Recht zum Betreten des Waldes als Grundrecht der Bayerischen Verfassung eingestuft, wobei das Gericht davon ausging, dass es in Bayern schon immer ein Gewohnheitsrecht zum Betreten des

---

wobei das Gericht feststellte, dass das einfache Gehen im Wald aus gesetzessystematischen Gründen als straflos betrachtet werden müsse. OLG Braunschweig, ZfRpfl BS, 1900, Bd. 47, S. 127 ff: In der ebenfalls zum Forststrafrecht ergangenen Entscheidung führt das Gericht aus: *„Darin ist den Angeklagten beizustimmen, daß das Eigenthum am Walde nicht von dem sonst zur Herrschaft gelangten Eigenthumsbegriffe, demzufolge der Eigenthümer über eine Sache nach seinem Willen frei verfügen und andere Personen von der Einwirkung darauf ausschließen kann, gedeckt wird. Die geschichtliche Entwicklung der Rechtsverhältnisse am Walde, forstpolizeiliche und Landeskultur-Rücksichten haben bewirkt, daß der Waldeigenthümer eine beschränkte Nutzung von dritter Seite zu dulden hat und daß seine eigene Benutzungsfreiheit sich mehr oder minder eingeschränkt findet."* Weiter führt das Gericht aus: *„Wie es hier zu Lande als Rechtens angesehen werden muß, daß Jedermann die Befugnis zusteht, den Wald zu betreten und darin sowohl auf Wegen, als außerhalb derselben zu gehen."* Dennoch sah das Gericht eine Sperrung von Waldwegen aus forstpolizeilichen oder der Forstkultur dienenden Zwecken als möglich an. Das Gehen auf zu Recht gesperrten Wegen konnte dementsprechend auch forststrafrechtlich geahndet werden (OLG Braunschweig, Urteil vom 10. April 1900); OLG Braunschweig, ZfRpfl BS, Bd. 78, 1932, S. 20 ff: In dieser zivilrechtlichen Entscheidung erkennt das Gericht den *„Gemeingebrauch"* am Wald zwar grundsätzlich an, will aber eine Sperrung zulassen: *„Dem Landgericht ist unbedenklich darin beizutreten, daß auszugehen ist von dem nach braunschw. Recht bestehenden Gemeingebrauch am Walde, kraft dessen jedermann den Wald auf den Wegen und außerhalb ihrer betreten darf. Dieser Gemeingebrauch kann aber aus Gründen der Forstpolizei oder der Forstkultur eingeschränkt [...] werden, [...]."* Bei seiner Entscheidung stellt das Gericht darauf ab, ob es sich um ein Privatweg oder um einen durch Widmung oder Übung entstandenen öffentlichen Weg handelt. Auf Privatwegen könne der Eigentümer die Benutzung durch Dritte ohne weiteres untersagen, soweit es sich nicht um Schikane i.S.v. § 226 BGB handele. Auf öffentlichen Wegen stehe dem Eigentümer eine solche Befugnis hingegen nicht zu. Im konkreten Fall hat das Gericht die Sperrung eines Privatweges, die im Interesse des Jagdpächters erfolgte, als rechtens angesehen (OLG Braunschweig, Urteil vom 23. Oktober 1931, Nr. 1 V 168/31).

753 VerfGHE BY 3, 2–4. Im Übrigen enthalte Art. 141 nur Programmsätze, aus denen niemand ein unmittelbares Recht herleiten könne. In der Entscheidung ging es um die Geltendmachung eines auf Art. 141 der Bayerischen Verfassung gestützten Rechts, einen Waldbestand nicht für Industrie- und Siedlungszwecke freizugeben.

Waldes gegeben habe.[754] Das Recht zum Betreten des Waldes war jedoch auch nach der Bayerischen Verfassung nicht grenzenlos gewährleistet und konnte im Rahmen der verfassungsmäßigen Ordnung eingeschränkt werden. Betretungsverbote sollten dabei insbesondere zum Zwecke der Schonung und Erhaltung der Tierarten statthaft sein.[755]

Das *OVG Lüneburg* ging in einer Entscheidung vom 6. November 1959 davon aus, dass der Genuss der Natur nicht auf Wanderwege beschränkt sei und auch dort, wo solche nicht ausgewiesen seien, dem Betreten des Waldes durch den Eigentümer gewöhnlich nicht entgegengetreten werde.[756] In der Entscheidung heißt es weiter: *„Dem Naturgenuß des Wanderers und Spaziergängers im Walde stehen auch insoweit jedenfalls nach Herkommen wenig Hindernisse entgegen, wenn er sich angemessen aufführt und kein konkretes Verbot des Eigentümers ergangen ist“*. Im Unterschied zu einem unbeschränkten Recht zum Betreten des Waldes auf gewohnheitsrechtlicher Grundlage macht das *OVG Lüneburg* das Waldbetretungsrecht davon abhängig, ob ein konkretes Verbot des Eigentümers ergangen ist.[757]

Nicht zuletzt wegen der Verschiedenartigkeit der Verhältnisse und der mit einem Gewohnheitsrecht verknüpften Rechtsunsicherheit sah sich die Landesgesetzgebung veranlasst, das Waldbetretungsrecht zu normieren. Als erstes Bundesland – mit Ausnahme der Regelung in der bayerischen Verfassung – führte Nordrhein-Westfalen ein Recht zum Betreten des Waldes auf gesetzlicher Grundlage ein, das auch außerhalb der Waldwege galt.[758] Schleswig-Holstein folgte 1971 mit der gesetzlichen Regelung des Betretungsrechts im Landeswaldgesetz.

754 VerfGHE BY 4, 206–212. In der Entscheidung ging es in erster Linie um die Zulässigkeit des Befahrens der Gewässer mit Motorboten im Rahmen des Rechts auf Naturgenuss. Das Gericht stellte dabei jedoch gleichzeitig fest, dass auch das Fahren mit Motorrädern und Kraftfahrzeugen nicht vom Recht zum Betreten des Waldes umfasst sei. Vgl. dazu auch: Bayerisches Oberstes Landesgericht, Urteil vom 11. Dezember 1968 – RReg 1a St 438/68 -, juris.

755 *Bayerischer Verfassungsgerichtshof*, Entscheidung vom 8. Juni 1951 – Vf. 52-V-50 –, juris; Die Sperrung eines im Stadtgebiet liegenden Spazierwegs anlässlich einer Sportveranstaltung wurde hingegen als Verstoß gegen Art. 141 Abs. 3 S.1 der Bayerischen Verfassung eingestuft, *Bayerischer Verfassungsgerichtshof*, Entscheidung vom 18. November 1968 – Vf. 146-VII-67 –, juris.

756 OVG Lüneburg, DVBl. 1960, S. 213–215 (214). Das Urteil erging zur Rechtslage in Niedersachsen.

757 *Decker*, Das Recht zum Betreten von Wald und Feld außerhalb der Wege, S. 47; *Menkeberenshemke*, Das Recht zum Betreten des Waldes, S. 100.

758 § 3 *„Forstgesetz für das Land Nordrhein-Westfalen (Landesforstgesetz)“* vom 29. Juli 1969, GVOBl. NRW 1969, S. 588 ff. Betretungsverbote galten jedoch auch hier u.a. für Forstkulturen und gesperrte Waldflächen. Auch das Reiten, Fahren, Zelten und Abstellen von Wohnwagen im Wald war – vorbehaltlich besonderer Befugnis – verboten (§ 4).

c) *Das Recht zum Betreten des Waldes im Schleswig-Holsteinischen Landeswaldgesetz*

Nach der verabschiedeten Fassung von § 5 des Landeswaldgesetzes wurde das *Recht zum Betreten des Waldes* jedermann zum Zwecke der Erholung und *„auf eigene Gefahr“*[759] auf Waldwegen aller Art (§ 5 Nr. 1 LWaldG) und in Erholungswäldern (§ 8 LWaldG) auch außerhalb der Waldwege (§ 5 Nr. 2 LWaldG) gestattet. Die Konzeption dieser Vorschrift wurde gegenüber den vorherigen Fassungen im Referentenentwurf und im Regierungsentwurf entscheidend geändert. Zum einen sahen die beiden vorherigen Fassungen eine zwischen Privatwald und Staats- und Körperschaftswald differenzierende Regelung vor, nach der das Betretungsrecht nur im Privatwald auf *„Waldwege und Schneisen“* (bzw. *„wegähnliche unbestockte Waldflächen“* im Referentenentwurf) beschränkt sein sollte. Der Staats- und Körperschaftswald sollte nach der ursprünglichen Intention auch außerhalb der Waldwege betreten werden dürfen. Zum anderen wurden die Vorschriften zum Erholungswald, in dem das Betretungsrecht auch außerhalb der Waldwege galt, erst im Rahmen der Ausschussberatungen in den Gesetzestext aufgenommen worden. Durch die Ausweisung spezieller Erholungswälder für die Bevölkerung konnte das Betretungsrecht damit auch im Staats- und Körperschaftswald auf Waldwege beschränkt werden und galt damit einheitlich, mit Ausnahme der Sonderregelung für Erholungswald, in allen Waldbesitzarten.

Die ursprüngliche Entwurfsfassung orientierte sich an § 55 des *dänischen Naturschutzgesetzes* vom 18. Juni 1969, wonach das Waldbetretungsrecht im Privatwald

759 Die Beschränkung des Rechts zum Betreten des Waldes *„auf eigene Gefahr“* bedeutete jedoch keinen Haftungsausschluss für den Waldbesitzer. Ein Verstoß gegen die allgemein geltenden Verkehrssicherungspflichten konnte eine deliktische Haftung aus §§ 823 ff. BGB begründen, vgl. *Franz*, Betretensrecht und Verkehrssicherung in: Depenheuer/Möhring (Hrsg.) Waldeigentum, S. 217–227 (220); *Klose/Orf*, Forstrecht, § 14 Rn. 42 ff.; *Orf*, Neue Entwicklungen im Forstrecht, S. 30 ff. und S. 41 ff. Die Haftung der Waldbesitzer und eine mögliche Erweiterung der Haftung durch die Ausformulierung eines positiv-rechtlichen Betretensrechts spielten während der Beratungen zum Schleswig-Holsteinischen Landeswaldgesetz keine Rolle. Erst im Zuge der Novellierung des Landeswaldgesetzes im Jahre 2004 wurde eine Bestimmung in das Gesetz aufgenommen, in der klargestellt wurde: *„Durch das Betreten und sonstige Benutzungsarten des Waldes werden keine besonderen Sorgfalts- und Verkehrssicherungspflichten der Waldbesitzenden begründet“*. Damit sollte die Haftung des Waldbesitzers insbesondere für *„waldtypische Gefahren“* ausgeschlossen werden, siehe § 19 des Landeswaldgesetzes für Schleswig-Holstein vom 5. Dezember 2004, GVOBl. SH 2004, S. 461 ff. Die Präzisierung des Haftungsbegriffs muss dabei jedoch vor dem Hintergrund der Erweiterung des Betretensrechts gesehen werden, das nach der Novellierung 2004 – abgesehen von Ausnahmen – auch außerhalb der Wege gestattet war, siehe: Begründung zum Regierungsentwurf für ein Landeswaldgesetz, S. 116 ff., SHLT-Drs. 15/3262.

ebenfalls auf Waldwege beschränkt war.[760] Die Beschränkung auf Waldwege wurde in der Begründung zum Regierungsentwurf damit gerechtfertigt, dass der geringe Waldanteil in Schleswig-Holstein eine besonders schonende Behandlung des Waldes erforderlich mache.[761] Außerdem wollte man angesichts der geringen Flächengröße im Privatwald und des Mangels an geschlossenen Waldgebieten die Lebensgrundlage der Tierwelt besser schützen und die ohnehin angespannte Lage der Forstwirtschaft für die Privatwaldbesitzer nicht durch eine zu weitgehende Öffnung der Wälder weiter verschärfen. Ausgehend von dem Ziel, den *„Waldbesuchern die Erholung in der freien Natur zu ermöglichen und die Naturschönheiten zu erschließen"*, wurde in der Literatur zudem die Auffassung vertreten, dass eine auf die Tagesstunden beschränkte Freigabe der Waldwege ausreiche und eine darüber hinausgehende Regelung verfassungsrechtlich schwer bedenklich sei.[762] Zum Waldbesitz in öffentlicher Hand wurde hingegen die Auffassung vertreten, dass dieser in erster Linie dem Gemeinwohl zu dienen habe und ein weitergehendes Betretungsrecht deshalb gerechtfertigt sei.[763] Wegen der besonderen Pflichtbindung des Waldeigentums ging die Landesregierung davon aus, dass ein auf Waldwege beschränktes Betretungsrecht im Privatwald die Grenzen der Sozialpflichtigkeit nicht übersteige und vom Eigentümer zu dulden sei.[764] Das Gesetz bestimme vielmehr nur Inhalt und Schranken des Eigentums und berücksichtige die Interessen des Privatwaldbesitzers durch verschiedene Einschränkungen des Betretungsrechts.[765]

Die SPD-Fraktion sprach sich bereits in der ersten Lesung für ein einheitliches Betretungsrechts in allen Waldbesitzarten aus und strebte – nach dem Vorbild ihres Erholungsgesetzentwurfs – auch für den Privatwald eine nicht auf Waldwege

760 Begründung zum RegE, SHLT-Drs. VI/1266, S. 27 f.; Der Regierungsentwurf ging dabei von einer größeren Vergleichbarkeit der Waldsituation in Dänemark und Schleswig-Holstein gegenüber den waldreichen deutschen Bundesländern aus.

761 Hierzu und im Folgenden: Begründung zum RegE, SHLT-Drs. VI/1266, S. 27 f.

762 *Schalburg*, DFuH 1969, S. 451 ff. (453, 454).

763 So Landwirtschaftsminister *Engelbrecht-Greve* in der ersten Lesung: SHLT-PlPr., 34. Tagung, 72. Sitzung am 16. September 1970, S. 3311; Begründung zum RegE, SHLT-Drs. VI/1266, S. 27.

764 Begründung zum RegE, SHLT-Drs. VI/1266, S. 23; Dem Betretungsrecht des Waldbesuchers steht eine öffentlich-rechtliche Duldungspflicht des Waldbesitzers gegenüber, die seine zivilrechtlichen Ansprüche aus § 859 BGB (Selbsthilfe des Besitzers), § 862 BGB (Besitzstörung durch verbotene Eigenmacht) und § 1004 BGB (Eigentumsabwehranspruch) ausschließt, *Klose/Orf*, Forstrecht, § 14 Rn. 13.

765 Begründung zum RegE, SHLT-Drs. VI/1266, S. 23; Das *Schleswig-Holsteinische Justizministerium* kam in seiner gutachterlichen Stellungnahme zum Waldbetretungsrecht vom 13. Juli 1970 sogar zu dem Ergebnis, dass es aufgrund der historischen Entwicklung des Waldeigentums, des Gewohnheitsrechts zum Betreten des Waldes und der *„Wohlfahrtsfunktion des Waldes"* auf der einen und den gesetzlichen Möglichkeiten zur Einschränkung des Betretungsrechts auf der anderen Seite verfassungsrechtlich nicht geboten sei, das Recht zum Betreten des Privatwaldes auf die Waldwege zu beschränken, LArch SH 786/3590.

beschränkte Regelung an.[766] Die NPD-Fraktion wollte hingegen mit einem Änderungsantrag zum Regierungsentwurf das Betretungsrecht in allen Waldbesitzarten auf die Waldwege beschränken.[767] Wie sich aus den Protokollen zu den Ausschussberatungen ergibt, hat sich auch die Mehrheit der zum *„Gemeingebrauch“* angehörten Institutionen für ein einheitliches Betretungsrecht in allen Waldbesitzarten ausgesprochen und dabei, im Fall einer Beschränkung auf die Waldwege, die Schaffung von frei betretbaren Erholungswäldern gewünscht.[768] Ein unbeschränktes Betretungsrecht wollte man insbesondere wegen der geringen Waldfläche und der ungünstigen Waldstruktur in Schleswig-Holstein nicht in das Gesetz aufnehmen. Außerdem befürchtete man, dass es bei einer uneinheitlichen Regelung zwangsläufig zu weitgehenden Kennzeichnungspflichten über die Reichweite des Betretungsrechts kommen müsse, die im Ergebnis zu einem *„Schilderwald“* führen würde.[769] Entsprechend dieser Vorgabe verwarf der *Ausschuss für Ernährung, Landwirtschaft und Forsten* die Konzeption des Regierungsentwurfs und führte das Betretungsrecht in allen Waldbesitzarten einer einheitlichen, auf die Wege beschränkten, Regelung zu.[770]

---

766 Siehe dazu die Ausführungen des Abgeordneten *Hamer*, SHLT-PlPr., 34. Tagung, 72. Sitzung am 16. September 1970, S. 3316 f.; Zum Betretungsrecht im Erholungsgesetzentwurf, siehe § 2 (SHLT-Drs. VI/1239).

767 Nr. 2 des Antrages der NPD-Fraktion zum Entwurf eines Waldgesetzes vom 15. September 1970, SHLT-Drs. VI/1397.

768 Hierzu und im Folgenden: SHLT-Arch Bd. Nr. XIII F 199, S. 439–449, Niederschrift über die 59. Sitzung des Ausschusses für E.L.F. am 19. November 1970; Für ein einheitliches in allen Waldbesitzkategorien auf Waldwege beschränktes Betretungsrecht haben sich in der öffentlichen Anhörung insbesondere der *Schleswig-Holsteinische Bauernverband*, der *Schleswig-Holsteinische Waldbesitzerverband*, die *Landwirtschaftskammer*, der *Landesjagdverband* und die *kommunalen Spitzenverbände* ausgesprochen, siehe: SHLT-Arch Bd. Nr. XIII F 199, S. 61–170, Niederschrift über die 53. (öffentliche) Sitzung des Ausschusses für E.L.F. am 15. Oktober 1970 (22, 43, 68, 79, 92); Ebenso die *Schutzgemeinschaft Deutscher Wald*, der Landesbeauftragte für Naturschutz *Dr. Föh*, und der *Verein zu Pflege der Natur und Landeskunde* siehe: SHLT-Arch Bd. Nr. XIII F 199, S. 179–317, Niederschrift über die 54. (öffentliche) Sitzung des Ausschusses für E.L.F. am 16. Oktober 1970 (10, 59 f., 76); Ebenfalls für ein einheitliches Betretungsrecht auf den Waldwegen und für die Ausweisung spezieller Erholungswälder war der *Bund Deutscher Forstmänner – Landesverband Schleswig-Holstein – im Deutschen Beamtenbund*, SHLT-Arch Bd. Nr. XIII F 199, S. 318–438, Niederschrift über die 56. (öffentliche) Sitzung des Ausschusses für E.L.F. am 29. Oktober 1970 (75 ff.); vgl. außerdem: *Buchwaldt*, DFuH 1971, S. 257 f. (257).

769 So zum Beispiel der *Schleswig-Holsteinische Waldbesitzerverband* in der öffentlichen Anhörung, SHLT-Arch Bd. Nr. XIII F 199, S. 61–170, Niederschrift über die 53. (öffentliche) Sitzung des Ausschusses für E.L.F. am 15. Oktober 1970 (43).

770 SHLT-Arch Bd. Nr. XIII F 199, S. 467–489, Niederschrift über die 61. Sitzung des Ausschusses für E.L.F. am 10. Dezember 1970 und S. 500–517, Niederschrift über die 62. Sitzung des Ausschusses für E.L.F. am 7. Januar 1971.

Der Begriff *„Waldwege"* sollte nach der Gesetzesbegründung weit ausgelegt werden, wobei *„eingesäte Sicherungsstreifen, Pirschpfade Holzrückegassen u.ä."* ausgenommen sein sollten.[771] Ebenso verhielt es sich mit dem Begriff *„Betreten"*, worunter auch die *„Benutzung von Skiern und Handschlitten sowie das Mitführen von Kinderwagen"* verstanden wurde. Der ursprünglich im Regierungsentwurf vorgesehene Begriff *„Schneise"* wurde während den Ausschusssitzungen wieder aus dem Wortlaut von § 5 Abs. 1 Nr. 1 LWaldG gestrichen, da man eine Definition dieses Begriffes als außerordentlich schwierig erachtete.[772]

Um den Zugang der Bevölkerung zum Wald sicherzustellen, regelte § 5 Abs. 2 LWaldG, dass dafür auch nichtöffentliche Wege auf eigene Gefahr betreten werden durften, wenn kein öffentlicher Zugang vorhanden war. In Erweiterung dieser Regelung wurden die Gemeinden gem. § 10 des Landeswaldgesetzes zur Schaffung von Zugängen und Abstellplätzen für Kraftfahrzeuge verpflichtet, soweit Wälder auf öffentlichen Wegen nicht zugänglich waren. Das Land und die Kreise mussten den Gemeinden dabei die in ihrem Eigentum stehenden Grundstücke – soweit erforderlich – zur Verfügung stellen (§ 10 Abs. 3 LWaldG).

In § 6 des Landeswaldgesetzes waren die *Ausnahmen vom Betretungsrecht* geregelt, die – soweit sie Waldflächen betrafen – nur noch in den Erholungswäldern ihre Wirkung entfalten konnten. Danach durften Waldflächen und -wege, die vom Waldbesitzer nach den Voraussetzungen von § 7 LWaldG gesperrt waren, nicht betreten werden (§ 6 Nr. 2 LWaldG). Zum Schutz der Waldbesucher waren außerdem Waldflächen und -wege ausgenommen, in deren Bereich Waldarbeiten durchgeführt wurden (§ 6 Nr. 3 LWaldG). Zum Schutz des Waldes war es nicht gestattet, Flächen, die zur Anzucht von Forstpflanzen dienten, Forstkulturen, Forstdickungen und Naturverjüngungen zu betreten (§ 6 Nr. 4 LWaldG). Ebenso war es untersagt, forst- und fischereiwirtschaftliche sowie jagdliche Einrichtungen zu betreten (§ 6 Nr. 5 LWaldG). Eine weitere Konkretisierung vom Begriff des Betretens kann § 6 Nr. 6 LWaldG entnommen werden, wonach das Fahren[773], das Mitnehmen von

---

771 Hierzu und im Folgenden: Begründung zum RegE, SHLT-Drs. VI/1266, S. 28.

772 Neben Waldwegen sollten nach dem Wortlaut des Regierungsentwurfs auch Schneisen betreten werden dürfen. Zur Streichung des Begriffs vgl. SHLT-Arch Bd. Nr. XIII F 199, S. 467–489, Niederschrift über die 61. Sitzung des Ausschusses für E.L.F. am 10. Dezember 1970 (6). Gegen die Ausdehnung des Betretungsrechts auf Schneisen haben sich auch der *Schleswig-Holsteinische Bauernverband*, der *Schleswig-Holsteinische Waldbesitzerverband* und der *Landesjagdverband* in der öffentlichen Anhörung ausgesprochen, siehe: SHLT-Arch Bd. Nr. XIII F 199, S. 61–170, Niederschrift über die 53. (öffentliche) Sitzung des Ausschusses für E.L.F. am 15. Oktober 1970 (31, 44, 68, 79); Ebenso die *Schutzgemeinschaft Deutscher Wald* und der Landesbeauftragte für Naturschutz und Landschaftspflege *Dr. Föh*, siehe: SHLT-Arch Bd. Nr. XIII F 199, S. 179–317, Niederschrift über die 54. (öffentliche) Sitzung des Ausschusses für E.L.F. am 16. Oktober 1970 (11, 60).

773 Erlaubt waren das Fahren mit einem Krankenfahrstuhl und das Fahren mit einem Fahrrad ohne Motorantrieb auf den Waldwegen.

nicht angeleinten Hunden, das Zelten und das Abstellen von Wohnwagen, vorbehaltlich einer Erlaubnis des Waldbesitzers, nicht gestattet waren.

Während der Referentenentwurf und der Regierungsentwurf auch das *Reiten im Wald* generell ausschließen wollten, gestattete die verabschiedete Fassung des Landeswaldgesetzes das Reiten auf besonders gekennzeichneten Waldwegen, die insbesondere im Staats- und Körperschaftswald einzurichten waren.[774] Vor der Verabschiedung des Landeswaldgesetzes gab es kein gesetzliches Recht zum Reiten im Wald, sodass Reitbefugnisse nur aufgrund von Verträgen oder Einzelerlaubnissen bestanden.[775] Diese Änderung ist hauptsächlich auf die Anhörung des *Landesverbandes der Reit- und Fahrvereine* zurückzuführen, der eine Gleichstellung der Freizeitreiter mit den Fahrradfahrern anstrebte und sich auf ein Gewohnheitsrecht zum Reiten im Wald berief.[776] Auch der *Bund Deutscher Forstmänner* erklärte sich mit dem Reiten im Wald auf speziell gekennzeichneten und ausreichend befestigten Wegen einverstanden.[777] Insgesamt wurden für den Reitsport bis 1980 rund 470 km solcher Wege angelegt oder ausgewiesen.[778] Die in Schleswig-Holstein getroffene Regelung zum Reiten im Wald wurde von der Bevölkerung und den Reitern zunächst weitgehend als angemessen akzeptiert.[779] Nachdem die Regelung zum Reiten im Wald bei den Beratungen zum Bundeswaldgesetz jedoch zu einem Kernthema aufstieg, forderten die Reitverbände auch bei der Anpassungsgesetzgebung in Schleswig-Holstein weitergehende Reitmöglichkeiten.[780]

---

774 Vgl. § 6 Nr. 6 Regierungsentwurf und § 5a Nr. 5 Referentenentwurf. Das Reiten und das Fahren mit Fahrzeugen jeder Art war insbesondere wegen der damit verbundenen Nachteile für die Waldwege untersagt, siehe: Begründung zum RegE, SHLT-Drs. VI/1266, S. 29.

775 *Beier*, AgrarR 1974, S. 123 f. (124).

776 Der Verband vertrat eine Interessengruppe von ca. 5.000 Reitern in Schleswig-Holstein. Zur Begründung berief sich der Verband zudem auf die nachteiligen Folgen eines generellen Reitverbots für den Fremdenverkehr und forderte eine grundsätzliche Erlaubnis zum Reiten im Wald mit der Möglichkeit im Einzelfall Beschränkungen vorzunehmen. Eine auf speziell gekennzeichnete Reitwege beschränkte Regelung, wie sie im Ergebnis verabschiedet wurde, lehnte der Verband als zu einschränkend ab, sodass er sich letztendlich nicht vollumfänglich mit seiner Forderung durchsetzen konnte, SHLT-Arch Bd. Nr. XIII F 199, S. 179–317, Niederschrift über die 54. (öffentliche) Sitzung des Ausschusses für E.L.F. am 16. Oktober 1970 (119 ff.).

777 *Bund Deutscher Forstmänner – Landesverband Schleswig-Holstein – im Deutschen Beamtenbund*, SHLT-Arch Bd. Nr. XIII F 199, S. 318–438, Niederschrift über die 56. (öffentliche) Sitzung des Ausschusses für E.L.F. am 29. Oktober 1970 (86).

778 Forstbericht der Landesregierung 1981, SHLT-Drs. 9/1276, S. 54.

779 *Beier*, AgrarR 1974, S. 123 f. (123).

780 Siehe dazu: S. 297 ff.

Eine weitere Änderung gegenüber den Entwurfsfassungen betraf die Ausnahme von Waldflächen von unter fünf Hektar vom Betretungsrecht (§ 6 Nr. 1 LWaldG).[781] Begründet wurde die Ausnahme in erster Linie mit der geringen Bedeutung kleinerer Waldflächen für den Erholungsverkehr, zumal diese in vielen Fällen nicht ausreichend durch Waldwege erschlossen waren, und dem Schutz der im Wald frei lebenden Tierwelt, deren Rückzugsmöglichkeiten gefährdet würden.[782] Das ursprünglich vorgesehene Verbot, den Wald zur Nachtzeit zu betreten, wurde hingegen wieder aus dem Gesetz gestrichen, da der Ausschuss für Ernährung, Landwirtschaft und Forsten nach den Anhörungen keine Notwendigkeit mehr für ein derartiges Verbot sah.[783] Insbesondere der *Bund Deutscher Forstmänner* betonte in der Anhörung, dass es für ein derartiges Verbot kein Bedürfnis gebe, da das Interesse der Bevölkerung – den Wald zur Nachtzeit zu betreten – sehr gering und in der Praxis kaum anzutreffen sei.[784]

---

781 Die Mehrheit der zum *„Gemeingebrauch"* angehörten Verbände hat sich gegen ein Betretungsrecht von Waldflächen unter fünf Hektar ausgesprochen, sodass der Ausschuss für E.L.F. für die Aufnahme einer solchen Regelung votierte, SHLT-Arch Bd. Nr. XIII F 199, S. 467–489, Niederschrift über die 61. Sitzung des Ausschusses für E.L.F. am 10. Dezember 1970 (9) und S. 500–517, Niederschrift über die 62. Sitzung des Ausschusses für E.L.F. am 7. Januar 1971 (11).

782 Für die Ausnahme vom Waldflächen von unter 5 ha Größe haben sich u.a. der *Schleswig-Holsteinische Bauernverband*, der *Schleswig-Holsteinische Waldbesitzerverband* und der *Landesjagdverband* in der öffentlichen Anhörung ausgesprochen, SHLT-Arch Bd. Nr. XIII F 199, S. 61–170, Niederschrift über die 53. (öffentliche) Sitzung des Ausschusses für E.L.F. am 15. Oktober 1970 (23, 45, 80); Ebenso die *Schutzgemeinschaft Deutscher Wald* und der *Verein zur Pflege der Natur und Landeskunde*, SHLT-Arch Bd. Nr. XIII F 199, S. 179–317, Niederschrift über die 54. (öffentliche) Sitzung des Ausschusses für E.L.F. am 16. Oktober 1970 (22, 76).

783 SHLT-PlPr., 39. Tagung, 81. Sitzung am 9. Februar 1971, S. 3833 f.; Insbesondere der *Schleswig-Holsteinische Landesjagdverband* forderte ein Beschränkung des Betretungsrechts zur Jagdzeit (Sonnenuntergang – Sonnenaufgang). Zur Begründung stützte sich der Verband auf die ihm von Bundes- und Landesjagdgesetz aufgegebene Verpflichtung für einen artenreichen Wildbestand zu sorgen, die im Widerspruch zu einem Recht der Allgemeinheit zum Betreten des Waldes zur Nachtzeit stehe. Außerdem sei ein solches Recht nicht mit dem erforderlichen Schutz der Tierwelt zu vereinbaren, erschwere die Jagdausübung und erhöhe die Gefahr von Jagdunfällen. Siehe dazu: SHLT-Arch Bd. Nr. XIII F 199, S. 61–170, Niederschrift über die 53. (öffentliche) Sitzung des Ausschusses für E.L.F. am 15. Oktober 1970 (77 ff.). So auch die *Schutzgemeinschaft Deutscher Wald*, die in dem Betretungsrecht zur Nachtzeit eine Beschränkung der Wildpflege und der Jagdausübung sah, SHLT-Arch Bd. Nr. XIII F 199, S. 179–317, Niederschrift über die 54. (öffentliche) Sitzung des Ausschusses für E.L.F. am 16. Oktober 1970 (11).

784 *Bund Deutscher Forstmänner – Landesverband Schleswig-Holstein – im Deutschen Beamtenbund*, SHLT-Arch Bd. Nr. XIII F 199, S. 318–438, Niederschrift über die 56. (öffentliche) Sitzung des Ausschusses für E.L.F. am 29. Oktober 1970 (78, 85).

Die Regelung der Betretungsverbote im Entwurf der SPD-Fraktion für ein Erholungsgesetz sah nahezu identische Ausnahmen vom Betretungsrecht vor, sodass in den Ausschussberatungen weitgehend Einigkeit bestand und die Änderungen zu § 6 LWaldG zum Gemeinschaftsvorschlag erklärt wurden.[785]

§ 7 des Landeswaldgesetzes regelte die Voraussetzungen, unter denen der Waldbesitzer das Betreten der Waldflächen und -wege untersagen konnte (Sperren von Waldflächen). Dabei handelte es sich um eine Vorschrift mit Ausnahmecharakter zur Berücksichtigung besonderer Gegebenheiten, die mit einem freien Zutritt der Bevölkerung nicht zu vereinbaren waren.[786] Eine Sperrung war danach nur mit vorheriger Zustimmung der Forstbehörde und aus den in § 7 Abs. 1 Nr. 1 – Nr. 5 LWaldG wiedergegebenen Gründen zulässig, wenn und solange:[787]

„1. *eine Sperrung aus wichtigen Gründen des Forstschutzes, des Jagdbetriebes oder zum Schutze freilebender Tiere erforderlich ist,*[788]
2. *die Waldfläche für die Erhaltung bestimmter freilebender Tierarten von wesentlicher Bedeutung ist,*
3. *die Waldfläche für andere wichtige, vornehmlich dem Gemeinwohl dienende Zwecke benötigt wird, die ohne Sperrung nicht erreicht werden können,*[789]
4. *die Waldfläche für die Erholung der Bevölkerung aufgrund der Beschaffenheit oder wegen der geringen Größe ungeeignet ist oder*
5. *dies nach anderen Rechtsvorschriften zulässig ist.*“[790]

---

785 Vgl. § 4 des Entwurfs für ein Erholungsgesetz (SHLT-Drs. VI/1239) und SHLT-Arch Bd. Nr. XIII F 199, S. 500–517, Niederschrift über die 62. Sitzung des Ausschusses für E.L.F. am 7. Januar 1971 (11).

786 Begründung zum RegE, SHLT-Drs. VI/1266, S. 29.

787 Bei ihrer Entscheidung über eine Sperrung gem. Nr. 1–3 hatte die Forstbehörde gem. § 7 Abs. 2 zu berücksichtigen, ob die Interessen der erholungsuchenden Bevölkerung durch benachbarte Waldflächen ausreichend gewährleistet waren und eine Anhörung der Gemeinden und Naturschutzbehörden durchzuführen, soweit deren Belange betroffen waren. Die Entscheidung erging dabei von einem bei der Forstbehörde gebildeten Ausschuss, der sich aus einem staatlichen Forstbeamten, einem Vertreter des Kreises (bzw. der kreisfreien Stadt) und einem Waldbesitzer zusammensetzte (§ 7 Abs. 4). Eine vorherige Anzeige der Sperrung bei der Forstbehörde genügte, soweit der Waldbesitzer eine Sperrung gem. Nr. 1 in der Zeit zwischen Oktober bis April für nicht länger als drei Wochen vornehmen wollte (§ 7 Abs. 3).

788 Hiernach kam eine Sperrung beispielsweise in Betracht wegen akuter Brandgefahr, zum Schutz der Brutzeit von gefährdeten Tierarten oder zur Durchführung einer Treibjagd, siehe: Begründung zum RegE, SHLT-Drs. VI/1266, S. 29.

789 Z.B. die Absperrung von wissenschaftlichen Versuchsflächen, siehe: Begründung zum RegE, SHLT-Drs. VI/1266, S. 29.

790 Dieser Katalog von Sperrungsgründen war in ähnlicher Form in § 5 des Entwurfs der SPD-Fraktion zu einem Erholungsgesetz enthalten (SHLT-Drs. VI/1239), wurde jedoch im Ergebnis unverändert aus dem Re-gierungsentwurf übernommen.

Im Erholungswald kam nach § 7 Abs. 5 LWaldG eine Einschränkung des Betretungsrechts auf Waldwege, bestimmte Flächen oder auf eine bestimmte Tageszeit in Betracht, wenn der Wald übermäßig stark beansprucht wurde und die Beschränkung im öffentlichen Interesse geboten war.

Die nach dem Vorschlag des Ausschusses für Ernährung, Landwirtschaft und Forsten aufgenommenen Regelungen über den *Erholungswald* waren hauptsächlich in den §§ 8, 9, 15 und 16 des Landeswaldgesetzes enthalten.

Durch Verordnung des Ministers für Ernährung, Landwirtschaft und Forsten sollten geeignete Waldflächen aus Gründen des Gemeinwohls unter bestimmten Voraussetzungen zu Erholungswald erklärt werden können. Dies sollte insbesondere geschehen, wenn die Beschränkung des Betretungsrechts auf Waldwege das Erholungsbedürfnis der Bevölkerung nicht befriedigte, andere Waldflächen aus Umweltschutzgründen entlastet werden sollten oder wenn die Bewirtschaftung eines Waldes wegen übermäßiger Beanspruchung durch die Bevölkerung erheblich erschwert war (§ 8 Abs. 1 Nr. 1–3 LWaldG). Vorranging sollten Erholungswälder im Staats- und Körperschaftswald eingerichtet werden. Standen solche Waldflächen nicht in ausreichendem Maß zur Verfügung, sollten die Gemeinden und Kreise mit den Privatwaldbesitzern eine dem Erholungswald entsprechende Regelung vertraglich vereinbaren (§ 8 Abs. 2 LWaldG).[791] Kam eine solche Vereinbarung nicht zustande, war auch eine Erklärung von Privatwald zu Erholungswald von Amts wegen möglich, wobei der Waldbesitzer gem. § 15 LWaldG entschädigt wurde oder die Übernahme der Fläche durch das Land verlangen konnte. Bei einer Erklärung zu Erholungswald erhielten der Privatwaldbesitzer oder sonstige Nutzungsberechtigte eine Entschädigung in Geld für die Wertminderung des Grundstücks oder eines Rechts sowie für die Ertragseinbußen gegenüber einer unbeschränkten forstlichen Nutzung (§ 15 Abs. 1 LWaldG). Alternativ konnte der Waldbesitzer innerhalb von zwei Jahren nach der Erklärung seines Grundstücks zu Erholungswald die Übernahme des Grundstücks durch das Land zum Verkehrswert verlangen (§ 15 Abs. 2 LWaldG). Die Übernahme des privaten Erholungswaldes durch die öffentliche Hand gem. § 15 Abs. 2 des Landeswaldgesetzes konnte dabei für beide Seiten von Vorteil sein, da sich die Verfolgung privatwirtschaftlicher Ziele nur schwierig auf Dauer mit der Funktion der Erholungswälder vereinbaren ließ und der Staat durch die Übernahme langfristige Entschädigungszahlungen vermeiden konnte.[792]

In § 9 des Landeswaldgesetzes wurden die Gemeinden verpflichtet, in den Erholungswäldern bestimmte Anlagen (Wege, Bänke, Schutzhütten u.Ä.) und Erholungseinrichtungen zu errichten und zu unterhalten. Durch Verordnung konnte der

791 Eine ähnliche Regelung war in § 5 Abs. 2 des Referentenentwurfs und des Regierungsentwurfs vorgesehen. Danach sollten waldarme Gemeinden und Kreise mit Privatwaldbesitzern eine über § 5 Nr. 1 hinausgehende Betretungsmöglichkeit des Privatwaldes vertraglich vereinbaren, wenn es das Erholungsbedürfnis der Bevölkerung erforderte.

792 *Buchwaldt*, DFuH 1971, S. 257 f. (258).

Landwirtschaftsminister in Erholungswäldern zudem die Art und den Umfang der Bewirtschaftung regeln oder beschränken, den Jagdbetrieb zum Schutz der Waldbesucher einschränken oder von Sicherheitsvorkehrungen abhängig machen und Verhaltensvorschriften für die Waldbesucher aufstellen. Als Vorläufer für die Regelungen über den Erholungswald kann insbesondere der Reichsforstgesetzentwurf von 1942 betrachtet werden, der die Erklärung von Waldungen zu *„Schonwald“* gestattete, wenn diese *„mit Rücksicht auf die Volksgesundheit oder als Erholungsstätte der Bevölkerung oder aus anderen Gründen des Gemeinwohls zu erhalten und in ihrer Bewirtschaftung bestimmten Beschränkungen zu unterwerfen sind“*[793].

Die Vorschriften über den Erholungswald waren weder im Regierungsentwurf, noch im Entwurf der SPD-Fraktion für ein Erholungsgesetz enthalten, sodass der Ausschuss vor der Aufgabe stand, die Regelungen gemeinsam zu erarbeiten. Als Vorbild dürfte der Entwurf für ein Bundeswaldgesetz von 1969 gedient haben, der die Möglichkeit zur Errichtung von Erholungswaldgebieten bereits vorsah.[794] Bei der Ausarbeitung der Vorschriften im Ausschuss konnte sich die SPD-Fraktion mit ihren Vorstellungen nicht durchsetzen, sodass sie im Anschluss versuchte, ihre Vorschläge mit einem Änderungsantrag in den Landtag einzubringen.[795] Der Änderungsvorschlag betraf unter anderem § 8 Abs. 2 LWaldG, wonach die Gemeinden mit den Privatwaldbesitzern vertragliche Vereinbarungen über die Umwandlung von Privatwald zu Erholungswald treffen sollten. Wegen der ungleichen Verteilung des Waldes auf die Gemeinden befürchtete die SPD-Fraktion jedoch, dass waldarme Gemeinden zu einem solchen Vertragsschluss gezwungen sein könnten und in diesem Fall die Kosten für die Entschädigung in Höhe von 20 % zu tragen hätten.[796] Die Erklärung zu Erholungswald sollte deshalb nach dem Änderungsantrag von Amts wegen erfolgen und die Entschädigung insgesamt vom Land zu tragen sein. Außerdem sollten die Gemeinden nach Ansicht der SPD-Fraktion nicht – wie in § 9 LWaldG vorgesehen – mit der Einrichtung von Erholungswäldern belastet werden, da dies eine Aufgabe der fachlich qualifizierten Landesforstverwaltung sei und auch die dafür anfallenden Kosten vom Land übernommen werden müssten. Die CDU-Fraktion hielt dem insbesondere entgegen, dass die Gemeinden in erster Linie vom Anstieg des Erholungsverkehrs in ländlichen Gebieten profitieren würden und deshalb auch entsprechend an den Kosten zu beteiligen seien. Im Ergebnis gelang es der SPD-Fraktion nicht die Mehrheit des Plenums für ihre Vorschläge zu gewinnen, sodass der Änderungsantrag in der zweiten Lesung zum Entwurf eines Waldgesetzes abgelehnt wurde.

---

793 § 138 E-RForstG (1942), BArch R 2/4724.

794 Vgl. § 5 des Entwurfs eines Gesetzes zur Erhaltung und Förderung des Waldes vom 20. Mai 1969, BT-Drs. 5/4233.

795 SHLT-Drs. VI/1584.

796 Hierzu und im Folgenden: SHLT-PlPr., 39. Tagung, 81. Sitzung am 9. Februar 1971, S. 3840 f.

In § 11 des Landeswaldgesetzes hat der Gesetzgeber klargestellt, dass für das Betreten des Waldes und für die Nutzung der Zugänge ein Entgelt nicht erhoben werden darf. Das Verbot der Entgelterhebung sollte jedoch nicht für die Benutzung bestimmter Einrichtungen und Anlagen gelten, die gem. § 9 LWaldG in den Erholungswäldern zu schaffen und zu unterhalten waren.[797]

Wegen des weitergehenden Betretungsrechts im Erholungswald und der Möglichkeit, den Zutritt zu Waldflächen und -wegen zu sperren (§ 7 LWaldG), musste eine Kennzeichnung über den jeweiligen Umfang des Betretungsrechts erfolgen (§ 12 LWaldG).[798] Diese Maßnahme war insbesondere deshalb erforderlich, weil eine Überschreitung des Betretungsrechts als Ordnungswidrigkeit (§ 37 LWaldG) geahndet werden konnte und der Waldbesucher die Reichweite seiner Befugnisse klar erkennen können musste.[799] Wegen des mit der Beschilderung verbundenen Eingriffs in das Landschaftsbild sollte die Kennzeichnung jedoch auf das Notwendigste beschränkt werden. Die Art und den Umfang der Beschilderung legte die Landesregierung durch die am 20. Januar 1972 erlassene *„Landesverordnung zur Kennzeichnung des Waldes“*[800] fest.

Die *Pflichten der Waldbesucher* waren in § 13 LWaldG geregelt. Die Hauptverhaltenspflicht der Waldbesucher bestand danach darin, die Ruhe und Ordnung des Waldes nicht zu stören. Konkretisiert wurde diese Pflicht mit einer beispielhaften Auflistung verbotener Handlungen, worunter insbesondere Eingriffe in die Lebensgemeinschaft des Waldes, eine Beunruhigung der Tiere, eine Verunreinigung des Waldes und die Beeinträchtigung anderer Erholungsuchender fielen.[801] Die Landesregierung ging in der Gesetzesbegründung davon aus, dass Kenntnisse über das Verhalten im Wald und das Bewusstsein der Mitverantwortung für die Walderhaltung bereits in der Schulzeit vermittelt werden müssen.[802]

---

797 Darunter wurden z.B. auch Abstellplätze, Toiletten und Wildgatter verstanden, SHLT-Arch Bd. Nr. XIII F 199, S. 518–538, Niederschrift über die 63. Sitzung des Ausschusses für E.L.F. am 14. Januar 1971 (10 f.); SHLT-PlPr., 39. Tagung, 81. Sitzung am 9. Februar 1971, S. 3834 f.

798 Begründung zum RegE, SHLT-Drs. VI/1266, S. 31.

799 Begründung zum RegE, SHLT-Drs. VI/1266, S. 31.

800 GVOBl. SH 1972, S. 17 ff. Nach dieser Verordnung sollten die in der Anlage abgebildeten Schilder zur Kennzeichnung verwendet werden. Die Kennzeichnung erstreckte sich insbesondere auf den Erholungswald, den Erholungswald der nur auf Wegen betreten werden durfte, Reitwege und Wege, die nicht betreten werden durften.

801 Der Ausschuss hat der Regelung ohne Änderungsvorschlag zugestimmt, SHLT-Arch Bd. Nr. XIII F 199, S. 518–538, Niederschrift über die 63. Sitzung des Ausschusses für E.L.F. am 14. Januar 1971 (11).

802 Begründung zum RegE, SHLT-Drs. VI/1266, S. 31; Der Referentenentwurf enthielt diesbezüglich eine Regelung (§ 7 Abs. 2), nach der die Bevölkerung über die Bedeutung des Waldes und über das Verhalten im Wald aufgeklärt werden sollte.

Von großer Bedeutung war die Regelung zum *Ersatz von Schäden und Aufwendungen* im Privatwald gem. § 14 LWaldG. Die Vorschrift sollte dem Umstand Rechnung tragen, dass der Waldbesitzer, trotz rückläufiger Ertragslage in der Forstwirtschaft, seinen Grundbesitz dem Erholungsverkehr öffnen sollte und wegen der damit einhergehenden stärkeren Gefährdung des Waldes auch ein größeres Schadensrisiko zu tragen hatte.[803] Durch die Zunahme des Besucherverkehrs wurden insbesondere eine höhere Waldbrandgefahr, eine Verschmutzung des Waldes und Beschädigungen an Forst-, Jagd- und Fischereieinrichtungen erwartet. Aus diesem Grund sollte der Privatwaldbesitzer bis zu 50 % der Kosten für eine angemessene Waldbrandversicherung vom Land erstattet bekommen (§ 14 Abs. 1 LWaldG).[804] Daneben sollten dem Privatwaldbesitzer auf Antrag die Aufwendungen für die Beseitigung von erheblichen Verunreinigungen des Waldes (§ 14 Nr. 1 LWaldG) und die durch den Erholungsverkehr entstandenen Schäden an forstwirtschaftlichen, jagdlichen und fischereiwirtschaftlichen Einrichtungen (§ 14 Nr. 2 LWaldG) vom Land ersetzt werden.[805] Für Schäden, die mutwillig oder von Personen angerichtet wurden, die den Wald nicht zum Zwecke der Erholung betreten haben, sah der Regierungsentwurf eine Regelung zum Ausschluss der Ersatzpflicht vor, die jedoch von einigen Verbänden und der SPD-Fraktion missbilligt und deshalb später gestrichen wurde. Die SPD-Fraktion sprach sich wegen der damit verbundenen Beweisschwierigkeiten des Waldbesitzers gegen eine derartige Trennung aus und verwies auf die Entschädigungsregelung in ihrem Erholungsgesetzentwurf.[806] Auf Antrag der SPD wurde in diesem Zusammenhang außerdem Abs. 4 der Entwurfsfassung gestrichen, wonach Waldbesucher im Sinne dieser Vorschrift nur Personen waren, die den Wald zum Zwecke der Erholung betraten.[807] Auch der *Schleswig-Holsteinische Bauernverband* und der *Schleswig-Holsteinische Waldbesitzerverband* wandten sich in ihren Stellungnahmen gegen eine Einschränkung der Ersatzpflicht für nicht durch

803 Hierzu und im Folgenden: Begründung zum RegE, SHLT-Drs. VI/1266, S. 32 f.

804 Der Begriff *„angemessen“* wurde nach der Gesetzesbegründung nicht nur auf die Höhe der Versicherungssumme, sondern auch auf das Versicherungsobjekt bezogen, sodass nur besonders gefährdete Nadelholzbestände in Betracht kamen, Begründung zum RegE, SHLT-Drs. VI/1266, S. 33. Der Referentenentwurf sah eine Beteiligung des Landes in Höhe von 30–50 % an den Kosten der Waldbrandversicherung vor.

805 Die Verpflichtung zum Aufwendungsersatz für die Beschädigung von Einrichtungen war jedoch für Brand- und Bagatellschäden ausgeschlossen und hinsichtlich der Müllbeseitigung nur auf die Wege und typischerweise durch Waldbesucher verursachten Verunreinigungen beschränkt, Begründung zum RegE, SHLT-Drs. VI/1266, S. 33.

806 siehe dazu die Ausführungen vom Abgeordneten *Hamer* in der der ersten Lesung (SHLT-PlPr., 34. Tagung, 72. Sitzung am 16. September 1970, S. 3315) und § 8 Abs. 2 des Erholungsgesetzentwurfs (SHLT-Drs. VI/1239).

807 SHLT-Arch Bd. Nr. XIII F 199, S. 518–538, Niederschrift über die 63. Sitzung des Ausschusses für E.L.F. am 14. Januar 1971 (15).

den Erholungsverkehr entstandene Schäden und Aufwendungen und die damit verbundenen Beweisschwierigkeit für die Waldbesitzer.[808]

§ 16 des Landeswaldgesetzes regelte die *Entlastung der Kostenträger* und ist im Rahmen der Ausschussberatungen neu in den Entwurf eingefügt worden. Da das Gesetz in erster Linie die Gemeinden mit der Schaffung und Unterhaltung von Erholungseinrichtungen belastete, erhielten diese vom Land 50 % und von den Kreisen 30 % der für diese Aufgabe anfallenden Kosten erstattet. Da das Landeswaldgesetz in § 16 Abs. 3 und 4 anderweitige Kostenverteilungen zwischen den beteiligten Körperschaften zuließ, hielt man eine Beteiligung der Gemeinden mit 20 % für vertretbar.[809] Aufgrund der Unterstützung der Gemeinden mit 80 % der Kosten und des Umstandes, dass sich die Schaffung von Erholungsgebieten häufig sehr positiv auf die gesamte Infrastruktur einer Gemeinde auswirken konnte, rechnete man mit einem großen Interesse der Gemeinden am Ausbau des Fremdenverkehrs.[810]

3. *Waldpflege und Bewirtschaftung*

Die gesetzlichen Regelungen zur *Waldpflege und Bewirtschaftung* beschränkten sich auf zwei Paragrafen, die im Verlauf des Gesetzgebungsverfahrens nur geringfügige Änderungen erfahren haben. Die waldwirtschaftlichen Aspekte im dritten und vierten Abschnitt des Gesetzes spielten in der parlamentarischen Debatte nur eine untergeordnete Rolle, da man sich einig war, dass der veränderten Situation der Forstwirtschaft mit gesetzlichen Regelungen begegnet werden müsse.[811] Diese Übereinstimmung war nicht zuletzt von der Überzeugung geprägt, dass ein guter Wirtschaftswald auch die Erholungsfunktion am besten erfülle.

Im Wesentlichen konnten die Vorschriften zur ordnungsgemäßen Waldbewirtschaftung aus dem Walderhaltungsgesetz von 1950 übernommen werden.[812] Zunächst enthielt § 17 Abs. 1 LWaldG eine Grundpflicht für alle Waldbesitzer, den

---

808 SHLT-Arch Bd. Nr. XIII F 199, S. 61–170, Niederschrift über die 53. (öffentliche) Sitzung des Ausschusses für E.L.F. am 15. Oktober 1970 (24, 46).

809 So der Abgeordnete *Latendorf* als Berichterstatter des Ausschusses für E.L.F.. Die SPD-Fraktion vertrat hingegen eine andere Ansicht und wollte das Land zu einer weitergehenden Kostenpflicht heranziehen, SHLT-PlPr., 39. Tagung, 81. Sitzung am 9. Februar 1971, S. 3834 u. S. 3841.

810 Vgl. Ausführungen des Abgeordneten *Fölster* (CDU), SHLT-PlPr., 39. Tagung, 81. Sitzung am 9. Februar 1971, S. 3839; *Buchwaldt*, DFuH 1971, S. 257 f. (257).

811 So z.B. die Abgeordneten *Hamer* (SPD) und *Ehlers* (NPD) in der ersten Lesung: SHLT-PlPr., 34. Tagung, 72. Sitzung am 16. September 1970, S. 3317, 3327; In der Einzelabstimmung zum Landeswaldgesetz in der zweiten Lesung wurde der dritte Abschnitt ohne Wortmeldungen einstimmig angenommen, SHLT-PlPr., 39. Tagung, 81. Sitzung am 9. Februar 1971, S. 3842.

812 So Landwirtschaftsminister *Engelbrecht-Greve* in der ersten Lesung: SHLT-PlPr., 34. Tagung, 72. Sitzung am 16. September 1970, S. 3312.

„Wald nach anerkannten forstlichen Grundsätzen zu bewirtschaften und zu pflegen“.[813] Im nächsten Absatz der Vorschrift erfolgte eine Konkretisierung dieser Grundpflicht mit der Festlegung forstlicher Maßnahmen, die von den Waldbesitzern mindestens durchzuführen waren. Dazu zählten die Pflicht zur Wiederaufforstung von Kahlschlagflächen (Nr. 1), die Pflicht, Forstkulturen und Naturverjüngungen ausreichend zu ergänzen, zu schützen und zu pflegen (Nr. 2), die Pflicht, Bestände zu *„läutern“*[814] und durchzuforsten (Nr. 3) und die Pflicht, verlichtete Bestände zu unterpflanzen (Nr. 4). Eine solche Konkretisierung war notwendig, da die Einhaltung der Vorschrift in § 37 Nr. 8 LWaldG mit einem Bußgeld bewehrt war und man zudem den Ermessensspielraum der Forstbehörde abgrenzen wollte.[815] Um einer Vernachlässigung der Waldflächen entgegenzuwirken, sollte die *Landwirtschafskammer* zunächst beratend auf die Waldbesitzer einwirken.[816] Die Beratungstätigkeit war insbesondere aufgrund des großen Anteils an bäuerlich-forstlichen Mischbetrieben erforderlich, da diesen häufig die nötigen Fach- und Arbeitskräfte sowie die forstlichen Kenntnisse zur Durchführung der forstlichen Wirtschaftsmaßnahmen fehlten. War der Bestand einer Waldfläche jedoch wegen mangelnder Pflege gefährdet, sollten die Forstbehörden im Rahmen der ihnen obliegenden Forstaufsicht nötigenfalls entsprechende Anordnungen zur Walderhaltung treffen können. Diese Rollenverteilung, nach der die forstaufsichtlichen Maßnahmen nur subsidiär zum Einsatz kommen sollten, kann auf die gleichartige Konzeption des Reichsforstgesetzentwurfs zurückgeführt werden, der die Betreuung der Waldbesitzer bewusst vor die Forstaufsicht stellte und damit zu einem Wandel der Auffassungen über das Verhältnis Aufsicht – Betreuung beitrug.[817]

Gegenüber den Entwurfsfassungen enthielt das Landeswaldgesetz in § 17 Abs. 2 S. 2 LWaldG einen eingefügten Zusatz, der die Klarstellung enthielt, dass eine bestimmte Form der forstlichen Bewirtschaftung nicht angeordnet werden durfte. Damit wollte man den Entscheidungsspielraum der Forstbehörden begrenzen. Diese Änderung ist darauf zurückzuführen, dass sich die Vertreter des *Bauernverbandes*, der *Landwirtschaftskammer* und des *Waldbesitzerverbandes* für die Streichung von § 17 Abs. 2 LWaldG[818] ausgesprochen hatten, da sie darin einen zu weitreichenden

813 Diese Pflicht war im Grundsatz bereits in § 7 des Walderhaltungsgesetzes von 1950 enthalten, GVOBl. SH 1950, S. 199 ff.; Auch der Reichsforstgesetzentwurf von 1942 stellte zunächst in § 15 für alle Waldbesitzer Grundpflichten auf, die jedoch umfassender waren und zusätzlich eine nachhaltige, planmäßige und sachkundige Waldbewirtschaftung forderten, BArch R 2/4724.

814 *„Läuterung“* ist eine forstliche Maßnahme zur Bestandspflege von jungen Waldbeständen durch Aushieb der schlechten und konkurrierenden Bäume und dient daneben der Regelung der Baumartenmischung, siehe: *Stinglwagner/Haseder/Erlbeck*, Wald- und Forstlexikon, S. 531, Stichwort: Läuterung.

815 Begründung zum RegE, SHLT-Drs. VI/1266, S. 34.

816 Hierzu und im Folgenden: Begründung zum RegE, SHLT-Drs. VI/1266, S. 34.

817 Vgl. *Hasel*, Waldwirtschaft und Umwelt, S. 184 ff.

818 Entspricht § 11 Abs. 2 des Regierungsentwurfs.

Eingriff in die Entscheidungsfreiheit der Waldbesitzer sahen und erhebliche finanzielle Einbußen befürchteten.[819] Eine weitere Verpflichtung enthielt § 17 Abs. 3 LWaldG, der den Waldbesitzern aufgab, die Aufgaben der Landschaftspflege und den Erhalt der heimischen Tierwelt bei der Bewirtschaftung zu beachten sowie das Landschaftsbild zu wahren.

Im Referentenentwurf war zudem noch eine besondere Vorschrift für die Bewirtschaftung im Staats- und Körperschaftswald enthalten.[820] Darin war festgehalten, dass der Staats- und Körperschaftswald dem Gemeinwohl in besonderem Maße zu dienen und die Waldbewirtschaftung und pflege vorbildlich zu erfolgen hatte. Besondere Bedürfnisse wegen einer speziellen Zweckbestimmung sollten jedoch angemessen berücksichtigt werden können. Damit wollte der Gesetzgeber auch eine besondere Verwendung, die beim Bundeswald z.B. in militärischer Art bestehen konnte, ermöglichen.

§ 18 LWaldG regelte die forstlichen *Nachbarrechte und -pflichten.* Danach waren die Waldbesitzer verpflichtet, bei der Bewirtschaftung auf die Nachbargrundstücke Rücksicht zu nehmen und Wirtschaftsmaßnahmen in Grenznähe aufeinander abzustimmen. Zu unterlassen waren Maßnahmen, mit denen das Nachbargrundstück der Gefahr des Windwurfs, der *„Aushagerung“*[821] oder des Rindenbrandes ausgesetzt wurde. Soweit die Benutzung eines fremden Grundstücks zur Durchführung bestimmter Wirtschaftsmaßnahmen notwendig war, musste dies vom Waldeigentümer gestattet werden. Gleichzeitig legte die Vorschrift fest, dass für dadurch entstehende Schäden Ersatz zu leisten war und für die Benutzung nicht öffentlicher Wege eine Vergütung verlangt werden konnte. Um Beeinträchtigungen für ein Nachbargrundstück durch überhängende Äste und weitreichende Wurzeln zu vermeiden, wurde für die Neuanlage von Wald und für Wiederaufforstungen ein Grenzabstand von vier Metern festgelegt.[822]

---

819 Außerdem sahen die Verbände in den § 17 Abs. 2, Nr. 1 und 2 lediglich Wiederholungen der Pflicht zur Wiederaufforstung und dem Grundsatz der pfleglichen Waldbewirtschaftung in Abs. 1. Der *Waldbesitzerverband* wandte sich gegen Nr. 3 und 4, in denen er einen zu weitgehenden Eingriff in die Privatnützigkeit des Waldes und in die Dispositionsbefugnis der Waldbesitzer erblickte. Verstöße gegen diese Vorschrift waren zudem mit einem Bußgeld von bis zu 10.000 DM bedroht, siehe: SHLT-Arch Bd. Nr. XIII F 199, S. 318–438, Niederschrift über die 56. (öffentliche) Sitzung des Ausschusses für E.L.F. am 29. Oktober 1970 (5 f., 27 f., 33 f.) und S. 450–466, Niederschrift über die 60. Sitzung des Ausschusses für E.L.F. am 1. Dezember 1970 (4 ff.); vgl. auch SHLT-Arch Bd. Nr. XIII F 199, S. 171–178, Stellungnahme des Schleswig-Holsteinischen Waldbesitzerverbandes vom 11. August 1970 (6).

820 § 10 des Referentenentwurfs vom 1. Mai 1971, LArch SH 786/3590.

821 *„Aushagerung“* bezeichnet die Verarmung des Bodens wegen Nährstoffmangels. Sie entsteht v.a. durch Bodenverwehungen als Folge einer Austrocknung und tritt u.a. an Kahlschlagflächen und Waldrändern auf, siehe: *Stinglwagner/Haseder/Erlbeck*, Wald- und Forstlexikon, S. 53, Stichwort: Aushagerung.

822 Begründung zum RegE, SHLT-Drs. VI/1266, S. 35.

4. *Walderhaltung*

Die Vorschriften zur *Walderhaltung* regelten die forstwirtschaftlichen Kernthemen *Abholzung, Wiederaufforstung, Waldumwandlung, Aufforstung von Ödland* und die *Erklärung zu Schutzwald.* Die im Walderhaltungsgesetz von 1950 zu dieser Materie aufgestellten Grundsätze konnten dabei unter Anpassung an die neuere Gesetzgebung und unter Berücksichtigung der gesammelten Erfahrungen im Wesentlichen in das Landeswaldgesetz überführt werden.[823] Die Änderungsvorschläge des Ernährungsausschusses zum vierten Abschnitt waren lediglich redaktioneller Art.[824] Die Vorschriften dienten in erster Linie dem Zweck, die ohnehin niedrige Bewaldungsquote nicht weiter zu verringern und die Waldbildung zu fördern.[825] Naturgemäß mussten die Waldbesitzer durch die ihnen im vierten Abschnitt des Gesetzes auferlegten Verpflichtungen bestimmte Einschränkungen in ihrem Eigentum hinnehmen. Die Verfasser des Regierungsentwurfs gingen dabei jedoch von der Annahme aus, dass die Regelungen, mit Ausnahme der Erklärung zu Schutzwald, als Inhalts- und Schrankenbestimmung den Rahmen der Sozialpflichtigkeit nicht überschreiten und das Eigentum nur in dem unbedingt notwendigem Maße einschränken würden.[826] Diese Einschätzung stützten die Verfasser insbesondere auf zwei oberverwaltungsgerichtliche Entscheidungen, nach denen die Einschränkungen der Verfügungsbefugnis der Waldeigentümer nach dem Walderhaltungsgesetz von 1950 im Rahmen der Sozialgebundenheit des Eigentums lagen und entschädigungslos hinzunehmen waren.[827]

---

823 Begründung zum RegE, SHLT-Drs. VI/1266, S. 36.

824 So der Berichterstatter des Ausschusses in der zweiten Lesung, SHLT-PlPr., 39. Tagung, 81. Sitzung am 9. Februar 1971, S. 3834.

825 Hierzu Landwirtschaftsminister *Engelbrecht-Greve* in der ersten Lesung: SHLT-PlPr., 34. Tagung, 72. Sitzung am 16. September 1970, S. 3312.

826 Begründung zum RegE, SHLT-Drs. VI/1266, S. 23 f.

827 LVG Schleswig, Urteil vom 23. Januar 1959 (4 K 46/58), SchlHA, 1960, S. 29 ff.: Nach dieser Entscheidung lagen die im Walderhaltungsgesetz von 1950 enthaltenen Beschränkungen der Verfügungsbefugnis über Waldgrundstücke im Rahmen der Sozialgebundenheit des Eigentums und waren somit nicht als Enteignungsvorschriften anzusehen. Der Entscheidung lag eine eigenmächtige Umwandlung von einem Waldgrundstück in landwirtschaftliche Nutzung zugrunde, wobei sich der Eigentümer über die Genehmigungspflicht für Waldrodungen hinwegsetzte und die Pflicht zur Wiederaufforstung missachtete; OVG Lüneburg, Urteil vom 19. Juni 1960 (III OVG A 86/59), OVG E 15, S. 500 ff.: In diesem Rechtsstreit wehrte sich ein Grundstückseigentümer gegen die Pflicht zur Aufforstung nach dem Schleswig-Holsteinischen Walderhaltungsgesetz von 1950 u.a. mit der Begründung, dass diese gegen Art. 14 GG verstoße. Das OVG Lüneburg trat jedoch der im Schrifttum und in der Rechtsprechung herrschenden Auffassung bei, dass es sich bei der Pflicht zur Wiederaufforstung nicht um eine Enteignung, sondern lediglich um eine zulässige Eigentumsbeschränkung handele (vgl. S. 506 m.w.N.); In Bezug auf das Nordrhein-Westfälische Waldschutzgesetz von 1950 hat das

Gem. § 19 LWaldG war für die *Abholzung von Wald* die vorherige Zustimmung der Forstbehörde erforderlich. Unter Abholzung wurde dabei nicht nur der gesamte Kahlschlag, sondern auch solche Eingriffe in den Baumbestand verstanden, die zu einer Bestockung von unter 60 % des normalen Vollbestandes führten. In den Forstgesetzen der meisten anderen Bundesländer waren Kahlhiebsbeschränkungen nur in Schutzwäldern vorgesehen.[828] Nach dem Landeswaldgesetz kam eine Zustimmung zur Abholzung nur in Betracht, wenn die Wiederaufforstung in angemessener Frist gewährleistet war, eine Zustimmung zur Waldumwandlung erteilt wurde oder *„die Abholzung für die Verbesserung des Waldschutzes, der Waldbewirtschaftung oder der Lebensgrundlagen der freilebenden Tierwelt notwendig"* war. Die Zustimmung konnte dabei unter Auflagen und Bedingungen erteilt werden und wurde fingiert, wenn innerhalb eines Monats nach Antragstellung kein entsprechender Bescheid ergangen war. Waldbesitzer, die ihren Wald nach einem anerkannten Plan bewirtschafteten und forstliche Zusammenschlüsse konnten auf Antrag von der Zustimmungspflicht befreit werden (§ 19 Abs. 4 LWaldG). Insbesondere der Großprivatwaldbesitz sollte durch diese Vorschrift weitgehend zur Aufstellung entsprechender Wirtschaftspläne veranlasst werden, was eine erhebliche Arbeitserleichterung für die Forstbehörden bedeutete.[829] Die Befreiungsmöglichkeit für forstliche Zusammenschlüsse wurde auf Anregung der Landwirtschaftskammer in den Entwurf aufgenommen, da man eine sachkundige und ordnungsgemäße Bewirtschaftung durch die Beratungstätigkeit und Einflussmöglichkeiten der Landwirtschaftskammer als gewährleistet ansah.[830]

Abgeholzte Flächen waren gem. § 20 LWaldG wiederaufzuforsten. Daneben konnte die Forstbehörde auch die Wiederaufforstung von Flächen anordnen, deren Baumbestand nicht durch Abholzung entfernt bzw. vermindert wurde (z.B. bei Kahlflächen, die durch ein Naturereignis entstanden sind).[831] Die Forstbehörde hatte für die Wiederaufforstung eine angemessene Frist zu setzen und konnte zur Sicherung der Durchführung eine Sicherheit vom Waldbesitzer verlangen. Für die zwangsweise Durchsetzung standen den Forstbehörden die Anordnung eines Zwangsgeldes und die Ersatzvornahme zur Verfügung.

Bundesverwaltungsgericht festgestellt, dass die darin enthaltenen Bestimmungen (insbesondere der Aufforstungszwang und das Umwandlungsverbot) und die auf dem Gesetz beruhenden Verwaltungsakte in der Regel nicht als entschädigungspflichtige Enteignung i.S.v. Art. 14 Abs. 3 GG wirken, sondern den Inhalt und die Schranken des Eigentums im Rahmen der Sozialpflichtigkeit bestimmen (Art. 14 Abs. 1 S. 2 GG), BVerwG, Urteile vom 18. Juli 1968, I C 38/67 und I C 124/60 – JurionRS 1968, 14475 und JurionRS 1968, 13603.

828 *Hasel*, Waldwirtschaft und Umwelt, S. 201 f.; Hasel begrüßt die Genehmigungspflicht für Kahlhiebe, die auch schon im Walderhaltungsgesetz enthalten war und drückt seine Anerkennung dafür aus, *„daß ein norddeutsches Land entgegen aller Tradition diesen mutigen Schritt vollzogen hat"*.

829 Begründung zum RegE, SHLT-Drs. VI/1266, S. 36.

830 Begründung zum RegE, SHLT-Drs. VI/1266, S. 37.

831 Begründung zum RegE, SHLT-Drs. VI/1266, S. 37.

Ebenso wie die Abholzung bedurfte auch die *Umwandlung* von Wald in eine andere Nutzungsart der vorherigen Zustimmung durch die Forstbehörde (§ 21 LWaldG). Einer Waldumwandlung sollte wegen der Waldarmut in Schleswig-Holstein und der Bedeutung des Waldes für die Landeskultur allerdings nur ausnahmsweise zugestimmt werden.[832] Voraussetzung dafür war, dass die Fläche nach der Umwandlung auf Dauer *„mit erheblich größerem Vorteil für die Allgemeinheit zu anderen als forstlichen Zwecken genutzt werden"* konnte oder *„sich nach Lage und Bodenbeschaffenheit zur landwirtschaftlichen Nutzung im Betrieb des Waldbesitzers besser eignet"*. Eine Zustimmung kam auch in Betracht, wenn als Ausgleich eine gleichwertige Ersatzfläche aufgeforstet wurde. Die restriktive Handhabung der Erteilung einer Umwandlungsgenehmigung und insbesondere die Verpflichtung zum Flächenersatz boten einen guten Schutz gegen Rodungsvorhaben.[833]

Daneben enthielt das Landeswaldgesetz eine Reihe von Versagungsgründen, bei deren Vorliegen eine Zustimmung nicht erteilt werden durfte (§ 21 Abs. 3 LWaldG). Darunter fielen ein entgegenstehendes Interesse der Allgemeinheit, die Gefährdung eines Nachbargrundstücks sowie die Beeinträchtigung der Bildung und Erhaltung von geschlossenen Waldbeständen im Fall einer Umwandlung. Auch die Erklärung zu Erholungswald oder Schutzwald bildete ein Ausschlusskriterium, soweit Auflagen oder Bedingungen die nachteiligen Folgen der Waldumwandlung nicht abwenden konnten. Für den Fall, dass die Forstbehörde die Zustimmung gegenüber einem Privatwaldbesitzer nicht gewährte und dies eine unzumutbare Härte darstellte, konnte der Waldeigentümer vom Land die Übernahme der Fläche zum Verkehrswert verlangen (§ 22 LWaldG). Die Regelung beruhte auf der rechtsstaatlichen Überlegung, dass die dem Waldeigentümer obliegende Pflicht zur Walderhaltung den Rahmen der Sozialbindung nicht überschreiten durfte.[834] Der *Schleswig-Holsteinische Bauernverband* und der *Schleswig-Holsteinische Waldbesitzerverband* vertraten demgegenüber die Auffassung, dass es sich bereits um eine entschädigungspflichtige Enteignung handele, wenn die Versagung einer Umwandlung eine unzumutbare Härte darstellte und forderten deshalb entweder eine Entschädigung in diesem Fall oder die Streichung des Kriteriums für das Übernahmeverlangen.[835]

Gem. § 23 LWaldG sollte im Rahmen der fachlichen Förderung der Forstwirtschaft auf die *Aufforstung von Ödland, Grenzertragsböden und Brachland* durch die Grundstückseigentümer hingewirkt werden. Einen Neuaufforstungszwang für solche Flächen, wie er in anderen Bundesländern und nach dem Reichsforstgesetzentwurf von 1942 angeordnet werden konnte, sah das Schleswig-Holsteinische Landeswaldgesetz nicht vor.[836] Die Vorschrift enthielt vielmehr den Auftrag für die

832 *Buchwaldt*, AFZ 1971, S. 593 f. (593).
833 *Plochmann*, FwCbl. 1975, S. 224 ff. (230).
834 Begründung zum RegE, SHLT-Drs. VI/1266, S. 38 f.
835 SHLT-Arch Bd. Nr. XIII F 199, S. 318–438, Niederschrift über die 56. (öffentliche) Sitzung des Ausschusses für E.L.F. am 29. Oktober 1970 (7 f.; 39).
836 *Hasel*, Waldwirtschaft und Umwelt, S. 199 f.

öffentliche Hand zum Erwerb von Ödland, Grenzertragsböden und Brachland von verkaufsbereiten Landwirten, um diese Flächen anschließend aufzuforsten. Die Vorschrift muss dabei vor dem Hintergrund der agrarstrukturellen Entwicklung gesehen werden, die im Zusammenhang mit der Anpassung an den gemeinsamen europäischen Markt dazu führte, dass leistungsschwache Böden und unrentables Land vermehrt aus der landwirtschaftlichen Nutzung herausgenommen wurden.[837] Ein Nutzungswandel zur Forstwirtschaft konnte der einzelne Landwirt auf diesen Flächen jedoch häufig nicht aus eigener Kraft durchführen, weshalb der Landesforstverwaltung bereits seit 1968 vermehrt Haushaltsmittel für den Ankauf von Grenzertragsböden und Altwaldflächen zur Verfügung gestellt wurden.

Gem. § 24 LWaldG konnte Wald zur Abwehr oder Verhütung von Gefahren für das Gemeinwohl durch Verordnung zu *Schutzwald* erklärt werden.[838] In Betracht kam dies insbesondere zum Schutz gegen Immissionen, Bodenabschwemmungen, Austrocknung sowie Sand- oder Schneeverwehungen. In der Verordnung konnten Art und Umfang der zulässigen Bewirtschaftung des Waldes vollumfänglich geregelt und weitreichende Beschränkungen festgelegt werden (z.B. Kahlschlagverbot, Wahl bestimmter Holzarten).[839] Die Verfasser des Regierungsentwurfs gingen davon aus, dass die mit der Erklärung zu Schutzwald verbundenen Einschränkungen im Einzelfall einen enteignungsgleichen Eingriff darstellen konnten, sodass gem. Art. 14 Abs. 3 GG die Art und das Ausmaß der Entschädigung im Gesetz zu regeln waren.[840] Der Waldbesitzer sollte deshalb für die durch die Erklärung zu Schutzwald entstehende Wertminderung und für die Ertragseinbußen gegenüber einer unbeschränkten forstlichen Nutzung gem. § 25 LWaldG vom Land angemessen entschädigt. Das Gleiche galt für die Aufwendungen, die dem Waldbesitzer für Maßnahmen der Gefahrenabwehr auferlegt wurden. Im Übrigen enthielt die Vorschrift einen Verweis auf § 190 des *Landesverwaltungsgesetzes*[841], worin Art, Inhalt und Umfang der Entschädigungsleistung geregelt waren. In der Verordnung über die Erklärung zu Schutzwald sollte außerdem festgelegt werden können, dass auch die an dem gefährdeten Grundstück Berechtigten bis zur Höhe ihrer Vorteile an der Ersatzleistung zu beteiligen sind.

Die Vorschrift ersetzte die Regelungen im bis dahin gültigen preußischen *Gesetz über Schutzwaldungen und Waldgenossenschaften* aus dem Jahr 1875, das mit dem Landeswaldgesetz außer Kraft gesetzt wurde. In Schleswig-Holstein war bis dahin noch keine Erklärung zu Schutzwald erfolgt, da das preußische Gesetz aufgrund

837 Hierzu und im Folgenden: Begründung zum RegE, SHLT-Drs. VI/1266, S. 39; siehe auch: *Buchwaldt*, AFZ 1971, S. 593 f. (593).

838 Ähnliche Vorschriften enthielt der Reichsforstgesetzentwurf von 1942 im Abschnitt über den *„Bannwald“* in den §§ 148 ff., BArch R 2/4724.

839 Begründung zum RegE, SHLT-Drs. VI/1266, S. 40.

840 Begründung zum RegE, SHLT-Drs. VI/1266, S. 40.

841 *„Allgemeines Verwaltungsgesetz für das Land Schleswig-Holstein“* vom 18. April 1967, GVOBl. SH 1967, S. 131 ff.

seiner Schwerfälligkeit keine Bedeutung für die Praxis hatte.[842] Man wollte den Schutzwald trotzdem in das Gesetz aufnehmen, *„weil ein öffentliches Interesse an der Erhaltung bestimmter Waldbestände für die Zukunft nicht ausgeschlossen werden“*[843] konnte. Insofern konnte eine Rechtsbereinigung erreicht werden.

5. *Forstschutz*

Im fünften Abschnitt waren *Schutzmaßnahmen gegen Waldbrände* (§ 26 LWaldG) und die *Bekämpfung forstschädlicher Insekten* (§ 27 LWaldG) geregelt. Gegenüber dem Regierungsentwurf wurde das Landeswaldgesetz im fünften und sechsten Abschnitt lediglich durch kleinere sprachliche Ausbesserungen verändert.[844] Die Vorschriften zum Schutz gegen Waldbrände ersetzten die Regelungen der *„Verordnung zur Verhütung und Bekämpfung von Waldbränden in den nicht im Eigentum des Reichs oder der Länder stehenden Waldungen“*[845] vom 18. Juni 1937. Nach den Vorschriften des Landeswaldgesetzes waren die Forstbehörden berechtigt, gegenüber den Waldbesitzern notwendige Schutzmaßnahmen zur Verhütung von Waldbränden anzuordnen. Die Verfasser des Regierungsentwurfs gingen davon aus, dass solche Schutzmaßnahmen nur in besonders gefährdeten Nadelwaldbeständen erforderlich seien und die Vorschrift aufgrund der Streulage des Waldes in Schleswig-Holstein nur selten angewendet würde.[846] Wegen der Zunahme des Besucherverkehrs erwartete man jedoch auch eine größere Waldbrandgefahr. Die Kosten für die Maßnahmen zur Waldbrandverhütung im Privatwald waren deshalb gem. § 26 Abs. 3 LWaldG vom Land zu tragen, wenn diese wegen des Besucherverkehrs geboten waren. Darüber hinaus wurde der Minister für Ernährung, Landwirtschaft und Forsten ermächtigt, besondere Vorschriften für die Bekämpfung und Verhütung von Bränden zum Schutz der Wälder, Moore und Heiden durch Verordnung zu erlassen.[847]

Hinsichtlich der Bekämpfung forstschädlicher Insekten wurde die Regelung aus der *„Verordnung zur Bekämpfung forstschädlicher Insekten“*[848] vom 19. Juni 1962 unter leichter Abwandlung in § 27 LWaldG übernommen. Danach war der Waldbesitzer bei einem Befall seines Waldes mit forstschädlichen Insekten verpflichtet, wirksame Bekämpfungsmaßnahmen durchzuführen. Außerdem wurde die Lagerung von

842 *Hasel*, Waldwirtschaft und Umwelt, S. 203 f.
843 Begründung zum RegE, SHLT-Drs. VI/1266, S. 39.
844 SHLT-PlPr., 39. Tagung, 81. Sitzung am 9. Februar 1971, S. 3834.
845 RGBl. I 1937, S. 721.
846 Begründung zum RegE, SHLT-Drs. VI/1266, S. 40.
847 Hintergrund für diese Anordnung war die Intention des Bundesgesetzgebers die *„Verordnung zum Schutze der Wälder, Moore und Heiden gegen Brände“* vom 25. Juni 1938 (RGBl. I 1938, S. 700 f.) mit dem Erlass des Bundeswaldgesetzes aufzuheben, sodass eine neue Rechtsgrundlage als erforderlich angesehen wurde, Begründung zum RegE, SHLT-Drs. VI/1266, S. 40 f.
848 GVOBl. SH 1962, S. 236.

nicht entrindetem Nadelholz im Wald oder innerhalb von drei Kilometern Entfernung zum nächsten Nadelwald in der Zeit vom 1. Mai bis 30. September eines Jahres untersagt. Neu gegenüber der Vorgängerverordnung war die Ausnahme vom Lagerungsverbot, wenn das unentrindete Holz vorbeugend mit Insektenbekämpfungsmitteln behandelt wurde. Zur Durchsetzung der Vorschrift standen den Forstbehörden die Anordnung eines Zwangsgeldes und die Ersatzvornahme zur Verfügung.

6. Förderung und Betreuung der Forstwirtschaft

Die *Förderung der Forstwirtschaft* war vor dem Hintergrund der verschärften forstwirtschaftlichen Situation eine wichtige Aufgabe des Gesetzgebers. Man war sich darüber bewusst, dass das Interesse des Waldbesitzers an der Pflege und Erhaltung seines Waldes mit Fortschreiten der negativen Ertragsentwicklung zunehmend schwinden würde.[849] Gesetzliche Vorschriften zur staatlichen Förderung der Forstwirtschaft waren auch in den Waldgesetzen der anderen Bundesländer enthalten und wurden von forstwissenschaftlicher Seite als unverzichtbar für ein neuzeitliches Forstgesetz eingestuft.[850] In § 28 des Schleswig-Holsteinischen Landeswaldgesetzes hieß es:

> *„Die Forstwirtschaft soll wegen der Bedeutung des Waldes für die Bevölkerung und wegen ihres volkswirtschaftlichen Nutzens fachlich und durch Finanzhilfen gefördert sowie durch Maßnahmen der Strukturverbesserung[851] gestärkt werden."*

Die *fachliche Förderung* setzte sich zusammen aus der sachkundigen *Beratung* und der entgeltlichen *Betreuung* der Waldbesitzer. Mit der Durchführung dieser Aufgabe im nichtstaatlichen Waldbesitz wurde die Landwirtschaftskammer beauftragt, die den Waldbesitzer im Rahmen ihrer Beratungstätigkeit durch Aus- und Fortbildungen unterstützen sollte.[852] Auf Verlangen des Waldbesitzers konnte die Landwirtschaftskammer im Rahmen der Betreuung weitergehende Tätigkeiten, die im privatwirtschaftlichen Interesse des Waldbesitzers lagen, gegen Zahlung eines

---

849 Begründung zum RegE, SHLT-Drs. VI/1266, S. 41.

850 *Hasel*, Waldwirtschaft und Umwelt, S. 189.

851 Unter Maßnahmen der Strukturverbesserung wurden alle *„Bemühungen um Ausgleich der durch Lage, unzureichende Größe, ungünstigen Zuschnitt und mangelnde Aufschließung der Forstgrundstücke bedingten Wirtschaftsnachteile"* verstanden (z.B. Flurbereinigung, Förderung des freiwilligen Landtausches und Förderung des Wegebaus), siehe: Begründung zum RegE, SHLT-Drs. VI/1266, S. 41.

852 Die Beratungstätigkeit umfasste u.a. Vorträge, Lehrwanderungen, Waldbegehungen, Vorführung und Erläuterung von rationellen Arbeitsverfahren und -geräten sowie die Unterstützung bei forstlichen Zusammenschlüssen, siehe: Begründung zum RegE, SHLT-Drs. VI/1266, S. 41.

Entgeltes übernehmen.[853] Der Änderungsantrag der SPD-Fraktion, der darauf abzielte die fachliche Förderung der Forstwirtschaft den Forstbehörden zuzuweisen, fand keine Mehrheit im Parlament.[854] Insbesondere der Privatwaldbesitz war gegen die Schaffung von derartigen *Einheitsforstämtern*.[855] Damit verblieb es in Schleswig-Holstein bei der bisherigen Aufgabenverteilung.

Im Rahmen der *finanziellen Förderung* sollten die Privatwaldbesitzer nach Maßgabe des Landeshaushalts Finanzhilfen zur Erledigung vordringlicher forstlicher Maßnahmen vom Land erhalten, die die Leistungsfähigkeit der Forstwirtschaft überschritten (§ 30 LWaldG). Der Begründung zum Regierungsentwurf kann entnommen werden, dass eine finanzielle Unterstützung der Forstwirtschaft bereits in einigen Teilbereichen durch Bund und Land stattgefunden hatte.[856] In diesem Zusammenhang sind zwei im Jahr 1969 vom Bund verabschiedete Gesetze von Bedeutung, mit denen eine Förderung der Forstwirtschaft angestrebt wurde. Nach dem *„Forstschäden-Ausgleichsgesetz"*[857] konnte die Holzeinfuhr und der ordentliche Holzeinschlag bundesweit für einzelne Holzgruppenarten beschränkt werden, um ein Überangebot auf dem Rohholzmarkt zu kompensieren, das infolge eines Naturereignisses (z.B. Sturmschäden, Pilz- und Insektenbefall) durch außerordentliche Holznutzungen entstehen konnte. Daneben enthielt das Gesetz eine Reihe von Steuererleichterungen für Forstwirtschaftsbetriebe in Wirtschaftsjahren mit Einschlagsbeschränkungen.

Als zweites Gesetz des Bundes ist das *„Gesetz über die Gemeinschaftsaufgabe `Verbesserung der Agrarstruktur und des Küstenschutzes´"*[858] (GAKG) zu erwähnen. Bei dieser Gemeinschaftsaufgabe im Sinne von Art. 91a GG wirkte der Bund wegen der Bedeutsamkeit für die Gesamtheit bei der Aufgabenerfüllung durch die Länder mit. Für die Wahrnehmung der Gemeinschaftsaufgabe waren insbesondere folgende Maßnahmen relevant (§ 1 GAKG):

---

853 Die Betreuungstätigkeit der Landwirtschaftskammer umfasste u.a. die Anfertigung von Betriebsgutachten, Waldwertberechnungen und Holzvermessungen, siehe: Begründung zum RegE, SHLT-Drs. VI/1266, S. 41 f.

854 Nr. 8 des Antrages der SPD-Fraktion, SHLT-Drs. VI/1584; Zur Einzelabstimmung in der zweiten Lesung, SHLT-PlPr., 39. Tagung, 81. Sitzung am 9. Februar 1971, S. 3843 f.

855 *Buchwaldt*, AFZ 1971, S. 593 f. (594).

856 z.B. Strukturverbesserungsmaßnahmen, Aufforstungsprojekte, Beratung der Privatwaldbesitzer durch die Landwirtschaftskammer, Ausgleich für durch Naturereignisse entstandene Waldschäden (insbesondere Sturmwurf und Schädlingsbekämpfung), u.Ä., siehe: Begründung zum RegE, SHLT-Drs. VI/1266, S. 42.

857 *„Gesetz zum Ausgleich von Schäden infolge besonderer Naturereignisse in der Forstwirtschaft (Forstschäden-Ausgleichsgesetz)"* vom 29. August 1969. BGBl. I 1969, S. 1533 ff.

858 *„Gesetz über die Gemeinschaftsaufgabe ‚Verbesserung der Agrarstruktur und des Küstenschutzes'"* vom 3. September 1969, BGBl. I 1969, S. 1573 ff.

- *Maßnahmen zur Verbesserung der Produktion- und Arbeitsleistung in der Land- und Forstwirtschaft* (Flurbereinigung, freiwilliger Landtausch; Vergrößerung der Betriebe, rationellere Gestaltung der Betriebe und der Erzeugung) und
- *Maßnahmen zur Verbesserung der Marktstruktur* (Förderung von Zusammenschlüssen der Erzeuger, Rationalisierung des Absatzes durch Errichtung, Ausbau und Zusammenfassung von Vermarktungseinrichtungen).

Die finanzielle Förderung sollte dabei durch Bereitstellung von Zuschüssen, Darlehen und Bürgschaften im Zusammenhang mit einem gemeinsam von Bundes- und Landesregierung aufgestellten Rahmenplan erfolgen.

Die Verfasser des Regierungsentwurfs zum Schleswig-Holsteinischen Landeswaldgesetz gingen außerdem davon aus, dass sich die öffentliche Hand in der Zukunft vermehrt am Ausbau der Erholungseinrichtungen und der Erschließung des Waldes wegen des wachsenden Erholungsbedürfnisses der Bevölkerung finanziell beteiligen müsse.[859] Im Hinblick auf die Regelung der finanziellen Förderung im Schleswig-Holsteinischen Landeswaldgesetz bestand zwischen den Fraktionen keine Einigkeit. Die SPD-Fraktion wandte sich in erster Linie gegen die im Regierungsentwurf fixierte Förderungspflicht, die sie als zu weitgehend empfand und in der sie die Gefahr einer Präjudizwirkung für andere Wirtschaftszweige sah.[860] Vielmehr wollte man sich an der nordrhein-westfälischen Regelung orientieren, nach der die Forstwirtschaft fachkundig zu betreuen, zu fördern und durch Maßnahmen der Strukturverbesserung zu stärken sei. Da sich die Mehrheit der Ausschussmitglieder jedoch für eine ausdrückliche Erwähnung der Finanzhilfen im Gesetz aussprach, scheiterte die SPD-Fraktion mit ihren darauf abzielenden Anträgen.[861]

7. *Forstaufsicht und Forstbehörden*

Die Durchführung der *Forstaufsicht* oblag nach § 31 des Landeswaldgesetzes dem Land. Als *oberste Forstbehörde* nannte das Gesetz den Minister für Ernährung, Landwirtschaft und Forsten. Als *untere Forstbehörden*, die gem. § 34

859 Begründung zum RegE, SHLT-Drs. VI/1266, S. 42.

860 SHLT-Arch Bd. Nr. XIII F 199, S. 450–466, Niederschrift über die 60. Sitzung des Ausschusses für E.L.F. am 1. Dezember 1970 (9 f.); vgl. auch die Ausführungen des Abgeordneten *Hamer* (SPD), SHLT-PlPr., 34. Tagung, 72. Sitzung am 16. September 1970, S. 3317.

861 Ausführungen des Abgeordneten *Latendorf* (CDU) als Berichterstatter des Ausschusses für E.L.F. in der zweiten Lesung: SHLT-PlPr., 39. Tagung, 81. Sitzung am 9. Februar 1971, S. 3835; vgl. auch Abstimmung im Ausschuss, SHLT-Arch Bd. Nr. XIII F 199, S. 500–517, Niederschrift über die 62. Sitzung des Ausschusses für E.L.F. am 7. Januar 1971 (6 f.).

LWaldG grundsätzlich sachlich zuständig waren,[862] wurden durch *Verordnung*[863] der Landesregierung die Kreislandwirtschaftsbehörden bestimmt. Im Entwurfsstadium war diese Kompetenzzuweisung noch keineswegs sicher, da neben den Kreislandwirtschaftsbehörden auch die staatlichen Forstämter oder die Landwirtschaftskammer mit der Forstaufsicht hätten betraut werden können.[864] Gegen die Landwirtschaftskammer sprach in erster Linie, dass die Maßnahmen der Forstaufsicht solche der Hoheitsverwaltung waren und diese nicht zum eigentlichen Tätigkeitsbereich der Landwirtschaftskammer gehörten. Außerdem befürchtete man Interessenkollisionen zwischen der beratenden Tätigkeit der Landwirtschaftskammer und der Ausübung der Forstaufsicht. Der Nachteil bei den Kreislandwirtschaftsbehörden wurde insbesondere in der Tatsache gesehen, dass diese als dritte Stelle neben einer leistungsfähigen Staatsforstverwaltung und der Landwirtschaftskammer fungierten und die Ausübung der Forstaufsicht in personeller und fachlicher Hinsicht auch von den anderen beiden hätte übernommen werden können. Die SPD-Fraktion sprach sich gegen die bestehende, in Forstverwaltung und Forstbetreuung zersplitterte, Forstorganisation aus, die sie als zu aufwendig, zu schwerfällig und zu teuer empfand.[865] Stattdessen wollte sie die Funktion der unteren Forstbehörde den staatlichen Forstämtern zuweisen und damit eine Straffung der Forstorganisation erreichen.[866] Auch die Verfasser des Regierungsentwurfs sahen gewisse Vorteile in der Übertragung der Forstaufsicht auf die Forstämter, da dies, insbesondere aufgrund der fachlichen Eignung und der personell besseren Ausstattung, zu einer Vereinfachung der Forstorganisation geführt hätte. Letztendlich entschied man sich gegen eine Festlegung der unteren Forstbehörde im Gesetz, wobei davon ausgegangen wurde, dass es bei der bisherigen Rollenverteilung bleiben und die Kreislandwirtschaftsbehörden die Forstaufsicht wahrnehmen würden.[867] Dafür sprach, dass sich diese Regelung in

862 Ausnahmsweise war die oberste Forstbehörde in den Fällen §§ 14, 17–21, 26 und 27 zuständig, wenn Wald von einem Beamten des höheren Forstdienstes oder von einem Angestellten mit der Befähigung zum höheren Forstdienst verwaltet wurde (§ 34 Abs. 2 LWaldG).

863 *„Landesverordnung zur Bestimmung der unteren Forstbehörden nach dem Landeswaldgesetz“* vom 3. Mai 1971, GVOBL. SH 1971, S. 220.

864 Hierzu und im Folgenden: Begründung zum RegE, SHLT-Drs. VI/1266, S. 43.

865 Abgeordneter *Hamer* (SPD) in der zweiten Lesung, SHLT-PlPr., 39. Tagung, 81. Sitzung am 9. Februar 1971, S. 3843; SHLT-Arch Bd. Nr. XIII F 199, S. 450–466, Niederschrift über die 60. Sitzung des Ausschusses für E.L.F. am 1. Dezember 1970 (14 f.).

866 Nr. 10 des Antrages der SPD-Fraktion, SHLT-Drs. VI/1584. Daneben sollte auch die fachliche Förderung der Forstwirtschaft durch die Forstbehörden wahrgenommen werden, sodass im Ergebnis die Bildung eines Einheitsforstamtes angestrebt wurde.

867 Abgeordneter *Fölster* (CDU) in der zweiten Lesung, SHLT-PlPr., 39. Tagung, 81. Sitzung am 9. Februar 1971, S. 3840.

der Vergangenheit bewährt hatte und sich die Mehrheit der im Ausschuss angehörten Institutionen für eine Beibehaltung der Aufgabenverteilung aussprach.[868] Ein weiterer wesentlicher Grund kann zudem in der großen Anzahl der land- und forstwirtschaftlichen Mischbetriebe in Schleswig-Holstein gesehen werden, bei denen beide Wirtschaftszweige eine Einheit bildeten.[869] Indem die Staatsaufsicht auf beiden Gebieten durch dieselbe Behörde wahrgenommen wurde, konnten die Belange der Land- und Forstwirte bei der Entscheidungsfindung besser berücksichtigt werden. Weniger als zwei Jahre nach dem Inkrafttreten des Landeswaldgesetzes erfolgte eine Neuorganisation der landwirtschaftlichen Staats- und Selbstverwaltung in Schleswig-Holstein, in dessen Zuge die Kreislandwirtschaftsbehörden aufgelöst und deren Zuständigkeit auf die sechs neu gebildeten Ämter für Land- und Wasserwirtschaft übertragen wurde.[870]

Die Forstbehörden hatten die Aufgabe, die Durchführung des Landeswaldgesetzes sicherzustellen und bei Verstößen entsprechende Maßnahmen zu ergreifen (§ 32 Abs. 1 LWaldG). Die Forstaufsicht sollte dabei – ähnlich wie die Betreuung im Reichsforstgesetzentwurf[871] – so gehandhabt werden, dass *„das Verständnis der Bevölkerung für die Bedeutung des Waldes vertieft und der Wille des Waldbesitzers zu verantwortungsbewußter Mitarbeit an der Verwirklichung des Zwecks des Gesetzes geweckt und gefördert wird"*. Zur Wahrnehmung ihrer Aufgaben konnten die Forstbediensteten den Wald betreten, Auskünfte vom Waldbesitzer verlangen und Unterlagen der Waldbesitzer einsehen (§ 32 Abs. 4 LWaldG). Gebühren wurden für die Amtshandlungen der Forstbehörden, mit Ausnahme derjenigen im Vollzugsverfahren, nicht erhoben (§ 35 LWaldG), da das Tätigwerden der Forstbehörden fast ausschließlich im öffentlichen Interesse erfolgte.[872]

---

868 SHLT-Arch Bd. Nr. XIII F 199, S. 439–449, Niederschrift über die 59. Sitzung des Ausschusses für E.L.F. am 19. November 1970 und S. 450–466, Niederschrift über die 60. Sitzung des Ausschusses für E.L.F. am 1. Dezember 1970 (14 ff.); vgl. auch SHLT-Arch Bd. Nr. XIII F 199, S. 171–178, Stellungnahme des Schleswig-Holsteinischen Waldbesitzerverbandes vom 11. August 1970 (7); Für die Einsetzung der Kreislandwirtschaftsbehörde als untere Forstbehörde sprachen sich u.a. der *Schleswig-Holsteinische Bauernverband, die Landwirtschaftskammer und der Schleswig-Holsteinische Waldbesitzerverband* aus. Zu den Stellungnahmen der übrigen Verbände siehe: SHLT-Arch Bd. Nr. XIII F 199, S. 318–438, Niederschrift über die 56. (öffentliche) Sitzung des Ausschusses für E.L.F. am 29. Oktober 1970 (8 f., 26 f., 35, 70 f, 84, 88).

869 Vgl. Ausführungen des Abgeordneten *Fölster* (CDU) in der zweiten Lesung, SHLT-PlPr., 39. Tagung, 81. Sitzung am 9. Februar 1971, S. 3840.

870 *„Gesetz einer Neuordnung der landwirtschaftlichen Staats- und Selbstverwaltung"* vom 24. Februar 1973, GVOBl. SH 1973, S. 67 ff.; siehe dazu im Einzelnen: *Brandt*, AgrarR 1974, S. 114 ff.

871 Vgl. *RForstA*, Begründung E-RForstG (1940), S. 19.

872 Begründung zum RegE, SHLT-Drs. VI/1266, S. 45.

8. Schluss- und Ahndungsvorschriften

In § 36 LWaldG wurde der Minister für Ernährung, Landwirtschaft und Forsten ermächtigt, durch Verordnung die Berufsbezeichnung der Angestellten der Landesforstverwaltung sowie des Körperschafts- und Privatforstdienstes festzulegen und deren Berufskleidung zu regeln. Im Übrigen enthielten die Vorschriften im letzten Abschnitt einen Ordnungswidrigkeitenkatalog, nach dem bestimmte Übertretungen des Landeswaldgesetzes mit einem Bußgeld von bis zu 10.000 DM geahndet werden konnten (z.B. Abholzen von Wald ohne Zustimmung, Verstoß gegen Wiederaufforstungsgebot, Umwandlung in eine andere Nutzungsart ohne Zustimmung). Weniger gravierende Verstöße konnten mit einem Bußgeld bis zu 1.000 DM geahndet werden (z.B. Betreten eines Waldes außerhalb der Waldwege, Betreten von Forstkulturen etc., Störung der Ruhe und Ordnung des Waldes). Mit dem Inkrafttreten des Gesetzes am 1. Mai 1971 konnten drei Gesetze und zwei Verordnungen aufgehoben werden, sodass in dieser Hinsicht eine Rechtsbereinigung erreicht wurde.[873]

III. Schlussbetrachtung

Bei den Beratungen zum Schleswig-Holsteinischen Waldgesetz stand der Gesetzgeber vor der schwierigen Aufgabe, die Sozialpflichtigkeit des Waldeigentums im Rahmen der durch Art. 14 GG vorgegebenen Grenzen mit den Interessen der Waldbesitzer und dem Gemeinwohl in Einklang zu bringen. Bei dieser Abwägung mussten die besonderen forstwirtschaftlichen Verhältnisse in Schleswig-Holstein, die durch den enorm geringen Waldanteil und eine ungünstige Betriebsgrößenstruktur gekennzeichnet waren, berücksichtigt werden. Auf der anderen Seite stand das zunehmende Erholungsbedürfnis der Bevölkerung, dem man mit einem gesetzlich verankerten Betretungsrecht zu den Wäldern Rechnung tragen wollte. Vor diesem Hintergrund hat der Gesetzgeber mit dem auf Waldwege beschränkten Betretungsrecht im Großen und Ganzen eine wohlabgewogene Lösung erzielt, mit der alle Beteiligten zum damaligen Zeitpunkt zufrieden gewesen sein dürften. Auch im Übrigen hat das Landeswaldgesetz mit zeitgemäßen Regelungen die erforderliche Anpassung an die veränderte forstwirtschaftliche Situation herbeigeführt. Aus dem Blickwinkel des Landschaftsschutzes wurden auch die in Schleswig-Holstein bestehende Genehmigungspflicht für Abholzungen und die Erschwerung von Waldumwandlungen nach dem LWaldG als Verbesserungen begrüßt.[874]

---

873 Begründung zum RegE, SHLT-Drs. VI/1266, S. 45; aufgehoben wurde das *„Gesetz über Schutzwaldungen und Waldgenossenschaften"* vom 6. Juli 1875, das *„Gesetz über gemeinschaftliche Holzungen"* vom 14. März 1881, die *„Verordnung zur Verhütung und Bekämpfung von Waldbränden in den nicht im Eigentum des Reiches oder der Länder stehenden Waldungen"* vom 18. Juni 1937, das *„Gesetz zur Walderhaltung"* vom 30. Mai 1950 und die *„Verordnung zur Bekämpfung forstschädlicher Insekten"* vom 19. Juni 1962.

874 *Carlsen*, AgrarR 1974, S. 118 ff. (121).

Bei einem Vergleich des Landeswaldgesetzes mit den von *Hasel* aufgestellten Forderungen an ein zeitgemäßes Forstgesetz kann festgestellt werden, dass diese zum Großteil erfüllt wurden.[875] Mit dem Landeswaldgesetz wurde für alle Waldbesitzarten eine einheitliche und abschließende Regelung herbeigeführt. Ausgelassene Regelungsbereiche waren in Schleswig-Holstein entweder ohne Bedeutung oder es wurde bewusst von einer Regelung abgesehen.[876] Die den Waldbesitzern durch das Gesetz auferlegten Verpflichtungen zur Sicherstellung der Walderhaltung grenzten den Entscheidungsspielraum und die Dispositionsbefugnis nicht übermäßig ein und bewegten sich im Rahmen der Sozialbindung. Der Vorrang der forstlichen Beratung und Betreuung vor forstaufsichtlichem Zwang wird im Gesetz nachdrücklich betont. Auch den weiteren Forderungen (Berücksichtigung der jeweiligen forstpolitischen Eigenarten, Regelung des Waldbetretungsrechts und der Entschädigung) ist der Gesetzgeber nachgekommen. Die Leistungssteigerung der Forstwirtschaft wurde im Landeswaldgesetz hingegen, anders als von *Hasel* erwartet, weniger in den Fokus gerückt. Angesichts der Ertragslage in der Forstwirtschaft scheint die Aufrechterhaltung des Status quo jedoch schon Aufgabe genug gewesen zu sein.

Bei einer näheren Betrachtung der Einflussnahme auf den Gesetzgebungsprozess kann festgestellt werden, dass der *Schleswig-Holsteinische Waldbesitzerverband*, der *Schleswig-Holsteinische Bauernverband* und die *Landwirtschaftskammer* einen Großteil ihrer Interessen, die vielfach deckungsgleich waren, durchsetzen konnten. Als Beispiele seien die besonders umstrittenen Materien *Betretungsrecht*, *Entschädigung* und *Forstaufsicht* genannt. Dabei muss jedoch berücksichtigt werden, dass allein die Fläche der Mitglieder im Waldbesitzerverband 65.000 ha betrug, was etwa einem Anteil von 70 % des nichtstaatlichen Waldes entsprach.[877] Insofern handelte es sich um eine bedeutende Interessengruppe, deren Belange in angemessener Weise berücksichtigt werden mussten. Hinsichtlich der sehr weitgehenden Konkretisierung der Pflichten der Waldbesitzer in § 17 Abs. 2 LWaldG, deren Streichung die Verbände verlangten, und dem Waldbetretungsverbot zur Nachtzeit konnten sie sich hingegen nicht durchsetzen. Die Streichung des Letzteren dürfte auch für den *Schleswig-Holsteinischen Jagdverband* ein Rückschlag gewesen sein, da die Aufrechterhaltung des Verbots für diesen ein wesentliches Anliegen darstellte. Von den im Landtag vertretenen Fraktionen konnte die CDU ihre Vorstellungen, die

875 Zu den Forderungen siehe: *Hasel*, Waldwirtschaft und Umwelt, S. 183 f.; Die Forderungen sind am Anfang dieses Abschnitts wiedergegeben.

876 Z.B. war eine Wirtschaftsplanpflicht in Schleswig-Holstein wegen der großen Anzahl der kleinen Forstbetriebe nicht praktikabel. Ebenso dürfte eine Genehmigungsplicht für Neuaufforstungen angesichts der geringen Waldfläche und dem angestrebten Ziel der Waldvermehrung nicht erforderlich gewesen sein. Forstnutzungsrechte spielten bei den Beratungen zum Gesetz keine Rolle.

877 Im Waldbesitzerverband haben sich die Privatwaldbesitzer aller Größenordnungen, die kommunalen Forstbetriebe, die Waldbauvereine und die Forstverbände zusammengeschlossen, SHLT-Arch Bd. Nr. XIII F 199, S. 61–170, Niederschrift über die 53. (öffentliche) Sitzung des Ausschusses für E.L.F. am 15. Oktober 1970 (41).

vielfach auch schon im Regierungsentwurf niedergelegt waren, im Landeswaldgesetz weitgehend verwirklichen. Da es vielfach Überschneidungen mit den von der SPD-Fraktion im Erholungsgesetzentwurf angestrebten Regelungen gab, sah auch diese ihre Erwartungen in großem Maße als erfüllt an. Bezüglich der darüber hinausgehenden Änderungsvorschläge (Einzelheiten zum Erholungswald, Kostenentlastung der Gemeinden und Errichtung von Einheitsforstämtern), die von SPD-Fraktion zuletzt mit einem Änderungsantrag zum Landeswaldgesetz verfolgt wurden, konnte sie sich jedoch nicht durchsetzen. Der Vertreter der NPD-Fraktion war Angehöriger der Jägerschaft und verfolgte in den Ausschusssitzungen, zu denen er beigeladen wurde, in erster Linie jagdliche Interessen.[878] Der von der NPD-Fraktion zum Waldgesetz eingebrachte Antrag, nach dem der Schutz der Tierwelt in das Gesetz aufgenommen und das Betretungsverbot zur Nachtzeit erweitert werden sollte, fand keine Mehrheit und wurde im Ausschuss negativ beschieden. Die mit vier Abgeordneten im Landtag vertretene FDP-Fraktion nahm zu keinem Zeitpunkt Stellung zum Landeswaldgesetz und war auch nicht im Ausschuss vertreten.

Als Vorlage für das Schleswig-Holsteinische Landeswaldgesetz dienten hauptsächlich die neueren Forstgesetze von Nordrhein-Westfalen und Hessen sowie die Entwürfe zur Novellierung des Rheinland-Pfälzischen Landesforstgesetzes.[879] Auch einzelne Bestimmungen, die erstmals in den Reichsforstgesetzentwürfen von 1940/42 enthalten waren, haben in abgewandelter Form Eingang in das Schleswig-Holsteinische Landeswaldgesetz gefunden. Hierzu sei das Verhältnis zwischen Forstaufsicht und forstlicher Betreuung, der Erholungswaldgedanke und die Aufstellung bestimmter Grundpflichten für alle Waldbesitzer genannt. Durch die Orientierung an den Vorschriften der anderen Bundesländer, die sich ihrerseits vielfach am Reichsforstgesetzentwurf orientierten,[880] kommt dieser auch mittelbar im Schleswig-Holsteinischen Landeswaldgesetz zur Geltung. Abweichungen zu den Gesetzen der anderen Bundesländer sind in den meisten Fällen durch die Verschiedenartigkeit der forstlichen Verhältnisse zu erklären. Hinsichtlich der Regelung der Erholungswälder hat man sich am Entwurf für ein Bundeswaldgesetz orientiert, der ebenfalls eine diesbezügliche Bestimmung enthielt.[881] Im Übrigen sahen die Verfasser des Regierungsentwurfs bei Erlass des Bundeswaldgesetzes in der damaligen Entwurfsfassung keinen Änderungsbedarf für das Schleswig-Holsteinische

878 Vgl. zur Zugehörigkeit des Abgeordneten Ehlers zur Jägerschaft SHLT-PlPr., 34. Tagung, 72. Sitzung am 16. September 1970, S. 3322.

879 Begründung zum RegE, SHLT-Drs. VI/1266, S. 24.

880 Vgl. *Hasel*, Waldwirtschaft und Umwelt, S. 190, 198, 199, 202, 207; *Rozsnyay/Schulte*, Der Reichsforstgesetzentwurf von 1942 und seine Auswirkungen auf die neuere Forstgesetzgebung, S. 207.

881 Vgl. § 5 des Entwurfs eines Gesetzes zur Erhaltung und Förderung des Waldes vom 20. Mai 1969, BT-Drs. 5/4233 und die Ausführungen des Abgeordneten *Hamer* in: SHLT-PlPr., 34. Tagung, 72. Sitzung am 16. September 1970, S. 3315.

Waldgesetz, da dieses mit den Regelungen des Bundeswaldgesetzentwurfs weitgehend in Einklang stand.[882]

Zu den kurzfristigen Auswirkungen des Gesetzes kann der Forstbericht der Landesregierung aus dem Jahr 1981 herangezogen werden, der über die Lage der Forstwirtschaft Auskunft gibt.[883] Danach konnte ein Waldzuwachs von 0,1 % auf eine Bewaldungsquote von 8,7 % in Schleswig-Holstein erreicht werden (137.106 ha Waldfläche).[884] Erstaufforstungen zwischen 1971–1980, die schwerpunktmäßig auf landwirtschaftlichen Grenzertragsböden durchgeführt wurden, führten zu einer Neuwaldbildung von 3.282 ha.[885] Obwohl die Erstaufforstung in den Landesforsten in den 1970er Jahre noch gesteigert werden konnte, war in den übrigen Waldbesitzarten ein Rückgang zu verzeichnen, der insbesondere auf die stark angestiegene landwirtschaftliche Bodennachfrage, die schlechte forstliche Ertragslage, zu aufwendige Pflegemaßnahmen und eine unzureichenden Förderung der Erstaufforstung zurückzuführen war. Um den langfristig angestrebten Waldanteil von 12 % zu erreichen, hätten in Schleswig-Holstein noch 52.000 ha neu gebildet werden müssen.[886] Eine weitere Folge des Landeswaldgesetzes war der Erlass zahlreicher Verordnungen, mit denen bestimmte Wälder für die Bevölkerung als Erholungswald ausgewiesen wurden.[887] Bis 1980 kam es in Schleswig-Holstein zu einer Einrichtung von 68 Erholungswäldern mit einer Gesamtfläche von 5.400 ha, die zu 69 % in den Landesforsten, zu 21 % im Körperschaftswald und zu 10 % im Privatwald lagen.[888]

---

882 Begründung zum RegE, SHLT-Drs. VI/1266, S. 24.

883 Forstbericht der Landesregierung 1981 gem. § 35 b des Landeswaldgesetzes, SHLT-Drs. 9/1276. Mit der Novellierung des Schleswig-Holsteinischen Landeswaldgesetzes im Jahre 1977 wurde § 35 b eingefügt, der der Landesregierung aufgab, zwei Jahre nach dem Beginn ihrer Wahlzeit dem Landtag einen Forstbericht vorzulegen, *„Gesetz zur Anpassung des Landeswaldgesetzes (LWaldAnpG)"* vom 3. November 1977, GVOBl. SH 1977, S. 464 ff.

884 SHLT-Drs. 9/1276, S. 8.

885 Hierzu und im Folgenden: SHLT-Drs. 9/1276, S. 17 f.

886 Dieser Zustand ist nach den Ergebnissen der Dritten Bundeswaldinventur (2012) bis heute nicht erreicht worden. Danach hat Schleswig-Holstein eine Gesamtwaldfläche von 173.412 ha (ca. 11 % an der Gesamtfläche). Die Ergebnisse der Bundeswaldinventur sind abrufbar unter URL: https://bwi.info [zuletzt abgerufen am 16. Juli 2016].

887 Siehe hierzu beispielsweise die *„Landesverordnung über den Erholungswald `Wahlstedter Gehege´"* vom 15. Januar 1972, GVOBl. SH 1972, S. 10.

888 SHLT-Drs. 9/1276, S. 52 f.

Vierter Teil: Entstehung des Bundeswaldgesetzes von 1975

Nachdem die Bemühungen um ein reichseinheitliches Forstgesetz in der Weimarer Zeit und im NS-Staat aus völlig unterschiedlichen Gründen scheiterten, wurde der Gedanke an ein einheitliches Forstgesetz am Anfang der Fünfzigerjahre in der Bundesrepublik wiedergeboren. Nach dem Zweiten Weltkrieg herrschte hinsichtlich der forstgesetzlichen Lage im gesamten Bundesgebiet große Rechtsunsicherheit über die Fortgeltung der zahlreichen reichsrechtlichen und preußischen Forstrechtsvorschriften als Landes- bzw. Bundesrecht.[889] Ein bundeseinheitliches Forstgesetz hätte die Rechtsbereinigung in diesem Stadium in großem Maße voranbringen können. Bis zum Abschluss des Gesetzesvorhabens sollte es jedoch noch knapp 25 Jahre dauern. In der Zwischenzeit war der Bund lediglich im Rahmen der Einzelgesetzgebung aktiv geworden und führte damit schrittweise eine Ablösung der teilweise überholten und nicht mehr zeitgemäßen Reichsgesetze durch. So wurde das *„Forstliche Artgesetz“*[890] von 1934 und die dazu ergangenen Verordnungen im Jahr 1957 durch das *„Gesetz über forstliches Saat- und Pflanzgut“*[891] außer Kraft gesetzt. Das gleiche Schicksal erlitt die *„Forstverbandsverordnung“*[892] von 1943 nebst den dazu ergangenen Vorschriften durch das *„Gesetz über forstwirtschaftliche Zusammenschlüsse“*[893] vom 1. September 1969, das später vollständig in das Bundeswaldgesetz übernommen wurde. Bei diesen Gesetzen zu forstlichen Teilbereichen war unumstritten, dass der Bund für diese Materien nach der Kompetenzzuweisung des Grundgesetzes zuständig war.[894] Größere Divergenzen bestanden zwischen Bund und Ländern jedoch hinsichtlich eines einheitlichen Bundesforstgesetzes, da die Länder zu weitgehende Eingriffe in ihre Zuständigkeitsbereiche befürchteten. Zwar sollte ein Bundesforstgesetz von Anfang an nur den Rahmen für die Landesgesetzgebung abstecken,[895] doch die Auseinandersetzung über die Abgrenzung der forstrechtlichen Zuständigkeit zog sich *„wie ein roter Faden durch alle Verhandlungen um ein bundeseinheitliches Forstrecht“*[896]. Im Folgenden werden die einzelnen Etappen der Entstehung des Bundeswaldgesetzes von den Anfängen in den 1950er Jahren bis zum Abschluss im Jahr 1975 dargestellt (A.). In dem sich anschließenden Kapitel (B.)

---

889 *Klose*, BüL 1976, S. 305 ff. (313, 314); *Kolodziejcok/Recken/Apfelbacher/Iven*, Naturschutz, Landschaftspflege, Bd. 2, *(Endres/Recken)*, Tz. 4525, Rn. 1.

890 RGBl. I 1934, S. 1236 f.

891 BGBl. I 1957, S. 1388 ff.

892 *„Verordnung über die Bildung von Forstverbänden“* vom 7. Mai 1943, RGBl. I S. 298 ff.

893 BGBl. I 1969, S. 1543 ff.

894 *Klose*, BüL 1976, S. 305 ff. (314).

895 *Zundel/Schwartz*, 50 Jahre Forstpolitik in Deutschland (1945–1994), S. 73; *Klose*, DFuH 1965, S. 325 ff. (325).

896 *Klose*, DFuH 1975, S. 379 ff. (379).

erfolgt eine Darstellung der einzelnen Vorschriften des Bundeswaldgesetzes unter Berücksichtigung der wichtigsten Änderungen, die im Gesetzgebungsverfahren eine Rolle gespielt haben. Im Anschluss erfolgt eine kurze Übersicht über die Novellierungen des Bundeswaldgesetzes bis zur letzten Änderung im Jahr 2015 (C.).

A. Zur Entstehungsgeschichte des Bundeswaldgesetzes von 1975

I. Überblick

Der Verabschiedung des *„Bundeswaldgesetzes"*[897] im Jahr 1975 ging eine knapp 25 Jahre andauernde Beratungsphase voraus, die ihren Ursprung in einem von der SPD-Fraktion an den Bundestag gerichteten Antrag[898] vom 20. Juni 1951 hatte, mit dem die Vorlage eines Bundesforstgesetzes bezweckt war. Nachdem der Fortgang der Bundesforstgesetzgebung in einer kleinen Anfrage[899] aus dem Jahr 1955 erneut thematisiert wurde, legte das Bundesministerium für Ernährung, Landwirtschaft und Forsten (BMELF) der interessierten forstlichen Öffentlichkeit einen ersten *Referentenentwurf für ein Bundesforstgesetz*[900] vom 3. Juni 1955 vor.[901] In der Folge beschäftigte sich auch der im Jahr 1950 als Interessenvertretung der gesamten Forstwirtschaft gegründete *Deutsche Forstwirtschaftsrat e.V. (DFWR)*[902] intensiv mit

897 *„Gesetz zur Erhaltung des Waldes und zur Förderung der Forstwirtschaft (Bundeswaldgesetz)"* vom 2. Mai 1975, BGBl. I 1975, S. 1037 ff. (Gesetzestext auszugsweise abgedruckt in Anhang B.V.).

898 BT-Drs. 1/2374.

899 BT-Drs. 2/1175.

900 *„Entwurf eines Bundesforstgesetzes"*, BArch B 116/9397 (abgedruckt in Anhang B.II.).

901 *Klose*, AFZ 1979, S. 493 ff. (494).

902 Der Deutsche Forstwirtschaftsrat e.V. wurde 1950 gegründet und ist die Nachfolgeorganisation des 1934 aufgelösten Reichsforstwirtschafsrates. Der DFWR vertritt die forstpolitischen Belange der gesamten Forstwirtschaft und setzt sich aus einem Querschnitt der in der Branche aktiven Akteure zusammen. Mitglieder im DWRF waren nach der Satzung (Stand 1. Januar 1965) zu seiner Hauptzeit der Einflussnahme auf die Bundeswaldgesetzgebung: 14 Vertreter der Landesforstverwaltungen, 1 Vertreter des Landes Berlin, 11 Vertreter der Arbeitsgemeinschaft Deutscher Waldbesitzerverbände e.V., 3 Vertreter der Forstwissenschaft, 9 Vertreter der Forstbeamten, -angestellten und -arbeiter, 1 Vertreter des Verbandes der Landwirtschaftskammern, 1 Vertreter des Deutschen Forstvereins und 1 Vertreter der Schutzgemeinschaft Deutscher Wald. Der Zweck des DFWR war gem. § 3 der Satzung: *„Der DFWR dient der Zusammenarbeit aller Kreise der Forstwirtschaft auf den Gebieten der Forstpolitik und der forstlichen Betriebswirtschaft. Er macht zu diesem Zweck Vorschläge aller Art, leitet Anträge an die zuständigen Stellen, erstattet auf Wunsch Gutachten und veranlaßt alle sonstigen Maßnahmen, die den obigen Zwecken dienen."* Die Satzung ist abgedruckt in: *DFWR*, 1962–1965

der Bundesforstgesetzgebung und erarbeitete mehrere eigene Entwürfe. Da diese jedoch nicht die Zustimmung der eigenen Mitgliederversammlung fanden und ein Bundesforstgesetz auf großen Widerstand bei einigen Ländern stieß,[903] fasste der DFWR im Mai 1956 den Beschluss, *„(...) daß ein BFG kein zwingendes Lebensbedürfnis der Forstwirtschaft ist“*[904] und stellte die Mitarbeit daran vorerst ein. Da die im Bundestag vertretenen Parteien zu diesem Zeitpunkt ebenfalls kein großes Interesse an der forstlichen Materie zeigten und sich auch die forstlichen Interessenverbände mehrheitlich gegen ein Bundesforstgesetz aussprachen,[905] scheiterte die erste Gesetzgebungsinitiative in den 1950er Jahren noch bevor ein Entwurf der Legislative zur Beratung zugeleitet wurde.

Ein Wandel der Auffassung über die Notwendigkeit eines *„Bundeswaldgesetzes“*[906] setzte in den 1960er Jahren ein, als die Forstwirtschaft durch ein kontinuierliches Absinken der Rentabilität in ihrer Existenz bedroht wurde und die Waldbesitzer finanzielle Unterstützungen des Bundes erwarteten.[907] Das Bedürfnis für ein bundeseinheitliches Waldgesetz wuchs außerdem aufgrund weiterer zu berücksichtigender Faktoren, wie zum Beispiel dem gestiegenen Erholungsbedürfnis der Bevölkerung und den forstpolitischen Entwicklungen in der EWG.[908] Auch Gesichtspunkte der Raumordnung, Landesplanung und -pflege sowie *„die Bedeutung des Waldes für die Sicherung der natürlichen Lebensgrundlagen der menschlichen Gesellschaft“*[909] mussten zukünftig im Rahmen der forstlichen Gesetzgebung berücksichtigt werden.[910] Vor diesem Hintergrund übersandte das BMELF den Landesforstverwaltungen und forstlichen Vertretungen den *„Entwurf eines Gesetzes zur Erhaltung*

Dreijahresbericht, S. 11 ff.; *Stinglwagner/Haseder/Erlbeck*, Wald- und Forstlexikon, S. 175, Stichwort: Deutscher Forstwirtschaftsrat (DFWR).

903 Insbesondere die Länder Bayern und Niedersachsen wandten sich gegen ein einheitliches Bundesforstgesetz, *Zundel/Schwartz*, 50 Jahre Forstpolitik in Deutschland (1945–1994), S. 73.

904 Beschluss des DFWR vom 15. Mai 1956 auf der Vollversammlung in Münster, *DFWR*, 1953–1956 Dreijahresbericht, S. 131.

905 *Hasel*, Waldwirtschaft und Umwelt, S. 177; *Hasel*, RdL 1975, S. 197 ff. (197).

906 Die Entwicklungen in den 1960er Jahren und der Anstieg der Bedeutung von Maßnahmen zur Walderhaltung und Waldförderung führten dazu, dass der Ausdruck *„Bundeswaldgesetz“* statt *„Bundesforstgesetz“* gebraucht wurde: vgl. *Hasel*, RdL 1975, S. 197 ff. (197); *Mantel*, DFuH 1965, S. 1 ff., (2); Außerdem sollte mit der Wahl der Bezeichnung *„Waldgesetz“* auch sprachlich die Verabschiedung von der rein forstpolizeilichen Gesetzgebung verdeutlicht werden: *Badura*, DFuH 1976, S. 237 ff. (238).

907 *Zundel/Schwartz*, 50 Jahre Forstpolitik in Deutschland (1945–1994), S. 73; *Hasel*, RdL 1975, S. 197 ff. (197).

908 *Hasel*, Waldwirtschaft und Umwelt, S. 177; *Klose*, AFZ 1979, S. 493 ff. (495); *Mantel*, DFuH 1965, S. 1 ff., (1); vgl. hierzu auch: *Niejahr*, Zur Zielsetzung und rechtlichen Problematik eines Bundesforstgesetzes, S. 19.

909 *Hasel*, RdL 1975, S. 197 ff. (197).

910 *Zundel/Schwartz*, 50 Jahre Forstpolitik in Deutschland (1945–1994), S. 73.

und Bewirtschaftung des Waldes"[911] vom 1. März 1963, der durch eine Vielzahl von weiteren Entwürfen des DFWR und der *Arbeitsgemeinschaft Deutscher Waldbesitzerverbände e.V. (AGDW)*[912] konsequent fortentwickelt wurde.[913] Allmählich verstärkte sich auch bei der Bundesregierung und den politischen Parteien die Überzeugung, dass ein Bundeswaldgesetz auf Dauer unentbehrlich sei.[914] In den folgenden Jahren war die Situation der Forstwirtschaft und die Bundeswaldgesetzgebung vermehrt im Fokus von mündlichen Anfragen und an den Bundestag adressierten Anträgen.[915] Im Jahr 1969 übermittelte die Bundesregierung schließlich ihren Entwurf eines Bundeswaldgesetzes an Bundesrat und Bundestag,[916] der jedoch wegen Zeitablaufs der Legislaturperiode nicht mehr vollständig zur Beratung kam.[917] Nach einer weiteren Überarbeitung des Entwurfs wurde dieser dem Bundesrat am 26. Mai 1972 erneut zugeleitet,[918] doch auch dieser Entwurf kam wegen der vorzeitigen Beendigung der 6. Legislaturperiode nicht mehr zum Abschluss.[919] Die Bundesregierung legte den parlamentarischen Gremien daraufhin den Entwurf für ein Bundeswaldgesetz erneut zum Beginn der 7. Legislaturperiode vor.[920] Bis zur Verabschiedung sollte es jedoch noch über zwei Jahre dauern, da der Bundesrat weitgehende und schwerwiegende Änderungsvorschläge erhob und erst durch die Anrufung des

---

911 BArch B 116/9397 (abgedruckt in Anhang B.III.).

912 Die *Arbeitsgemeinschaft Deutscher Waldbesitzerverbände e.V.* (AGDW) ist der Dachverband der Waldbesitzerverbände auf Bundesebene. Diese übernehmen als Berufsvertretung der Waldbesitzer und der forstwirtschaftlichen Zusammenschlüsse z.B. Aufgaben der Beratung und Unterstützung bei Fragen der Besteuerung, der Buchführung und des Rechts. Die AGDW wurde im Jahr 1947 als Nachfolgeorganisation des im Jahre 1919 errichteten *Reichsverbandes Deutscher Waldbesitzerverbände* (ab 1933 in den Reichsnährstand eingegliedert) gegründet. Sie übernimmt die forstpolitische Interessenvertretung des gesamten Privat- und Körperschaftswaldes und umfasst eine Mitgliedsfläche von ca. 53 % des Privatwaldes in Deutschland: *Stinglwagner/Haseder/Erlbeck*, Wald- und Forstlexikon, S. 686, Stichwort: Reichsverband deutscher Waldbesitzerverbände und S. 896, Stichwort: Waldbesitzerverbände.

913 *Klose*, AFZ 1979, S. 493 ff. (495).

914 *Hasel*, RdL 1975, S. 197 ff. (197).

915 Z.B. BT-Drs. 4/2873; BT-Drs. 4/3340; BT-Drs. 5/76; BT-Drs. 5/339; BT-Drs. 5/454; BT-Drs. 5/970; BT-Drs. 5/1054; BT-Drs. 5/1127; BT-Drs. 5/1832; BT-Drs. 5/2072.

916 *„Entwurf eines Gesetzes zur Erhaltung und zur Förderung des Waldes"*, BR-Drs. 123/69 und BT-Drs. 5/4233.

917 *Hasel*, Waldwirtschaft und Umwelt, S. 177; *Hasel*, RdL 1975, S. 197 ff. (197); *Endres*, BWaldG, Einleitung Rn. 6.; *Kolodziejcok/Recken/Apfelbacher/Iven*, Naturschutz, Landschaftspflege, Bd. 2, *(Endres/Recken)*, Tz. 4525, Rn. 5.

918 *„Entwurf eines Gesetzes zur Erhaltung des Waldes und zur Förderung der Forstwirtschaft (Bundeswaldgesetz)"*, BR-Drs. 301/72.

919 *Endres*, BWaldG, Einleitung Rn. 9.

920 BR-Drs. 207/73; BT-Drs. 07/889 (Entwurfstext auszugsweise abgedruckt in Anhang B.IV.).

Vermittlungsausschusses die notwendige Zustimmung von Bundestag und Bundesrat erreicht wurde. Dabei ist anzumerken, dass sich die Auffassungen von Bund und Ländern insbesondere an der Gesetzgebungskompetenz entzweiten,[921] weshalb zwischenzeitlich eine Grundgesetzänderung im Gespräch war, die jedoch ebenfalls nicht die notwendige Zustimmung im Bundesrat fand.[922]

Schließlich wurde das Bundeswaldgesetz nach jahrelangen Erörterungen am 2. Mai 1975 von Bundeskanzler *Helmut Schmidt*, Bundesminister für Ernährung, Landwirtschaft und Forsten *Josef Ertl* und dem Bundesminister der Finanzen *Hans Apel* gegengezeichnet, von Bundespräsident *Walter Scheel* ausgefertigt, im Bundesgesetzblatt verkündet und trat am 8. Mai 1975 in Kraft.[923]

Im Hinblick auf die politischen Rahmenbedingungen zur Zeit der Beratungsphase zum Bundeswaldgesetz kann festgestellt werden, dass in den ersten fünf Legislaturperioden (1949–1969) sowohl der Bundeskanzler als auch der jeweilige Bundeslandwirtschaftsminister aus den Reihen der CDU/CSU-Fraktion kam.[924] Die 6. Legislaturperiode begann mit einem politischen Umschwung, bei dem die sozialliberale Koalition (SPD/FDP) unter Führung von Bundeskanzler *Willy Brandt* die Regierung übernahm.[925] Das Amt des Bundesministers für Ernährung, Landwirtschaft und Forsten übernahm *Josef Ertl*. Der parlamentsreife Bundeswaldgesetzentwurf der vorherigen Bundesregierung, der wegen Zeitablaufs nicht mehr vollständig zur Beratung kam, war somit durch den Regierungswechsel überholt. Die 6. Legislaturperiode war zudem durch das erste (gescheiterte) konstruktive Misstrauensvotum der Bundesrepublik gekennzeichnet, das seinen Ausgang in der *„Ostpolitik"* der Bundesregierung hatte.[926] Die anschließend von Bundeskanzler *Brandt* gestellte Vertrauensfrage[927] hatte die Auflösung des Bundestages zur Folge und bedingte das Scheitern des 1972 eingebrachten Bundeswaldgesetzentwurfs. Die Neuwahlen verschafften der sozialliberalen Koalition erneut die Regierungsmehrheit und führten

---

921 *Klose*, DFuH 1975, S. 379 ff. (379).

922 *Endres*, BWaldG, Einleitung Rn. 9.

923 BGBl. I 1975, S. 1037 ff.

924 1. BT (1949–1953) – BK: *Konrad Adenauer* (CDU), BMELF: *Wilhelm Niklas* (CSU); 2. BT (1953–1957) – BK: *Konrad Adenauer*, BMELF: *Heinrich Lübke* (CDU); 3. BT (1957–1961) – BK: *Konrad Adenauer*, BMELF: *Heinrich Lübke*, ab 1959 *Werner Schwarz* (CDU); 4. BT (1961–1965) – BK: *Konrad Adenauer*, ab 1963 *Ludwig Erhard* (CDU), BMELF: *Werner Schwarz*; 5. BT (1965–1969) – *Ludwig Erhard*, ab 1966 *Kurt Georg Kiesinger* (CDU), BMELF: *Hermann Höcherl* (CDU). Siehe dazu: *Schindler*, Datenhandbuch zur Geschichte des Deutschen Bundestages: 1949–1999, Bd. 1, S. 1018 ff., 1081 ff. und Bd. 3, S. 3633 ff.

925 *Schindler*, Datenhandbuch zur Geschichte des Deutschen Bundestages: 1949–1999, Bd. 1, S. 1129.

926 *Schindler*, Datenhandbuch zur Geschichte des Deutschen Bundestages: 1949–1999, Bd. 1, S. 1229 ff.

927 *Schindler*, Datenhandbuch zur Geschichte des Deutschen Bundestages: 1949–1999, Bd. 1, S. 1237 ff.

zu einer Restabilisierung der politischen Verhältnisse, sodass das Bundeswaldgesetz 1975 erfolgreich zum Abschluss gebracht werden konnte.

II. Erste Initiative und parlamentarische Diskussion

Der erste Anstoß zur Vorlage eines Bundeswaldgesetzes ging von einem Antrag der SPD-Fraktion vom 20. Juni 1951 aus, mit dem folgender Bundestagsbeschluss angestrebt wurde:

> *„Die Bundesregierung wird ersucht, zur Förderung der forstwirtschaftlichen Erzeugung den Entwurf eines Bundesforstgesetzes baldigst vorzulegen“.*[928]

In der sich anschließenden 164. Bundestagssitzung der 1. Wahlperiode am 26. September 1951 wurde der Antrag im Plenum zur Beratung gestellt.[929] Der Abgeordnete *Dr. Martin Schmidt* (Niedersachsen) (SPD) begründete den Antrag mit der Lage der Forstwirtschaft in der Nachkriegszeit, die durch Übereinschläge, Raubbau und den Verlust der Ostgebiete mit rund fünf Millionen Hektar Wald geprägt sei. Der sich daraus ergebende Nutzholzausfall und die verminderte Zuwachsleistung hätten dazu geführt, dass der Holzbedarf im Bundesgebiet langfristig nicht gedeckt werden könne. Nach den Vorstellungen des Abgeordneten sollte ein Forstgesetz insbesondere ein generelles (1) Rodungs- und Waldverwüstungsverbot enthalten, (2) eine Aufforstungspflicht für Kahlflächen und Ödländereien festlegen und (3) Kleinwaldflächen zur gemeinsamen Bewirtschaftung und Verwertung – notfalls durch *„heilsamen Zwang“* – zusammenzuführen. Auch der Abgeordnete *Hubert Schulze-Pellengahr* (CDU) bejahte die Notwendigkeit für eine solche Gesetzgebung aus vorgenannten Gründen im Allgemeinen, wollte diese jedoch auf Länderebene durchgesetzt wissen. Der Abgeordnete *Dr. Wilhelm Laforet* (CDU) nahm zur Gesetzgebungskompetenz des Bundes für ein solches Gesetz Stellung und vertrat den Standpunkt, dass das Forstrecht nach dem Grundgesetz grundsätzlich Ländersache und der Bund nur in Teilbereichen zuständig sei. Wegen der zu allgemeinen Fassung des Antrages stoße dieser zudem auf schwere verfassungsrechtliche Bedenken. Auch der Abgeordnete *Eugen Fürst zu Oettingen-Wallerstein* (Bayernpartei) erhob gegen den Erlass eines Bundesforstgesetzes *„erhebliche verfassungsrechtliche Bedenken“* und befürwortete aus Kompetenzgesichtspunkten eine Forstgesetzgebung auf Länderebene. Der Abgeordnete *Adolf von Thadden* (fraktionslos) regte hingegen an, wegen der Notwendigkeit eines solchen Gesetzes notfalls eine Grundgesetzänderung durchzuführen, die eine bundeseinheitliche Regelung ermögliche. Das Schlusswort wurde erneut *Dr. Schmidt* (SPD) erteilt, der in der Kompetenzzuweisung in Art. 74 Nr. 17 *„Förderung der land- und forstwirtschaftlichen Erzeugung“* einen klaren Regelungsauftrag des Bundes erblickte. Die Beratung wurde anschließend mit der Überweisung des Antrages an den Ausschuss für Ernährung, Landwirtschaft und

928 BT-Drs. 1/2374.

929 Hierzu und im Folgenden: BT-PlPr. 01/164, S. 6671 (B) – 6674 (B).

Forsten und an den Rechtsausschuss als mitberatenden Ausschuss geschlossen. Im Ergebnis kann dieser ersten Initiative jedoch nur ein geringer Erfolg beschieden werden, der hauptsächlich darin bestand, die Debatte um ein bundeseinheitliches Forstgesetz erstmals angestoßen zu haben. In gesetzgeberischer Hinsicht war dem Antrag kein Erfolg vergönnt.[930] Es ist mit großer Wahrscheinlichkeit davon auszugehen, dass der Antrag im Rechtsausschuss wegen Überlastung steckenblieb.[931] Die damalige Arbeitsbelastung des Rechtsausschusses wurde bereits während der Beratung im Plenum von *Dr. Schmidt* (SPD) als Argument gegen eine Überweisung an diesen ins Feld geführt.

> *„Herr Geheimrat Laforet, ich bewundere Ihren Mut, den Sie haben, dem Rechtsausschuß noch mehr Arbeit aufzuhalsen, als er an sich schon hat; denn, wie ich weiß, sitzt er bis über die Ohren in Arbeit."*

Der dem Bundestag zu erstattende Ausschussbericht ist jedenfalls nicht mehr erfolgt, sodass in der 1. Wahlperiode keine weiteren Beratungen zu einem Bundesforstgesetz stattfanden.

Auch der DFWR diskutierte im Jahr 1951 einen intern gestellten Antrag zu einem Bundesforstgesetz, der mit den Auswirkungen langjähriger Übernutzungen, Waldverwüstungen und dem Erfordernis eines baldigen Wiederaufbaus der Waldungen begründet wurde.[932] Zu einer grundsätzlichen Beratung der Frage eines Bundesforstgesetzes kam es am 23. Oktober 1951 im rechts- und forstpolitischen Ausschuss des DFWR, der sich die Abgabe einer Stellungnahme jedoch bis zur Klärung der verfassungsrechtlichen Rechtmäßigkeit eines Bundesforstgesetzes vorbehielt.[933] Da diese Frage im Rechtsausschuss des Bundestages in der 1. Wahlperiode nicht mehr zum Abschluss kam, sah auch der DFWR vorerst keinen Grund für weitere Beratungen zu einem Bundesforstgesetz.[934] Erneut wurde das Thema Bundesforstgesetz von Ministerialrat *Franz Klose*[935] auf der Sitzung des Hauptausschusses der AGDW am 5. November 1953 angestoßen, auf der er bekanntgab, dass das BMELF ein

930 *Niejahr*, Zur Zielsetzung und rechtlichen Problematik eines Bundesforstgesetzes, S. 16; *Klose*, DFuH 1975, S. 379 ff. (379).

931 So *Zimmermann*, AFZ 1965, S. 79 f. (79); *DFWR*, 1953–1956 Dreijahresbericht, S. 63.

932 *Hasel*, RdL 1975, S. 197 ff. (197).

933 Zum Entwurf eines Bundesforstgesetzes – Referat von Prof. Dr. Mantel vor dem Ständigen Ausschuss des DFWR am 24. Februar 1956, *DFWR*, 1953–1956 Dreijahresbericht, S. 99.

934 *DFWR*, 1953–1956 Dreijahresbericht, S. 63.

935 Nach dem 2. Weltkrieg war *Franz Klose* zunächst als Referent im Nordrhein-Westfälischen Ernährungsministerium tätig. 1953 wurde er ins BMELF berufen, wo er bis zu seinem Ausscheiden am 31. August 1969 wegen Erreichens der Altersgrenze – zuletzt als Ministerialdirigent (Leiter der Abteilung Forst- und Holzwirtschaft) – durchgehend tätig war, siehe: *Selle*, WuH 1969, S. 642. *Klose* war an den Beratungen der Entwürfe zum Bundeswaldgesetz in den 1950er- und 1960er Jahren in großem Maße beteiligt und ein starker Fürsprecher für ein bundeseinheitliches Forstgesetz.

Bundesforstgesetz als Grundlage für die Förderung der Forstwirtschaft für erforderlich halte.[936] In der Folge behandelte auch der rechts- und forstpolitische Ausschuss des DFWR am 30. November 1953 die Frage eines Bundesforstgesetzes, ohne jedoch einen diesbezüglichen Beschluss zu fassen. Auch im folgenden Jahr gab es keinen Forstschritt beim DFWR hinsichtlich der Vorarbeiten zu einem Bundesforstgesetz.

Erst als sich eine Reihe von Abgeordneten mit einer *kleinen Anfrage*[937] vom 28. Januar 1955, die die Förderung der forstwirtschlichen Erzeugung betraf, an die Bundesregierung wandte, kam das Thema erneut ins Rollen. Die Bundesregierung wurde darin gefragt, inwiefern sie (1) aufgrund des Antrages der SPD-Fraktion von 1951 Vorbereitungen getroffen habe und (2) ob sie bereit sei, ein Gesetz mit grundsätzlichen Bestimmungen zur Förderung der forstwirtschaftlichen Erzeugung vorzulegen, das insbesondere *„die Finanzierung forstlicher Maßnahmen, die Ödlandaufforstung, die planmäßige und sachgemäße Bewirtschaftung der Wälder, die Sicherung des Anbaues standortsgerechter Holzarten und die Schutzwaldbildung"* regele. In der Stellungnahme des BMELF[938] vom 17. Februar 1955 wurde dazu bekanntgegeben, dass die Bundesregierung vorbereitende Arbeiten für ein Bundesforstgesetz aufgenommen habe, wobei noch keine Entscheidung darüber getroffen worden sei, ob sich die Bundesgesetzgebung nur auf Teilgebiete des Forstrechts oder auf ein umfassendes Grundsatzgesetz beziehen werde. Darüber hinaus verkündete das BMELF, dass die Bundesregierung die Dringlichkeit für den Erlass von Vorschriften zur Förderung der forstwirtschaftlichen Erzeugung anerkenne und einen entsprechenden Entwurf, der die in der Anfrage genannten Gebiete umfasse, vorlegen werde. Bereits einige Monate später präsentierte das BMELF der interessierten forstlichen Öffentlichkeit einen entsprechenden *Referentenentwurf*.[939]

III. Die ersten (Referenten-) Entwürfe zu einem Bundesforstgesetz

Der erste *„Entwurf eines Bundesforstgesetzes"*[940] des BMELF vom 3. Juni 1955 war darauf ausgelegt, auf dem Gebiet der forstwirtschaftlichen Erzeugung ein umfassendes und lückenloses Gesetz zu schaffen und einen Großteil der reichsrechtlichen Vorschriften abzulösen.[941] Gleich zu Beginn des Entwurfs wurde ein allgemeiner

936 Hierzu und im Folgenden: Zum Entwurf eines Bundesforstgesetzes – Referat von Prof. Dr. Mantel vor dem Ständigen Ausschuss des DFWR am 24. Februar 1956, *DFWR*, 1953–1956 Dreijahresbericht, S. 99.

937 BT-Drs. 2/1175.

938 BT-Drs. 2/1235.

939 *„Entwurf eines Bundesforstgesetzes"* vom 3. Juni 1955, BArch B 116/9397 (abgedruckt in Anhang B.II.); *Klose*, AFZ 1979, S. 493 ff. (494).

940 BArch B 116/9397.

941 *Klose*, AFZ 1979, S. 493 ff. (494). Folgende reichsrechtlichen Vorschriften sollten nach dem Referentenentwurf außer Kraft treten: 1) *„Verordnung zur Förderung der Forst und Weidewirtschaft"* vom 7. Februar 1924 (RGBl. I S. 50 f.), 2) *„Gesetz gegen*

Bewirtschaftungsgrundsatz aufgestellt, nach dem insbesondere *„die nachhaltige Erzeugung möglichst großer Mengen hochwertigen Holzes und die Wohlfahrtswirkungen des Waldes“*[942] gefördert werden sollten. Dazu sollte der Wald nach allgemeinen Grundpflichten *pfleglich, nachhaltig, sachkundig* und *planmäßig* bewirtschaftet werden.[943] Im Übrigen enthielt der Referentenentwurf vom 3. Juni 1955 in der Hauptsache die folgenden Vorschriften: *Aufforstungsgebot von Kahlflächen etc.* (§ 6); *Waldverwüstungsverbot* (§ 7); *Einschränkung für Nebennutzungen* – insbesondere *Waldweide* und *Waldstreunutzung* (§ 8); *Ablösung der Forstnutzungsrechte* (§ 9); *Verbot der Aufarbeitung von nutzholztauglichem Rohholz als Brennholz* (§ 11); *Genehmigungspflicht für Waldumwandlungen und Waldgrundstücksteilungen* (§§ 12, 13); *Verpflichtung der Waldbesitzer zum Schutz ihrer Waldungen gegen Krankheiten, Feuer und Naturereignisse und Duldungspflicht für erforderliche Verhütungs- und Bekämpfungsmaßnahmen* (§§ 15, 16, 17); Erklärung zu *Schutzwaldungen* zum Erhalt der Wohlfahrtswirkungen (§ 18); Bildung von freiwilligen *Waldwirtschaftsgenossenschaften* und Möglichkeit des Zwangszusammenschlusses zu *Forstverbänden* und *Waldgenossenschaften* (§§ 19, 20); *finanzielle Förderungsmöglichkeit durch Bund und Länder* (§ 21); Anordnung der *Betriebsaufsicht* von bis zu fünf Jahren bei wiederholt groben Verstößen gegen die Vorschriften des Gesetzes (§ 22). Für die Länder enthielt der Entwurf insbesondere die Aufgabe zur *Organisation der Belehrung, Beratung und Ausbildung der Waldbesitzer* (§ 4 Abs. 2), zur *Förderung der Erschließung der Waldungen durch Holzabfuhrwege* (§ 10) und zur *Förderung der Ödlandaufforstung* (§ 14).

Bereits kurz nach der Veröffentlichung des Entwurfs war die Frage nach dem Bedürfnis für ein Bundesforstgesetz das Hauptthema der 5. Vollversammlung des DFWR am 15. Juni 1955 in Boppard, dem der Entwurf zur Stellungnahme übersandt wurde.[944] Das Hauptreferat zu dem Thema wurde von *Prof. Dr. Karl Hasel* gehalten, der sehr umfassend die verfassungsmäßige Zulässigkeit eines Bundesforstgesetzes und das Bedürfnis für eine bundeseinheitliche Regelung, unter Berücksichtigung der Gründe auf Seiten des Bundes und der Vorteile für die Länder, darstellte.[945] Diese Frage war deshalb von besonderer Bedeutung, weil der Bund im Bereich der

---

Waldverwüstung“ vom 18. Januar 1934 (RGBl. I S. 37), 3) *„Verordnung zur Förderung der Nutzholzgewinnung“* vom 30. Juli 1937 (RGBl. I S. 876 f,), 4) *„Verordnung über die Bildung forstwirtschaftlicher Zusammenschlüsse in der Forstwirtschaft“* vom 7. Mai 1943 (RGBl. I S. 298) und 5) *„Verordnung über die Bildung von Forstverbänden“* vom 7. Mai 1943 (RGBl. I S. 298 ff.).

942 Unter den Wohlfahrtswirkungen des Waldes verstand der Entwurf: 1) Auswirkungen auf die Volksgesundheit und Bedeutung als Erholungsstätte der Bevölkerung, 2) Wirkungen auf den Wasserhaushalt, 3) Schutzwirkung für Grundstücke, Gebäude und Anlagen gegen Schädigungen durch Wasser, Eis, Wind, Austrocknung etc.

943 § 1 Abs. 3; §§ 2–5 des Referentenentwurfs vom 3. Juni 1955, BArch B 116/9397.

944 *DFWR*, 5. Vollversammlung am 15. Juni 1955 in Boppard – Hauptthema: *„Brauchen wir ein Bundesforstgesetz?“*

945 *DFWR*, 5. Vollversammlung am 15. Juni 1955 in Boppard – Hauptthema: *„Brauchen wir ein Bundesforstgesetz?“*, S. 9–21.

konkurrierenden Gesetzgebung nur tätig werden durfte, *„soweit ein Bedürfnis nach bundesgesetzlicher Regelung besteht“* (Art. 72 Abs. 2 GG). *Hasel* sah in einem Bundesforstgesetz zwar keine *„unbedingte Lebensnotwendigkeit“* für die Forstwirtschaft, bejahte aber dennoch das Bedürfnis für eine bundeseinheitliche Regelung mit der folgenden Begründung:

> *„(...) weil es die Möglichkeit gibt, die großen volkswirtschaftlichen Oberziele der Forstwirtschaft, die in ihrer Bedeutung über den Bereich der Länder hinausreichen, zu koordinieren und zu sichern und die wichtigsten Anliegen der Forstwirtschaft in zeitgemäßer Weise zum Ausdruck zu bringen; dazu verpflichtet auch das Ansehen der deutschen Forstwirtschaft im Ausland. Außerdem ist ein Bundesforstgesetz, das die vorgenannten Voraussetzungen erfüllt, geeignet, der Waldpflege und der forstwirtschaftlichen Betriebsintensivierung neuen Auftrieb zu verleihen.“*[946]

In der sich anschließenden Diskussion auf der Vollversammlung gingen die Anschauungen über die Notwendigkeit für ein Bundesforstgesetz weit auseinander.[947] Gegen ein Bundesforstgesetz sprachen sich u.a. der Senator *Hippolyt Freiherr von Poschinger* als Vertreter der Forstwirtschaft im Bayerischen Senat und Zweiter Vorsitzender des Landesverbandes für den bayerischen Nichtstaatswald und der Abgeordnete des Rheinland-Pfälzischen Landtages *Friedrich Wilhelm Hachenberg* aus. Die Gegner betrachteten die Forstgesetzgebung auf Landesebene zwar als verbesserungswürdig, aber ausreichend. Die Landesverbände der Waldbesitzer waren zum Teil für eine landesrechtliche Forstgesetzgebung; der andere Teil begrüßte hingegen eine grundsätzliche Regelung durch ein Bundesforstgesetz, sodass der anwesende Vertreter der AGDW, *Gisbert Freiherr von Ledebur*, noch keine endgültige Stellungnahme abgegeben wollte.[948] Für ein Bundesforstgesetz sprach sich auf der Vollversammlung des DFWR in Boppard – neben dem Hauptreferenten und einigen anderen Mitgliedern des DFWR –[949] auch der am Reichsforstgesetzentwurf von 1942 beteiligte *Prof. Dr. Karl Abetz* als Vertreter der Forstwissenschaft aus. Der für den Entwurf verantwortliche Referent im BMELF, Ministerialrat *Franz Klose*, nahm ebenfalls an der Diskussion teil und erhielt in diesem Rahmen die Gelegenheit, die für die Bundesregierung entscheidenden Gründe für ein Bundesforstgesetz

---

946 *DFWR*, 5. Vollversammlung am 15. Juni 1955 in Boppard – Hauptthema: *„Brauchen wir ein Bundesforstgesetz?“*, S. 21.

947 Im Folgenden: *DFWR*, 5. Vollversammlung am 15. Juni 1955 in Boppard – Hauptthema: *„Brauchen wir ein Bundesforstgesetz?“*, S. 23 ff.

948 Nach den Ausführungen des Vertreters der AGDW habe Einigkeit bei den Landesverbänden jedoch darin bestanden, dass hoheitliche Maßnahmen in einem Bundesforstgesetz auf ein Minimum beschränkt werden sollten und ein solches nur den Charakter eines losen Rahmengesetzes haben solle, *DFWR*, 5. Vollversammlung am 15. Juni 1955 in Boppard – Hauptthema: *„Brauchen wir ein Bundesforstgesetz?“*, S. 31.

949 So u.a. der Vertreter der Bundesvereinigung der Kommunalen Spitzenverbände *Karl Rittel*, Oberlandforstmeister *Egon Selchow* und Oberförster *Pusch*.

vorzutragen.[950] Nach dessen Ausführungen sollte mit einem Bundesforstgesetz die forstrechtliche Situation durch Ablösung der reichsrechtlichen Vorschriften vereinfacht und den Ländern der Weg zu einer eigenen Forstgesetzgebung freigemacht werden. Weiter führte *Klose* aus, dass die Forstwirtschaft wegen *„ihrer Gesamtwirkung als Rohstoffquelle und wegen der Bedeutung des Waldes für die Landeskultur“* einer einheitlichen Regelung bedürfe. Außerdem müsse der Bund den Wald gegen die vielfachen und schädlichen übergebietlichen Einflüsse der Zivilisation beschützen, zumal die *„Auswirkung des Waldes auf Wasserhaushalt, Windruhe, Volksgesundheit und Erholung der Bevölkerung immer mehr an Bedeutung gewinnt und weit über die Grenzen eines Landes hinausgeht“*. Als weiteren Grund für ein bundeseinheitliches Forstgesetz nannte *Klose* außerdem die Beteiligung der Bundesrepublik an europäischen Gremien, die ein in seinen Grundsätzen einheitliches Forstrecht verlange.

In der Zeit nach der Vollversammlung stellte der DFWR die Fragen nach einem grundsätzlichen Bedürfnis und der Verfassungsmäßigkeit eines Bundesforstgesetzes zunächst zurück und beauftragte den rechts- und forstpolitischen Ausschuss mit der Prüfung des Referentenentwurfs vom 3. Juni 1955.[951] Im Ergebnis erarbeitete der rechts- und forstpolitische Ausschuss einen *Gegenentwurf*[952] vom 27. Juli 1955, in dessen Folge die zunächst zurückgestellten Fragen erneut lebhaft diskutiert wurden und dabei immer deutlicher wurde, dass eine einheitliche Auffassung in der Forstwirtschaft über ein Bundesforstgesetz nur schwer zu erzielen sein wird.[953] Ein wichtiger Änderungsvorschlag des DFWR im Entwurf vom 27. Juli 1955 betraf eine Neufassung von § 1, nach der die Waldbesitzer grundsätzlich *freie Verfügungsbefugnis* über ihre Waldungen haben sollten. Außerdem sollte auch die Pflicht des Staates zur Förderung der Forstwirtschaft in den Gesetzestext aufgenommen werden. Die förderungswürdigen Maßnahmen[954] wurden dabei gesammelt in § 21 eingefügt. Das Verbot der Aufarbeitung (Zerlegung) von nutzholztauglichem Rohholz als Brennholz sollte entfallen, da dieses in der Praxis schwer durchsetzbar sei und eine unberechtigte Beschränkung des Waldbesitzers darstelle.[955] Bei der Umwandlungsgenehmigung sollten zudem auch nachbarrechtliche Interessen

950 Zu den Ausführungen von *Klose* siehe: *DFWR*, 5. Vollversammlung am 15. Juni 1955 in Boppard – Hauptthema: *„Brauchen wir ein Bundesforstgesetz?“*, S. 37 ff.

951 *DFWR*, 1953–1956 Dreijahresbericht, S. 65.

952 *„Entwurf eines Bundesforstgesetzes“* vom 27. Juli 1955, *DFWR*, 1953–1956 Dreijahresbericht, S. 77. Der Entwurf ist auch in den Akten des BMELF im Bundesarchiv vorhanden, BArch B 116/9397.

953 *DFWR*, 1953–1956 Dreijahresbericht, S. 65.

954 Darunter fiel die Aufforstung von Ödland, die Anlage von Holzabfuhrwegen, die Umwandlung von Niederwald in Hochwald, die Waldumlegung, die Waldbrandbekämpfung und die forstliche Wirtschaftsberatung (§ 21 des Entwurfs des DFWR vom 27. Juli 1955).

955 Begründung zu den Änderungsvorschlägen des rechts- und forstpolitischen Ausschusses des DFWR zum Entwurf eines Bundesforstgesetzes, *DFWR*, 1953–1956 Dreijahresbericht, S. 86.

berücksichtigt werden. Daneben enthielt der Entwurf eine Reihe weiterer Änderungsvorschläge zu den einzelnen vom BMELF ausgearbeiteten Vorschriften.

Zwischenzeitlich hatte im BMELF am 4. Juli 1955 eine Besprechung mit den Länderreferenten über den Entwurf eines Bundesforstgesetzes stattgefunden, in dessen Rahmen sich zunächst nur der Vertreter des Landes Bayern grundsätzlich gegen ein Bundesforstgesetz aussprach und seine Auffassung damit begründete, dass der Bund aus verfassungsrechtlichen Gründen kein Bundesforstgesetz erlassen könne und es auch kein sachliches Bedürfnis für ein solches gebe.[956] In der sich anschließenden Einzelbesprechung der Paragrafen wurde wiederum eine Reihe von Änderungsvorschlägen vorgebracht, die nach Textierung der Bestimmungen durch einen Redaktionsausschuss ihren Niederschlag in einem neuen Referentenentwurf finden sollten. Das BMELF legte sodann einen neuen *Referentenentwurf*[957] vom 1. Februar 1956 vor, dem eine inoffizielle Begründung („*Vermerke*") beigefügt wurde.[958] Der Entwurf enthielt erstmals eine Definition des Waldbegriffs, worunter *„jede Grünfläche, die der Erzeugung von Holz dient"* zu verstehen sein sollte (§ 2). Auch Waldblößen, *„Räumden"*[959], *„Waldfeldbauflächen"*[960], Waldwege und Baumschulen sollten zum Wald gehören. Neu war außerdem die Pflicht zur Aufstellung von genehmigungspflichtigen Betriebsplänen für alle Waldbesitzer, die eine Waldfläche von mindestens 50 ha bewirtschafteten (§ 5). In § 13 des Entwurfs vom 1. Februar 1956 wurde zudem klargestellt, dass weitergehende Verpflichtungen der Waldbesitzer nach Landesrecht möglich bleiben sollten. Im Übrigen enthielt der Entwurf die wesentlichen Bestimmungen des Vorgängerentwurfs unter Berücksichtigung der Änderungsvorschläge des DFWR und der Länderreferenten. Insgesamt wurde der Entwurf jedoch etwas gestrafft und enthielt nur noch Grundforderungen an eine ordnungsgemäße Forstwirtschaft, damit die Länder ihre eigene Rechtssetzung weiter verfolgen können sollten.

Doch auch dieser zweite Entwurf des BMELF wurde im Ergebnis abgelehnt, weil die von der Forstwirtschaft als außerordentlich wichtig empfundenen Bestimmungen zur finanziellen Förderungspflicht des Staates nicht in den Entwurf aufgenommen wurden.[961] In den Vermerken zu dem Entwurf heißt es zur Begründung:

> *„Die bei der Beratung des ersten Entwurfs von verschiedenen Seiten geäußerten Wünsche, die forstpolitische Zielsetzung eines Bundesforstgesetzes durch Aufnahme von Empfehlungen bestimmter forstlicher Förderungsmaßnamen (Wirtschaftsberatung, freiwillige Zusammenschlüsse etc.) deutlicher zu machen, konnte aus gesetzestechnischen Gründen*

---

956 Vermerk zur Besprechung der Länderreferenten am 4. Juli 1955 über den Entwurf eines Bundesforstgesetzes, BArch B 116/9397.

957 *„Entwurf eines Bundesforstgesetzes"* vom 1. Februar 1956, BArch B 116/9397.

958 *DFWR*, 1953–1956 Dreijahresbericht, S. 65, 94.

959 Zum Begriff siehe Fn. 206.

960 Waldfeldbauflächen waren nach dem Entwurf *„vorübergehend landwirtschaftlich genutzte Waldflächen"*.

961 *Klose*, AFZ 1979, S. 493 ff. (494).

nicht entsprochen werden, da ein Gesetz nur allgemein verbindliche Rechtssätze im materiellen Sinne und keine forstpolitischen Programmpunkte enthalten darf. Auch die geforderte Verankerung finanzieller Hilfen zur Förderung der Forstwirtschaft durch den Bund ist als Kann-Vorschrift ein ‚lex imperfecta' und würde als Muß-Vorschrift der verfassungsmäßigen Ordnung widersprechen."[962]

Nachdem der DFWR zur Abgabe seiner abschließenden Stellungnahme zum Entwurf vom 1. Februar 1956 aufgefordert wurde, berief er den Ständigen Ausschuss zu einer Sitzung am 24. Februar 1956 ein, auf der *Prof. Dr. Mantel* als Vorsitzender des rechts- und forstpolitischen Ausschusses des DFWR noch einmal einen umfassenden Vortrag zum geplanten Bundesforstgesetz hielt.[963] Im Anschluss daran gab Ministerialrat *Klose* seine Stellungnahme zum Referentenentwurf vom 1. Februar 1956 vor dem Ständigen Ausschuss des DFWR ab, wobei er betonte, dass eine Weiterarbeit am Bundesforstgesetz vom Bundeslandwirtschaftsminister *Heinrich Lübke* gewünscht sei und es auch noch Hoffnungen gebe, finanzielle Förderungsbestimmungen in das Gesetz aufzunehmen.[964] Der Ständige Ausschuss des DFWR lehnte den Referentenentwurf des BMELF jedoch ab und ließ noch am selben Tag eine überarbeitete Fassung vorgelegen.[965] In diesem neuen *Entwurf*[966] vom 24. Februar 1955, der auf der Grundlage des Referentenentwurfs des BMELF vom 1. Februar 1956 und unter Berücksichtigung der Änderungsvorschläge von *Prof. Dr. Mantel* ausgearbeitet wurde, waren wieder Vorschriften über die staatlich zu fördernden Maßnahmen enthalten. Der rechts- und forstpolitische Ausschuss des DFWR konzipierte zudem in Zusammenarbeit mit einer von der AGDW eingesetzten Kommission einen weiteren *Entwurf*[967] vom 6. April 1956.[968] Dieser Entwurf enthielt erstmals eine Bestimmung zum *„Gesetzeszweck"*, der hauptsächlich darin liegen sollte, den Waldbestand wegen seiner *„Bedeutung für Landeskultur, Wasserwirtschaft und Holzversorgung"* zu schützen und die Produktionskraft des Waldes zu steigern (§ 1a). Die

---

962 Vermerke zu dem Entwurf eines Bundesforstgesetzes vom 1. Februar 1956, *DFWR*, 1953–1956 Dreijahresbericht, S. 94 f.

963 Prof. Dr. Mantel zum Entwurf eines Bundesforstgesetzes, *DFWR*, 1953–1956 Dreijahresbericht, S. 66, 98 ff.

964 *DFWR*, 1953–1956 Dreijahresbericht, S. 66 f.

965 Referat von Prof. Dr. Mantel zur Frage eines Bundesforstgesetzes vor der Vollversammlung des DFWR am 15. Mai 1956, *DFWR*, 1953–1956 Dreijahresbericht, S. 127 ff.

966 *„Entwurf eines Bundesforstgesetzes"* vom 24. Februar 1956, *DFWR*, 1953–1956 Dreijahresbericht, S. 113 ff.

967 *„Entwurf eines Bundesforstgesetzes"* vom 6. April 1956, *DFWR*, 1953–1956 Dreijahresbericht, S 119 ff. Der Entwurf ist enthalten in den Akten des BMELF im Bundesarchiv, BArch B 116/9397.

968 Referat von Prof. Dr. Mantel zur Frage eines Bundesforstgesetzes vor der Vollversammlung des DFWR am 15. Mai 1956, *DFWR*, 1953–1956 Dreijahresbericht, S. 127 ff.; *Klose*, AFZ 1979, S. 493 ff. (494).

Vorschrift stellte zudem fest, dass die Forstwirtschaft und Forstwissenschaft zur Sicherung der Aufgaben des Waldes von Bund und Ländern gefördert werden sollten.

Das weitere Schicksal der Bundesforstgesetzgebungsaktion in den Jahren 1955/56 wurde letztlich auf der Vollversammlung des DFWR am 15. Mai 1956 besiegelt. In einem einleitenden Vortrag referierte *Prof. Dr. Mantel* noch einmal über die bisherige Entwicklung und stellte der Versammlung den Entwurf vom 6. April 1956 vor.[969] Sein Vorschlag lautete, diesen Entwurf dem BMELF als „*Material*“ vorzulegen und in einer Stellungnahme alle Meinungen und Bedenken zusammenzufassen. Bis zum Vorliegen eines kabinettsreifen Entwurfs könne sich der DFWR zudem eine endgültige Stellungnahme vorbehalten. Der Präsident des DFWR *Prof. Dr. Julius Speer* wollte hingegen einen abschließenden Beschluss der Vollversammlung herbeizuführen, wofür er unmittelbar vor Beginn der Versammlung eine Vorlage aus den unterschiedlichen Stellungnahmen vorbereitet hatte.[970] Die Beschlussvorlage hielt fest:

> *„1. Alle Mitglieder des Deutschen Forstwirtschaftsrates, insonderheit die Landesforstverwaltungen und Waldbesitzerverbände sind sich grundsätzlich darin einig, daß ein BFG kein zwingendes Lebensbedürfnis der Forstwirtschaft ist (…).“*[971]

Diese Auffassung wurde insbesondere mit der Standortabhängigkeit der Forstwirtschaft und der daraus entwickelten territorialen Forstgesetzgebung begründet. Zudem wurde es für ausreichend erachtet, die Forstgesetzgebung auf Landesebene zu belassen und Novellierungen bei Bedarf dort vorzunehmen. Auch die grundsätzliche Ablehnung einiger Verbände und Länder wurde als zweiter Punkt in die Beschlussvorlage aufgenommen. Schließlich stellte die Beschlussvorlage fest, dass eine Mehrheit der Mitglieder des DFWR einem Bundesforstgesetz nur unter bestimmten Voraussetzungen zustimmen würde. Ein Bundesforstgesetz sollte danach insbesondere als ein auf Grundsätze beschränktes Rahmengesetz ausgestaltet sein und die Verpflichtung des Bundes zur Förderung der Forstwirtschaft enthalten. Außerdem sollten die ehemals reichsrechtlichen Vorschriften entweder in das Gesetz aufgenommen oder den Ländern eine Regelung in eigener Zuständigkeit überlassen werden.

In der sich anschließenden Aussprache fand die Beschlussvorlage weitgehend Zustimmung, sodass sie von der Vollversammlung mit großer Mehrheit (31 zu 1 bei 7 Enthaltungen) angenommen und dem BMELF unter dem 23. Mai 1956 zugeleitet wurde.[972] Der vom rechts- und forstpolitischen Ausschuss erarbeitete Entwurf vom 6. April 1956 war damit hinfällig geworden. Der Dreijahresbericht des Deutschen

---

969 Hierzu und im Folgenden: Referat von Prof. Dr. Mantel zur Frage eines Bundesforstgesetzes vor der Vollversammlung des DFWR am 15. Mai 1956, *DFWR*, 1953–1956 Dreijahresbericht, S. 127 ff.

970 *DFWR*, 1953–1956 Dreijahresbericht, S. 69.

971 Hierzu und im Folgenden: Beschluss des DFWR vom 15. Mai 1956, *DFWR*, 1953–1956 Dreijahresbericht, S. 131 f.

972 *DFWR*, 1953–1956 Dreijahresbericht, S. 70.

Forstwirtschaftsrats zu den Jahren 1953–1956 schließt den Abschnitt über das Bundesforstgesetz mit den Worten:

> *„Damit sind die Akten des DFWR über ein Bundesforstgesetz vorerst geschlossen“.*[973]

IV. Vorgänge nach dem Scheitern (1956–1963)

1. Fortsetzung der Arbeiten am Bundesforstgesetzentwurf

An den Beschluss des DFWR auf seiner Vollversammlung im Mai 1956 schloss sich eine Phase der Stagnation in der Bundesforstgesetzgebung an.[974] Das BMELF war zwar weiterhin zur Schaffung eines bundeseinheitlichen Forstrechts entschlossen, konnte dies jedoch nur mit einer mehrheitlichen Zustimmung der Forstwirtschaft durchsetzen. Im Jahr 1958 unternahm das BMELF einen neuen Versuch, mit den Ländern und Verbänden Verhandlungen aufzunehmen und ersuchte den DFWR im Oktober 1958, einen Entwurf für ein Bundesforstgesetz auszuarbeiten, zu begründen und in diesem Rahmen die relevanten verfassungsrechtlichen Fragen zu klären.[975] Eine erneute Prüfung der Sachlage durch den rechts- und forstpolitischen Ausschuss des DFWR kam zu dem Ergebnis, dass die Verabschiedung eines Bundesforstgesetzes zur Sicherung der Interessen der Forstwirtschaft, zum Erhalt von Fördermitteln durch den Bund und für die Rechtsentwicklung in der EWG notwendig sei. Im DFWR sollte vor der Ausarbeitung eines entsprechenden Entwurfs jedoch die interne Entscheidung durch den Ständigen Ausschuss getroffen werden, ob ein *„reines Förderungsgesetz“* oder ein *„Grundsatzgesetz zur Förderung der Forstwirtschaft“* gewünscht sei. Da die Erfolgsaussichten für ein reines Förderungsgesetz als sehr gering eingeschätzt wurden, erhielt der rechts- und forstpolitische Ausschuss des DFWR letztlich den Auftrag, einen Entwurf für ein Bundesforstgesetz mit Grundsatzcharakter auszuarbeiten und dabei insbesondere Bestimmungen über die Förderung und den Schutz der Forstwirtschaft aufzunehmen. Nach wie vor waren die Auffassungen der Bundesländer über ein solches Gesetz jedoch sehr unterschiedlich, sodass sich die Tendenz abzeichnete, dass ein Bundesforstgesetz in Gestalt eines Schutz- und Förderungsgesetzes keine mehrheitliche Zustimmung finden würde. Erschwerend kam hinzu, dass die Bundesregierung für die laufende Legislaturperiode einen *„Gesetzesstop“* verhängt hatte und ein Bundesforstgesetzentwurf von ihr ohnehin nicht mehr hätte eingebracht werden können.[976] Angesichts dieser Umstände wurde dem DFWR der Auftrag zur Ausarbeitung eines Bundesforstgesetzentwurfs seitens des BMELF wieder entzogen.[977]

---

973 *DFWR*, 1953–1956 Dreijahresbericht, S. 70.

974 *Klose*, AFZ 1979, S. 493 ff. (495).

975 Hierzu und im Folgenden: *DFWR*, 1956–1959 Dreijahresbericht, S. 35 f.

976 So auch in einem Vermerk des BMELF vom 21. August 1959 (VA 1–5055 – 1318/59) zu einem weiteren Entwurf: *„Der Entwurf wurde wegen des Gesetzesstopps nicht weiter bearbeitet“*, BArch B 116/9397.

977 *DFWR*, 1956–1959 Dreijahresbericht, S. 35 f.

Das BMELF setzte die Arbeiten am Bundesforstgesetz jedoch weiter fort. Nach einer Besprechung mit dem Staatssekretär im BMELF, *Theodor Sonnemann*, über den *„Entwurf eines Bundesforstgesetzes“*[978] vom 1. August 1959 vermerkte Ministerialrat *Klose* am 27. August 1959:

> *„Der Herr Staatssekretär steht auf dem Standpunkt, daß das Bundesforstgesetz ohne Rücksicht auf die zu erwartenden Schwierigkeiten auf jeden Fall weiter bearbeitet und dem Kabinett zur Vorlage gebracht werden soll. Er will von sich aus alles tun, damit der Entwurf beschleunigt vorwärts gebracht werden kann. Darauf aufmerksam gemacht, daß ein besonders schwieriger Punkt der § 11 des Entwurfs wäre, wonach im Gesetz eine Verpflichtung des Bundes für finanzielle Förderung der Forstwirtschaft eingebaut werden soll, sagte der Herr Staatssekretär, daß er gern bereit wäre, mit dem Herrn Bundesminister der Finanzen zu verhandeln, daß diese Bestimmung aufrecht erhalten bleibt.“*[979]

Die dem Entwurf beigefügte Begründung hob noch einmal die Notwendigkeit eines einheitlichen Forstrechts hervor, die sich vor allem aus der überregionalen Bedeutung des Waldes für Wirtschaft und Landeskultur sowie der Entwicklung zum europäischen Markt ergebe.[980] In der Folgezeit erarbeitete das BMELF mehrere hausinterne *Entwürfe*[981] zu einem Bundesforstgesetz, von denen jedoch keiner den Weg ins Kabinett fand. Erst 1963 stellte das BMELF einen neuen Entwurf zu einem Bundesforstgesetz der Öffentlichkeit zur Diskussion.[982]

Im DFWR war das Thema Bundesforstgesetz noch einmal im Jahr 1962 Gegenstand der Debatte.[983] Ausgangspunkt war die Sitzung des rechts- und forstpolitischen Ausschusses am 3. September 1962, bei der sich eine Mehrzahl der Mitglieder für weitere Bestrebungen um ein Bundesforstgesetz aussprach, das insbesondere Bestimmungen über die Walderhaltung und -pflege, den Waldschutz und über die Förderung der Forstwirtschaft enthalten sollte. *Prof. Dr. Mantel* bekam daraufhin den Auftrag, alle wesentlichen Punkte für die Schaffung eines bundeseinheitlichen Forstrechts zusammenzufassen und dem Ständigen Ausschuss als Diskussionsgrundlage zu übersenden. Dessen Entscheidung sollte für das Ob eines neuen Entwurfs ausschlaggebend sein. Da es jedoch noch immer grundsätzliche Vorbehalte einiger

---

978 *„Entwurf eines Bundesforstgesetzes“* vom 1. August 1959, BArch B 116/9397.

979 Vermerk vom 27. August 1959 (VA 1–5055 – 1318/59) Betr.: Bundesforstgesetz, Bezug: Rücksprache bei Herrn Staatssekretär am 26. August 1959; § 11 (*„Öffentliche Förderung“*) des Entwurfs lautete: *„Zu Leistungen, welche die Länder zur Förderung der Forstwirtschaft aufwenden, trägt der Bund nach Maßgabe seiner im Haushalt verfügbaren Mittel bei.“*

980 Begründung zum *„Entwurf eines Bundesforstgesetzes“* vom 1. August 1959, S. 1, BArch B 116/9397.

981 Entwürfe vom 12. Februar 1960, 17. August 1960 und 10. Oktober 1960, BArch B 116/9397.

982 Dazu sogleich ab S. 207 ff.

983 Hierzu und im Folgenden: Bericht von *Professor Dr. Mantel* zum Bundeswaldgesetz, *DFWR*, 1962–1965 Dreijahresbericht, S. 57 f.

Länder gegen ein Bundesforstgesetz gab,[984] hielt der rechts und – forstpolitische Ausschuss die Ausarbeitung eines neuen Entwurfs nicht für erfolgversprechend. Erst als das BMELF 1963 den nächsten Anlauf unternahm, lebte die Diskussion auch im DFWR wieder auf.

2. *Forstrechtliche Einzelgesetzgebung*

Von der forstrechtlichen Einzelgesetzgebung in der Zeit von 1956–1963 sind das *„Gesetz über forstliches Saat- und Pflanzgut"*[985] (FSaatG) vom 25. September 1957 und das *„Grundstücksverkehrsgesetz"*[986](GrdstVG) vom 28. Juli 1961 zu erwähnen.

Das FSaatG ersetzte das *„Forstliche Artgesetz"*[987] von 1934 und diente dem Zweck, durch Festlegung bestimmter Anforderungen an die Gewinnung von forstlichem Saat- und Pflanzgut die *„Ertragsfähigkeit des Waldes zu erhalten und die Holzerzeugung zu fördern"* (§ 1). Die Bestimmungen des Forstlichen Artgesetzes galten nach 1945, da sie Gegenstände der konkurrierenden Gesetzgebung betrafen (Art. 74 Nr. 17 GG *„Förderung der forstlichen Erzeugung"* und Art. 74 Nr. 20 GG *„Schutz beim Verkehr mit land- und forstwirtschaftlichem Saat- und Pflanzgut"*) zunächst gem. Art 125 GG als Bundesrecht weiter.[988] Da jedoch Zweifel darüber aufkamen, ob das Forstliche Artgesetz sowohl fachlich als auch rechtlich noch eine ausreichende Grundlage darstellte, wollte man dieses durch eine bundeseinheitliche Neuordnung der gesamten Materie ablösen. Inhaltlich war das FSaatG auf die Herkunfts- und Verkehrsüberwachung beschränkt, ohne der Forstwirtschaft die Verwendung eines bestimmten Saat- und Pflanzguts vorzuschreiben. Gegenüber dem Forstlichen Artgesetz bewirkte das FSaatG auch sonst einen weniger intensiven Eingriff in die Verfügungsfreiheit der Waldbesitzer, da die Bestimmungen über Nutzungsverbote, Anbaugebote und die Pflicht zur *„Ausmerzung schlechtrassiger Bestände"* wegen der Unvereinbarkeit mit dem Eigentumsverständnis des Grundgesetzes nicht in das Gesetz übernommen wurden.[989] Das FSaatG wurde in erster Lesung[990] am 1. Februar 1957 ohne Wortmeldung dem Ausschuss für Ernährung, Landwirtschaft und Forsten überwiesen und nach dessen

984 Insbesondere die Mitglieder der Staatsforstverwaltungen der Länder Niedersachen und Bayern äußerten weiterhin Bedenken gegen ein Bundesforstgesetz.

985 BGBl. I 1957, S. 1388 ff.

986 *„Gesetz über Maßnahmen zur Verbesserung der Agrarstruktur und zur Sicherung land- und forstwirtschaftlicher Betriebe (Grundstücksverkehrsgesetz – GrdstVG)"* vom 28. Juli 1961, BGBl. I 1961, S. 1091 ff.

987 RGBl. I 1934, S. 1236 f.

988 Hierzu und im Folgenden: Begründung zum *„Entwurf eines Gesetzes über forstliches Saat- und Pflanzgut"*, BT-Drs. 2/3063, S. 7 ff.

989 *Klose*, BüL 1976, S. 305 ff. (314, 315).

990 BT-PlPr. 2/189, S. 10800 (D).

schriftlichem Bericht[991] in zweiter und dritter Lesung[992] am 29. August 1957 ohne weitere Aussprache einstimmig vom Bundestag angenommen.

Die Hauptregelung des GrdstVG von 1961 bestand darin, dass jede rechtsgeschäftliche Veräußerung eines land- oder forstwirtschaftlichen Grundstücks[993] und der darüber geschlossene schuldrechtliche Vertrag einer behördlichen Genehmigung bedurften (§ 2). Ihren Ursprung hat diese Regelung in der Zeit des Ersten Weltkriegs, als man mit der *„Bekanntmachung über den Verkehr mit landwirtschaftlichen Grundstücken“*[994] vom 15. März 1918 erstmals eine derartige Genehmigungspflicht einführte, um damit Spekulationen über land- und forstwirtschaftliche Grundstücke zu unterbinden und die Ernährung sicherzustellen.[995] Eine noch weitergehende Verschärfung erfuhr die Regelung in der Zeit des Zweiten Weltkriegs, in der sich die NS-Führung wegen der angespannten Ernährungssituation veranlasst sah, die Verfügungsbeschränkungen auszuweiten. Nach dem *„Erlaß des Führers über die Einschränkung des Verkehrs mit landwirtschaftlichen Grundstücken im Kriege“*[996] vom 28. Juli 1942 sollte jeder nicht unbedingt notwendige Eigentums- oder Besitzwechsel an landwirtschaftlichen Grundstücken grundsätzlich unterbleiben und nur in eng begrenzten Ausnahmefällen zugelassen werden. Auch das *„Kontrollratsgesetz Nr. 45“*[997] vom 20. Februar 1947, mit dem das *Reichserbhofrecht* und die bis dahin geltenden Vorschriften über den Verkehr mit land- und forstwirtschaftlichen Grundstücken aufgehoben und neu geregelt wurden, hielt an der Genehmigungspflicht fest. Die Überwachung des Grundstücksverkehrs wurde auch später noch als erforderlich erachtet und im Entwurf zum Grundstücksverkehrsgesetz unter anderem folgendermaßen begründet:

> *„Hier* [Anm.: Bezogen auf die Übertragung des Eigentums an landwirtschaftlichen Grundstücken] *zwingt die Unterbringung der Heimatvertriebenen, der existenzlos gewordenen Pächter, nachgeborenen Bauernsöhne und Landarbeiter nach wie vor dazu, das Streben landwirtschaftsfremder Kreise nach Sachwerten und nach einer neuen Verbindung mit dem Lande vor allem in landschaftlich schönen oder aus anderen Gründen bevorzugten Gegenden zu kontrollieren sowie Angebot und Nachfrage in den richtigen Bahnen zu halten.“*[998]

---

991 BT-Drs. 2/3652.

992 BT-PlPr. 2/227, S. 13520 (B).

993 Die Vorschrift galt auch für Moor- und Ödland, wenn diese Flächen sich für eine land- oder forstwirtschaftliche Nutzung eigneten (vgl. § 1).

994 RGBl. 1918, S. 123 ff.

995 Begründung zum *„Entwurf eines Gesetzes über Maßnahmen zur Verbesserung der Agrarstruktur und zur Sicherung land- und forstwirtschaftlicher Betriebe (Grundstücksverkehrsgesetz)“*, BT-Drs. 3/119, S. 14.

996 RGBl. I 1942, S. 481.

997 *„Gesetz Nr. 45 Aufhebung der Erbhofgesetze und Einführung neuer Bestimmungen über land- und forstwirtschaftliche Grundstücke“*, ABl. KR, Nr. 14 vom 31. März 1947, S. 256 ff.

998 Begründung zum *„Entwurf eines Gesetzes über Maßnahmen zur Verbesserung der Agrarstruktur und zur Sicherung land- und forstwirtschaftlicher Betriebe (Grundstücksverkehrsgesetz)“*, BT-Drs. 3/119, S. 14.

Der Gesetzgeber wollte außerdem die durch das Kontrollratsgesetz Nr. 45 geregelten Materien im Interesse der Rechts- und Wirtschaftseinheit durch Bundesrecht ablösen und damit die Grundlagen für eine Verbesserung der Agrarstruktur schaffen.[999]

V. Weitere Entwürfe und parlamentarische Vorgänge bis 1969

Nachdem die Arbeiten am Bundesforstgesetz vorübergehend ins Stocken geraten waren, wurde die Diskussion mit einem neuen *Referentenentwurf*[1000] des BMELF vom 1. März 1963 wiederbelebt. Zwischenzeitlich hatten sich Stimmen gemehrt, die ein Bundesforstgesetz wegen sich abzeichnender Nachteile im Rahmen der wirtschaftlichen Integrationsbestrebungen auf EWG-Ebene auf Dauer als unentbehrlich betrachteten.[1001] Die Bundesrepublik Deutschland war zu diesem Zeitpunkt der einzige Mitgliedstaat der EWG, der kein einheitliches Forstrecht besaß.[1002] Zudem verstärkten sich die Forderungen nach finanzieller Unterstützung der Forstwirtschaft durch den Bund, da sich die forstwirtschaftliche Ertragslage in den 1960er Jahren aufgrund der negativen Entwicklung von Preisen und Kosten zunehmend verschlechterte.[1003] Laut einer Veröffentlichung zur wirtschaftlichen Lage der Forstwirtschaft im Bulletin der Bundesregierung vom 3. April 1963 fielen die Preise für Rohholz in der Zeit von 1955 bis 1962 um 17 %, während die Kosten im gleichen Zeitraum um 29 % anstiegen.[1004] Wegen der weitgehenden Orientierung des Rohholzpreises am Weltmarkt prognostizierte der Verfasser dieser Meldung auch für die Zukunft einen weiteren Preisabfall und bezeichnete die Ertragssituation der Forstwirtschaft vor diesem Hintergrund *„nicht nur als kritisch"*, sondern als *„großenteils*

999 Begründung zum *„Entwurf eines Gesetzes über Maßnahmen zur Verbesserung der Agrarstruktur und zur Sicherung land- und forstwirtschaftlicher Betriebe (Grundstücksverkehrsgesetz)"*, BT-Drs. 3/119, S. 13.

1000 *„Entwurf eines Gesetzes zur Erhaltung und Bewirtschaftung des Waldes"* vom 1. März 1963, BArch B 116/9397 (abgedruckt in Anhang B.III.); Der Entwurf ist außerdem abgedruckt in: *DFWR*, 1962–1965 Dreijahresbericht, S. 64 f.

1001 *Klose*, AFZ 1979, S. 493 ff. (495).

1002 *Klose*, DFuH 1965, S. 325 ff. (325).

1003 *Zundel/Schwartz*, 50 Jahre Forstpolitik in Deutschland (1945–1994), S. 73; *Hasel*, RdL 1975, S. 197 ff. (197).

1004 *Rehbock*, Zur wirtschaftlichen Lage der Forstwirtschaft, in: Bulletin des Presse- und Informationsamtes der Bundesregierung, 1963, S. 543 f. (543). *Norbert Rehbock* war zu diesem Zeitpunkt Forstmeister im BMELF. Die Ursache für den Preisabfall sah der Verfasser in dem Umstand begründet, dass Deutschland 2/5 seines Rohholzbedarfs aus kostengünstigeren Holzüberschussländern einführen musste und die einheimische Wirtschaft damit zur Aufrechterhaltung der Konkurrenzfähigkeit unter Preisdruck geriet.

existenzgefährdend".[1005] Nach einer Beurteilung von *Klose* war die Situation der Forstwirtschaft in den 1960er Jahren gekennzeichnet

> *„durch die sinkende Ertragslage, den wachsenden Anspruch der Öffentlichkeit an den Wald, den Zwiespalt des Waldbesitzers zwischen Überlegungen der Wirtschaftlichkeit und sozialer Verantwortung, durch die Abhängigkeit vom Ausland und die immer empfindlicher sich auswirkenden Strukturmängel und Besonderheiten der Forstwirtschaft".*[1006]

Auch bei der Bundesregierung und den politischen Parteien wuchs allmählich die Überzeugung von der Notwendigkeit eines bundeseinheitlichen Waldgesetzes, da zukünftig eine Vielzahl neuerer Faktoren in der Forstgesetzgebung zu berücksichtigen waren.[1007] Dazu zählten das gestiegene Erholungsbedürfnis der Bevölkerung, Gesichtspunkte der Raumordnung, Landesplanung und -pflege sowie *„die Bedeutung des Waldes für die Sicherung der natürlichen Lebensgrundlagen der menschlichen Gesellschaft".*[1008]

Der in dieser Situation ausgearbeitete *„Entwurf eines Gesetzes zur Erhaltung und Bewirtschaftung des Waldes"*[1009] des BMELF vom 1. März 1963 war nach den Misserfolgen der vorherigen umfassenden Entwürfe auf fünf Paragrafen zusammengeschrumpft, die inhaltlich nicht mehr enthielten als eine *Begriffsbestimmung* (§ 1) und *Grundsätze zur Walderhaltung und -bewirtschaftung* (§§ 2, 3). Die Grundsätze in §§ 2 und 3 waren als Rahmen für die Gesetzgebung der Länder ausgestaltet und sollten bis zur Übernahme durch ein Landesgesetz unmittelbare Wirkung gegenüber den Waldbesitzern entfalten (§ 4). Im Übrigen sollten die fortgeltenden reichsgesetzlichen Regelungen für die Landesgesetzgebung freigegeben und von den Ländern geändert, ergänzt oder aufgehoben werden können (§ 5). Eine Pflicht des Bundes zur finanziellen Förderung der Forstwirtschaft war hingegen nicht im Entwurf enthalten. Der Entwurf enthielt zwar offensichtliche *„Unzulänglichkeiten"* und entsprach weder dem *„forstpolitischen Stand der Bundesrepublik"*, noch konnte er als *„Wahrzeichen deutscher Forstpolitik"* auf europäischer Ebene dienen, doch bewirkte er im Ergebnis, dass sich die Vertreter der Forstwirtschaft in der Folge erneut intensiv mit der Bundesforstgesetzgebung auseinandersetzten.[1010] Der Entwurf des BMELF vom 1. März 1963 diente dabei als Grundkonzept für die sich anschließende Beratungsphase, die eine Vielzahl aufeinander aufbauender und ständig fortentwickelter Entwürfe

---

1005 *Rehbock*, Zur wirtschaftlichen Lage der Forstwirtschaft, in: Bulletin des Presse- und Informationsamtes der Bundesregierung, 1963, S. 543 f (544).

1006 *Klose*, DFuH 1965, S. 325 ff. (325).

1007 *Hasel/Zundel*, Forstgesetzgebung in der Bundesrepublik Deutschland, S. 9.; *Zundel/Schwartz*, 50 Jahre Forstpolitik in Deutschland (1945–1994), S. 73.

1008 *Hasel*, RdL 1975, S. 197 ff. (197); *Zundel/Schwartz*, 50 Jahre Forstpolitik in Deutschland (1945–1994), S. 73.

1009 BArch B 116/9397.

1010 *Klose*, AFZ 1979, S. 493 ff. (495).

hervorbrachte.[1011] Zunächst erhielt der rechts- und forstpolitische Ausschuss des DFWR durch Beschluss der Mitgliederversammlung am 17. April 1964 den Auftrag, einen neuen Entwurf auszuarbeiten.[1012] Der Vorsitzende des Ausschusses, *Prof. Dr. Mantel*, erarbeitete sodann einen *Entwurf*[1013] vom 20. Juni 1964, der neben dem Referentenentwurf des BMELF als Diskussionsgrundlage auf der Ausschusssitzung am 26. Juni 1964 dienen sollte. Der Entwurf enthielt, neben weiteren Änderungen, eine Erweiterung der Waldbegriffsdefinition[1014] und eine Förderungsbestimmung für die Forstwirtschaft, die jedoch keine konkrete Förderungspflicht des Bundes enthielt (§ 5). Der Entwurf enthielt zudem eine Bestimmung über Ordnungswidrigkeiten (§ 6) und einen Formulierungsvorschlag für die Einbeziehung von Wald in *„Natur-, Landschaftsschutzgebiete und Naturparke"*. Nach den Ergebnissen der Sitzung des rechts- und forstpolitischen Ausschusses fertigte *Prof. Dr. Mantel* einen überarbeiteten *Entwurf*[1015] vom 20. Juli 1964, der erstmals einen Formulierungsvorschlag für ein gesetzliches *Waldbetretungsrecht* enthielt.[1016] Neu war auch eine Bestimmung, in der eine grundsätzliche *Entschädigungspflicht* für Bewirtschaftungsbeschränkungen festgelegt wurde, die über die Sozialpflichtigkeit des Grundeigentums hinausgingen. Auch die AGDW nahm sich der Bundeswaldgesetzgebung an und fertigte auf der Grundlage der vom DFWR bereitgestellten Fassung einen eigenen *„Entwurf eines*

1011 Bericht von Prof. Dr. Mantel zum Bundeswaldgesetz und Abdruck der Entwürfe, *DFWR*, 1962–1965 Dreijahresbericht, S. 57 ff., 64 ff.; *Klose*, AFZ 1979, S. 493 ff. (495).

1012 Hierzu und im Folgenden: Bericht von Prof. Dr. Mantel zum Bundeswaldgesetz, *DFWR*, 1962–1965 Dreijahresbericht, S. 57 ff. (58).

1013 *„Entwurf eines Gesetzes zur Erhaltung und Bewirtschaftung des Waldes – Bundesforstgesetz –"* vom 20. Juni 1964, *DFWR*, 1962–1965 Dreijahresbericht, S. 66 (Anlage 2).

1014 Als Wald sollten nach dem Entwurf auch mit Waldbäumen bestockte Flächen gelten, die geeignet waren, Schutz- und Wohlfahrtswirkungen auszuüben (§ 1). Das Merkmal der Holzerzeugungsfunktion war damit nicht mehr allein ausschlaggebend.

1015 *„Entwurf eines Bundeswaldgesetzes"* vom 20. Juli 1964, *DFWR*, 1962–1965 Dreijahresbericht, S. 68 (Anlage 3). Der Begriff *„Bundeswaldgesetz"* wird vom DFWR erstmalig als Entwurfsbezeichnung verwendet.

1016 *„§ … Betreten des Waldes*

(1) Der freie Zutritt zum Wald soll der erholungsuchenden Bevölkerung offen gehalten werden, soweit nicht begründete Interessen der Walderhaltung oder der Forstwirtschaft entgegenstehen.

(2) Der Waldbesitzer hat im Interesse der Walderhaltung und der Forstwirtschaft das Recht, den Zutritt zum Wald außerhalb der öffentlichen Wege zu beschränken, insbesondere das Betreten von künstlichen und natürlichen Verjüngungen und Forstgrundstücken, auf denen Holz eingeschlagen wird, zu verbieten.

(3) Die Forstaufsichtsbehörde überwacht die Durchführung dieser Maßnahmen."

Die Aufnahme einer solchen Bestimmung schien dem rechts- und forstpolitischen Ausschuss notwendig, weil die Forderung nach freiem Zutritt zum Wald in internen Politikkreisen vermehrt erhoben wurde, Bericht von Prof. Dr. Mantel zum Bundeswaldgesetz, *DFWR*, 1962–1965 Dreijahresbericht, S. 57 ff. (60).

Bundeswaldgesetzes"[1017] vom 29. August 1964, der auf der Sitzung des Hauptausschusses der AGDW am 10./11. September 1964 zur Diskussion gestellt wurde.[1018] Der Entwurf enthielt, neben anderen Überarbeitungen, mehrere Formulierungsvorschläge für eine Entschädigungsregelung, nach der die Waldbesitzer und Nutzungsberechtigten für Nutzungseinschränkungen Aufwendungsersatz und Ersatz ihrer Vermögensnachteile erhalten sollten (§ 7). Außerdem sollte die Bundesregierung mit Zustimmung des Bundesrates gesetzliche Bestimmungen über Forstverbände erlassen können (§ 8). Es folgten ein weiterer *„Entwurf eines Bundeswaldgesetzes"*[1019] des DFWR vom 15. Oktober 1964, der auf der Sitzung des Ständigen Ausschusses am 24. November 1964 zur Diskussion gestellt wurde und ein überarbeiteter *Entwurf*[1020] der AGDW vom 10. November 1964, der im Anschluss an eine gemeinsame Besprechung, die am 15. Oktober 1964 mit Vertretern der AGDW, des DFWR, des BMELF und des Grundbesitzerverbandes in Bonn stattgefunden hatte, gefertigt wurde.[1021] Im Hinblick auf das weitere Vorgehen hatte der Ständige Ausschuss des DFWR auf der Sitzung am 24. November 1964 den Beschluss gefasst, der AGDW zunächst die weitere politische und parlamentarische Initiative zu überlassen.[1022] Unter Zusammenarbeit von *Prof. Dr. Mantel* und der AGDW wurde sodann ein neuer *Entwurf*[1023] vom 8. Dezember 1964 gefertigt, der als Diskussionsgrundlage für weitere Besprechungen mit dem BMELF und einem vom Bundesagrarausschuss der CDU gebildeten Arbeitskreis diente, aus denen wiederum weitere *Entwürfe*[1024] vom 22. Dezember 1964 und 19. Januar 1965 folgten.[1025] Mittlerweile waren die Entwürfe auf zwölf Paragrafen angewachsen und enthielten in der Hauptsache Bestimmungen über die *Walderhaltung und -bewirtschaftung*, das *Betretungsrecht, Erholungsgebiete, Entschädigung, Kostenerstattung, Förderung der Forstwirtschaft* und *Ordnungswidrigkeiten.*

1017 *„Entwurf eines Bundeswaldgesetzes"* vom 28. August 1964, *DFWR*, 1962–1965 Dreijahresbericht, S. 71 (Anlage 4).

1018 Bericht von Prof. Dr. Mantel zum Bundeswaldgesetz, *DFWR*, 1962–1965 Dreijahresbericht, S. 57 ff. (60).

1019 *„Entwurf eines Bundeswaldgesetzes"* vom 15. Oktober 1964, *DFWR*, 1962–1965 Dreijahresbericht, S. 74 (Anlage 5).

1020 *„Entwurf eines Bundeswaldgesetzes"* vom 10. November 1964, *DFWR*, 1962–1965 Dreijahresbericht, S. 78 (Anlage 6).

1021 Bericht von Prof. Dr. Mantel zum Bundeswaldgesetz, *DFWR*, 1962–1965 Dreijahresbericht, S. 57 ff. (61).

1022 Bericht von Prof. Dr. Mantel zum Bundeswaldgesetz, *DFWR*, 1962–1965 Dreijahresbericht, S. 57 ff. (62).

1023 *„Entwurf eines Bundeswaldgesetzes"* vom 8. Dezember 1964, *DFWR*, 1962–1965 Dreijahresbericht, S. 81 (Anlage 7).

1024 *„Entwurf eines Gesetzes über die Erhaltung und Bewirtschaftung des Waldes (Bundeswaldgesetz"* vom 22. Dezember 1964 und 19. Januar 1964, *DFWR*, 1962–1965 Dreijahresbericht, S. 84 (Anlage 8) und S. 88 (Anlage 9).

1025 Bericht von Prof. Dr. Mantel zum Bundeswaldgesetz, *DFWR*, 1962–1965 Dreijahresbericht, S. 57 ff. (61 f.).

Ein weiterer Impuls auf dem Weg zum Bundeswaldgesetz ging vom Bundestagsfinanzausschuss aus, der den Bundestag unter dem 22. Dezember 1964 aufforderte, dem folgenden Entschließungsantrag zuzustimmen:

> *„Der Bundestag sieht die Rechtfertigung für die Befreiung forstwirtschaftlicher Erzeugnisse von der Umsatzsteuerpflicht vornehmlich im Nutzen des Waldes für das Gemeinwohl. Neben seiner Bedeutung für die Wasserversorgung, den Schutz des Bodens und die Reinigung der Luft gehört dazu seine Bedeutung als Erholungsgebiet. Die Bundesregierung wird ersucht, das geplante Bundesforstgesetz bald vorzulegen und darin insbesondere Bestimmungen vorzusehen, die den erholungsuchenden Mitbürgern den Zutritt zum Walde sichern, ohne daß Forstwirtschaft, Natur- und Wildschutz beeinträchtigt werden.“*[1026]

Dieser Entschließungsantrag wurde vom Bundestag in seiner Sitzung am 27. Januar 1965 ohne Gegenstimmen und ohne Enthaltungen angenommen.[1027] Bereits Ende April wandte sich der Abgeordnete *Walter Fritsch* (SPD) mit einer mündlichen Anfrage an die Bundesregierung, in der er fragte:

> *„Beabsichtigt die Bundesregierung in absehbarer Zeit den Entwurf eines Bundeswaldgesetzes vorzulegen?“*[1028]

Die Bundesregierung erwiderte darauf mit schriftlicher Antwort vom 19. Mai 1965, dass die Absicht dazu bestehe, ein konkreter Zeitpunkt für die Vorlage jedoch nicht genannt werden könne, da sich neue Probleme ergeben hätten und dabei erhebliche Interessengegensätze auszugleichen seien.[1029] Der zu diesem Zeitpunkt mit den Waldbesitzern zuletzt beratende Entwurf hatte nämlich einige Wandlungen erfahren, die vom BMELF als nicht mehr vertretbar eingestuft wurden.[1030]

Auch der DFWR rechnete nicht damit, dass ein Bundeswaldgesetz in der 1965 endenden 4. Legislaturperiode noch verabschiedet werden würde und verzichtete deshalb zunächst auf eine weitergehende Initiative.[1031] Erst nach den Wahlen zum 5. Deutschen Bundestag entfaltete der DFWR erneut seine Aktivitäten hinsichtlich der Bundeswaldgesetzgebung und erarbeitete zwei weitere Entwürfe eines

---

1026 BT-Drs. 4/2873, S. 2; Die Umsatzsteuerbefreiung der Forstwirtschaft führte zu einer Wiederangleichung an die Steuerpflicht in der Landwirtschaft. Sie ist zum 1. Oktober 1964 wirksam geworden: Rückblick des Geschäftsführers des DFWR *Frhr. von Eickstedt* über die 5. Wahlperiode, *DFWR*, 1962–1965 Dreijahresbericht, S. 27 ff. (32 f.).

1027 BT-PlPr. 4/159, 7855 (C).

1028 BT-Drs. 4/3340, S. 5.; Wiederholung der Anfrage, BT-Drs. 4/3377, S. 5.

1029 Schriftliche Antwort des Staatssekretärs *Rudolf Hüttebräuker* vom 19. Mai 1965, BT-PlPr. 4/185, Anlage 10, S. 9331 (D).

1030 *Klose*, DFuH 1965, S. 325 ff. (325).

1031 Bericht über die Tätigkeit des Rechts- und forstpolitischen Ausschusses von Prof. Dr. Hasel, *DFWR*, 1965–1968 Dreijahresbericht, S. 114 ff. (114).

„Gesetzes über die Erhaltung und Förderung des Waldes (Bundeswaldgesetz)“[1032] vom 23. November 1965 und 10. Dezember 1965. Demgegenüber vertrat das Land Bayern noch immer eine grundsätzlich ablehnende Haltung gegen ein Bundeswaldgesetz und verneinte sowohl das Bedürfnis für ein solches als auch die Gesetzgebungskompetenz des Bundes für einzelne Bestimmungen der Entwürfe.[1033] Hinzu kam, dass Bayern sein aus dem Jahr 1852 stammendes Forstrecht mit dem *„Forstgesetz (FOG)“*[1034] vom 9. Juli 1965 umfassend novelliert hatte und bundeseinheitliche Vorgaben auch aus diesem Grund ablehnte. Gegen die Auffassung der Vertreter Bayerns fasste der Ständige Ausschuss des DFWR auf seiner Sitzung am 25. November 1965 jedoch einen Beschluss, in dem die Schaffung eines Bundeswaldgesetzes als *„unabdingbare Voraussetzung“* für die Walderhaltung, die Existenz des Waldbesitzers und die Förderung der Forstwirtschaft bezeichnet wurde.[1035] Außerdem begrüßte der DFWR in diesem Beschluss, dass sich auch parlamentarische Kreise an den Entwurfsberatungen beteiligt hatten und bot seine weitere Mitarbeit für eine endgültige Fassung an. Tatsächlich wurde der Bundeswaldgesetzentwurf des DFWR vom 10. Dezember 1965 von dem *„Arbeitskreis ‚Wald- und Forstwirtschaft‘“* des Bundesausschusses für Agrarpolitik der CDU am 13. Dezember 1965 an die *„Arbeitsgemeinschaft Land- und Ernährungswirtschaft der CDU/CSU Bundestagsfraktion“* mit der Bitte um Unterstützung zugeleitet, von wo aus er schließlich seinen Weg ins BMELF als Initiativentwurf fand.[1036]

Ab dem Ende des Jahres 1965 häuften sich auch im Bundestag Anfragen die Forstwirtschaft und das Bundeswaldgesetz betreffend. Der Abgeordnete *Hannsheinz Bauer* (Würzburg) (SPD) fragte die Bundesregierung mit mündlicher Anfrage vom 3. Dezember 1965, ob diese in absehbarer Zeit den Entwurf eines Bundeswaldgesetzes vorzulegen beabsichtige.[1037] Die Bundesregierung erwiderte mit schriftlicher Antwort vom 13. Dezember 1965, worin sie im Wesentlichen ihre Ausführungen aus dem Mai 1965 wiederholte.[1038] Der Antwort kann außerdem entnommen werden, dass das BMELF vor einer weiteren Stellungnahme noch die Vorlage der endgültigen Fassung des DFWR-Entwurfs abwarten wollte. Mit einer mündlicher Anfrage vom

---

1032 *„Entwurf eines Gesetzes über die Erhaltung und Förderung des Waldes (Bundeswaldgesetz)“* vom 23. November 1965 und 10. Dezember 1965, *DFWR*, 1965–1968 Dreijahresbericht, S. 128 ff. und 132 ff.

1033 Bericht über die Tätigkeit des Rechts- und forstpolitischen Ausschusses von Prof. Dr. Hasel, *DFWR*, 1965–1968 Dreijahresbericht, S. 114 ff. (114 f.).

1034 GVOBl. BY 1965, S. 113 ff.

1035 Bericht über die Tätigkeit des Rechts- und forstpolitischen Ausschusses von Prof. Dr. Hasel, *DFWR*, 1965–1968 Dreijahresbericht, S. 114 ff. (115).

1036 Vermerk von *Oberforstmeister Weismann* (Geschäftszeichen: VA 1–5055 – 33/66) vom 7. Februar 1966, BArch B 116/9399.

1037 BT-Drs. 5/76 (Frage X/7).

1038 BT-PlPr. 5/13, Anlage 11, S. 522 (A); Zu den früheren Ausführungen: Schriftliche Antwort des Staatssekretärs *Rudolf Hüttebräuker* vom 19. Mai 1965, BT-PlPr. 4/185, Anlage 10, S. 9331 (D).

25. Februar 1966 wandte sich der Abgeordnete *Fritz Baier* (CDU) an die Bundesregierung, von der er wissen wollte, welche Folgerungen sie aus der sich *„ständig verschlechternden Rentabilität der Forstwirtschaft"* ziehe.[1039] In seiner Stellungnahme verwies der Bundeslandwirtschaftsminister *Hermann Höcherl* in der 33. Sitzung des Deutschen Bundestages am 4. März 1966 auf die von der Bundesregierung bereitgestellten finanziellen Förderungsmittel zur Beseitigung von Strukturmängeln in der Forstwirtschaft und auf steuerliche Erleichterungen bei der Umsatz- und Einkommenssteuer.[1040] Auf eine Nachfrage des Abordneten *Baier*, ob nicht auch mit einem Bundeswaldgesetz dem *„öffentlichen Interesse an der Erhaltung, dem Schutz und der Pflege des Waldes gedient sein"* könne, erwiderte der Bundesminister, dass nicht das Gesetz dies vermöge, sondern nur die für ein solches Gesetz bereitgestellten Haushaltsmittel. Diese Antwort ließ Zweifel über die Absicht der Bundesregierung zur baldigen Vorlage eines Bundeswaldgesetzes zu, sodass dieses kurz darauf erneut Gegenstand einer weiteren mündlichen Anfrage vom 18. März 1966 war, mir der sich der Abgeordnete *Wilhelm Dröscher* (SPD) erkundigte, wann die Bundesregierung den Entwurf eines Bundeswaldgesetzes einzubringen beabsichtige.[1041] Die Antwort des Staatssekretärs im BMELF *Rudolf Hüttebräuker* vom 24. März 1966 ließ erahnen, dass eine kurzfristige Vorlage des Gesetzesentwurfs nicht zu erwarten war:

> *„Die Überlegungen in meinem Haus haben noch nicht zu einer kabinettsreifen Vorlage geführt, weil noch außerordentlich schwierige Fragen zu klären sind. Es gilt, vor allen Dingen einen Ausgleich zwischen den Interessen der Waldbesitzer einerseits und der Allgemeinheit andererseits zu finden. Erörtert werden müssen Bestimmungen über Grundsätze zur Walderhaltung und zur Waldwirtschaft. Das Betreten des Waldes als Erholungswald, die Entschädigung der Waldbesitzer im Zusammenhang mit den Schutz- und Erholungsaufgaben des Waldes und die Förderung des Waldes an sich sind Probleme, die noch einer eingehenden Prüfung bedürfen."*[1042]

Wenige Monate später richtete sich eine Gruppe von Abgeordneten der SPD-Fraktion mit einer kleinen Anfrage vom 26. Oktober 1966 zur Situation der Forstwirtschaft an die Bundesregierung, mit der die Abgeordneten unter anderem in Erfahrung bringen wollten, wie die Bundesregierung die Möglichkeit beurteile, mithilfe eines Bundeswaldgesetzes den nachteiligen Folgen der wirtschaftlichen Lage entgegenzuwirken.[1043] Die Erwiderung des BMELF vom 10. November 1966 zeigte noch einmal das Ausmaß der forstwirtschaftlichen Notlage.[1044] Nach den Angaben des BMELF hatte sich die forstwirtschaftliche Ertragslage in den vergangenen zehn Jahren stetig verschlechtert. In den Staatsforsten betrug der Reinertrag im Jahr

1039 BT-Drs. 5/339 (Frage XI/12).
1040 Hierzu und im Folgenden: BT-PlPr. 5/26, 1206 (B – D).
1041 BT-Drs. 5/454 (Frage VI/1).
1042 BT-PlPr. 5/33, S. 1506 (A).
1043 BT- Drs. 5/1054.
1044 Hierzu und im Folgenden: BT-Drs. 5/1127.

1965 im Vergleich zu dem Wert aus dem Jahr 1956 nur noch 16 %, wobei diese Entwicklung im Durchschnitt auch auf die übrigen Besitzarten übertragen werden konnte. Ursächlich für diese Krisensituation waren der anhaltende Preisrückgang, die Kostensteigerung und eine Verschlechterung der Absatzlage, die insbesondere durch die Substitution von Holzerzeugnissen durch andere Güter (Heizöl, Gas, Elektrizität, Metall, Kunststoffe etc.) bedingt war. Die materiellen Möglichkeiten eines Bundeswaldgesetzes wurden von der Bundesregierung positiv beurteilt, wobei man der negativen wirtschaftlichen Ertragslage neben finanziellen Zuschüssen auch mit Vorschriften zur Förderung forstwirtschaftlicher Zusammenschlüsse und zur Beseitigung ertragsmindernder Strukturmängel (z.B. Zersplitterung des Privatwaldbesitzes) entgegenwirken wollte.

In der Folgezeit wurde es wieder etwas ruhiger im Bundestag im Hinblick auf ein Bundeswaldgesetz. Stattdessen brachte die *„Interparlamentarische Arbeitsgemeinschaft"*, die aus Abgeordneten aller im Bundestag vertretenen Fraktionen bestand, einen Entwurf eines Gesetzes zur Ergänzung von § 903 BGB um folgenden Absatz in den Bundestag ein:

> *„(2) Der Eigentümer eines Waldgrundstückes hat das Betreten desselben in ortsüblichem Umfang zu dulden, soweit nicht wesentliche forstwirtschaftliche, jagdliche oder landespflegerische Erfordernisse entgegenstehen oder gesetzliche Regelungen Ausnahmen zulassen."*[1045]

Damit wollte man dem gestiegenen Erholungsbedürfnis der Bevölkerung Rechnung tragen und ein bundesweit einheitliches Waldbetretungsrecht im BGB verankern. Die Verfasser des Entwurfs gingen dabei davon aus, dass es sich bei dem Recht zum Betreten des Waldes um eine Konkretisierung der Sozialpflichtigkeit des Eigentums handele, das keine Entschädigungspflicht begründe.[1046] In einem Bundeswaldgesetz (bzw. durch Änderung des Landesrechts) sollten nach der Entwurfsbegründung jedoch noch Regelungen zum Ausgleich des durch Waldbesucher verursachten Schadens aufgenommen werden. Mit einem weiteren Antrag vom 6. Juni 1967 wollte die *Interparlamentarische Arbeitsgemeinschaft* sodann einen Beschluss des Bundestages herbeiführen, mit dem die Bundesregierung um die alsbaldige Vorlage eines Entwurfs eines Waldgesetzes ersucht werden sollte.[1047] In einem solchen Gesetz sollten insbesondere drei Gesichtspunkte berücksichtigt werden: (1) die *Sicherung des Waldes* im Rahmen der Raumordnung und Landespflege, für die Holzerzeugung und als Erholungsfläche; (2) die *Walderhaltung* und (3) Maßnahmen zum *Schutz und zur Förderung des Waldes.*

Bis diese beiden Initiativen im Bundestag behandelt wurden, verstrichen noch knapp eineinhalb Jahre. Der Gesetzentwurf zur Ergänzung des § 903 BGB

1045 Antrag der Abgeordneten *Dr. Schmidt* (Wuppertal), *Bading*, *Mertes* und Genossen vom 10. Mai 1967, BT-Drs. 5/1730.

1046 Begründung zum Entwurf eines Gesetzes zur Ergänzung des BGB, BT-Drs. 5/1730, S. 2.

1047 Hierzu und im Folgenden: Antrag der Abgeordneten *Dr. Schmidt* (Wuppertal), *Bading*, *Mertes*, *Bauer* (Würzburg) und Genossen vom 6. Juni 1967 betr. Waldgesetzgebung, BT-Drs. 5/1832.

(BT-Drs. 5/1730) wurde in erster Beratung am 13. November 1968 ohne Aussprache dem Rechtsausschuss – federführend – sowie an den Ausschuss für Kommunalpolitik, Raumordnung, Städtebau und Wohnungswesen und an den Ausschuss für Ernährung, Landwirtschaft und Forsten überwiesen.[1048] In derselben Bundestagssitzung wurde zudem der *„Antrag betr. Waldgesetzgebung“* (BT-Drs. 5/1832) an die zuvor genannten Ausschüsse überwiesen, wobei der Ernährungsausschuss die Federführung übernahm und zusätzlich eine Überweisung an den Ausschuss für Gesundheitswesen erfolgte.[1049] Zwischenzeitlich hatte auch die Bundesregierung im Rahmen der Beratungen zu einem *„Entwurf eines Arbeitsprogrammes für die Agrarpolitik“* in der Kabinettssitzung am 24. Juni 1968 den folgenden Beschluss gefasst:

> *„10.) Der Bundesminister für Ernährung, Landwirtschaft und Forsten wird beauftragt, dem Kabinett die zur Förderung der Forst- und Holzwirtschaft notwendigen Gesetzesentwürfe vorzulegen, und zwar*
> *– Gesetz über die Bildung forstwirtschaftlicher Erzeugergemeinschaften,*
> *– Gesetz über gesetzliche Handelsklassen bei Rohholz,*
> *– Gesetz zum Ausgleich außerordentlicher Holznutzungen infolge höherer Gewalt,*
> *– Gesetz über die Erhaltung und Förderung des Waldes.“*[1050]

Im Ergebnis konnten deshalb die beiden Initiativen der *„Interparlamentarischen Arbeitsgemeinschaft“* keine Wirkung mehr entfalten, da die Bundesregierung am 20. Mai 1969 den *„Entwurf eines Gesetzes zur Erhaltung und Förderung des Waldes“*[1051], der das Betreten des Waldes selbst regelte (§ 4), dem Bundestag zur Beschlussfassung vorgelegte.

VI. Der Regierungsentwurf zum Bundeswaldgesetz von 1969

Der Ausgangspunkt für den *Regierungsentwurf*[1052] von 1969 war die Kabinettssitzung am 24. Juni 1968, auf der der Bundesminister für Ernährung, Landwirtschaft und Forsten im Rahmen des *Agrarprogramms der Bundesregierung* unter anderem mit der Vorlage eines Bundeswaldgesetzentwurfs beauftragt wurde.[1053] Im BMELF wurde daraufhin, in

---

1048 BT-PlPr. 05/194, S. 10509 (D) – 10510 (A).

1049 BT-PlPr. 05/194, S. 10509 (D) – 10510 (A).

1050 128. Kabinettssitzung am 24. Juni 1968, TOP 1: Entwurf eines Arbeitsprogramms für die Agrarpolitik der Bundesregierung (Agrarprogramm), in: Kabinettsprotokolle der Bundesregierung (online), abrufbar unter URL: http://www.bundesarchiv.de/cocoon/barch/0000/k/k1968k/kap1_2/kap2_23/para3_1.html [zuletzt abgerufen am 16. Juli 2016].

1051 BT-Drs. 5/4233.

1052 BR-Drs. 123/69; BT-Drs. 5/4233.

1053 128. Kabinettssitzung am 24. Juni 1968, TOP 1: Entwurf eines Arbeitsprogramms für die Agrarpolitik der Bundesregierung (Agrarprogramm), in: Kabinettsprotokolle der Bundesregierung (online), abrufbar unter URL: http://www.bundesarchiv.de/cocoon/barch/0000/k/k1968k/kap1_2/kap2_23/para3_1.html [zuletzt abgerufen am 16. Juli 2016].

konsequenter Fortentwicklung der bisherigen Entwürfe, ein neuer Referentenentwurf eines *„Gesetzes zur Erhaltung und zur Förderung des Waldes“*[1054] vom 12. August 1968 ausgearbeitet. Neu in diesem Entwurf war insbesondere eine Vorschrift, nach der die Bundesregierung den Bundestag – im Regelfall alle zwei Jahre – über die Entwicklung der forstwirtschaftlichen Lage, über sonstige außerwirtschaftliche Leistungen und Veränderungen in der Forstwirtschaft und über geplante und durchgeführte Maßnahmen unterrichten sollte (§ 11). Auch die Ausgestaltung des Betretungsrechts als positives Recht des Einzelnen (*„Jedermann hat das Recht, den Wald (...) zum Zweck der Erholung zu betreten“*) war gegenüber den vorherigen Entwurfsfassungen neu; es wurde im Regierungsentwurf von 1969 jedoch durch eine Duldungspflicht der Waldbesitzer ersetzt. Die Vorschriften über Schutzwald, Naturparke, Zuwiderhandlungen und die angestrebte Änderung des *Bundesbaugesetzes*[1055] tauchten im neuen Entwurf von 1969 ebenfalls nicht mehr auf. Im Übrigen erfolgte noch einmal eine grundlegende Überarbeitung der einzelnen Paragrafen des Referentenentwurfs vom 12. August 1968, bevor die Bundesregierung den von ihr beschlossenen Entwurf am 7. März 1969 an den Bundesrat übermittelte.[1056] Der Regierungsentwurf enthielt u.a. folgende Vorschriften:

- *Begriffsbestimmungen („Wald“; „Waldbesitzer“)*,
- *Erhaltung des Waldes* (Genehmigungspflicht für Waldumwandlungen),
- *Pflege und Nutzung des Waldes* (Pflicht der Waldbesitzer zur Bewirtschaftung nach anerkannten forstlichen Grundsätzen, Wiederaufforstungspflicht),
- *Betreten des Waldes* (Duldungspflicht des Waldbesitzers; Genehmigungspflichtige Beschränkungsmöglichkeit für bestimmte Zwecke),
- *Erholungswaldgebiete* (Erklärung von Waldflächen zu Erholungswald in der Nähe von Städten, Heilbädern, Kurorten etc. durch ein förmliches Verfahren; Entschädigung der Waldbesitzer. Ausgestaltungsspielraum für die Länder hierzu: Regelung und Beschränkung der Waldbewirtschaftung; Beschränkung der Jagdausübung; Errichtung und Unterhaltung von Wegen, Bänken, Schutzhütten etc.; Verhaltensvorschriften für Waldbesucher),
- *Ersatz von Aufwendungen* (insbesondere zum Schutz des Waldes wegen des Betretungsrechts und in Erholungswaldgebieten (z.B. Waldbrandversicherung, Beseitigung von Verunreinigungen, Sicherheit der Waldbesucher),
- *Unterrichtung des Deutschen Bundestages* (Vorlage eines *„forstpolitischen Berichts“* durch die Bundesregierung im Zweijahresrhythmus),
- *Aufhebung und Änderung von Vorschriften.*

Die Begründung zum Regierungsentwurf von 1969 gibt einen Überblick über die damalige Situation des Waldes und der Forstwirtschaft in der Bundesrepublik

---

1054 BArch B 116/25948.

1055 Diesbezüglich wollten die Entwurfsverfasser bei der Aufstellung von Bauleitplänen auch die Bedürfnisse der Forstwirtschaft und Erholung sowie die Belange der Erhaltung, des Schutzes und der Pflege der Landschaft berücksichtigt wissen.

1056 BR-Drs. 123/69.

Deutschland.[1057] Der Waldflächenanteil (ca. 7.207.000 ha) machte danach im Bundesgebiet etwa 29 % der Gesamtfläche aus, wobei der Privatwald mit 43,8 %, der Staatswald mit 31,1 % und der Körperschaftswald mit 25,1, % beteiligt waren. Von den rund 470.000 privaten Waldbesitzern mit einem Besitz von mehr als 0,5 ha Waldfläche betrieben 87 % land- und forstwirtschaftliche Mischbetriebe. Hinsichtlich der forstwirtschaftlichen Lage stellte die Entwurfsbegründung fest, dass die meisten Forstbetriebe das Jahr 1967, hauptsächlich wegen des anhaltenden Preisrückgangs und des Kostenanstiegs, mit Verlust haben abschließen müssen. Hinzu komme die durch die Liberalisierung des Holzmarktes entstandene Konkurrenzsituation mit kostengünstiger produzierenden Ländern, die einen tiefgreifenden Umwandlungsprozess in der Forstwirtschaft erforderlich mache. Dieser wiederum sei insbesondere durch zahlreiche Strukturmängel in der Forstwirtschaft erschwert. Eine selbstständige Abschwächung oder Behebung der wirtschaftlichen Schwierigkeiten in der Forstwirtschaft habe trotz verschiedener Rationalisierungsmaßnahmen keinen Ausgleich gebracht. Das steigende Erholungsbedürfnis der Bevölkerung habe zudem zu einem Anstieg der Waldbesucher und damit häufiger zu Störungen der Waldbewirtschaftung, Waldschäden und weiteren Beeinträchtigungen geführt. Aus diesem Grund solle eine bundeseinheitliche Regelung *„den Inhalt des Eigentums am Wald zeitgemäß“* bestimmen *„und den notwendigen Ausgleich zwischen privaten und allgemeinen Belangen herbeiführen“.*

Der gegenwärtige Stand des Forstrechts in den Bundesländern sei unbefriedigend, da diese zum Teil keine, unvollständige oder reformbedürftige gesetzliche Vorschriften hätten. Ein zumindest in den Grundzügen einheitliches Forstrecht solle diesem Zustand Abhilfe schaffen, wobei der Gesetzentwurf nur Mindestforderungen aufstelle und einen Rahmen gebe, der von den Ländern auszufüllen sei.

1. Behandlung des Regierungsentwurfs im Bundesrat (BR-Drs. 123/69)

Nachdem der Regierungsentwurf dem Bundesrat am 7. März 1969 gem. Art. 76 Abs. 2 GG[1058] zugeleitet worden war, gaben die zuständigen Ausschüsse am 3. April 1969

1057 Hierzu und im Folgenden: Begründung zum RegE, BR-Drs. 123/69, S. 4 ff. (= BT-Drs. 5/4233, S. 4 ff.).

1058 Art. 76 Abs. 2 GG (zuletzt geändert durch das *„Achtzehnte Gesetz zur Änderung des Grundgesetzes“* (Artikel 76 und 77) vom 15. November 1968, BGBl. I 1968, S. 1177): *„(2) Vorlagen der Bundesregierung sind zunächst dem Bundesrate zuzuleiten. Der Bundesrat ist berechtigt, innerhalb von sechs Wochen zu diesen Vorlagen Stellung zu nehmen. Die Bundesregierung kann eine Vorlage, die sie bei der Zuleitung an den Bundesrat ausnahmsweise als besonders eilbedürftig bezeichnet hat, nach drei Wochen dem Bundestage zuleiten, auch wenn die Stellungnahme des Bundesrates noch nicht bei ihr eingegangen ist; sie hat die Stellungnahme des Bundesrates unverzüglich nach Eingang dem Bundestage nachzureichen.“*

ihre *Beschlussempfehlungen*[1059] für die anstehende Bundesratssitzung ab. Nach der gemeinsamen Beschlussempfehlung des federführenden Agrarausschusses und des Innenausschusses sollte der Bundesrat von einer Stellungnahme zum damaligen Zeitpunkt absehen, da diese zahlreiche Änderungs- und Ergänzungsvorschläge enthalten würde und eine Verabschiedung in der laufenden Legislaturperiode nicht mehr zu erwarten sei.[1060] Dennoch betrachteten die beiden Ausschüsse eine bundeseinheitliche Regelung über die Erhaltung und Förderung des Waldes grundsätzlich als notwendig. Der Rechtsausschuss und der Finanzausschuss äußerten in ihrer gemeinsamen Beschlussempfehlung ebenfalls Zweifel an einer Verabschiedung in der laufenden Legislaturperiode.[1061] Zusätzlich enthielt die Empfehlung einen Passus, in dem Bedenken gegen die Verfassungsmäßigkeit des Entwurfs im Hinblick auf die Gesetzgebungskompetenz des Bundes angemeldet wurden. Der Rechtsausschuss vertrat dabei den Standpunkt, dass es sich bei dem Entwurf um die Materie *„Naturschutz und Landespflege"* nach Art. 75 Nr. 3 GG handele, sodass der Bund keine Vollregelung vornehmen könne und sich auf rahmenrechtliche Vorschriften beschränken müsse.

Am 16. April 1969 folgte ein *Antrag*[1062] des Landes Nordrhein-Westfalen, mit dem ebenfalls eine Beschlussempfehlung abgegeben wurde, die eine Kombination der Ausschussempfehlungen darstellte. Diesem Antrag schloss sich die Mehrheit des Bundesrates auf der Sitzung am 18. April 1969 an.[1063] Die Stellungnahme des Bundesrates lautete damit:

> *„Der Bundesrat hält bundesrechtliche Vorschriften über die Erhaltung und Förderung des Waldes zwar für notwendig; er sieht aber im gegenwärtigen Zeitpunkt von einer Stellungnahme zu dem Gesetzentwurf im einzelnen gemäß Artikel 76 Abs. 2 des Grundgesetzes ab, weil keine Aussicht mehr besteht, daß der Gesetzentwurf noch vom Bundestag der laufenden Wahlperiode verabschiedet wird. Der Bundesrat weist im übrigen bereits jetzt darauf hin, daß gegen den Gesetzentwurf verfassungsrechtliche Bedenken bestehen, weil ein Teil der Vorschriften des Entwurfs nicht aus Artikel 74 Nr. 1, 17 und 18 des Grundgesetzes hergeleitet und deshalb keine Vollregelung vorgenommen werden kann. Bei diesen Vorschriften handelt es sich um Naturschutz und Landschaftspflege im Sinne von Artikel 75 Nr. 3 GG, so daß nur rahmenrechtliche Vorschriften in Betracht kommen können. Der Entwurf ließe aber kaum noch Raum für Landesgesetze."*[1064]

1059 BR-Drs. 123/1/69.
1060 BR-Drs. 123/1/69, Nr. I.
1061 Hierzu und im Folgenden: BR-Drs. 123/1/69, Nr. II.
1062 BR-Drs. 123/2/69.
1063 BR-PlPr. 337. Sitzung am 18. April 1969, S. 100 (D).
1064 BR-Drs. 123/69 (Beschluss); BT-Drs. 5/4233, S. 10, Anlage 2.

2. *Behandlung des Regierungsentwurfs im Bundestag (BT-Drs. 5/4233)*

Die Bundesregierung leitete den Entwurf am 20. Mai 1969 mit der Stellungnahme des Bundesrates an den Bundestag zur Beratung. In ihrer Gegenäußerung stellte sich die Bundesregierung auf den Standpunkt, dass eine Beratung des Entwurfs in der laufenden Legislaturperiode noch erforderlich sei, da dieser einen wesentlichen Bestandteil des Agrarprogrammes der Bundesregierung darstelle.[1065] Die Bedenken des Bundesrates hinsichtlich der Gesetzgebungskompetenz wurden von der Bundesregierung nicht geteilt, sodass der Regierungsentwurf ohne weitere Aussprache in der 236. Sitzung des Bundestages am 11. Juni 1969 an den Ausschuss für Ernährung, Landwirtschaft und Forsten – federführend – und den Ausschuss für Kommunalpolitik, Raumordnung, Städtebau und Wohnungswesen – mitberatend – überwiesen wurde.[1066] Letztendlich kam der Entwurf jedoch über diese Phase des Gesetzgebungsverfahrens nicht mehr hinaus und wurde in den Ausschüssen nicht mehr behandelt.[1067] Obwohl die Bundesregierung die Verabschiedung des Bundeswaldgesetzes aus den in der Begründung genannten Gründen als *„dringlich“* ansah,[1068] konnte eine vollständige Beratung am Ende der 5. Legislaturperiode aus Zeitnot nicht mehr erfolgen.[1069] Vielmehr beschränkte man sich auf die Verabschiedung einiger Gesetze, die zum Teil als *„vordringlicher“*[1070] angesehen wurden und die Regelung forstlicher Teilgebiete zum Gegenstand hatten.[1071]

Auch der Deutsche Forstwirtschaftsrat (DFWR) drängte unter dem 11. Juni 1969 darauf, dass der Bundestag zumindest das *„Gesetz über forstwirtschaftliche Zusammenschlüsse“*[1072] und das *„Holzmarktausgleichsgesetz“*[1073] in der laufenden

---

1065 Gegenäußerung der Bundesregierung zu der Stellungnahme des Bundesrates, BT-Drs. 5/4233, Anlage 3.

1066 BT-PlPr. 5/236, 13071 (A).

1067 BT-PArch V/1092, Übersicht Materialien, lfd. Nr. 6–8.

1068 Gegenäußerung der Bundesregierung zu der Stellungnahme des Bundesrates, BT-Drs. 5/4233, Anlage 3.

1069 Begründung zum Bundeswaldgesetzentwurf vom 3. Juli 1973, BT-Drs. 7/889, S. 22; *Hasel*, Waldwirtschaft und Umwelt, S. 177; *Hasel/Zundel*, Forstgesetzgebung in der Bundesrepublik Deutschland, S. 9.; *Endres*, BWaldG, Einleitung Rn. 6.; *Klose*, BüL 1976, S. 305 ff. (317); *Kolodziejcok/Recken/Apfelbacher/Iven*, Naturschutz, Landschaftspflege, Bd. 2, *(Endres/Recken)*, Tz. 4525, Rn. 5.

1070 Begründung zum Bundeswaldgesetzentwurf vom 3. Juli 1973, BT-Drs. 7/889, S. 22.

1071 Zur forstlichen Einzelgesetzgebung am Ende der 1960er Jahre sogleich auf S. 221 ff.

1072 BT-Drs. 5/4231 *„Entwurf eines Gesetzes über forstwirtschaftliche Zusammenschlüsse“*.

1073 BT-Drs. 5/4070 *„Entwurf eines Gesetzes zum Ausgleich von Schäden infolge besonderer Naturereignisse in der Forstwirtschaft“*.

Legislaturperiode zum Abschluss bringe.[1074] Aus Sicht des DFWR war ein Gesetz über forstwirtschaftliche Zusammenschlüsse und deren Förderung unbedingt erforderlich, um die notwendigen Rationalisierungsmaßnahmen, insbesondere auch in den bäuerlichen Waldbetrieben, durchzuführen. Das Holzmarktausgleichsgesetz wurde vor dem Hintergrund vergangener Sturmkatastrophen ebenfalls als unentbehrlich betrachtet, da freiwillige Vereinbarungen über den Holzeinschlag nur schwer herbeizuführen seien. Wegen der zu jederzeit bestehenden Möglichkeit weiterer Naturkatastrophen in der Forstwirtschaft war die Verabschiedung dieses Gesetzes für den DFWR besonders dringlich. Dass ein Bundeswaldgesetz in der 5. Legislaturperiode voraussichtlich nicht mehr zum Abschluss kommen würde, hatte der DFWR zu Kenntnis genommen und sich damit abgefunden. Tatsächlich wurde dem Bundestag erst vier Jahre später ein neuer *Bundeswaldgesetzentwurf*[1075] von der Bundesregierung vorgelegt.

VII. Einzelgesetzgebung und weitere Vorgänge zwischen Scheitern und erneuter Vorlage beim Bundestag (1969–1973)

Am Ende der 5. Legislaturperiode verabschiedete der Bundestag im Rahmen des *Agrarprogramms der Bundesregierung* einige Gesetze, die Teilbereiche der Land- und Forstwirtschaft betrafen. Neben der Vorlage eines *„Gesetzes zur Förderung und Erhaltung des Waldes"* wurde der Bundesminister für Ernährung, Landwirtschaft und Forsten auf der Kabinettssitzung am 24. Juni 1968 zusätzlich mit der Vorlage der folgenden Gesetzentwürfe beauftragt, die für die Förderung der Forst- und Holzwirtschaft als notwendig angesehen wurden:[1076] *„Gesetz über die Bildung forstwirtschaftlicher Erzeugergemeinschaften"*, *„Gesetz über gesetzliche Handelsklassen bei Rohholz"* und ein *„Gesetz zum Ausgleich außerordentlicher Holznutzungen infolge höherer Gewalt"*. Der Bundeslandwirtschaftsminister kam diesem Auftrag nach, sodass alle drei Materien noch im Verlauf des Jahres 1969 eine gesetzliche Regelung erfahren haben.

1074 Hierzu und im Folgenden: BT-PArch V/1092, lfd. Nr. 11: Stellungnahme des DFWR vom 11. Juni 1969, betr. Gesetzgebung auf dem Gebiet der Forstwirtschaft. Die Stellungnahme war vom Präsidenten des DFWR, Prof. Dr. Mantel, unterzeichnet und an die Mitglieder des Ausschusses für E.L.F., des Rechtsausschusses, des Finanzausschusses und an die Fraktionen adressiert.

1075 BT-Drs. 7/889 (Entwurfstext auszugsweise abgedruckt in Anhang B.IV.).

1076 128. Kabinettssitzung am 24. Juni 1968, TOP 1: Entwurf eines Arbeitsprogramms für die Agrarpolitik der Bundesregierung (Agrarprogramm), in: Kabinettsprotokolle der Bundesregierung (online), abrufbar unter URL: http://www.bundesarchiv.de/cocoon/barch/0000/k/k1968k/kap1_2/kap2_23/para3_1.html [zuletzt abgerufen am 16. Juli 2016].

1. *Einzelgesetzgebung auf forstlichem Gebiet am Ende der 1960er Jahre*

a) „Gesetz über gesetzliche Handelsklassen für Rohholz" vom 25. Februar 1969

Als erstes Gesetz verabschiedete der Bundestag im Rahmen des Agrarprogramms das *„Gesetz über gesetzliche Handelsklassen für Rohholz"*[1077] vom 25. Februar 1969. Das Gesetz ermächtigte den Bundesminister für Ernährung, Landwirtschaft und Forsten im Einvernehmen mit dem Bundeswirtschaftsminister dazu, gesetzliche Handelsklassen für Rohholz durch Rechtsverordnung mit Zustimmung des Bundesrates einzuführen (§ 1). Die *„Verordnung über gesetzliche Handelsklassen für Rohholz"*[1078] wurde am 31. Juli 1969 erlassen. Mit der Verordnung wurden *„gesetzliche Handelsklassen für die Sortierung der Holzarten oder Holzartengruppen nach der Stärke, der Güte und dem besonderen Verwendungszweck"* aufgestellt (§ 1 i.V.m. der Anlage zu § 1 der Verordnung). Die Verwendung der Handelsklassen war jedoch nicht obligatorisch, was den wesentlichen Unterschied gegenüber der bis dahin geltenden *Holzmessanweisung* (sog. *„HOMA"*)[1079] von 1936 ausmachte.[1080] Nur wenn Rohholz unter einer gesetzlichen Handelsklasse angeboten, feilgehalten, verkauft oder sonst in den Verkehr gebracht wurde, musste die Handelsklassenbezeichnung mit der Verordnung übereinstimmen (§ 3 der Verordnung). Im Übrigen enthielt das Gesetz einen Ordnungswidrigkeitentatbestand für Verstöße gegen die Handelsklassenbezeichnung (§ 3) und regelte die Außerkraftsetzung weiterer reichsrechtlicher Vorschriften aus der NS-Zeit (§ 4)[1081].

b) „Forstschäden-Ausgleichsgesetz" vom 29. August 1969

Ein weiteres Gesetz aus dem Agrarprogramm der Bundesregierung war das *„Forstschäden-Ausgleichsgesetz"*[1082] vom 29. August 1969. Im Wesentlichen regelte das Gesetz die Möglichkeit zur *Beschränkung des ordentlichen Holzeinschlags* und *der Holzeinfuhr* sowie verschiedene Steuerbegünstigungen für Forstwirtschaftsbetriebe. Hintergrund zu diesem Gesetz waren insbesondere die durch die Sturmflutkatastrophe von 1962 und

---

1077 BGBl. I 1969, S. 149 f.

1078 BGBl. I 1969, S. 1075 ff.

1079 *„Verordnung über die Aushaltung, Messung und Sortenbildung des Holzes in den deutschen Forsten"* vom 1. April 1936, RAnz. 1936, Nr. 89 v. 17. April 1936, (i.d.F. vom 1. Dezember 1950, BAnz Nr. 242 vom 15. Dezember 1950).

1080 *Klose*, BüL 1976, S. 305 ff. (315).

1081 Aufgehoben wurden das *„Gesetz über die Marktordnung auf dem Gebiete der Forst- und Holzwirtschaft"* vom 16. Oktober 1935 (RGBl. I 1935, S. 1239), die *„Verordnung über den marktmäßigen Absatz von Holz vor und nach dem Einschlag"* vom 30. April 1938 (RGBl. I 1938, S. 458) und die *„Erste Verordnung zur Durchführung der Verordnung über den Anbau und die Nutzung von Pappeln und anderen Nutzholzarten außerhalb des Waldes"* vom 8. September 1942 (RGBl. I 1942, S.552).

1082 *„Gesetz zum Ausgleich von Schäden infolge besonderer Naturereignisse in der Forstwirtschaft (Forstschäden-Ausgleichsgesetz)"* vom 29. August 1969, BGBl. I 1969, S. 1533 ff.

die Orkane des Jahres 1967 hervorgerufenen überregionalen *„Kalamitätsschäden"*.[1083] Als Folge hiervon kam es zwangsläufig zu einem Überangebot an Holz, einem Absinken der Rohholzpreise und dadurch zu überregionalen Marktstörungen, die man in Zukunft mit dem Gesetz verhindern oder zumindest wirtschaftlich tragbarer für die Forstbetriebe machen wollte.[1084] Eine Beschränkung des ordentlichen Holzeinschlags durch Rechtsverordnung war zur Vermeidung von erheblichen und überregionalen Störungen des Rohholzmarktes vorgesehen, die durch außerordentliche Holznutzungen infolge besonderer Naturereignisse (z.B. Sturmschäden, Pilzbefall, Insektenfraß) auftraten (§ 1).[1085] Für den Fall, dass die Einschlagseinschränkung zum Schutz des Rohholzmarktes nicht ausreichte, konnte zudem eine Einschränkung der Holzeinfuhr angeordnet werden (§ 2). Darüber hinaus enthielt das Gesetz eine Reihe von Steuerbegünstigungen für Forstwirtschaftsbetriebe in Wirtschaftsjahren mit Einschlagsbeschränkungen (§§ 3 – 8); u.a. die Möglichkeit steuerfreier Rücklagen für die Bildung eines betrieblichen Ausgleichsfonds und eine Ermäßigung der Besteuerung der Holzbeförderung, um damit einen schnellen Abtransport sicherzustellen.

c) *„Gesetz über forstwirtschaftliche Zusammenschlüsse"* vom 1. September 1969

Von großer Bedeutung für die Forstwirtschaft war das *„Gesetz über forstwirtschaftliche Zusammenschlüsse"*[1086] vom 1. September 1969. Die Zeit der Entstehung des Gesetzes war durch die anhaltend defizitäre Ertragslage der Forstwirtschaft gekennzeichnet, deren Ursachen sowohl allgemein wirtschaftlicher Natur als auch strukturell bedingt waren.[1087] Insbesondere die Zersplitterung des Privatwaldbesitzes wurde als

---

1083 BT-Drs 5/4070, S. 5, Begründung zum *„Entwurf eines Gesetzes zum Ausgleich von Schäden infolge besonderer Naturereignisse in der Forstwirtschaft"*.

1084 BT-Drs 5/4070, S. 5, Begründung zum *„Entwurf eines Gesetzes zum Ausgleich von Schäden infolge besonderer Naturereignisse in der Forstwirtschaft"*.

1085 Einschränkungen des Holzeinschlags durch Rechtsverordnung erfolgten für die Forstwirtschaftsjahre 1973, 1983, 1985, 1990, 1991, 1992, 2000 und 2001. Dabei wurde der ordentliche Holzeinschlag für die betroffenen Holzartengruppen (zumeist Fichte und Kiefer) auf einen bestimmten, z.T. nach Bundesländern unterschiedlichen, Prozentsatz des durchschnittlichen Einschlages der letzten drei bis fünf Forstwirtschafsjahre limitiert: *Verordnungen über die Beschränkung des ordentlichen Holzeinschlags* vom 7. Dezember 1972, BGBl. I 1972, S. 2308; vom 9. Februar 1983, BGBl. I 1983, S. 67; vom 11. Februar 1985, BGBl. I 1985, S. 319; vom 11. April 1990, BGBl. I 1990, S. 742; vom 21. November 1991, BGBl. I 1991, S. 2128; vom 8. Februar 2000, BGBl. I 2000, S. 101; vom 16. November 2000, BGBl. I 2000, S. 1573.

1086 BGBl. I 1969, S. 1543 ff.; das *„Gesetz über forstwirtschaftliche Zusammenschlüsse"* wurde später nahezu unverändert in das dritte Kapitel (§§ 15–40) des Bundeswaldgesetzes (BGBl. I 1975, S. 1037 ff.) übernommen.

1087 *Riebold*, Die forstwirtschaftlichen Zusammenschlüsse des Gesetzes über forstwirtschaftliche Zusammenschlüsse vom 1. September 1969 – unter besonderer Berücksichtigung ihrer öffentlichen Aufgaben, S. 4 ff. m.w.N.; Als allgemeine wirtschaftliche

ein Hemmnis für die Verbesserung der Erzeugung und des Absatzes von Forsterzeugnissen angesehen, weshalb das Ziel des Gesetzes darin bestand, forstwirtschaftliche Zusammenschlüsse zu fördern und damit eine Kooperation der Waldbesitzer zu ermöglichen.[1088] Gleichzeitig wurden mit dem Gesetz die auf diesem Gebiet erlassenen Vorschriften aus der NS-Zeit ersetzt.[1089]

Der Regierungsentwurf zu diesem Gesetz wurde dem Bundesrat am 7. März 1969 zur Stellungnahme vorgelegt.[1090] Der Bundesrat behandelte den Entwurf auf seiner 337. Sitzung am 18. April 1969.[1091] Im Rahmen seiner Stellungnahme schlug der Bundesrat einige Änderungen fachlicher Natur vor und erhob im Übrigen keine Einwendungen gegen den Entwurf.[1092] Daraufhin wurde der Entwurf am 20. Mai 1969 dem Bundestag zur Beschlussfassung zugeleitet.[1093] Die Bundesregierung widersprach in ihrer Gegenäußerung einem Teil der Änderungsvorschläge des Bundesrates, erhob in der Mehrzahl jedoch keine Einwendungen.[1094] Auf seiner Sitzung am 11. Juni 1969 überwies der Deutsche Bundestag den Gesetzesentwurf in erster Lesung dem Ausschuss für Ernährung, Landwirtschaft und Forsten – federführend – dem Wirtschaftsausschuss und dem Rechtsauschuss – mitberatend – und dem Haushaltsausschuss gem. § 96 der Geschäftsordnung des Deutschen Bundestages.[1095] Aus dem Bericht des federführenden Ausschusses vom 24. Juni 1969 geht hervor, dass im Rahmen der

---

Ursachen nennt *Riebold* u.a. den langen Erzeugungszeitraum der Forstwirtschaft, der keine kurzfristige Anpassung an die jeweiligen Marktverhältnisse erlaube sowie den Holzpreisabfall bei gleichzeitigem Anstieg der Lohn- und Sozialkosten. Die strukturelle Ursache für die Krisensituation der Forstwirtschaft sieht *Riebold* hauptsächlich in der Besitzzersplitterung des Klein- und Kleinstprivatwaldes.

1088 Begründung zum RegE, BT-Drs. 5/4231, S. 12 f.; Nach den Angaben im Regierungsentwurf zur Waldstruktur im Bundesgebiet (S. 9 ff.) gliederte sich die Waldbesitzverteilung wie folgt (Stand: 1961): Staatswald 30,4 %; Körperschaftswald, 25,2 %; Privatwald 44,4 %. Von den 725.669 Betrieben (Besitzeinheiten) entfielen 1.888 auf den Staatswald, 20.811 auf den Körperschaftswald und 702.970 auf den Privatwald. Über 97 % der Privatwaldbetriebe (= 684.909) bewirtschafteten dabei eine Fläche von unter 20 ha. Die durchschnittliche Betriebsgröße betrug im Privatwald nur 4 ha, wobei diese Kleinflächen häufig aus zerstreut liegenden Waldparzellen bestanden; Zur Zielsetzung auch: *Weismann*, DFuH 1969, S. 289 ff.

1089 § 32 des Gesetzes über forstwirtschaftliche Zusammenschlüsse. Ersetzt wurden die *„Verordnung über die Bildung wirtschaftlicher Zusammenschlüsse in der Forstwirtschaft"* vom 7. Mai 1943 (RGBl. I 1943, S. 298) und die *„Verordnung über die Bildung von Forstverbänden"* vom 7. Mai 1943 (RGBl. I 1943, S. 298 ff.) nebst dazu ergangener Durchführungsanordnungen.

1090 BR-Drs. 124/69; Eine chronologische Kurzübersicht zur weiteren Vorgeschichte ist enthalten bei *Weismann*, DFuH 1969, S. 289 ff. (289).

1091 BR-PlPr. 337. Sitzung am 18. April 1969, S. 100 (D) – 101 (B).

1092 BR-Drs. 124/69 (Beschluss).

1093 BT-Drs. 5/4231.

1094 BT-Drs. 5/4231, Anlage 3.

1095 BT-PlPr. 5/236 S. 13071 (A).

Ausschussberatungen nur unwesentliche Änderungen beschlossen worden waren und im Wesentlichen den Vorschlägen des Bundesrates gefolgt wurde.[1096] Der Bundestag stimmte am 2. Juli 1969 über den Gesetzentwurf ab und nahm ihn in zweiter und dritter Lesung in der Fassung des Ernährungsausschusses mit einer Gegenstimme an.[1097] Die vom Bundestag verabschiedete Fassung wurde sodann am 4. Juli 1969 an den Bundesrat übermittelt,[1098] der dem Gesetz in seiner 343. Sitzung am 11. Juli 1969 gem. Art. 84 Abs. 1 GG zustimmte.[1099] Das Gesetz über forstwirtschaftliche Zusammenschlüsse wurde am 1. September 1969 ausgefertigt und trat am 1. Januar 1970 in Kraft.

Das Gesetz regelte drei Arten von forstwirtschaftlichen Zusammenschlüssen: *Forstbetriebsgemeinschaften* (§§ 2–6), *Forstbetriebsverbände* (§§ 7–22) und *Forstwirtschaftliche Vereinigungen* (§§ 23, 24).[1100]

Bei *Forstbetriebsgemeinschaften* handelte es sich um Zusammenschlüsse auf privatrechtlicher Basis, die den Zweck verfolgten *„die Bewirtschaftung der angeschlossenen Waldflächen und der zur Aufforstung bestimmten Grundstücke (Grundstücke) zu verbessern, insbesondere die Nachteile geringer Flächengröße, ungünstiger Flächengestalt, der Besitzzersplitterung, der Gemengelage, des unzureichenden Waldaufschlusses oder anderer Strukturmängel zu überwinden"* (§ 2). Dazu zählte das Gesetz eine Reihe von Maßnahmen auf, von denen sich die Forstbetriebsgemeinschaft mindestens eine zur Aufgabe machen musste. Darunter fielen unter anderem die Abstimmung der Betriebspläne und der für die Erzeugung wesentlichen Vorhaben, die Ausführung von Forstkulturen etc., der Bau und die Unterhaltung von Wegen, die Durchführung des Holzeinschlags und der Holzabfuhr sowie die Beschaffung von Maschinen und Geräten (§ 3). Die staatliche Anerkennung der Zusammenschlüsse erfolgte auf Antrag durch die zuständige Behörde, wenn die im Gesetz genannten Voraussetzungen erfüllt waren. Dazu musste die Forstbetriebsgemeinschaft u.a. in Form einer *juristischen Person des Privatrechts* (z.B. Genossenschaft, rechtsfähiger Verein oder Kapitalgesellschaft mit jeweils weiteren Anforderungen an die Satzung bzw. den Gesellschaftsvertrag) organisiert sein, mindestens sieben Mitglieder umfassen und den wesentlichen Wettbewerb auf dem Holzmarkt bestehen lassen (§ 4).

Forstbetriebsverbände verfolgten denselben Zweck wie die Forstbetriebsgemeinschaften und konnten die gleichen Aufgaben zum Gegenstand haben, waren jedoch in Form von *Körperschaften des öffentlichen Rechts* organisiert (§ 7). Die zwangsweise Bildung eines Forstbetriebsverbandes von Amts wegen kam nur in wirtschaftlich *besonders ungünstig strukturierten Gebieten*[1101] und bei Vorliegen weiterer Voraussetzungen in

---

1096 BT-Drs. 5/4444, S. 1.

1097 BT-PlPr. 5/246, S. 13688 (A – B).

1098 BR-Drs. 451/69.

1099 BR-PlPr. 343. Sitzung am 11. Juli 1969, S. 215 (A – B); BR-Drs. 451/69 (Beschluss).

1100 Zum Inhalt des Gesetzes siehe auch: *Weismann*, DFuH 1969, S. 289 ff. (291 f.).

1101 Diese Beschränkung diente u.a. zur Wahrung des Verhältnismäßigkeitsgrundsatzes, da mit der Bildung einer Körperschaft des öffentlichen Rechts ein stärkerer Eigentumseingriff und die Unterstellung unter Staatsaufsicht verbunden war, vgl.: *Kimminich*, AgrarR 1977, S. 343 ff. (344). Zudem wurde davon ausgegangen,

Betracht, u.a.: Bestehenlassen eines wesentlichen Wettbewerbs auf dem Holzmarkt, Zustimmung von mindestens der Grundstückseigentümer mit der Fläche und das Nichtzustande-Kommen einer Forstbetriebsgemeinschaft trotz Aufforderung durch die Behörde (§ 8). Im Übrigen enthielt das Gesetz weitere Vorschriften über die Mitgliedschaft, Satzung, Organe und deren Aufgaben, Aufsicht, Beiträge und Auflösung.

Bei den *Forstwirtschaftlichen Vereinigungen* handelt es sich um privatwirtschaftliche Zusammenschlüsse von Forstbetriebsgemeinschaften, Forstbetriebsverbänden und nach Landesrecht gebildeten Zusammenschlüssen. Der ausschließliche Zweck bestand darin, *„auf die Anpassung der forstwirtschaftlichen Erzeugung und des Absatzes von Forsterzeugnissen an die Erfordernisse des Marktes hinzuwirken"* (§ 23). Die Aufgaben bestanden hauptsächlich in der Beratung der Mitglieder und der Koordinierung des Absatzes.

In § 25 waren die *Beihilfen* geregelt, die forstwirtschaftliche Zusammenschlüsse *„nach Maßgabe der verfügbaren Haushaltsmittel"* bis zur Höhe von 40 % der Kosten für Erstinvestitionen erhalten konnten, die der *„Verbesserung der forstwirtschaftlichen Erzeugung und der Förderung des Absatzes von Forsterzeugnissen dienen"*. In den ersten 15 Jahren konnten forstwirtschaftliche Zusammenschlüsse zudem Zuschüsse zu den Kosten der Verwaltung und Beratung erhalten. Da das *„Gesetz gegen Wettbewerbsbeschränkungen"*[1102] die Möglichkeiten der forstwirtschaftlichen Zusammenschlüsse eingeengt hätte,[1103] enthielt § 26 eine Befreiung von § 1 dieses Gesetzes für Beschlüsse der Forstbetriebsgemeinschaften und verbände, *„soweit sie die forstwirtschaftliche Erzeugung und den Absatz von Forsterzeugnissen betreffen"*. Forstwirtschaftliche Vereinigungen sollten ihre Mitglieder auch bei der Preisbildung beraten und Preisempfehlungen aussprechen dürfen.

Die nach reichsrechtlichen Vorschriften[1104] gebildeten Forstverbände wurden in § 27 Abs. 1 den Forstbetriebsverbänden gleichgestellt. Sonstige privatrechtliche Zusammenschlüsse nach Landesrecht standen bis zur Anpassung ihrer Satzung und eigener Anerkennung als Forstbetriebsgemeinschaft diesen gleich, längstens jedoch für drei Jahre nach Inkrafttreten des Gesetzes (§ 27 Abs. 2).[1105] Weitere Vorschriften des Gesetzes betrafen eine *Auskunftspflicht, Straf- und Ordnungswidrigkeiten* sowie das *Inkrafttreten* und die *Aufhebung von Vorschriften.*

---

dass die privatrechtliche Organisation der Waldbesitzer am besten zur Zielverwirklichung geeignet sei, *Weismann*, DFuH 1969, S. 289 ff. (291).

1102 *„Gesetz gegen Wettbewerbsbeschränkungen"* vom 27. Juli 1957 i.d.F. der Bekanntmachung vom 3. Januar 1966, BGBl. I 1966, S. 37 ff.

1103 Begründung zum RegE, BT-Drs. 5/4231, S. 21.

1104 Insbesondere *„Verordnung über die Bildung wirtschaftlicher Zusammenschlüsse in der Forstwirtschaft"* vom 7. Mai 1943 (RGBl. I 1943, S. 298) und *„Verordnung über die Bildung von Forstverbänden"* vom 7. Mai 1943 (RGBl. I 1943, S. 298 ff.).

1105 Später zeigte sich, dass diese Frist zu kurz bemessen war, sodass es durch das *„Gesetz zur Änderung des Gesetzes über forstwirtschaftliche Zusammenschlüsse"* vom 6. September 1973 (BGBl. I 1973, S. 1305) zu einer Verlängerung auf acht Jahre kam; siehe außerdem: BT-Drs. 7/400, BT-Drs. 7/547, BT-Drs. 7/575.

d) Weitere Gesetze mit Bezug zur Forstwirtschaft

aa) *„Raumordnungsgesetz"* vom 8. April 1965

Bereits 1965 hatte der Bundestag das *Bundesraumordnungsgesetz*[1106] verabschiedet, das die Aufgaben, Ziele und Grundsätze der Raumordnung in Form eines Rahmengesetzes festlegte (§§ 1, 2). Von Bedeutung für die Forstwirtschaft waren insbesondere die Grundsatzbestimmungen in § 2 Abs. 1 Nr. 5 und Nr. 7. Diese beinhalteten den Grundsatz zur Schaffung und Sicherung der räumlichen Voraussetzungen dafür, *„daß die land- und forstwirtschaftliche Bodennutzung als wesentlicher Produktionszweig der Gesamtwirtschaft erhalten bleibt"*. Forstwirtschaftlich genutzte Böden sollten nur in dem unbedingt erforderlichen Umfang für andere Nutzungsarten vorgesehen werden. Außerdem sollte für *„die Erhaltung, den Schutz und die Pflege der Landschaft einschließlich des Waldes sowie für die Sicherung und Gestaltung von Erholungsgebieten"* gesorgt werden. Die ausdrückliche Erwähnung der Forstwirtschaft war in den ursprünglichen Entwürfen nicht vorgesehen und wurde erst auf Betreiben des DFWR in den Gesetzestext übernommen.[1107] Den weitergehenden Vorschlägen des DFWR zur Aufnahme von Bestimmungen über die Förderung des Waldes und zur Schaffung von Waldflächen in waldarmen Gebieten wurde von den parlamentarischen Gremien hingegen nicht entsprochen.

bb) *„Absatzfondsgesetz"* vom 26. Juni 1969

Mit dem *„Gesetz über die Errichtung eines zentralen Fonds zur Absatzförderung der deutschen Land-, Forst- und Ernährungswirtschaft"*[1108] vom 26. Juni 1969 wurde ein gemeinsamer Absatzförderungsfonds in der Form einer Anstalt öffentlichen Rechts mit Sitz in Bonn gebildet (§ 1). Die Aufgabe bestand darin, *„den Absatz und die Verwertung von Erzeugnissen der deutschen Land-, Forst- und Ernährungswirtschaft durch Erschließung und Pflege von Märkten im In- und Ausland mit modernen Mitteln und Methoden zentral zu fördern"* (§ 2). Nach einer Präzisierung des Ausschusses für Ernährung, Landwirtschaft und Forsten konnte darunter beispielsweise die Werbung für die Warenqualität, die Organisation von Messen und Ausstellungen sowie die Beratung bei Exportgeschäften verstanden werden.[1109] Die Finanzierung erfolgte hauptsächlich durch Bundeszuschüsse und eine Beitragserhebung von den beteiligten Betrieben der Land-, Forst- und Ernährungswirtschaft (§ 10).[1110]

1106 *„Raumordnungsgesetz"* vom 8. April 1965, BGBl. I 1965, S. 306 ff.

1107 Hierzu und im Folgenden: Bericht von Prof. Dr. Mantel zur Tätigkeit des Rechts- und Forstpolitischen Ausschuss, *DFWR*, 1962–1965 Dreijahresbericht, S. 47 ff. (50 ff.).

1108 BGBl. I 1969, S. 635 ff.

1109 Zu BT-Drs. 5/4006, S. 2.

1110 Mit dem *„Gesetz über den Forstabsatzfonds"* vom 13. Dezember 1990 (BGBl. I 1990, S. 2760 ff. erfolgte eine separate Regelung der forstwirtschaftlichen Absatzförderung, die im Jahr 1998 auf die Holzwirtschaft ausgedehnt wurde und seitdem den Namen *„Holzabsatzfonds"* trug (*„Erstes Gesetz zur Änderung des Forstabsatzfondsgesetzes"* vom 6. August 1998, BGBl. I 1998, S. 2003 f.). Mit Beschluss vom 12. Mai

cc) *„Gesetz über die Gemeinschaftsaufgabe ‚Verbesserung der Agrarstruktur und des Küstenschutzes'"* vom 3. September 1969

Mit dem *GAKG*[1111] erfolgte eine Konkretisierung des durch das *Finanzreformgesetz*[1112] vom 12. Mai 1969 neu eingeführten Art. 91a Abs. 1 Nr. 3 GG, der die Verbesserung der Agrarstruktur und den Küstenschutz als Gemeinschaftsaufgabe des Bundes und der Länder festlegte.[1113] Zur Erreichung dieses Ziels sollten verschiedene Maßnahmen zur Verbesserung der Produktions- und Arbeitsbedingungen in der Land- und Forstwirtschaft erfolgen (§ 1 Nr. 1), und zwar: *Flurbereinigung und Landtausch sowie Vergrößerung, Aussiedlung und rationellere Gestaltung land- und forstwirtschaftlicher Betriebe.* Außerdem sah das Gesetz eine Reihe von Maßnahmen zur Verbesserung der Marktstruktur vor, (§ 1 Nr. 3), u.a. *Förderung von Zusammenschlüssen forstwirtschaftlicher Erzeuger sowie Rationalisierung und Verbesserung des Absatzes forstwirtschaftlicher Erzeugnisse durch Vermarktungseinrichtungen.* Das Gesetz sollte die Forstwirtschaft leistungsfähiger machen, auf künftige Anforderungen ausrichten und die *„Eingliederung in den Gemeinsamen Markt der Europäischen Gemeinschaften erleichtern"* (§ 2). Die finanzielle Förderung erfolgte durch die Gewährung von Zuschüssen, Darlehen und Bürgschaften (§ 3). Für die Erfüllung der Gemeinschaftsaufgabe wurde von einem Planungsausschuss, bestehend aus Vertretern der Bundesregierung und den Landesregierungen, ein gemeinsamer Rahmenplan aufgestellt, der die durchzuführenden Maßnahmen und Zielvorstellungen bezeichnete und die jeweils bereitzustellenden Förderungsmittel auswies (§§ 4–6). Für die Durchführung des Rahmenplanes erhielten die Länder einen Teil der dafür anfallenden Kosten vom Bund erstattet (§§ 9, 10). Daneben enthielt das Gesetz eine Vorschrift für die Rückzahlung und Verzinsung von Bundesmitteln sowie Schlussvorschriften (§§ 11–14). Das Gesetz trat am 1. Januar 1970 in Kraft.

2009 entschied das Bundesverfassungsgericht, dass es sich bei der Abgabe an den Absatzfonds der Forst- und Holzwirtschaft um eine *„Sonderabgabe"* handele, die wegen fehlender Finanzierungsverantwortung der deutschen Forstwirtschaft und mangels hinreichendem Gruppennutzen nicht mit Art. 12 Abs. 1 GG i.V.m. Art. 105 und Art. 110 GG vereinbar und deshalb nichtig sei (2 BvR 743/01 –, BVerfGE 123, S. 132–148). Mit dem *„Gesetz zur Auflösung und Abwicklung der Anstalt Absatzförderungsfonds der deutschen Land- und Ernährungswirtschaft und der Anstalt Absatzförderungsfonds der deutschen Forst und Holzwirtschaft"* vom 25. Mai 2011 (BGBl. I 2011, S. 950 f.) erfolgte eine formelle Auflösung und Abwicklung der Institutionen. In der Folgezeit wurde die Holzabsatzförderung auf freiwilliger Grundlage durch eine privatrechtlich organisierte Gesellschaft (*Zukunft Holz GmbH*) fortgeführt, die jedoch mittlerweile ihre Geschäftstätigkeit einstellen musste.

1111 *„Gesetz über die Gemeinschaftsaufgabe `Verbesserung der Agrarstruktur und des Küstenschutzes´"* vom 3. September 1969, BGBl. I 1969, S. 1573 ff.

1112 *„Einundzwanzigstes Gesetz zur Änderung des Grundgesetzes (Finanzreformgesetz)"* vom 12. Mai 1969, BGBl. I 1969, S. 359 ff.

1113 siehe auch den Regierungsentwurf zum *„Gesetz über die Gemeinschaftsaufgabe ‚Verbesserung der Agrarstruktur und des Küstenschutzes'"*, BT-Drs. 5/4090.

2. *Parlamentarische Vorgänge in der 6. Legislaturperiode (1969–1972)*

In der 6. Legislaturperiode kam es zu einem Regierungswechsel, bei dem die SPD/FDP-Koalition unter Bundeskanzler *Willy Brandt* die politische Verantwortung übernahm.[1114] Nachdem das Bundeswaldgesetz in der vorangegangenen Legislaturperiode nicht mehr zum Abschluss gekommen war, kam es nach dem Regierungswechsel im Herbst 1969 zunächst zu der mündlichen Frage des Abgeordneten *Dr. Friedrich Kempfler* (CSU) vom 10. April 1970 an den Geschäftsbereich des BMELF.[1115] Dieser wollte wissen, inwiefern die Bundesregierung die *„Empfehlung 579"*[1116] der *Beratenden Versammlung des Europarates* vom 23. Januar 1970 über die Lage der Forstwirtschaft in Europa bei der Ausarbeitung des Bundeswaldgesetzes zu berücksichtigen gedenke. In der Antwort betonte der Parlamentarische Staatssekretär im BMELF *Fritz Logemann*[1117] (FDP) die Notwendigkeit, die öffentlichen Belange bei der Ausarbeitung des Bundeswaldgesetzes mit den Eigentümerinteressen in Ausgleich zu bringen.[1118] Im Übrigen seien die Empfehlungen durch legislative Maßnahmen bereits größtenteils abgedeckt und würden – soweit erforderlich – auch bei der weiteren Ausarbeitung des Bundeswaldgesetzes berücksichtigt. Auf eine Nachfrage nach dem Stand der Ausarbeitung antwortete *Logemann*, dass die Vorbereitungen *„in vollem Gange"* seien und die Länder ihre Anregungen und Vorschläge gegenwärtig für eine weitere Bearbeitung zusammenstellen würden.

1114 *Schindler*, Datenhandbuch zur Geschichte des Deutschen Bundestages: 1949–1999, Bd. 1, S. 1129.

1115 BT-Drs. 6/610, S. 3.

1116 Die Empfehlung 579 (1970) vom 23. Januar 1970 stellte u.a. folgende Forderungen an die Mitgliedstaaten des Europarates: Unterstützung der forstlichen Forschung durch Finanzhilfen, Förderung forstwirtschaftlicher Zusammenschlüsse, Regelung der Weiderechte, Anpassung der Grundsteuer für Waldgebiete an die wirtschaftliche Entwicklung, Subventionierung (z.B. durch Steuerbefreiungen) von Waldverbesserungen und Aufforstungsvorhaben: abrufbar unter URL: http://assembly.coe.int/nw/xml/XRef/Xref-XML2HTML-en.asp?fileid=16553&lang=en [zuletzt abgerufen am 16. Juli 2016].

1117 *Fritz Logemann* (*9. Juni 1907; † 24. September 1993). Nach dem Besuch einer höheren Landwirtschaftsschule war *Logemann* ab 1928 als selbstständiger Landwirt in Niedersachsen tätig. Von 1943 bis 1945 nahm er am Zweiten Weltkrieg teil. *Logemann* betätigte sich in der Nachkriegszeit auf kommunalpolitischer Ebene und war seit 1948 Bundesvorsitzender des Vereins für Agrarwirtschaft. Von 1953 bis 1957 war er Mitglied des Niedersächsischen Landtages; von 1957 bis 1976 Mitglied des Bundestages, bis 1961 für die Deutsche Partei (DP), dann FDP. Im Oktober 1969 wurde *Logemann* als Parlamentarischer Staatssekretär von Bundesminister *Josef Ertl* ins BMELF berufen, wo er bis zu seinem Ausscheiden aus der Politik im Jahr 1976 verblieb. Eintrag *„Logemann, Fritz"* in Munzinger Online/Personen – Internationales Biographisches Archiv, abrufbar unter URL (Zugang erforderlich): http://www.munzinger.de/document/00000012577, (zuletzt abgerufen von Staats- und Universitätsbibliothek Hamburg am 16. Juli 2016)

1118 Hierzu und im Folgenden: BT-PlPr. 6/42, S. 2125 (A – B).

Der Abgeordnete *Dr. Friedrich Beermann* (SPD) wollte mit einer an den Geschäftsbereich des BMELF adressierten Frage vom 12. Juni 1970 in Erfahrung bringen, ob das Bundeswaldgesetz die Privatwaldbesitzer verpflichten werde, ihre Waldflächen den Erholungsuchenden stets zugänglich zu machen.[1119] Das Ministerium antwortete darauf, dass der Bundeswaldgesetzentwurf vorsehe, dass der Wald aller Besitzarten grundsätzlich von jedermann zum Zwecke der Erholung betreten werden dürfe, den Ländern jedoch die Möglichkeit verbleiben solle, unumgängliche Zutrittsbeschränkungen zu regeln.[1120] Eine daran anknüpfende Frage hatte die Entschädigung der Privatwaldbesitzer für die durch das freie Zutrittsrecht entstehenden Mehrkosten (Wegeunterhaltung, Abfallbeseitigung und sonstige Schäden) zum Gegenstand.[1121]

Auf der Kabinettssitzung am 17. September 1970 verabschiedete die Bundesregierung sodann ihr *„Sofortprogramm für den Umweltschutz“*,[1122] dessen Inhalte dem Bundestag im Rahmen einer von den Regierungsfraktionen gestellten Großen Anfrage[1123] bekannt gegeben werden sollten. In diesem Zusammenhang kündigte die Bundesregierung an, den Entwurf eines Bundeswaldgesetzes bis zum 1. Mai 1971 vorzulegen.[1124] Tatsächlich wurde der Bundeswaldgesetzentwurf vom Kabinett jedoch erst über ein Jahr später am 24. Mai 1972 verabschiedet.[1125] Zwischenzeitlich hatte die Bundesregierung dem Bundestag den Zweck und die Zielsetzung des Bundeswaldgesetzes im Rahmen des von ihr verabschiedeten *„Umweltprogramms“*[1126] vom

1119 BT-Drs. 6/940, S. 21; Hintergrund für diese Frage war die Tatsache, dass der in Schleswig-Holstein gelegene Sachsenwald (Privatwald) teilweise für die Allgemeinheit gesperrt war.

1120 Schriftliche Antwort des Bundesministers *Ertl* vom 15. Juni 1970, BT-PlPr. 6/61, Anlage 51, S. 3432. Die Bundesregierung hielt damit an der zum Betretungsrecht beabsichtigten Konzeption des Entwurfs von 1969 (BT-Drs. 5/4233) fest.

1121 Frage des Abgeordneten *Karl Geldner* (FDP), BT-Drs. 6/1114, Nr. 120, S. 71; Auch bezüglich der Frage des Aufwendungsersatzes wollte die Bundesregierung an dem Entwurf von 1969 (BT-Drs. 5/4233) festhalten, Antwort des Bundesministers *Ertl* vom 6. Juli 1970 BTDrs. 6/1114, S. 71.

1122 40. Kabinettssitzung am 17. September 1970, TOP 5: Sofortprogramm für den Umweltschutz, in: Kabinettsprotokolle der Bundesregierung (online), abrufbar unter URL: http://www.bundesarchiv.de/cocoon/barch/0000/k/k1970k/kap1_1/kap2_40/para3_5.html [zuletzt abgerufen am 16. Juli 2016].

1123 Große Anfrage der Fraktionen der SPD und FDP zum Umweltschutz vom 4. Dezember 1970, BTDrs. 6/1519.

1124 BT-Drs. 6/1519, S. 11; vgl. Agrarbericht 1971 der Bundesregierung, BT-Drs. 6/1800, S. 94.

1125 112. Kabinettssitzung am 24. Mai 1972, TOP 4: Entwurf eines Gesetzes zur Erhaltung des Waldes und zur Förderung der Forstwirtschaft (Bundeswaldgesetz), in: Kabinettsprotokolle der Bundesregierung (online), abrufbar unter URL: http://www.bundesarchiv.de/cocoon/barch/0000/k/k1972k/kap1_1/kap2_19/para3_4.html [zuletzt abgerufen am 16. Juli 2016].

1126 Hierzu und im Folgenden: BT-Drs. 6/2710, S. 28.

14. Oktober 1971 zur Kenntnis gebracht. Der Zweck sollte sowohl in der Neuordnung des Forstrechts auf Bundesebene als auch in der Sicherung der Nutz-, Schutz,- und Sozialfunktion des Waldes bestehen. Ziele des Gesetzes sollten insbesondere *„die forstliche Planung"*, *„die Erhaltung und Neuanlage von Wald"*, *„die Bewirtschaftung des Waldes in ihren Grundzügen"*, *„Schutzwald und Erholungswald"*, *„die Öffnung des Waldes für die Erholung"* und *„Entschädigung und Aufwendungsersatz zum Ausgleich öffentlicher und privater Interessen"* sein.

3. Der Regierungsentwurf von 1972 (BR-Drs. 301/72)

Nach dem Scheitern des Bundeswaldgesetzes in der 5. Legislaturperiode setzte das BMELF seine Arbeiten daran unter der neuen politischen Führung fort. Auch der Deutsche Forstwirtschaftsrat kündigte seine weitere Bereitschaft zur Beteiligung an der Gesetzgebungsinitiative an.[1127] Es dauerte jedoch bis zum Februar 1972 bis das BMELF den beteiligten Stellen eine neue Fassung des Bundeswaldgesetzentwurfs übermittelte, die nach Eingang der Stellungnahmen überarbeitet und mit Schreiben[1128] vom 20. April 1972 erneut versandt wurde.[1129] Eine wesentliche Neuerung des Entwurfs gegenüber der Fassung von 1969 (BT-Drs. 5/4233) bestand in der Aufnahme von Vorschriften über die *forstliche Rahmenplanung* und in der Übernahme der Vorschriften des *„Gesetzes über forstwirtschaftliche Zusammenschlüsse"* vom 1. September 1969. Außerdem waren die Vorschriften insgesamt detaillierter, für die Landesgesetzgebung zwingender und zum Teil mit abschließendem Charakter ausgestaltet. Von entscheidender Bedeutung war jedoch die Aufnahme einer Vorschrift zur *finanziellen Förderung der Forstwirtschaft,* mit der eine Verpflichtung des

---

1127 Bericht über die Bundesgesetzgebung von Prof. Dr. Hasel, *DFWR*, 1968–1971 Dreijahresbericht, S. 108 ff. (113).

1128 Schnellbriefe des BMELF vom 20. April 1972, BArch B 116/37540; Der Versand des überarbeiteten Entwurfs erfolgte an die beteiligten Bundesministerien, die zuständigen Ministerien der Länder und an eine Vielzahl interessierter Verbände (*Arbeitsgemeinschaft Deutscher Waldbesitzerverbände, Arbeitsgemeinschaft der Grundbesitzerverbände, Bund Deutscher Forstmänner, Deutscher Bauernverband, Deutscher Forstwirtschaftsrat, Deutscher Forstverein, Deutscher Holzwirtschaftsrat, Deutscher Gemeindetag, Deutscher Landkreistag, Deutscher Städtebund, Deutscher Städtetag, Deutscher Jagdschutzverband, Deutscher Naturschutzring, Gewerkschaft Gartenbau, Land- und Forstwirtschaft, Schutzgemeinschaft Deutscher Wald, Schutzgemeinschaft Deutsches Wild, Verband der Landwirtschaftskammern, Deutscher Rat für Landespflege, Verband Deutscher Gebirgs- und Wandervereine, Deutsche Forschungsgemeinschaft*).

1129 Bericht von Prof. Dr. Mantel über die Tätigkeit des Deutschen Forstwirtschaftsrates 1971/74, *DFWR*, 1971–1974 Dreijahresbericht, S. 79 ff. (80); *„Entwurf eines Gesetzes zur Erhaltung des Waldes und zur Förderung der Forstwirtschaft"*, Stand 30. März 1972, BArch B 116/37540.

Bundes gesetzlich verankert werden sollte.[1130] Nachdem das Kabinett den Entwurf am 24. Mai 1972 nach kurzer Diskussion verabschiedet hatte,[1131] wurde dieser dem Bundesrat am 26. Mai 1972 zur Stellungnahme zugeleitet.[1132]

Der federführende Agrarausschuss, der Finanzausschuss, der Ausschuss für Innere Angelegenheiten und der Rechtsausschuss gaben hierzu ihre *Empfehlungen*[1133] ab und am 7. Juli 1972 erfolgte die Abstimmung über die Stellungnahme zu dem Entwurf im Bundesrat.[1134] Die vom Bundesrat beschlossenen Änderungsvorschläge bezogen sich im Wesentlichen auf drei Regelungsbereiche des Entwurfs.[1135] Erstens erhob der Bundesrat Zweifel, ob die Gesetzgebungskompetenz des Bundes für die Vorschriften über die Erhaltung und Bewirtschaftung des Waldes ausreiche, da deren konkrete Ausgestaltung den Ländern kaum noch Platz für eigene Regelungen ließe, der Bund sich jedoch nur auf die Rahmengesetzgebungskompetenz für Naturschutz und Landespflege, die Bodenverteilung und Raumordnung gem. Art. 75 Nr. 3, 4 GG stützen könne.[1136] Zweitens wandte sich der Bundesrat gegen die Überführung der Vorschriften des Gesetzes über forstwirtschaftliche Zusammenschlüsse in das Bundeswaldgesetz, da die Länder in diesem Fall alle Durchführungsvorschriften und Satzungen an die neue Rechtslage anpassen müssten und die Waldbesitzer dadurch mit zusätzlichen Kosten belastet würden.[1137] Drittens wurde die bundeseinheitliche Regelung der Entschädigung und des Aufwendungsersatzes abgelehnt, da die dafür anfallenden Kosten ausschließlich von den Ländern zu tragen seien und diesen deshalb auch die gesetzliche Regelung der Materie obliegen müsse.[1138] Daneben machte der Bundesrat zahlreiche Änderungsvorschläge zu einzelnen Vorschriften, die den Ländern im Ergebnis weitere Befugnisse für eine eigene Gesetzgebung einräumen sollten.

1130 Bericht von Prof. Dr. Mantel über die Tätigkeit des Deutschen Forstwirtschaftsrates 1971/74, *DFWR*, 1971–1974 Dreijahresbericht, S. 79 ff. (80).

1131 112. Kabinettssitzung am 24. Mai 1972, TOP 4: Entwurf eines Gesetzes zur Erhaltung des Waldes und zur Förderung der Forstwirtschaft (Bundeswaldgesetz), in: Kabinettsprotokolle der Bundesregierung (online), abrufbar unter URL: http://www.bundesarchiv.de/cocoon/barch/0000/k/k1972k/kap1_1/kap2_19/para3_4.html [zuletzt abgerufen am 16. Juli 2016].

1132 BR-Drs. 301/72.

1133 BR-Drs. 301/1/72 (neu).

1134 BR-PlPr. 383. Sitzung am 7. Juli 1972, S. 623 (A – C), Anlage 19 und 20, S. 645 (C) – 646 (D).

1135 Hierzu und im Folgenden: BR-Drs. 301/72 (Beschluss); BR-PlPr. 383. Sitzung am 7. Juli 1972, Anlage 19, S. 645 (C).

1136 BR-Drs. 301/72 (Beschluss), S. 2 f. S. 7 ff.; Über die von der Bundesregierung beabsichtigte Grundgesetzänderung, mit der die Rahmengesetzgebungskompetenz für Naturschutz und Landschaftspflege in eine konkurrierende Gesetzgebungskompetenz umgewandelt werden sollte, war zu diesem Zeitpunkt noch nicht abschließend entschieden (BR-Drs. 288/70; BT-Drs. 6/1298; BT-Drs. 2947).

1137 BR-Drs. 301/72 (Beschluss), S. 15.

1138 BR-Drs. 301/72 (Beschluss), S. 17.

Zu einer Einbringung des Entwurfs in den Bundestag kam es wegen der vorzeitigen Beendigung der 6. Legislaturperiode hingegen nicht mehr.[1139] Bereits Ende April 1972 stellte sich der damalige Bundeskanzler *Willy Brandt* einem konstruktiven Misstrauensvotum, das von der Opposition beantragt worden war.[1140] Der Grund hierfür lag in der Auseinandersetzung über die Ratifizierung der Ost-Verträge, die dazu führte, dass einige Abgeordnete der Regierungsfraktionen SPD und FDP ins Lager der Opposition überliefen und die aus nur zwölf Sitzen bestehende Regierungsmehrheit zu schwinden begann. Der von der Opposition gestellte Antrag nach Art. 67 GG,[1141] mit dem *Dr. Rainer Barzel* (CDU) in das Amt des Bundeskanzlers befördert werden sollte, scheiterte jedoch an zwei fehlenden Stimmen, sodass sich *Willy Brandt* zunächst in seinem Amt behaupten konnte.[1142] Der Verlust einer zuverlässigen Regierungsmehrheit führte jedoch dazu, dass sich die Gesetzgebung seit Sommer 1972 nahezu im Stillstand befand.[1143] In dieser Situation machte der Bundeskanzler erstmals von der Möglichkeit Gebrauch, die Vertrauensfrage nach Art. 68 GG zu stellen, um damit die Auflösung des Bundestages und Neuwahlen herbeizuführen.[1144] Die Abstimmung erfolgte am 22. September 1972 und endete mit der vom Bundeskanzler geplanten Ablehnung des Vertrauens und der anschließenden Auflösung des Bundestages.[1145] Damit war die Verabschiedung eines Bundeswaldgesetzes auch in der 6. Legislaturperiode gescheitert.

VIII. Der Regierungsentwurf von 1973

Die am 19. November 1972 durchgeführten Neuwahlen zum 7. Deutschen Bundestag verschafften der sozialliberalen Koalition erneut die Regierungsmehrheit, sodass *Willy Brandt* am 14. Dezember 1972 als Bundeskanzler wiedergewählt wurde.[1146] Das Bundeswaldgesetz sollte den parlamentarischen Gremien schnellstmöglich zur erneuten

1139 *Endres*, BWaldG, Einleitung Rn. 9.
1140 Zur Chronik des konstruktiven Misstrauensvotums von 1972: *Schindler*, Datenhandbuch zur Geschichte des Deutschen Bundestages: 1949–1999, Bd. 1, S. 1229 ff.
1141 BT-Drs. 6/3380.
1142 BT-PlPr. 6/183, S. 10714 (D).
1143 Zur Chronik der Vertrauensfrage von Bundeskanzler *Brandt* (1972): *Schindler*, Datenhandbuch zur Geschichte des Deutschen Bundestages: 1949–1999, Bd. 1, S. 1238 ff.
1144 BT-PlPr. 6/197, S. 11574 (D).
1145 BT-PlPr. 6/199, S. 11814 (D); Anordnung des Bundespräsidenten über die Auflösung des 6. Deutschen Bundestages vom 22. September 1972, BT-Drs. 6/3831.
1146 Ergebnisse der Wahl zum 7. Deutschen Bundestag in % der Zweitstimmen (Anzahl der Mandate + Berliner Abgeordnete): SPD 45,8 % (230 + 12); FDP 8,4 % (41 + 1); CDU/CSU 44,9 % (225 + 9), *Schindler*, Datenhandbuch zur Geschichte des Deutschen Bundestages: 1949–1999, Bd. 1, S. 168, 1022 und 1142.

Vorlage gebracht werden,[1147] weshalb das Kabinett dem Bundeswaldgesetzentwurf bereits auf der 9. Sitzung am 28. Februar 1973 in nahezu unveränderter Fassung[1148] seine Zustimmung erteilte.[1149] Die erneute Einbringung war aufgrund des Diskontinuitätsprinzips erforderlich, nach dem die nicht mehr zum Abschluss gebrachten Gesetzesvorlagen mit Ablauf einer Legislaturperiode verfallen. Mit Schreiben vom selben Tag wurde der Entwurf sodann dem Bundesrat zugeleitet.[1150] Der Entwurf enthielt 48 Paragrafen und war in fünf Kapitel mit weiteren Abschnitten untergliedert.

Mit der auf der 392. Sitzung am 13. April 1973 beschlossenen Stellungnahme zum Bundeswaldgesetzentwurf wiederholte der Bundesrat seine in der vorherigen Legislaturperiode geäußerten Bedenken und Änderungsvorschläge.[1151] Noch bevor der Entwurf am 9. Juli 1973 in den Bundestag eingebracht wurde,[1152] rückte die Regelung zum *Reiten im Wald*, die neben dem Konflikt um die *Gesetzgebungskompetenz* einer der zentralen Streitpunkte während der Beratungen war, in den Fokus mehrerer Fragen an die Bundesregierung.[1153] Zu der vom Bundestag schließlich am 14. November 1974 verabschiedeten Fassung des Bundeswaldgesetzes,[1154] beschloss der Bundesrat am 19. Dezember 1974 den Vermittlungsausschuss anzurufen.[1155] Die von diesem empfohlenen Änderungsvorschläge[1156] nahm der Bundestag am 20. Februar 1975 an.[1157] Der

---

1147 Nach den Ausführungen des Bundeslandwirtschaftsministers *Josef Ertl* zur Einbringung des Agrarberichts 1973 in der Bundestagssitzung am 16. Februar 1973 sollte der Bundeswaldgesetzentwurf *„unverzüglich"* wieder eingebracht werden, BT-PlPr. 7/15 S. 666 (A). Zum Sachstand des Bundeswaldgesetzes siehe auch den Agrarbericht 1973 (BT-Drs. 7/146, S. 120) und den dazugehörigen Materialband (BT-Drs. 7/147, S. 312 f.). Auch in der Aussprache über den Agrarbericht 1973 wurde auf die baldige Verabschiedung des Bundeswaldgesetzes gedrängt, BT-PlPr. 7/17, S. 731 (A).

1148 Mit Ausnahme einer geringfügigen Ergänzung in § 45 Abs. 1 stimmte der Entwurf wörtlich mit dem der vorangegangenen Legislaturperiode (BR-Drs. 301/72) überein.

1149 9. Kabinettssitzung am 28. Februar 1973, TOP 7: Entwurf eines Gesetzes zur Erhaltung des Waldes und zur Förderung der Forstwirtschaft (Bundeswaldgesetz), in: Kabinettsprotokolle der Bundesregierung (online), abrufbar unter URL: http://www.bundesarchiv.de/cocoon/barch/0000/k/k1973k/kap1_1/kap2_10/para3_8.html [zuletzt abgerufen am 16. Juli 2016].

1150 BR-Drs. 207/73 (= BT-Drs. 7/889, Entwurfstext auszugsweise abgedruckt in Anhang B.IV.).

1151 BR-PlPr. 392. Sitzung am 13. April 1973, S. 125 (B); BR-Drs. 207/73 (Beschluss).

1152 BT-Drs. 7/889.

1153 BT-Drs. 7/433, S. 31; BT-PlPr. 7/29 S. 1528 (A); BT-Drs. 7/555, S. 12, 19; BT-PlPr. 7/35 S. 2010 (D), 2011 (D); BT-Drs. 7/690, S. 21; BT-PlPr. 7/43, S. 2442 (D).

1154 BT-PlPr. 7/131, S. 8813 (C) – 8830 (D); BR-Drs. 776/74.

1155 BR-PlPr. 415. Sitzung am 19. Dezember 1974, S. 462 (C) – S. 466 (B); BR-Drs. 776/74 (Beschluss); BT-Drs. 7/3016.

1156 BT-Drs. 7/3192.

1157 BT-PlPr. 7/149, S. 10276 (A – C).

Bundesrat beschloss seine Zustimmung einen Tag später,[1158] sodass das *„Gesetz zur Erhaltung des Waldes und zur Förderung der Forstwirtschaft“* am 2. Mai 1975 ausgefertigt und anschließend im Bundesgesetzblatt verkündet werden konnte.[1159] Im Einzelnen:

1. Behandlung im Bundesrat (BR-Drs. 207/73)

An die am 2. März 1973 erfolgte Übermittlung des Regierungsentwurfs schloss sich im Bundesrat die Phase der Ausschussberatungen unter Beteiligung des Agrarausschusses, des Finanzausschusses, des Rechtsausschusses und des Innenausschusses an.

Als erstes behandelte der *Unterausschuss des Rechtsausschusses* den Bundeswaldgesetzentwurf auf seiner Sitzung am 21. März 1973.[1160] Hinsichtlich der im Entwurf enthaltenen Vorschriften über die Schutz- und Erholungsfunktion des Waldes kam der Ausschuss zu der Einschätzung, dass diese nicht von der Rahmengesetzgebungskompetenz des Bundes für den Erlass von Vorschriften auf dem Gebiet des Naturschutzes und der Landschaftspflege gem. Art. 75 Nr. 3 GG gedeckt seien.[1161] Bezüglich der eigentumsrelevanten Regelungen über die *„Erhaltung und Bewirtschaftung des Waldes“* in den §§ 8 bis 12 (Rodungs- und Umwandlungsgenehmigung, Erstaufforstung, Bewirtschaftungsgrundsätze, Erklärung zu Schutzwald und Betretungsrecht) stellte der Ausschuss fest, dass diese im Rahmen der Sozialbindung des Eigentums gem. Art. 14 Abs. 2 GG lägen und, soweit sie Enteignungscharakter hätten, durch eine angemessene Entschädigungsregelung kompensiert werden müssten. Darüber hinaus stellte der Ausschuss fest, dass es sich wegen der bundesrechtlichen Regelung des Verwaltungsverfahrens und der Behördeneinrichtung um ein zustimmungsbedürftiges Gesetz gem. Art. 84 Abs. 1 GG handele. Der *Rechtsausschuss* übernahm die Empfehlungen seines Unterausschusses und schloss sich diesem auf seiner Sitzung am 28. März 1973 vollumfänglich an.[1162]

Am 28. März 1973 beriet der *Ausschuss für Innere Angelegenheiten* den Bundeswaldgesetzentwurf.[1163] Im Ergebnis wiederholte der Ausschuss die Änderungsvorschläge, die er zum vorangegangenen *Entwurf*[1164] gemacht hatte. Neu

---

1158 BR-PlPr. 416. Sitzung am 21. Februar 1975, S. 1 (D) – S. 2 (C) und Anlage 1, S. 38 (A); BR-Drs. 37/75 (Beschluss).

1159 BGBl. I 1975, S. 1037 ff.

1160 Hierzu und im Folgenden: Niederschrift über die Sitzung des Unterausschusses des Rechtsausschusses am 21. März 1973, TOP 5, S. 44 ff., BT-PArch VII/276, Bd. A 1, lfd. Nr. 4.

1161 Die vom Bund weiterhin angestrebte Überführung der Gebiete Naturschutz und Landschaftspflege in die konkurrierende Gesetzgebung wurde vom nach wie vor Bundesrat abgelehnt (BT-Drs. 7/885, Anl. 2, S. 9).

1162 Niederschrift über die 394. Sitzung des Rechtsausschusses am 28. März 1973, TOP 19, S. 57 ff., BT-PArch VII/276, Bd. A 1, lfd. Nr. 5.

1163 Hierzu und im Folgenden: Niederschrift über die 373. Sitzung des Ausschusses für Innere Angelegenheiten am 28. März 1973, TOP 2, S. 19 ff., BT-PArch VII/276, Bd. A 1, lfd. Nr. 3.

1164 BR-Drs. 301/1/72.

hinzugekommen war eine Empfehlung des Ausschusses, die nach Landesrecht gebildeten *„forstwirtschaftlichen kommunalen Zweckverbände“* in das Gesetz aufzunehmen, um auch diese in den Genuss der Förderungsbestimmungen zu bringen.

Der *Finanzausschuss* beschloss auf seiner Sitzung am 29. März 1973, die von den *Finanzreferenten* vorbereiteten Empfehlungen vollumfänglich zu übernehmen.[1165] Danach sollte die Einbeziehung der Vorschriften des *„Gesetzes über forstwirtschaftliche Zusammenschlüsse“* wegen der damit verbundenen Notwendigkeit zur Anpassung aller Durchführungsvorschriften und Satzungen im Verlauf des Gesetzgebungsverfahrens erneut geprüft werden. Weiterhin hatten die Finanzreferenten eine Änderung der Entschädigungsregelung und eine Streichung der Regelung zum Aufwendungsersatz vorgeschlagen.

Die Beratung im federführenden *Agrarausschuss* erfolgte am 30. März 1973.[1166] Einleitend wurde dabei festgestellt, dass der Entwurf ohne Berücksichtigung der Änderungsvorschläge des Bundesrates in nahezu unveränderter Fassung wieder vorgelegt worden sei. Der Parlamentarische Staatssekretär aus dem BMELF *Fritz Logemann* rechtfertigte dies damit, dass eine Einbeziehung der Änderungsvorschläge zur Verhinderung von Verzögerungen unterblieben sei. Außerdem betonte der Staatssekretär, dass sich die Gesetzgebungskompetenz des Bundes überwiegend aus Art. 74 GG ergebe und nur hinsichtlich der Enteignungsentschädigung ergänzend auf die Gesetzgebungskompetenz für Naturschutz und Landschaftspflege zurückgegriffen werden müsse. Zudem sei es ursprünglich beabsichtigt gewesen, im Bundeswaldgesetz auch die forstwirtschaftlichen Zusammenschlüsse zu regeln. Im Anschluss erfolgte die Beschlussfassung. Außer einer allgemeinen Stellungnahme zur Gesetzgebungskompetenz unterbreitete der Agrarausschuss im Ergebnis eine Reihe von Änderungsvorschlägen zu Einzelvorschriften.

Am 3. April 1973 wurden dem Bundesrat die Empfehlungen der Ausschüsse als Drucksache 207/1/73 zugeleitet. Das Land Bayern stellte zudem am 12. April 1973 den Antrag, die Vorschrift zum *Betreten des Waldes* (§ 12) zu streichen, da diese materiell als Vollregelung ausgestaltet sei und der Bund damit seine Gesetzgebungskompetenz überschreite.[1167] Auch eine Ausgestaltung als Rahmenregelung lasse den Ländern kaum Spielraum zum Erlass von eigenständigen Vorschriften. Zudem solle das Betretungsrecht einheitlich für alle Teile der Natur im Naturschutzrecht getroffen werden.

Die Beschlussfassung über die Stellungnahme im Bundesrat erfolgte am 13. April 1973.[1168] Diese enthielt, neben einigen Ergänzungen, hauptsächlich die bereits zum vorherigen Entwurf vorgebrachten, aber von der Bundesregierung nicht

---

1165 Hierzu und im Folgenden: Niederschrift über die 370. Sitzung des Finanzausschusses am 29. März 1973, TOP 10, S. 13 und Anlage zu Punkt 10, S. 25 ff., BT-PArch VII/276, Bd. A 1, lfd. Nr. 2.

1166 Hierzu und im Folgenden: Niederschrift über die 321. Sitzung des Agrarausschusses am 30. März 1973, TOP 5, S. 19 ff.; BT-PArch VII/276, Bd. A 1, lfd. Nr. 6.

1167 Hierzu und im Folgenden: BR-Drs. 207/2/73.

1168 Hierzu und im Folgenden: BR-PlPr. 392. Sitzung am 13. April 1973, S. 125 (B – D); BR-Drs. 207/73 (Beschluss).

berücksichtigten Änderungsvorschläge. Im Kern betrafen diese die folgenden Punkte: die Gesetzgebungskompetenz; die Umgestaltung der Vorschriften über die Erhaltung und Bewirtschaftung des Waldes (§§ 8–12) in Rahmenvorschriften mit mehr Gestaltungsspielraum für die Länder; die Wiederausgliederung der Vorschriften über forstwirtschaftliche Zusammenschlüsse; die Aufnahme einer Vorschrift zum Erholungswald (§ 11a) und die Streichung der Vorschriften zur Entschädigung und zum Aufwendungsersatz (§§ 40, 41). Neu hinzugekommen waren zwei Änderungsvorschläge zu den Vorschriften über forstwirtschaftliche Zusammenschlüsse (u.a. zur Aufnahme der nach Landesrecht gebildeten *„forstlichen kommunalen Zweckverbände"*) für den Fall, dass diese im Gesetz verblieben. Der Antrag des Landes Bayern, der die Streichung der Vorschrift zum Betreten des Waldes (§ 12) betraf, wurde vom Bundesrat abgelehnt.

2. Behandlung im Bundestag (BT-Drs. 7/889)

Nachdem der Bundesrat seine Stellungnahme übermittelt hatte, wurde der Bundeswaldgesetzentwurf dem Bundestag am 9. Juli 1973 als Drucksache 7/899 zugeleitet.[1169] Mit ihrer Gegenäußerung zur Stellungnahme des Bundesrates erklärte die Bundesregierung zunächst die Zustimmung zu einem Teil der Änderungsvorschläge, die hauptsächlich redaktioneller Natur oder als Folgeanpassung notwendig waren.[1170] Den vom Bundesrat zur Gesetzgebungskompetenz geäußerten Bedenken widersprach die Bundesregierung mit der Begründung, *„daß die verschiedenen Funktionen des Waldes eine untrennbare Einheit bilden und daß unter den in der Bundesrepublik Deutschland gegebenen Verhältnissen die Funktionen des Waldes nur gewährleistet sind, wenn dieser erhalten, erforderlichenfalls neu angelegt und ordnungsgemäß bewirtschaftet wird."*[1171] Die meisten der dafür in Betracht kommenden grundgesetzlichen Kompetenztitel könne der Bund für sich in Anspruch nehmen, wobei die Bereiche *„Wasserhaushalt"* und *„Naturschutz und Landschaftspflege"* nach der von der Bundesregierung geplanten Grundgesetzänderung in die konkurrierende Gesetzgebungszuständigkeit überführt werden sollten. Die vom Bundesrat vorgeschlagenen Änderungen hinsichtlich der Überführung der Vorschriften über die Erhaltung und Bewirtschaftung des Waldes in Rahmenvorschriften lehnte die Bundesregierung folglich ab. Auch an der Aufnahme der Vorschriften über forstwirtschaftliche Zusammenschlüsse in das Bundeswaldgesetz wollte die Bundesregierung festhalten, wobei die Gleichstellung

---

1169 Entwurfstext auszugsweise abgedruckt in Anhang B.IV.).

1170 BT-Drs. 7/889, Anlage 3, S. 40 ff.; Die Zustimmung betraf die Nummern 3, 5, 17, 18, 20, 24, 25 und 26 der BR-Drs. 207/73 (Beschluss). Neben den redaktionellen Änderungen u.a.: Verordnungsermächtigung der Länder zur Regelung der Aufsichtsbefugnisse; Begrenzung der Ermächtigung des BMELF zum Erlass von Verwaltungsvorschriften auf die Bereiche forstliche Rahmenplanung und forstwirtschaftliche Zusammenschlüsse).

1171 Hierzu und im Folgenden: Gegenäußerung der BReg zur Stellungnahme des Bundesrates, BT-Drs. 7/889, Anlage 3, S. 40–43.

der nach Landesrecht gebildeten *„forstlichen kommunalen Zweckverbände"* im Verlauf des weiteren Gesetzgebungsverfahrens geprüft werden sollte. Der Aufnahme einer Bestimmung über Erholungswald (§ 11 a) stimmte die Bundesregierung unter leichter Abwandlung der vom Bundesrat vorgelegten Fassung zu.

a) Erste Lesung des Bundeswaldgesetzentwurfs am 18. Oktober 1973

Zur Begründung des Gesetzentwurfs in der ersten Lesung[1172] erhielt der Bundeslandwirtschaftsminister *Josef Ertl* (FDP) das Wort. Nach einer Darstellung des allgemeinen Gesetzeszweckes[1173] ging der Bundesminister auf die wichtigsten Maßnahmen des Bundeswaldgesetzes ein. Darunter fielen die Einführung von *forstlichen Rahmenplänen*, die Vorschriften über die *Erhaltung und Bewirtschaftung des Waldes*, die Öffnung des Waldes für Erholungszwecke und die *Förderung der Forstwirtschaft*. Hinsichtlich der Öffnung des Waldes betonte *Ertl*, dessen Ressort offenbar mit etlichen Zuschriften von besorgten Freizeitreitern überhäuft worden war, dass das Gesetz kein *„generelles Reitverbot"* vorsehe. An der weiteren Aussprache beteiligten sich die Abgeordneten *Ignaz Kiechle* (CSU), *Hans Lemp* (SPD) und *Georg Gallus* (FDP). Als Vertreter der Opposition vertrat *Kiechle* den Standpunkt, dass sich der Bund stärker an der finanziellen Förderung der Forstwirtschaft beteiligen müsse, da dem privaten Waldbesitz, vor dem Hintergrund der forstwirtschaftlichen Lage, wegen der vorgesehenen Auferlegung weiterer Verfügungsbeschränkungen sehr viel abverlangt werde.[1174] Aufgrund der Verschiedenartigkeit der Waldverhältnisse in den Ländern sprach sich *Kiechle* zudem dafür aus, dass den Ländern mehr Gestaltungsspielraum für die Regelung ihrer speziellen Bedürfnisse gelassen werden solle. Hinsichtlich der Gesetzgebungskompetenz äußerte er – der Auffassung des Bundesrates folgend – Zweifel an der Zuständigkeit des Bundes und warnte vor der Gefahr einer langjährigen Auseinandersetzung mit den Ländern. Neben einigen von *Lemp* und *Gallus* zur Gesetzesbegründung vorgeschlagenen Ergänzungen, spielte das *„Reiten im Walde"* in der Aussprache eine wichtige Rolle.[1175] Die erste Lesung endete mit der Überweisung der Vorlage an den Ausschuss für Ernährung, Landwirtschaft und Forsten (federführend), den Innenausschuss (mitberatend) und an den Haushaltsausschuss (gem. § 96 GOBT).[1176]

1172 BT-PlPr 7/57, S. 3301 (D) ff.

1173 § 1 des Entwurfs (BT-Drs. 7/889): Erhaltung und ggf. Vermehrung des Waldes wegen seiner Nutz-, Schutz- und Erholungsfunktion; Sicherung einer nachhaltigen Bewirtschaftung; Förderung der Forstwirtschaft; Herbeiführung eines Interessenausgleichs zwischen Waldbesitzer und der Allgemeinheit.

1174 BT-PlPr 7/57, S. 3304 (B) ff.

1175 BT-PlPr 7/57: Zu Lemp, S. 3306 (C) ff.; zu Gallus, S. 3309 (A) ff.

1176 BT-PlPr 7/57, S. 3311 (A) ff.

b) Die Beratung des Bundeswaldgesetzentwurfs in den Ausschüssen

Die Beratungen in den Ausschüssen ersteckten sich über einen Zeitraum von etwa einem Jahr. Neben den vom Parlament benannten Ausschüsse beteiligten sich auch der Sportausschuss und der Finanzausschuss auf gutachterlicher Basis.

Der federführende *Ausschuss für E.L.F.* behandelte die Vorlage in sieben Sitzungen im Zeitraum vom 7. November 1973 bis 16. Oktober 1973, wobei im Vorfeld am 5. November 1973 eine öffentliche Anhörung von Sachverständigen und Verbandsvertretern im Berliner Reichstagsgebäude stattfand.[1177] Inhaltlich beschäftigte sich der Ausschuss für E.L.F. unter dem Vorsitz von *Dr. Martin Schmidt* (SPD) erstmals am 16. Januar 1974 im Rahmen einer Grundsatzaussprache mit der Vorlage, wobei noch einmal die Zielsetzung des Gesetzes erläutert wurde.[1178] In den folgenden Einzelberatungen bildeten insbesondere die Materie zum *Reiten im Wald* und die Regelung weitergehender *Finanzhilfen des Bundes* den Schwerpunkt.[1179]

Der mitberatende *Innenausschuss* behandelte den Bundeswaldgesetzentwurf in seinen Sitzungen am 9. Mai 1974 und 25. September 1974.[1180] Dabei beschränkte er seine Beratungen auf die den Umweltschutz betreffenden Regelungen und befasste sich in erster Linie mit der Regelung des *Waldbetretungsrechts* (§ 12).[1181] Diesbezüglich unterbreitete der Innenausschuss einen Änderungsvorschlag, nach dem das *Reiten im Wald*, mit Ausnahme von bestimmten Waldgebieten, grundsätzlich auf Straßen und Wegen gestattet sein sollte.

Die gutachterliche Beteiligung des *Sportausschusses* bezog sich ebenfalls auf die Regelung des *Reitens im Wald*. Mit der am 20. März 1973 beschlossenen Empfehlung forderte der Sportausschuss, dass die Möglichkeit zum *Reiten im Wald* auch dann gewährleistet sein müsse, *„wenn auf freiwilliger Basis nicht erreichbar ist, daß eine Befugnis erteilt wird oder Wege und sonstige Flächen bestimmt werden, und zwar dadurch, daß die Ausweisung oder die Anlage von Reitwegen ermöglicht wird“*.[1182] Nach

---

1177 BT-PArch VII/276, Bd. A 1, lfd. Nr. 28 und Bd. A 2, lfd. Nr. 4. An der öffentlichen Anhörung am 5. November 1973 nahmen teil: *Arbeitsgemeinschaft Deutscher Waldbesitzerverbände, Bundesvereinigung der Kommunalen Spitzenverbände, Deutsche Reiterliche Vereinigung, Deutscher Bauernverband, Deutscher Forstwirtschaftsrat, Deutscher Jagdschutz-Verband, Schutzgemeinschaft Deutscher Wald* und die *Vereinigung der Freizeitreiter in Deutschland.*

1178 Kurzprotokoll der 25.Sitzung des Ausschusses für E.L.F. am 16. Januar 1974, BT-PArch VII/276, Bd. A 1, lfd. Nr. 30.

1179 Vgl. insbesondere Kurzprotokoll der 33. Sitzung des Ausschusses für E.L.F. am 24. April 1974 und Kurzprotokoll der 35. Sitzung des Ausschusses für E.L.F. am 16. Mai 1974, BT-PArch VII/276, Bd. A 1, lfd. Nr. 34 und 35.

1180 BT-PArch VII/276, Bd. A 1, lfd. Nr. 22 und 23.

1181 Stellungnahme des Innenausschusses vom 25. September 1974 zum BWaldG-E, BT-PArch VII/276, Bd. A 1, lfd. Nr. 24.

1182 Schreiben des Sportausschussvorsitzenden *Dr. Hans Evers* an *Dr. Martin Schmidt* vom 27. März 1974, BT-PArch VII/276, Bd. A 1, lfd. Nr. 17.

den Vorstellungen des Sportausschusses sollte vornehmlich der Staatswald dem Reitsport zur Verfügung gestellt werden.

Die gutachterliche Beteiligung des *Finanzausschusses* beschränkte sich auf die Empfehlung, § 42 Abs. 3 des Bundewaldgesetzentwurfs ersatzlos zu streichen.[1183]

Nachdem der Ausschuss für E.L.F. die Beschlussempfehlungen der übrigen Ausschüsse erhalten und seine eigenen Beratungen abgeschlossen hatte, legte er dem Bundestag am 5. November 1974 seinen abschließenden Bericht zum Bundeswaldgesetzentwurf vor.[1184] Die darin vorgesehenen Änderungsvorschläge basierten zu einem Großteil auf den vom Bundesrat vorgeschlagenen Fassungen, aber auch auf der Gegenäußerung der Bundesregierung und den Beschlüssen der Ausschüsse. Von besonderer Bedeutung waren die Aufnahme einer Vorschrift über den *Erholungswald* (§ 11a) und die Änderungen hinsichtlich der schwerpunktmäßig behandelten Bereiche *Betreten des Waldes* (§ 12) und *Finanzhilfen des Bundes* (39a – d). Nach § 11a sollte Wald zum Wohl der Allgemeinheit in einem förmlichen Verfahren zu einem Erholungswald erklärt werden können, wobei die Regelung weiterer Einzelheiten (z.B. Art und Umfang der Waldbewirtschaftung, Beschränkung der Jagdausübung, Verhalten der Waldbesucher) den Ländern vorbehalten bleiben sollte. Eine ähnliche Vorschrift über Erholungswaldgebiete war bereits im *Bundeswaldgesetzentwurf*[1185] von 1969 enthalten und wurde auf Vorschlag des Bundesrates wieder in das Gesetz aufgenommen.[1186] Der Vorschlag des federführenden Ausschusses zum *Betreten des Waldes* sah – wie der Regierungsentwurf – ein im Grundsatz unbeschränktes Waldbetretungsrecht mit Ausnahmen vor. Den Ländern sollte jedoch die Befugnis zu einer weitergehenden Beschränkung des Betretungsrechts aus Gründen der Wald- und Wildbewirtschaftung belassen werden. Zudem sollten Länder mit weniger als 10 % Bewaldung das Betretungsrecht auf die Wege beschränken können.[1187] Abweichend vom Regierungsentwurf, der das *Reiten im Wald* nur in besonderen Fällen zuließ, enthielt der Ausschussvorschlag eine Formulierung, nach der das Reiten im Wald grundsätzlich nur auf Straßen und Wegen zulässig und in bestimmten Waldgebieten eine besondere Befugnis erforderlich sein sollte (§ 12 Abs. 2a).[1188]

1183 BT-PArch VII/276, Bd. A 1, lfd. Nr. 18, 19, 20 und 21. In § 42 Abs. 3 BWaldG-E war die Anwendbarkeit von § 179 der Reichsabgabenordnung im Rahmen der Auskunftspflicht geregelt.

1184 BT-Drs. 7/2727.

1185 § 5 BWaldG-E, BT-Drs. 5/4233.

1186 BR-Drs. 207/73 (Beschluss), S. 12; BT-Drs. 7/2727, S. 14 f.; Die Bundesregierung hat der Aufnahme der Vorschrift in ihrer Gegenäußerung zur Stellungnahme des Bundesrates zugestimmt, BT-Drs. 7/889, Anlage 3, S. 41.

1187 § 12 der Ausschussbeschlüsse, BT-Drs. 7/2727, S. 15; So auch der Vorschlag des Bundesrates, BR-Drs. 207/73 (Beschluss), S. 13. Diese Regelung war besonders bedeutsam für das Land Schleswig-Holstein, in dem das Waldbetretungsrecht durch das 1971 verabschiedete LWaldG auf die Waldwege beschränkt wurde, siehe dazu: S. 161 ff.

1188 Zum Betretungsrecht siehe S. 257 ff.

Die Vorschriften über die *Finanzhilfen des Bundes* wurden erst während der Ausschussberatungen in den Entwurf aufgenommen.[1189] Sie sahen vor, dass der Bund die Länder bei bestimmten Investitionen (z.B. Anlage und Unterhaltung von Schutz- und Erholungswald) mit Finanzhilfen in Höhe von bis zu 50 % der Kosten unterstützen sollte. Diese Förderung sollte neben dem *„Gesetz über die Gemeinschaftsaufgabe `Verbesserung der Agrarstruktur und des Küstenschutzes´"*[1190] vom 3. September 1969 stattfinden.

Nachdem sich der gem. § 96 der Geschäftsordnung des Bundestages beteiligte Haushaltsausschuss auf seiner Sitzung am 7. November 1974 mit der Vorlage befasste hatte, stellte er die Vereinbarkeit des Gesetzentwurfs mit dem Haushaltslage fest.[1191] Diese Einschätzung umfasste auch die neu in den Entwurf aufgenommene Vorschrift zur Regelung der *Finanzhilfen des Bundes* (§ 39a)[1192], mit denen die Länder für bestimmte Maßnahmen zum Schutz und zur Erhaltung des Waldes unterstützt werden sollten.[1193] Der Haushaltsausschuss veranschlagte die bereitzustellenden Mittel für 1975 auf 2,5 Millionen DM, wobei in den folgenden Jahren mit einem Maximalaufwand von 5 Millionen DM gerechnet wurde.

c) Zweite und dritte Lesung am 14. November 1974

Die zweite und dritte Lesung des Bundeswaldgesetzentwurfs erfolgte am 14. November 1974.[1194] In diesem Zusammenhang wurde auch ein von der CDU/CSU-Fraktion am 13. November 1974 eingebrachter Änderungsantrag[1195] beraten, mit dem diese ihre in den Ausschussberatungen nicht berücksichtigten Vorschläge weiter verfolgte. Inhaltlich zielte der Antrag darauf ab, allen Ländern mit einer unterdurchschnittlichen Bewaldungsquote die Beschränkung des Betretungsrechts auf Waldwege zu gestatten und das Reiten auf privaten Waldwegen von einer besonderen Befugnis abhängig zu machen. Außerdem sollten die nach Art. 104a Abs. 4 GG[1196] zu gewährenden

1189 Niederschrift über die Sitzung des Ausschusses für E.L.F. am 16. Mai 1974, TOP 1, S. 5 ff., BT-PArch VII/276, Bd. A 1, lfd. Nr. 35.

1190 BGBl. I 1969, S. 1573 ff.

1191 BT-PArch VII/276, Bd. A 1, lfd. Nr. 25 und 26.

1192 BT-Drs. 7/2727, S. 26.

1193 Bericht des Haushaltsausschusses BT-Drs. 7/2753, S. 1 f.

1194 BT-PlPr. 7/131, S. 8813 (C) – 8830 (D).

1195 BT-Drs. 7/2788.

1196 Art. 104a Abs. 4 GG, eingeführt mit dem *„Finanzreformgesetz"* vom 12. Mai 1969, BGBl. I 1969, S. 359 ff.:
„(4) Der Bund kann den Ländern Finanzhilfen für besonders bedeutsame Investitionen der Länder und Gemeinden (Gemeindeverbände) gewähren, die zur Abwehr einer Störung des gesamtwirtschaftlichen Gleichgewichts oder zum Ausgleich unterschiedlicher Wirtschaftskraft im Bundesgebiet oder zur Förderung des wirtschaftlichen Wachstums erforderlich sind. Das Nähere, insbesondere die Arten der zu fördernden Investitionen, wird durch Bundesgesetz, das der Zustimmung des Bundesrates bedarf, oder auf Grund des Bundeshaushaltsgesetzes durch Verwaltungsvereinbarung geregelt."

Finanzhilfen des Bundes nicht auf bestimmte Maßnahmen beschränkt sein. Die zweite Lesung begann mit der Berichterstattung des Abgeordneten *Hans Lemp* (SPD), der die Beratungen im Ausschuss für E.L.F. zusammenfasste und zu den einzelnen Änderungsvorschlägen Stellung nahm.[1197] Der Berichterstatter betonte dabei noch einmal, dass sich der Bund überwiegend auf die konkurrierende Gesetzgebung stützen könne und den Ländern genügend Spielraum für eine eigene Gesetzgebung bleibe. An der sich anschließenden allgemeinen Aussprache beteiligten sich der Bundesminister *Josef Ertl* (FDP) und die Abgeordneten *Ignaz Kiechle* (CSU), *Georg Gallus* (FDP) und *Lothar Löffler* (SPD).[1198] Spiegelbildlich zu den Ausschussberatungen bildeten die Materien *Betreten des Waldes* und *Finanzhilfen des Bundes* den Schwerpunkt der Ausführungen, zumal diese auch Gegenstand des von der CDU/CSU-Fraktion eingebrachten Änderungsantrages waren. Die Einzelberatung führte zur Annahme der einzelnen Regelungen in der Fassung der Ausschussvorlage bei gleichzeitiger Ablehnung der mit dem Änderungsantrag eingebrachten Vorschläge.[1199] In der sich anschließenden dritten Lesung meldeten sich die Abgeordneten *Dr. Burkhard Ritz* (CDU), *Lemp*, *Gallus* und *Kiechle* zu Wort.[1200] Der Abgeordnete *Dr. Ritz* hob die nach seiner Ansicht bestehenden Probleme der Entwurfsfassung erneut hervor und wies in diesem Zusammenhang darauf hin, dass das Land Niedersachsen alle Bundesländer mit einem Schnellbrief vom 8. November 1974 aufgefordert habe, bei Verabschiedung des Gesetzes in der Ausschussfassung den Vermittlungsausschuss anzurufen. Insgesamt lehnte die CDU/CSU-Fraktion das Bundeswaldgesetz in der Ausschussfassung ab und stimmte in der Schlussabstimmung – entgegen der Mehrheit – gegen die Verabschiedung.[1201] Damit war das Gesetz vom Bundestag angenommen, sodass es dem Bundesrat am 28. November 1974 gem. Art. 77 Abs. 1 GG zum *„zweiten Durchgang“* zugeleitet werden konnte.[1202]

3. Behandlung im Bundesrat – 2. Durchgang (BR-Drs. 776/74)

Die Beratung der vom Bundestag beschlossenen Fassung des Bundeswaldgesetzes erfolgte im Bundesrat unter Beteiligung des Agrarausschusses (federführend), des Finanzausschusses und des Rechtsausschusses. Während der Ausschussberatungen bildeten sich drei Lager, deren Auffassungen zum Bundeswaldgesetz von vollständiger Zustimmung[1203], über die Empfehlung zur Anrufung des Vermittlungsausschusses[1204]

1197 BT-PlPr. 7/131, S. 8813 (D) – 8815 (C).
1198 BT-PlPr. 7/131, S. 8816 (C) – 8826 (A).
1199 BT-PlPr. 7/131, S. 8826 (B – D).
1200 BT-PlPr. 7/131, S. 8826 (D) – 8830 (C).
1201 BT-PlPr. 7/131, S. 8830 (D).
1202 BR-Drs. 776/74.
1203 So Berlin, Hamburg und Bremen, vgl. Niederschrift über die 339. Sitzung des Agrarausschusses des Bundesrates am 5. Dezember 1974, TOP 1, S. 10, BT-PArch VII/276, Bd. A 1, lfd. Nr. 47.
1204 Nordrhein-Westfalen, Niedersachen und Hessen.

bis zur vollständigen Ablehnung[1205] reichten. Die Vertreter der Länder *Bayern* und *Baden-Württemberg* vertraten dabei die Auffassung, dass der Bundesrat dem Gesetz insgesamt und ohne Anrufung des Vermittlungsausschusses die Zustimmung versagen sollte.[1206] Begründet wurde dies damit, dass es kein Bedürfnis für eine bundeseinheitliche Regelung hinsichtlich der *„Allgemeinen Vorschriften"* und der *„forstlichen Rahmenplanung"* gebe. Die §§ 8, 9, 11 und 13 (*Erhaltung des Waldes, Erstaufforstung, Schutzwald, Betreten des Waldes)* seien mangels entsprechender Gesetzgebungskompetenz verfassungswidrig. Auch die neu eingefügten Vorschriften über die *Finanzhilfen des Bundes* (§§ 41–44) seien verfassungswidrig, da sie nicht unter Art. 104a Abs. 4 GG fielen. Nach Streichung dieser und sonstiger Vorschriften ohne eigenständigen Regelungsinhalt verbliebe nur das dritte Kapitel über forstwirtschaftliche Zusammenschlüsse, dessen Regelung bereits in einem gesonderten Gesetz erfolgt sei, sodass Novellierungen dort vorgenommen werden könnten. Entsprechende Beschlussempfehlungen fanden jedoch trotz Unterstützung der Länder Schleswig-Holstein, Saarland und Rheinland-Pfalz nicht die erforderliche Mehrheit in den Ausschussberatungen. Im Ergebnis setzte sich in den Ausschüssen die Auffassung durch, dem Bundesrat die Anrufung des Vermittlungsausschusses vorzuschlagen. Kernpunkte der Beratungen waren wiederum die *Gesetzgebungskompetenz* und die *Finanzhilfen des Bundes.*

Nach Abschluss der Beratungen wurden dem Bundesrat die Empfehlungen der Ausschüsse zugeleitet,[1207] über die am 19. Dezember 1974 abgestimmt wurde.[1208] Die Mehrheit des Bundesrates sprach sich dabei für die Anrufung des Vermittlungsausschusses aus.[1209] In der Begründung zu seiner Einberufung war eine Reihe von Änderungsvorschlägen angeführt. Danach sollten die Vorschriften des zweiten Kapitels (*Erhaltung des Waldes*, §§ 5 – 13) insgesamt in Rahmenvorschriften für die Landesgesetzgebung überführt werden.[1210] Die Begründung stützte sich abermals auf die fehlende Gesetzgebungskompetenz des Bundes für eine Vollregelung dieser Materie.[1211] Der Änderungsvorschlag sah zudem vor, dass die Länder ihre Gesetzgebung

1205 Insbesondere Baden-Württemberg und Bayern, aber auch Schleswig-Holstein, Rheinland-Pfalz und Saarland.

1206 Hierzu und im Folgenden: Niederschrift über die Sitzung des Unterausschusses des Rechtsausschusses am 27. November 1974, TOP 5, S. 23 ff.; BT-PArch VII/276, Bd. A 1, lfd. Nr. 45; Niederschrift über die 394. Sitzung des Finanzausschusses am 5. Dezember 1974, TOP 3, S. 9 und Anlage 2, S. 23, BT-PArch VII/276, Bd. A 1, lfd. Nr. 44; Niederschrift über die 339. Sitzung des Agrarausschusses des Bundesrates am 5. Dezember 1974, TOP 1, S. 9 ff., BT-PArch VII/276, Bd. A 1, lfd. Nr. 47.

1207 BR-Drs. 776/1/74.

1208 BR-PlPr. 415. Sitzung am 19. Dezember 1974, S. 462 (C) – 466 (B).

1209 BR-PlPr. 415. Sitzung am 19. Dezember 1974, S. 465 (D); BR-Drs. 776/74 (Beschluss).

1210 BR-Drs. 776/74 (Beschluss), Ziff. 2.

1211 Hinsichtlich der Gesetzgebungskompetenz hatte im Unterausschuss des Rechtsausschusses hingegen ein Auffassungswandel stattgefunden. Die Mehrheit der Ausschussmitglieder folgte nunmehr der von der Bundesregierung und dem Bundesernährungsausschuss vertretenen Auffassung (vgl. BT-Drs. 7/889 und BT-Drs.

innerhalb von zwei Jahren an die entsprechenden Rahmenvorschriften anpassen mussten.

Weitere Änderungsvorschläge betrafen die entsprechende Anpassung der §§ 8, 9, 11, 12 und 13 in durch Landesrecht abänderbares Recht.[1212] Insbesondere die Regelung zum *Betreten des Waldes* (§ 13) sollte danach auf eine grundsätzliche Bestimmung beschränkt werden, die das Betreten des Waldes zum Zwecke der Erholung gestattete und den Ländern im Übrigen die Regelung der Einzelheiten, insbesondere der Einschränkungen und der anderen Benutzungsarten, vollständig überließ.[1213] Von wesentlicher Bedeutung war zudem der Vorschlag, die neu eingefügten Regelungen über die *Finanzhilfen des Bundes* (§§ 41–44) wieder aus dem Gesetz zu streichen und es bei der Förderung nach dem *„Gemeinschaftsaufgabengesetz"* zu belassen.[1214] Bereits in den Ausschussberatungen des Bundesrates war überwiegend die Auffassung vertreten worden, dass die im Gesetz vorgesehen Finanzhilfen des Bundes zur Unterstützung von Investitionen für die Anlage und Unterhaltung von Schutz- und Erholungswald nicht mit Art. 104a Abs. 4 GG zu vereinbaren sei.[1215] Der Bundesrat stimmte dem zu und begründete die Verfassungswidrigkeit damit, dass der Begriff der *„Förderung des wirtschaftlichen Wachstums"* in Art. 104a Abs. 4 GG zumindest eine mittelbare Wirkung für die Schaffung der strukturellen Voraussetzungen des

---

7/2727), dass die Vorschriften im zweiten Kapitel wegen ihres untrennbaren Zusammenhangs durch bundeseinheitliche Vollregelungen gem. Art. 74 GG gedeckt seien. Zudem sei anerkannt, dass der Bund auch auf dem Gebiet der Rahmengesetzgebungskompetenz punktuelle Vollregelungen vornehmen könne. Niederschrift über die Sitzung des Unterausschusses des Rechtsausschusses am 27. November 1974, TOP 5, S. 25 ff.; BT-PArch VII/276, Bd. A 1, lfd. Nr. 45. Im Bundesrat konnte sich diese Auffassung jedoch nicht durchsetzen.

1212 BR-Drs. 776/74 (Beschluss), Ziff. 3–7.

1213 BR-Drs. 776/74 (Beschluss), Ziff. 7. Diese Fassung beruht auf dem Änderungsantrag des Landes Bayern vom 19. Dezember 1974 (BR-Drs. 776/2/74). Begründet wurde dieser Änderungsvorschlag einerseits mit der Verschiedenartigkeit der Verhältnisse in den einzelnen Ländern, die ein eigenes Regelungsbedürfnis begründeten und anderseits mit der notwendigen Anpassung als Rahmenvorschrift.

1214 BR-Drs. 776/74 (Beschluss), Ziff. 9.

1215 Niederschrift über die Sitzung des Unterausschusses des Rechtsausschusses am 27. November 1974, TOP 5, S. 33; BT-PArch VII/276, Bd. A 1, lfd. Nr. 45; Niederschrift über die 394. Sitzung des Finanzausschusses am 5. Dezember 1974, TOP 3, S. 9 und Anlage 1, Ziff. 1, BT-PArch VII/276, Bd. A 1, lfd. Nr. 44; Niederschrift über die 414. Sitzung des Rechtsausschusses am 4. Dezember 1974, TOP 9, S. 38 ff., BT-PArch VII/276, Bd. A 1, lfd. Nr. 46. Die Beschlussempfehlung des Agrarausschusses sah hingegen vor, die Finanzhilfen des Bundes nicht an bestimmte Maßnahmen zu koppeln und damit eine Anpassung an die verfassungsrechtlichen Anforderungen vorzunehmen. Niederschrift über die 339. Sitzung des Agrarausschusses des Bundesrates am 5. Dezember 1974, TOP 1, S. 21 f., BT-PArch VII/276, Bd. A 1, lfd. Nr. 47.; vgl. dazu auch den Änderungsantrag der CDU/CSU-Fraktion zum Bundeswaldgesetz (BT-Drs. 7/2788).

Wirtschaftswachstum voraussetze, die bei der Anlage und Unterhaltung von Schutz- und Erholungswald nicht gegeben sei.[1216] Die übrigen Änderungsvorschläge beruhten größtenteils auf der Umwandlung der Vorschriften des zweiten Kapitels in Rahmenvorschriften. Der Bundestag wurde am 19. Dezember 1974 über die Anrufung des Vermittlungsausschusses unterrichtet.[1217]

4. *Behandlung im Vermittlungsausschuss*

Der Vermittlungsausschuss behandelte die Vorlage zum Bundeswaldgesetz am 29. Januar 1975.[1218] Bis auf zwei Modifizierungen hinsichtlich der Regelung in § 4a *„Vorschriften für die Landesgesetzgebung"* und § 13 *„Betreten des Waldes"* übernahm der Vermittlungsausschuss die vom Bundesrat vorgelegten Änderungsvorschläge[1219]. Da die Mehrheit des Vermittlungsausschusses für eine Streichung von § 45 (*Entschädigung*) votierte,[1220] sollte im Gegenzug in § 4a die Verpflichtung der Länder aufgenommen werden, im Zusammenhang mit der Anpassung ihrer Forstgesetzgebung an die Rahmenvorschriften auch geeignete Entschädigungsregelungen vorzusehen.[1221] Die zweite Änderung bezog sich auf das Betretungsrecht in § 13 und basierte auf einem Antrag des Nordrhein-Westfälischen Ministers für Bundesangelegenheiten *Dr. Friedrich Halstenberg*, der in der vom Bundesrat beschlossenen Fassung die Gefahr einer Rechtsunsicherheit sah.[1222] Die vom Bundesrat beschlossene Fassung überließ es der Landesgesetzgebung weitere Einzelheiten des Waldbetretungsrechts zu regeln, unter anderem auch das Reiten und Fahren im Wald. Da die Freigabe des Waldes für das Reiten in der Vergangenheit jedoch in der Öffentlichkeit in *„unerwünschtem Umfang problematisiert"* worden sei, sollte § 13 klarstellen, *„daß im Prinzip das Betreten des Waldes zum Zwecke der Erholung gestattet ist, ebenso das Reiten und Fahren, dieses allerdings nur auf Straßen und Wegen"*. Im Übrigen sah

1216 BR-PlPr. 415. Sitzung am 19. Dezember 1974, S. 465 (D); BR-Drs. 776/74 (Beschluss), Ziff. 9.

1217 BT-Drs. 7/3016. Die Bekanntgabe im Bundestag erfolgte am 15. Januar 1975, BT-PlPr. 7/140, S. 9674 (A).

1218 VA-Prot. Nr. 18 (7/1972), 18. Sitzung des Vermittlungsausschusses am 29. Januar 1975, TOP 3, S. 8 ff.

1219 VA-Prot. Nr. 18 (7/1972), 18. Sitzung des Vermittlungsausschusses am 29. Januar 1975, TOP 3, S. 8 ff.; vgl. BR-Drs. 776/74 (Beschluss).

1220 Die Streichung wurde vom Bundesrat als Folge der Anpassung der Vorschriften im zweiten Kapitel in Rahmenvorschriften vorgeschlagen. Da die Landesgesetze für behördliche Maßnahmen mit Enteignungscharakter eine Entschädigung durch das Land vorsehen, gebe es für eine bundeseinheitliche Regelung kein Bedürfnis, BR-Drs. 776/74 (Beschluss), Ziff. 10.

1221 Diese Änderung geht auf den Vorschlag des Bundestagsabgeordneten *Hermann Höcherl* (CSU) zurück, VA-Prot. Nr. 18 (7/1972), 18. Sitzung des Vermittlungsausschusses am 29. Januar 1975, TOP 3, Ziff. 10.

1222 Hierzu und im Folgenden: VA-Prot. Nr. 18 (7/1972), 18. Sitzung des Vermittlungsausschusses am 29. Januar 1975, TOP 3, Ziff. 7. und Anlage zu TOP 3.

der Änderungsantrag eine Begrenzung des Entscheidungsrahmens der Länder zur Beschränkung des Betretungsrechts vor, die nur *„aus wichtigem Grund, insbesondere aus solchen des Forstschutzes, der Wald- und Wildbewirtschaftung, zum Schutze der Waldbesucher oder zur Vermeidung erheblicher Schäden oder zur Wahrung anderer schutzwürdiger Interessen des Waldbesitzers"* sollte erfolgen können.

5. Zustimmung im Bundestag und Bundesrat (BT-Drs. 7/3192; BR-Drs. 37/75)

Am 30. Januar 1975 übermittelte der Vermittlungsausschuss seinen Antrag zum Bundeswaldgesetz an den Bundestag,[1223] der den Änderungen am 20. Februar 1975 in *„vierter Lesung"* mehrheitlich zustimmte.[1224] Der Bundesrat behandelte den Vermittlungsvorschlag am 21. Februar 1975.[1225] Im Rahmen der Aussprache im Bundesrat äußerte der Ministerpräsident von Baden-Württemberg *Dr. Hans Filbinger* seinen Unmut über das gesamte Bundeswaldgesetz, das er als *„überflüssig"* und *„substanzlos"* bezeichnete. Der Niedersächsische Minister für Bundesangelegenheiten *Herbert Hellmann* empfahl dem Bundesrat hingegen, den Vermittlungsvorschlag anzunehmen. Entsprechend dieser Empfehlung erteilte die Mehrheit des Bundesrates dem Gesetz gem. Art. 84 Abs. 1 GG[1226] die erforderliche Zustimmung.

Das Bundeswaldgesetz wurde sodann am 2. Mai 1975 von Bundeskanzler *Helmut Schmidt*, Bundesminister für Ernährung, Landwirtschaft und Forsten *Josef Ertl* und Bundesfinanzminister *Hans Apel* gegengezeichnet, von Bundespräsident *Walter Scheel* ausgefertigt, am 7. Mai 1975 im Bundesgesetzblatt verkündet und trat gem. § 48 Abs. 1 am 8. Mai 1975 in Kraft.[1227]

B. Die einzelnen Regelungen im Bundeswaldgesetz

Die nachfolgende Darstellung der einzelnen Regelungsbereiche des Bundeswaldgesetzes basiert auf der im Jahre 1975 verabschiedeten Fassung[1228] unter Berücksichtigung der wichtigsten Änderungen im Verlauf des Gesetzgebungsverfahrens.

Der allgemeine Teil der Begründung zum *Regierungsentwurf*[1229] von 1973 gibt einen Überblick über die Waldverhältnisse und die Lage der Forstwirtschaft in

1223 BT-Drs. 7/3192.

1224 BT-PlPr. 7/149, S. 10276 (A) – (C).

1225 Hierzu und im Folgenden: BR-PlPr. 416 Sitzung am 21. Februar 1975, S. 1 (D) – 2 (C); Anlage 1, S. 38 (A).

1226 Art. 84 Abs.1 GG (Stand: 23. Mai 1949 (BGBl. 1949, S. 1 ff.):
„(1) Führen die Länder die Bundesgesetze als eigene Angelegenheit aus, so regeln sie die Einrichtung der Behörden und das Verwaltungsverfahren, soweit nicht Bundesgesetze mit Zustimmung des Bundesrates etwas anderes bestimmen."

1227 BGBl. I 1975, S. 1037 ff.

1228 BGBl. I 1975, S. 1037 ff. (Gesetzestext auszugsweise abgedruckt in Anhang B.V.).

1229 BT-Drs. 7/889 (Entwurfstext auszugsweise abgedruckt in Anhang B.IV.).

der Bundesrepublik sowie über die mit dem Gesetz verfolgte Zielsetzung.[1230] Das Bundeswaldgesetz sollte danach ein *„zumindest in den Grundzügen einheitliches"* Forstrecht schaffen und für bestimmte Bereiche Mindestnormen aufstellen, die den Rahmen für weitere landesrechtliche Regelungen vorgaben.[1231] Die Verfasser des Regierungsentwurfs stützten sich dabei im Wesentlichen auf die konkurrierende Gesetzgebungskompetenz gem. Art. 74 Nr. 1 GG *Bürgerliches Recht – Regelung des Eigentums*; Nr. 17 *Förderung der forstwirtschaftlichen Erzeugung*; Nr. 18 *Bodenrecht*, Nr. 24 *Luftreinhaltung und Lärmbekämpfung* und ergänzend auf die *„von der Bundesregierung für Naturschutz und Landschaftspflege vorgeschlagene Gesetzgebungskompetenz nach Art. 74 GG"*.[1232] Die Bereiche *„Naturschutz und Landschaftspflege"* gehörten zu diesem Zeitpunkt jedoch noch zur Rahmengesetzgebungskompetenz des Bundes nach Art. 75 Nr. 3 GG. Die erfolgreiche Umsetzung der von der Bundesregierung angestrebten *Grundgesetzänderung*[1233] für diese Bereiche wurde somit für den auf der Grundlage der konkurrierenden Gesetzgebung konzipierten Gesetzentwurf vorweggenommen. Der Bundesrat hatte jedoch bereits angekündigt, einer Grundgesetzänderung nicht zuzustimmen,[1234] sodass sich diese im Ergebnis nicht durchsetzen ließ. Die Frage der Gesetzgebungskompetenz blieb deshalb weiter fraglich und entwickelte sich zu einem der wesentlichen Streitpunkte zwischen Bundesrat und Bundestag. Der Bundesrat vertrat dabei die Auffassung, dass die Gesetzgebungskompetenz des Bundes aus Art. 74 Nr. 17 und 18 GG nur die *„Regelung auf dem Gebiet der Nutzfunktion des Waldes, der Nutzfähigkeit von Naturgütern, der Agrarstruktur und der Förderung der Forstwirtschaft"* abdecke.[1235] Hinsichtlich der Regelungen, *„die dem Schutz des Naturhaushaltes und der Erholung der Bevölkerung dienen"*, könne sich der Bund nur auf die Rahmengesetzgebungskompetenz aus Art. 75 Nr. 3 und 4 GG berufen. Dies betraf in erster Linie Vorschriften über die *Erhaltung und Bewirtschaftung des Waldes* im zweiten Kapitel des Bundeswaldgesetzes. Nach der Ansicht des Bundesrates konnte ein Teil dieser Vorschriften nicht auf die konkurrierende Gesetzgebungskompetenz des Bundes gestützt werden, sodass die Vorschriften insgesamt in Rahmenvorschriften für die Landesgesetzgebung überführt werden sollten.[1236] Mit dieser Auffassung konnte sich der Bundesrat letztlich, mit Unterstützung der Opposition im Bundestag, im Vermittlungsausschuss durchsetzen,[1237] sodass die verabschiedete Fassung des Bundeswaldgesetzes zum Teil auf der konkurrierenden und zum Teil auf der Rahmengesetzgebungskompetenz

---

1230 BT-Drs. 7/889, S. 16 ff.

1231 BT-Drs. 7/889, S. 22 f.

1232 BT-Drs. 7/889, S. 23.

1233 BT-Drs. 7/885 *„Entwurf eines ... Gesetzes zur Änderung des Grundgesetzes (Artikel 74 Nr. 25 – Naturschutz und Landschaftspflege)"* vom 9. Juli 1973.

1234 BR-Drs. 207/73 (Beschluss), S. 2.

1235 BR-Drs. 207/73 (Beschluss) S. 1.

1236 BR-Drs. 207/73 (Beschluss) S. 7; BR-Drs. 776/74 (Beschluss) S. 4.

1237 VA-Prot. Nr. 18 (7/1972), 18. Sitzung des Vermittlungsausschusses am 29. Januar 1975, TOP 3, S. 9 f.; *Hasel*, RdL 1975, S. 197 ff. (198).

des Bundes beruht. Im Einzelnen wurden folgende Kompetenztitel in Anspruch genommen:

- Art. 74 Nr. 1 GG *Bürgerliches Recht*;
- Art. 74 Nr. 14 GG *Recht der Enteignung*;
- Art. 74 Nr. 17 GG *Förderung der forstwirtschaftlichen Erzeugung*;
- Art. 74 Nr. 18 GG *Bodenrecht*;
- Art. 74 Nr. 24 GG *Luftreinhaltung und Lärmbekämpfung*;
- Art. 75 Nr. 3 GG *Naturschutz und Landschaftspflege*;
- Art. 75 Nr. 4 GG *Raumordnung*.

Die allgemeinen Vorschriften (§§ 1–4) über den Gesetzeszweck und die Begriffsdefinitionen beruhten auf Art. 74 Nr. 1 (Definitionen Waldeigentum und Waldbesitzer); Nr. 14 (Interessenausgleich Allgemeinheit – Waldbesitzer), Nr. 18 und zum größten Teil auf Art. 74 Nr. 17 GG.[1238] Die Bestimmungen über die Erhaltung des Waldes im zweiten Kapitel (§§ 5–14 BWaldG) wurden größtenteils auf Art. 75 Nr. 3, Nr. 4 GG gestützt, soweit diese als Grundlage für die Schutz- und Erholungsfunktion des Waldes dienten. Die verfassungsrechtliche Grundlage für Vorschriften über die Bewirtschaftung (§ 11 BWaldG) und das Betreten des Waldes (§ 14 BWaldG) war Art. 74 Nr. 17 und 18 GG, sodass vom Bund grundsätzlich eine Vollregelung hätte vorgenommen werden können. Die Vorschriften im dritten Kapitel über forstwirtschaftliche Zusammenschlüsse (§§ 15–40 BWaldG) und die Vorschriften über die Förderung der Forstwirtschaft (§§ 41–43 BWaldG) konnten weitgehend auf Art. 74 Nr. 17 GG gestützt werden. Die Befugnis zum Erlass von Verwaltungsvorschriften (§ 44 BWaldG) beruhte auf Art. 84 Abs. 2 GG.

I. Allgemeine Vorschriften

Die Vorschriften im ersten Kapitel des Bundeswaldgesetzes legten den *Gesetzeszweck* (§ 1 BWaldG) fest und enthielten Definitionen für die Begriffe *„Wald“* (§ 2 BWaldG), *„Waldeigentumsarten“* (§ 3 BWaldG) und *„Waldbesitzer“* (§ 4 BWaldG).

Der *Zweck des Gesetzes* war auf drei Schwerpunktbereiche gerichtet: 1) Erhaltung und Vermehrung des Waldes wegen seiner Nutz-, Schutz- und Erholungsfunktion und Sicherstellung einer ordnungsgemäßen Bewirtschaftung, 2) Förderung der Forstwirtschaft und 3) Herbeiführung eines Interessenausgleichs zwischen den Interessen der Allgemeinheit und den Belangen der Waldbesitzer. Die *Nutzfunktion* des Waldes umfasste weitere Einzelfunktionen, wie die *„Rohstoff- oder Erzeugungsfunktion“* und die *„Arbeits-, Einkommens- und Vermögensfunktion“*.[1239] Die *Schutz- und*

1238 Hierzu und im Folgenden: *Klose/Orf*, Forstrecht, Einleitung, S. 10; *Endres*, BWaldG, Einleitung Rn. 3; vgl. zudem: *Klose*, DFuH 1975, S. 379 ff. (379, 380); *Zundel/Schwartz*, 50 Jahre Forstpolitik in Deutschland (1945–1994), S. 73, 74.

1239 BT-Drs. 7/889, S. 24. Die *Rohstofffunktion* diente in erster Linie der Sicherstellung der Eigenerzeugung von Rohholz für die Wirtschaft. Der Holzbedarf der Bundesrepublik konnte zu dieser Zeit nur etwa zur Hälfte durch die inländische Produktion

Erholungsfunktion bezog sich auf die Bedeutung des Waldes für die Umwelt[1240]. Die *Förderung der Forstwirtschaft* sollte mit fachlichen und finanziellen Mitteln erfolgen und diente dem Ziel, den Forstbetrieben unter Berücksichtigung der Sozialpflichtigkeit eine rentable Waldbewirtschaftung zu ermöglichen.[1241] Der angestrebte Interessenausgleich zwischen der Allgemeinheit und den Waldbesitzern sollte durch eine Konkretisierung der Sozialpflichtigkeit des Waldeigentums in verschiedenen Vorschriften zum Ausdruck kommen.[1242] Hierbei spielte insbesondere der Problemkomplex über das Betreten des Waldes eine hervorgehobene Rolle. Neben den im Gesetz ausdrücklich genannten Zwecken sollte das Bundeswaldgesetz zudem eine Bereinigung des nationalen Forstrechts herbeiführen sowie als Grundlage für die Koordinierung der Forstpolitik und der Harmonisierung des Forstrechts im Rahmen der Europäischen Gemeinschaft dienen.[1243]

Nach der Begriffsdefinition in § 2 BWaldG war *Wald „jede mit Forstpflanzen bestockte Grundfläche"*. Daneben enthielt die Vorschrift gesetzliche Erweiterungen und Ausnahmen des Begriffs.[1244] Bei den Beratungen spielten die *„Weihnachtsbaum- und Schmuckreisigkulturen"* in diesem Zusammenhang eine Rolle. Während der Regierungsentwurf von 1973 diese Flächen ausdrücklich vom Waldbegriff ausnahm,[1245] bestand der Bundesrat darauf, den Ländern die Entscheidung über die Ausnahme zu überlassen.[1246] Der Anlass für diese Forderung war die Befürchtung, dass unerwünschte Aufforstungen in waldreichen Ländern als Weihnachtsbaum- oder

---

gedeckt werden, sodass Holzimporte zum Ausgleich des Defizits notwendig waren. Die *Arbeits-, Einkommens- und Vermögensfunktion* des Waldes war zunächst für die Beschäftigten in der Forstwirtschaft und die ca. 700.000 Privatwaldbesitzer von großer Bedeutung. Daneben traten die mittelbar von der Forstwirtschaft abhängigen Wirtschaftszweige, wie z.B. die Holzbe- und verarbeitende Industrie, der Holzhandel und das Handwerk. Zu den Funktionen: BT-Drs. 7/889, S. 17 ff. Die in § 1 BWaldG zugrunde gelegten Funktionen gehen auf die von *Prof. Dr. Victor Dieterich* entwickelte forstpolitische Funktionenlehre zurück, *Dieterich*, Forstwirtschaftspolitik, S. 17 ff., 172 ff. Siehe dazu auch: *Endres*, BWaldG, § 1 Rn. 9 ff.; *Klose/Orf*, Forstrecht, § 1 Rn. 46 ff.

1240 Insbesondere auf *„die dauernde Leistungsfähigkeit des Naturhaushaltes, das Klima, den Wasserhaushalt, die Reinhaltung der Luft, die Bodenfruchtbarkeit, das Landschaftsbild, die Agrar- und Infrastruktur und die Erholung der Bevölkerung"* (§ 1 BWaldG).

1241 BT-Drs. 7/889 S. 24.

1242 BT-Drs. 7/889 S. 24.

1243 BT-Drs. 7/889 S. 24.

1244 Eine *Waldfiktion* galt z.B. für Waldwege, Kahlschlagflächen, Waldwiesen u.Ä.; Eine Ausnahme vom Waldbegriff galt z.B. für einzelne Baumreihen oder -gruppen in bebautem Gebiet. Zum Waldbegriff im Bauplanungsrecht, in der Pflanzensoziologie und Ökologie, im Naturschutzrecht und in der Etymologie siehe: *Thomas*, NuR 2013, S. 622 ff.

1245 § 2 Abs. 2 RegE (1973), BT-Drs. 7/889.

1246 BR-Drs. 776/74 (Beschluss), Ziff. 1.

Schmuckreisigkultur ausgegeben werden konnten, um damit die Genehmigungspflicht für Erstaufforstungen zu umgehen.[1247] Der Bundesrat setzte sich mit dieser Auffassung im Vermittlungsausschuss durch,[1248] sodass die verabschiedete Fassung des Bundeswaldgesetzes diesem Umstand Rechnung trug und die Ausnahme derartiger Kulturen vom Waldbegriff der Landesgesetzgebung überließ (§ 2 Abs. 3 BWaldG).

§ 3 BWaldG legte die Begriffsdefinitionen für *Staatswald, Körperschaftswald* und *Privatwald* fest und konkretisierte damit den Geltungsbereich des Gesetzes. *Staatswald* war danach im Grundsatz jeder *„Wald, der im Alleineigentum des Bundes oder eines Landes steht“*. Ob auch der im Miteigentum stehende Wald davon erfasst war, bestimmte sich nach den landesrechtlichen Vorschriften. Als *Körperschaftswald* galt der im Alleineigentum der Körperschaften, Anstalten und Stiftungen des öffentlichen Rechts stehende Wald mit Ausnahme der *„Körperschaften besonderer Art“*.[1249] *Privatwald* wurde in einer negativ abgrenzenden Weise definiert und umfasste *„Wald, der weder Staatswald noch Körperschaftswald ist“*.

Als *Waldbesitzer* galt *„der Waldeigentümer und der Nutzungsberechtigte, sofern dieser unmittelbarer Besitzer des Waldes ist“* (§ 4) Die Nutzungsberechtigung konnte sich bereits aus dem Gesetz ergeben, auf einem privatrechtlichen Rechtsverhältnis beruhen (z.B. Pacht §§ 581 ff. BGB) oder dinglicher Natur sein (Nießbrauch §§ 1030 ff. BGB).[1250]

II. Erhaltung des Waldes

Die Vorschriften über die *Erhaltung des Waldes* im zweiten Kapitel des Bundeswaldgesetzes regelten neben der forstlichen Rahmenplanung auch die klassischen Kerngebiete des Forstrechts (Waldumwandlung, Aufforstung, Waldbewirtschaftung, Schutzwald) sowie die damals neuartigen Materien Erholungswald und Waldbetretungsrecht. Von besonderer Bedeutung ist in diesem Zusammenhang § 5 BWaldG, der ausdrücklich feststellt, dass es sich bei den Vorschriften im zweiten Kapitel um *Rahmenvorschriften für die Landesgesetzgebung* handelt. Die Vorschrift bestimmte zudem, dass die Länder ihre Gesetzgebung innerhalb von zwei Jahren nach dem Inkrafttreten des Bundeswaldgesetzes entsprechend anpassen sollten. Die Vorschrift wurde auf Vorschlag des Bundesrates im Vermittlungsverfahren in das Gesetz eingefügt und beendete damit die langwierige Auseinandersetzung zwischen Bund

1247 BR-Drs. 776/74 (Beschluss), Ziff. 1.

1248 VA-Prot. Nr. 18 (7/1972), 18. Sitzung des Vermittlungsausschusses am 29. Januar 1975, TOP 3, S. 8; BT-Drs. 7/3192, Ziff. 1.

1249 Darunter fiel insbesondere der Wald von Gemeinden, Gemeindeverbänden und Zweckverbänden. Als Körperschaften besonderer Art wurden die Religionsgemeinschaften, Realverbände, Hauberggenossenschaften, Markgenossenschaften, Gehöferschaften und ähnliche Gemeinschaften angesehen, vgl. BT-Drs. 7/889, S. 25.

1250 *Endres*, BWaldG, § 4 Rn. 3; *Thomas*, BWaldG, § 4, S. 186.

und Ländern über die Reichweite der Gesetzgebungskompetenz des Bundes.[1251] Der Bundesrat hatte bereits in seinen Stellungnahmen zu den vorangegangenen Entwürfen darauf hingewiesen, dass ein Teil der Vorschriften nach seiner Auffassung nicht auf die konkurrierende Gesetzgebungskompetenz gestützt werden könne und eine Vollregelung durch den Bund deshalb nicht möglich sei.[1252] In der Begründung für die Einberufung des Vermittlungsausschusses konkretisierte der Bundesrat seine Auffassung weiter und führte dazu aus, dass die Vorschriften im zweiten Kapitel des Bundeswaldgesetzentwurfs hauptsächlich der Erhaltung des Naturhaushalts und der Erholung der Bevölkerung dienen würden und mithin nur auf der Grundlage der Rahmengesetzgebungskompetenz erlassen werden könnten.[1253] Die Regelungen ließen den Ländern zudem *„keinen Raum für landesrechtliche Vorschriften mit substantiellem Gehalt"*. Eine unmittelbare Anwendung der Vorschriften hätte für die Länder zudem zur Folge, dass neu geschaffene landesrechtliche Vorschriften zur Regelung dieser Materie aufgehoben werden müssten. Dies widerspreche jedoch dem Willen des Gesetzgebers, da das Bundeswaldgesetz nur in den Grundzügen bundeseinheitliche Mindestnormen setzen und den Ländern den Erlass weitergehender Vorschriften zur Berücksichtigung ihrer besonderen Verhältnisse überlassen wolle. Interessanterweise hat sich der Unterausschuss des Rechtsausschusses des Bundesrates im zweiten Durchgang der gegenteiligen von der Bundesregierung vertretenen Auffassung angeschlossen. In dem Protokoll der Ausschusssitzung heißt es dazu:

> *„Die übrigen Vertreter der Mehrheit des UA sind der Auffassung, daß die genannten Vorschriften*[1254] *auch dann zulässig seien, wenn sie nicht mehr als Rahmenvorschriften angesehen werden könnten. Die BReg. und der zuständige BT-Ausschuss hätten überzeugend dargelegt, daß die teils durch Vollkompetenzen, teils durch Rahmenkompetenzen gedeckten Zwecksetzungen des Gesetzes derart miteinander verzahnt seien, daß getrennte Regelungen unmöglich wären.* [...] *Wegen des untrennbaren Zusammenhangs mit anderen Zwecksetzungen, die – für sich genommen – nur auf Grund von Rahmenkompetenzen verfolgt werden dürften, könnten die Regelungen auch hinsichtlich dieser Zwecksetzungen auf Vollkompetenzen gestützt werden. Im* übrigen *sei es schon bisher als zulässig angesehen worden, daß der Bund auch auf dem Gebiet der Rahmengesetzgebungskompetenz punktuelle Vollregelungen treffen kann."*[1255]

1251 BR-Drs. 776/74 (Beschluss) Ziff. 2; VA-Prot. Nr. 18 (7/1972), 18. Sitzung des Vermittlungsausschusses am 29. Januar 1975, TOP 3, S. 9 f.; BT-Drs. 7/3192 Ziff. 2.

1252 BR-Drs. 123/69 (Beschluss); BR-Drs. 301/72 (Beschluss) Ziff. 1.

1253 Hierzu und im Folgenden: BR-Drs. 776/74 (Beschluss) Ziff. 2.

1254 Es geht um die §§ 8, 9, 11 und 13 des RegE (BT-Drs. 7/889), d.h. *„Erhaltung des Waldes"*, *„Erstaufforstung"*, *„Schutzwald"* und *„Betreten des Waldes"*.

1255 Niederschrift über die Sitzung des Unterausschusses des Rechtsausschusses am 27. November 1974, TOP 5, S. 26 f., BT-PArch VII/276, Bd. A 1, lfd. Nr. 45; Zur Auffassung der Bundesregierung: BT-Drs. 7/889, Anhang 3; vgl. zudem: *Weismann*, DFuH 1975, S. 83 f. (84).

Diese Auffassung konnte sich im Bundesrat jedoch nicht durchsetzen, sodass es im Ergebnis zu der beabsichtigten Umgestaltung der Vorschriften in Rahmenvorschriften im Vermittlungsverfahren kam.

1. *Forstliche Rahmenplanung und Sicherung der Funktionen des Waldes bei Planungen und Maßnahmen von Trägern öffentlicher Vorhaben*

Die Vorschriften über die *forstliche Rahmenplanung* waren erstmals im Regierungsentwurf zum Bundeswaldgesetz von 1973 enthalten.[1256] Sie dienten der *„Ordnung und Verbesserung der Forststruktur"* und sollten im Ergebnis die Nutz-, Schutz- und Erholungsfunktion des Waldes sichern (§ 6 Abs. 1 BWaldG). Die Förderung landeskultureller Zielsetzungen fand schon im 1965 verabschiedeten Bundesraumordnungsgesetz seinen Ausdruck und wurde durch die forstliche Rahmenplanung im BWaldG ergänzt.[1257] Die Notwendigkeit dieser Vorschriften wurde insbesondere mit der Steigerung und erheblichen Verstärkung der Anforderungen der Allgemeinheit an den Wald begründet.[1258] Die wichtigsten Grundsätze der forstlichen Rahmenplanung erstreckten sich auf die Walderhaltung, Holzerzeugung, Ausweisung von Schutz- und Erholungswald, Aufforstung von Grenzertragsböden und Ödland sowie auf die Bildung forstwirtschaftlicher Zusammenschlüsse und die Flurbereinigung (§ 6 Abs. 3 Nr. 1–6 BWaldG). Die forstlichen Rahmenpläne sollten von den nach Landesrecht zuständigen Behörden unter Beteiligung der betroffenen öffentlichen Stellen und der Waldbesitzer entweder für einzelne Waldgebiete oder für das gesamte Landesgebiet aufgestellt werden (§ 7 Abs. 1 BWaldG). Dabei sollten auch die sonstigen Ziele der Raumordnung und Landesplanung berücksichtigt und die einzelnen Maßnahmen und Erfordernisse gegeneinander abgewogen werden (§ 6 Abs. 2, § 7 Abs. 3 BWaldG). Auch wenn das BWaldG für die Aufstellung der forstlichen Rahmenpläne nur eine *„Soll"*-Vorschrift vorsah, waren die zuständigen Behörden nur in eng umgrenzten Ausnahmefällen von der grundsätzlichen Pflicht zur Durchführung einer forstlichen Rahmenplanung befreit.[1259]

§ 8 BWaldG richtete sich an die Träger öffentlicher Vorhaben und verpflichtete diese, bei ihren Planungen und Maßnahmen die Nutz, Schutz- und Erholungsfunktion des Waldes zu berücksichtigen und die für die Forstwirtschaft zuständigen Behörden daran zu beteiligen.[1260] Die ursprünglich vorgesehene Ermächtigung des

---

1256 §§ 5–7 RegE 1973, BT-Drs. 7/889.

1257 Vgl. § 2 Abs. 1 Nr. 5 und Nr. 7 des Raumordnungsgesetzes vom 8. April 1965, BGBl. I 1965, S. 306 ff.; dazu auch S. 226.

1258 Begründung zum RegE (BT-Drs. 7/889), S. 26.

1259 *Bülow*, Rechtsfragen zur Forstlichen Rahmenplanung nach §§ 6 und 7 Bundeswaldgesetz, S. 113.

1260 Die forstliche Rahmenplanung trat neben bereits bestehende Planungsinstrumente (forstbetriebliche Planung (Forsteinrichtung), Raumplanung und waldbezogene Fachplanungen) und war mit diesen eng verflochten: *Kohler*, NuR 1984, S. 121 ff. (122).

Bundesministers für Ernährung, Landwirtschaft und Forsten zum Erlass von Verwaltungsvorschriften auf dem Gebiet der forstlichen Rahmenplanung wurde auf Vorschlag des Bundesrates im Vermittlungsausschuss aufgrund der *„Neuabgrenzung zwischen Landes- und Bundeskompetenz"* wieder gestrichen.[1261] Bis zu diesem Zeitpunkt waren in den Waldgesetzen der Länder – mit Ausnahme Bayerns – keine speziellen Vorschriften über die forstliche Rahmenplanung enthalten.[1262] Da die Vorschriften über die forstliche Rahmenplanung jedoch in dem vorgegebenen Rahmen von den Ländern zwingend umzusetzen waren, mussten diese innerhalb von zwei Jahren nach der Verabschiedung tätig werden und entsprechende Regelungen erlassen.[1263]

2. Erhaltung und Bewirtschaftung des Waldes, Erstaufforstung

Die Vorschriften im zweiten Abschnitt des zweiten Kapitels des Bundeswaldgesetzes bildeten seit Beginn der Beratungen den Schwerpunkt aller Entwürfe. Thematisch deckten sie die Erhaltung, Aufforstung und Bewirtschaftung des Waldes (dazu a), den Schutz- und Erholungswald (dazu b) und das Betreten des Waldes (dazu c) ab. Obwohl über den wesentlichen Inhalt der Vorschriften dieses Abschnitts und deren Notwendigkeit bereits seit den 1950er Jahren Konsens bestand,[1264] sind die meisten Regelungen vielfach überarbeitet, abgeändert und ständig fortentwickelt worden. Zum Teil sind die Vorschriften aber auch wieder vollständig aus den Entwürfen gestrichen worden, wie beispielsweise solche über allgemeine Betriebsplanpflichten[1265] und Forstnutzungsrechte[1266]. Neu hinzugekommen sind in diesem Abschnitt die Vorschriften über das Betreten des Waldes und den Erholungswald.[1267]

1261 VA-Prot. Nr. 18 (7/1972), 18. Sitzung des Vermittlungsausschusses am 29. Januar 1975, TOP 3, S. 18; BR-Drs. 776/74 (Beschluss) Ziff. 13; vgl. § 44 RegE (BT-Drs. 7/889) und § 44 der Ausschussfassung (BT-Drs. 7/2727) (= § 49 BR-Drs. 776/74).

1262 Eine Ausnahme bildete das *„Waldgesetz für Bayern"* vom 22. Oktober 1974 (GVOBl. BY 1974, S. 551 ff.), das in Art. 5 und 6 Vorschriften über *Waldfunktionspläne* und die *forstliche Fachplanung* aufstellte und damit der kommenden Regelung im BWaldG bereits im Vorfeld Rechnung tragen wollte; dazu: *Hasel,* RdL 1975, S. 197 ff. (198).

1263 *Hasel,* RdL 1975, S. 197 ff. (198).

1264 So z.B. die Wiederaufforstungspflicht und die Genehmigungspflicht für Umwandlungen von Wald in eine andere Nutzungsart.

1265 U.a. in § 5 RefE vom 1. Februar 1956, BArch B 116/9397; § 5 RefE vom 1. August 1959, BArch B 116/9397; § 3 Abs. 1 Nr. 3 RefE v. 1. März 1963, BArch B 116/9397.

1266 U.a. in § 8 RefE vom 1. Februar 1956; § 9 RefE vom 1. August 1959, BArch B 116/9397.

1267 Die Vorschriften über das Betreten des Waldes tauchten erstmals als Formulierungshilfe im Entwurf des DFWR (Prof. Dr. Mantel) vom 20. Juli 1964 auf: *DFWR,* 1962–1965 Dreijahresbericht, S. 60, 68 (Anlage 3). Die Vorschriften über den Erholungswald waren zum ersten Mal im Bundeswaldgesetzentwurf vom 22. Dezember 1964 enthalten, der aus einer Besprechung zwischen der AGDW und einem vom CDU-Bundesagrarausschuss gebildeten Arbeitskreis hervorging: *DFWR,* 1962–1965 Dreijahresbericht, S. 62, S. 84 (Anlage 8).

a) Walderhaltung, Erstaufforstung und Waldbewirtschaftung

Zur *Erhaltung des Waldes* regelte § 9 Abs. 1 BWaldG, dass eine Rodung oder Umwandlung in eine andere Nutzungsart nur mit Genehmigung der nach Landesrecht zuständigen Behörde vollzogen werden durfte. Diese Art der Verfügungsbeschränkung der Waldbesitzer entsprach der herkömmlichen Rechtslage in den meisten Ländern,[1268] sodass es im Gesetzgebungsverfahren zu keinen grundsätzlichen Auseinandersetzungen über die Vorschrift gekommen ist. Eine Abwägung der Rechte, Pflichten und Interessen des Waldbesitzers gegen die Belange der Allgemeinheit bei der Entscheidung über die Umwandlungsgenehmigung sollte den verfassungsrechtlich gebotenen Interessenausgleich sicherstellen. Eine Versagung der Genehmigung kam nach dem Bundeswaldgesetz in Betracht, wenn *„die Erhaltung des Waldes überwiegend im öffentlichen Interesse liegt"* (§ 9 Abs. 1 S. 3 BWaldG), d.h. wenn der Nutz-, Schutz- und Erholungsfunktion des Waldes bei der Abwägung ein größeres Gewicht zukam.[1269] Die Ausgestaltung der Vorschrift als präventives Verbot mit Erlaubnisvorbehalt verdeutlicht, dass die Umwandlung von Wald dem grundsätzlichen Willen des Gesetzgebers zuwiderlief und derartige Vorhaben nur genehmigt werden sollten, wenn sie mit dem materiellen Recht vereinbar waren.[1270] Die weitergehenden Umwandlungsvoraussetzungen und Ausnahmen von der Genehmigungspflicht, die im ursprünglichen Entwurf noch enthalten waren,[1271] wurden auf Vorschlag des Bundesrates im Vermittlungsverfahren aus dem Gesetz gestrichen.[1272] Der Bundesrat begründete seinen Änderungsvorschlag damit, dass die Umwandlungsvoraussetzungen in den Landesgesetzen ausführlich geregelt seien und die Bundestagsfassung diese aufweichen und zu Rechtsunsicherheiten in der Genehmigungspraxis führen würde.[1273] Nach § 9 Abs. 2 BWaldG sollte eine Umwandlung auch für einen bestimmten Zeitraum genehmigt werden können, wobei die anschließende Wiederaufforstung durch Auflagen sicherzustellen war. Ein solches Vorgehen kam nach der Gesetzesbegründung für vorübergehende Nutzungen, wie z.B. den Abbau von Sand, Kies und Gestein, in Betracht.[1274] Die Länder sollten nach § 9 Abs. 3 BWaldG Ausnahmen zur grundsätzlich erforderlichen Umwandlungsgenehmigung regeln können; z.B. wenn eine Nutzungsart auf Grund anderer öffentlich-rechtlicher Vorschriften rechtsverbindlich festgestellt wurde oder der Wald weiteren Einschränkungen (z.B. Schutz- und Erholungswald) unterworfen war.

1268 Begründung zum RegE (BT-Drs. 7/889), S. 27; *Endres*, BWaldG, § 9 Rn. 2.

1269 Vgl. Begründung zum RegE (BT-Drs. 7/889), S. 27.

1270 *Endres*, BWaldG, § 9 Rn. 5.

1271 Vgl. § 8 RegE (BT-Drs. 7/889): Erteilung der Genehmigung mit Bedingungen und Auflagen / Frist für die Durchführung der Umwandlung.

1272 VA-Prot. Nr. 18 (7/1972), 18. Sitzung des Vermittlungsausschusses am 29. Januar 1975, TOP 3, S. 10.

1273 Gründe für die Einberufung des VA, BR-Drs. 776/74 (Beschluss) Ziff. 3. (= BT-Drs. 7/3016).

1274 Begründung zum RegE (BT-Drs. 7/889), S. 27.

Auch die *Erstaufforstung* bedurfte gem. § 10 Abs. 1 BWaldG der Genehmigung der nach Landesrecht zuständigen Behörde.[1275] Eine Versagung kam jedoch nur bei entgegenstehenden Erfordernissen der Raumordnung und Landesplanung in Betracht, denen nicht durch Auflagen entsprochen werden konnte (S. 2). Die Vorschrift diente damit in erster Linie zur Kontrolle und Steuerung von Erstaufforstungen in ohnehin waldreichen Gebieten, um damit negative Folgen für die Landeskultur und die allgemeine Wirtschaftsentwicklung zu vermeiden.[1276] Der Genehmigungsvorbehalt zeigt außerdem, dass die Vermehrung des Waldbestandes nur *„erforderlichenfalls"* (vgl. Gesetzeszweck § 1 Nr. 1 BWaldG) in Betracht kam und nicht bedingungslos angestrebt wurde.[1277] Auch bei der Entscheidung über die Erstaufforstungsgenehmigung waren die Interessen der Waldbesitzer und die der Allgemeinheit zu berücksichtigen und gegeneinander abzuwägen. Die ursprünglich vorgesehene Regelung weiterer Voraussetzungen und Ausnahmetatbestände im Bundeswaldgesetz wurde im Vermittlungsverfahren zugunsten einer eigenständigen Landesgesetzgebung gestrichen.[1278] Nach der Begründung des Bundesrates sollten damit die besonderen Verhältnisse in den Ländern berücksichtigt werden, die Einschränkungen der Erstaufforstung auch aus anderen Gründen erforderlich machen konnten.[1279]

§ 11 Abs. 1 S. 1 BWaldG enthielt eine Grundsatzbestimmung zur *Waldbewirtschaftung*, nach der Wald *„im Rahmen seiner Zweckbestimmung ordnungsgemäß und nachhaltig bewirtschaftet werden"* soll. Darunter wurde eine Bewirtschaftung nach anerkannten forstlichen Grundsätzen unter Berücksichtigung der Schutz- und Erholungsfunktion verstanden.[1280] Der Leitgedanke zu dieser Vorschrift war die nach wie vor bestehende *„Gefahr übermäßiger Nutzung, der der Wald zu allen Zeiten ausgesetzt war und ist"*[1281]. Der vom BWaldG geschaffene Rahmen legte dem Landesgesetzgeber außerdem auf, die Waldbesitzer mindestens zur Wiederaufforstung und Ergänzung kahlgeschlagener Flächen und verlichteter Waldbestände zu verpflichten (§ 11 Abs. 1 Nr. 1, Nr. 2). Gegenüber der Entwurfsfassung, die den Waldbesitzer direkt verpflichtete,[1282] wurde diese Vorschrift deutlich abgeschwächt und

1275 Zur Erstaufforstung siehe auch: *Orf*, NuR 1984, S. 224 ff.

1276 Begründung zum RegE (BT-Drs. 7/889), S. 28; vgl. *Orf*, NuR 1984, S. 224 ff. (225).

1277 *Endres*, BWaldG, § 10 Rn. 1.

1278 Vgl. § 9 RegE (BT-Drs. 7/889).

1279 BR-Drs. 776/74 (Beschluss) Ziff. 4 (=BT-Drs. 7/3016). Eine Einschränkung der Erstaufforstung kam danach z.B. auch wegen einer Verminderung der Ertragsfähigkeit benachbarter Grundstücke oder aus Gründen des Landschaftsbildes in Betracht.

1280 Begründung zum RegE (BT-Drs. 7/889), S. 28.

1281 Begründung zum RegE (BT-Drs. 7/889), S. 28.

1282 § 10 RegE (BT-Drs. 7/889): [Auszug] Abs. 1: *„Der Waldbesitzer ist verpflichtet, seinen Wald im Rahmen der Zweckbestimmung ordnungsgemäß und nachhaltig zu bewirtschaften. [...]"*; Abs. 2: *„Kahlgeschlagene Flächen sind, [...], in angemessener Frist wieder aufzuforsten oder zu ergänzen, soweit die natürliche Wiederbestockung unvollständig bleibt."* Abs. 3 [...].

in eine Soll-Vorschrift umgewandelt. Der Bundesrat hatte bereits in seiner ersten Stellungnahme bemängelt, dass es für die von der Bundesregierung vorgesehenen *„Zwangsverpflichtung des Waldbesitzers"* an einer gesetzlichen Durchsetzbarkeit im Bundeswaldgesetz fehle.[1283] Die vom Bundesrat vorgeschlagene Alternativfassung der Vorschrift setzte sich schließlich in den Beratungen des Ausschusses für E.L.F. des Bundestages durch und wurde in das Gesetz aufgenommen.[1284]

b) Schutz- und Erholungswald

Nach § 12 Abs. 1 S. 1 BWaldG konnte ein Wald zu *Schutzwald* erklärt werden, wenn die Durchführung oder Unterlassung bestimmter forstlicher Maßnahmen *„zur Abwehr oder Verhütung von Gefahren, erheblichen Nachteilen oder erheblichen Belästigungen für die Allgemeinheit notwendig"* war. Die nicht abschließende Aufzählung in § 12 Abs. 1 S. 2 BWaldG nennt als möglichen Grund für eine derartige Erklärung u.a. den Schutz gegen schädliche Umwelteinwirkungen[1285], Erosionen durch Wasser und Wind sowie Austrocknung. Insbesondere Kahlhiebe standen in Schutzwaldgebieten unter der Genehmigungspflicht der nach Landesrecht zuständigen Behörde (§ 12 Abs. 3 BWaldG), wobei die weitere Detailregelung den Ländern überlassen wurde (§ 12 Abs. 4 BWaldG). Die Schutzwaldgesetzgebung begann in Deutschland im 19. Jahrhundert[1286] und verfolgte seitdem im Wesentlichen die gleichen Ziele.[1287] Die Verfasser des Regierungsentwurfs gingen davon aus, dass die Erklärung von bestimmten Waldgebieten zu Schutzwald notwendig sei, um die vorgenannten Zwecke zu erreichen.[1288] Ursprünglich sollte die Ausweisung von Schutzwald nach den Vorschriften über das förmliche Verwaltungsverfahren des Verwaltungsverfahrensgesetzes (VwVfG) stattfinden, das sich zu diesem Zeitpunkt jedoch noch im

---

1283 BR-Drs. 207/73 (Beschluss) Ziff. 10. (=BT-Drs. 7/889, Anlage 2).

1284 Kurzprotokoll der 33. Sitzung des Ausschusses für E.L.F. am 24. April 1974, BT-PArch VII/276, Bd. A 1, lfd. Nr. 34 (zu § 10).

1285 Die Vorschrift nahm Bezug auf das *„Bundes-Immissionsschutzgesetz"* vom 15. März 1974 (BGBl. I 1974, S. 721 ff.). Nach der Begriffsbestimmung in § 3 waren *„schädliche Umwelteinwirkungen"* danach *„Immissionen, die nach Art, Ausmaß oder Dauer geeignet sind, Gefahren, erhebliche Nachteile oder erhebliche Belästigungen für die Allgemeinheit oder die Nachbarschaft herbeizuführen."*

1286 *RForstA*, Begründung E-RForstG (1940), S. 72. In der NS-Zeit mit dem aus Österreich stammenden Begriff *„Bannwaldungen"* bezeichnet.

1287 In Preußen erging 1875 das *„Schutzwaldgesetz"* (GS 1875, S. 416 ff); Der Reichsforstgesetzentwurf vom Juni 1920 überließ die Ausweisung von Schutzwald nach § 3 Abs. 2 den landesgesetzlichen Vorschriften (BArch R 401/1730); Der Reichsforstgesetzentwurf von 1942 enthielt umfassende Regelungen zu den *„Bannwaldungen"* (BArch R 2/4724).

1288 Begründung zum RegE (BT-Drs. 7/889), S. 28.

Gesetzgebungsverfahren befand.[1289] Da sich die Verabschiedung des VwVfG aber noch über die Ausschussberatungen zum Bundeswaldgesetz hinaus verzögerte und die Schaffung eines eigenen Verfahrens nicht zweckmäßig erschien, entschied man sich dazu, den Ländern die weitere Ausgestaltung zu überlassen.[1290]

Die Erklärung von Wald zu *Erholungswald* war in § 13 BWaldG geregelt. Voraussetzung dafür war, dass *„es das Wohl der Allgemeinheit erfordert, Waldflächen für Zwecke der Erholung zu schützen, zu pflegen oder zu gestalten"*. Die Detailregelung wurde wiederum den Ländern überlassen, wobei das Bundeswaldgesetz in § 13 Abs. 2 BWaldG eine beispielhafte Aufzählung besonders relevanter Reglungsbereiche enthielt. Danach sollten die Länder u.a. Vorschriften erlassen können über Art und Umfang der Waldbewirtschaftung (Nr. 1), die Jagdausübung (Nr. 2), die Verpflichtung der Waldbesitzer zur Errichtung und Unterhaltung von Anlagen[1291] oder Einrichtungen sowie die Duldung der Beseitigung von störenden Anlagen und Einrichtungen (Nr. 3) und das Verhalten der Waldbesucher (Nr. 4). Bereits das *„Preußische Baumschutzgesetz"*[1292] von 1922 erkannte die Funktion des Waldes als Erholungsstätte für die Bevölkerung an und schuf die Möglichkeit, bestimmte Baumbestände für Erholungs- und Gesundheitszwecke zu erhalten.[1293] Um die Walderhaltung durchzusetzen, wurden die Bestände in ein Verzeichnis aufgenommen und der jeweilige Waldbesitzer bestimmten Verfügungsbeschränkungen unterworfen (u.a. Genehmigungspflicht für sämtliche Maßnahmen, die zu einer Änderung des Holzbestandes führen, § 3 Abs. 1 des Preußischen Baumschutzgesetzes). In den *Reichsforstgesetzentwürfen* der NS-Zeit wurde diese Materie unter der Bezeichnung *„Schonwaldungen"* sehr umfangreich behandelt.[1294] In den Beratungen zum Bundeswaldgesetz tauchte eine Vorschrift zum Erholungswald erstmals im Bundeswaldgesetzentwurf vom 22. Dezember 1964 auf, der aus einer Besprechung zwischen der Arbeitsgemeinschaft Deutscher Waldbesitzerverbände (AGDW) und einem

---

1289 Begründung zum RegE (BT-Drs. 7/889), S. 28; BT-Drs. 7/910.

1290 BT-Drs. 7/2727, zu § 11. Das VwVfG wurde letztendlich erst nach dem BWaldG am 25. Mai 1976 verabschiedet (BGBl. I 1976, S. 1253 ff.). Die Vorschrift zur Regelung des Verfahrens wurde im Vermittlungsverfahren insgesamt aus dem Gesetz gestrichen, vgl. BT-Drs. 7/3016, Ziff. 5.

1291 Als Anlagen werden in § 13 Abs. 2 Nr. 3 BWaldG Wege, Bänke, Schutzhütten u.Ä. genannt.

1292 *„Gesetz zur Erhaltung des Baumbestandes und Erhaltung und Freigabe von Uferwegen im Interesse der Volksgesundheit"*, PrGS 1922, S. 213 ff.

1293 § 1 des Gesetzes lautete: *„Der Provinzialausschuß [...] bestimmt [...] welche Baumbestände und Grünflächen in Großstädten oder in der Nähe von Großstädten, in der Nähe von Bade- oder Kurorten oder in Industriegebieten aus Rücksicht auf die Volksgesundheit oder als Erholungsstätten der Bevölkerung zu erhalten sind, und welche Uferwege an Seen und Wasserläufen neben den bestehenden öffentlichen Wegen dem Fußgängerverkehr zwecks Förderung des Wanderns dienen sollen."*

1294 §§ 138–147 E-RForstG (1942), BArch R 2/4724. Siehe dazu S. 109 ff.

vom CDU-Bundesagrarausschuss gebildeten Arbeitskreis hervorging.[1295] Auch der Regierungsentwurf von 1969 sah ein Bedürfnis für die Ausweisung spezieller Erholungswaldgebiete.[1296] Im Regierungsentwurf von 1973 war eine entsprechende Bestimmung hingegen nicht mehr enthalten, sodass der Bundesrat bereits in seiner ersten Stellungnahme die Aufnahme einer Vorschrift über Erholungswaldgebiete anregte und einen entsprechenden Änderungsvorschlag unterbreitete.[1297] In ihrer Gegenäußerung erklärte die Bundesregierung ihr Einverständnis zu der Aufnahme der vom Bundesrat vorgeschlagenen Vorschrift über den Erholungswald.[1298]

c) Betreten des Waldes

Die Regelung zum *Betreten des Waldes* in § 14 BWaldG bildete im Gesetzgebungsverfahren einen der Kernpunkte der Beratungen, die hauptsächlich durch eine Auseinandersetzung über das Recht zum *Reiten im Wald* geprägt waren.[1299] Die Regelung des Waldbetretungsrechts wurde von den Verfassern des Regierungsentwurfs aus verschiedenen Gründen als erforderlich betrachtet.[1300] Hauptsächlich ging es um die Abwägung der Interessen der Allgemeinheit mit den Rechten und Pflichten der Waldbesitzer, um einen Ausgleich zwischen der grundgesetzlichen Gewährleistung des Eigentums und dem gestiegenen Erholungsbedürfnis der Bevölkerung herzustellen. Mit Ausnahme der Bundesländer, die diese Materie in ihren neueren Forstgesetzen bereits bedacht hatten, herrschte im Bundesgebiet weiterhin große Rechtsunsicherheit darüber, inwiefern die Rechte des Waldbesitzers durch ein Gewohnheitsrecht zum Betreten des Waldes eingeschränkt wurden.[1301] Mit einer bundeseinheitlichen Regelung des Betretungsrechts sollte diese Rechtunsicherheit beseitigt werden.

Die verabschiedete Fassung des Bundeswaldgesetzes gestattete das Betreten des Waldes zum Zwecke der Erholung im Grundsatz unbeschränkt (§ 14 Abs. 1 S. 1 BWaldG). Das Reiten, Radfahren und Fahren mit Krankenfahrstühlen war nur auf *Straßen und Wegen*[1302] im Wald gestattet (§ 14 Abs. 1 S. 2 BWaldG). Um die

---

1295 *DFWR*, 1962–1965 Dreijahresbericht, S. 62, S. 84 (Anlage 8).

1296 § 5 RegE 1969 (BT-Drs. 5/4233), S. 8.

1297 BR-Drs. 207/73 Ziff.12; so auch bereits: BR-Drs. 301/72 (Beschluss) Ziff. 12.

1298 BT-Drs. 7/889, Anlage 3 (S. 41). Der Vorschlag der Bundesregierung, bei der Vorschrift über den Erholungswald einen Verweis auf die Vorschriften des VwVfG über das förmliche Verfahren einzufügen, scheiterte – wie die Parallelregelung beim Schutzwald (s.o.) – an der Verzögerung der Verabschiedung des VwVfG.

1299 Zu den verfassungsrechtlichen Grundlagen und der Rechtslage bis 1970 zum Waldbetretungsrecht siehe S. 154 ff.

1300 Hierzu und im Folgenden: Begründung zum RegE 1973 (BT-Drs. 7/889) S. 29.

1301 Zur Rechtslage bis 1970 siehe S. 157 ff.; siehe auch *Endres*, BWaldG, § 14 Rn. 2; *Klose/Orf*, Forstrecht, § 14 Rn. 3; *Kolodziejcok/Recken/Apfelbacher/Iven*, Naturschutz, Landschaftspflege, Bd. 2, *(Endres/Recken)*, Tz. 4553, Rn. 2 ff.

1302 Der Begriff *„Straßen und Wege"* in § 14 Abs. 1 S. 2 BWaldG bezieht sich jedoch nicht auf die dem öffentlichen Verkehr gewidmeten Anlagen, da sich deren

Waldbesitzer nicht der Gefahr einer unbeschränkten Haftung auszusetzen, erfolgten die unterschiedlichen Benutzungsarten *„auf eigene Gefahr“* (§ 14 Abs. 1 S. 3 BWaldG). Im Übrigen wurde die weitere Detailregelung den Ländern überlassen, wobei diese das Waldbetretungsrecht aus *wichtigem Grund*[1303] einschränken und weitere Benutzungsarten dem Betreten gleichstellen können sollten (§ 14 Abs. 2 BWaldG).

Das Recht zum Betreten des Waldes war erstmals als Formulierungsvorschlag im *Bundeswaldgesetzentwurf*[1304] des Deutschen Forstwirtschaftsrats (DFWR) vom 20. Juli 1964 enthalten. Die nachfolgenden Bundeswaldgesetzentwürfe des DFWR und der AGDW übernahmen diese Vorschrift und entwickelten sie laufend fort. Am Anfang stand eine Regelung, die der erholungsuchenden Bevölkerung den freien Zutritt zum Wald gewähren sollte, dem Waldbesitzer jedoch die Möglichkeit gab, den Zutritt außerhalb der Wege zu beschränken. Um missbräuchliche Beschränkungen durch den Waldbesitzer zu verhindern, sahen die nachfolgenden Entwürfe der beiden Interessengruppen eine Kontrolle durch die nach Landesrecht zuständigen Forstbehörden vor, die etwaige Beschränkungen aufheben können sollten.[1305] Zudem war in späteren Entwürfen vorgesehen, dass weitergehende landesrechtliche Beschränkungen des Betretungsrechts unberührt bleiben sollten.[1306] Das Reiten im Wald und andere Benutzungsarten wurden in diesen Entwürfen überhaupt noch nicht thematisiert.[1307] Der Regierungsentwurf von 1969 hat diese Konzeption nur

Benutzung unmittelbar aus den straßenrechtlichen Vorschriften ergibt. Hierzu: *Endres*, BWaldG, § 14 Rn. 19 f.; *Agena/Louis*, NuR 2015, S. 10 ff. (14); *Kolodziejcok/Recken/Apfelbacher/Iven*, Naturschutz, Landschaftspflege, Bd. 2, *(Endres/Recken)*, Tz. 4553, Rn. 16.

1303 Wichtige Gründe sind nach dem Gesetz u.a.: Forstschutz, Wald- und Wildbewirtschaftung, Schutz der Waldbesucher, Vermeidung erheblicher Schäden und die Wahrung schutzwürdiger Interessen der Waldbesitzer (§ 14 Abs. 2 BWaldG).

1304 *„Entwurf eines Bundeswaldgesetzes“* vom 20. Juli 1964, *DFWR*, 1962–1965 Dreijahresbericht, S. 68 (Anlage 3).

1305 Vgl. Bundeswaldgesetzentwürfe vom 15. Oktober 1964, 10. November 1964, 8. Dezember 1964 und 22. Dezember 1964, *DFWR*, 1962–1965 Dreijahresbericht, S. 74–88 (Anlagen 5–8).

1306 Bundeswaldgesetzentwurf vom 19. Januar 1965, *DFWR*, 1962–1965 Dreijahresbericht, S. 68 (Anlage 9). Weitergehende Beschränkungen des Betretungsrechts konnten u.a. für Forstkulturen, Verjüngungen und Holzeinschlagsflächen gelten. Vgl. auch Bundeswaldgesetzentwürfe vom 23. November 1965 und vom 10. Dezember 1965, *DFWR*, 1965–1968 Dreijahresbericht, S. 128–136.

1307 Vor der Normierung im BWaldG gab es nach übereinstimmender Auffassung von Rechtsprechung und Literatur kein Recht zum Reiten im Wald auf gewohnheitsrechtlicher Grundlage: *Endres*, BWaldG, § 14 Rn. 3 m.w.N; *Tesmer*, DFuH 1976, S. 177 ff. (178); Überhaupt war die Thematik *„Reiten“* bis zum Ende der 1960er Jahre im Bereich des öffentlichen Rechts weder in der Rechtsprechung, noch in der Literatur von nennenswerter Bedeutung, siehe: *Pielow*, NuR 1980, S. 53 ff. (53); siehe auch: *Plochmann*, FwCbl. 1979, S. 172 ff. (172).

in Teilen übernommen.[1308] Danach hatte der Waldbesitzer das Betreten des Waldes zu Erholungszwecken zu dulden und konnte dieses nur mit Genehmigung der nach Landesrecht zuständigen Behörde beschränken. Voraussetzung für die Erteilung einer solchen Genehmigung war, dass die Beschränkung des Betretungsrechts *„zur Erhaltung, zur forstwirtschaftlichen Pflege oder zur Nutzung des Waldes, zur Wildhege oder zur Sicherheit der Waldbesucher notwendig ist"* (§ 4 Abs. 1 S. 3 RegE 1969). Ausgenommen von der Genehmigungspflicht waren nur vorübergehende und eilbedürftige Beschränkungen zum Schutz der Waldbesucher. Der Begründung kann entnommen werden, dass *„Betreten"* zwar im weiten Sinne verstanden werden und auch die Benutzung von Skiern und das Mitführen von Fahrrädern umfassen sollte, nicht aber das Reiten.[1309] Nachdem dieser Entwurf wegen Ablaufs der Legislaturperiode im Jahr 1969 nicht weiter beraten wurde, erfolgte eine vollständige Neufassung im Regierungsentwurf von 1973.[1310] Diese Fassung war sehr viel umfangreicher und verbindlicher, indem sie in Teilen eine abschließende Regelung des Betretungsrechts und dessen Ausnahmen enthielt. Das Betreten des Waldes sollte danach zum Zwecke der Erholung und auf eigene Gefahr gestattet sein (§ 12 Abs. 1 RegE 1973). Nicht gestattet war das Betreten von Forstkulturen, Naturverjüngungen und Ähnlichem. Besondere Bedeutung kam der Regelung in § 12 Abs. 2 des Regierungsentwurfs von 1973 zu, die das *„Reiten, Fahren, Zelten und Abstellen von Wohnwagen"* im Wald nur gestattete, *„soweit hierfür eine besondere Befugnis vorliegt oder Wege und sonstige Flächen dazu besonders bestimmt sind"*. Nach Abs. 3 sollte das Waldbetretungsrecht zudem aus Gründen der Waldbrandverhütung oder zum Schutz der wildlebenden Tiere von der nach Landesrecht zuständigen Behörde beschränkt werden können. Der Waldbesitzer benötigte für weitergehende Beschränkungen des Betretungsrechts eine behördliche Genehmigung, die nur aus wichtigem Grund (Forstschutz, Schutz der Waldbesucher) und befristet erteilt werden durfte (§ 12 Abs. 4 RegE 1973).

Der Bundesrat stimmte im ersten Durchgang mit den wesentlichen Grundgedanken dieser Vorschrift überein, wollte mit seinem Änderungsvorschlag jedoch den rahmenrechtlichen Charakter der Vorschrift sicherstellen und der Landesgesetzgebung weitere Möglichkeiten für Detailregelungen einräumen.[1311] Im Kern ging es dabei darum, das Betretungsrecht weiteren Einschränkungen unterwerfen zu können. Ein Teil der Empfehlung zielte dafür speziell auf die rechtliche Lage im Bundesland Schleswig-Holstein ab, das mit seinem 1971 verabschiedeten Landeswaldgesetz das Betretungsrecht – außerhalb von Erholungswaldgebieten – aufgrund der geringen Bewaldungsquote auf die Wege beschränkt hatte.[1312] Damit diese Konzeption nicht

1308 Vgl. § 4 RegE 1969 (BT-Drs. 5/4233).

1309 Begründung zum RegE 1969 (BT-Drs. 5/4233) S. 8.

1310 § 12 RegE 1973 (BT-Drs. 7/889); So auch bereits der wegen der vorzeitigen Beendigung der 6. Legislaturperiode nicht zur Verabschiedung gekommene RegE 1972 (BR-Drs. 301/72).

1311 Hierzu und im Folgenden: BR-Drs. 207/73 (Beschluss) Ziff. 13.

1312 § 5 des Schleswig-Holsteinischen Landeswaldgesetzes vom 18. März 1971, GVOBl. SH 1971, 94 ff.; Siehe dazu S. 161 ff.

durch die Regelung des Bundeswaldgesetzes zunichte gemacht würde, schlug der Bundesrat vor, dass das Betretungsrecht in Ländern mit eine Bewaldung von weniger als 10 % der Landesfläche auf die Waldwege beschränkt werden kann. Hinsichtlich der im Regierungsentwurf vorgesehenen Reitregelung erhob der Bundesrat zunächst keine Einwände, sondern wollte den Ländern vielmehr die Untersagung weiterer Benutzungsarten vorbehalten.

Parallel zu den Beratungen im Bundesrat und Bundestag häuften sich jedoch mündliche und schriftliche Anfragen mit Bezug zum Reiten im Wald, die in den vorliegenden Entwurfsfassungen ein *„Reitverbot"* erblickten.[1313] Die Bundesregierung versuchte daraufhin in ihren Antworten dieses *„Missverständnis"* klarzustellen, indem sie die Möglichkeiten zum Reiten im Wald darstellte und die Beschränkung des Reitens im Wald zu rechtfertigen versuchte.[1314] Auch in der Öffentlichkeit kam es zu einer vermehrten Problematisierung des *„Reitens im Walde"*, die ihren Ausdruck in zahlreichen Zuschriften, Protestschreiben und Stellungnahmen von Reitverbänden und Einzelpersonen fand.[1315] Bundesminister *Ertl* betonte deshalb in der ersten Lesung noch einmal ausdrücklich, dass der Entwurf kein generelles Reitverbot enthalte und es ein solches auch nicht geben werde.[1316] Die Diskussion darüber war jedoch bereits entfacht und setzte sich in den anschließenden Ausschussberatungen des Bundestages weiter fort. Grundlage für die Ausschussberatungen war die Entwurfsfassung unter Berücksichtigung der Stellungnahme des Bundesrates und der Gegenäußerung der Bundesregierung.[1317] Nach der Entwurfsfassung sollte das Reiten im Wald nur bei Vorliegen einer besonderen Befugnis oder auf dafür bestimmten Wegen und Flächen zulässig sein (§ 12 Abs. 2 RegE 1973).

Um den Interessengruppen im Vorfeld der Ausschussberatungen die Möglichkeit zur Abgabe einer Stellungnahme zu geben, fand am 5. November 1973 eine öffentliche Anhörung von Verbandsvertretern und Sachverständigen statt.[1318] Die

---

1313 Vgl. BT-Drs. 7/433, S. 31; BT-Drs. 7/555, S. 12, 19; BT-Drs. 7/690, S. 21.; BT-Drs. 7/1555, S. 28; vgl. *Endres*, BWaldG, § 14 Rn. 6.

1314 BT-PlPr. 7/29 S. 1528 (A); BT-PlPr. 7/35 S. 2010 (D), 2011 (D); BT-PlPr. 7/43, S. 2442 (D). Nach Ansicht der Bundesregierung sollte das Reiten im Wald weiterhin auf Grundlage der in den einzelnen Ländern von Reitorganisationen und den Waldbesitzerverbänden herausgegebenen Musterverträge zum Reiten im Wald stattfinden. Ihre Entwurfsfassung begründete die Bundesregierung unter anderem damit, dass 1) gegenüber der bisherigen Rechtslage eine Verbesserung sattfinde, 2) ein unbeschränktes Reitrecht über die Sozialgebundenheit des Eigentums hinausgehe und zu Konflikten mit Fußgängern etc. führe und 3) die durch das Reiten verursachten Schäden unzumutbare Belastungen für den jeweiligen Waldbesitzer seien.

1315 In der Parlamentsdokumentation zum Bundeswaldgesetz sind knapp 80 dieser Schreiben und Stellungnahmen dokumentiert, BT-PArch VII/276, Bd. B 1 und B 2, vgl. lfd. Nr. 11–96; vgl. dazu: *Carlsen*, NuR 1979, S. 60 ff. (61).

1316 BT-PlPr 7/57, S. 3303 (A).

1317 BT-Drs. 7/889 (Anlage 3).

1318 BT-PArch VII/276, Bd. A 1, lfd. Nr. 28.

Stellungnahmen zeigten erwartungsgemäß ein uneinheitliches Bild zur Regelung des Betretungsrechts. Die *Arbeitsgemeinschaft Deutscher Waldbesitzerverbände e.V.*, die *Bundesvereinigung der kommunalen Spitzenverbände*, der *Deutsche Forstwirtschaftsrat e.V.* und die *Schutzgemeinschaft Deutscher Wald e.V.* stimmten der Regelung des Betretungsrechts in der von der Bundesregierung vorgesehenen Konzeption zu.[1319] Der *Deutsche Bauernverband e.V.* und der *Deutsche Jagdschutz-Verband e.V.* forderten hingegen eine Verschärfung der Regelung, wobei der Bauernverband das Betreten des Waldes generell auf Waldwege beschränken wollte und Reitwege nur gegen ein entsprechendes Entgelt ausgewiesen werden sollten.[1320] Der Jagdschutz-Verband strebte sogar eine noch weitergehende Einschränkung an und wollte das Betreten des Waldes nur auf Wegen gestatten, deren Begehen weder die Erhaltung und Bewirtschaftung des Waldes noch die Wildhege beeinträchtigt.[1321] Eine Verpflichtung des Waldbesitzers zur Gestattung des Betretens des Waldes außerhalb der Wege sollte jedoch im Einzelfall von der Behörde ausgesprochen werden können. Hinsichtlich des Reitens im Wald stimmte der Jagdschutz-Verband ebenfalls der Absicht der Bundesregierung zu. Der zum Bundeswaldgesetz angehörte Sachverständige *Professor Wolfram Pflug* sprach sich dafür aus, das Reiten und Radfahren generell auf Wegen auf eigene Gefahr zu gestatten, dem Eigentümer jedoch eine Befugnis zum Sperren der Wege zu erteilen.[1322] Die Einrichtung von speziellen Reitwegen sollte jedoch durch die zuständige Behörde auf Antrag möglich sein, wenn ein Waldbesitzer größere Waldgebiete nahezu vollständig für das Reiten sperrte. Die *Deutsche Reiterliche Vereinigung e.V.* und die *Vereinigung der Freizeitreiter in Deutschland e.V.* traten demgegenüber für eine weitere Öffnung der Wälder zum Reiten ein.[1323] Die Deutsche Reiterliche Vereinigung strebte dabei eine gemäßigte Lösung an, nach der das Reiten im Wald – wie von der Bundesregierung vorgeschlagen – aufgrund einer besonderen Befugnis und auf dafür bestimmten Wegen und Flächen gestattet sein sollte. Die Waldbesitzer sollten jedoch *„bei Bedarf"* dazu verpflichtet sein, Wege und sonstige Flächen gegen eine angemessene Entschädigung auszuweisen. Die Vereinigung der Freizeitreiter wollte hingegen eine vollständige Öffnung des Waldes erreichen und das Reiten grundsätzlich – auch außerhalb der Waldwege – gestatten. Eine Einschränkung auf Wege sollte nur im 10 km Umkreis von Städten mit mehr als 50.000 Einwohnern auf Anordnung der zuständigen Obersten Landesbehörde möglich sein. Beide Vereinigungen begründeten ihre Vorschläge insbesondere mit

---

1319 BT-PArch VII/276, Bd. A 2, Beigabe 4/2, S. 2, 8, 28, 40.

1320 BT-PArch VII/276, Bd. A 2, Beigabe 4/2, S. 20.

1321 BT-PArch VII/276, Bd. A 2, Beigabe 4/2, S. 34.

1322 *Pflug*, NuL 1974, S. 9 ff. (12). Professor *Wolfram Pflug* (Lehrstuhl für Landschaftsökologie und Landschaftsgestaltung, Technische Hochschule Aachen) wurde vom Vorsitzenden des Ausschusses für E.L.F. zur Abgabe einer Sachverständigenstellungnahme gebeten.

1323 Hierzu und im Folgenden: BT-PArch VII/276, Bd. A 2, Beigabe 4/2, S. 13 ff. und 52 ff.

der Verfassungswidrigkeit[1324] eines *„generellen Reitverbots"*, den positiven Einflüssen der Reiterei auf die Wirtschaft, dem Bestehen eines Gewohnheitsrechts zum Reiten im Wald und der Entwicklung des Reitsports zu einem Volkssport in Deutschland. Außerdem sahen sie keine Erforderlichkeit für eine zu weitgehende Beschränkung, da die durch das Reiten hervorgerufenen Schäden unerheblich seien, das Wild durch die Witterung der Pferde weniger gestört sei, als durch die eines Fußgängers und eine unzumutbare Belästigung der anderen Erholungsuchenden durch das Reiten nicht stattfinde. In den sich anschließenden Ausschussberatungen empfahl auch der auf gutachterlicher Basis beteiligte Sportausschuss eine gegenüber der Entwurfsfassung weitergehende Regelung. Das Reiten im Wald sollte dabei insbesondere durch die Möglichkeit zur Ausweisung und Anlage von Reitwegen von Amts wegen gewährleistet werden, wobei der Staatswald dem Reitsport bevorzugt zur Verfügung gestellt werden sollte.[1325] Der Sportausschuss entsprach damit den Vorstellungen der Deutschen Reiterlichen Vereinigung.

Im federführenden Bundestagsausschuss setzte sich schließlich eine Fassung durch, die das *„Betreten des Waldes"* umfassend würdigte und den widerstreitenden Interessen Rechnung zu tragen versuchte.[1326] Die Konzeption in Abs. 1 wurde dabei im Wesentlichen vom Bundesrat übernommen. Mit Ausnahme bestimmter Flächen (Forstkulturen etc.) sollte der Wald nach dem Ausschussvorschlag[1327] im Grundsatz von Jedermann zum Zwecke der Erholung auf eigene Gefahr frei betreten werden können. Das Radfahren und Fahren mit Krankenfahrstühlen sollte auf Straßen und Wegen im Wald gestattet sein; das sonstige Fahren, Zelten und Abstellen von Wohnwagen nur mit besonderer Befugnis oder auf dafür bestimmten Plätzen (§ 12 Abs. 2). Das vormals dem sonstigen Fahren gleichgestellte Reiten im Wald wurde neuerdings gesondert geregelt und sollte im Grundsatz nur auf Straßen und Wegen im Wald gestattet sein (§ 12 Abs. 2a, S. 1). Eine besondere Befugnis zum Reiten im Wald bzw. eine spezielle Reitweg-Ausweisung sollte nur noch in Waldgebieten benötigt werden, die *„in besonderem Maße der Erholung der Bevölkerung dienen"* (Nr. 1), *„in denen durch regelmäßiges oder starkes Reitaufkommen erhebliche Schäden oder erhebliche Beeinträchtigungen von Fußgängern oder Radfahrern entstehen würden"* (Nr. 2) oder *„in denen besonders schutzbedürftige Tiere in freier Wildbahn leben, insbesondere in Natur- und Wildschutzgebieten"* (Nr. 3). Bei Bedarf sollte die nach Landesrecht zuständige Behörde auf die Anlage und Zurverfügungstellung von Reitwegen hinwirken (§ 12 Abs. 2a, S. 2, 2. HS.).

1324 Die Verfassungswidrigkeit wurde u.a. mit einem Verstoß gegen die Grundrechte aus Art. 2 (freie Entfaltung der Persönlichkeit), Art. 3 (Gleichheitsgrundsatz), Art. 11 (Freizügigkeit) und Art. 12 (Berufsfreiheit) des Grundgesetzes begründet.

1325 Schreiben des Sportausschussvorsitzenden *Dr. Hans Evers* an *Dr. Martin Schmidt* vom 27. März 1974, BT-PArch VII/276, Bd. A 1, lfd. Nr. 17.

1326 Vgl. Kurzprotokoll der 33. Sitzung des Ausschusses für E.L.F. am 24. April 1974 und Kurzprotokoll der 42. Sitzung des Ausschusses für E.L.F. am 26. Oktober 1974, BT-PArch VII/276, Bd. A 1, lfd. Nr. 34 und 37; § 12 der Ausschussfassung, BT-Drs. 7/2727.

1327 § 12 der Ausschussfassung BT-Drs. 7/2727.

Weitere Benutzungsarten sollten durch Landesgesetz geregelt werden können (§ 12 Abs. 2b). Die Regelung zu den Verhaltenspflichten der Waldbesucher in § 12 Abs. 2c geht im Wesentlichen auf den Vorschlag des Innenausschusses zurück,[1328] mit dem der diesbezügliche Änderungsvorschlag des Bundesrates[1329] erweitert wurde. Danach war der Waldbesucher verpflichtet, *„die berechtigten Interessen der Waldbesitzer zu beachten und sich so zu verhalten, daß die Erholung der anderen Waldbesucher, die wildlebenden Tiere und ihre Lebensstätten sowie die Wald- und Wildbewirtschaftung nicht mehr als unvermeidbar gestört oder auf andere Weise beeinträchtigt wird"*. Eine *„Sperrung des Waldes"* sollte der Waldbesitzer nach behördlicher Genehmigung u.a. aus Gründen des Forstschutzes, zum Schutz der Waldbesucher oder zur Vermeidung erheblicher Schäden vornehmen können (§ 12 Abs. 4).[1330]

Die CDU/CSU-Fraktion hatte sich schon während der Ausschussberatungen gegen die angestrebte Gesamtkonzeption zur Regelung des Betretungsrechts ausgesprochen[1331] und verfolgte die im Ausschuss nicht durchsetzbaren Interessen mit ihrem Änderungsantrag[1332] vom 13. November 1974 im Bundestag weiter. Hinsichtlich des Betretungsrechts zielte der Vorschlag der CDU/CSU-Fraktion im Wesentlichen darauf ab, dass alle Länder mit einer *„unterdurchschnittlichen Bewaldung"* das Betretungsrecht auf die Waldwege beschränken können sollten.[1333] Das Reiten sollte grundsätzlich auf öffentlichen Straßen und Wegen gestattet sein; auf privaten Wegen hingegen nur bei Vorliegen einer besonderen Befugnis oder speziellen Ausweisung.[1334] Doch auch im Bundestag konnte sich die CDU/CSU-Fraktion nicht durchsetzen, sodass ihr Antrag in der zweiten Lesung mehrheitlich abgelehnt wurde.[1335]

Die vom Bundestag beschlossene Fassung stieß nun wiederum auf Widerstand im Bundesrat, der im Zusammenhang mit der Umwandlung der Vorschriften des zweiten Kapitels in Rahmenvorschriften den Ländern größere Spielräume zur Ausgestaltung des Betretungsrechts gewähren wollte. Die Beschlussempfehlung des Agrarausschusses des Bundesrates sah deshalb nicht viel mehr als eine Grundsatzregelung vor, nach der das Betreten des Waldes – mit Ausnahme von Forstkulturen

---

1328 Stellungnahme des Innenausschusses vom 25. September 1974 zum BWaldG-E, BT-PArch VII/276, Bd. A 1, lfd. Nr. 24.

1329 Vgl. BR-Drs.207/73 (Beschluss), Ziff. 13 (§ 12 Abs. 2).

1330 Die Genehmigung sollte von der nach Landesrecht zuständigen Behörde auch widerruflich oder befristet erteilt werden können. Eine Waldsperrung ohne Genehmigung kam für maximal 48 Stunden in Betracht, wenn unverzügliche Maßnahmen zum Schutz der Waldbesucher oder des Waldes erforderlich waren (§ 12 Abs. 4 S. 4, 5).

1331 Kurzprotokoll der 42. Sitzung des Ausschusses für E.L.F. am 26. Oktober 1974, BT-PArch VII/276, Bd. A 1, lfd. Nr. 37.

1332 BT-Drs. 7/2788.

1333 BT-Drs. 7/2788, Ziff. 2.

1334 BT-Drs. 7/2788, Ziff. 3.

1335 BT-PlPr. 7/131, S. 8826 (B) – (D).

etc. – zu Erholungszwecken und auf eigene Gefahr gestattet sein sollte.[1336] Die weitere Detailregelung sollte den Ländern überlassen werden. Letztlich entschied sich der Bundesrat auf eine von Bayern eingebrachte Fassung, die noch weiter minimiert wurde und auch die Regelung der Ausnahmen vom Betretungsrecht vollends den Ländern überlassen sollte.[1337] In seiner Begründung zur Anrufung des Vermittlungsausschusses führte der Bundesrat aus, dass die Regelung des Betretungsrechts im Bundeswaldgesetz auf eine grundsätzliche Bestimmung beschränkt werden und den Ländern, wegen der Verschiedenartigkeit der tatsächlichen und regionalen Verhältnisse, die Regelung der Einzelheiten vorbehalten bleiben müsse.[1338] Doch auch diese Fassung des Betretungsrechts war noch nicht endgültig und wurde im Vermittlungsausschuss auf Antrag des Nordrhein-Westfälischen Ministers für Bundesangelegenheiten *Dr. Friedrich Halstenberg* erneut abgeändert.[1339] Dieser erblickte in der vom Bundesrat vorgeschlagenen rahmenrechtlichen Grundsatzvorschrift das Problem, dass über die in der Öffentlichkeit viel diskutierte Reitregelung keine Aussage mehr getroffen werde und die Ausgestaltung damit letztlich allein der Landesgesetzgebung obliege. Die Neufassung sollte deshalb klarstellen, dass das Reiten im Wald auf Straßen und Wegen grundsätzlich gestattet sei. Auch die übrigen Detailregelungen – insbesondere die weitergehende Ausgestaltung des Betretungsrechts – sollten den Ländern überlassen werden. Im Ergebnis handelte es sich dabei um eine Kompromisslösung, bei der die Länder auf die vollkommen eigenständige Regelung des Reitens im Walde verzichteten und die Mitglieder des Bundestages im Gegenzug ihre Zustimmung zur Umwandlung der Vorschriften des zweiten Kapitels in Rahmenvorschriften gaben.[1340] Die vom Vermittlungsausschuss vorgeschlagene Fassung wurde im Anschluss vom Bundestag und Bundesrat angenommen.[1341]

Auch nach der Verabschiedung des Bundeswaldgesetzes blieb die bundesgesetzliche Reitregelung und deren Umsetzung durch die Länder eine viel diskutierte Thematik.[1342] Den Kernpunkt der Debatte bildete die Frage, ob sich die im

---

1336 Niederschrift über die 339. Sitzung des Agrarausschusses des Bundesrates am 5. Dezember 1974, TOP 1, S. 20, BT-PArch VII/276, Bd. A 1, lfd. Nr. 47; BR-Drs. 776/1/74, Ziff. 7.

1337 Antrag des Freistaates Bayern vom 19. Dezember 1974, BR-Drs. 776/2/74; BR-PlPr. 415. Sitzung am 19. Dezember 1974, S. 466 (A); BR-Drs. 776/74 (Beschluss), Ziff. 7.

1338 BR-Drs. 776/74 (Beschluss), Ziff. 7.

1339 Hierzu und im Folgenden: VA-Prot. Nr. 18 (7/1972), 18. Sitzung des Vermittlungsausschusses am 29. Januar 1975, TOP 3, Ziff. 7. und Anlage zu TOP 3.

1340 Vgl. VA-Prot. Nr. 18 (7/1972), 18. Sitzung des Vermittlungsausschusses am 29. Januar 1975, TOP 3, Ziff. 7, S. 13.

1341 BT-Drs. 7/3192, Ziff. 7; BT-PlPr. 7/149, S. 10276 (A) – (C); BR-PlPr. 416 Sitzung am 21. Februar 1975, S. 2 (C).

1342 *Tesmer*, AgrarR 1978, S. 246 ff.; dazu: Stellungnahme der *Deutschen Reiterlichen Vereinigung e.V.*, AgrarR 1979, S. 45 und Gegenäußerung von *Tesmer*, AgrarR 1979, S. 46.; *Schlessmann*, AFZ 1981, S. 620 ff. (620); *Pielow*, NuR 1980, S. 53 ff.; *Plochmann*, FwCbl. 1979, S. 172 ff. (174 f.).

Bundeswaldgesetz kodifizierte Reitbefugnis („*Das Betreten des Waldes zum Zwecke der Erholung ist gestattet. Das (...) Reiten im Walde ist nur auf Straßen und Wegen gestattet*") grundsätzlich auf alle (privaten) Straßen und Wege erstreckte und die Länder Einschränkungen nur in den besonderen in § 14 Abs. 2 BWaldG normierten Ausnahmefällen regeln konnten.[1343] Begründet wurde diese Auffassung neben dem Wortlaut der Regelung insbesondere mit einem Grundrechtsverstoß im Fall der Beschränkung der Reitbefugnis auf bestimmte Straßen und Wege. In der Folgezeit haben jedoch sowohl das Bundesverwaltungsgericht als auch anschließend das Bundesverfassungsgericht entschieden, dass eine landesgesetzliche Regelung, mit der die Befugnis zum Reiten im Walde auf speziell gekennzeichnete Reitwege beschränkt wird, mit Bundesrecht vereinbar ist und keinen Verfassungsverstoß begründet.[1344] Begründet wurden diese Entscheidungen mit dem rahmenrechtlichen Charakter der Betretungsvorschrift im Bundeswaldgesetz, weshalb den Ländern nur versagt gewesen sei, das Reiten im Wald vollständig zu untersagen oder ungeregelt zu lassen. In der konkreten Ausgestaltung der Regelung seien sie jedoch weitgehend frei gewesen. Auch einen Verstoß der Regelung gegen die allgemeine Handlungsfreiheit (Art. 2 Abs. 1 GG), den Grundsatz der Verhältnismäßigkeit, den Grundsatz des Vorbehalts des Gesetzes, Vertrauensschutzgesichtspunkte und den allgemeinen Gleichheitssatz (Art. 3 Abs. 1 GG) haben die Gerichte abgelehnt. Die diesbezügliche Gestaltungsfreiheit der Länder wurde damit gerichtlich vollumfänglich bestätigt.

III. Forstwirtschaftliche Zusammenschlüsse

Die Vorschriften über forstwirtschaftliche Zusammenschlüsse im Bundeswaldgesetz sind in nahezu unveränderter Form aus dem „*Gesetz über forstwirtschaftliche Zusammenschlüsse*"[1345] vom 1. September 1969 in das Bundeswaldgesetz überführt worden.[1346] Ziel der Einbeziehung war die im Rahmen der Rechtsbereinigung angestrebte Neuordnung des Forstrechts durch das Bundeswaldgesetz.[1347] Die Einbeziehung erfolgte dabei gegen den anfänglichen Widerstand des Bundesrates, der bemängelte, dass die Länder in diesem Fall genötigt seien, alle Durchführungsvorschriften und Satzungen an die neue Rechtslage anzupassen und dies sowohl die Länder als auch die Waldbesitzer mit zusätzlichen Kosten belaste.[1348] Die

---

1343 So die Stellungnahme der *Deutschen Reiterlichen Vereinigung e.V.*, AgrarR 1979, S. 45; vgl. Darstellung bei: *Endres*, BWaldG, § 14 Rn. 21.

1344 BVerwG, Urteil vom 31. Mai 1985–4 C 14/82, 4 C 15/82 –, BVerwGE 71, 324–329; BVerfG, Beschluss vom 6. Juni 1989–1 BvR 921/85 –, BVerfGE 80, 137–170; Beide Entscheidungen zur nordrhein-westfälischen Regelung in § 50 des Landschaftsgesetzes vom 26. Juni 1980 GVOBl. NRW 1980, S. 734 ff.

1345 BGBl. I 1969. S. 1543 ff.

1346 *Hasel*, RdL 1975, S. 197 ff. (200); *Kimminich*, AgrarR 1977, S. 343 ff. (344).

1347 Begründung zum RegE 1973 (BT-Drs. 7/889) S. 29 f.

1348 BR-Drs. 207/73 (Beschluss), Ziff. 14; so auch bereits: BR-Drs. 301/72 (Beschluss), Ziff. 14.

Bundesregierung begründete die Einbeziehung jedoch damit, dass ursprünglich nur die Verabschiedung eines Gesetzes beabsichtigt gewesen und das Gesetz über forstwirtschaftliche Zusammenschlüsse im Jahr 1969 wegen des Zeitdrucks der ablaufenden Legislaturperiode separat verabschiedet worden sei, um wenigstens noch einen Teilbereich gesetzlich regeln zu können.[1349] Tatsächlich war eine getrennte Verabschiedung im Jahr 1969 aber auch wegen des *„Umfangs der Materie"* und insbesondere wegen der *„notwendigen Organisationsvorschriften"* beabsichtigt.[1350] Die Hauptzielsetzung des Gesetzes bestand darin, durch die Förderung forstwirtschaftlicher Zusammenschlüsse die Kooperation der Waldbesitzer bei der Erzeugung und beim Absatz zu unterstützen und damit im Ergebnis eine Verbesserung der forstwirtschaftlichen Ertragslage herbeizuführen.[1351] Angesichts dieser Zielsetzung konnte der Bund die Gesetzgebungskompetenz für diese Materie auf Art. 74 Nr. 17 GG (*Förderung der forstwirtschaftlichen Erzeugung*) stützen.[1352] Die Vorschriften über forstwirtschaftliche Zusammenschlüsse waren in der verabschiedeten Fassung des Bundeswaldgesetzes im dritten Kapitel enthalten und in fünf Abschnitte untergliedert. Änderungen haben nur in geringem Umfang stattgefunden.[1353] Die Vorschriften über forstwirtschaftliche Zusammenschlüsse galten unmittelbar in allen Bundesländern und führten zur Unwirksamkeit von entgegenstehendem Recht.[1354]

Abschnitt I *„Allgemeine Vorschrift"* (§ 15 BWaldG) wurde unverändert aus dem ursprünglichen Gesetz übernommen.

Abschnitt II *„Forstbetriebsgemeinschaften"* (§§ 16–20 BWaldG) wurde ebenfalls zum Großteil unverändert übernommen. Als weitere mögliche Aufgabe einer Forstbetriebsgemeinschaft wurde in § 17 Abs. 1 Nr. 2 BWaldG – neben Holz – der Absatz *„sonstiger Forstprodukte"* aufgenommen.[1355] Eine weitere Änderung wurde in § 18 Abs. 3 BWaldG auf Vorschlag des Bundesrates aufgenommen.[1356] Danach sollte eine

---

1349 Gegenäußerung der Bundesregierung zur Stellungnahme des Bundesrates, BT-Drs. 7/889, Anlage 3, S. 42. Auch in der Begründung zum RegE 1973 (BT-Drs. 7/889) heißt es auf S. 22, dass das Gesetz über forstwirtschaftliche Zusammenschlüsse als *„vordringliche Teilregelung"* beraten und beschlossen worden sei. Bundesminister *Ertl* begründete in der ersten Lesung die Einbeziehung des Gesetzes außerdem mit der Erforderlichkeit einer zusammenfassenden Regelung der Förderungsvorschriften, BT-PlPr 7/57, S. 3303 (D) ff.

1350 Begründung zum RegE eines Gesetzes über forstwirtschaftliche Zusammenschlüsse, BT-Drs 5/4231, S. 13.

1351 Begründung zum RegE eines Gesetzes über forstwirtschaftliche Zusammenschlüsse, BT-Drs 5/4231, S. 13.

1352 Begründung zum RegE eines Gesetzes über forstwirtschaftliche Zusammenschlüsse, BT-Drs 5/4231, S. 14.

1353 Aus diesem Grund werden im Folgenden nur die Veränderungen gegenüber dem *„Gesetz über forstwirtschaftliche Zusammenschlüsse"* dargestellt. Im Übrigen sei auf die Darstellung auf S. 222 ff. verwiesen.

1354 *Endres*, BWaldG, § 15 Rn. 1.

1355 Diese Ergänzung war bereits im RegE 1973 (BT-Drs. 7/889, S. 30) enthalten.

1356 BR-Drs. 207/73 (Beschluss), Ziff. 15.

Forstbetriebsgemeinschaft, zu der *Gemeinschaftsforsten*[1357] gehörten, auch dann als solche anerkannt werden können, wenn sie nicht die Mindestmitgliederzahl von sieben Mitgliedern erreichte.

Auch die Änderungen in Abschnitt III *„Forstbetriebsverbände“* (§§ 21–36 BWaldG) sind auf die Initiative des Bundesrates zurückzuführen. Einerseits betraf diese nur eine redaktionelle Anpassung in § 23 Abs. 4 S. 2 BWaldG und § 35 S. 3 BWaldG, bei denen die Wörter *„ihre Befugnis“* durch *„diese Ermächtigung“* ersetzt wurden, um damit eine Angleichung an Art. 80 Abs. 1 S. 4 GG *(Übertragung der Ermächtigung zum Erlass von Rechtsverordnungen)* sicherzustellen.[1358] Zum anderen konnte der Bundesrat durchsetzen, dass die Länder die Ermächtigung erhielten, die Befugnisse der Aufsichtsbehörden im Einzelnen durch Rechtsverordnung zu regeln (§ 34 Abs. 2 S. 2 BWaldG).[1359] Dem weitergehenden Verlangen des Bundesrates, die Behörden im Gründungsverfahren eines Forstbetriebsverbandes von der notwendigen Voraussetzung zu befreien, die betroffenen Grundstückseigentümer zuvor unter Fristsetzung zur Gründung einer Forstbetriebsgemeinschaft aufzufordern, wurde nicht entsprochen (vgl. § 22 Abs. 2 Nr. 4, Abs. 3 BWaldG). Diesbezüglich wollte die Bundesregierung an dem Prinzip der weitestmöglichen Freiwilligkeit der forstwirtschaftlichen Zusammenschlüsse festhalten.[1360] Im Übrigen wurden die Vorschriften im dritten Abschnitt unverändert übernommen.

In Abschnitt IV *„Forstwirtschaftliche Vereinigungen“* (§§ 37, 38 BWaldG) wurde auf Vorschlag des Ausschusses für E.L.F. eine Aufgabenerweiterung aufgenommen, die es den forstwirtschaftlichen Vereinigungen ermöglichen sollte, sich an der forstlichen Rahmenplanung zu beteiligen.[1361] Ein weiterer Änderungsvorschlag des Ausschusses betraf die Aufnahme von einzelnen Grundbesitzern in eine forstwirtschaftliche Vereinigung, die nach dem Wortlaut bisher nur während des Anerkennungsverfahren möglich war; zukünftig aber jederzeit möglich sein sollte.[1362]

1357 Bei den *Gemeinschaftsforsten* handelte es sich um eine eigentumsrechtliche Sonderform, die auf das germanisch-deutsche Gemeinschaftsrecht zurückgeht. Sie sind zum Teil als öffentlich-rechtliche oder privatrechtliche Körperschaften organisiert, bei denen ideelle Anteile am gemeinsamen Eigentum bestehen. Die Bezeichnung Gemeinschaftsforsten dient dabei als Oberbegriff für Gemeinschaften mit unterschiedlichen Bezeichnungen u.a. Haubergs-, Wald- und Forstgenossenschaften, Realgemeinden, Realgenossenschaften, Waldgemeinschaften. Siehe: Begründung zum Gesetz über forstwirtschaftliche Zusammenschlüsse, BT-Drs. 5/4231, S. 11 f.

1358 BR-Drs. 207/73 (Beschluss) Ziff. 17.

1359 Zur Umsetzung in Schleswig-Holstein siehe die *„Landesverordnung über Forstbetriebsverbände“* vom 16. Juni 1978, GVOBL. SH 1978, S. 193 ff.

1360 Gegenäußerung der Bundesregierung zur Stellungnahme des Bundesrates, BT-Drs. 7/889, S. 42.

1361 BT-Drs. 7/2727, § 35 Abs. 2 Nr. 1 und S. 7.

1362 BT-Drs. 7/2727, § 36 Abs. 2 und S. 7.

Die Änderungen in Abschnitt V *„Ergänzende Vorschriften"* basieren auf der geringfügigen Neukonzeption des Abschnitts durch die Verfasser des Regierungsentwurfs. Die vormals enthaltene Vorschrift über *Beihilfen* wurde inhaltlich in die Förderungsvorschriften im nächsten Kapitel überführt (§ 41 Abs. 5 Nr. 1 BWaldG). Sonstige vormals im Gesetz über forstwirtschaftliche Zusammenschlüsse enthaltene Vorschriften finden sich lediglich an anderer Stelle wieder. So wurden die Vorschriften über die Auskunftspflicht ebenfalls in das nachfolgende Kapitel überführt (§§ 42, 43 BWaldG). Eine bedeutendere Anpassung regelte die Gleichstellung der nach Landesrecht bislang anerkannten privatrechtlichen Zusammenschlüsse mit den Forstbetriebsgemeinschaften bis zu deren Anerkennung nach dem BWaldG, wofür eine Verlängerung der Übergangsfrist von weiteren vier Jahren nach Inkrafttreten des Bundeswaldgesetzes festgesetzt wurde (§ 39 Abs. 3 BWaldG). Die weitere Verlängerung der Übergangsfrist war notwendig, um den Zusammenschlüssen bis zur Anpassung des Steuerrechts die steuerlich günstigere Rechtsformwahl zu belassen.[1363] Der vom Bundesrat vorgeschlagenen Gleichstellung der nach Landesrecht gebildeten kommunalen Zweckverbände wurde im weiteren Gesetzgebungsverfahren hingegen nicht entsprochen und vom Bundesrat im zweiten Durchgang fallen gelassen.[1364] Die Bundesregierung äußerte diesbezüglich von Anfang an Bedenken, da die Gleichstellung der kommunalen Zweckverbände dem Ziel der Vorschriften, das in der Bildung von leistungsstarken und hinreichend großen Zusammenschlüssen bestand, zuwiderlaufen könne.[1365] Die diesbezüglichen Beratungen im Ausschuss für E.L.F. des Bundestages führten letztlich zu einer mehrheitlichen Ablehnung dieses Vorschlages, sodass es im Ergebnis nicht zu einer Abänderung kam.[1366] Die restlichen Vorschriften im fünften Abschnitt wurden ohne Abänderung übernommen.

IV. Förderung der Forstwirtschaft, Auskunftspflicht

Die Vorschrift über die *Förderung* in § 41 des Bundeswaldgesetzes legte fest, dass der Wald wegen seiner Nutz-, Schutz- und Erholungsfunktion öffentlich gefördert werden sollte (§ 41 Abs. 1 BWaldG). Das grundsätzliche Ziel der öffentlichen Förderung bestand darin, die Bedingungen für eine rentable Waldbewirtschaftung zu schaffen, um damit die Waldbesitzer zu unterstützen und der Walderhaltung zu dienen. Im Vordergrund stand dabei die Sicherung der Wirtschaftlichkeit von Investitionen (Erschließung, Technisierung) und strukturverbessernden Maßnahmen im Privat- und Körperschaftswald.[1367] Außerdem sollte die Bundesregierung zukünftig im Agrarbericht über die Lage und Entwicklung der Forstwirtschaft, die Struktur der

1363 Begründung zum RegE 1973 (BT-Drs. 7/889), S. 30.

1364 Vgl. BR-Drs. 207/73 (Beschluss) Ziff. 19; BR-Drs. 776/74.

1365 Gegenäußerung der Bundesregierung zur Stellungnahme des Bundesrates, BT-Drs. 7/889, S. 43.

1366 Niederschrift über die Sitzung des Ausschusses für E.L.F. am 16. Mai 1974, TOP 1, BT-PArch VII/276, Bd. A 1, lfd. Nr. 35, S. 10.

1367 Begründung zum RegE 1973 (BT-Drs. 7/889), S. 31.

Holzwirtschaft, die zur Förderung der Forstwirtschaft erforderlichen Maßnahmen und über die sich aus der Schutz- und Erholungsfunktion ergebenden Belastungen berichten (§ 41 Abs. 3 BWaldG). Die verabschiedete Fassung des Bundeswaldgesetzes sah eine Beteiligung des Bundes an der finanziellen Förderung im Rahmen des *Gemeinschaftsaufgabengesetzes*[1368] vor (§ 41 Abs. 4 BWaldG). Als Empfänger von staatlichen Zuwendungen kamen sowohl forstwirtschaftliche Zusammenschlüsse als auch einzelne Inhaber von land- oder forstwirtschaftlichen Betrieben in Betracht (§ 41 Abs. 5 BWaldG). Die finanzielle Förderung sollte dabei schwerpunktmäßig für den Wegebau, die Mechanisierung der Forstwirtschaft, die Aufforstung von Grenzertragsböden und für die Förderung der Bildung forstwirtschaftlicher Zusammenschlüsse verwendet werden, wobei Details zur Förderungshöhe und der Zweckbestimmung der Rahmenplanung nach § 5 des Gemeinschaftsaufgabengesetzes vorbehalten blieben.[1369]

Mit Ausnahme geringfügiger Änderungen war diese Vorschrift über die Förderung der Forstwirtschaft bereits im Regierungsentwurf von 1973 inhaltsgleich enthalten.[1370] Die unveränderte Übernahme war jedoch nicht das Ergebnis einer vollumfänglichen Übereinstimmung der am Gesetzgebungsverfahren beteiligten Organe und Institutionen. Bereits die an der Anhörung beteiligten Verbände bemängelten die im Regierungsentwurf vorgesehene Förderungsbestimmung als ungenügend und forderten eine weitergehende Förderung.[1371] Die Ausschussfassung sah dementsprechend eine wesentlich erweiterte Regelung vor, die genaue Angaben machte über den Verwendungszweck und den Umfang der *Finanzhilfen des Bundes.*[1372] Die Förderung der Forstwirtschaft durch den Bund sollte danach völlig losgelöst vom Gemeinschaftsaufgabengesetz auch nach dem Bundeswaldgesetzes auf der Grundlage von Art. 104a Abs. 4 GG[1373] erfolgen können. Der Ausschuss vertrat

---

1368 *„Gesetz über die Gemeinschaftsaufgabe `Verbesserung der Agrarstruktur und des Küstenschutzes´"* vom 3. September 1969, BGBl. I 1969, S. 1573 ff.; siehe dazu auch S. 227 f.

1369 Begründung zum RegE 1973 (BT-Drs. 7/889), S. 31.

1370 § 39 RegE 1973 (BT-Drs. 7/889).

1371 BT-PArch VII/276, Bd. A 2, Beigabe 4/2: Die AGDW bezeichnete die vorgesehene Förderung als *„lückenhaft"* und *„unzureichend"* (S. 1, 3f.); Die *Bundesvereinigung der kommunalen Spitzenverbände* forderte eine Erweiterung der förderungsfähigen Gemeinschaftsaufgaben und zusätzliche Investitionshilfen des Bundes über Art. 104a GG (S. 5, 10); Der DFWR setzte sich für die Aufnahme von Bestimmungen über Finanzhilfen des Bundes gem. Art. 104a GG, eine Erweiterung der Förderungsmaßnahmen und eine Einbeziehung des Gemeindewaldes ein (S. 23, 30); Für eine Aufnahme von Bestimmungen über Finanzhilfen des Bundes gem. Art. 104a GG auch die *Schutzgemeinschaft Deutscher Wald* (S. 47 f.).

1372 §§ 39a – 39d des Ausschussentwurfs (BT-Drs. 7/2727).

1373 Art. 104a Abs. 4 GG, eingeführt mit dem *„Finanzreformgesetz"* vom 12. Mai 1969, BGBl. I 1969, S. 359 ff.: *„(4) Der Bund kann den Ländern Finanzhilfen für besonders bedeutsame Investitionen der Länder und Gemeinden (Gemeindeverbände) gewähren, die zur Abwehr einer Störung des gesamtwirtschaftlichen Gleichgewichts oder zum*

nämlich die Auffassung, dass eine Förderung allein auf Grundlage des Gemeinschaftsaufgabengesetzes der gesteigerten Sozialpflichtigkeit des Waldeigentums nicht gerecht werden würde.[1374] In diesem Sinne wurde der Regierungsentwurf auch bereits in der ersten Lesung von der Opposition kritisiert.[1375] Dementsprechend forderte die CDU/CSU-Fraktion mit ihrem *Änderungsantrag*[1376] vom 13. November 1974 eine noch weitergehende Förderungsbestimmung, die jedoch keine mehrheitliche Zustimmung fand und sich deshalb nicht durchsetzen ließ. Die vom Ausschuss beschlossene Fassung stieß jedoch auf Widerstand im Bundesrat, der eine Streichung der Vorschriften über die Finanzhilfen des Bundes verlangte und dieses Begehren zum Gegenstand im Vermittlungsverfahren machte.[1377] Der Bundesrat erachtete die geplanten Finanzhilfen des Bundes als nicht von Art. 104a Abs. 4 GG gedeckt, da die im Entwurf vorgesehenen Verwendungszwecke (insbesondere: Anlage und Unterhaltung von Schutz- und Erholungswald) nicht den erforderlichen Wirtschaftsbezug aufwiesen. Zudem wurde eine Förderung neben dem Gemeinschaftsaufgabengesetz nicht für erforderlich erachtet. Der Vermittlungsausschuss folgte dem Anrufungsbegehren des Bundesrates, sodass die Vorschriften über die Finanzhilfen des Bundes wieder aus dem Bundeswaldgesetz gestrichen wurden.[1378]

Ebenfalls im Vermittlungsverfahren gestrichen wurden die vormals im vierten Kapitel enthaltenen Regelungen über *Entschädigung* und *Aufwendungsersatz.* Die Streichung der Entschädigungsregelung war letztlich eine Folge der Umwandlung der Vorschriften im zweiten Kapitel in Rahmenvorschriften.[1379] Da mit der Umwandlung in Rahmenvorschriften auch die vom Bund aufgestellten Enteignungstatbestände ihre unmittelbare Wirkung verloren haben, gab es keine verfassungsrechtliche Pflicht mehr zur bundeseinheitlichen Regelung der Entschädigung.[1380] Zudem sah der Bundesrat kein Bedürfnis für eine solche Vorschrift, da die Landesgesetze entsprechende Entschädigungsregelungen ohnehin für den Fall einer behördlichen

---

Ausgleich unterschiedlicher Wirtschaftskraft im Bundesgebiet oder zur Förderung des wirtschaftlichen Wachstums erforderlich sind. Das Nähere, insbesondere die Arten der zu fördernden Investitionen, wird durch Bundesgesetz, das der Zustimmung des Bundesrates bedarf, oder auf Grund des Bundeshaushaltsgesetzes durch Verwaltungsvereinbarung geregelt."

1374 Bericht der Abgeordneten *Lemp* und *Kiechle* zu den Ausschussberatungen (BT-Drs. 7/2727), S. 7.; Zu der Ausschussberatung im Einzelnen: Niederschrift über die Sitzung des Ausschusses für E.L.F. am 16. Mai 1974, TOP 1, S. 5 ff., BT-PArch VII/276, Bd. A 1, lfd. Nr. 35.

1375 Abg. *Kiechle* (CSU), BT-PlPr 7/57, S. 3305 (B) ff.

1376 BT-Drs. 7/2788, Ziff. 4 und 5.

1377 Hierzu und im Folgenden: BR-Drs. 776/74 (Beschluss) Ziff. 9.

1378 VA-Prot. Nr. 18 (7/1972), 18. Sitzung des Vermittlungsausschusses am 29. Januar 1975, TOP 3, S. 14–17.

1379 BR-Drs. 776/74 (Beschluss) Ziff. 10.

1380 VA-Prot. Nr. 18 (7/1972), 18. Sitzung des Vermittlungsausschusses am 29. Januar 1975, TOP 3, S. 15 f.

Maßnahme mit Enteignungscharakter vorsehen würden.[1381] Im Gegenzug wurde auf Verlangen des damaligen Bundesernährungsministers *Hermann Höcherl* in § 4a BWaldG die Verpflichtung der Länder aufgenommen, bei der Anpassung ihrer Gesetzgebung an die Rahmenvorschriften geeignete Entschädigungsregelungen zu erlassen.[1382] Die ursprünglich im Regierungsentwurf vorgesehene Regelung zum *Aufwendungsersatz* (§ 41 RegE 1973) sah vor, dass den Waldbesitzern freiwillige Aufwendungen für den Schutz des Waldes und für Zwecke der Erholung erstattet werden sollten, soweit dies vorher von der nach Landesrecht zuständigen Behörde zugesichert worden war. In seiner Stellungnahme forderte der Bundesrat die Streichung der Vorschrift, da sie Anspruchsvoraussetzungen für den Waldbesitzer enthalte und der von den Ländern zu leistende Aufwendungsersatz in seinem Ausmaß nicht übersehen werden könne.[1383] Nachdem der Ausschuss für E.L.F. an der von der Bundesregierung vorgeschlagenen Regelung festhielt, machte der Bundesrat die Streichung der Vorschrift zum Gegenstand des Vermittlungsverfahrens.[1384] Der Bundesrat begründete sein Anliegen ferner damit, dass es für eine bundeseinheitliche Regelung der Folgen einer landesbehördlichen Zusicherung kein gesetzgeberisches Bedürfnis gebe.[1385] Der Vermittlungsausschuss folgte schließlich dem Anrufungsbegehren des Bundesrates und nahm die Streichung der Vorschrift zum Aufwendungsersatz in seinen Antrag auf.[1386]

Zwei weitere Vorschriften im vierten Kapitel regelten die Pflicht gegenüber den Behörden zur Erteilung der erforderlichen Auskünfte, die zur Durchführung des Gesetzes erforderlich waren (§ 42 Abs. 1 BWaldG). Eine Ausnahme von der Pflicht bestand bei Bestehen eines gesetzlichen Auskunftsverweigerungsrechts (§ 42 Abs. 2 BWaldG). Eine vorsätzliche oder fahrlässige Verletzung der Auskunftspflicht konnte gem. § 43 BWaldG als Ordnungswidrigkeit mit einer Geldbuße bis zu 20.000 DM geahndet werden. Die Vorschriften waren vormals im Gesetz über forstwirtschaftliche Zusammenschlüsse enthalten und wurden nahezu unverändert übernommen.[1387]

1381 BR-Drs. 776/74 (Beschluss) Ziff. 10.

1382 VA-Prot. Nr. 18 (7/1972), 18. Sitzung des Vermittlungsausschusses am 29. Januar 1975, TOP 3, S. 16 f.

1383 BR-Drs. 207/73 (Beschluss) Ziff. 22. Der Streichungsvorschlag ist insbesondere auf die Empfehlung der Finanzreferenten vom 27. März 1973 zurückzuführen, Niederschrift über die 370. Sitzung des Finanzausschusses am 29. März 1973, TOP 10, S. 13 und Anlage zu Punkt 10, S. 25 ff., BT-PArch VII/276, Bd. A 1, lfd. Nr. 2.

1384 BR-Drs. 776/74 (Beschluss) Ziff. 11.

1385 BR-Drs. 776/74 (Beschluss) Ziff. 11.

1386 VA-Prot. Nr. 18 (7/1972), 18. Sitzung des Vermittlungsausschusses am 29. Januar 1975, TOP 3, S. 17 f.; BT-Drs. 7/3192, Ziff. 11.

1387 Begründung zum RegE 1973 (BT-Drs. 7/889) S. 32.

V. Schlussvorschriften

Die Vorschriften im letzten Kapitel des Bundeswaldgesetzes behandelten die Ermächtigung zum Erlass von allgemeinen Verwaltungsvorschriften (§ 44 BWaldG), die Anwendung des Gesetzes in besonderen Fällen (§ 45 BWaldG), die Änderung von Vorschriften (§ 46 BWaldG), die Geltung in Berlin (§ 47 BWaldG) und die Regelung des Inkrafttretens sowie der Aufhebung von Vorschriften (§ 48 BWaldG).

Gem. § 44 BWaldG wurde der Bundesminister für Ernährung, Landwirtschaft und Forsten ermächtigt, mit Zustimmung des Bundesrates die erforderlichen Durchführungsvorschriften im Bereich der forstwirtschaftlichen Zusammenschlüsse zu erlassen. Im Regierungsentwurf war diese Ermächtigung zunächst unbeschränkt für das gesamte Gesetz vorgesehen (§ 44 RegE 1973). Im Verlauf des Gesetzgebungsverfahrens wurde sie jedoch auf den Bereich der forstwirtschaftlichen Zusammenschlüsse begrenzt, da der Bundesrat im Übrigen kein Bedürfnis für den Erlass von allgemeinen Verwaltungsvorschriften durch den Bund erblickte.[1388]

Die Regelung zur *Anwendung des Gesetzes in besonderen* Fällen schränkte den Anwendungsbereich des Bundeswaldgesetzes für Flächen ein, die den Zwecken der Verteidigung, des Bundesgrenzschutzes oder des zivilen Luftverkehrs dienten. Auf diesen Flächen waren die nach Landesrecht erlassen Vorschriften zur forstlichen Rahmenplanung, Walderhaltung und -bewirtschaftung, Erstaufforstung sowie zum Schutz- und Erholungswald nur anzuwenden, soweit die bestimmungsgemäße Nutzung dadurch nicht beeinträchtigt wurde (§ 45 Abs. 1 BWaldG). Im Übrigen regelte die Vorschrift das weitere Verfahren inklusive der Beteiligung bestimmter Behörden für Maßnahmen auf vorgenannten Flächen (§ 45 Abs. 2–4 BWaldG).

Gem. § 48 Abs. 1 BWaldG trat das Gesetz am Tag nach der Verkündung, d.h. am 8. Mai 1975, in Kraft. Gleichzeitig trat das *„Gesetz über forstwirtschaftliche Zusammenschlüsse"*, das mit der Überführung ins dritte Kapitel des Bundeswaldgesetzes seine eigenständige Bedeutung verloren hatte, außer Kraft. Im Zuge der weiteren Rechtsbereinigung wurden außerdem die nachfolgenden reichsrechtlichen Vorschriften außer Kraft gesetzt: Die *„Verordnung zur Förderung der Forst- und Weidewirtschaft"*[1389] vom 7. Februar 1924, das *„Gesetz gegen Waldverwüstung"*[1390] vom 18. Januar 1934, die *„Verordnung zur Verhütung und Bekämpfung von Waldbränden in den nicht im Eigentum des*

1388 Vgl. BR-Drs. 207/73, Ziff. 24; BR-Drs. 776/74, Ziff. 13.

1389 RGBl. I 1924, S. 50 f.: Da die Verordnung nur Ermächtigungen für die Länder enthielt, war sie durch die Verabschiedung des Bundeswaldgesetzes aus forstrechtlicher Sicht überholt, Begründung zum RegE 1973 (BT-Drs. 7/889) S. 33.

1390 RGBl. I 1934, S. 37, geändert durch das Einführungsgesetz zum Gesetz über Ordnungswidrigkeiten vom 24. Mai 1968, BGBl. I S. 503 ff.: Die im Waldverwüstungsgesetz enthaltenen Regelungen waren durch das Bundeswaldgesetz bzw. durch die von den Ländern zu erlassenen Vorschriften abgedeckt, sodass es aufgehoben werden konnte. Begründung zum RegE 1973 (BT-Drs. 7/889) S. 33.

Reichs oder der Länder stehenden Waldungen"[1391] vom 18. Juni 1937 und die *„Verordnung zur Förderung der Nutzholzgewinnung"*[1392] vom 30. Juli 1937.

C. Ausblick: Novellierungen des Bundeswaldgesetzes[1393]

Seit der Verabschiedung wurde das Bundeswaldgesetz insgesamt elf Änderungen, zuletzt im Jahr 2015, unterzogen. Hauptregelungspunkt des Ersten Änderungsgesetzes[1394] vom 27. Juli 1984 war die Einführung der *„Bundeswaldinventur"* in § 41a BWaldG. Dabei handelte es sich um eine *„auf das gesamte Bundesgebiet bezogene forstliche Großrauminventur auf Stichprobenbasis"*, mit der Erkenntnisse über die Waldverhältnisse und Produktionsmöglichkeiten gewonnen werden sollten. Die erforderlichen Daten für die Inventur sollten nach der Vorschrift von den Ländern nach einem einheitlichen Verfahren erhoben und anschließend vom BMELF zusammengestellt und ausgewertet werden. Seitdem wurden drei Bundeswaldinventuren durchgeführt, die detaillierte Ergebnisse über die Waldfläche, Besitzverhältnisse, den Holzvorrat und viele weitere für die Forst- und Volkswirtschaft relevante Daten liefern.[1395]

1391 RGBl. I 1937, S. 721: Die *„Waldbrandverordnung"* von 1934 galt nach übereinstimmender Ansicht der Länderkommission zur Rechtsbereinigung nicht gem. Art.123 ff. GG als Bundesrecht fort (BGBl. III, 79 Forstwirtschaft, Naturschutz, Jagdwesen und Fischerei, Lieferung vom 31. Dezember 1962, Fn. zu Gld. Nr. 790–11). Nach der Begründung zum Regierungsentwurf fehlte es zudem an einem Bedürfnis für eine bundeseinheitliche Regelung, Begründung RegE 1973 (BT-Drs. 7/889), S. 33.

1392 RGBl. I 1937, S. 876 ff.: Die *„Nutzholzverordnung"* galt nach der überwiegenden Auffassung der Länderkommission zur Rechtsbereinigung als Bundesrecht fort. Wegen Fortfalls des Bedürfnisses für eine bundesgesetzliche Regelung dieser Materie, sollte die Verordnung jedoch aufgehoben werden, Begründung zum RegE 1973 (BT-Drs. 7/889), S. 33.

1393 Zu den Auswirkungen des *„Gesetzes zur Änderung des Grundgesetzes (Artikel 3, 20a, 28, 29, 72, 74, 75, 76, 77, 80, 87, 93, 118a und 125a)"* vom 27. Oktober 1994 (BGBl. I 1994, S. 3146 ff.) und der Föderalismusreform (*„Gesetz zur Änderung des Grundgesetzes (Artikel 22, 23, 33, 52, 72, 73, 74, 74a, 75, 84, 85, 87c, 91a, 91b, 93, 98, 104a, 104b, 105, 107, 109, 125a, 125b, 125c, 143c)"* vom 28. August 2006, BGBl. I 2006, S. 2034 ff.) siehe: *Endres*, BWaldG, Einleitung Rn. 5 und § 5 Rn. 3–7 und *Kolodziejcok/Recken/Apfelbacher/Iven*, Naturschutz, Landschaftspflege, Bd. 2, *(Endres/Recken)*, Tz. 4525, Rn. 4.

1394 *„Erstes Gesetz zur Änderung des Bundeswaldgesetzes"* vom 27. Juli 1984, BGBl. I 1984, S. 1034.

1395 Die Erste Bundeswaldinventur erfolgte 1987 (BWI I 1987), die Zweite 2002 (BWI II 2002) und die Dritte 2012 (BWI III 2012). Die Ergebnisse der Dritten Bundeswaldinventur können unter folgender URL abgerufen werden: https://bwi.info [zuletzt abgerufen am 16. Juli 2016].

Die folgenden drei Änderungen bis zum Jahr 2005 hatten hauptsächlich redaktionelle Bedeutung.[1396] Darunter fielen die Anpassung des Bundeswaldgesetzes an Änderungen im *„Gesetz gegen Wettbewerbsbeschränkungen"*(GWB),[1397] die Änderung der DM-Angabe in § 43 Abs. 2 BWaldG (Verletzung der Auskunftspflicht) in *„Euro"*,[1398] die Aufhebung der überholten Berlin-Klausel und eine Anpassung an die Umbenennung des verantwortlichen Ressorts in *„Bundesministerium für Verbraucherschutz, Ernährung und Landwirtschaft"*[1399].

Von größerer Bedeutung war die mit dem *„Gesetz zur Einführung einer strategischen Umweltprüfung und zur Umsetzung der Richtlinie 2001/42/EG (SUPG)"*[1400] vom 25. Juni 2005 verknüpfte Aufhebung der §§ 6 und 7 BWaldG über die forstliche Rahmenplanung.[1401] Die Streichung wurde damit begründet, dass die durch den Gesetzentwurf vorgesehene allgemeine Pflicht der Bundesländer, bei der forstlichen Rahmenplanung eine strategische Umweltprüfung durchzuführen, weder sachgerecht noch angemessen sei und eine solche Pflicht einen zusätzlichen Verwaltungs- und Bürokratieaufwand mit sich bringe, der in keinem Verhältnis zum Nutzen für den Schutz des Waldes stehe.[1402] Außerdem sei eine bundesrechtliche Regelung nicht mehr erforderlich, da die forstliche Rahmenplanung umfassend in der Landesgesetzgebung berücksichtigt werde.[1403] Der Wegfall der Vorschriften im Bundesrecht sollte deshalb keinesfalls eine Aufgabe der forstlichen Rahmenplanung darstellen, sondern vielmehr die Umsetzung der Planung vollständig auf die Landesgesetzgebung verlagern,[1404] womit dieser gleichzeitig mehr Spielräume zur Berücksichtigung der besonderen landesspezifischen Erfordernisse eingeräumt wurden.[1405]

Die nachfolgenden vier Änderungen waren wiederum vorwiegend redaktioneller Natur.[1406] Sie beinhalteten die Anpassung von § 45 Abs. 1 Nr. 2 BWaldG an die Umbenennung des Bundesgrenzschutzes in *„Bundespolizei"*,[1407] die Anpassung des

1396 *Endres*, BWaldG, Einleitung Rn. 10; *Kolodziejcok/Recken/Apfelbacher/Iven*, Naturschutz, Landschaftspflege, Bd. 2, *(Endres/Recken)*, Tz. 4525, Rn. 8.

1397 Art. 2 Abs.1 *„Sechstes Gesetz zur Änderung des Gesetzes gegen Wettbewerbsbeschränkungen"* vom 26. August 1998, BGBl. I 1998, S. 2521 ff.

1398 Art. 40 *„Gesetz zur Umstellung von Vorschriften im land- und forstwirtschaftlichen Bereich auf Euro (Fünftes Euro-Einführungsgesetz)"* vom 25. Juni 2001, BGBl. 2001, S. 1215 ff.

1399 Art. 204 *„Siebende Zuständigkeitsanpassungs-Verordnung"* vom 29. Oktober 2001, BGBl. I 2785 ff.

1400 BGBl. I 2005, S. 1746 ff.

1401 Dazu: *Endres*, BWaldG, Einleitung Rn. 11 und § 6 Rn. 4.

1402 BT-Drs. 15/4119 Ziff. 33.

1403 BT-Drs. 15/4540 Ziff. 7.

1404 *Endres*, BWaldG, Einleitung Rn. 11.

1405 BT-Drs. 15/4540 Ziff. 7.

1406 *Endres*, BWaldG, Einleitung Rn. 10, 12.

1407 Art. 39 *„Gesetz zur Umbenennung des Bundesgrenzschutzes in Bundespolizei"* vom 21. Juni 2005, BGBl. I 2005, S. 1818.

Bundeswaldgesetzes an eine weitere Änderung des GWB,[1408] die Anpassung an die erneute Umbenennung des Ministeriums in *„Bundesministerium für Ernährung, Landwirtschaft und Verbraucherschutz“*[1409] und die Anpassung einer Verweisungsnorm infolge der Neuregelung des Wasserrechts[1410].

Eine inhaltliche Novellierung von größerer Bedeutung erfolgte mit dem *„Zweiten Gesetz zur Änderung des Bundeswaldgesetzes“*[1411] vom 31. Juli 2010. Mit diesem Änderungsgesetz wurden *Kurzumtriebsplantagen*[1412] und *Agroforstflächen*[1413] von der Definition des Waldbegriffs in § 2 des Bundeswaldgesetzes ausgenommen. Hintergrund zu dieser Ausnahmeregelung war die entstandene Diskussion um die Schaffung von Agroforstsystemen auf landwirtschaftlichen Flächen, womit ökologische und ökonomische Vorteile verknüpft wurden.[1414] Die Ausnahme von Kurzumtriebsplantagen wurde unter anderem damit begründet, dass diese Kulturform eher mit einer landwirtschaftlichen Bodennutzung zu vergleichen sei und sich die forstwirtschaftlichen Grundsätze – insbesondere eine nachhaltige Waldbewirtschaftung – auf solchen Flächen nicht umsetzen ließen.[1415] Da das Bundeswaldgesetz die Waldeigenschaft grundsätzlich nur anhand des äußeren Erscheinungsbildes bestimmt und die Ausnahmen abschließend geregelt waren, war eine Ausnahmebestimmung für diese neuartigen Bodennutzungsformen notwendig.

Eine weitere Änderung des Bundeswaldgesetzes betraf die Definition des Staatswaldes in § 3 Abs. 1 BWaldG. Nach der Neufassung unterfällt auch der im Alleineigentum einer Anstalt oder Stiftung des öffentlichen Rechts stehende Wald dem Staatswaldbegriff (§ 3 Abs. 1 BWaldG). Damit sollte sichergestellt werden, dass der vormals als Staatswald geltende Wald auch nach der Neuorganisation der Bundesforstverwaltung und einiger Landesforstverwaltungen in Anstalten des öffentlichen Rechts als solcher fortgilt und unter die entsprechenden Regelungen im Bundeswaldgesetz fällt.[1416]

Die Bestimmung im Bundeswaldgesetz zur *Waldbewirtschaftung* (§ 11 BWaldG) erhielt einen Zusatz, nach der bei der Bewirtschaftung die Funktion des Waldes

---

1408 Art. 2 Abs. 5 *„Siebtes Gesetz zur Änderung des Gesetzes gegen Wettbewerbsbeschränkungen“* vom 7. Juli 2005, BGBl. I 2005, 1954.

1409 Art. 213 *„Neunte Zuständigkeitsanpassungsverordnung“* vom 31. Oktober 2006, BGBl. I 2006, S. 2407 ff.

1410 Art. 10 *„Gesetz zur Neuregelung des Wasserrechts“* vom 31. Juli 2009, BGBl. I 2009, S. 2585 ff.

1411 BGBl. I 2010, S. 1050 f.

1412 Kurzumtriebsplantagen sind *„Grundflächen auf denen Baumarten mit dem Ziel baldiger Holzentnahme angepflanzt werden und deren Bestände eine Umtriebszeit von nicht länger als 20 Jahren haben“* (§ 2 Abs. 2 Nr. 1 BWaldG).

1413 Eine agroforstliche Nutzung liegt auf Flächen mit Baumbestand vor, *„die gleichzeitig dem Anbau landwirtschaftlicher Produkte dienen“* (§ 2 Abs. 2 Nr. 2 BWaldG).

1414 BT-Drs. 17/1220, S. 1, 6.

1415 BT-Drs. 17/1220, S. 7.

1416 BT-Drs. 17/2184, S. 9.

als *„Archiv der Natur- und Kulturgeschichte"* und *„denkmalpflegerische Belange"* berücksichtigt werden sollen. Im Rahmen dieser Berücksichtigungspflicht soll den vorgenannten Aspekten in angemessenem Maße Rechnung getragen werden, ohne dass diesen jedoch ein absoluter Vorrang eingeräumt wird.[1417]

Eine weitere Änderung betraf die Konkretisierung der *Haftung der Waldbesitzer* im Rahmen des Betretungsrechts. Nachdem die ursprüngliche Fassung bereits feststellte, dass das Betreten des Waldes *auf eigene Gefahr* erfolgt, wurde mit der Neufassung klargestellt, dass dies insbesondere für *waldtypische Gefahren* der Fall ist. Der Haftungsausschluss des Waldbesitzers für waldtypische Gefahren wurde in erster Linie damit begründet, dass die Waldbesitzer durch rechtliche und tatsächliche Veränderungen sonst einem immer größer werdenden Haftungsrisiko ausgesetzt sein würden.[1418] Neue Nutzungsformen (z.B. Mountainbiking) und neue Vorgaben durch Vorschriften des Natur- und Artenschutzrechts (z.B. Stehenlassen von Alt- und Totholz) zwängen den Waldbesitzer dazu, haftungsträchtige Gefahrenbereiche auf seinem Grundbesitz zu dulden, ohne dass er die Möglichkeit habe, seinen Verkehrssicherungspflichten nachzukommen oder Besuchern das Betreten zu untersagen. Die Rechtsprechung habe diesem Umstand mit der Befreiung der Waldbesitzer von der Haftung für waldtypische Gefahren Rechnung getragen, sodass mit der Gesetzesänderung letztlich nur eine Klarstellung erfolge.[1419]

Mit der Änderung in § 37 Abs. 2 BWaldG wurde das Aufgabenspektrum der forstwirtschaftlichen Vereinigungen auf die *Vermarktung von den Erzeugnissen der Mitglieder* erweitert. Die vorherige Beschränkung lief der Tendenz zu größeren Zusammenschlüssen entgegen und wurde nach Ansicht der Entwurfsverfasser den modernen Anforderungen, die insbesondere durch die Strukturentwicklung in der Holzindustrie zu größeren Einheiten gestellt wurden, nicht mehr gerecht.[1420]

Mit dem Änderungsgesetz wurde zudem die zuvor in § 41a geregelte Bundeswaldinventur erweitert, um damit den *„Erfordernissen eines modernen Waldmonitorings, insbesondere im Hinblick auf die Verpflichtungen im Rahmen der Klimaberichterstattung"*[1421], gerecht zu werden. Dieser erweiterte Umfang schlägt sich auch in der neuen Überschrift *„Walderhebungen"* nieder. Die Bundeswaldinventur soll danach alle zehn Jahre durchgeführt werden (§ 41a Abs. 1 BWaldG). Um den Berichtspflichten zur *Klimaberichterstattung*[1422] nachzukommen, sollten zudem alle fünf Jahre Erhebungen über den Kohlenstoffvorrat im Wald durchgeführt werden.[1423] Weitere

---

1417 BT-Drs. 17/2184, S. 9.

1418 Hierzu und im Folgenden: BT-Drs. 17/1220 S. 6.

1419 BT-Drs. 17/1220 S. 1.

1420 BT-Drs. 17/1220 S. 1, 6.

1421 BT-Drs 17/2184, S. 10.

1422 Diese Zwischenerhebungen mussten insbesondere durchgeführt werden, um den Berichtspflichten nach dem *„Protokoll von Kyoto zum Rahmenübereinkommen der Vereinten Nationen über Klimaänderungen"* vom 11. Dezember 1997, BGBl. II, 2002, S. 967 ff.

1423 § 41a Abs. 3 BWaldG; BT-Drs 17/2184, S. 10; *Endres*, BWaldG, § 43 Rn. 3.

internationale Berichtspflichten ergeben sich z.B. aus der *„Genfer Luftreinhaltekonvention“* und dem Unionsrecht.[1424]

Mit der letzten Änderung des Bundeswaldgesetzes durch Art. 413 der *„Zehnten Zuständigkeitsanpassungsverordnung“*[1425] vom 31. August 2015 erfolgte wiederum eine Anpassung des Gesetzestextes an die erneute Umbenennung des zuständigen Ressorts in *„Bundesministerium für Ernährung und Landwirtschaft“*.

D. Beurteilung des Bundeswaldgesetzes und Schlussbetrachtung

Die Bewertung des Bundeswaldgesetzes fiel unterschiedlich aus. Positiv hervorgehoben wurde, dass das Bundeswaldgesetz den Rahmen für eine gewisse Vereinheitlichung des Forstrechts gab, wodurch ein zu weitgehendes Auseinanderfallen der Landesgesetzgebung verhindert und eine Rechtsbereinigung durchgeführt werden konnte.[1426] Mit der Verabschiedung des Bundeswaldgesetzes konnte die Bundesrepublik Deutschland zudem ihren Beitrag für die zukünftige Koordinierung der Forstpolitik auf der Ebene der Europäischen Gemeinschaft leisten,[1427] zumal Deutschland zu diesem Zeitpunkt als einziger Mitgliedstaat noch kein allgemeines Waldgesetz verabschiedet hatte.[1428] Begrüßt wurde auch die Aufnahme der Vorschriften über die forstliche Rahmenplanung, mit denen die Berücksichtigung forstlicher Belange auch bei der Planung in benachbarten Gebieten sichergestellt werden konnte.[1429] Zusätzlich zu diesen Aspekten wurden zudem die Pflicht der Bundesregierung zur Vorlage eines Forstberichts und die damit zum Ausdruck gebrachte Verantwortung für den Wald sowie die Förderungspflicht von Bund und Ländern positiv gewürdigt.[1430]

Trotz dieser und weiterer positiver Seiten des Bundeswaldgesetzes bemerkte *Franz Klose*, der bis 1969 im BMELF – zuletzt als Ministerialdirigent, Leiter der Abteilung Forst und Holzwirtschaft –[1431] beschäftigt war und erhebliche Vorarbeiten an den Entwürfen der 1950er und 1960er Jahren leistete, zu dem Gesetz:

> *„Das verabschiedete Bundeswaldgesetz hat ein anderes Gesicht als der Regierungsentwurf und trägt alle Merkmale des Kompromisses der vielfältigen divergierenden Interessen, die insbesondere zwischen Bund und Ländern in forstgesetzlichen Fragen bestehen“*.[1432]

1424 BT-Drs 17/2184, S. 10.

1425 BGBl. 2015, S. 1474 ff.

1426 *Zundel/Schwartz*, 50 Jahre Forstpolitik in Deutschland (1945–1994), S. 75; *Hasel*, RdL 1975, S. 197 ff. (201); *Klose*, AFZ 1979, S. 493 ff. (496).

1427 *Klose*, BüL 1976, S. 305 ff. (321).

1428 *Hasel*, RdL 1975, S. 197 ff. (201).

1429 *Zundel/Schwartz*, 50 Jahre Forstpolitik in Deutschland (1945–1994), S. 75; *Hasel*, RdL 1975, S. 197 ff. (201).

1430 *Klose*, DFuH 1975, S. 379 ff. (382).

1431 *Selle*, WuH 1969, S. 642.

1432 *Klose*, DFuH 1975, S. 379 ff. (380).

Klose bemängelte in erster Linie, dass die mit dem Bundeswaldgesetz angestrebte Rechtsvereinheitlichung hinter ihren rechtlichen Möglichkeiten zurückgeblieben sei, da bei der Umwandlung der Vorschriften im zweiten Kapitel in Rahmenvorschriften für die Landesgesetzgebung auch Regelungen betroffen waren, für die der Bund unstreitig die konkurrierende Gesetzgebungskompetenz besaß.[1433] Die Kompromissbereitschaft des Bundes erklärte er damit, dass dieser *„das Gesetz nicht scheitern lassen wollte, das zum erstenmal die dringend notwendige Einheit der Forstwirtschaft wenigstens in Teilbereichen enthält und im bescheidenen Umfang eine geeignete Grundlage zur Vertretung der forstlichen Interessen im In- und Ausland bietet"*[1434]. Als Folge dieser nur im Ansatz erreichten Einheitlichkeit sah *Klose* die Gefahr der Rechtsunsicherheit für besonders wichtige Bereiche der Forstgesetzgebung (u.a. Betretungsrecht, Waldbewirtschaftung, Walderhaltung, Schutz- und Erholungswald, Förderung, Entschädigung), weshalb er an die Landesgesetzgeber appellierte, die Vorschriften ihrer Landesforstgesetze nach Möglichkeit aufeinander abzustimmen, anzugleichen und Sonderregelungen nur zu erlassen, soweit diese wegen der Verschiedenartigkeit der lokalen Verhältnisse unbedingt erforderlich waren.[1435]

Die uneinheitliche Rechtslage zeigte sich besonders deutlich bei der Umsetzung der Reitregelung durch die Länder innerhalb des bundesgesetzlich vorgegebenen Rahmens.[1436] Während es in Süddeutschland und den Stadtstaaten Hamburg und Bremen zu einer grundsätzlichen Freigabe des Reitens auf Straßen und Wegen kam, war das Reiten in den norddeutschen Bundesländern zumeist nur auf speziell vom Waldbesitzer freigegebenen und entsprechend gekennzeichneten Wegen zulässig.[1437] Neben der dadurch entstehenden Rechtsunsicherheit für den grenzüberschreitenden Erholungsverkehr wurde durch die uneinheitliche Umsetzung auch das Entstehen eines *„Schilderwaldes"* befürchtet, da bei der grundsätzlichen Freigabe eine negative Beschilderung für Reitverbote und Waldsperrungen erforderlich war und im umgekehrten Fall die Reiterlaubnis durch positive Beschilderung bekannt gemacht werden musste.[1438] Sehr unterschiedliche Regelungen fanden sich nach der Novellierung der Landesgesetze auch bei den Beschränkungen des allgemeinen Betretungsrechts, die entweder bereits im Gesetz oder für den jeweiligen Einzelfall angeordnet werden konnten.[1439] Das Ziel der Vereinheitlichung des zersplitterten Forstrechts wurde damit hinsichtlich des Betretungsrechts nur zum Teil erreicht. Zwar schuf die bundesgesetzliche Regelung in § 14 BWaldG den Rahmen für eine Vereinheitlichung

---

1433 *Klose*, DFuH 1975, S. 379 ff. (382); vgl. *Klose*, BüL 1976, S. 305 ff. (322); ähnlich auch *Hasel/Zundel*, Forstgesetzgebung in der Bundesrepublik Deutschland, S. 10.

1434 *Klose*, DFuH 1975, S. 379 ff. (382).

1435 *Klose*, DFuH 1975, S. 379 ff. (382); vgl. auch *Weismann*, DFuH 1975, S. 83 f. (84).

1436 Vgl. *Hasel/Zundel*, Forstgesetzgebung in der Bundesrepublik Deutschland, S. 38; *Endres*, BWaldG, § 14 Rn. 27; *Plochmann*, FwCbl. 1979, S. 172 ff. (174 ff.).

1437 *Schlessmann*, AFZ 1981, S. 620 ff. (620); *Pielow*, NuR 1980, S. 53 ff.; *Plochmann*, FwCbl. 1979, S. 172 ff. (174 f.).

1438 *Hasel*, RdL 1975, S. 197 ff. (200); *Schlessmann*, AFZ 1981, S. 620 ff. (620 f.).

1439 *Hasel/Zundel*, Forstgesetzgebung in der Bundesrepublik Deutschland, S. 39.

des Betretungsrechts, doch war dieser für eine einheitliche Normierung durch die Länder zu grob. Die Ablösung gewohnheitsrechtlicher Grundsätze bedurfte zudem einer weiteren Präzisierung durch die Rechtsprechung, da die unterschiedliche Regelung des Betretungsrechts eine Vielzahl von Rechtsfragen[1440] aufwarf.

Ein weiterer Kritikpunkt bezog sich auf die Regelung der *„Förderung"* der Forstwirtschaft, die zum erklärten Ziel des Gesetzgebers gemacht wurde und sogar Bestandteil des Gesetzestitels ist (*„Gesetz zur Erhaltung des Waldes und zur Förderung der Forstwirtschaft"*). Da eine Förderung der Forstwirtschaft über das Gemeinschaftsaufgabengesetz hinaus jedoch nicht mehr beabsichtigt war, blieb die Rechtslage diesbezüglich unverändert zu der vorherigen Situation. In der forstpolitischen Beurteilung dieses Umstandes von *Hasel* heißt es dazu:

> *„Dem stolzen Anspruch, ein Förderungsgesetz für den Wald zu sein (Überschrift und § 1 Nr. 2), wird es nicht gerecht; von der ursprünglich vorhandenen Absicht der Bundesregierung in dieser Richtung ist nichts übriggeblieben".*[1441]

Neben dem Scheitern der Vorschriften über die *Finanzhilfen des Bundes* beklagte *Hasel* auch die Streichung der Vorschriften über die *Entschädigung* und den *Aufwendungsersatz*.[1442] Nach der verabschiedeten Fassung des Bundeswaldgesetzes liegt der Schwerpunkt der Förderung der Forstwirtschaft bei den Ländern, die zu dieser Materie sehr unterschiedliche Regelungen erlassen haben.[1443] Die Vorschrift über die Waldbewirtschaftung in § 11 BWaldG, die nur als Soll-Vorschrift ausgestaltet war und lediglich für die Wiederaufforstung eine zwingend zu regelnde Verpflichtung vorsah, wurde als *„völlig unzureichend"* bezeichnet und der Begriff der *„ordnungsgemäßen und nachhaltigen Waldbewirtschaftung"* als zu wenig konkret und zu unverbindlich bemängelt.[1444]

Klose monierte an dem Bundeswaldgesetz zudem, dass *„sich in der langwierigen Auseinandersetzung zwischen Bund und Ländern nicht immer die besseren und überzeugenderen Argumente, sondern taktische Überlegungen durchgesetzt haben"*, was er

---

1440 Z.B. Rechtsnatur des Betretungsrechts; Rechtsqualität/ Klagebefugnis; Reichweite *„Betreten"* und andere Benutzungsarten; Grenzen (*„zur Erholung"*); Haftung, Verkehrssicherungspflichten (*„auf eigene Gefahr"*). Diesen Einzelfragen nachzugehen würde zu einer Kommentierung des Betretungsrechts führen, die an dieser Stelle nicht geleistet werden kann. Diesbezüglich sei deshalb verwiesen auf die Kommentierungen bei: *Klose/Orf*, Forstrecht, § 14; *Endres*, BWaldG, § 14 Rn. 8 ff.; *Thomas*, BWaldG, § 14, S. 308 ff. und *Kolodziejcok/Recken/Apfelbacher/Iven*, Naturschutz, Landschaftspflege, Bd. 2, *(Endres/Recken)*, Tz. 4553, Rn. 7 ff.; siehe zudem: *Franz*, Forstrecht, S. 95 ff.; *Orf*, RdL 2008, S. 281 ff. und S. 311 ff.; *Tesmer*, DFuH 1976, S. 177 ff.; *Menkeberenshemke*, Das Recht zum Betreten des Waldes, S. 109 ff., 185 ff.; *Agena/Louis*, NuR 2015, S. 10 ff. u. 90 ff.

1441 *Hasel*, RdL 1975, S. 197 ff. (201).

1442 *Hasel*, RdL 1975, S. 197 ff. (200).

1443 *Hasel/Zundel*, Forstgesetzgebung in der Bundesrepublik Deutschland, S. 46.

1444 *Hasel/Zundel*, Forstgesetzgebung in der Bundesrepublik Deutschland, S. 21.

auf den Umstand zurückführte, dass die Frage eines bundeseinheitlichen Forstrechts sehr stark politisiert worden sei.[1445] Nach Ansicht von *Klose* waren *„im Vermittlungsausschuss offenbar gegenwärtige politisch-taktische und weniger verfassungsgemäße und zukunftsorientierte Überlegungen bei der Beratung des Gesetzes maßgebend"*. Diese Einschätzung erfolgte vor dem Hintergrund, dass einige Vorschriften im zweiten Kapitel trotz ihrer unstreitigen Einordnung unter die konkurrierende Gesetzgebungskompetenz des Bundes und gegen die mehrheitliche Auffassung im Rechtsausschuss des Bundesrates in Rahmenvorschriften umgewandelt wurden.

Im Hinblick auf die Einflussnahme von Interessengruppen ist festzustellen, dass der DFWR und die AGDW – nach anfänglicher Ablehnung – in den 1960er Jahren die Verabschiedung eines Bundeswaldgesetzes durch eine Vielzahl eigener Entwürfe und Formulierungsvorschläge in großem Maße vorantrieben. In dieser Phase konnten die beiden Verbände die Entwürfe im Referentenstadium durch ihre Fachkompetenz beeinflussen und halfen diese in enger Zusammenarbeit mit dem BMELF fortzuentwickeln. Im Ergebnis dürfte die verabschiedete Fassung des Bundeswaldgesetzes den Vorstellungen des DFWR und der AGDW jedoch nur eingeschränkt gerecht geworden sein. Insbesondere die Forderungen nach einer weitergehenden Verpflichtung des Bundes zur Förderung der Forstwirtschaft *(„Finanzhilfen des Bundes")* und einer bundeseinheitlichen Regelung der Entschädigung und des Aufwendungsersatzes ließen sich nicht verwirklichen. Diesbezüglich konnte sich der Bundesrat im Vermittlungsausschuss mit seinen Streichungsvorschlägen durchsetzen. Auch hinsichtlich der Betretens- und Reitregelung korrespondierte das Bundeswaldgesetz nicht mit den Vorschlägen des DFWR und der AGDW. Insbesondere bei Letzterer machte sich im Gesetzgebungsverfahren der unerwartet starke Einfluss der Reitvereinigungen bemerkbar, die eine weitergehende Freigabe des Rechts zum Reiten im Wald erreichten. Doch auch bei der gesamten Materie des Rechts zum Betreten des Waldes konnte der Bundesrat letztlich die Verabschiedung einer umfangreichen Vollregelung verhindern und somit den Ländern einen Gestaltungsspielraum bei der gesetzlichen Umsetzung erhalten. Die dahinter stehende Absicht des Bundesrates bestand hauptsächlich darin, die zwischenzeitlich von den Ländern verabschiedeten Betretungsregelungen weitestmöglich zu erhalten und nicht durch eine bundeseinheitliche Regelung zunichte zu machen. Letztlich gelang es dem Bundesrat seine Änderungsvorschläge im Vermittlungsverfahren nahezu vollständig durchzusetzen. Dieses Ergebnis muss dabei insbesondere vor dem Hintergrund bewertet werden, dass die CDU/CSU-regierten Länder seit 1973 über eine absolute Mehrheit im Bundesrat verfügten und zustimmungsbedürftige Gesetze folglich blockiert werden konnten.[1446] Damit dürfte auch die weitgehende

---

1445 Hierzu und im Folgenden: *Klose*, DFuH 1975, S. 379 ff. (382).

1446 Zu den Mehrheitsverhältnissen im Bundesrat siehe: *Schröder*, (2015): Bundesrat – Stimmenverteilung und Mehrheitsverhältnisse seit 1945; abrufbar unter URL: http://www.wahlen-in-deutschland.de/bBundesrat.htm [zuletzt abgerufen am 16. Juli 2016].

Kompromissbereitschaft der sozialliberalen Regierungskoalition zu erklären sein, deren umfangreicher Entwurf in der langwierigen Beratungsphase in ein Gesetz mit weitgehend nur rahmenrechtlichem Charakter umgewandelt wurde.

Der Versuch zur Vereinheitlichung des Forstrechts mittels eines umfassenden und abschließenden Gesetzes ist zugunsten abweichender Länderinteressen gescheitert. Dennoch hat sich das Bundeswaldgesetz über die Jahre hinweg grundsätzlich bewährt, was bereits daran deutlich wird, dass es bislang nur zweier Änderungsgesetze bedurft hat.[1447] Zu beachten sind heute jedoch zahlreiche andere völker-, europa- und bundesrechtliche Normen, die im Zusammenhang und in ihrer „*Wechselbeziehung*" untereinander die Auslegung und Anwendung des Bundeswaldgesetzes beeinflussen.[1448] *Klaus Thomas* kommt zu dem Ergebnis, dass das Bundeswaldgesetz „*flexibel und damit zeitgemäß*" sei,[1449] soweit die Anwendung nach dem ursprünglichen gesetzgeberischen Willen unter fortlaufender Anpassung an den wissenschaftlichen Stand erfolge.[1450] Da die Vorschriften des Bundeswaldgesetzes ursprünglich nach einem rahmenrechtlichen Konzept verabschiedet wurden, werden diese auch in Zukunft ihre Flexibilität größtenteils behalten, sodass eine Anpassung an tatsächliche Gegebenheiten und neue wissenschaftliche Erkenntnisse in erster Linie bei den Landeswaldgesetzen stattzufinden hat.

1447 Vgl. *Zundel/Schwartz*, 50 Jahre Forstpolitik in Deutschland (1945–1994), S. 75.

1448 *Thomas*, NuR 2013, S. 855 ff.

1449 *Thomas*, NuR 2013, S. 559 ff. (562). a.A. *Pukall*, der die grundsätzliche Notwendigkeit eines Bundeswaldgesetzes in Frage stellt und die Schaffung eines „*einheitlichen Landnutzungsrechts*" zu Bedenken gibt: *Pukall*, NuR 2014, 171–176.

1450 Kritisch sieht *Thomas* jedoch die zunehmende Bewirtschaftung der (Staats-) Wälder nach rein betriebswirtschaftlichen Faktoren und der damit einhergehenden „*Ökonomisierung der Forstwirtschaft*", da dies zu einer Verschiebung der Leitziele des Bundeswaldgesetzes führe und der Schutz- und Erholungsfunktion damit nicht gerecht würde, *Thomas*, NuR 2013, S. 559 ff. (561 f.).

Fünfter Teil: Die Anpassung des Schleswig-Holsteinischen Landeswaldgesetzes an das Bundeswaldgesetz und Ausblick auf weitere Novellierungen

Nachdem der Bund im Jahr 1975 das Bundeswaldgesetz verabschiedet hatte, waren die Länder aufgefordert, ihre bestehenden Landeswaldgesetze an den vorgegebenen Rahmen anzupassen. In Schleswig-Holstein erfolgte die dafür notwendige Novellierung mit dem *„Gesetz zur Anpassung des Landeswaldgesetzes (LWaldAnpG)“*[1451] vom 3. November 1977. Weitere Änderungen des Landeswaldgesetzes erfolgten in den Jahren 1982, 1993, 1996 und 2003.[1452] Eine vollständige Neufassung des Schleswig-Holsteinischen Landeswaldgesetzes erfolgte im Jahr 2004, da wesentliche Teile des Gesetzes mittlerweile durch neuere wissenschaftliche Erkenntnisse und gesellschaftliche Entwicklungen als überholt angesehen wurden.[1453] Die nachfolgende

1451 GVOBl. SH 1977, S. 464 ff.

1452 *„Gesetz zur Anpassung des Landschaftspflegegesetzes und anderer Rechtsvorschriften (LPflegAnpG)“* vom 19. November 1982, GVOBl. SH 1982, S. 256 ff.; *„Gesetz zur Neufassung des Landschaftspflegegesetzes (Gesetz zum Schutz der Natur – Landesnaturschutzgesetz – LNatSchG) und zur Anpassung anderer Rechtsvorschriften“* vom 16. Juni 1993, GVOBl. SH 1993, S. 215 ff.; *„Landesverordnung zur Anpassung von Rechtsvorschriften an geänderte Zuständigkeiten der obersten Landesbehörden und geänderte Ressortbezeichnungen“* vom 24. Oktober 1996, GVOBl. SH 1996, S. 652 ff.; *„Gesetz zur Umsetzung europarechtlicher Vorschriften in Landesrecht (Vogelschutz-Richtlinie, FFH-Richtlinie, UVP-Änderungsrichtlinie, IVU-Richtlinie und Zoo-Richtlinie) – Landes-Artikelgesetz)“* vom 13. Mai 2003, GVOBl. SH 2003, S. 246 ff.

1453 Vgl. RegE LWaldG (2004) SHLT-Drs. 15/3262; GVOBl. SH 2004, S. 461 ff.; weitere Änderungen: *„Landesverordnung zur Anpassung von Rechtsvorschriften an geänderte Zuständigkeiten der obersten Landesbehörden und geänderte Ressortbezeichnungen“* vom 12. Oktober 2005, GVOBl. SH 2005, S. 461 ff.; *„Gesetz zur Einführung einer Strategischen Umweltprüfung und zur Umsetzung der Richtlinien 2001/42/EG und 2003/35/EG (LSUPG)“* vom 17. August 2007, GVOBl. SH 2007, S. 426 ff.; *„Gesetz über die Anstalt Schleswig-Holsteinische Landesforsten und zur Änderung anderer Vorschriften“* vom 13. Dezember 2007, GVOBl. SH 2007, S. 518 ff.; *„Gesetz zur Änderung des Landesgesetzes über die Umweltverträglichkeitsprüfung und sonstiger umweltrechtlicher Vorschriften“* vom 15. Dezember 2010, GVOBl. SH 2010, S. 784 ff.; *„Landesverordnung über die Errichtung des Landesamtes für Vermessung und Geoinformationen Schleswig-Holstein“* vom 15. Dezember 2010, GVOBl. SH 2010, S. 850 ff.; *„Gesetz zur Änderung des Landeswaldgesetzes“* vom 13. Juli 2011, GVOBl. SH 2011, S. 225 ff.

Darstellung bezieht sich in der Hauptsache auf die Anpassungsgesetzgebung zum Bundeswaldgesetz (A). Ergänzend erfolgt ein Ausblick auf die weiteren Novellierungen des Schleswig-Holsteinischen Landeswaldgesetzes und sonstige entscheidende Entwicklungen bis zur letzten Änderung im Jahr 2011 (B).

A. Gesetz zur Anpassung des Landeswaldgesetzes vom 3. November 1977

I. Überblick zur Entstehung des LWaldAnpG

Die Verpflichtung der Länder zur Anpassung ihrer Gesetzgebung an den vom Bundeswaldgesetz vorgegebenen Rahmen folgte aus § 5 S. 2 BWaldG. Danach sollten die Länder *„innerhalb von zwei Jahren nach dem Inkrafttreten dieses Gesetzes den Bestimmungen dieses Kapitels entsprechende Vorschriften einschließlich geeigneter Entschädigungsregelungen erlassen oder bestehende Vorschriften anpassen."*

Da sich die ursprünglich beabsichtigte Umsetzung der bundesrechtlichen Vorgaben in einem *„Landesartikelgesetz"*, in dem gleichzeitig eine Novellierung des Landschaftspflegegesetzes und des Landeswassergesetzes erfolgen sollte, infolge der Verzögerungen bei der Verabschiedung des Bundesnaturschutzgesetzes nicht mehr umsetzen ließ, hatte man sich im Schleswig-Holsteinischen Ministerium für Ernährung, Landwirtschaft und Forsten (MELF) für eine separate Anpassung des Landeswaldgesetzes entschieden.[1454] Im Juli 1976 war die Umsetzung zudem Gegenstand einer an die Landesregierung adressierten kleinen Anfrage des Landtagsabgeordneten *Ernst-Wilhelm Stojan* (SPD), mit der dieser in Erfahrung bringen wollte, welche Konsequenzen Schleswig-Holstein aus dem Bundeswaldgesetz ziehen müsse.[1455] Der Minister für Ernährung, Landwirtschaft und Forsten antwortete darauf am 23. Juli 1976, dass die Anpassung an das Bundeswaldgesetz in Form einer Novelle zum Landeswaldgesetz erfolgen müsse und die Vorarbeiten für einen solchen Entwurf im Wesentlichen abgeschlossen seien.[1456] Nach den Ausführungen des Ministers sollte dem Landtag im Herbst 1976 ein entsprechender Regierungsentwurf zugeleitet werden. Tatsächlich wurde den beteiligten Ministerien kurz darauf am 1. September 1976 der *Referentenentwurf eines Gesetzes zur Anpassung des Landeswaldgesetzes (LWaldGAnpG)*[1457] zur Abgabe einer Stellungnahme übersandt. Die Beratungen

1454 Schreiben des Schleswig-Holsteinischen MELF vom 1. September 1976 betr. Referentenentwurf eines Gesetzes zur Anpassung des Landeswaldgesetzes, LArch SH 786/3590, Bl. 348.

1455 Kleine Anfrage und Antwort des Schleswig-Holsteinischen MELF, SHLT-Drs. 8/415.

1456 Kleine Anfrage und Antwort des Schleswig-Holsteinischen MELF, SHLT-Drs. 8/415.

1457 LArch SH 786/3590, Bl. 350 ff. Empfänger des Entwurfs waren der Innenminister, der Justizminister, der Finanzminister, der Minister für Wirtschaft und Verkehr und der Sozialminister des Landes Schleswig-Holstein.

auf Referentenebene verzögerten sich jedoch,[1458] sodass der Regierungsentwurf dem Parlament erst im darauffolgenden Frühjahr am 12. April 1977 als Drucksache 8/709 zugeleitet und dort am 3. Mai 1977 in *erster Lesung*[1459] behandelt wurde. Die erste Lesung endete mit der Überweisung des Entwurfs an den Agrarausschuss, der die Vorlage in insgesamt sechs Sitzungen im Zeitraum vom 12. Mai 1977 bis 8. September 1977 behandelte, wobei in drei Sitzungen öffentliche Anhörungen stattfanden.[1460] Die Kernpunkte der Beratungen betrafen die Umsetzung der *forstlichen Rahmenplanung*, die *Regelung des Reitens im Walde* sowie die Einführung einer *Forstberichtspflicht* der Landesregierung. Der Bericht und die Beschlussempfehlung des Agrarausschusses enthielten dementsprechend eine Reihe von Änderungen des Entwurfs, die unter anderem die Einfügung von *Grundsätzen der forstlichen Rahmenplanung* und eine Überarbeitung der *Betretungsregelung* vorsahen.[1461] Da die Anpassung des Landeswaldgesetzes aufgrund ihrer rechtlichen Notwendigkeit grundsätzlich auf Zustimmung stieß und auch bei den Parteien weitgehend Einigkeit bestand, wurde die vom Agrarausschuss vorgeschlagene Fassung mit einigen kleineren Korrekturen in *zweiter Lesung* am 20. September 1977 einstimmig angenommen.[1462] Das Gesetz wurde sodann am 3. November 1977 ausgefertigt und am 30. November 1977 im Gesetz- und Verordnungsblatt als *„Gesetz zur Anpassung des Landeswaldgesetzes (LWaldAnpG)"*[1463] verkündet. Im Hinblick auf die politischen Verhältnisse ist zu erwähnen, dass die CDU-Fraktion in der 8. Wahlperiode (1975–1979) unter Führung von Ministerpräsident *Gerhard Stoltenberg* die absolute Mehrheit der Landtagsmandate errang.[1464] Das Amt des Ministers für Ernährung, Landwirtschaft und Forsten übernahm *Günter Flessner* (CDU).

1. *Der Regierungsentwurf vom 12. April 1977*

Die dem *Regierungsentwurf*[1465] zugrunde liegende Problemstellung bestand hauptsächlich darin, dass das Schleswig-Holsteinische Landeswaldgesetz dem bundesrechtlichen Rahmen nicht in allen Punkten entsprach. Dies betraf unter anderem die

---

1458 Das Kabinett hatte dem Entwurf vorbehaltlich einiger kleinerer Änderungen am 22. März 1977 zugestimmt (siehe auch Kabinettsvorlage 39/77 vom 22. Februar 1977), LArch SH 605/5518.

1459 SHLT-PlPr. 8/39, S. 2677–2682.

1460 SHLT-Arch Bd. Nr. XIII F 425, Landeswaldgesetz Änderungen vom 3. November 1977 und 19. November 1982, S. 28–294.

1461 SHLT-Drs. 8/846.

1462 SHLT-PlPr 8/45, S. 3042–3048.

1463 GVOBl. SH 1977, S. 464 ff.

1464 Zum Wahlergebnis der Landtagswahl vom 13. April 1975 in % (Sitze): CDU 50,4 % (37), SPD 40,1 % (30), FDP 7,1 % (5), SSW 1,4 % (1), *Statistisches Amt für Hamburg und Schleswig-Holstein*, abrufbar unter URL: http://www.statistik-nord.de/wahlen/wahlen-in-schleswig-holstein/wahlen-seit-1947/ [zuletzt abgerufen am 16. Juli 2016].

1465 SHLT-Drs. 8/709.

Regelung über die forstliche Rahmenplanung sowie die Vorgaben zur Einführung einer Genehmigungspflicht für Erstaufforstungen und von Ausnahmeregelungen für besondere Bereiche (Verteidigung, Luftverkehr, Bundesgrenzschutz).[1466] Außerdem bestand Uneinigkeit darüber, ob die geltende Waldbetretungs- und Reitregelung mit dem Wortlaut des Bundeswaldgesetzes zu vereinbaren war. Im Zuge der Anpassung sollte zudem eine Überarbeitung der Vorschriften über die Walderhaltung stattfinden, da sich der Waldanteil in Schleswig-Holstein seit der Verabschiedung des Landeswaldgesetzes im Jahr 1971 nicht merklich vermehrt hatte und man dafür die starke *„Relativierung der Genehmigungskriterien"* und das *„Fehlen von Verbotstatbeständen"* bei der Waldumwandlung verantwortlich machte. Zur Lösung sollte deshalb eine Novellierung des bestehenden Landeswaldgesetzes erfolgen, die neben einer Anpassung an die Rahmenvorschriften des Bundeswaldgesetzes auch einige redaktionelle Änderungen und Klarstellungen enthalten sollte, um damit eine einheitliche Terminologie sicherzustellen. Daneben gab es noch einige Problembereiche, die nach dem Vorbild der gesetzlichen Regelung in anderen Bundesländern angepasst werden sollten.[1467]

Insgesamt sah der Regierungsentwurf 33 Änderungspunkte vor. Im ersten Abschnitt mit den allgemeinen Vorschriften wurde u.a. die Zweckbestimmung an den Wortlaut des Bundeswaldgesetzes angepasst und eine Überarbeitung der Waldeigentumsdefinition vorgenommen (§ 1 und 2 RegE LWaldAnpG). Ein neuer Abschnitt I a regelte die neu einzufügenden Vorschriften über die *„Forstliche Rahmenplanung und Sicherung der Funktionen des Waldes bei Planungen und Maßnahmen von Trägern öffentlicher Vorhaben"* (§§ 4a – 4c RegE LWaldAnpG). Die vorgeschlagene Hauptänderung im zweiten Abschnitt betraf eine eigenständige Regelung der *sonstigen Benutzungsarten* in einem neuen § 5a. Im Zusammenhang damit wurden auch die Ausnahmen vom Waldbetretungsrecht und die Regelung zur Sperrung von Waldflächen überarbeitet. Der nachfolgende dritte Abschnitt wurde mit dem vierten entsprechend der Regelung im BWaldG zu einem gemeinsamen Abschnitt über die *Bewirtschaftung und Erhaltung des Waldes* sowie über die *Erstaufforstung* zusammengelegt. Wichtige Neuregelungen in diesem Abschnitt betrafen die folgenden Punkte:

- Einführung konkreter *Versagungsgründe für Waldumwandlungen* unabhängig von der zukünftig geplanten Nutzungsart (§ 21 RegE LWaldAnpG),
- *Genehmigungspflicht für Waldteilungen*, soweit dadurch Waldgrundstücke von weniger als 3,5 ha entstehen (§ 22 a RegE LWaldAnpG) und
- *Genehmigungsplicht für Erstaufforstungen*, (§ 22 b RegE LWaldAnpG).

In den Abschnitten *„Forstschutz"* und *„Förderung der Forstwirtschaft"* kam es zu keinen wesentlichen Änderungen. Im Abschnitt *„Forstaufsicht und Forstbehörden"* bestand die Hauptänderung in einer Konkretisierung der Aufgaben der Forstbehörden. Im Abschnitt *„Schluß- und Ahndungsvorschriften"* wurde eine Ausnahmereglung zur

1466 Hierzu und im Folgenden: SHLT-Drs. 8/709, S. 1 f.
1467 SHLT-Drs. 8/709, S. 19.

Anwendung des Gesetzes in besonderen Fällen (Verteidigung, Bundesgrenzschutz, Luftverkehr) eingefügt (§ 35 a RegE LWaldAnpG).

2. *Die erste Lesung des LWaldAnpG am 3. Mai 1977*

Im Rahmen der *ersten Lesung* erhielt zunächst der Landwirtschaftsminister *Günter Flessner* (CDU) zur Begründung des Regierungsentwurfs das Wort.[1468] In seiner Ansprache vor dem Plenum wies der Minister zunächst auf die Erfolge des 1971 verabschiedeten Landeswaldgesetzes hin, das sowohl den Interessen der Waldbesitzer als auch der erholungsuchenden Bevölkerung gerecht geworden sei und sich zudem in der Praxis bewährt habe. Daran anschließend erfolgte eine Begründung der wichtigsten Vorschriften des Entwurfs. In diesem Rahmen wies der Minister zunächst darauf hin, dass die Einführung der forstlichen Rahmenplanung lediglich als Soll-Bestimmung vorgesehen sei und keine generelle Pflicht der Forstbehörden begründe. Damit erfolge zwar nur die Umsetzung des durch das BWaldG vorgegebenen Mindestinhalts, eine weitergehende Pflicht sei jedoch mit der Finanzlage des Landes und der Arbeitsbelastung der Forstbehörden nicht vereinbar. Außerdem wies der Minister darauf hin, dass mit der geplanten Änderung der Betretens- und Reitregelung nur eine Präzisierung und keine Ausweitung dergleichen erfolge. Vor dem Hintergrund der Beratungen zum Bundeswaldgesetz zu diesem Punkt halte die Landesregierung die vorgesehene Regelung mit Bundesrecht vereinbar. Aufgrund des nach wie vor geringen Waldanteils in Schleswig-Holstein von nur 9 % sehe der Entwurf zudem aus Gründen der Walderhaltung und Waldvermehrung keine Abschwächung des übrigen Landesrechts vor. Als wichtig stufte der Minister auch die durch den Entwurf vorgesehene Genehmigungspflicht für Waldteilungen ein. Eine solche war vorgesehen, soweit durch die Teilung ein Waldgrundstück von unter 3,5 ha Größe entstand. Hintergrund zu dieser Regelung war, dass Waldbesitzer kleinerer Parzellen in der letzten Zeit vermehrt zu einer Teilung ihrer Grundstücke neigten, um diese erholungsuchenden Wochenendurlaubern zur Verfügung zu stellen. Nach den Ausführungen des Ministers liefen diese Entwicklungen den Zielen der Waldgesetzgebung, die gerade eine Verminderung der Kleinstwaldflächen beabsichtige, entgegen. Im Anschluss erfolgten noch einige Ausführungen zum Waldzustand in Schleswig-Holstein. In diesem Zusammenhang wies der Minister noch einmal darauf hin, dass es trotz der Verabschiedung des Landeswaldgesetzes in den letzten zehn Jahren nur zu einer Zunahme des Waldanteils von einem Prozent gekommen sei. Als Ursachen dafür sah er zum einen die Inanspruchnahme von Waldflächen durch die öffentliche Hand, die nicht in jedem Fall eine Ersatzaufforstung sicherstellte und zum anderen in der Zurückhaltung der privaten Waldbesitzer bei der Neuaufforstung. Letztere führte er darauf zurück, dass sich die damit verbundenen erheblichen Investitionen erst nach vielen Jahren rentieren würden und Waldflächen Aufwendungen für die Schutz- und Sozialfunktion erforderlich machten, die

1468 Hierzu und im Folgenden: SHLT-PlPr. 8/39, S. 2677–2679.

eine besondere Last für die Besitzer darstellten. Vor diesem Hintergrund betonte der Minister die Notwendigkeit einer stärkeren Förderung der Neuaufforstung und regte an, über eine mögliche Ausgleichsleistung für die Waldbesitzer nachzudenken, die die Inanspruchnahme des Waldes im Rahmen der Schutz- und Erholungsfunktion bislang unentgeltlich hinnehmen mussten.

Im weiteren Verlauf der ersten Lesung nahmen die Abgeordneten *Rainer Ute Harms* (CDU), *Manfred Frank* (SPD) und *Uwe Ronneburger* (FDP) für ihre Fraktionen zu dem Gesetzentwurf Stellung.[1469] Der *Vertreter der CDU-Fraktion* stimmte dem Minister im Wesentlichen zu und betonte noch einmal die Notwendigkeit der Förderung der Forstwirtschaft. Hinsichtlich der Betretungs- und Reitregelung sprach er sich für eine Beibehaltung des bislang geltenden Konzepts aus und erteilte damit der Forderung einiger Reitverbände, die eine Ausweitung der Reitbefugnis anstrebten, eine Absage. Auch der *Vertreter der SPD-Fraktion* begrüßte den Gesetzentwurf, der von der SPD *„positiv"* bewertet werde, und kündigte eine konstruktive Mitarbeit für die Ausschussberatungen an. Im Anschluss legte er die grundsätzlichen Auffassungen der SPD-Fraktion dar, wonach die forstliche Rahmenplanung das *„Kernstück der Novelle"* bildete. Bedeutung maß der Vertreter der SPD-Fraktion jedoch auch der Regelung des Schutzes, der Erhaltung und der Vermehrung des Waldbestandes bei und forderte deshalb eine gesetzliche Regelung, die auch die öffentliche Hand bei einer Inanspruchnahme von Waldflächen zu einer Ersatzaufforstung verpflichtete. Der *Vertreter der FDP-Fraktion* betonte noch einmal die Nutzfunktion des Waldes. Außerdem ließ er bereits erahnen, dass die FDP-Fraktion die Vereinbarkeit der im Regierungsentwurf vorgesehenen Betretungsregelung mit dem Bundeswaldgesetz anzweifelte. Da sich alle Fraktionen grundsätzlich für den Entwurf aussprachen, wurde dieser am Ende der ersten Lesung federführend und allein dem Agrarausschuss zur Beratung überwiesen.

3. *Die Beratung im Agrarausschuss*

Die Beratungen des LWaldAnpG im Agrarausschuss fanden in insgesamt sechs Sitzungen im Zeitraum vom 12. Mai 1977 bis 8. September 1977 statt. Den Vorsitz übernahm, wie bereits bei den Ausschussberatungen zum Landeswaldgesetz in den Jahren 1970/71, der Abgeordnete *Fritz Latendorf*[1470] (CDU). Im Rahmen der ersten Sitzung zur Beratung des LWaldAnpG gab Ministerialrat *Carl Clausen* vom Schleswig-Holsteinischen MELF den Ausschussmitgliedern zunächst einen Überblick über den Entwurf und begründete anschließend die einzelnen Änderungsvorschläge.[1471] Den Ausführungen des Ministerialrats zufolge haben bei den Beratungen auf Referentenebene insbesondere die Frage der Vereinbarkeit der Betretungsregelung mit dem Bundeswaldgesetz und die Regelung zum Reiten im Wald eine hervorgehobene Rolle

1469 Hierzu und im Folgenden: SHLT-PlPr. 8/39, S. 2679–2682.
1470 Zu *Latendorf* siehe Fn. 685.
1471 SHLT-Arch Bd. Nr. XIII F 425, S. 28–43, Niederschrift über die 44. Sitzung des Agrarausschusses am 12. Mai 1977, TOP 1.

gespielt.[1472] In der darauffolgenden Sitzung des Agrarausschusses am 2. Juni 1977 fand eine öffentliche Anhörung statt, in der die *Arbeitsgemeinschaft der kommunalen Landesverbände Schleswig-Holstein*, der *Deutsche Städtetag Landesverband Schleswig-Holstein*, der *Städtebund Schleswig Holstein* und der *Landesnaturschutzverband Schleswig-Holstein e.V.* Gelegenheit erhielten, zum Entwurf des LWaldAnpG Stellung zu nehmen.[1473] In der sich anschließenden Aussprache wurde hauptsächlich die Frage des Reitens im Walde diskutiert, zu der abweichende Auffassungen vertreten wurden. Auch die nächste Sitzung diente der Anhörung von Verbänden und Institutionen zum Gesetzentwurf. Stellungnahmen wurden dabei abgegeben von der *Landwirtschaftskammer Schleswig-Holstein*, dem *Schleswig-Holsteinischen Waldbesitzerverband e.V.*, dem *Bauernverband Schleswig-Holstein e.V.*, dem *Bund Deutscher Forstmänner*, der *Gewerkschaft Gartenbau, Land- und Forstwirtschaft – Fachgruppe Forsten* – und der *Schutzgemeinschaft Deutscher Wald e.V.*.[1474] Auch in der Aussprache mit diesen Verbänden ging es ebenfalls hauptsächlich um die Reitregelung. Daneben spielten die forstliche Rahmenplanung und die Einführung einer Forstberichtspflicht der Landesregierung eine Rolle. Eine weitere öffentliche Sitzung fand am 7. Juli 1977 statt und diente der Anhörung des *Landesverbandes der Reit- und Fahrvereine Schleswig-Holstein e.V.*, der *Vereinigung der Freizeitreiter in Deutschland e.V. – Landesverband Schleswig-Holstein* – und der *Reitvereinigung Hamburg Nord e.V.*.[1475] Die Reitverbände traten in erster Linie für eine Ausweitung der Reitbefugnis im Wald ein und sahen in der Beibehaltung der Beschränkung auf speziell gekennzeichnete Wege einen Verstoß gegen das höherrangige Bundeswaldgesetz, das regelte: *„Das Betreten des Waldes zum Zwecke der Erholung ist gestattet. Das (...) und das <u>Reiten im Walde ist nur auf Straßen und Wegen gestattet</u>“* (§ 14 Abs. 1 BWaldG). Die Diskussion um diese Fragestellung beschäftigte den Ausschuss auch in den folgenden Sitzungen.[1476] In der Sitzung am 21. Juli 1977 wurden zunächst die aufgrund der Anhörungen vom MELF erarbeiteten Änderungsvorschläge und einzelne Änderungsvorschläge der Fraktionen beraten.[1477] Über einen Teil der Änderungsvorschläge wurde dabei bereits Einigkeit des

1472 Siehe dazu die Stellungnahme des Schleswig-Holsteinischen MELF zum Betreten des Waldes und Reiten im Wald nach dem LWaldAnpG, SHLT-Arch Bd. Nr. XIII F 425, S. 44 ff., Umdruck 8/2227.

1473 SHLT-Arch Bd. Nr. XIII F 425, S. 55–87, Niederschrift über die 46. (öffentliche) Sitzung des Agrarausschusses am 2. Juni 1977.

1474 SHLT-Arch Bd. Nr. XIII F 425, S. 106–162, Niederschrift über die 48. (öffentliche) Sitzung des Agrarausschusses am 16. Juni 1977; siehe dazu außerdem die Umdrucke: 8/2099, 8/2083, 8/2094, 8/2096, 8/2100, 8/2101, 8/2095, 8/2097 und 8/2115.

1475 SHLT-Arch Bd. Nr. XIII F 425, S. 163–217, Niederschrift über die 50. (öffentliche) Sitzung des Agrarausschusses am 7. Juli 1977; siehe dazu außerdem die Umdrucke: 8/2084, 8/2093, 8/2098, 8/2183.

1476 SHLT-Arch Bd. Nr. XIII F 425, S. 218–230, Niederschrift über die 51. Sitzung des Agrarausschusses am 21. Juli 1977, TOP 1, S. 223 f.

1477 SHLT-Arch Bd. Nr. XIII F 425, S. 218–230, Niederschrift über die 51. Sitzung des Agrarausschusses am 21. Juli 1977, TOP 1, dazu: Umdrucke 8/2157 und 8/2160, S. 231–244.

Ausschusses erzielt. Über die offenen Punkte sowie die weiteren Änderungsvorschläge der Fraktionen wurde sodann in der Abschlussberatung am 7. September 1977 beraten und abgestimmt.[1478] Der Bericht und die Beschlussempfehlung des Ausschusses wurde dem Landtag anschließend am 8. September 1977 als Drucksache 8/846 zugeleitet. Die Hauptänderungsvorschläge des Ausschusses betrafen die forstliche Rahmenplanung, eine Überarbeitung der Vorschrift zum Reiten im Walde und der sonstigen Benutzungsarten sowie die Einführung einer Forstberichtspflicht der Landesregierung.[1479]

4. Die zweite Lesung des LWaldAnpG am 20. September 1977

Die *zweite Lesung*[1480] begann mit der Berichterstattung über die Beratungen des Agrarausschusses durch dessen Vorsitzenden *Fritz Latendorf* (CDU). Die wichtigsten Beratungsergebnisse konnten dabei in einigen Punkten zusammengefasst werden. Hinsichtlich der forstlichen Rahmenplanung habe sich der Ausschuss entschieden, dem einstimmigen Votum der angehörten Verbände folgend, die Forstbehörden wegen ihrer besseren Fachkompetenz als Träger der forstlichen Rahmenplanung im Gesetz festzuhalten. Nach dem Regierungsentwurf sollte diese Aufgabe noch den Landschafspflegebehörden zukommen. Im Hinblick auf die Reitregelung sei es zu einer Kompromisslösung zwischen der CDU-Fraktion und der SPD-Fraktion gekommen. Die vom Ausschuss vorgeschlagene Fassung halte dabei im Grundsatz an der geltenden Regelung fest, die die Reitbefugnis auf speziell gekennzeichnete Wege beschränke. Der Forderung der FDP-Fraktion und insbesondere des Verbandes der Freizeitreiter, alle Wege im Wald zum Reiten freizugeben, sei der Ausschuss nicht nachgekommen. Ein weiteres wichtiges Ergebnis der Ausschussberatungen bestand nach den Ausführungen des Berichterstatters in der Einführung einer Forstberichtspflicht der Landesregierung, über die im Ausschuss Übereinstimmung bestanden habe.

Im Anschluss an die Ausführungen des Abgeordneten *Latendorf* kam es zur Einzelberatung der Ausschussfassung inklusive einiger Änderungen, die mithilfe eines Korrekturbogens zur Drucksache 8/846 in die zweite Lesung eingeführt wurden.[1481] Zu einer Abstimmung über den Änderungsantrag[1482] der FDP-Fraktion vom 14. September 1977, mit dem unter anderem die Reitbefugnis auf alle Wege im Wald erstreckt werden sollte, kam es nicht mehr, da dieser bereits im Vorfeld zurückgezogen

1478 SHLT-Arch Bd. Nr. XIII F 425, S. 245–264, Niederschrift über die 52. Sitzung des Agrarausschusses am 8. September 1977, TOP 1, dazu: Umdrucke 8/2134, 8/2179, 8/2181, 8/2182, 8/2184 und 8/2185, S. 265–294.

1479 SHLT-Drs. 8/846, Ziff. 4, 6, 6a und 31.

1480 Hierzu und im Folgenden: SHLT-PlPr. 8/45, S. 3042–3049.

1481 Die in dem Korrekturbogen vorgenommen Änderungen sind in der amtlichen Veröffentlichung der Drucksache 8/846 des Schleswig-Holsteinischen Landtages bereits enthalten.

1482 SHLT-Drs. 8/854.

worden war.[1483] Nach Abschluss der Einzelberatung, in der die einzelnen Regelungen der Ausschussfassung inklusive Korrekturen angenommen wurden, gaben die Abgeordneten *Heinz-Wilhelm Fölster* (CDU), *Manfred Frank* (SPD), *Uwe Ronneburger* (FDP) und *Karl Otto Meyer* (SSW) für ihre Fraktionen die Schlusserklärung zu dem Gesetzentwurf ab. In der sich anschließenden Gesamtabstimmung wurde der Gesetzentwurf einstimmig angenommen.

II. Die einzelnen Vorschriften im LWaldAnpG

Zu der nachfolgenden Darstellung der einzelnen Änderungen werden der *Referentenentwurf*[1484] vom 1. September 1976, der *Regierungsentwurf*[1485] vom 12. April 1977 und die im Gesetz- und Verordnungsblatt veröffentlichte Fassung[1486] vom 3. November 1977 des LWaldAnpG sowie die dazugehörigen Gesetzgebungsmaterialien zum Vergleich herangezogen.

1. Änderungen in Abschnitt I

a) Allgemeinen Vorschriften

Die Änderungen im ersten Abschnitt enthielten zunächst eine Angleichung der Zweckbestimmung in § 1 des Gesetzes durch wörtliche Übernahme der entsprechenden Bestimmung in § 1 Nr. 1 des Bundeswaldgesetzes. Nach der Gesetzesbegründung war diese Änderung zweckmäßig, weil das Bundeswaldgesetz eine Definition der Waldfunktionen vornahm und nach der Novellierung in weiteren Vorschriften auf diese Funktionen Bezug genommen werde.[1487] Die vormals in § 1 Abs. 1 S. 2 LWaldG enthaltene Abwägungsklausel wurde nach dem Anpassungsgesetz zu einem neuen Absatz 3. Auch diese Änderung war durch das Bundeswaldgesetz bedingt. Zudem wurde die Abwägungsklausel, nach der die *„Rechte, Pflichten und wirtschaftlichen Interessen der Waldbesitzer (...) und die Belange der Allgemeinheit gegeneinander und untereinander gerecht abzuwägen"* waren, mit der Novellierung *„vor die Klammer gezogen"* und beanspruchte damit Geltung für alle Entscheidungen nach dem Gesetz. Die vormals in § 32 Abs. 2 LWaldG enthaltene Abwägungsbestimmung wurde damit entbehrlich.[1488]

Eine weitere Änderung betraf § 2 LWaldG, dessen Überschrift *„Geltungsbereich"* in *„Waldeigentumsarten"* geändert wurde. Außerdem wurde die Definition

1483 SHLT-PlPr. 8/45, S. 3045.

1484 LArch SH 786/3590, Bl. 350 ff., RefE eines *„Gesetzes zur Anpassung des Landeswaldgesetzes (LWaldGAnpG)"*.

1485 SHLT-Drs. 8/709.

1486 GVOBl. SH 1977, S. 464 ff.

1487 Begründung RefE, LArch SH 786/3590, Bl. 350 ff. (365); Begründung zum RegE, SHLT-Drs. 8/709, S. 19.

1488 Begründung RefE, LArch SH 786/3590, Bl. 350 ff. (366); Begründung zum RegE, SHLT-Drs. 8/709, S. 19.

des Staatswaldes dahingehend überarbeitet, dass auch Wald im Miteigentum des Landes Schleswig-Holstein darunter fiel. Nach dem LWaldAnpG wurden zudem die Wälder im Eigentum der Religionsgemeinschaften und die Gemeinschaftsforsten vom Begriff der *„Körperschaftswaldungen"* in § 2 LWaldG ausgenommen, da diese nach dem Vorbild der Waldgesetze anderer Länder und nach dem Bundeswaldgesetz dem *„Privatwald"* zugerechnet werden sollten.[1489] Die Änderung wurde vom Schleswig-Holsteinischen MELF aber auch deshalb vorgeschlagen, weil es hinsichtlich der Enteignungsentschädigung der Religionsgemeinschaften ein rechtliches Problem sah, wenn deren Wälder dem Körperschaftswald zugerechnet würden.[1490] Hintergrund zu dieser Einschätzung war, dass öffentlich-rechtliche Körperschaften grundsätzlich keinen Anspruch auf eine Enteignungsentschädigung hatten, die Anspruchsberechtigung von Religionsgemeinschaften jedoch als zweifelhaft eingestuft wurde.[1491] Die Änderungen bezüglich der Definition des Waldbegriffs in § 3 war in erster Linie redaktioneller Natur und diente der Anpassung an den Wortlaut des Bundeswaldgesetzes.[1492]

b) Forstliche Rahmenplanung

Eine größere Rolle spielte im Gesetzgebungsverfahren die Einfügung des neuen Abschnitts I a *„Forstliche Rahmenplanung und Sicherung der Funktionen des Waldes bei Planungen und Maßnahmen von Trägern öffentlicher Vorhaben"* (§§ 4 a – c LWaldAnpG).[1493] Die Vorschriften regelten nach dem Vorbild des Bundeswaldgesetzes[1494] den rechtlichen Inhalt der forstlichen Rahmenpläne, das Verfahren zu deren Aufstellung und die Sicherung der Waldfunktionen bei öffentlichen Vorhaben.[1495]

1489 Begründung RefE, LArch SH 786/3590, Bl. 350 ff. (366); Begründung zum RegE, SHLT-Drs. 8/709, S. 19; Besondere Bestimmungen für Gemeinschaftsforsten gab es hingegen nicht, da diese in nur sehr geringem Umfang in Schleswig-Holstein vorhanden waren, *Hasel/Zundel,* Forstgesetzgebung in der Bundesrepublik Deutschland, S. 63.

1490 SHLT-Arch Bd. Nr. XIII F 425, S. 28–43, Niederschrift über die 44. Sitzung des Agrarausschusses am 12. Mai 1977, S. 29 f.

1491 Im Gegensatz zu den Waldgesetzen der anderen Bundesländer enthielt das Schleswig-Holsteinische LWaldG auch nach der Novellierung keine besonderen Vorschriften für die Bewirtschaftung der einzelnen Waldeigentumsarten, *Hasel/Zundel,* Forstgesetzgebung in der Bundesrepublik Deutschland, S. 51 ff.

1492 Begründung RefE, LArch SH 786/3590, Bl. 350 ff. (366); Begründung zum RegE, SHLT-Drs. 8/709, S. 20.

1493 Nach den Ausführungen des Abgeordneten *Frank* (SPD) in der ersten Lesung handelte es sich für die SPD-Fraktion bei der Regelung der forstlichen Rahmenplanung um das *„Kernstück dieser Novelle"*, SHLT-PlPr. 8/39, S. 2680.

1494 Vgl. hierzu die entsprechenden Ausführungen zum BWaldG auf S. 251.

1495 Begründung RefE, LArch SH 786/3590, Bl. 350 ff. (367); Begründung zum RegE, SHLT-Drs. 8/709, S. 20.

Der Zweck der forstlichen Rahmenpläne bestand darin, die Funktionen des Waldes sicherzustellen und die dazu erforderlichen Maßnahmen zur Verbesserung der Waldstruktur festzuhalten (§ 4a Abs. 1, 2 LWaldAnpG). Um diesen Zweck zu erreichen, wurden in § 4a Abs. 4 LWaldAnpG Grundsätze festgelegt, die bei der forstlichen Rahmenplanung zugrunde gelegt werden sollten. Die wichtigsten Grundsätze betrafen das Ziel der Walderhaltung, die Aufforstung von Grenzertragsböden und Ödland, die Bildung forstwirtschaftlicher Zusammenschlüsse und die Flurbereinigung. Diese Grundsätze wurden dabei aus Gründen der *„besseren Lesbarkeit und der höheren Rechtssicherheit“*[1496] beinahe wörtlich aus der entsprechenden Aufzählung in § 6 Abs. 3 Nr. 1–6 BWaldG entnommen und waren auf Antrag der SPD-Fraktion in den Ausschussberatungen in den Gesetzestext aufgenommen worden.[1497] Besonders hervorgehoben wurde die angestrebte Erhöhung des Waldanteils, die bei der forstlichen Rahmenplanung besonders beachtet werden sollte.

Nach der verabschiedeten Fassung des LWaldAnpG war die *oberste Forstbehörde* grundsätzlich für die Aufstellung der forstlichen Rahmenpläne zuständig (§ 4b Abs. 1 LWaldAnpG). Auch der Referentenentwurf ging davon aus, dass die oberste Forstbehörde zweckmäßigerweise für die forstliche Rahmenplanung zuständig sein sollte.[1498] Nach den Ausführungen von Ministerialrat *Carlsen* war für den Regierungsentwurf jedoch geplant, die Landschaftspflegebehörden, die gleichzeitig für die Aufstellung der Landschaftsrahmenpläne zuständig waren, mit dieser Aufgabe zu betrauen.[1499] Dahinter standen insbesondere zwei Gründe. Zum einen wollte man mit der gemeinsamen Planung eine Übereinstimmung bei der Raumplanung herbeiführen und zum anderen waren die Verfasser des Regierungsentwurfs davon ausgegangen, dass die Forstbehörden zu jenem Zeitpunkt personell nicht in der Lage seien die forstlichen Rahmenpläne aufzustellen.[1500] In den öffentlichen Anhörungen hat sich die Mehrzahl der Verbände jedoch dafür ausgesprochen, dennoch der obersten Forstbehörde diese Aufgabe zu übertragen.[1501] Das Hauptargument für diesen Vorschlag war, dass die erforderlichen Erhebungen, Untersuchungen

---

1496 SHLT-PlPr. 8/45, S. 3047; Im RegE war auf eine wörtliche Wiedergabe gerade verzichtet worden, da sich die benannten Grundsätze nur an die Träger der forstlichen Rahmenplanung wendeten, Begründung zum RegE, SHLT-Drs. 8/709, S. 20.

1497 SHLT-Arch Bd. Nr. XIII F 425, S. 245–264, Niederschrift über die 52. Sitzung des Agrarausschusses am 8. September 1977, TOP 1, S. 249; dazu Umdruck 8/2184.

1498 Begründung zum RefE, LArch SH 786/3590, Bl. 350 ff. (368).

1499 SHLT-Arch Bd. Nr. XIII F 425, S. 28–43, Niederschrift über die 44. Sitzung des Agrarausschusses am 12. Mai 1977, S. 31.

1500 SHLT-Arch Bd. Nr. XIII F 425, S. 28–43, Niederschrift über die 44. Sitzung des Agrarausschusses am 12. Mai 1977, S. 31.

1501 SHLT-Arch Bd. Nr. XIII F 425, S. 55–217, Niederschriften über die 46., 48., und 50. Sitzung des Agrarausschusses und die Synopse zur Verbandsanhörung, Umdruck 8/2157. Für die Aufstellung der forstlichen Rahmenpläne durch die oberste Forstbehörde, bzw. von ihr beauftragte Stellen, sprachen sich aus: *Bund Deutscher Forstmänner, Schutzgemeinschaft Deutscher Wald, Gewerkschaft Gartenbau, Land-*

und Planungen nur mit forstlichem Sachverstand erledigt werden konnten und die Landschaftspflegebehörden hierzu fachlich nicht ausreichend in der Lage waren.[1502]

Im Übrigen regelte § 4b LWaldAnpG das weitere Verfahren zur Planaufstellung, in dessen Rahmen den betroffenen öffentlichen Stellen und privaten Waldbesitzern die Möglichkeit zur Stellungnahme gegeben werden sollte.

In § 4c LWaldAnpG war ein weiterer Planungsgrundsatz enthalten, mit dem die *„Funktion des Waldes bei Planungen und Maßnahmen von Trägern öffentlicher Vorhaben"* gesichert werden sollte. Die Vorschrift übernahm dabei die Regelung des § 8 BWaldG und passte diese auf die besonderen Verhältnisse in Schleswig-Holstein an, indem sie festlegte, dass die Träger öffentlicher Vorhaben Wald nur in Anspruch nehmen sollten, *„soweit der Planungszweck nicht auf anderen Flächen verwirklicht werden kann"*. Die Formulierung war einem Vorschlag[1503] des Bundesrates zum Entwurf des Bundeswaldgesetzes nachempfunden und sollte der besonderen Waldarmut in Schleswig-Holstein Rechnung tragen.[1504] Die vormals in § 33 LWaldG enthaltene Regelung zur Beteiligung der Forstbehörden wurde inhaltlich in § 4c Nr. 2 LWaldAnpG übernommen und konnte damit entfallen.

2. *Änderungen in Abschnitt II*

Die erste Änderung in Abschnitt II des Landeswaldgesetzes bestand in einer Änderung der Abschnittsüberschrift von *„Betreten des Waldes"* in *„Waldbesucher"*. Die Überschriftsänderung wurde im Ausschuss beschlossen und trug dem Umstand Rechnung, dass neben dem *„Betreten des Waldes"* fortan auch das *„Reiten im Walde"* und *„sonstige Benutzungsarten"*, wie z.B. das Fahrradfahren, in einer eigenständigen Vorschrift geregelt werden sollten.[1505] Durch die Änderung der Überschrift wurde zudem klargestellt, dass es sich bei diesen Benutzungsarten nicht um *„Betreten"* im Sinne des Gesetzes handelte.[1506]

---

und Forstwirtschaft, Landwirtschaftskammer, Bauernverband, Deutscher Forstwirtschaftsrat und der *Waldbesitzerverband*.

1502 So der Ausschussvorsitzende *Latendorf* in der zweiten Lesung, SHLT-PlPr. 8/45, S. 3043; Nach dessen Ausführungen hatten auch die übrigen Bundesländer, die eine Anpassung ihrer Waldgesetze bereits vorgenommen hatten, die Forstbehörden als Träger der forstlichen Rahmenplanung vorgesehen.

1503 BT-Drs. 7/889, S. 35; Begründung zum RegE, SHLT-Drs. 8/709, S. 21.

1504 Begründung zum RegE, SHLT-Drs. 8/709, S. 21 f.

1505 SHLT-Arch Bd. Nr. XIII F 425, S. 218–230, Niederschrift über die 51. Sitzung des Agrarausschusses am 21. Juli 1977, S. 223; Änderungsantrag der CDU-Fraktion, Umdruck 8/2179.

1506 Anders hingegen der Landesverband der Reit- und Fahrvereine, der das Reiten als eine Form des Betretens verstanden wissen wollte, SHLT-Arch Bd. Nr. XIII F 425, S. 196 ff., Umdruck 8/2093.

a) *Betreten des Waldes*

Das Recht zum Betreten des Waldes in § 5 LWaldG wurde mit dem Anpassungsgesetz nur leicht abgewandelt und blieb damit in seinem Kern erhalten. Nach dem LWaldAnpG war nicht mehr nur das Betreten von *Waldwegen*, sondern auch das der *angrenzenden unbestockten Waldflächen* gestattet. Dieses beschränkte Betretungsrecht außerhalb der Erholungswaldgebiete war nach der Novellierung der Landeswaldgesetze im Vergleich zu den anderen Bundesländern einmalig.[1507] Im Erholungswald verblieb es beim freien Betretungsrecht. Die ab 1977 gültige Fassung von § 5 Abs. 1 LWaldG lautete:

> *„§ 5 Betreten des Waldes*
>
> *(1) Jedermann darf zum Zweck der Erholung*
> *1. Waldwege aller Art und angrenzende unbestockte Waldflächen und*
> *2. im Erholungswald (§ 8) auch die übrigen Waldflächen*
> *auf eigene Gefahr betreten und sich dort aufhalten."*

Vor dem Hintergrund der Regelung im Bundeswaldgesetz gab es jedoch Zweifel, ob die in Schleswig-Holstein geltende Fassung, nach der im Grundsatz nur das Betreten der Waldwege gestattet war, mit dem Bundesrecht vereinbar war. So stand das Schleswig-Holsteinische Justizministerium während der Beratungen zum Referentenentwurf auf dem Standpunkt, dass die Beschränkung der Betretungsregelung auf die Waldwege vor dem Hintergrund des Bundeswaldgesetzes nicht mehr haltbar sei.[1508] Die Fassung von § 14 des Bundeswaldgesetzes lautete:

> *„(1) Das Betreten des Waldes zum Zwecke der Erholung ist gestattet. (...)*
> *(2) Die Länder regeln die Einzelheiten. Sie können das Betreten des Waldes aus wichtigem Grund, insbesondere des Forstschutzes, der Wald- oder Wildbewirtschaftung, zum Schutze der Waldbesucher oder zur Vermeidung erheblicher Schäden oder zur Wahrung anderer schutzwürdiger Interessen des Waldbesitzers, einschränken und andere Benutzungsarten ganz oder teilweise dem Betreten gleichstellen."*

Die Verfasser des Referentenentwurfs des LWaldAnpG gingen hingegen davon aus, dass die in Schleswig-Holstein geltende Regelung von den bundesrechtlichen Vorgaben gedeckt und eine Änderung damit nicht erforderlich war.[1509] Auch die

1507 *Zundel*, DFuH 1979, S. 31 ff. (33).

1508 Stellungnahmen des Justizministeriums zum Gesetz zur Anpassung des Landeswaldgesetzes vom 17. September 1976 und 4. Oktober 1976, LArch SH 786/3590, Bl. 379 ff.

1509 Vgl. RefE eines *„Gesetzes zur Anpassung des Landeswaldgesetzes (LWaldGAnpG)"*, LArch SH 786/3590, Bl. 350 ff. (369); vgl. Schreiben des Schleswig-Holsteinischen MELF an die beteiligten Ministerien vom 18. Oktober 1976 betreffend den Referentenentwurf eines Gesetzes zu Anpassung des Landeswaldgesetzes, LArch SH 786/3590, Bl. 401 ff. (403).

Begründung zum Regierungsentwurf zeigt, dass eine Anpassung grundsätzlich als nicht erforderlich betrachtet wurde und die Ausweitung des Betretungsrechts auf angrenzende unbestockte Waldflächen nur dazu diente, letzte Zweifel an der Vereinbarkeit mit dem Bundesrecht auszuschließen.[1510] Die Vereinbarkeit der Beschränkung des Betretungsrechts auf Waldwege wurde insbesondere mit der Entstehungsgeschichte und dem Wortlaut der Grundsatzvorschrift im Bundeswaldgesetz begründet.[1511]

Im Hinblick auf die Entstehungsgeschichte beriefen sich die Verfasser des Regierungsentwurfs auf die *Empfehlung des Bundesrates*[1512], der es den Ländern mit einer Bewaldung von unter 10 % gestatten sollte, das Betreten auf die Waldwege zu beschränken. Die Bundesregierung war mit diesem Vorschlag einverstanden,[1513] sodass die Fassung in den *Ausschussentwurf*[1514] übernommen und vom Bundestag beschlossen wurde[1515]. In dem sich anschließenden zweiten Durchgang im Bundesrat und dem darauffolgenden Vermittlungsverfahren wurde die Fassung des Betretungsrechts jedoch noch mehrfach geändert und die 10 % Klausel wieder aus dem Wortlaut entfernt.[1516] Der Grundgedanke hinter diesen Änderungen war jedoch stets, den Ländern genügend Raum für eine Anpassung der Regelung des Betretungsrechts zu geben und eine Einschränkung nach den unterschiedlichen regionalen Verhältnissen zu ermöglichen.[1517] In diesem Sinne sollte die im Bundeswaldgesetz enthaltene Regelung nicht viel mehr als einen Grundsatz bestimmen, der von den Ländern nach den tatsächlichen Bedürfnissen eingeschränkt werden konnte. Bei den Beratungen zum Schleswig-Holsteinischen LWaldAnpG ging man deshalb davon aus, dass im Gesetzgebungsverfahren zum Bundeswaldgesetz ein grundsätzlicher Konsens über die Möglichkeit zur Einschränkung des Waldbetretungsrechts in Ländern mit einer Bewaldung von unter 10 % bestanden habe.[1518] Vor dem Hintergrund dieser Entstehungsgeschichte und der tatsächlichen Bewaldungsquote in Schleswig-Holstein von nur 9 %, sah man eine Einschränkung deshalb als

---

1510 Hierzu und im Folgenden: Begründung zum RegE, SHLT-Drs. 8/709, S. 22.

1511 Siehe hierzu die Stellungnahme des Schleswig-Holsteinischen MELF vom 12. Mai 1977 zum Betreten des Waldes und Reiten im Wald nach dem LWaldAnpG, SHLT-Arch Bd. Nr. XIII F 425, S. 44 ff., Umdruck 8/2227.

1512 BR-Drs. 207/73 (Beschluss), Ziff. 13.

1513 Gegenäußerung der Bundesregierung zur Stellungnahme des Bundesrates, BT-Drs. 7/889, S. 41.

1514 BT-Drs. 7/2727, S. 15, § 12 Abs. 1 S. 3, 2. HS.

1515 BT-PlPr. 7/131, S. 8830 (D).

1516 Folgende weitere Fassungen sind entstanden: Fassung der Vertreter der Agrarressorts auf der Vorbesprechung zur Vorbereitung der Agrarausschusssitzung des Bundesrates; Agrarausschussfassung; Beschlussfassung (Antrag Bayern); Vermittlungsausschussfassung, siehe dazu: SHLT-Arch Bd. Nr. XIII F 425, S. 44 ff., Umdruck 8/2227.

1517 Vgl. z.B. BR-Drs. 776/74, Ziff. 7; ähnlich *Pielow*, NuR 1980, S. 53 ff. (59).

1518 Begründung zum RegE, SHLT-Drs. 8/709, S. 22.

gerechtfertigt an. Zur Begründung wurde zusätzlich der Wortlaut der Regelung im Bundeswaldgesetz herangezogen, die nach Ansicht des Schleswig-Holsteinischen MELF nur eine Grundsatzbestimmung festlege und den Ländern die Regelung der Einzelheiten überlasse.[1519] Die Einschränkungsmöglichkeiten in § 14 Abs. 2 BWaldG seien nur beispielhaft („*insbesondere*") und ließen weitere wichtige Gründe für eine Beschränkung zu. In Schleswig-Holstein sah man insbesondere drei wichtige Gründe, die die Einschränkung auf die Wege rechtfertigten.[1520] Erstens die geringe Bewaldung von nur 9 % der Gesamtfläche, zweitens die ungleiche Waldverteilung in Schleswig-Holstein und drittens die Kleinflächigkeit der einzelnen Wälder.

Bei den Verbänden herrschte ein uneinheitliches Bild über die im Regierungsentwurf vorgesehenen Änderungsvorschläge. Während ein Teil die Ausdehnung des Betretungsrechts auf die unbestockten Waldflächen am Wegesrand begrüßte,[1521] oder sich damit einverstanden zeigte,[1522] forderte ein anderer Teil die Streichung.[1523] Die ablehnende Haltung kam dabei in erster Linie aus Richtung der Privatwaldbesitzer, denen man in der Begründung zum Regierungsentwurf kein schutzwürdiges Interesse zuerkannt hatte, das ein Nichtbetreten solcher unbestockten Flächen rechtfertigen konnte.[1524] Auf der anderen Seite wurde den Waldbesuchern ein mögliches Interesse am Betreten dieser Flächen zugebilligt, sodass der Agrarausschuss diese Thematik auf seinen Sitzungen nicht weiter behandelte und es bei der im Regierungsentwurf festgelegten Fassung blieb.

b) Reiten im Walde

Das „*Reiten im Walde*" bildete auch im Gesetzgebungsverfahren zum Schleswig-Holsteinischen LWaldAnpG einen der Schwerpunkte der Beratungen. In Schleswig-Holstein waren die verschiedenen Auffassungen zu dieser Thematik bereits bei

1519 Hierzu und im Folgenden: Stellungnahme des Schleswig-Holsteinischen MELF vom 12. Mai 1977 zum Betreten des Waldes und Reiten im Wald nach dem LWaldAnpG, SHLT-Arch Bd. Nr. XIII F 425, S. 49 ff., Umdruck 8/2227.

1520 So auch die Begründung zum RegE, SHLT-Drs. 8/709, S. 22.

1521 So der *Fremdenverkehrsverband*, der *Bund Deutscher Forstmänner und die Gewerkschaft Gartenbau, Land- und Forstwirtschaft*, Synopse des Schleswig-Holsteinischen MELF zur Verbandsanhörung, SHLT-Arch Bd. Nr. XIII F 425, S. 231 ff., Umdruck 8/2157.

1522 So der *Landesverband der Reit- und Fahrvereine* und die *Vereinigung der Freizeitreiter*, Synopse des Schleswig-Holsteinischen MELF zur Verbandsanhörung, SHLT-Arch Bd. Nr. XIII F 425, S. 231 ff., Umdruck 8/2157.

1523 So der *Schleswig-Holsteinische Waldbesitzerverband*, der *Schleswig-Holsteinische Bauernverband*, die *Landwirtschaftskammer S.H.*, die *Schutzgemeinschaft Deutscher Wald*, der *Landesnaturschutzverband* und die *kommunalen Spitzenverbände*, Synopse des Schleswig-Holsteinischen MELF zur Verbandsanhörung, SHLT-Arch Bd. Nr. XIII F 425, S. 231 ff., Umdruck 8/2157.

1524 SHLT-Drs. 8/709, S. 22.

den Beratungen zum Landeswaldgesetz von 1971 zum Ausdruck gekommen.[1525] Die Entwürfe zum Landeswaldgesetz von 1971 waren zunächst von einem Verbot des Reitens im Walde ausgegangen, soweit nicht eine besondere Vereinbarung mit dem Berechtigten getroffen war.[1526] Letztlich konnte der *Landesverband der Reit- und Fahrvereine* mit seiner Stellungnahme in den Ausschussanhörungen jedoch die Mehrzahl der Ausschussmitglieder davon überzeugen, von einem generellen Verbot abzusehen und zumindest im Staatswald eine gesetzliche Reitregelung zu schaffen.[1527] Die verabschiedete Fassung des Landeswaldgesetzes sah deshalb die folgende Regelung in den Ausnahmebestimmungen zum Betretungsrecht in § 6 S. 3 LWaldG vor:

> *„Das Reiten ist auf besonders gekennzeichneten Waldwegen gestattet; solche Wege sind insbesondere im Staats- und Körperschaftswald im ausreichenden Maße einzurichten."*

Mit der Überarbeitung im LWaldAnpG ist der Schleswig-Holsteinische Gesetzgeber dieser Konzeption treu geblieben und hat damit der teilweise erhobenen Forderung, das Reiten im Wald grundsätzlich auf allen Wegen zu gestatten,[1528] eine Absage erteilt. Im LWaldAnpG wurde das Reiten im Wald im neu eingefügten § 5a geregelt. Danach war das Reiten im Wald *„auf den besonders gekennzeichneten Waldwegen (Reitwegen) und privaten Straßen"*[1529] gestattet.[1530] Nach wie vor sollten solche Reituntergründe insbesondere im Staats- und Körperschaftswald zur Verfügung gestellt werden. Die nachfolgenden Absätze der Vorschrift waren neu und regelten in der Hauptsache das durchzuführende Verfahren, wenn in den Gemeinden und Kreisen keine dem Reitbedarf entsprechenden Möglichkeiten bestanden. In diesem Fall sollte darauf hingewirkt werden, dass die *Reitsportunternehmen* mit den Berechtigten eine privatrechtliche Vereinbarung über die Nutzung geeigneter Reitwege schließen (§ 5a Abs. 3 LWaldAnpG). Kam eine solche Vereinbarung nicht zustande,

---

1525 Vgl. hierzu den Abschnitt zur Entstehung der Betretungsregelung im LWaldG von 1971 ab S. 161 ff.

1526 siehe § 6 Nr. 6 des RegE zum LWaldG, SHLT-Drs. VI/1266.

1527 SHLT-Arch Bd. Nr. XIII F 199, S. 179–317, Niederschrift über die 54. (öffentliche) Sitzung des Ausschusses für E.L.F. am 16. Oktober 1970 (119 ff.).

1528 Die Reitverbände forderten eine grundsätzliche Freigabe der Waldwege zum Reiten mit Ausnahmemöglichkeiten. Zu den Einzelheiten vgl. die Stellungnahmen des *Landesverbandes der Reit- und Fahrvereine Schleswig-Holstein*, der *Vereinigung der Freizeitreiter – Landesverband Schleswig-Holstein –* und der *Reitvereinigung Hamburg-Nord*, in: SHLT-Arch Bd. Nr. XIII F 425, S. 163–217, Niederschrift über die 50. (öffentliche) Sitzung des Agrarausschusses am 7. Juli 1977; siehe dazu außerdem die Umdrucke: 8/2084, 8/2093, 8/2098, 8/2183.

1529 Nach der Definition in 5a Abs. 6 LWaldAnpG waren private Straßen *„nur Straßen, mit Bitumen- oder Betonbelag, die im Eigentum eines Waldbesitzers stehen und dem öffentlichen Verkehr gewidmet sind"*. Weitergehende Vereinbarungen blieben zudem möglich und das Reiten erfolgte *„auf eigene Gefahr"*.

1530 *Zundel* betrachtet dies als eine vernünftige Einschränkung, *Zundel*, DFuH 1979, S. 31 ff. (34).

konnte die Forstbehörde auf Antrag einen Reitweg ausweisen (§ 5a Abs. 4 LWaldAnpG). Voraussetzung für die Ausweisung war zudem, dass von dem beteiligten Reitsportunternehmen zuvor ein vergeblicher Versuch zum Abschluss einer solchen Vereinbarung ausgegangen war und die Schadloshaltung sowie Entschädigung des Waldbesitzers gewährleistet war. Nach § 5a Abs. 5 LWaldAnpG war bei der Einrichtung von Reitwegen zudem zu berücksichtigen, dass der Waldbesuch durch Fußgänger Vorrang hatte und der geringe Waldanteil nicht in ein Missverhältnis zum Anteil der Reitwege geriet. Die verabschiedete Fassung zur Regelung des Reitens im Wald lautete (GVOBl. SH 1977, S. 464 ff.):

„§ 5 a Reiten im Walde

(1) Das Reiten ist im Walde auf den besonders gekennzeichneten Waldwegen (Reitwegen) und den privaten Straßen gestattet. Weitergehende Befugnisse und Absprachen mit dem Waldbesitzer und der zuständigen Gemeinde bleiben unberührt.
(2) Geeignete und zusammenhängende Reitwege im Verbund mit sonstigen Straßen, Wegen und Flächen, auf denen das Reiten zulässig ist, sind insbesondere im Staats- und Körperschaftswald in ausreichendem Umfang einzurichten.
(3) Gemeinden oder Kreise, auf deren Gebiet keine einem Bedarf entsprechenden Möglichkeiten zum Reiten in Wald und Flur vorhanden sind, sollen für eine Absatz 2 entsprechende Regelung sorgen, indem sie vor allem auf das Zustandekommen von entsprechenden Vereinbarungen zwischen den Nutzungsberechtigten geeigneter Wald- und sonstiger Grundflächen und den Reitervereinigungen, Reitstallbesitzern oder ähnlichen Unternehmungen (Reitsportunternehmen) hinwirken, die den Bedarf an Reitwegen auslösen. Das gilt auch, wenn Absprachen der Waldbesitzer mit Reitern den schutzwürdigen Interessen der übrigen Waldbesucher nicht mehr gerecht werden.
(4) Kommt eine solche Regelung nicht zustande, soll die Forstbehörde auf Antrag eines Reitsportunternehmens, einer Gemeinde oder eines Kreises einen Reitweg in dem im Einzelfall notwendigen und gegenüber den übrigen Waldbesuchern vertretbaren Umfang ausweisen. Die Ausweisung ist vorbehaltlich einer Regelung nach § 35 *c*

1. *nur möglich, wenn der Antragsteller, immer aber auch das Reitsportunternehmen, sich ernsthaft um das Zustandekommen einer entsprechenden Regelung mit den Nutzungsberechtigten in Frage kommender Wald- und sonstiger Grundflächen zu angemessenen Bedingungen vergeblich bemüht hat;*
2. *von der Gewähr abhängig zu machen, daß der Antragsteller, andere Antragsberechtigte oder Dritte den Waldbesitzer je nach den Umständen schadlos stellen, bei besonderen Härten billig und im Falle einer unzumutbaren Beeinträchtigung angemessen entschädigen oder aber die entsprechenden Aufwendungen dem Land erstatten, wenn das Land die festgesetzten Leistungen erbringt.*

Die Forstbehörde entscheidet nach Erörterung der beabsichtigten Ausweisung mit den nach Absatz 3 Beteiligten im Einvernehmen mit dem Forstausschuß (§ 7 Abs. *4). In der Ausweisung sind unbeschadet weiterer Nebenbestimmungen die erforderlichen Bedingungen und Auflagen einschließlich notwendiger Sicherheitsleistungen festzusetzen. Die Ausweisung*

ist jederzeit-widerruflich und steht unter dem Vorbehalt der nachträglichen Aufnahme, Änderung oder Ergänzung von Auflagen.
(5) Bei der Einrichtung von Reitwegen ist zu berücksichtigen, daß dieser Vorschrift § 5 übergeordnet ist und der Anteil der Reitwege in waldarmen Gebieten nicht außer Verhältnis zum Waldanteil stehen darf.
(6) Die Reiter benutzen die Reitwege und privaten Straßen auf eigene Gefahr (§ 14 Abs. 1 Bundeswaldgesetz). Private Straßen im Sinne dieser Vorschrift sind nur Straßen mit Bitumen- oder Betonbelag, die im Eigentum eines Waldbesitzers stehen und nicht dem öffentlichen Verkehr gewidmet sind."

Die Verfasser des Referentenentwurfs waren nicht von einer Notwendigkeit zur Anpassung der Reitregelung von 1971 an das BWaldG ausgegangen.[1531] Es mehrten sich jedoch Zweifel, ob die in Schleswig-Holstein geltende Regelung mit dem Bundeswaldgesetz vereinbar war. Hinsichtlich des Reitens bestimmte dieses in § 14 Abs. 1 S. 2 BWaldG lediglich: *„Das (...) und das Reiten im Walde ist nur auf Straßen und Wegen gestattet"*. Im Übrigen galt auch hier Absatz 2, der den Ländern die Regelung der Einzelheiten überließ. Vor dem Hintergrund, dass es damit den Ländern überlassen war das *„Wie"* der Reitregelung selbst zu bestimmen,[1532] sah der Regierungsentwurf zum LWaldAnpG nur eine abgewandelte Regelung vor, die für die rechtliche Situation ohne Auswirkung war. Die Landesregierung vertrat diesbezüglich die Auffassung, dass die in Schleswig-Holstein geltende Reitregelung durch das BWaldG abgedeckt sei.[1533] Laut Begründung zum Regierungsentwurf des LWaldAnpG hatten die Reiterkreise die bislang geltende Regelung im Staats- und Körperschaftswald zwar als interessengerecht anerkannt, forderten nun jedoch in Anlehnung an § 14 Abs. 1 S. 2 BWaldG eine Ausweitung der Reitbefugnis.[1534] In den Ausschussanhörungen und den abgegebenen Stellungnahmen traten die unterschiedlichen Auffassungen dann deutlich hervor.

Die *Vereinigung der Freizeitreiter in Deutschland e.V. – Landesverband Schleswig-Holstein* – ging davon aus, dass das Bundeswaldgesetz eine generelle Reitbefugnis auf allen Wald- und Forstwegen statuiere und der Regierungsentwurf zum LWaldAnpG dies missachte und die generelle Erlaubnis ins Gegenteil verkehre.[1535] Auch der *Landesverband der Reit- und Fahrvereine Schleswig-Holstein e.V.* sah in der im Regierungsentwurf vorgeschlagenen Fassung einen Verstoß gegen das Bundeswaldgesetz und einen Widerspruch zu den Regelungen in anderen Bundesländern.[1536]

1531 Vgl. RefE eines *„Gesetzes zur Anpassung des Landeswaldgesetzes (LWaldGAnpG)"*, LArch SH 786/3590, Bl. 350 ff. (355, 369).

1532 *Carlsen*, NuR 1979, S. 60 ff. (62).

1533 SHLT-PlPr. 8/39, S. 2678.

1534 Begründung zum RegE, SHLT-Drs. 8/709, S. 23.

1535 SHLT-Arch Bd. Nr. XIII F 425, S. 163–217, Niederschrift über die 50. (öffentliche) Sitzung des Agrarausschusses am 7. Juli 1977, S. 175 ff. und Umdruck 8/2084.

1536 Hierzu und im Folgenden: SHLT-Arch Bd. Nr. XIII F 425, S. 163–217, Niederschrift über die 50. (öffentliche) Sitzung des Agrarausschusses am 7. Juli 1977, S. 166 ff. und Umdruck 8/2093.

Diese Auffassung wurde damit begründet, dass das BWaldG zwar einzelne Einschränkungen zulasse, nicht jedoch eine allgemeine Einschränkung. Dazu beriefen sich die Reitverbände auf den Wortlaut der Norm („*das Reiten im Walde ist nur auf Straßen und Wegen gestattet*") und schlussfolgerten daraus, dass eine Beschränkung auf speziell gekennzeichnete Straßen und Wege unzulässig sei. Außerdem verletze die geplante Beschränkung des Reitens verfassungsrechtliche Normen und beeinträchtige die Interessen des Reitsports und der Pferdezucht. Auch die FDP-Fraktion nahm den Standpunkt ein, dass das BWaldG eine grundsätzliche Genehmigung zum Reiten im Wald auf allen Straßen und Wegen enthalte und Ausnahmen nur im Einzelfall zulässig seien.[1537] Ein von der FDP-Fraktion im Ausschuss gestellter Änderungsantrag, der darauf abzielte den Wortlaut des § 14 Abs. 1 S. 2 BWaldG in das LWaldAnpG zu übernehmen, wurde mit der Mehrheit abgelehnt.[1538]

Die *Landesregierung* verteidigte die Beschränkung der Reitbefugnis auf speziell gekennzeichnete Wege wiederrum mit der Entstehungsgeschichte und dem Wortlaut der entsprechenden Norm im Bundeswaldgesetz.[1539] Zur Begründung wurde angeführt, dass der Bundesgesetzgeber aus sprachlich-logischen Gründen einen bestimmten Artikel hätte verwenden müssen, wenn er tatsächlich sämtliche Wege für das Reiten hätte freigeben wollen (*das Reiten im Walde ist nur auf den Straßen und Wegen gestattet*). Aus der Entstehungsgeschichte folge außerdem, dass den Ländern, wie beim Betreten zu Fuß, die Regelung der Einzelheiten zustehe. Zudem folge aus der speziell schleswig-holsteinischen Konzeption, die Waldbesucher zu Fuße nur auf Wegen zuzulassen, die Notwendigkeit, das Reiten nicht auf denselben Flächen zu gestatten, da es dadurch zu Unzuträglichkeiten und Kollisionen mit den Fußgängern käme. Darüber hinaus vertrat das Schleswig-Holsteinische MELF die Auffassung, dass eine unbeschränkte Reitbefugnis auf allen Wegen die Grenzen der Sozialpflichtigkeit des Eigentums überschreite. Die SPD-Fraktion stimmte mit dem Konzept der Landesregierung hinsichtlich der Beschränkung des Reitens im Walde auf speziell gekennzeichnete Wege im Grundsatz überein.[1540]

1537 So der Abgeordnete *Ronneburger* (FDP) in der zweiten Lesung, SHLT-PlPr. 08/45, S. 3048.

1538 SHLT-Arch Bd. Nr. XIII F 425, S. 245–264, Niederschrift über die 52. Sitzung des Agrarausschusses am 8. September 1977, S. 252 und Umdruck 8/2185, Änderungsantrag, S. 294; siehe dazu auch den Änderungsantrag der FDP-Fraktion vom 14. September 1977 (SHLT-Drs. 8/854), der jedoch noch vor der zweiten Lesung zurückgezogen wurde.

1539 Im Folgenden: Stellungnahme des Schleswig-Holsteinischen MELF vom 12. Mai 1977 zum Betreten des Waldes und Reiten im Wald nach dem LWaldAnpG, SHLT-Arch Bd. Nr. XIII F 425, S. 44 ff., Umdruck 8/2227; vgl. dazu auch *Pielow*, NuR 1980, S. 53 ff. (59); *Tesmer*, AgrarR 1978, S. 246 ff.; *Tesmer*, DFuH 1976, S. 177 ff. (178).

1540 Zur Übereinstimmung: SHLT-PlPr. 08/45, S. 3043, 3046, 3047; vgl. außerdem Änderungsantrag der SPD-Fraktion zu § 5a LWaldAnpG, SHLT-Arch Bd. Nr. XIII F 425, S. 285., Umdruck 8/2184.

Das *Bundesverwaltungsgericht* und das *Bundesverfassungsgericht* bestätigten in der zweiten Hälfte der 1980er Jahre die rechtliche Möglichkeit einer derartigen Beschränkung der Reitbefugnis im Hinblick auf eine vergleichbare Regelung in Nordrhein-Westfalen und stellten die Vereinbarkeit mit Bundesrecht fest.[1541] Die Entscheidungen wurden unter anderem mit dem rahmenrechtlichen Charakter der Vorschrift im BWaldG begründet, der den Ländern nur verbiete, das Reiten vollständig zu untersagen oder ungeregelt zu lassen. Auch einen Verstoß dieser Regelung gegen das Grundrecht der allgemeinen Handlungsfreiheit (Art. 2 Abs. 1 GG) sowie gegen die Verfassungsgrundsätze der Verhältnismäßigkeit, des Vorbehalts des Gesetzes, des Vertrauensschutzes und den allgemeinen Gleichheitssatz (Art. 3 Abs. 1 GG) haben die Gerichte abgelehnt. Die Gestaltungsfreiheit der Länder hinsichtlich der Regelung des Reitens im Walde wurde damit vollumfänglich bestätigt.

Im Übrigen bestand hinsichtlich der Reitregelung noch in zwei kleineren Punkten Uneinigkeit, die kurz erwähnt sein sollen. Zum einen sah das Konzept der SPD-Fraktion vor, dass die Forstbehörden auch im Privatwald notfalls Reitwege ausweisen können sollten, soweit keine freiwillige Vereinbarung zustande kam.[1542] Die CDU-Fraktion wollte es hingegen dabei belassen, die Reitmöglichkeiten im Privatwald allein aufgrund privatrechtlicher Vereinbarungen zu regeln.[1543] Die verabschiedete Fassung stellt letztlich einen Kompromiss dieser beiden Vorstellungen dar. Ein weiterer Vorschlag der SPD-Fraktion zielte darauf ab, eine Kennzeichnungspflicht für Pferde einzuführen und eine Jahresgebühr fürs Reiten zu erheben.[1544] Laut Begründung des Änderungsantrages sollte damit eine Missbrauchskontrolle und die Durchsetzung von Regressansprüchen ermöglicht werden. Außerdem sollte die öffentliche Hand durch die Erhebung einer solchen *„Reitabgabe“* bei der Einrichtung und Unterhaltung von Reitwegen entlastet werden. Die Mehrheit des Ausschusses lehnte diese Regelung zugunsten der Fassung der CDU-Fraktion ab.[1545]

1541 BVerwG, Urteil vom 31. Mai 1985–4 C 14/82, 4 C 15/82 –, BVerwGE 71, 324–329; BVerfG, Beschluss vom 6. Juni 1989–1 BvR 921/85 –, BVerfGE 80, 137–170; Beide Entscheidungen zur nordrhein-westfälischen Regelung in § 50 des Landschaftsgesetzes vom 26. Juni 1980, GVOBl. NRW 1980, S. 734 ff.; Dem BVerwG folgend für Schleswig-Holstein: Schleswig-Holsteinisches Oberlandesgericht, Beschluss vom 9. Juli 1986–1 Ss 483/82 –, juris.

1542 Vgl. Änderungsantrag zu § 5a Abs. 2, SHLT-Arch Bd. Nr. XIII F 425, Umdruck 8/2184, S. 285.

1543 So der Abgeordnete *Harms* (CDU) in der ersten Lesung, SHLT-PlPr. 8/39, S. 2679 f. und der Ausschussvorsitzende *Latendorf* (CDU) in der zweite Lesung SHLT-PlPr 8/45, S. 3043 f.

1544 Vgl. Änderungsantrag zu § 5a Abs. 4, SHLT-Arch Bd. Nr. XIII F 425, Umdruck 8/2184, S. 285 und die Ausführungen des Abgeordneten *Frank* (SPD) in der zweiten Lesung: SHLT-PlPr. 8/45, S. 3047.

1545 SHLT-Arch Bd. Nr. XIII F 425, S. 245–264, Niederschrift über die 52. Sitzung des Agrarausschusses am 8. September 1977, S. 253 f.

Auf Grundlage eines interfraktionellen Antrages[1546] wurde der Minister jedoch im Gesetz ermächtigt, eine Kennzeichnungspflicht für Pferde durch Verordnung einzuführen und darin auch mögliche Gebühren zu regeln (§ 35c LWaldAnpG).

c) Sonstige Benutzungsarten

Die Novellierung der Vorschriften über die *sonstigen Benutzungsarten* diente in erster Linie einer Neuordnung, ohne dass eine Änderung der materiellen Rechtslage erfolgte. Das Landeswaldgesetz von 1971 gestattete das Fahren von Fahrrädern ohne Motorantrieb auf Waldwegen auf eigene Gefahr, sofern es nicht zum Schutz der übrigen Waldbesucher ausdrücklich untersagt war (§ 6 S. 2 LWaldG 1971). Das Fahren mit Krankenfahrstühlen war als Rückausnahme vom grundsätzlichen Fahrverbot im Wald konzipiert und damit ebenso nach der bisherigen Rechtslage gestattet (§ 6 S. 1 Nr. 6 LWaldG 1971). Das Bundeswaldgesetz enthielt hierzu keine abweichenden Vorgaben, die eine Novellierung erforderlich gemacht hätten. Dementsprechend sah auch der *Referentenentwurf* keine Änderung bezüglich der sonstigen Benutzungsarten vor.[1547] Für den *Regierungsentwurf* sah man es jedoch als zweckmäßig an, die *anderen Benutzungsarten*, worunter auch das Reiten im Wald verstanden wurde, aus der Ausnahmeregelung auszuklammern, in einer eigenständigen Vorschrift zusammenzufügen und damit gegenüber dem Betreten zu Fuß abzugrenzen.[1548] Da es im Ausschuss zu einer weitergehenden Ausklammerung der Reitregelung kam, waren die sonstigen Benutzungsarten in der verabschiedeten Fassung in einem neu eingefügten § 5b LWaldAnpG geregelt. Danach waren das Fahren mit Krankenfahrstühlen und das Fahren von Fahrrädern ohne Motorantrieb auf Waldwegen und privaten Straßen im Wald auf eigene Gefahr gestattet, soweit keine Sperrung bestand oder eine besondere Befugnis eine weitergehende Nutzung zuließ.

d) Sonstige Änderungen

Die Änderungen in § 6 LWaldG, der die *Ausnahmen* von der Betretungsbefugnis regelte, waren hauptsächlich redaktioneller Natur oder als Folgeänderungen

---

1546 SHLT-Arch Bd. Nr. XIII F 425, S. 245–264, Niederschrift über die 52. Sitzung des Agrarausschusses am 8. September 1977, S. 260 f.

1547 Vgl. RefE eines *„Gesetzes zur Anpassung des Landeswaldgesetzes (LWaldGAnpG)“*, LArch SH 786/3590, Bl. 350 ff. (355, 369).

1548 Vgl. Nr. 6 RegE und S. 23 der Begründung, SHLT-Drs. 8/709. Außerdem war man im MELF der Ansicht, dass das Reiten aufgrund von § 14 BWaldG nicht mehr nur als Ausnahme geregelt werden konnte. Mit der im LWaldAnpG verwandten Überschrift *„Waldbesucher“* wollte man zudem zum Ausdruck bringen, dass es sich beim Reiten im Wald nicht um *Betreten* im Sinne des Gesetzes handelte, da dieses stets unentgeltlich erfolgte und über mögliche Zahlungsverpflichtungen der Reiter noch keine Einigkeit bestand: Ministerialrat *Carlsen* im Agrarausschuss, SHLT-Arch Bd. Nr. XIII F 425, S. 28–43, Niederschrift über die 44. Sitzung des Agrarausschusses am 12. Mai 1977, S. 35.

notwendig. Hervorgehoben werden soll jedoch die Abschaffung des Betretungsverbots von Waldflächen unter fünf Hektar Größe. Das Ausgangsproblem bestand darin, dass Waldbesitzer kleinerer Waldparzellen, die einem größeren Waldareal angehörten, nach der Verabschiedung des Landeswaldgesetzes 1971 unter Berufung auf die Ausnahmevorschrift vermehrt eine Einzäunung vornahmen.[1549] Der Regierungsentwurf sah deshalb zunächst eine Klarstellung dahingehend vor, dass sich diese Ausnahme vom Betretungsrecht nur auf Waldflächen beziehen sollte, deren *Gesamtfläche* weniger als fünf Hektar betrug. Auf Antrag der SPD-Fraktion wurde die Ausnahmeregelung im Ausschuss jedoch insgesamt aus dem Entwurf gestrichen.[1550] Die Streichung wurde damit begründet, dass kein Bedürfnis für eine solche Regelung bestehe, da der Wald in Schleswig-Holstein ohnehin nur auf den Wegen betreten werden dürfe und eine Ausnahme für Kleinwaldflächen nicht gerechtfertigt sei.[1551]

Die Anpassungen der Vorschrift zur *Sperrung von Waldflächen* in § 7 LWaldAnpG waren lediglich redaktioneller Natur sowie durch Klarstellungen und Folgeänderungen bedingt. Die *Kennzeichnung des Waldes* wurde durch § 12 LWaldAnpG auf die Reitwege ausgedehnt. Die *Pflichten der Waldbesucher* wurden in § 13 LWaldAnpG leicht umformuliert, ohne dass damit eine Änderung der geltenden Rechtslage herbeigeführt werden sollte.[1552] Die Verordnungsermächtigung des Ministers zum Erlass von Vorschriften zur *„Wahrung der Ruhe und Ordnung des Waldes"* wurde auf Antrag der SPD-Fraktion im Ausschuss aus § 13 Abs. 2 LWaldG gestrichen und in abgewandelter Form in die *sonstigen Ermächtigungen* im neu eingefügten § 35c LWaldAnpG überführt.[1553] Auf Antrag der SPD-Fraktion wurde zudem § 14 Abs. 2 Nr. 1 LWaldG gestrichen, der den *Aufwendungsersatz* für Privatwaldbesitzer für die Beseitigung von erheblichen Verunreinigungen festlegte.[1554] Hintergrund zu diesem Änderungsantrag war laut dessen Begründung der Umstand, dass die gesetzliche Abfallbeseitigungspflicht für *„wilden Müll"* bei den Kreisen lag.[1555]

3. Änderungen in Abschnitt III und IV(alt)

Die vormaligen Abschnitte III *„Waldpflege und Bewirtschaftung"* und IV *„Walderhaltung"* wurden mit dem LWaldAnpG unter der neuen Überschrift *„Bewirtschaftung und Erhaltung des Waldes, Erstaufforstung"* zusammengelegt. Diese Änderung diente

1549 Begründung zum RegE, SHLT-Drs. 8/709, S. 23.

1550 SHLT-Arch Bd. Nr. XIII F 425, S. 245–264, Niederschrift über die 52. Sitzung des Agrarausschusses am 8. September 1977, S. 257.

1551 SHLT-Arch Bd. Nr. XIII F 425, Umdruck 8/2184, S. 280 ff. (287).

1552 Begründung zum RegE, SHLT-Drs. 8/709, S. 24.

1553 SHLT-Arch Bd. Nr. XIII F 425, S. 245–264, Niederschrift über die 52. Sitzung des Agrarausschusses am 8. September 1977, S. 257.

1554 SHLT-Arch Bd. Nr. XIII F 425, S. 245–264, Niederschrift über die 52. Sitzung des Agrarausschusses am 8. September 1977, S. 258.

1555 SHLT-Arch Bd. Nr. XIII F 425, Umdruck 8/2184, S. 280 ff. (291).

der Angleichung an das Bundeswaldgesetz.[1556] Die Änderungen in diesem Abschnitt beinhalteten hauptsächlich Anpassungen an die Terminologie des Bundeswaldgesetzes, bloße Neuordnungen ohne Rechtsänderung, Klarstellungen, redaktionelle Verbesserungen und notwendige Folgeänderungen.[1557] In den Ausschussberatungen spielten sie deshalb nur eine untergeordnete Rolle und wurden in den meisten Fällen unverändert aus dem Regierungsentwurf in den Ausschussvorschlag übernommen.[1558] Aus diesem Grund erfolgt eine Konzentration der Darstellung auf die wichtigsten Änderungen. Diese betrafen die Regelung zur *Umwandlung von Waldflächen* in § 21, die neu eingefügte Regelung zur *Teilung von Waldgrundstücken* in § 22a LWaldAnpG und die neue Vorschrift zur *Genehmigungspflicht von Erstaufforstungen* in § 22b LWaldAnpG. Zu erwähnen ist außerdem, dass Schleswig-Holstein im Rahmen der Novellierung an der grundsätzlichen *Genehmigungspflicht für Kahlschläge* festhielt (§ 19 Abs. 1 LWaldAnpG). In allen anderen Flächenbundesländern bestanden vergleichbare Bestimmungen nur noch zum Schutz hiebunreifer Bestände,[1559] sodass die Schleswig-Holsteinische Regelung eine weitergehende Einschränkung der Bewirtschaftungsfreiheit der Waldbesitzer bedeutete.

a) Umwandlung von Waldflächen

Im Hinblick auf die *Umwandlung von Waldflächen* in eine andere Nutzungsart fand eine Neuordnung der Genehmigungstatbestände statt. Hintergrund zu dieser Änderung war insbesondere der Umstand, dass es seit der Verabschiedung des Landeswaldgesetzes nicht zu einem signifikanten Waldzuwachs gekommen war und der Grund dafür unter anderem in der *Relativierung der Genehmigungskriterien* und dem *Fehlen von Verbotstatbeständen* für Umwandlungen in eine andere Nutzungsart gesehen wurde.[1560] Außerdem diente die Novellierung der Anpassung an die Vorgaben des Bundeswaldgesetzes und der Angleichung an die Regelungen in anderen Bundesländern.[1561] Die meisten Änderungsvorschläge waren bereits im Regierungsentwurf enthalten und wurden vom Ausschuss unverändert übernommen. Die beteiligten Verbände zeigten sich an der Materie *Waldumwandlung* weniger interessiert und äußerten sich nur teilweise zu den vorgeschlagenen Versagungsgründen in § 21 Abs. 2 LWaldAnpG.[1562]

1556 Begründung zum RegE, SHLT-Drs. 8/709, S. 25.

1557 Vgl. Begründung zum RegE, S. 25 Nr. 12 bis S. 30 Nr. 22.

1558 Siehe Gegenüberstellung, SHLT-Drs. 8/846, Nr. 12–22.

1559 *Zundel*, DFuH 1979, S. 31 ff. (32).

1560 Begründung zum RegE, SHLT-Drs. 8/709, S. 1.

1561 Begründung zum RegE, SHLT-Drs. 8/709, S. 27.

1562 Der *Schleswig-Holsteinische Waldbesitzerverband e.V.* und der *Bauernverband Schleswig-Holstein e.V.* sprachen sich dabei für die Beibehaltung der alten Fassung von § 21 Abs. 2 LWaldG aus, da der Ermessensspielraum der Behörde durch die Neufassung zu sehr einschränkt würde. Demgegenüber begrüßte die *Schutzgemeinschaft Deutscher Wald e.V.* die konkreten Versagungstatbestände ausdrücklich: SHLT-Arch Bd. Nr. XIII F 425, Umdruck 8/2083, S. 123, Umdruck 8/2096, S. 137, Umdruck 8/2097, S. 144.

Die erste Änderung betraf den Grundtatbestand in § 21 Abs. 1 LWaldG, der die Zustimmungspflicht für Waldumwandlungen festlegte. Mit der Änderung in § 21 Abs. 1 LWaldAnpG wurde eine terminologische Anpassung an die Regelung in § 9 Abs. 1 BWaldG vorgenommen, wonach Wald nur mit Genehmigung *„gerodet und eine andere Nutzungsart umgewandelt"* (Umwandlung) werden durfte. Die Verfasser des Regierungsentwurfs zum LWaldAnpG hielten die im BWaldG enthaltene Definition des Begriffes *„Umwandlung"* jedoch für zu eng, da eine Änderung der Nutzungsart von Wald auch häufig ohne Rodung stattfinde und auch dies von der Rechtsprechung bislang als Umwandlung eingestuft worden sei.[1563] Um diese Rechtslage und den Schleswig-Holsteinischen Umwandlungsbegriff aufrecht zu erhalten, erfolgte mit dem LWaldAnpG eine weitere Änderung in § 21 Abs. 7, mit dem eine entsprechende Anwendbarkeit der Vorschriften über die Waldumwandlung für den Fall festgelegt wurde, dass eine Nutzungsänderung ohne Rodung stattfindet.[1564]

In § 21 Abs. 2 LWaldAnpG erfolgte eine vollständige Neuordnung der Versagungstatbestände für eine Umwandlungsgenehmigung. Die Vorgängervorschrift (§ 21 Abs. 3 LWaldG) sah eine Konkretisierung der Versagungsgründe nur für Umwandlungen von Wald in landwirtschaftliche Nutzung vor, wohingegen die Umwandlung in eine andere Nutzungsart von der Forstbehörde bereits dann genehmigt werden sollte, wenn die neue Nutzung erheblich größere Vorteile für die Allgemeinheit mit sich brachte (§ 21 Abs. 2 Nr. 1 LWaldG).[1565] Nach der Begründung zum Regierungsentwurf war diese Voraussetzung jedoch bei nahezu allen Vorhaben im öffentlichen Interesse zu bejahen, sodass die Nutzung als Wald bei einem Vergleich häufig unterlag.[1566] Mit der Neuordnung wurde eine nutzungsunabhängige Konkretisierung der Versagungsgründe eingeführt, wie sie durch § 9 Abs. 1 S. 3 BWaldG gefordert wurde. Im Unterschied zum Bundeswaldgesetz, das für die Versagungsgründe nur eine Soll-Vorschrift vorsah, wurden diese in Schleswig-Holstein zwingend festgelegt.[1567] Eine Genehmigung kam danach nicht in Betracht, soweit Schutz- oder Erholungswald von der Umwandlung betroffen war sowie bei einem Verbot nach anderen Rechtsvorschriften (§ 21 Abs. 2 S. 1 Nr. 1 und 2 LWaldAnpG). Weitere Versagensgründe waren gem. § 21 Abs. 2 S. 2:

- die Gefährdung von benachbartem Wald durch die Umwandlung,
- die Beeinträchtigung der Erhaltung oder Bildung von geschlossenen Waldbeständen durch die Umwandlung,

1563 Begründung zum RegE, SHLT-Drs. 8/709, S. 26.
1564 Begründung zum RegE, SHLT-Drs. 8/709, S. 28.
1565 Begründung zum RegE, SHLT-Drs. 8/709, S. 26 f.
1566 Begründung zum RegE, SHLT-Drs. 8/709, S. 26 f.; so auch Ministerialrat *Carlsen* im Agrarausschuss: SHLT-Arch Bd. Nr. XIII F 425, S. 28–43, Niederschrift über die 44. Sitzung des Agrarausschusses am 12. Mai 1977, S. 37.
1567 *Hasel/Zundel,* Forstgesetzgebung in der Bundesrepublik Deutschland, S. 19.

- ein überwiegendes Interesse an der Walderhaltung (z.B. wegen des Landschaftsbildes, der Erholung oder der Schutzfunktion des Waldes etc.),
- keine bessere Nutzbarkeit als landwirtschaftliche Fläche.[1568]

Die in S. 2 genannten Versagungsgründe standen jedoch unter dem Prüfungsvorbehalt, dass die nachteiligen Wirkungen der Waldumwandlung nicht durch Auflagen, wie z.B. der Anordnung der Ersatzaufforstung, ausgeglichen werden konnten.

Die Änderungen in den Abs. 3 und 4 durch das LWaldAnpG sahen hauptsächlich terminologische Anpassungen vor. Der bisherige Abs. 6, in dem die Fristbestimmung für die Durchführung der Waldumwandlung enthalten war, wurde mit einigen Änderungen zu § 21 Abs. 5 LWaldAnpG. Danach war die Genehmigung für die Waldumwandlung auf höchstens fünf Jahre zu befristen. Da sich in der Praxis zudem häufig gezeigt hatte, dass eine Waldumwandlung trotz Genehmigung doch nicht durchgeführt wurde, stellte Satz 2 der Vorschrift klar, dass der Waldbesitzer eine Abholzung und Rodung erst unmittelbar vor der Überführung in die nachfolgende Nutzung unternehmen durfte und bis zu diesem Zeitpunkt den Bestimmungen des Waldgesetzes unterworfen war.

b) Teilung von Waldgrundstücken

Mit der Novellierung des LWaldG wurde eine Genehmigungspflicht für die Teilung von Waldgrundstücken eingeführt, soweit dadurch ein Grundstück mit einer Größe von weniger als dreieinhalb Hektar entstand (§ 22a Abs. 1 S. 1 LWaldAnpG). Voraussetzung für die Erteilung der Genehmigung war zudem, dass die ordnungsgemäße forstliche Bewirtschaftung des Grundstücks sichergestellt war (§ 22a Abs. 1 S. 2 LWaldAnpG). Die Vorschrift war nicht durch das Bundeswaldgesetz vorgegeben und fand ihr Vorbild in den Waldgesetzen der Länder Bayern, Hessen und Baden-Württemberg, die entsprechende Regelungen vorsahen.[1569] Die Vorschrift war auch bereits im Referentenentwurf vom 1. September 1976 in ähnlicher Form enthalten und wurde vom Agrarausschuss ohne Änderung in die Ausschussfassung übernommen.[1570] Bei den beteiligten Institutionen und Verbänden bestand ein uneinheitliches Bild hinsichtlich der Genehmigungspflicht für Waldteilungen. Ein Teil forderte die ersatzlose Streichung der Vorschrift und begründete dies mit der Überlastung der Grundbuchämter, einer Verunsicherung der Kreditinstitute, dem Eingriff in das Eigentumsrecht, dem fehlenden Bedürfnis und der Erschwerung des

1568 *Zundel* hielt den Waldschutz nach dem LWaldAnpG in Schleswig-Holstein nicht für optimal und bemängelte, dass § 21 Abs. 2 noch zu viel Spielraum für Rodungsvorhaben lasse, *Zundel*, DFuH 1979, S. 31 ff. (31).

1569 Ministerialrat *Carlsen* im Agrarausschuss, SHLT-Arch Bd. Nr. XIII F 425, S. 28–43, Niederschrift über die 44. Sitzung des Agrarausschusses am 12. Mai 1977, S. 38; Begründung zum RegE, SHLT-Drs. 8/709, S. 29.

1570 Vgl. Nr. 14 RefE eines *„Gesetzes zur Anpassung des Landeswaldgesetzes (LWaldGAnpG)“*, LArch SH 786/3590, Bl. 350 ff. (S. 358 f.); Nr. 19 des Agrarausschussentwurfs, SHLT-Drs. 8/846.

Erbganges im bäuerlichen Wald.[1571] Der andere Teil begrüßte die Regelung[1572] oder sprach sich sogar für eine Ausweitung der Genehmigungspflicht für Teilungen bis fünf Hektar aus.[1573] Da sich jedoch keine von den im Landtag vertretenen Fraktionen zu einem Änderungsvorschlag veranlasst sah, verblieb es bei der im Regierungsentwurf vorgeschlagenen Fassung.

Für die Aufnahme der Vorschrift in das Schleswig-Holsteinische Landeswaldgesetz waren insbesondere drei Gründe entscheidend.[1574] Erstens ging man davon aus, dass eine Teilung von Waldgrundstücken auf eine Größe von weniger als dreieinhalb Hektar der vom Bundes- und Landeswaldgesetz geforderten *Verbesserung der Forststruktur* und den Vorschriften zur *Waldbewirtschaftung und -erhaltung* zuwiderlaufe. Dies musste vor dem Hintergrund der großen Anzahl von Kleinstwaldflächen in Schleswig-Holstein in besonderem Maße gelten. Zweitens wollte man einer Entwicklung entgegenwirken, die in den 1970er Jahren vermehrt auftrat. Diese bestand darin, dass kleinere Waldgrundstücke von Personen ohne Interesse an einer forstwirtschaftlichen Nutzung erworben wurden, um diese für Erholungszwecke und Wochenendausflüge zu nutzen.[1575] Zum Teil erfolgte dabei auch eine Einfriedung des Grundstücks, um Dritte vom Betreten des Grundstücks auszuschließen oder die Errichtung von Wochenendhäusern, die als forst- oder landwirtschaftliches Gebäude deklariert wurden. Der dritte Grund bestand darin, dass mit dem geltenden Recht eine Teilung nicht verhindert werden konnte. Das *Grundstücksverkehrsgesetz*[1576] von 1961 regelte nur die rechtsgeschäftliche Veräußerung von Waldgrundstücken und § 19 Abs. 1 des *Bundesbaugesetzes*[1577], der eine Genehmigungspflicht

---

1571 Für eine Streichung der Vorschriften traten ein: der *Schleswig-Holsteinische Waldbesitzerverband e.V.*, der *Bauernverband Schleswig-Holstein e.V.* und die *Landwirtschaftskammer*, SHLT-Arch Bd. Nr. XIII F 425, Umdruck 8/2083, S. 123, Umdruck 8/2096, S. 137 und Umdruck 8/2099, S. 148.

1572 So der *Landesnaturschutzverband Schleswig-Holstein e.V.*, SHLT-Arch Bd. Nr. XIII F 425, S. 55–87, Niederschrift über die 46. (öffentliche) Sitzung des Agrarausschusses am 2. Juni 1977, S. 82.

1573 So der *Bund Deutscher Forstmänner – Landesverband SH e.V.*, SHLT-Arch Bd. Nr. XIII F 425, Umdruck 8/2101, S. 158 und die *kommunalen Spitzenverbände*, SHLT-Arch Bd. Nr. XIII F 425, S. 55–87, Niederschrift über die 46. (öffentliche) Sitzung des Agrarausschusses am 2. Juni 1977, S. 62, 78.

1574 Hierzu und im Folgenden: Begründung zum RegE SHLT-Drs. 8/709, S. 28 f.; Hierzu auch Ministerialrat *Carlsen* im Agrarausschuss, SHLT-Arch Bd. Nr. XIII F 425, S. 28–43, Niederschrift über die 44. Sitzung des Agrarausschusses am 12. Mai 1977, S. 38 f.

1575 Dieses Problem wurde auch vom Landwirtschaftsminister *Flessner* in der ersten Lesung ausdrücklich erwähnt, SHLT-PlPr. 8/39, S. 2678.

1576 *„Gesetz über Maßnahmen zur Verbesserung der Agrarstruktur und zur Sicherung land- und forstwirtschaftlicher Betriebe (Grundstücksverkehrsgesetz – GrdstVG)“* vom 28. Juli 1961, BGBl. I 1961, S. 1091 ff.

1577 i.d.F. vom 18. August 1976, BGBl. I 1976, S. 2256 ff.; § 19 BauGB *„Genehmigungspflicht für den Bodenverkehr“*.

für Grundstücksteilungen enthielt, galt nur innerhalb des Geltungsbereichs eines Bebauungsplans und der im Zusammenhang bebauten Ortsteile. Außerhalb dieses Geltungsbereichs war eine Genehmigung nur unter bestimmten Voraussetzungen erforderlich, die auf die Teilung von Waldgrundstücken nur sehr selten zutrafen (vgl. § 19 Abs. 2 Nr. 2 BauGB).

Die weiteren Absätze des neu eingeführten § 22a LWaldAnpG enthielten im Wesentlichen grundbuchrechtliche Vorschriften und waren den entsprechenden Bestimmungen im Grundstücksverkehrsgesetz nachgebildet. Aus Gründen der Rechtssicherheit regelte § 22a Abs. 6 LWaldAnpG die Möglichkeit, bei der zuständigen Behörde ein Zeugnis über die Genehmigungsfreiheit der Teilung zu beantragen.

c) Genehmigung von Erstaufforstungen

Mit der Novellierung wurde zudem eine *Genehmigungspflicht für Erstaufforstungen* eingeführt (§ 22b LWaldAnpG). Auf eine solche war aufgrund der geringen Bewaldung in Schleswig-Holstein bei der Verabschiedung des Landeswaldgesetzes im Jahr 1971 bewusst verzichtet worden.[1578] Gem. § 10 i.V.m. § 5 BWaldG waren die Länder jedoch verpflichtet, eine Genehmigungspflicht für Erstaufforstungen einzuführen. Voraussetzung für die Genehmigungspflicht war, dass es sich um eine Fläche handelte, die vorher nicht Wald im Sinne des Gesetzes war und dass der neue Bestand durch Pflanzung oder Saat begründet werden sollte.[1579] Um auch als *Weihnachtsbaum- oder Schmuckreisigkulturen* getarnte Aufforstungsvorhaben nötigenfalls untersagen zu können, wurden auch diese in den Geltungsbereich der Genehmigungspflicht einbezogen, obwohl solche Kulturen in Schleswig-Holstein ausdrücklich nicht als *„Wald"* galten und das LWaldG damit grundsätzlich nicht anwendbar war.[1580]

Absatz 2 der Vorschrift enthielt eine abschließende Aufzählung von Gründen, bei deren Vorliegen die Erteilung einer Genehmigung versagt werden sollte. Darunter fielen die Unvereinbarkeit des Aufforstungsvorhabens mit bestimmten Planungsvorhaben (Bauleitplanung, forstliche Rahmenplanung, Landschaftsplan etc.) und die Beeinträchtigung sonstiger Belange des Naturschutzes, der Landschaftspflege oder der Ertragsfähigkeit eines landwirtschaftlich genutzten Nachbargrundstückes. Die Verfasser des Regierungsentwurfs gingen jedoch davon aus, dass diese Tatbestände aufgrund der grundsätzlich gewünschten Waldvermehrung in Schleswig-Holstein nur sehr selten zur Anwendung kommen würden.[1581] Soweit die Versagung einer Aufforstungsgenehmigung eine unzumutbare Härte für den Waldbesitzer bedeuten würde, konnte dieser zudem gem. §§ 22b Abs. 4 i.V.m. § 22 LWaldG die Übernahme der Fläche zum Verkehrswert durch das Land verlangen.

1578 Begründung zum RegE, SHLT-Drs. 8/709, S. 29.

1579 Begründung zum RegE, SHLT-Drs. 8/709, S. 29.

1580 Begründung zum RefE, LArch SH 786/3590, S. 350 ff. (374 f.) und Begründung zum RegE, SHLT-Drs. 8/709, S. 29.

1581 Begründung zum RegE, SHLT-Drs. 8/709, S. 29.

Zur Verwaltungsvereinfachung hat Schleswig-Holstein außerdem von der durch § 10 Abs. 2 BWaldG gewährten Möglichkeit Gebrauch gemacht, bestimmte Aufforstungsvorhaben von der Genehmigungspflicht auszunehmen. So z.B. für den Fall, dass die Aufforstung bereits in einem Plan verbindlich vorgesehen war oder von qualifiziertem Fachpersonal vorgenommen wurde.[1582] Eine weitere Verwaltungsvereinfachung versprach man sich davon, dass bei Erstaufforstungen, die nach dem *„Gesetz über die Gemeinschaftsaufgabe `Verbesserung der Agrarstruktur und des Küstenschutzes´“* gefördert wurden, mit der Bewilligung des Förderungsantrages zugleich eine Aufforstungsgenehmigung ausgesprochen werden sollte.[1583]

4. Änderungen in den übrigen Abschnitten

Die mit der Novellierung durch das LWaldAnpG verbundenen Änderungen in den übrigen Abschnitten dienten in erster Linie redaktionellen Verbesserungen und Anpassungen an das Bundeswaldgesetz sowie an die Regelungen in anderen Bundesländern.[1584]

a) Forstschutz

Im Abschnitt über den *Forstschutz* kam es im Wesentlichen zu einer Ausweitung und Konkretisierung der in § 26 Abs. 4 LWaldG vorgesehenen Ermächtigung des MELF zum Erlass einer Verordnung zur Verhütung von Waldbränden. Laut Gesetzesbegründung war diese Änderung erforderlich, da sich die Verordnungsermächtigung im Rahmen der Ausarbeitung der *„Landesverordnung zum Schutze der Wälder, Moore und Heiden gegen Brände“*[1585] vom 2. Dezember 1976 als zu eng erwiesen habe.[1586] Aufgrund der bei der Waldbrandbekämpfung in anderen Bundesländern

---

1582 Auf Grundlage eines übereinstimmenden Vorschlages des *Schleswig-Holsteinischen Waldbesitzerverbandes e.V.*, des *Bauernverbandes Schleswig-Holstein e.V.* und der *Landwirtschaftskammer* wurden auch die von der Landwirtschaftskammer betreuten Forstbetriebe von der Genehmigungspflicht für Erstaufforstungen ausgenommen, SHLT-Arch Bd. Nr. XIII F 425, Umdruck 8/2083, S. 124, Umdruck 8/2096, S. 138 und Umdruck 8/2099, S. 148. Siehe hierzu außerdem den Änderungsantrag der CDU vom 7. September 1977 (SHLT-Arch Bd. Nr. XIII F 425, Umdruck 8/2179, S. 273), der von der Mehrheit des Agrarausschusses angenommen wurde, SHLT-Arch Bd. Nr. XIII F 425, S. 245–264, Niederschrift über die 52. Sitzung des Agrarausschusses am 8. September 1977 (S. 258).

1583 So Ministerialrat *Carlsen* im Agrarausschuss, SHLT-Arch Bd. Nr. XIII F 425, S. 28–43, Niederschrift über die 44. Sitzung des Agrarausschusses am 12. Mai 1977, S. 39 f. und Begründung zum RegE, SHLT-Drs. 8/709 S. 29.

1584 Vgl. hierzu die Begründung zum RegE, SHLT-Drs. 8/709, S. 30 ff.; Mit der nachfolgenden Darstellung soll deshalb nur ein Überblick über die Änderungen gegeben werden.

1585 GVOBl. SH 1976, S. 289 f.

1586 Begründung zum RegE, SHLT-Drs. 8/709 S. 30.

gewonnenen Erfahrungen habe sich gezeigt, dass die Ermächtigungsgrundlage nicht alle *„wünschenswerten Regelungen im Interesse der Waldbrandbekämpfung“* abdecke.[1587] Die Konkretisierung der nicht abschließenden Aufzählung des möglichen Verordnungsinhalts in § 26 Abs. 4 S. 2 LWaldAnpG betraf den *Umfang der für jedermann zumutbaren Hilfeleistung* bei einem Waldbrand (Nr. 1), die Regelung des *Gebrauchs von Feuer und Licht und der Errichtung von baulichen Anlagen* im Wald (Nr. 2) und den Umfang des *Rauchverbots* (Nr. 3).

b) Förderung der Forstwirtschaft

Im Abschnitt über die *Förderung der Forstwirtschaft* erfolgte eine Anpassung an die durch das Bundeswaldgesetz vorgegebene Definition der Waldfunktionen (§ 28 LWaldAnpG) sowie ein Hinweis darauf, dass die *finanzielle Förderung* insbesondere nach dem *„Gesetz über die Gemeinschaftsaufgabe `Verbesserung der Agrarstruktur und des Küstenschutzes´“*[1588] erfolgen solle (§ 30 HS. 2 LWaldAnpG).[1589] Im Übrigen spielte die Förderung der Forstwirtschaft bei den Beratungen zum LWaldAnpG kaum eine Rolle und wurde weder von den angehörten Verbänden noch von den Landtagsfraktionen thematisiert.

c) Forstbehörden

Die erste Änderung im Abschnitt über *Forstbehörden* betraf die Streichung des Wortes *„Forstaufsicht“* aus der Abschnittsüberschrift und des § 31 Abs. 1 LWaldG, der die Wahrnehmung der Forstaufsicht über den Wald durch das Land regelte. Laut Gesetzesbegründung wurde es für zweckmäßiger gehalten, anstelle der Verwendung des Begriffes *„Forstaufsicht“* eine konkrete Beschreibung der Aufgaben und Befugnisse der Forstbehörden im Gesetz zu verankern, wie dies auch in den neueren Waldgesetzen der anderen Bundesländern geschehen sei.[1590] Zur Umsetzung dieses Vorhabens erfolgte eine Neufassung von § 32 Abs. 1 LWaldG. Danach oblag es den Forstbehörden, die Ihnen gesetzlich zugewiesenen Aufgaben zu erfüllen (Nr. 1), die Einhaltung der gesetzlichen Vorschriften und Verpflichtungen zu überwachen (Nr. 2), Zuwiderhandlungen zu verhüten und zu verfolgen (Nr. 3) und im Rahmen einer Ermessensentscheidung die notwendigen Anordnungen zu treffen. Die Zwangsmittel zur Durchsetzung etwaiger Anordnungen waren gem. § 32 Abs. 1 S. 2 LWaldAnpG weiterhin auf das Zwangsgeld und die Ersatzvornahme beschränkt.

1587 Ministerialrat *Carlsen* im Agrarausschuss.: SHLT-Arch Bd. Nr. XIII F 425, S. 28–43, Niederschrift über die 44. Sitzung des Agrarausschusses am 12. Mai 1977, S. 41.

1588 BGBl. I 1969, S. 1573 ff., geändert durch Gesetz vom 23. Dezember 1971, BGBl. I 1971, S. 2140; siehe hierzu oben: S. 227 f. und 268 ff.

1589 Der DFWR, der sich schriftlich zum RegE des LWaldAnpG äußerte, regte hingegen eine über das GAKG hinausgehende finanzielle Förderung und die Schaffung eines forstlichen Landesförderungsprogramms an: Schreiben des DFWR vom 8. Juni 1977, SHLT-Arch Bd. Nr. XIII F 425, Umdruck 8/2094, S. 125 ff.

1590 Begründung zum RegE, SHLT-Drs. 8/709 S. 30 f.

Die *Waldbetretungsbefugnis* der Forstbehörden wurde zudem im Regierungsentwurf leicht abgewandelt und in den Ausschussberatungen weiter ergänzt (§ 32 Abs. 2 LWaldAnpG).[1591] Danach sollte der Waldbesitzer vor der Entscheidung über eine etwaige Anordnung eine gemeinsame Besichtigung verlangen können, an der neben dem Waldbesitzer und der Forstbehörde auch der zuständige Forstbedienstete der Landwirtschaftskammer teilnehmen sollte (§ 32 Abs. 2 S. 2, 3 LWaldAnpG).

Die Vorschrift in § 33 LWaldG, nach der die Forstbehörden bei behördlichen Planungen mit Bezug zu Waldflächen zu beteiligen waren, ist im Hinblick auf die Beteiligung bei der forstlichen Rahmenplanung entbehrlich geworden und konnte somit gestrichen werden.[1592] Außerdem wurde die Umwandlungsgenehmigung mit der Novellierung von der grundsätzlichen Gebührenfreiheit aller Amtshandlungen nach dem LWaldG ausgenommen (§ 35 LWaldAnpG).

d) Schlussvorschriften und Ordnungswidrigkeiten

Der ehemalige letzte Abschnitt *„Schluß- und Ahndungsvorschriften"* wurde mit der Novellierung in jeweils selbstständige Abschnitte aufgeteilt, wobei Letzterer die Überschrift *„Ordnungswidrigkeiten"* erhielt. Die Schlussvorschriften wurden zudem um einige neue Vorschriften ergänzt.

Der neu eingefügte § 35a LWaldAnpG regelte die *Anwendung des Gesetzes in besonderen Fällen.* Inhaltlich bedeutete dies eine eingeschränkte Anwendbarkeit bestimmter Vorschriften des LWaldG auf Flächen, die Zwecken der *Verteidigung*, des *Bundesgrenzschutzes* oder des *zivilen Luftverkehrs* dienten. Damit erfolgte eine Wiederholung der bereits in § 45 Abs. 1 BWaldG festgelegten Regelung, die laut Gesetzesbegründung jedoch erforderlich war, weil sich *„die Bundesregelung auf Tatbestände bezieht, die erst durch das Landesrecht zu unmittelbar geltendem Recht werden"*.[1593]

Während der Ausschussberatungen wurde auf Grundlage eines interfraktionellen Antrages[1594] außerdem eine *Forstberichtspflicht* der Landesregierung eingeführt (§ 35 b LWaldAnpG). Danach sollte die jeweilige Landesregierung zwei Jahre nach Regierungsantritt einen Bericht über besonders bedeutsame Faktoren des Waldzustandes vorlegen. Darunter fielen die Waldflächenentwicklung, besondere Schadensereignisse, die Lage der Forstwirtschaft und des Holzmarktes, die Belastungen aus der Schutz- und Erholungsfunktion des Waldes, die Situation der Forstverwaltung und die Maßnahmen zur Förderung der Forstwirtschaft (§ 35 b Nr. 1 – 7 LWaldAnpG). Ursprünglich wurde die Einführung eines Forstberichts im Rahmen der Beratungen zum LWaldAnpG von der *Schutzgemeinschaft Deutscher Wald – Landesverband Nord e.V.* und dem *Bund Deutscher Forstmänner*

1591 SHLT-Drs. 8/709, Ziff. 28 d; SHLT-Drs. 8/846 Ziff. 28 d.
1592 Begründung zum RegE SHLT-Drs. 8/709, S. 31.
1593 Begründung zum RegE SHLT-Drs. 8/709, S. 31.
1594 SHLT-Arch Bd. Nr. XIII F 425, S. 245–264, Niederschrift über die 52. Sitzung des Agrarausschusses am 8. September 1977, S. 260.

e.V. vorgeschlagen.[1595] Die SPD-Fraktion griff diesen Vorschlag auf und erarbeitete einen Änderungsvorschlag, dem sich der Ausschuss unter leichter Abwandlung einstimmig anschloss.[1596] Die Forstberichtspflicht wurde damit begründet, dass gerade im waldarmen Schleswig-Holstein eine *„ständige und umfassende Unterrichtung des Parlaments und der breiten Öffentlichkeit erforderlich"* sei.[1597] Ziel war es dabei, Probleme rechtzeitig zu erkennen und an deren Lösung frühzeitig zu arbeiten, um damit den Wald und die Umwelt besser zu schützen und zu erhalten.[1598] Außerdem versprach sich der Ausschuss von der Forstberichtspflicht eine *„größere Transparenz und Evidenz der forstlichen Probleme für alle Verantwortlichen und auch für die Bevölkerung"*.[1599]

Im Rahmen der Ausschussberatungen wurde außerdem § 35c LWaldAnpG *„Sonstige Ermächtigungen"* eingefügt. Der Minister für Ernährung, Landwirtschaft und Forsten wurde darin ermächtigt, bestimmte Bereiche zur Sicherung des Gesetzeswecks durch Verordnung zu regeln. Die Nr. 1 und 2 der Vorschrift betrafen das *Reiten im Wald* und sollten die Einführung einer *Kennzeichnungspflicht für Pferde*, die *Ausweisung von Reitwegen* und die Einführung einer *Reitabgabe* durch Verordnung ermöglichen. Gem. § 35c Nr. 3 LWaldAnpG sollten zudem durch Verordnung weitere Vorschriften erlassen werden können *„zur Wahrung der Ordnung und Ruhe des Waldes"*, *„zur Sicherung der Erholung der Waldbesucher"* und *„zum Schutze der forstwirtschaftlichen, jagdlichen oder fischereiwirtschaftlichen Einrichtungen und Anlagen im Wald"*. Außerdem sollten durch Verordnung nähere Vorschriften zur *ordnungsgemäßen Bewirtschaftung und Pflege des Waldes*, insbesondere zur Verhinderung von *Waldverwüstungen*, erlassen werden können (§ 35c Nr. 4 LWaldAnpG). Diese Änderung gegenüber der Regierungsvorlage geht auf einen interfraktionellen Antrag zurück, in dem die Änderungsvorschläge der CDU-Fraktion zu Nr. 1 und 2 sowie die der SPD-Fraktion zu Nr. 3 und 4 vereint wurden.[1600] Hinsichtlich der Verhinderung von *Waldverwüstungen*, d.h. von Kahlschlägen hiebunreifer Bestände, ist zu erwähnen, dass die Regierungsvorlage eine konkrete Vorschrift hierzu vorsah.[1601] Danach sollte die Abholzung von Nadelbaumbeständen unter 50 Jahren und Laubholzbeständen unter 70 Jahren nicht genehmigt werden. Die Verfasser des Regierungsentwurfs sahen die Einfügung dieser Vorschrift als erforderlich an,

---

1595 SHLT-Arch Bd. Nr. XIII F 425, Umdruck 8/2097, S. 140 und Umdruck 8/2101, S. 160.

1596 SHLT-Arch Bd. Nr. XIII F 425, S. 245–264, Niederschrift über die 52. Sitzung des Agrarausschusses am 8. September 1977 (S. 260); vgl. die Ausführungen des Abgeordneten *Frank* (SPD) in der zweiten Lesung, SHLT-PlPr. 8/45, S. 3047.

1597 SHLT-Arch Bd. Nr. XIII F 425, Umdruck 8/2184, S. 292.

1598 Abgeordneten *Frank* (SPD) in der zweiten Lesung, SHLT-PlPr. 8/45, S. 3047.

1599 So der Ausschussvorsitzende *Latendorf* (CDU) in der zweiten Lesung, SHLT-PlPr. 8/45, S. 3044.

1600 SHLT-Arch Bd. Nr. XIII F 425, S. 245–264, Niederschrift über die 52. Sitzung des Agrarausschusses am 8. September 1977, S. 260, Umdruck 8/2179 S. 275, Umdruck 2184 S. 293.

1601 § 19 Abs. 2 S. 2 RegE (SHLT-Drs. 8/709).

da die entsprechende Regelung in § 2 des *Waldverwüstungsgesetzes*[1602] von 1934, das nach dem Zweiten Weltkrieg als Bundesrecht fortgalt,[1603] mit dem Erlass des Bundeswaldgesetzes aufgehoben wurde. Im Ausschuss sah man es jedoch als genügend an, die Vermeidung von Kahlschlägen hiebunreifer Bestände als Pflicht der Waldbesitzer in den Bewirtschaftungsgrundsätzen in § 17 Abs. 2 Nr. 1 LWaldAnpG zu verankern.[1604] Um zukünftigen Entwicklungen begegnen zu können, hielt man die Verordnungsermächtigung außerdem für ausreichend.[1605]

Mit der Novellierung wurde außerdem § 36a LWaldAnpG *„Beratung und Unterstützung Dritter bei landschaftsbezogenen Maßnahmen"* neu eingefügt. Danach sollten die Landesforstverwaltung und die kommunalen Forstverwaltungen die öffentlichen Stellen (Behörden, Gemeinden, Kreise, Zweckverbände u.a.) *„beim Naturschutz, in der Landschaftspflege und bei Einrichtungen und Anlagen für die Erholung im Walde"* beraten und unterstützen. Die Vorschrift ersetzte die vormals in § 32 Abs. 3 LWaldG von 1971 vorgesehene Vorschrift über die zu leistende *Amtshilfe* der Forstbehörden. Laut Begründung zum Regierungsentwurf war die Änderung aus sachlichen Gründen erforderlich, da die Ämter für Land- und Wasserwirtschaft die Aufgaben der unteren Forstbehörde nach dem LWaldG wahrnahmen, die Hilfestellung jedoch besondere Sachkunde voraussetze und deshalb durch die Landesforstverwaltung und die kommunalen Forstverwaltungen erfolgen musste.[1606]

Im Hinblick auf die Ordnungswidrigkeiten erfolgte eine Aufteilung in *„Allgemeine Ordnungswidrigkeiten"* (§ 37 LWaldAnpG) und *„Verstöße gegen die Ordnung des Waldes"* (§ 37a LWaldAnpG). Die allgemeinen Ordnungswidrigkeitentatbestände wurden infolge der Änderungen und Einfügung einiger neuer Vorschriften durch die Novellierung ergänzt und damit an die neue Rechtslage angepasst.[1607] Neu hinzugekommen ist die Bußgeldbewehrung des Abholzens oder der Umwandlung von Wald durch Dritte.[1608] Während der Ausschussberatungen wurden vom MELF zudem noch einige Änderungen angeregt, die der Ausschuss anschließend einstimmig annahm.[1609] Unter anderem wurde der Bußgeld-Höchstbetrag für die leichteren Verstöße von 1.000 DM auf 3.000 DM angehoben. Auf die Anregung des

---

1602 *„Gesetz gegen Waldverwüstung"* vom 18. Januar 1934, RGBl. I 1934, S. 37.

1603 BGBl. III, 79 Forstwirtschaft, Naturschutz, Jagdwesen und Fischerei, Lieferung vom 31. Dezember 1962, Gld. Nr. 790–3, S. 22.

1604 SHLT-Arch Bd. Nr. XIII F 425, S. 245–264, Niederschrift über die 52. Sitzung des Agrarausschusses am 8. September 1977, S. 258, Umdruck 8/2179 S. 273.

1605 Ausschussvorsitzender *Latendorf* (CDU) in der zweiten Lesung, SHLT-PlPr. 8/45, S. 3044.

1606 Begründung zum RegE, SHLT-Drs. 8/709, S. 32.

1607 Begründung zum RegE, SHLT-Drs. 8/709, S. 32.

1608 Begründung zum RegE, SHLT-Drs. 8/709, S. 32; dazu außerdem Ministerialrat *Carlsen* im Agrarausschuss: SHLT-Arch Bd. Nr. XIII F 425, S. 28–43, Niederschrift über die 44. Sitzung des Agrarausschusses am 12. Mai 1977, S. 42.

1609 SHLT-Arch Bd. Nr. XIII F 425, S. 218–230, Niederschrift über die 51. Sitzung des Agrarausschusses am 21. Juli 1977, S. 228 f., Umdruck 8/2160, S. 242.

MELF ging auch die Vorschrift zur Ahndung von Verstößen gegen die Ordnung des Walds zurück, die sich laut Ministerialrat *Carlsen* an einer entsprechenden Vorschrift des *Landschaftspflegegesetzes*[1610] orientierte.[1611] Darunter fielen u.a. die vorsätzliche oder fährlässige Entfernung, Beschädigung und Zerstörung von Waldbäumen, Wegen, Dämmen, Absperrungen, Wirtschafs- und Erholungseinrichtungen (§ 37a Abs. 1 Nr. 1 – 5 LWaldAnpG). Weitere Ordnungswidrigkeitentatbestände enthielt § 37a Abs. 2 Nr. 1 – 3 LWaldAnpG; darunter u.a. das Entfernen oder Umwerfen von Holzstößen und sonstigen Bodenerzeugnissen, das unbefugte Öffnen von Wildgattertoren und Schlagbäumen sowie das Ableiten eines zur Bewässerung einer Waldfläche dienenden Gewässers. Die in Abs. 1 und 2 genannten Ordnungswidrigkeiten waren mit einer Geldbuße von bis zu DM 3.000,00 bewehrt.

5. Sonstige Änderungen

In Artikel 3 des LWaldAnpG wurde der Minister für Ernährung, Landwirtschaft und Forsten ermächtigt, das Landeswaldgesetz *„mit neuer Paragraphen- und Abschnittsfolge bekanntzumachen"* und für diesen Fall verpflichtet, den Abschnitt III dem Abschnitt II voranzustellen. Eine entsprechende *Neubekanntmachung*[1612] erfolgte jedoch erst am 10. Januar 1983, nachdem das LWaldG durch Art. 5 des *„Gesetzes zur Anpassung des Landschaftspflegegesetzes und anderer Rechtsvorschriften (LPflegAnpG)"*[1613] vom 19. November 1982 erneut geändert wurde. Art. 4 des LWaldAnpG regelte das Inkrafttreten.

III. Schlussbetrachtung

Mit der Verabschiedung des LWaldAnpG ist Schleswig-Holstein seiner Verpflichtung gem. § 5 S. 2 BWaldG zur Anpassung der Landeswaldgesetzgebung an den bundesrechtlichen Rahmen nachgekommen.[1614] Insbesondere die notwendigen Anpassungen hinsichtlich der *forstlichen Rahmenplanung*, der *Genehmigungspflicht*

1610 *„Gesetz für Naturschutz und Landschaftspflege (Landschaftspflegegesetz – LPflegG–)"* vom 16. April 1973, GVOBl. SH 1973, S. 122.

1611 So *Carlsen* im Agrarausschuss: SHLT-Arch Bd. Nr. XIII F 425, S. 218–230, Niederschrift über die 51. Sitzung des Agrarausschusses am 21. Juli 1977, S. 228; vgl. § 67 LPflegG *„Feld oder Waldschädigung"*. In der Folge wurde das LPflegG durch Artikel 2 des LWaldAnpG dahingehend abgeändert, dass es nur noch die Beschädigungen in der Flur erfasste.

1612 GVOBl. SH 1983, S. 11 ff.

1613 GVOBl. SH 1982, S. 256 ff.

1614 Die Ausgestaltung von § 5 S. 2 BWaldG als Soll-Vorschrift änderte nichts an der Tatsache, dass es sich um einen durch Länder zwingend zu erfüllenden Regelungsauftrag handelte, dessen Nichtumsetzung oder verspätete Umsetzung einen Verstoß gegen den ungeschriebenen Verfassungsgrundsatz der Bundestreue begründete und die Voraussetzungen für den Bundeszwang gem. Art. 37 GG erfüllte: *Endres*, BWaldG, § 5 Rn. 9; *Klose/Orf*, Forstrecht, § 5 Rn. 7.

für Erstaufforstungen und der *Anwendung des Gesetzes in besonderen Fällen* wurden damit auf eine landesgesetzliche Grundlage gestellt. Der vom Bundesgesetzgeber außerdem geforderte Erlass geeigneter *Entschädigungsregelungen* war in Schleswig-Holstein nicht erforderlich, da das LWaldG von 1971 bereits ausreichende Bestimmungen enthielt.[1615] Die leichte Überschreitung der für die Umsetzung gesetzten Frist von zwei Jahren blieb für Schleswig-Holstein ohne Konsequenz. Überhaupt gelang nur in Baden-Württemberg (1976) und Rheinland-Pfalz (1977) eine fristgerechte Umsetzung, während die übrigen Bundesländer den Regelungsauftrag teilweise erst mit erheblicher Verspätung erfüllten: Saarland (1977), Hamburg (1978), Hessen (1978), Niedersachsen (1978), Berlin (1979), Nordrhein-Westfalen (1980), Bayern (1982)[1616], Bremen (2005).[1617]

Obwohl die *forstliche Rahmenplanung* im Rahmen der Beratungen zum LWald-AnpG eine hervorgehobene Rolle gespielt hat, blieb sie in der Praxis nahezu bedeutungslos. Ähnlich wie in anderen Bundesländern lief die forstliche Rahmenplanung in Schleswig-Holstein eher langsam an, wobei der konkrete Beginn der forstlichen Rahmenplanung auch sieben Jahre nach der Verabschiedung des LWaldAnpG noch nicht abzusehen war.[1618] Die Erarbeitung eines ersten forstlichen Rahmenplans für den Kreis Nordfriesland begann schließlich im Jahr 1991 und dauerte bis 1996 an.[1619] Bei der Novelle des Schleswig-Holsteinischen Landeswaldgesetzes im Jahr 2004 wurden die Vorschriften zur forstlichen Rahmenplanung noch einmal überarbeitet, obwohl die Landesregierung bereits davon ausging, dass die Bedeutung der forstlichen Rahmenplanung *„in der Vergangenheit – wie in anderen Bundesländern – zunehmend hinter der Intention des Bundeswaldgesetzes und des Landeswaldgesetzes zurückgeblieben"* sei.[1620] Die Begründung des Regierungsentwurfs zur Novelle des Landeswaldgesetzes 2004 lässt vermuten, dass die Regelung zur forstlichen Rahmenplanung hauptsächlich übernommen wurde, weil sie nach wie vor im Bundeswaldgesetz als Rahmenrecht vorgegeben war.[1621] Nachdem der Bund die Regelungen in §§ 6, 7 BWaldG jedoch

1615 RegE LWaldAnpG, S. 2, SHLT-Drs. 8/709.

1616 In Bayern wurde eine Anpassung innerhalb der Zweijahresfrist als nicht erforderlich angesehen, da das im Jahr 1974 erlassene Waldgesetz die rahmenrechtlichen Vorgaben bereits berücksichtigte, *Hasel/Zundel*, Forstgesetzgebung in der Bundesrepublik Deutschland, S. 10.

1617 *Endres*, BWaldG, § 5 Rn. 11.

1618 *Kohler*, NuR 1984, S. 121 ff. (125).

1619 Dritter Forstbericht der Landesregierung Schleswig-Holstein, 1991, S. 8 und S. 83, SHLT-Drs. 12/1581; Fünfter Forstbericht der Landesregierung Schleswig-Holstein, 1998, S. 48 f., SHLT-Drs. 14/1822. Für die Kreise Steinburg, Dithmarschen, Schleswig-Flensburg und für die Stadt Flensburg befanden sich forstliche Rahmenpläne in Aufstellung. Im Sechsten Forstbericht der Landesregierung Schleswig-Holstein (2005) spielt die forstliche Rahmenplanung jedoch kaum noch eine Rolle.

1620 Begründung zum RegE LWaldG 2004, S.67, SHLT-Drs. 15/3262.

1621 Begründung zum RegE LWaldG 2004, S.67, SHLT-Drs. 15/3262.

aufgehoben hatte,[1622] ereilte dieses Schicksal kurz darauf auch die entsprechenden Regelungen im Schleswig-Holsteinischen Landeswaldgesetz.[1623] In der Begründung dazu heißt es:

> *„Der mit der forstlichen Rahmenplanung verfolgte Zweck, eine hinreichende Berücksichtigung forstlicher Belange bei raumbedeutsamen Vorhaben zu erreichen, wird bereits durch die Raumordnungs- und Bauleitplanung erreicht. Deshalb ist von diesem Planungsinstrument in Schleswig-Holstein bisher nicht Gebrauch gemacht worden. Da die bisherige Verpflichtung der Länder zur Aufstellung einer forstlichen Rahmenplanung in § 7 Abs. 1 Bundeswaldgesetz 2005 aufgehoben wurde, kann auf § 3 nunmehr verzichtet werden."*[1624]

Neben den aufgrund des BWaldG neu einzufügenden Vorschriften waren insbesondere die Überarbeitungen der *Betretungs- und Reitregelung*, der *Umwandlungsvorschrift* und die Einführung der *Forstberichtspflicht*[1625] von größerer Bedeutung. Im Hinblick auf die Reitregelung verblieb es auch mit dem LWaldAnpG bei dem Grundsatz, dass das *Reiten im Wald* nur auf speziell gekennzeichneten Wegen zulässig war. Gleichzeitig wurde das Recht jedoch auch auf betonierte Privatstraßen ausgedehnt und die Möglichkeit geschaffen, erforderlichenfalls auch im Privatwald Reitwege auszuweisen. Obwohl die Interessenvertretung der Reiter ihre Forderung nach einer vollständigen Freigabe aller Waldwege zum Reiten nicht durchsetzen konnte, bedeutete die mit dem LWaldAnpG eingeführte Regelung im Ergebnis eine Verbesserung ihrer Lage. Dennoch handelte es sich bei der in Schleswig-Holstein getroffenen Regelung im Vergleich zu den anderen Bundesländern um eine der

1622 *„Gesetz zur Einführung einer strategischen Umweltprüfung und zur Umsetzung der Richtlinie 2001/42/EG (SUPG)"* 25. Juni 2005, BGBl. I 2005, S. 1746 ff.

1623 Art. 3 *„Gesetz zur Einführung einer Strategischen Umweltprüfung und zur Umsetzung der Richtlinien 2001/42/EG und 2003/35/EG (LSUPG)"* vom 17. August 2007, GVOBl. SH, 2007, S. 426 ff.

1624 Begründung RegE *LSUPG, S.* 55, SHLT-Drs. 16/1274.

1625 Der Forstbericht erschien zwischen 1977 bis zur Abschaffung im Jahr 2011 insgesamt sieben Mal (Erster Forstbericht SHLT-Drs. 9/1276; Zweiter Forstbericht SHLT-Drs. 10/1259; Dritter Forstbericht SHLT-Drs. 12/1581; Vierter Forstbericht SHLT-Drs. 13/2390; Fünfter Forstbericht SHLT-Drs. 14/1822; Sechster Forstbericht SHLT-Drs. 15/3210; Siebter Waldbericht, abrufbar unter URL: http://www.schleswig-holstein.de/DE/Fachinhalte/W/wald/Downloads/siebterWaldschadensbericht.html [zuletzt abgerufen am 16. Juli 2016]. Mit dem *„Gesetz zur Änderung des Landeswaldgesetzes"* vom 13. Juli 2011 (GVOBl. SH 2011, S. 225 ff.) entschied man sich zur Streichung der *Waldberichtspflicht* [umbenannt] der Landesregierung. Begründet wurde die Streichung mit der damit verbundenen *„Reduzierung des Verwaltungsaufwandes"* und den sonstigen Informationsmöglichkeiten zur Waldentwicklung in Schleswig-Holstein (*Bundeswaldinventur, Cluster-Studie Forst und Holz* und jährliche *Waldschadensberichte*), siehe Begründung zum RegE des LWaldÄndG (2010), S. 33, SHLT-Drs. 17/1067.

restriktivsten im Bundesgebiet.[1626] Aufgrund der besonderen Waldarmut in Schleswig-Holstein war die Beschränkung jedoch aus Waldschutzgesichtspunkten sowie der Kollisionslage mit anderen Erholungsuchenden und den Grundeigentümern gerechtfertigt. Auch aus verfassungsrechtlicher Sicht wurde die Möglichkeit der Länder zur Beschränkung der Reitbefugnis durch das Bundesverfassungsgericht anerkannt und der andauernde Streit darüber, ob § 14 Abs. 1 S. 2 BWaldG eine grundsätzliche Freigabe aller Waldwege vorgebe,[1627] entschieden.[1628]

Den Ergebnissen der Forstberichte zufolge hat die Aufrechterhaltung der strengen Regelungen zur Waldbildung und erhaltung in den Folgejahren ihre Wirkung gezeigt.[1629] Auch die Konkretisierung der Genehmigungskriterien für Waldumwandlungen und die damit verbundene Erschwerung von Umwandlungsvorhaben scheint zu einem deutlichen Rückgang dergleichen geführt zu haben. Während in den Jahren 1950–1979 allein von der Landesforstverwaltung ca. 2.815 ha (im Durchschnitt ca. 94 ha/Jahr) für Umwandlungszwecke abgegeben wurden,[1630] erfolgte nach Verabschiedung des LWaldAnpG eine deutliche Reduzierung der Waldumwandlungen. Nach den Ergebnissen der Forstberichte, die Auskunft über sämtliche genehmigungspflichtige Umwandlungen enthalten, wurden Waldumwandlungen zwischen 1978–2007 auf

---

1626 *Plochmann*, FwCbl. 1979, S. 172 ff. (174); In Niedersachsen gab es eine ähnlich weitgehende Einschränkung; siehe auch: *Pielow*, NuR 1980, S. 53 ff.

1627 Vgl. *Tesmer*, AgrarR 1978, S. 246 ff.; dazu: Stellungnahme der *Deutschen Reiterlichen Vereinigung e.V.*, AgrarR 1979, S. 45 und Gegenäußerung von *Tesmer*, AgrarR 1979, S. 46.

1628 BVerfG, Beschluss vom 6. Juni 1989–1 BvR 921/85 –, BVerfGE 80, 137–170; siehe auch Schleswig-Holsteinisches Oberlandesgericht, Beschluss vom 9. Juli 1986–1 Ss 483/82 –, juris.

1629 In den Forstberichten der Landesregierung Schleswig-Holstein für die Jahre 1978–2007 konnte jeweils eine positive Waldbilanz ausgewiesen werden. Der Höhepunkt der Neuaufforstungen lag im Zeitraum 1990–1993. Im Einzelnen betrug die durchschnittliche Neuwaldbildung in den jeweiligen Erfassungszeiträumen:
1978–1980 ca. 260 ha/Jahr (Erster Forstbericht, S. 22 SHLT-Drs. 9/1276),
1981–1984 ca. 375 ha/Jahr (Zweiter Forstbericht, S. 9, SHLT-Drs. 10/1259),
1985–1989 ca. 631 ha/Jahr (Dritter Forstbericht, S. 26, SHLT-Drs. 12/1581),
1990–1993 ca. 850 ha/Jahr (Vierter Forstbericht, S. 17, SHLT-Drs. 13/2390),
1994–1997 ca. 592 ha/Jahr (Fünfter Forstbericht, S. 13, SHLT-Drs. 14/1822),
1998–2002 ca. 320 ha/Jahr (Sechster Forstbericht, S. 100, SHLT-Drs. 15/3210),
2003–2007 ca. 207 ha/Jahr (Siebter Waldbericht, S. 107, abrufbar unter URL: http://www.schleswig-holstein.de/DE/Fachinhalte/W/wald/Downloads/siebterWaldschadensbericht.html [zuletzt abgerufen am 16. Juli 2016].

1630 Für den Zeitraum bis 1977 gab es keine vollständige Erfassung von Umwandlungen. In dem angegebenen Wert sind auch Flächen enthalten, die landwirtschaftlich genutzt wurden und von der Landesforstverwaltung zu Umwandlungszwecken veräußert wurden. Siehe dazu: Erster Forstbericht, S. 20, SHLT-Drs. 9/1276.

ca. 1.400 ha (ca. 46,6 ha/Jahr) verringert.[1631] Zu den Waldumwandlungen wurden in den jeweiligen Erfassungszeiträumen zudem Ersatzaufforstungen angeordnet, die mindestens eine gleichgroße Fläche einnahmen. Die Gesamtwaldfläche wurde somit durch die Genehmigung von Umwandlungen nicht weiter minimiert.

Insgesamt wurden mit der Novellierung des LWaldG im Jahr 1977 die durch das Bundeswaldgesetz vorgegebenen notwendigen Änderungen umgesetzt und im Hinblick auf die in Schleswig-Holstein angestrebte Waldvermehrung und erhaltung eine Verbesserung der gesetzlichen Lage erreicht.

B. Ausblick: Weitere Änderungen des Landeswaldgesetzes

Die weiteren gesellschaftlichen, politischen, wirtschaftlichen und ökologischen Entwicklungen stellten den Wald und die Forstwirtschaft vor stetig wachsende Anforderungen. Das Schleswig-Holsteinische Landeswaldgesetz hat sich in Anbetracht dessen grundsätzlich bewährt, was aus dem Umstand ersichtlich wird, dass es bis zum Jahr 2004 keiner großen inhaltlichen Änderungen bedurft hat. Von größerer Wichtigkeit waren in diesem Zeitabschnitt hauptsächlich die Anpassungen des Landeswaldgesetzes in den Jahren 1982 und 1993 an das zunehmend an Relevanz gewinnende Naturschutzrecht. Ausschlaggebend für die wachsende Bedeutung des Natur- und Umweltschutzes war nicht zuletzt das Phänomen des *„Waldsterbens“*[1632], das seit Anfang der 1970er Jahre in der Bundesrepublik und seit 1982 auch in Schleswig-Holstein mit großer Besorgnis beobachtet wurde.[1633]

Neben dem anhaltend schlechten Gesundheitszustand[1634] der Wälder wirkte sich in den 1990er Jahren und zu Beginn des neuen Jahrtausends eine Vielzahl weiterer Entwicklungen auf die Forstwirtschaft in Schleswig-Holstein aus. Dazu zählte zunächst die stetig zunehmende Bedeutung einer internationalen Forstpolitik und

---

1631 Erster Forstbericht, S. 21 SHLT-Drs. 9/1276; Zweiter Forstbericht, S. 6, SHLT-Drs. 10/1259; Dritter Forstbericht, S. 55, SHLT-Drs. 12/1581; Vierter Forstbericht, S. 54, SHLT-Drs. 13/2390; Fünfter Forstbericht, S. 32, SHLT-Drs. 14/1822; Sechster Forstbericht, S. 93, SHLT-Drs. 15/3210; Siebter Waldbericht S. 98, a.a.O.

1632 Der Begriff des *„Waldsterbens“* wurde ab Ende der 1970er Jahre benutzt und bezeichnete Waldschäden, die durch Luftverschmutzung entstanden. Seit den 1980er Jahren wurde der Begriff durch die Bezeichnung *„neuartige Waldschäden“* ersetzt. Die Schadenssymptome (Nadel- und Blattverlust sowie Vergilbungserscheinungen) waren zwar schon seit längerer Zeit bekannt, es fehlen jedoch bis heute gesicherte Erkenntnisse über die genauen Wirkungszusammenhänge, die zu der großflächigen Verbreitung der Waldschäden geführt haben: *Endres*, BWaldG, § 5 Rn. 36. Zu der Haftung für neuartige Waldschäden, ebenda, Rn. 38 ff.

1633 Zweiter Forstbericht, S. 38 ff., SHLT-Drs. 10/1259; *Hase*, Wald- und Forstchronologie Schleswig-Holsteins, S. 202.

1634 Die Schleswig-Holsteinische Landesregierung veröffentlicht im Jahresrhythmus im Internet einen Waldzustandsbericht, der über die Waldschäden Auskunft gibt; abrufbar unter URL: https://www.schleswig-holstein.de/DE/Fachinhalte/W/wald/wald_01_Allg_03_Zustand_02.html [zuletzt abgerufen am 16. Juli 2016].

die in diesem Rahmen gefassten Beschlüsse, Konventionen und Resolutionen der Staatengemeinschaft.[1635] Hinzu kamen wachsende Bestrebungen auf EU-Ebene zur Schaffung einer gemeinsamen Forstpolitik und die europaweite Reglementierung verwandter Gebiete durch Richtlinien und Verordnungen.[1636] Durch diese Einflüsse geprägt, wurde der Übergang zu einer *„naturnahen Forstwirtschaft"* in Schleswig-Holstein zu einem der zentralen Ziele der Forstpolitik.[1637] Daneben wurde weiterhin eine Bewaldungsquote von 12 % angestrebt, die insbesondere durch standortgemäße Neuwaldbildungen erreicht werden sollte.[1638] Ein weiteres Problem der Forstpolitik bestand in der weiterhin angespannten Ertragslage der Forstwirtschaft, die auf die anhaltend schlechten Rahmenbedingungen zurückzuführen war. Um die Probleme der Forstwirtschaft zu überwinden, wurden über die Jahre hinweg zahlreiche Maßnahmen durch Zuschüsse des Bundes, des Landes und später auch durch die EU gefördert.[1639] Doch auch die Landesforstverwaltung rückte zunehmend in die

---

1635 Z.B. die *„Walderklärung von Rio"*, die *„Agenda 21"*, die *„Konvention über die Biologische Vielfalt"*, die *„Klimarahmenkonvention"* und das *„Kyoto-Protokoll"* sowie die Resolutionen der *„Ministerkonferenz zum Schutze der Wälder in Europa"* (1990 Straßburg, 1993 Helsinki, 1998 Lissabon, 2003 Wien, 2007 Warschau, 2011 Oslo), vgl. Sechster Forstbericht der Landesregierung Schleswig-Holstein, S. 7 f., SHLT-Drs. 15/3210; vgl. außerdem: *Orf*, Neue Entwicklungen im Forstrecht, S. 1.

1636 Vgl. hierzu: Siebter Waldbericht der Landesregierung Schleswig-Holstein, S. 10 ff., abrufbar unter URL: http://www.schleswig-holstein.de/DE/Fachinhalte/W/wald/Downloads/siebterWaldschadensbericht.html [zuletzt abgerufen am 16. Juli 2016]. Besonders bedeutsam für die Forstwirtschaft waren die *„Richtlinie 92/43 EWG des Rates vom 21. Mai 1992 zur Erhaltung der natürlichen Lebensräume sowie der wildlebenden Tiere und Pflanzen"* (*Fauna-Flora-Habitat-Richtlinie*), ABl. EG Nr. L 206 vom 22. Juli 1992, S. 7, die *„Richtlinie 79/409/EWG des Rates vom 2. April 1979 über die Erhaltung der wildlebenden Vogelarten"* (*Vogelschutzrichtlinie*), ABl. EG Nr. L 103 vom 25. April 1979, S. 1 und die *„Richtlinie 85/337/EWG des Rates vom 27. Juni 1985 über die Umweltverträglichkeitsprüfung bei bestimmten öffentlichen und privaten Projekten"* (*UVP-Richtlinie*), ABl. EG Nr. L 175 vom 5. Juli 1985, S. 40.

1637 Hierzu wurde die Landesforstverwaltung im Jahr 1999 von der Landesregierung beauftragt, die Bewirtschaftung des Landeswaldes zukünftig gem. der *„Richtlinie für die naturnahe Waldentwicklung in den schleswig-holsteinischen Landesforsten"* (sog. *Waldbaurichtlinie*) durchzuführen, Sechster Forstbericht der Landesregierung Schleswig-Holstein, S. 12, 41, SHLT-Drs. 15/3210.

1638 Mit dem seit 1988 laufenden Programm *„Neuer Wald für Schleswig-Holstein"* wurde insbesondere die Neuanpflanzung standortgerechter Laubwälder gefördert, *SH MUNF* (Hrsg.), Landschaftsprogramm Schleswig-Holstein 1999, S. 16.

1639 Gefördert wurden unter anderem folgende Projekte und Maßnahmen: Standortkartierung, Neuwaldbildung/ Erstaufforstung, waldbauliche Maßnahmen (u.a. der Umbau in standortgerechte und naturnahe Laub- oder Nadel-Laubmischwälder; Schutzpflanzungen), Forstschutz gegen Insekten, Bekämpfung neuartiger Waldschäden, Vertragsnaturschutz (ab 1999/2000). Neben der finanziellen Förderung stand die fachliche Förderung, die sich in der Beratung und Betreuung des Privat- und Körperschaftswaldes durch die Landwirtschaftskammer äußerte. Zu den

Stellung eines Zuschussbetriebes, weshalb seit 1995 umfangreiche Maßnahmen zur Modernisierung der Landesforstverwaltung ergriffen wurden.[1640] Mit der Reform sollten insbesondere eine Straffung der Organisation, eine Steigerung der Effizienz und eine Verringerung des jährlichen Zuschussbedarfs erreicht werden.[1641] Zur Erreichung dieser Ziele wurde im Rahmen des Organisationsumbaus zunächst die Anzahl staatlichen Forstämter, die seit 1987 auch die Aufgaben der unteren Forstbehörde wahrnahmen,[1642] schrittweise von elf auf sechs im Jahr 2003 verringert.[1643] Eine im Jahr 1998 von einer externen Unternehmensberatung durchgeführte Rechtsformprüfung schloss mit der Empfehlung, die Landesforstverwaltung zunächst als optimierten *Regiebetrieb* fortzuführen und allmählich eine Umwandlung in einen *Landesbetrieb* durchzuführen.[1644] Ein Schritt in diese Richtung war die Gründung des Sondervermögens *„Landeswald Schleswig-Holstein"*[1645] zum 1. Januar 2005, in das das gesamte der Landesforstverwaltung zuordenbare Vermögen des Landes Schleswig-Holstein überführt wurde. Im Ergebnis blieb diese Umorganisation jedoch ohne die von der Landesregierung erwarteten praktischen und wirtschaftlichen Erfolge.[1646] Nachdem weiterhin Unzufriedenheit über die Organisationsstruktur bestand, entschloss sich die Landesregierung nach Durchführung einer erneuten Rechtsformprüfung im Jahr 2007 schließlich zur Gründung einer Anstalt öffentlichen

---

Einzelheiten der Förderung siehe: Erster Forstbericht, S. 56 ff. SHLT-Drs. 9/1276; Zweiter Forstbericht, S. 64 ff., SHLT-Drs. 10/1259; Dritter Forstbericht, S. 87 ff., SHLT-Drs. 12/1581; Vierter Forstbericht, S. 84 ff., SHLT-Drs. 13/2390; Fünfter Forstbericht, S. 50 ff., SHLT-Drs. 14/1822; Sechster Forstbericht, S. 95 ff., SHLT-Drs. 15/3210; Siebter Waldbericht S. 100, a.a.O.

1640 Fünfter Forstbericht, S. 3, 43, SHLT-Drs. 14/1822; Sechster Forstbericht, S. 39, SHLT-Drs. 15/3210. Zur Geschichte der Umwandlung der Landesforstverwaltung ausführlich: *Böhling*, Bauernblatt v. 3. November 2012, S. 52 f.

1641 Sechster Forstbericht, S. 39, SHLT-Drs. 15/3210.

1642 *„Landesverordnung zur Bestimmung der unteren Forstbehörden nach dem Landeswaldgesetz"* vom 6. Mai 1987, GVOBl. SH 1987, S. 230.

1643 *„Landesverordnung zur Bestimmung der unteren Forstbehörden nach dem Landeswaldgesetz"* vom 2. November 1995, GVOBl. SH 1995, S. 375; *„Landesverordnung zur Änderung der Landesverordnung zur Bestimmung der unteren Forstbehörden nach dem Landeswaldgesetz"* vom 25. November 1998, GVOBl. SH 1998, S. 364; *„Landesverordnung zur Bestimmung der unteren Forstbehörden nach dem Landeswaldgesetz"* vom 6. Oktober 2003, GVOBl. SH 2003, S. 527.

1644 *Böhling*, Bauernblatt v. 3. November 2012, S. 52; Sechster Forstbericht, S. 40, SHLT-Drs. 15/3210.

1645 *„Gesetz über die Errichtung eines Sondervermögens Landeswald Schleswig-Holstein"* vom 5. Dezember 2004, GVOBl. SH 2004, S. 476.

1646 *Böhling*, Bauernblatt v. 3. November 2012, S. 52 f.; Siebter Waldbericht, S. 63, abrufbar unter angegebener URL.

Rechts (AöR).[1647] Nachdem das entsprechende Gesetz[1648] noch im Dezember 2007 vom Landtag verabschiedet wurde, konnte die neu gegründete *„Anstalt Schleswig-Holsteinische Landesforsten"* zum 1. Januar 2008 ihren Betrieb aufnehmen.[1649] Die staatlichen Forstämter wurden im Rahmen der Umstrukturierung aufgelöst und die hoheitlichen Aufgaben auf die drei neu gegründeten unteren Forstbehörden Nord, Mitte und Süd übertragen.[1650]

Von Bedeutung für die Landesforstgesetzgebung waren außerdem die *Grundgesetzänderung*[1651] im Jahr 1994 und die im Jahr 2006 verabschiedete sogenannte *„Föderalismusreform"*[1652]. Durch Letztere wurde die Rahmengesetzgebungskompetenz des Bundes abgeschafft und der Kompetenztitel *„Naturschutz und Landschaftspflege"* in den Bereich der konkurrierenden Gesetzgebung (Art. 74 Abs. 1 Nr. 29 GG) überführt. Soweit die Vorschriften des Bundeswaldgesetzes im zweiten Kapitel hinsichtlich der Schutz- und Erholungsfunktion des Waldes auf die ehemalige Rahmengesetzgebungskompetenz gestützt wurden, wäre nach der neuen Kompetenzverteilung eine Vollregelung durch den Bund möglich, wobei den Ländern gem. Art. 72 Abs. 3 Nr. 2 GG eine Abweichungsgesetzgebungskompetenz zusteht, mit Ausnahme der *allgemeinen Grundsätze des Naturschutzes, des Rechts des Artenschutzes oder des Meeresnaturschutzes.* Das Waldbetretungsrecht fällt in diesen Ausnahmebereich, sodass den Ländern diesbezüglich eine Abweichung verwehrt bleibt.[1653] Gemäß der Übergangsregelung in Art. 125b GG gilt das als Rahmenrecht erlassene Recht zudem als Bundesrecht fort, soweit es auch nach der Grundgesetzänderung als Bundesrecht hätte erlassen werden können. Diesbezüglich gelten die Befugnisse und Verpflichtungen der Länder zur Gesetzgebung fort. Da der Bundesgesetzgeber bei den nach 2006 stattgefundenen Änderungen des Bundeswaldgesetzes die Regelung in § 5 BWaldG beibehalten hat, wird außerdem davon ausgegangen, dass die Vorschriften im zweiten Kapitel des BWaldG als Rahmenrecht für die Länder fortgelten.[1654]

Über 30 Jahre konnte das Schleswig-Holsteinische Landeswaldgesetz mit den vorgenannten Entwicklungen Schritt halten. Im Jahr 2004 erfolgte jedoch eine vollständige Neufassung, da das Landeswaldgesetz nach Auffassung der Landesregierung

---

1647 *Böhling*, Bauernblatt v. 3. November 2012, S. 53.

1648 *„Gesetz über die Anstalt Schleswig-Holsteinische Landesforsten und zur Änderung anderer Vorschriften"* vom 13. Dezember 2007, GVOBl. 2007, S. 518 ff.

1649 *Böhling*, Bauernblatt v. 3. November 2012, S. 53.

1650 Siebter Waldbericht, S. 65, abrufbar unter angegebener URL.

1651 *„Gesetz zur Änderung des Grundgesetzes (Artikel 3, 20a, 28, 29, 72, 74, 75, 76, 77, 80, 87, 93, 118a und 125a)"* vom 27. Oktober 1994, BGBl. I 1994, S. 3146 ff.; Siehe dazu: *Endres*, BWaldG, Einleitung, Rn. 4.

1652 *„Gesetz zur Änderung des Grundgesetzes (Artikel 22, 23, 33, 52, 72, 73, 74, 74a, 75, 84, 85, 87c, 91a, 91b, 93, 98, 104a, 104b, 105, 107, 109, 125a, 125b, 125c, 143c)"* vom 28. August 2006, BGBl. I 2006, S. 2034 ff.

1653 *Endres*, BWaldG, Einleitung, Rn. 5, Rn. 21 und § 5 Rn. 3 – 7.

1654 *Endres*, BWaldG, Einleitung, Rn. 5.; *Agena/Louis*, NuR 2015, S. 10 ff. (16).

nicht mehr der damaligen forstwirtschaftlichen Praxis, dem forstwissenschaftlichen Erkenntnisstand und den Ansprüchen der Gesellschaft entsprach.[1655]

I. Änderungen des Landeswaldgesetzes bis 2004

Nach dem LWaldAnpG von 1977 erfolgte die nächste Änderung des Schleswig-Holsteinischen Landeswaldgesetzes durch Art. 5 des *„Gesetzes zur Anpassung des Landschaftspflegegesetzes und anderer Rechtsvorschriften (LPflegAnpG)“*[1656] vom 19. November 1982. In erster Linie wurde mit diesem Gesetz eine Anpassung der Rechtslage an das am 24. Dezember 1976 verabschiedete Bundesnaturschutzgesetz vorgenommen. Die durch Art. 5 LPflegAnpG vorgenommenen Änderungen des Landeswaldgesetzes waren demensprechend zum Teil nur *„Folgeänderungen bzw. zwangsläufige Anpassungen an Parallelregelungen im Landschaftspflegegesetz“.*[1657] Neu war die Überführung einer Vorschrift ins LWaldG zur Regelung eines *Vorkaufsrechts* (§ 25a) des Landes an Grundstücken, die ganz oder teilweise in einem Erholungs- oder Schutzwald lagen.[1658] Mit einem neu eingefügten § 26 Abs. 4 S. 3 sollte außerdem der Schutzweck des Mindestabstandes von baulichen Anlagen zum Waldrand konkretisiert werden. Danach sollte der Mindestabstand vom Waldrand nicht nur der Verhinderung von Waldbränden dienen, sondern auch der Sicherung der Waldbewirtschaftung, der Walderhaltung, dem Naturschutz und der Landschaftspflege sowie dem Schutz der baulichen Anlagen selbst.[1659] Weitere Änderungen betrafen die Ordnungswidrigkeitentatbestände; so unter anderem die Streichung einiger Ordnungswidrigkeiten von untergeordneter Bedeutung, Einfügung neuer Paragrafenüberschriften und die Regelung beim Zusammentreffen mit Straftaten (§ 37b). Aufgrund von Art. 8 LPflegAnpG erfolgte am 10. Januar 1983 eine *„Bekanntmachung der Neufassung des Landeswaldgesetzes“*[1660] unter Verwendung geänderter Abschnitts- und Paragrafenbezeichnungen.

Die nächste Änderung des LWaldG erfolgte im Jahr 1989 und enthielt lediglich eine Anpassung des Gesetzestexts an die Umbenennung des Zuständigen Ressorts in *„Ministerium für Ernährung, Landwirtschaft, Forsten und Fischerei“.*[1661]

Mit der Änderung des Landeswaldgesetzes durch Art. 2 des *„Gesetzes zur Neufassung des Landschaftspflegegesetzes (Gesetz zum Schutz der Natur – Landesnaturschutzgesetz*

1655 Begründung zum RegE eines *„Waldgesetzes für das Land Schleswig-Holstein“*, S. 2, SHLT-Drs. 13/3262.

1656 GVOBl. SH 1982, S. 256 ff.

1657 Begründung zum RegE LPflegAnpG, S. 89, SHLT-Drs. 9/1205.

1658 Die Regelung des Vorkaufsrechts war jedoch vorher bereits im LPflegG enthalten, Begründung zum RegE LPflegAnpG, S. 89, SHLT-Drs. 9/1205.

1659 Begründung zum RegE LPflegAnpG, S. 89, SHLT-Drs. 9/1205.

1660 GVOBl. SH 1983, S. 11 ff.

1661 Art. 29 der *„Landesverordnung zur Anpassung von Rechtsvorschriften an geänderte Zuständigkeiten der obersten Landesbehörden und geänderte Ressortbezeichnungen“* vom 6. Dezember 1989, GVOBl. SH 1989, S. 171 ff.

– LNatSchG –) und zur Anpassung anderer Rechtsvorschriften“[1662] vom 16. Juni 1993 waren einige inhaltliche Änderungen verknüpft, die zum Großteil der Sicherung naturschutzrechtlicher Belange im Landeswaldgesetz dienten. Dazu wurde in § 1 Abs. 2 LWaldG[1663] die Pflicht des Staates festgelegt, *„die allgemeinen Bedingungen einer ordnungsgemäßen und naturnahen Forstwirtschaft zu sichern“*[1664]. Um die Grundlagen dafür zu schaffen, erfolgte eine Neuformulierung der *Bewirtschaftungsgrundsätze* in § 8 LWaldG. Die Bewirtschaftung des Waldes sollte danach zunehmend an dem Grundsatz der *„Nachhaltigkeit“* ausgerichtet werden, worunter verstanden wurde, *„dass die Nutz-, Schutz- und Erholungsfunktion des Waldes unter Berücksichtigung der langfristigen Entwicklungszeiträume stetig und auf Dauer erbracht werden“*[1665]. Zugleich wurde festgelegt, dass die Wälder einen ausreichenden Bestand an *„Altholz, Lichtungen, Waldwiesen, Waldsümpfen und Saumbiotopen“* aufweisen sollten.[1666] Für den Staats- und Körperschaftswald wurde mit der Novellierung die Pflicht zur Bewirtschaftung der Wälder nach Betriebsplänen und Betriebsgutachten für einen Zehnjahreszeitraum im Gesetz festgeschrieben (§ 8 Abs. 6 S. 2 LWaldG). Mit den Änderungen des Landeswaldgesetzes im Jahr 1993 wurde die Genehmigung einer *Waldumwandlung* zudem zwingend mit der Pflicht zur *Ersatzaufforstung* verbunden (§ 12 Abs. 2 S. 3 LWaldG). Im Fall der Unmöglichkeit einer Ersatzaufforstung mussten sonstige Ersatzmaßnahmen zum Ausgleich des Eingriffs in den Naturhaushalt getroffen und für verbleibende Beeinträchtigungen Ausgleichszahlungen geleistet werden.[1667] Die Erklärung zu *Schutzwald* war nach der Novellierung auch möglich,

---

1662 GVOBl. SH 1993, S. 215 ff.

1663 Die nachfolgenden §§-Angaben in diesem Absatz beziehen sich auf die seit dem 1. Juli 1993 gültige Fassung des Landeswaldgesetzes.

1664 Eine *„naturnahe Forstwirtschaft“* war nach der Begründung zum Regierungsentwurf gekennzeichnet durch (SHLT-Drs. 13/27, S. 143):

- *„Beachtung und Nutzung der standörtlichen Gegebenheiten und der natürlichen Abläufe im Walde,*
- *die Vermeidung von Kahlschlägen zugunsten einer kleinflächigen Wirtschaftsweise mit Strukturvielfalt,*
- *die Naturverjüngung und Begünstigung der Artenvielfalt auch in Waldrandbereichen,*
- *den bevorzugten Einsatz heimischer Baumarten in standortgerechten Mischwäldern,*
- *den Einsatz einer schonenden Forsttechnik und eines naturverträglichen Forstschutzes sowie*
- *lange Verjüngungszeiträume und stufige Bestandsaufkommen mit jungen und alten Bäumen zur Erzeugung von Stark- und Wertholz.“*

1665 § 8 Abs. 2 LWaldG (1993).

1666 Vormals sollten solche Bestände nur in ausgewiesenen *„Naturwaldzellen“* vorhanden sein, wobei es sich um Flächen handelte, die von jeder Bewirtschaftung ausgenommen waren. Seit 2004 ist diese Materie in § 14 LWaldG *„Naturwald“* geregelt. Hauptzweck solcher Flächen ist die *„Erhaltung der Biodiversität, die wissenschaftliche Erforschung des Waldes, die Lehre und die Umweltbildung“*, *Endres*, BWaldG, § 12 Rn. 29.

1667 § 12 Abs. 2 S. 4 LWaldG i.V.m. § 8 Abs. 3 LNatSchG i.d.F. vom 30. Juni 1993.

soweit dies *„zur Erhaltung schutzwürdiger und schutzbedürftiger Lebensgemeinschaften notwendig"* war (§ 14 Abs. 1 LWaldG). Bei *Erstaufforstungen* über 5 ha Größe waren 10 % der Fläche der natürlichen Entwicklung zu überlassen (§ 16 Abs. 3 LWaldG). Außerdem wurden *Weihnachtsbaum- und Schmuckreisigkulturen* von der Genehmigungspflicht von Erstaufforstungen ausgenommen (§ 17 Abs. 1 S. 2 LWaldG). Weitere Änderungen betrafen unter anderem die Einführung eines Verbots zum *„Halten und Hüten von Haustieren im Wald"*[1668] (§ 23 Nr. 5 LWaldG), die Einführung einer Pflicht der Forstbehörden zur Herstellung des Einvernehmens mit den Naturschutzbehörden bei Waldsperrungen, die von Amts wegen angeordnet wurden (§ 30 Abs. 1 S. 2 LWaldG) und eine Anpassung der Ordnungswidrigkeitentatbestände (§ 41 LWaldG). Gem. Art. 7 Abs. 2 des *„Gesetzes zur Neufassung des Landschaftspflegegesetzes (Gesetz zum Schutz der Natur – Landesnaturschutzgesetz – LNatSchG -) und zur Anpassung anderer Rechtsvorschriften"* erfolgte sodann eine *„Bekanntmachung der Neufassung des Landeswaldgesetzes"*[1669] vom 11. August 1994.

Durch die Änderung des Landeswaldgesetzes im Jahr 1996 erfolgte eine Anpassung des Gesetzestextes an die neue Zuständigkeit auf Ministeriumsebene, die sich aus der Umressortierung des Bereichs Forst in das *„Ministerium für Natur, Umwelt und Forsten"* im Juni 1996 ergab.[1670]

Mit dem *„Gesetz zur Umsetzung europarechtlicher Vorschriften in Landesrecht (Vogelschutz-Richtlinie, FFH-Richtlinie, UVP-Änderungsrichtlinie, IVU-Richtlinie und Zoo-Richtlinie) – Landes-Artikelgesetz –)"*[1671] vom 13. Mai 2003 erfolgte eine Anpassung an europarechtliche Vorgaben, die sich hauptsächlich auf das Naturschutzgesetz auswirkten. Mit Art. 6 des Umsetzungsgesetzes erfolgte eine Änderung des Landeswaldgesetzes, mit der festgelegt wurde, dass UVP-pflichtige Umwandlungsvorhaben und Erstaufforstungen nur in einem Verfahren genehmigt werden können, das den Anforderungen des *„Landesgesetzes über die*

1668 Laut Gesetzesbegründung war die Aufnahme dieses Verbots erforderlich, um gegen die *Waldweide* gesetzlich vorgehen zu können, SHLT-Drs. 13/27, S. 145. Auch sonstige *Forstnebennutzungen* fanden neuerdings wieder eine Erwähnung im Gesetz, wobei deren Durchführung nur gestattet war, soweit sie die naturnahe ordnungsgemäße Forstwirtschaft nicht gefährdeten, § 8 Abs. 8 LWaldG. Auffällig ist diese Neuregelung vor dem Hintergrund, dass die nicht-forstliche Nebennutzung von Waldflächen in der Waldgesetzgebung des Bundeslandes Schleswig-Holstein bislang keine Rolle (mehr) gespielt hatte.

1669 GVOBl. SH 1994, S. 438 ff.

1670 *„Landesverordnung zur Anpassung von Rechtsvorschriften an geänderte Zuständigkeiten der obersten Landesbehörden und geänderte Ressortbezeichnungen"* vom 24. Oktober 1996 (GVOBl. SH 1996, S. 652 ff.); Fünfter Forstbericht, S. 43, SHLT-Drs. 14/1822.

1671 GVOBl. SH 2003, S. 246 ff.; Abkürzungen: *FHH* = Fauna-Flora-Habitat; *UVP* = Umweltverträglichkeitsprüfung; *IVU* = integrierte Vermeidung und Verringerung der Umweltverschmutzung.

Umweltverträglichkeitsprüfung (Landes-UVP-Gesetz – LUVPG)" entspricht.[1672] Nach Anlage 1 zu diesem Gesetz kam eine Pflicht zur Durchführung einer Umweltverträglichkeitsprüfung für Waldumwandlungen im Umfang von 5–10 ha (Nr. 3.2) und für Erstaufforstungen von 20–50 ha Wald in Betracht (Nr. 3.3).

II. Änderungen des Landeswaldgesetzes ab 2004

Im Jahr 2004 erfolgte eine vollständige Neufassung des Schleswig-Holsteinischen *Landeswaldgesetzes*[1673]. Nach Ansicht der rot-grünen Landesregierung war eine Novellierung hauptsächlich aus zwei Gründen erforderlich.[1674] Zum einen wurde die geltende Fassung des Landeswaldgesetzes in einigen Punkten als überholt betrachtet und sollte deshalb an die tatsächlichen Entwicklungen der letzten Jahre angepasst werden. Zum anderen ergab sich aus der Novellierung des Bundesnaturschutzgesetzes im Jahr 2002 eine rahmenrechtliche Umsetzungsverpflichtung, der die Länder bis zum April 2005 nachkommen mussten. In der Begründung zum Regierungsentwurf heißt es in der Problemdarstellung:

> *„Wesentliche Teile des geltenden Rechts entsprechen jedoch nicht mehr der heutigen forstwirtschaftlichen Praxis, dem aktuellen Erkenntnisstand der Forstwissenschaft und den Ansprüchen der Gesellschaft an eine an ökologischen Kriterien orientierte, nachhaltige Forstwirtschaft."*[1675]

Zur Lösung dieser Probleme verfolgte die Novellierung *„in erster Linie das Ziel einer verstärkten Ausrichtung auf eine ökologische Waldbewirtschaftung, der bürgerfreundlichen Ausgestaltung des Waldbetretungsrechtes sowie der Harmonisierung von Forst und Naturschutzrecht"*[1676]. Die Neuregelungen betrafen dabei insbesondere die folgenden Schwerpunktbereiche: *Bewirtschaftung des Waldes* (§§ 5, 6), *Betreten des Waldes* (§ 17), *Förderung der Forstwirtschaft* (§§ 25 ff.) und *Ausgleich von Nutzungsbeschränkungen, Erstattung von Aufwendungen* (§§ 28 ff).[1677]

Im Hinblick auf die *Bewirtschaftung des Waldes* bestand eine wesentliche Neuerung in der Aufnahme von elf *„Grundsätzen der guten fachlichen Praxis"* in den Gesetzestext, nach denen die Bewirtschaftung zu erfolgen hat (§ 5 Abs. 2

1672 GVOBl. SH 2003, S. 246 ff. – Artikel 2.

1673 *„Waldgesetz für das Land Schleswig-Holstein (Landeswaldgesetz – LWaldG) und Gesetz über die Errichtung eines Sondervermögens ‚Landeswald Schleswig-Holstein'"*, GVOBl. SH 2004, S. 461 ff. (Gesetzestext abgedruckt in Anhang B.VI.). Soweit nicht anders gekennzeichnet, beziehen sich die nachfolgenden §§-Angaben und die Abkürzung LWaldG in diesem Abschnitt auf die jeweils gültige Fassung.

1674 Im Folgenden: Begründung zum RegE, S. 2, SHLT-Drs. 15/3262.

1675 Begründung zum RegE, S. 2, SHLT-Drs. 15/3262.

1676 Begründung zum RegE, S. 2, SHLT-Drs. 15/3262.

1677 Begründung zum RegE, S. 3, SHLT-Drs. 15/3262.

Nr. 1 – 11 LWaldG).[1678] Für den Staats- und Körperschaftswald wurden noch darüber hinausgehende Zielsetzungen geschaffen, die zur besonderen Berücksichtigung der Schutz- und Erholungsfunktion des Waldes sowie dessen Gemeinwohlverpflichtung dienten (§ 6 LWaldG); so z.B. die *„schrittweise Herausnahme von 10 % der Waldfläche aus der Bewirtschaftung zur Schaffung eines repräsentativen Netzes von Naturwäldern"* (§ 6 Abs. 2 Nr. 7 LWaldG). Im Übrigen hatten sich die Vorschriften über die Bewirtschaftung des Waldes größtenteils bewährt,[1679] sodass diese unter redaktioneller Anpassung aus der vorangegangenen Fassung übernommen werden konnten.

Nach dem Vorbild der Regelung in anderen Bundesländern wurde mit der Novellierung auch die Möglichkeit zur Ausweisung von *Naturwäldern* durch Verordnung des Ministeriums im Gesetz festgeschrieben (§§ 14, 15 LWaldG).[1680] Die Ausweisung von Naturwäldern, in denen der Wald unter Verzicht auf Bewirtschaftungsmaßnahmen sich selbst überlassen wird (§ 14 Abs. 1 S.1 LWaldG), fand bereits seit einigen Jahren statt und hatte insbesondere seit Einführung der *„Waldbaurichtlinie"*[1681] im Jahr 1999 an Bedeutung gewonnen.[1682] Die Zwecke der Naturwaldausweisung bestehen in der Lebensraumsicherung für Tiere und Pflanzen, der waldökologischen Forschung, der Dauerbeobachtung von Lebensgemeinschaften und der Sicherung genetischer Informationen (§ 14 Abs. 1 S. 2 Nr. 1 – 4 LWaldG). Wegen der mit der Erklärung zu Naturwald verbundenen *enteignenden Wirkung*[1683] besteht gem. § 28 LWaldG ein Anspruch auf Entschädigung. Privatwaldbesitzer können zudem Aufwendungsersatz für Maßnahmen erhalten, die aufgrund einer Naturwaldverordnung vorgenommen werden (§ 30 Abs. 1 S. 1 Nr. 1 LWaldG).

Eine wesentliche Neuerung erfuhr das Schleswig-Holsteinische Landeswaldgesetz durch die Einführung des *freien Waldbetretungsrechts* (§ 17 Abs. 1 S. 1 LWaldG).[1684] Die Landesregierung sah das allgemeine Wegegebot, das es in keinem anderen Bundesland gab, nicht mehr durch die unterdurchschnittliche Bewaldungsquote von 10,3 %[1685] als

---

1678 Siehe hierzu auch: Begründung zum RegE, S. 3, 72 ff. SHLT-Drs. 15/3262. Die Grundsätze dienten außerdem zur Umsetzung der sich aus § 5 Abs. 5 BNatSchG (i.d.F. vom 25. März 2002, BGBl. I 2002, S. 1193 ff.) ergebenden Rahmenvorgabe. Zu den Grundsätzen im Einzelnen: *Jacobs*, LWaldG SH, Kommentar, § 5, S. 8 ff.

1679 Begründung zum RegE zur Regelung der Wiederaufforstung § 8, der Umwandlung § 9 und der Erstaufforstung § 10, S. 3, SHLT-Drs. 15/3262.

1680 Begründung zum RegE, S. 103 f., SHLT-Drs. 15/3262.

1681 *„Richtlinie für die naturnahe Waldentwicklung in den schleswig-holsteinischen Landesforsten".*

1682 Begründung zum RegE, S. 103, SHLT-Drs. 15/3262.

1683 Es handelt sich bei der Erklärung zu Naturwald jedoch nicht um eine *„Enteignung"*, sondern um eine Inhalts- und Schrankenbestimmung, die im Rahmen der Sozialbindung liegt, *Jacobs*, LWaldG SH, Kommentar, § 28, S. 30.

1684 Siehe hierzu auch: *Jacobs*, LWaldG SH, Kommentar, § 17, S. 21 f.

1685 Ergebnisse der 2. Bundeswaldinventur (Stichtag 1. Oktober 2002), Siebter Waldbericht, S. 20, abrufbar unter URL: http://www.schleswig-holstein.de/DE/Fachinhalte/W/wald/Downloads/siebterWaldschadensbericht.html [zuletzt abgerufen am 16. Juli 2016].

gerechtfertigt an.[1686] Aufrechterhalten wurde das Wegegebot jedoch für das Betreten des Waldes zur Nachtzeit, das Radfahren, Fahren mit Krankenfahrstühlen und Skifahren (§ 17 Abs. 1 S. 3 LWaldG). Die Ausnahmevorschriften zum Betretungsrecht wurden unter Anpassung an die neue Rechtslage größtenteils aus der vorherigen Fassung des Landeswaldgesetzes übernommen.[1687] Die Regelung über *Erholungswälder*, in denen das Betreten nach der alten Rechtslage auch außerhalb der Wege gestattet war, wurde durch die Novellierung überflüssig und konnte folgerichtig entfallen.[1688] Wegen der teilweise entstehenden erheblichen Schäden, die durch einen regelmäßigen Reitbetrieb auf Wegen entstehen können, wurde eine Ausweitung der Reitregelung hingegen abgelehnt.[1689] Um klarzustellen, dass durch die Ausweitung des Betretungsrechts keine neuen Haftungsrisiken begründet werden sollen,[1690] regelt § 19 LWaldG, dass durch das Betreten des Waldes *„keine besonderen Sorgfalts- und Verkehrssicherungspflichten der Waldbesitzenden begründet"* werden. Des Weiteren enthält die Vorschrift eine nicht abschließende Aufzählung von *waldtypischen Gefahren*[1691], für die die Waldbesitzenden in der Regel nicht haften sollen.[1692]

1686 Begründung zum RegE, S. 108, SHLT-Drs. 15/3262.

1687 Begründung zum RegE, S. 111, SHLT-Drs. 15/3262.

1688 Begründung zum RegE, S. 4, SHLT-Drs. 15/3262.

1689 *Jacobs*, LWaldG SH, Kommentar, § 18, S. 24.

1690 Begründung zum RegE, S. 4, 116 ff., SHLT-Drs. 15/3262.

1691 Dies sind insbesondere solche, *„die durch die Natur oder durch die Art der Bewirtschaftung mehr oder minder zwangsläufig vorgegebenen Zustände im Wald"*, *Endres*, BWaldG, § 14 Rn. 38.

1692 Die Haftungsregelung wurde an der zum Zeitpunkt der Gesetzesberatung überwiegenden Rechtsprechung ausgerichtet (Begründung zum RegE, S. 116, SHLT-Drs. 15/3262). Zum Stand der Rechtsprechung siehe: *Orf*, Neue Entwicklungen im Forstrecht, S. 30 ff. und S. 41 ff. und *Agena*, NuR 2007, S. 707 ff.; Der BGH hat später bestätigt, dass eine Haftung des Waldbesitzers wegen Verletzung einer Verkehrssicherungspflicht grundsätzlich nicht für waldtypische Gefahren besteht: BGH, Urteil vom 2. Oktober 2012 – VI ZR 311/11 –, BGHZ 195, 30–42. Zur Besprechung dieser Entscheidung im Einzelnen: *Bittner*, NuR 2013, S. 537 ff.; Als waldtypische Gefahren wurden in der Rechtsprechung u.a. angesehen: *„Fehlende Standsicherheit von Bäumen, herabfallende oder herunterhängende Äste, natürliche Geländeunebenheiten sowie durch Dritte verursachtes Herumliegen von Glasscherben"*, *Endres*, BWaldG, § 14 Rn. 39 m.w.N. Hierzu auch: *Thomas*, BWaldG, § 14, S. 314; *Gebhard*, NuR 2015, S. 361 ff. (361); *Duhme*, NJW 2013, 17 ff.; *Franz*, Forstrecht, S. 178 ff. Der Regelung einzelner Tatbestände mit zivilrechtlichen Haftungserleichterungen in einem Landesgesetz stehen allerdings große rechtliche Bedenken gegenüber, da der Bund von seiner konkurrierenden Gesetzgebungskompetenz auf dem Gebiet des bürgerlichen Rechts Gebrauch gemacht hat und eine Abweichung durch die Länder nicht möglich ist: *Orf*, RdL 2008, S. 311 ff. (315). *Gebhard* hingegen sieht in § 14 Abs. 1 S. 3 BWaldG eine *„Ermächtigungsnorm, die die Länder zu haftungsbeschränkenden zivilrechtlichen Regelungen im Zusammenhang mit der Benutzung des Waldes zum Zwecke der Erholung"* ermächtige, *Gebhard*, NuR 2008, S. 754 ff. (757).

Hinsichtlich der *Förderung der Forstwirtschaft* kam es zu es zu einer Neuausrichtung des Förderungszwecks. Nach § 25 LWaldG sollte der Nichtstaatswald fortan neben seiner Wirtschaftsleistung auch für die ökologischen und sozialen Leistungen für das Allgemeinwohl mit einer finanziellen Förderung honoriert werden.[1693] Außerdem wurde die entgeltliche *Betreuung* des Nichtstaatswaldes – vormals eine Aufgabe, die ausschließlich von der Landwirtschaftskammer wahrgenommen wurde – aus wettbewerbsrechtlichen Gründen mit der Novellierung für weitere fachkundige öffentlich-rechtliche Körperschaften und fachkundige private Unternehmen und Einzelpersonen geöffnet (§ 26 Abs. 2 S. 2 LWaldG).[1694]

In den Ausschussberatungen wurde mit der Novellierung zudem ein Artikel 2 und damit das *„Sondervermögen Landeswald Schleswig-Holstein"* geschaffen.[1695] Die Änderung beruhte auf einem entsprechenden Antrag der Fraktionen von SPD und Bündnis 90/Die Grünen vom 22. Oktober 2004.[1696] Das Sondervermögen wurde gem. § 3 Abs. 1 des Gesetzes aus allen *„im Eigentum des Landes Schleswig-Holstein stehenden bebauten und unbebauten Grundstücken, die der Landesforstverwaltung zugeordnet sind, bereits eingeschlagenen Holzvorräten, bei Inkrafttreten des Gesetzes vorhandenen Rücklagen (ohne Personalrücklagen), dem beweglichen Inventar sowie sonstigen Sachgesamtheiten mit Ausnahme des Landesbetriebes ‚Erlebniswald Trappenkamp' (…) gebildet."* Laut Begründung des Änderungsantrages sollte mit der Bildung des Sondervermögens eine Zunahme der Flexibilität und Transparenz der Landesforstverwaltung erreicht und durch die höhere Effizienz ein finanzieller Vorteil erwirtschaftet werden.[1697] Außerdem wollte man mit der Errichtung des Sondervermögens eine *„Barriere gegen den Verkauf"*[1698] von Staatswald schaffen und damit signalisieren, *„dass der Landesgesetzgeber und Haushaltsgesetzgeber die landeseigenen Forsten vor kurzfristigen fiskalischen Interessen schützen möchte"*[1699]. Einer nachträglichen Bewertung zufolge blieb diese Umstrukturierung im Ergebnis jedoch ohne die von der Landesregierung erwarteten praktischen und wirtschaftlichen Erfolge.[1700]

1693 Begründung zum RegE, S. 4, 128, SHLT-Drs. 15/3262.

1694 Begründung zum RegE, S. 4, 129 f., SHLT-Drs. 15/3262.

1695 *„Gesetz über die Errichtung eines Sondervermögens Landeswald Schleswig-Holstein"*, GVOBl. SH 2004, S. 476.

1696 SHLT-Arch Bd. Nr. XIII F 665, Umdruck 15/5095, Nr. 32.

1697 SHLT-Arch Bd. Nr. XIII F 665, Umdruck 15/5095, Nr. 32 (S. 18).

1698 So der Abgeordnete *Friedrich-Carl Wodarz* (SPD) in der zweiten Lesung, SHLT-PlPr. 15/129, S. 10008 f.

1699 So der Abgeordnete *Detlef Matthiessen* (BÜNDNIS 90/DIE GRÜNEN) in der zweiten Lesung, SHLT-PlPr. 15/129, S. 10012.

1700 *Böhling*, Bauernblatt v. 3. November 2012, S. 52 f.; Siebter Waldbericht, S. 63, abrufbar unter URL: http://www.schleswig-holstein.de/DE/Fachinhalte/W/wald/Downloads/siebterWaldschadensbericht.html. [zuletzt abgerufen am 16. Juli 2016].

Im Jahr 2005 erfolgte eine Anpassung des Landeswaldgesetzes an die Umbenennung des zuständigen Ressorts in *„Ministerium für Landwirtschaft, Umwelt und ländliche Räume“*.[1701]

Mit Art. 3 des *„Gesetzes zur Einführung einer Strategischen Umweltprüfung und zur Umsetzung der Richtlinien 2001/42/EG und 2003/35/EG (LSUPG)“*[1702] vom 17. August 2007 erfolgte schließlich die Streichung der Vorschrift über die *„forstliche Rahmenplanung“* in § 3 des Schleswig-Holsteinischen Landeswaldgesetzes. Begründet wurde dieser Schritt damit, dass die Berücksichtigung forstlicher Belange bei raumbedeutsamen Maßnahmen bereits im Rahmen der Raumordnungs- und Bauleitplanung erfolge und nach Wegfall der entsprechenden Vorschrift im Bundeswaldgesetz im Jahr 2005 eine Verpflichtung der Länder zur Aufstellung einer forstlichen Rahmenplanung nicht mehr bestehe.[1703]

Eine weitere Änderung des Landeswaldgesetzes aus dem Jahr 2007 erfolgte durch Art. 2 des *„Gesetzes über die Anstalt Schleswig-Holsteinische Landesforsten und zur Änderung anderer Vorschriften“*[1704] vom 13. Dezember 2007. Die Änderungen waren allesamt durch die Umstrukturierung der Schleswig-Holsteinischen Landesforstverwaltung in eine Anstalt öffentlichen Rechts bedingt.[1705] Da das zum Jahr 2005 gebildete *„Sondervermögen Landeswald Schleswig-Holstein“* gem. § 2 Abs. 2 des Anstaltsgesetzes auf die Anstalt übertragen wurde, betraf der Hauptteil der Änderungen des Landeswaldgesetzes diesbezügliche redaktionelle Anpassungen.[1706] Ein weiterer Bestandteil der Verwaltungsstrukturreform bestand in der Auflösung der verbliebenen sechs staatlichen Forstämter mit der Folge, dass die hoheitlichen Aufgaben auf die drei neu errichteten unteren Forstbehörden Nord, Mitte und Süd des Landes Schleswig-Holstein übertragen wurden (§ 32 Abs. 2 LWaldG). Da sich die Aufgaben der unteren Forstbehörden in Zukunft nur noch auf den Vollzug des Landeswaldgesetzes beschränkten und nicht mehr die Waldbewirtschaftung umfassten, hielt die Landesregierung die Reduzierung auf drei Behörden für ausreichend.[1707] Auch diese Zuteilung sollte jedoch nur als *„Interimslösung einer Kommunalisierung*

1701 Art. 85 der *„Landesverordnung zur Anpassung von Rechtsvorschriften an geänderte Zuständigkeiten der obersten Landesbehörden und geänderte Ressortbezeichnungen“* vom 12. Oktober 2005, GVOBl. SH 2005, S. 487 ff.

1702 GVOBl. SH 2007, S. 426 ff.

1703 Begründung RegE *LSUPG*, S. 55, SHLT-Drs. 16/1274.

1704 GVOBl. SH 2007, S. 518 ff.

1705 Zur Umstrukturierung der Landesforstverwaltung siehe: *Böhling*, Bauernblatt v. 3. November 2012, S. 52 f. und Siebter Waldbericht, S 63 ff., abrufbar unter URL: http://www.schleswig-holstein.de/DE/Fachinhalte/W/wald/Downloads/siebter-Waldschadensbericht.html [zuletzt abgerufen am 16. Juli 2016].

1706 U.a. Anpassung der Staatswalddefinition in § 2 Abs. 4 Nr. 1; Streichung § 37 über das *„‚Sondervermögen Landeswald Schleswig-Holstein‘ und Landesbetrieb ‚Erlebniswald Trappenkamp‘“*.

1707 Begründung zum RegE des Anstaltsgesetzes vom 13. Dezember 2007, S. 37, SHLT-Drs. 16/1582.

der Aufgaben vorangehen"[1708]. Da die Kreise die forstbehördlichen Aufgaben allerdings nicht übernommen haben, wurden diese durch Art. 2 des *„Gesetzes zur Änderung des Landesgesetzes über die Umweltverträglichkeitsprüfung und sonstiger umweltrechtlicher Vorschriften"*[1709] vom 15. Dezember 2010 auf das neu geschaffene *Landesamt für Landwirtschaft, Umwelt und ländliche Räume* übertragen. Die Landesregierung versprach sich von dieser Aufgabenzuteilung insbesondere Synergien im Hinblick auf das Zusammenwirken der Bereiche Naturschutz, Landwirtschaft und Forst.[1710]

Die nächste das Landeswaldgesetz betreffende Änderung war ebenfalls durch eine Verwaltungsumstrukturierung bedingt. Mit der Errichtung des *Landesamtes für Vermessung und Geoinformationen*[1711] zum 1. Januar 2011 wurde die vormals in § 35 Abs. 3 LWaldG festgehaltene Zuständigkeit der Katasterämter auf dieses übertragen.

Die bislang letzte Anpassung erfolgte durch das *„Gesetz zur Änderung des Landeswaldgesetzes"*[1712] vom 13. Juli 2011. Diese nochmals etwas umfangreichere Novellierung stand im Zeichen der Deregulierung. Durch die Konzentration der Vorschriften auf das zwingend erforderliche Maß sollte die Arbeit der Forstbehörden rationalisiert werden.[1713] Der Schwerpunkt des Änderungsgesetzes bestand in einer Überarbeitung der Regelungen über die *Grundsätze zur guten fachlichen Praxis*, die *Waldumwandlung*, das *Reiten im Wald*, zur *Förderung der Forstwirtschaft* und der Streichung der *Waldberichtspflicht* der Landesregierung.

Die Bewirtschaftungsgrundsätze zur guten fachlichen Praxis in § 5 Abs. 2 LWaldG wurden mit der Änderung *„zur Sicherung der Konkurrenzfähigkeit der Forstwirtschaft in Schleswig-Holstein und im Interesse eines kooperativen Umweltschutzes"* von elf auf acht reduziert und damit auf das Maß beschränkt, das durch das Bundeswaldgesetz vorgegeben ist.[1714]

Hinsichtlich der Regelung der *Waldumwandlung* wurde mit der Novellierung eine Genehmigungsfreiheit für Flächen eingeführt, auf denen auf natürliche Weise Wald entstanden ist, obwohl für die Fläche bereits auf Grund anderer Vorschriften eine andere Nutzungsart rechtsverbindlich festgesetzt wurde (§ 9 Abs. 1 S. 2 LWaldG). Die Genehmigungsfreiheit für die Umwandlung solcher Flächen gilt bis zum Ablauf von zehn Jahren nach Inkrafttreten der Festsetzung. Das dieser Regelung zugrunde liegende Problem bestand darin, dass es in der Praxis häufig zu natürlicher

---

1708 RegE eines *„Gesetzes zur Änderung des Landesgesetzes über die Umweltverträglichkeitsprüfung und sonstiger umweltrechtlicher Vorschriften"*, S. 15, SHLT-Drs. 17/688.

1709 GVOBl. SH 2010, S. 784 ff.

1710 RegE eines *„Gesetzes zur Änderung des Landesgesetzes über die Umweltverträglichkeitsprüfung und sonstiger umweltrechtlicher Vorschriften"*, S. 15, SHLT-Drs. 17/688.

1711 *„Landesverordnung über die Errichtung des Landesamtes für Vermessung und Geoinformationen Schleswig-Holstein"* vom 15. Dezember 2010, GVOBl. SH 2010, S. 850 ff.

1712 GVOBl. SH 2011, S. 225 ff.

1713 Begründung zum RegE, S. 2, SHLT-Drs. 17/1067.

1714 Begründung zum RegE, S. 24, SHLT-Drs. 17/1067.

Waldbildung (z.B. durch Windflug) auf bereits ausgewiesenem Bauland kam.[1715] Um mit der Bebauung beginnen zu können, war nach der alten Gesetzeslage jedoch eine Waldumwandlungsgenehmigung erforderlich, die wiederum eine Ersatzaufforstungspflicht auslöste. Dieses unerwünschte Ergebnis sollte durch die Neuregelung („*Wald auf Zeit*") korrigiert werden. Zum Zwecke der Verfahrensbeschleunigung wurde in § 9 Abs. 4 LWaldG zudem eine Fiktion der Genehmigungserteilung eingeführt, wenn die zuständige Behörde nicht innerhalb von drei Monaten ab Eingang des Umwandlungsantrages entscheidet.

Die Vorschrift über die Ausweisung von *Schutzwald* in § 13 LWaldG wurde mit der Novellierung aus Gründen der Deregulierung gestrichen. Grund hierfür war, dass eine Schutzwaldausweisung in Schleswig-Holstein bislang nicht erforderlich war und auch für die Zukunft nicht damit gerechnet wurde.[1716]

Die Änderung der *Reitregelung* in § 18 LWaldG bestand hauptsächlich darin, dass die untere Forstbehörde angewiesen wurde, trittfeste Fahrwege im Wald, die im öffentlichen Eigentum stehen und bereits bereitbare Straßen und Wege miteinander verbinden, ebenfalls als Reitwege auszuweisen. Ziel war es, das Reitwegenetz zu verdichten und damit die Anziehungskraft Schleswig-Holsteins für den Reittourismus zu erhöhen.[1717]

Die Vorschriften zur Regelung der *Förderung der Forstwirtschaft* wurden mit der Novellierung in einer einzigen Vorschrift zusammengefasst (§ 25 LWaldG). Die Änderung diente jedoch in erster Linie der Straffung des Gesetzes, ohne dass damit eine inhaltliche Änderung verknüpft war. Eine weitere Änderung bestand in der Streichung der *Waldberichtspflicht* der Landesregierung. Begründet wurde dies von der Landesregierung mit der damit verbundenen Reduzierung des Verwaltungsaufwandes und dem Vorhandensein anderweitiger Informationsquellen zur Waldentwicklung.[1718]

Ergänzend soll angemerkt sein, dass sich zur Zeit der Bearbeitung ein Regierungsentwurf eines *„Gesetzes zur Änderung des Landesnaturschutzgesetzes und anderer Vorschriften"*[1719] im parlamentarischen Beratungsprozess befindet. Die erste Lesung hat am 17. September 2015 stattgefunden und endete mit der Überweisung an den Umwelt- und Agrarausschuss des Schleswig-Holsteinischen Landtages.[1720] Der Entwurf sieht auch die Novellierung einiger Vorschriften des Schleswig-Holsteinischen Landeswaldgesetzes vor. Der Hauptgrund für den Änderungsbedarf besteht nach Ansicht der Landesregierung darin, dass das geltende Recht den Erfordernissen der Biodiversität nicht genügt und eine stärkere Unterstützung der

1715 Hierzu und im Folgenden: Begründung zum RegE, S. 25, SHLT-Drs. 17/1067.
1716 Begründung zum RegE, S. 27, SHLT-Drs. 17/1067.
1717 Begründung zum RegE, S. 28 f., SHLT-Drs. 17/1067.
1718 Begründung zum RegE, S. 33, SHLT-Drs. 17/1067. Als weitere Informationsquellen werden die *Bundeswaldinventur*, die *Cluster-Studie Forst und Holz* und die *Waldschadensberichte* genannt.
1719 SHLT-Drs. 18/3320.
1720 SHLT-PlPr. 18/97, S. 8224–8240.

Biodiversitätsziele der Bundesregierung angestrebt wird.[1721] Der Entwurf enthält deshalb wieder die Zielvorgabe, dass im Staats- und Körperschaftswald 10 % der Gesamtfläche zur Schaffung von Naturwäldern aus der Bewirtschaftung herausgenommen werden sollen (§ 6 RegE-LWaldG). Außerdem sollen *„64 Waldflächen im Eigentum der Anstalt Schleswig-Holsteinische Landesforsten sowie der Stiftung Naturschutz mit einer Gesamtgröße von ca. 3.212 ha unmittelbar durch Gesetz als Naturwald ausgewiesen werden"*[1722] (§ 14 Abs. 2 i.V.m. der Anlage zum RegE-LWaldG). Zur Lösung des Problems wird außerdem gefordert, dass bei Erst-, Wieder- und Ersatzaufforstungen ein hinreichender Anteil standortheimischer Baumarten verwendet wird.[1723] Die Landesregierung verfolgt außerdem das Ziel, die Anlage von größeren Windenergieanlagen im Wald zu verhindern.[1724] Waldumwandlungen zur Errichtung einer Windenergieanlage mit einer Höhe von mehr als 10 Metern sollen dementsprechend nach dem Entwurf unzulässig sein (§ 9 Abs. 3 S. 3 RegE-LWaldG).

Im Zeitpunkt des Abschlusses dieser Arbeit im Januar 2016 sieht die Planung des Umwelt- und Agrarausschusses vor, dass die Beratungen bis zum 2. März 2016 abgeschlossen sein sollen und die zweite Lesung im März 2016 stattfindet.[1725]

1721 Begründung zum Regierungsentwurf, S. 3, SHLT-Drs. 18/3320.

1722 Begründung zum Regierungsentwurf, S. 148, SHLT-Drs. 18/3320.

1723 Begründung zum Regierungsentwurf, S. 4, SHLT-Drs. 18/3320. *„Standortheimisch"* sind Baumarten, die auf den jeweiligen Böden die Möglichkeit zu einem standfesten Aufwuchs besitzen und unter natürlichen, vom Menschen unbeeinflussten, Bedingungen an diesem Standort vorkommen würden, *Jacobs*, LWaldG SH, Kommentar, § 2, S. 4.

1724 Begründung zum Regierungsentwurf, S. 148, SHLT-Drs. 18/3320.

1725 Niederschrift über die 53. Sitzung des Umwelt- und Agrarausschusses am 7. Oktober 2015, (18/53), S. 4.

Zusammenfassung

Die vorstehende Darstellung zeigt, dass die Wald- und Forstgesetzgebung von ihren Anfängen bis zur Gegenwart stets ein Spiegelbild ihrer Zeit war und stark von den jeweiligen politischen, wirtschaftlichen und gesellschaftlichen Gegebenheiten beeinflusst wurde. Die ersten forstrechtlichen Bestimmungen auf dem Gebiet des heutigen Schleswig-Holstein, von denen die das Forstwesen betreffenden Vorschriften der *„Stapelholmer Constitution"* vom 27. Januar 1623 und der *„Policey-Ordnung"* vom 27. September 1636 von besonderer Bedeutung sind, waren hauptsächlich durch die vorherrschende Holznot in jener Zeit motiviert. Der Rohstoff Holz bildete über viele Jahrhunderte die Grundlage für die verschiedensten Wirtschaftszweige und besaß daher einen erheblichen Machtfaktor. Um die Holznutzung zu kontrollieren, regelten die Verordnungen das Verfahren der Holzausweisung, bestimmte Beschränkungen für die Verwendbarkeit des Holzes und legten (Wieder) Aufforstungsverpflichtungen fest. In der Folgezeit ergingen in den verschiedenen Landesteilen der Herzogtümer Schleswig und Holstein zahlreiche Holz- und Forstverordnungen, die jedoch allesamt keine entscheidende Verbesserung der Waldverhältnisse herbeiführen konnten. Vielmehr erreichte der Waldbestand aufgrund der jahrhundertelangen Übernutzung um das Jahr 1780 seinen Tiefpunkt mit einem Anteil von 4 % an der Landesfläche.[1726] Zu jener Zeit erfolgte eine wichtige Neuregelung des Forstrechts durch die *„Allgemeine neue Forst- und Jagdverordnung"*[1727] vom 2. Juli 1784 und das *Patent*[1728] vom 15. Juni 1785. Damit wurden grundlegende Strukturreformen (Gemeinheitsteilung und Verbot der Waldweide) weiter vorangetrieben und die Forstaufsicht auf den Privatwald ausgedehnt. Ein Teil dieser Vorschriften blieb bis in das Jahr 1950 in Kraft.

Ein bedeutender Einschnitt in die Forstverfassung der Herzogtümer Schleswig und Holstein ergab sich als Folge der Eingliederung als Provinz in den preußischen Staat im Jahr 1867. Die forstrechtlichen Bestimmungen blieben dabei jedoch größtenteils erhalten, sodass der Privatwald in der Provinz Schleswig-Holstein, entgegen der Rechtslage im übrigen Preußen, weiterhin unter staatlicher Forstaufsicht stand. Dieser Zustand wurde mit dem bedeutendsten Gesetz aus der preußischen Zeit, dem *„Gesetz, betreffend Schutzwaldungen und Waldgenossenschaften"*[1729] vom 6. Juli 1875, ausdrücklich beibehalten. In den folgenden Jahren kam es zu einer Rechtsvereinheitlichung in forstrechtlichen Teilbereichen und auf dem Gebiet des Forststrafrechts.

1726 *Hase*, Wald- und Forstchronologie Schleswig-Holsteins, S. 12, 63; *SH MELF* (Hrsg.), Wald und Forstwirtschaft in Schleswig-Holstein, S. 25; *Jacobs*, LWaldG SH, Kommentar, Einführung, S. 1.

1727 CS 1784, S. 35 ff.

1728 *„Patent, wodurch einige Paragraphen der allgemeinen neuen Forst- und Jagdverordnung theils abgeändert, theils aber näher bestimmt werden"*, CS 1785, S. 67 ff.

1729 GS 1875, S. 416 ff.

Nach dem Ersten Weltkrieg vermehrte sich die Forderung nach einem allgemeinen preußischen Forstgesetz, mit dem der Privatwaldbesitz insgesamt unter Forstaufsicht gestellt werden sollte. Die Notwendigkeit von staatlichen Einwirkungen war in den vorangegangenen Jahrzehnten infolge des steigenden Nutzholzbedarfs, der schon seit Mitte des 19. Jahrhunderts nicht mehr mit der inländischen Erzeugung gedeckt werden konnte, immer deutlicher geworden. Nach dem Ersten Weltkrieg hatte sich diese Situation hauptsächlich wegen der zu leistenden Reparationen und der Gebietsverluste erheblich verschärft. Mit einem allgemeinen Forstgesetz wollte man deshalb das Potenzial des Privatwaldes, bei dem beträchtliche Möglichkeiten zur Steigerung der Ertragsfähigkeit erwartet wurden, ausschöpfen. Letztlich scheiterte diese Initiative jedoch am Widerstand der Privatwaldbesitzer und an einer Vielzahl weiterer Faktoren. Einer davon war die langwierige Diskussion über die Notwendigkeit einer reichsrechtlichen Ermächtigungsgrundlage für die forstliche Landesgesetzgebung, die zur Regelung bestimmter Verpflichtungen der Waldbesitzer als erforderlich angesehen wurde.

Parallel zu den Vorgängen in Preußen gab es nach dem Ersten Weltkrieg auch auf Reichsebene Bestrebungen zur Schaffung eines einheitlichen *Reichsforstgesetzes*. Damit sollten die Länder auf den Kurs der neuen politischen Ziele gebracht und eine Hebung der einheimischen Holzerzeugung erreicht werden. Die vom Reichsministerium für Ernährung und Landwirtschaft in Zusammenarbeit mit dem Reichsforstwirtschaftsrat in den Jahren 1920/21 erarbeiteten Entwürfe zu einem Reichsforstgesetz wurden jedoch hauptsächlich aufgrund des Widerstandes der Länder und der Privatwaldbesitzer nicht verabschiedet. Am Ende kam es nur zur Verabschiedung der *„Verordnung zur Förderung der Forst- und Weidewirtschaft"*[1730] vom 7. Februar 1924, mit der den Ländern die streitige Ermächtigungsgrundlage zum Erlass von eigenen Bestimmungen gegeben wurde. Infolge der fehlenden Umsetzungsverpflichtung der Länder blieben diese jedoch größtenteils untätig, sodass sich an den bestehenden Verhältnissen wenig änderte.

Ein erneuter Versuch zur Schaffung eines reichseinheitlichen Forstgesetzes wurde in der Zeit des Nationalsozialismus unternommen. Der Hauptgrund bestand weiterhin in der mangelnden Deckung des Holzbedarfs, weshalb eine größtmögliche Leistungssteigerung, insbesondere im Privatwald, herbeigeführt werden sollte. Nachdem die Hoheitsrechte der Länder aufgehoben und das Forstwesen auf das Reich übergeleitet wurde, schien der Weg frei für ein umfassendes und abschließendes Reichsforstgesetz. Von großer Bedeutung für dieses Vorhaben war die Schaffung des *Reichsforstamtes* im Jahr 1934 als oberste Reichsbehörde, die unter der Führung des Reichsforstmeisters *Hermann Göring* stand. Eine wichtige Rolle bei den Bestrebungen zu einem Reichsforstgesetz in der NS-Zeit spielte *Heinrich Eberts*, der als Abteilungsleiter im Reichsforstamt tätig und seit 1936 mit der Ausarbeitung eines Entwurfs beauftragt worden war. Zunächst kam es jedoch zur Verabschiedung einer Vielzahl von Einzelgesetzen, mit denen die wichtigsten Teilbereiche des Forstrechts

1730 RGBl. I 1924, S. 50 f.

einer einheitlichen Regelung zugeführt wurden. Diese nur als Übergangslösung gedachten Gesetze und Verordnungen, die mit der Verabschiedung eines umfassenden Reichsforstgesetzes wieder aufgehoben werden sollten, blieben zum Teil bis weit in die Zeit der Bundesrepublik in Kraft. Zu den wichtigsten Gesetzen und Verordnungen jener Zeit zählten das *„Gesetz gegen Waldverwüstung"* vom 18. Januar 1934,[1731] das *„Forstliche Artgesetz"* vom 13. Dezember 1934,[1732] die *„Verordnungen zur Verstärkung des Holzeinschlags"* vom 15. Dezember 1936 und vom 4. März 1938[1733] sowie die *„Verordnung zur Förderung der Nutzholzgewinnung"* vom 30. Juli 1937[1734]. Nachdem im Jahr 1940 ein umfassender *Entwurf eines Reichsforstgesetzes*[1735] veröffentlicht wurde, gingen zahlreiche Stellungnahmen und Änderungsvorschläge der beteiligten Ministerien im Reichsforstamt ein, die den Grundstein für die langwierige Beratungsphase im Jahr 1941 bildeten. Nach zahlreichen Überarbeitungen konnte im Februar 1942 schließlich ein neuer *Entwurf*[1736] vorgelegt werden, der jedoch hauptsächlich wegen der sich verschärfenden Kriegslage und den sich daraus ergebenden Konsequenzen nicht mehr zum Abschluss gebracht werden konnte. Mit dem Zusammenbruch des Deutschen Reichs im Mai 1945 wurden die Pläne zur Schaffung eines reichseinheitlichen Forstrechts hinfällig.

Die unmittelbare Nachkriegszeit war in Schleswig-Holstein durch den überdurchschnittlich starken Zustrom von Flüchtlingen und Vertriebenen aus den Gebieten östlich der Oder-Neiße-Linie und der daraus folgenden Versorgungskrise gekennzeichnet. Auch die Forstwirtschaft stürzte in eine Notlage, die hauptsächlich durch eine starke Übernutzung hervorgerufen wurde. Die bereits in der NS-Zeit durchgeführten Mehreinschläge wurden infolge der Brennholznot in der Nachkriegszeit um ein Vielfaches verstärkt. Hinzu kamen vielerorts durchgeführte Direkteinschläge und Zwangsexporte der Besatzungsmächte, die das Holz als Reparationsleistung einforderten. Die Folgen dieser unkontrollierten Holzeinschläge zeigten sich insbesondere in vermehrt auftretenden Sturm- und Insektenschäden, da die weiträumigen Kahlflächen die Schutzfunktion des Waldes aushebelten. Um den weiteren Auswüchsen dieser Probleme zu begegnen, sollten in Schleswig-Holstein forstwirtschaftliche Grundregelungen in einem Gesetz festgelegt werden. Mit der Verabschiedung des Grundgesetzes im Mai 1949 war die Forstgesetzgebung in vielen Teilen wieder Ländersache, sodass Schleswig-Holstein, als eines der ersten Bundesländer, sein Forstrecht im Jahr 1950 mit dem *„Gesetz zur Walderhaltung"*[1737] novellieren konnte. Über 20 Jahre blieb dieses Gesetz in Kraft bis es hauptsächlich aufgrund der wirtschaftlichen und gesellschaftlichen Entwicklungen als nicht mehr zeitgemäß betrachtet wurde. In gesellschaftlicher Hinsicht waren insbesondere der

1731 RGBl. I 1934, S. 37.
1732 RGBl. I 1934, S. 1236 f.
1733 RGBl. I 1936, S. 1018. / RGBl. I 1938, S. 234 f.
1734 RGBl. I 1937, S. 876 ff.
1735 *RForstA*, E-RForstG (1940).
1736 E-RForstG (1942), BArch R 2/4724.
1737 GVOBl. SH 1950, S. 199 ff.

zunehmende Wohlstand und das gestiegene Erholungsbedürfnis der Bevölkerung von Bedeutung. Stadtnahe Waldgebiete wurden infolge dieser Entwicklung und aufgrund der höheren Mobilität zunehmend zu einem beliebten Naherholungsziel für die Bevölkerung. Aufgrund der häufig gegensätzlichen Interessen und der Rechtsunsicherheit über die Reichweite des Waldbetretungsrechts kam es in der Folge vielfach zu Auseinandersetzungen zwischen den Erholungsuchenden und den Waldbesitzern. Gleichzeitig kam es in den 1960er Jahren zu einer erheblichen Verschlechterung der forstwirtschaftlichen Ertragslage, sodass die Notwendigkeit einer staatlichen Förderung der Forstwirtschaft immer deutlicher wurde. Der Gesetzgeber stand bei der Novellierung des Schleswig-Holsteinischen Forstrechts vor der schwierigen Aufgabe, die berechtigten Interessen der Waldbesitzer mit dem Allgemeinwohlinteresse der Bevölkerung in einen gerechten Einklang zu bringen. Um das Forstrecht an diese fortlaufenden Entwicklungen anzupassen und insgesamt zu modernisieren, wurde im Jahr 1971 schließlich das Schleswig-Holsteinische *Landeswaldgesetz*[1738] verabschiedet. Hervorgehoben sei hier die besondere Problematik der Sozialpflichtigkeit des Waldeigentums, die sich in der Regelung des Waldbetretungsrechts zuspitzte. Entgegen der Regelung in anderen Bundesländern entschied sich der Gesetzgeber in Schleswig-Holstein dazu, das Recht zum Betreten des Waldes im Grundsatz nur auf Waldwegen zu gestatten. Nur in speziell ausgewiesenen Erholungswaldgebieten war das Betreten uneingeschränkt möglich. Die Rechtfertigung für diesen Sonderweg lag dabei in den besonderen Waldverhältnissen in Schleswig-Holstein, die von einem sehr geringen Waldanteil und einer ungünstigen Betriebsstruktur gekennzeichnet waren.

Parallel zur gesetzlichen Entwicklung in Schleswig-Holstein gab es seit Anfang der 1950er Jahre auch auf Bundesebene Forderungen nach einem *Bundesforstgesetz*, die nicht zuletzt durch die bestehende Rechtsunsicherheit über die Fortgeltung der preußischen und reichsrechtlichen Forstrechtsvorschriften bedingt waren. Im Rahmen der ersten Initiative legte das BMELF im Jahr 1955 einen Referentenentwurf für ein *Bundesforstgesetz*[1739] vor, der jedoch am politischen Desinteresse der Parteien sowie am Widerstand der forstlichen Interessenvertretungen und einiger Länder scheiterte. Einen weiteren Versuch unternahm das BMELF im Jahr 1963 mit einem neuen *Referentenentwurf*[1740], nachdem es infolge verschiedener Entwicklungen zu einer breiteren Akzeptanz und einem größeren Interesse an einem – nach der neuen Terminologie – *Bundeswaldgesetz* gekommen war. Neben der bereits erwähnten Verschlechterung der forstwirtschaftlichen Ertragslage spielten fortan die Wohlfahrtswirkungen des Waldes, die forstpolitischen Entwicklungen in der EWG und Aspekte der Raumordnung, der Landesplanung und der Landschaftspflege

1738 *„Waldgesetz für das Land Schleswig-Holstein (Landeswaldgesetz)“* vom 18. März 1971, GVOBl. SH 1971, S. 94 ff.

1739 *„Entwurf eines Bundesforstgesetzes“* vom 3. Juni 1955, BArch B 116/9397.

1740 *„Entwurf eines Gesetzes zur Erhaltung und Bewirtschaftung des Waldes“* vom 1. März 1963, BArch B 116/9397.

eine immer wichtiger werdende Rolle. In den darauffolgenden Jahren wurde in Zusammenarbeit des BMELF mit den forstlichen Interessenvertretungen eine Vielzahl von Entwürfen gefertigt, sodass den parlamentarischen Gremien im Jahr 1969 schließlich ein *Regierungsentwurf*[1741] zugeleitet werden konnte. Da die Legislaturperiode jedoch schon sehr weit vorangeschritten war, wurde eine abschließende parlamentarische Behandlung zunehmend unwahrscheinlicher. Am Ende gelangten nur noch einige als vordringlicher empfundene Gesetze mit forstwirtschaftlichen Bezug zur Verabschiedung.[1742]

Nach den Bundestagswahlen im Herbst 1969 kam es dann zu einem politischen Wechsel, bei dem die sozialliberale Koalition unter Führung von Bundeskanzler *Willy Brandt* die Regierung übernahm. Nach einer Überarbeitung des Bundeswaldgesetzentwurfs konnte im Jahr 1972 ein neuer *Regierungsentwurf*[1743] vorgelegt werden. Doch auch dieser Entwurf kam wegen der vorzeitigen Beendigung der 6. Legislaturperiode infolge des negativen Ausgangs der von *Brandt* gestellten Vertrauensfrage nicht mehr zum Abschluss. Eine erneute Vorlage des *Entwurfs*[1744] in nahezu unveränderter Fassung erfolgte zu Beginn der 7. Legislaturperiode. Da der Bundesrat jedoch schwerwiegende Änderungsvorschläge erhob, die sich hauptsächlich auf Bedenken hinsichtlich der Gesetzgebungskompetenz des Bundes stützten, kam es erst nach Durchführung des Vermittlungsverfahrens zur endgültigen Verabschiedung des *Bundeswaldgesetzes*[1745] im Jahr 1975.

Da das Bundeswaldgesetz in Teilen auf die rahmenrechtlichen Kompetenzvorschriften des Grundgesetzes gestützt wurde, ergab sich für die Länder die Verpflichtung, innerhalb von zwei Jahren ihre Landeswaldgesetze an die bundesrechtlichen Vorgaben anzupassen oder entsprechende Vorschriften zu erlassen. Schleswig-Holstein nahm die notwendige Novellierung mit dem *„Gesetz zur Anpassung des Landeswaldgesetzes (LWaldAnpG)"*[1746] vom 3. November 1977 vor. Gleichzeitig wurden mit der Novellierung einige Regelungslücken, die sich bei der Durchführung des Landeswaldgesetzes von 1971 gezeigt hatten, geschlossen und einige Neuregelungen eingefügt. Von größerer Bedeutung im Gesetzgebungsverfahren war die Frage der Vereinbarkeit der landesrechtlichen *Waldbetretungs- und Reitregelung* mit dem Bundeswaldgesetz. Am Ende sprach sich die überwiegende Mehrheit für die

---

1741 BR-Drs. 123/69 und BT-Drs. 5/4233.

1742 *„Gesetz zum Ausgleich von Schäden infolge besonderer Naturereignisse in der Forstwirtschaft (Forstschäden-Ausgleichsgesetz)"* vom 29. August 1969, BGBl. I 1969, S. 1533 ff.; *„Gesetz über forstwirtschaftliche Zusammenschlüsse"* vom 1. September 1969, BGBl. I 1969, S. 1543 ff.; *„Gesetz über die Gemeinschaftsaufgabe ‚Verbesserung der Agrarstruktur und des Küstenschutzes'"*, vom 1. September 1969, BGBl. I 1969, S. 1573 ff.

1743 BR-Drs. 301/72.

1744 BR-Drs. 207/73 und BT-Drs. 7/889.

1745 *„Gesetz zur Erhaltung des Waldes und zur Förderung der Forstwirtschaft (Bundeswaldgesetz)"* vom 2. Mai 1975, BGBl. I 1975, S. 1037 ff.

1746 GVOBl. SH 1977, S. 464 ff.

grundsätzliche Beibehaltung des geltenden Konzepts aus, nach dem das Betreten des Waldes nur in den Erholungswaldgebieten frei gestattet und ansonsten auf die Waldwege beschränkt war. Auch hinsichtlich des Reitens im Wald wurde die zum Teil von den reiterlichen Interessenvertretungen geforderte vollständige Freigabe aller Waldwege und straßen nicht umgesetzt.

In den folgenden Jahrzehnten war eine Vielzahl kleinerer Anpassungen des Landeswaldgesetzes an die weiteren gesellschaftlichen, politischen und wirtschaftlichen Entwicklungen sowie an den jeweiligen wissenschaftlichen Erkenntnisstand geboten. Insbesondere das zunehmend an Relevanz gewinnende Naturschutzrecht und die forstpolitischen Entwicklungen auf internationaler Ebene beeinflussten das Forstrecht in verstärktem Maße. Zusätzlich erfolgte seit 1995 in Schleswig-Holstein eine umfassende Reform der Landesforstverwaltung, die schließlich in der Gründung der *Anstalt Schleswig-Holsteinische Landesforsten* im Jahr 2007 mündete. Im Jahr 2004 kam es zudem zu einer vollständigen Neufassung mit erheblichen Änderungen des *Landeswaldgesetzes*[1747], da große Teile des Gesetzes von der Landesregierung als überholt betrachtet wurden.

1747 GVOBl. SH 2004, 461 ff. (seitdem mehrfach geändert).

Anhang

A. Verzeichnis der wichtigsten Gesetze und Verordnungen

I. Herzogtümer Schleswig und Holstein

Datum	Titel
27. Januar 1623	*„Stapelholmer Constitution“* *„Constitutio und Ordnung, Unser von Gottes Gnaden Friedrichs, Erben zu Norwegen, Herzog zu Schleswig, Holstein, Stormarn und der Dithmarschen, Graf zu Oldenburg und Delmenhorst, darnach sich die Unterthanen und Einwohner in Unserm Lande Stapelholm halten und richten sollen“*, Schleswig 1623 Digitale Version abrufbar im Internet bei: Staats- und Universitätsbibliothek Hamburg, unter URL: http://resolver.sub.uni-hamburg.de/goobi/PPN755682939 [zuletzt abgerufen am 16. Juli 2016]
27. September 1636	*„Policey Ordnung“* *„Der Durchleuchtigsten/Großmächtigen Durchleuchtigen/ Hochgebohrnen Fürsten und Herrn/ Herrn Christian des Vierdten zu Dennemarcken / Norwegen / der Wenden und Gothen Königs / etc. Und Herrn Friedrichen /Erben zu Norwegen / beyder Herzogen zu Schleswig/Hollstein/Stormarn und der Dithmarschen/Graffen zu Oldenburg und Delmenhorst/ Policey-Ordnung. Wornach sich dero Fürstenthumbe / Schleswig Hollstein /etc. Eingeseßne/ zu achten“*, Glückstadt 1667 Digitale Version abrufbar im Internet bei: Staats- und Universitätsbibliothek Hamburg, unter URL: http://resolver.sub.uni-hamburg.de/goobi/PPN726589861 [zuletzt abgerufen am 16. Juli 2016]
22. Oktober 1695	*„Fürstliche Schleßwig-Holsteinische Holtz-Ordnung“*, Schleswig 1695 Staats- und Universitätsbibliothek Hamburg Signatur: 11 in A / 27189: 1
14. November 1710	*„Fürstl. Schleßwieg-Hollsteinische revidirte Holtz-Ordnung“*, Schleswig 1710 Digitale Version abrufbar im Internet bei: Niedersächsische Staats- und Universitätsbibliothek, unter URL: http://resolver.sub.uni-goettingen.de/purl?PPN671403508 [zuletzt abgerufen am 16. Juli 2016]

24. April 1737	*„Königliche Holtz- und Jagd-Verordnung Für Die Herzogthümer Schleswig und Holstein, imgleichen die Herrschaft Pinneberg und Grafschaft Rantzau"*, Glückstadt 1737 Digitale Version abrufbar im Internet bei: Niedersächsische Staats- und Universitätsbibliothek, unter URL: http://resolver.sub.uni-goettingen.de/?PPN671206931 [zuletzt abgerufen am 16. Juli 2016]
30. April 1781	*„Allgemeine Holz- und Jagdverordnung für die Städte, Aemter und Landschaften in den Herzogthümern Schleswig und Holstein, wie auch für die Herrschaft Pinneberg und Grafschaft Ranzau"* Abgedruckt in: *Bergius* (Hrsg.), Sammlung auserlesener teutschen Landesgesetze welche das Policey-und Cameralwesen zum Gegenstand haben, Sechstes Alphabet, 1784, S. 74–123. Digitale Version abrufbar im Internet bei: Bayerische Staatsbibliothek, unter URL: http://www.mdz-nbn-resolving.de/urn/resolver.pl?urn=urn:nbn:de:bvb:12-bsb10687566-1 [zuletzt abgerufen am 16. Juli 2016]
2. Juli 1784	*„Allgemeine neue Forst- und Jagdverordnung, mit beygefügten Instructionen für die Ober- und Unter- Forst – und Jagdbediente"* CS 1784, S. 35 ff.
15. Juni 1785	*„Patent, wodurch einige Paragraphen der allgemeinen neuen Forst- und Jagdverordnung theils abgeändert, theils aber näher bestimmt werden"* CS 1785, S. 67 ff.

II. Preußen (Provinz Schleswig-Holstein)

6. Juli 1875	Gesetz, betreffend Schutzwaldungen und Waldgenossenschaften GS 1875, S. 416 ff.
15. April 1878	Gesetz, betreffend den Forstdiebstahl GS 1878, S. 222 ff.
1. April 1880	Feld- und Forstpolizeigesetz GS 1880, S. 220 ff.
14. März 1881	Gesetz über gemeinschaftliche Holzungen GS 1881, S. 261 ff.
29. Juli 1922	Gesetz zur Erhaltung des Baumbestandes und Erhaltung und Freigabe von Uferwegen im Interesse der Volksgesundheit GS 1922, S. 213 ff.

III. Deutsches Reich (Weimarer Republik und NS-Staat)

7. Februar 1924	Verordnung zur Förderung der Forst- und Weidewirtschaft RGBl. I 1924, S. 50 f.
18. Januar 1934	Gesetz gegen Waldverwüstung RGBl. I 1934, S. 37
3. Juli 1934	Gesetz zur Überleitung des Forst- und Jagdwesens auf das Reich RGBl. I 1934, S. 534 f.
13. Dezember 1934	Forstliches Artgesetz RGBl. I 1934, S. 1236 f.
15. Dezember 1936	Verordnung zur Verstärkung des Holzeinschlags (Neu – 4. März 1938) RGBl. I 1936, S. 1018. / RGBl. I 1938, S. 234 f.
18. Juni 1937	Verordnung zur Verhütung und Bekämpfung von Waldbränden in den nicht im Eigentum des Reichs oder der Länder stehenden Waldungen, RGBl. I 1937, S. 721.
30. Juli 1937	Verordnung zur Förderung der Nutzholzgewinnung RGBl. I 1937, S. 876 ff.
25. Juni 1938	Verordnung zum Schutze der Wälder, Moore und Heiden gegen Brände RGBl. I 1938, S. 700 ff.
21. Dezember 1939	Verordnung über den Waldschutz bei der Fideikommißauflösung (Schutzforstverordnung), RGBl. I 1939, S. 2459 ff.
31. Mai 1940	Verordnung über den Aufbau der Reichsforstverwaltung RGBl. I 1940, S. 839 ff.
7. Mai 1943	Verordnung über die Bildung wirtschaftlicher Zusammenschlüsse in der Forstwirtschaft, RGBl. I 1943, S. 298
7. Mai 1943	Verordnung über die Bildung von Forstverbänden RGBl. I 1943, S. 298 ff.

IV. Bundesland Schleswig-Holstein

30. Mai 1950	Gesetz zur Walderhaltung GVOBl. SH 1950, S. 199 ff.
19. Mai 1953	Gesetz über die Landwirtschaftskammer Schleswig-Holstein GVOBl. SH 1953, S. 53 ff.

20. Dezember 1961	Gesetz zur Änderung des Gesetzes zur Walderhaltung GVOBl. SH 1962, S. 31.
18. März 1971	Waldgesetz für das Land Schleswig-Holstein GVOBl. SH 1971, S. 94 ff.
3. November 1977	Gesetz zur Anpassung des Landeswaldgesetzes (LWaldAnpG) GVOBl. SH 1977, S. 464 ff.
19. November 1982	Gesetz zur Anpassung des Landschaftspflegegesetzes und anderer Rechtsvorschriften (LPflegAnpG), Art. 5: Änderung des LWaldG GVOBl. SH 1982, S. 256 ff. Dazu: Bekanntmachung der Neufassung des Landeswaldgesetzes vom 10. Januar 1983, GVOBl. SH 1983, S. 11 ff.
16. Juni 1993	Gesetz zur Neufassung des Landschaftspflegegesetzes (Gesetz zum Schutz der Natur – Landesnaturschutzgesetz – LNatSchG -) und zur Anpassung anderer Rechtsvorschriften, Art 2: Änderung des LWaldG GVOBl. SH 1993, S. 215 ff. Dazu: Bekanntmachung der Neufassung des Landeswaldgesetzes vom 11. August 1994, GVOBl. SH 1994, S. 438 ff.
13. Mai 2003	Gesetz zur Umsetzung europarechtlicher Vorschriften in Landesrecht (Vogelschutz-Richtlinie, FFH-Richtlinie, UVP-Änderungsrichtlinie, IVU-Richtlinie und Zoo-Richtlinie) – Landes-Artikelgesetz –) GVOBl. SH 2003, 246 ff.
5. Dezember 2004	Waldgesetz für das Land Schleswig-Holstein (Landeswaldgesetz – LWaldG) und Gesetz über die Errichtung eines Sondervermögens „Landeswald Schleswig-Holstein“ GVOBl. SH 2004, S. 461 ff.
17. August 2007	Gesetz zur Einführung einer Strategischen Umweltprüfung und zur Umsetzung der Richtlinien 2001/42/EG und 2003/35/EG (LSUPG) GVOBl. SH 2007, 426 ff.
13. Dezember 2007	Gesetz über die Anstalt Schleswig-Holsteinische Landesforsten GVOBl. SH 2007, S. 518 ff.
13. Juli 2011	Gesetz zur Änderung des Landeswaldgesetzes GVOBl. SH 2011, S. 225 ff.

V. Bundesrepublik Deutschland

25. September 1957	Gesetz über forstliches Saat- und Pflanzgut BGBl. I 1957, S. 1388.
29. August 1969	Gesetz zum Ausgleich von Schäden infolge besonderer Naturereignisse in der Forstwirtschaft (Forstschäden-Ausgleichsgesetz) BGBl. I 1969, S. 1533 ff.
1. September 1969	Gesetz über forstwirtschaftliche Zusammenschlüsse BGBl. I 1969, S. 1543 ff.
3. September 1969	Gesetz über die Gemeinschaftsaufgabe *„Verbesserung der Agrarstruktur und des Küstenschutzes“* BGBl. I 1969, S. 1573 ff.
2. Mai 1975	Gesetz zur Erhaltung des Waldes und zur Förderung der Forstwirtschaft (Bundeswaldgesetz) BGBl. I 1975, S. 1037 ff.
27. Juli 1984	Erstes Gesetz zur Änderung des Bundeswaldgesetzes BGBl. I, 1984, S. 1034.
31. Juli 2010	Zweites Gesetz zur Änderung des Bundeswaldgesetzes BGBl. I 2010, 1050 f.

B. Gesetzes- und Entwurfstexte

I. Waldgesetz für das Land Schleswig-Holstein (Landeswaldgesetz) vom 18. März 1971

GVOBl. SH 1971, S. 94 ff.[1748]

Der Landtag hat das folgende Gesetz beschlossen:

Abschnitt I
Allgemeine Vorschriften

§ 1 Grundsatz

(1) Der Wald ist wegen seines wirtschaftlichen Wertes, seiner Wohlfahrtswirkungen und seiner Bedeutung für die Umwelt des Menschen zu erhalten und unter Beachtung des Landschaftsbildes nach Möglichkeit in seinem Bestande zu mehren. Dabei sind die Rechte und Pflichten der Waldbesitzer, deren Mitwirkung unerläßlich ist, und die Interessen des Gemeinwohls im Rahmen der verfassungsmäßigen Ordnung gerecht abzuwägen.

(2) Nach Maßgabe dieses Gesetzes den Wald zu schützen, ist daher Verpflichtung aller, ihn in seiner Lebens- und Ertragsfähigkeit zu erhalten, ist Aufgabe der Waldbesitzer. Pflicht des Staates ist es, den Wald im Rahmen der Landespflege und der Forstwirtschaft zu fördern.

§ 2 Geltungsbereich

(1) Dieses Gesetz gilt für Staats-, Körperschafts- und Privatwälder, soweit nichts anderes bestimmt ist.

(2) Staatswälder sind Wälder im Eigentum des Landes Schleswig-Holstein, eines anderen deutschen Landes oder des Bundes.

(3) Körperschaftswälder sind Wälder im Eigentum der Gemeinden, Kreise, Zweckverbände oder der Körperschaften, Stiftungen und Anstalten des öffentlichen Rechts.

(4) Privatwälder sind alle übrigen Wälder.

1748 Aufgrund von Art. 8 LPflegAnpG erfolgte am 10. Januar 1983 eine *„Bekanntmachung der Neufassung des Landeswaldgesetzes“* unter Verwendung geänderter Abschnitts- und Paragrafenbezeichnungen, GVOBl. SH 1983, S. 11 ff. Dabei wurde der Abschnitt II *„Betreten des Waldes“* (§§ 5–16) unter der neuen Bezeichnung *„Waldbesucher“* nach hinten verschoben (Abschnitt III §§ 20–31).

§ 3 Wald

(1) Wald im Sinne dieses Gesetzes ist jede mit Waldbäumen bestockte Grundfläche.
(2) Im Wald liegende oder mit ihm verbundene Kahlflächen, Blößen, Wildäsungsflächen, Holzlagerplätze, Wege, Sicherungs- und Windschutzstreifen und ähnliche dem Wald dienende Flächen gelten als Wald.
(3) Einzelne Baumgruppen, Baumreihen, außerhalb vom Wald gelegene Weihnachtsbaum- und Schmuckreisigkulturen, Baumschulen und Parkanlagen gelten nicht als Wald.

§ 4 Waldbesitzer

Waldbesitzer im Sinne dieses Gesetzes sind der Waldeigentümer und der Nutzungsberechtigte, sofern dieser unmittelbarer Besitzer des Waldes ist.

Abschnitt II
Betreten des Waldes

§ 5 Betreten des Waldes

(1) Jedermann darf zum Zwecke der Erholung

1. Waldwege aller Art,
2. Erholungswald (§ 8) auch außerhalb der Waldwege

auf eigene Gefahr betreten und sich dort aufhalten. Weitergehende Rechte bleiben unberührt.
(2) Wald darf auch über nichtöffentliche Wege auf eigene Gefahr betreten werden, wenn kein öffentlicher Zugang zum Wald vorhanden ist und diese Wege nicht durch Hofräume, Gärten oder eingefriedigte Parkanlagen führen. Im übrigen gilt für das Betreten § 6 Satz 1 Nr. 6, Satz 2 und 3.

§ 6 Ausnahmen

Nicht gestattet ist

1. das Betreten eines Waldes, dessen Grundfläche weniger als 5 ha beträgt, es sei denn, der Wald ist zu Erholungswald erklärt worden,
2. das Betreten nach § 7 gesperrter Waldflächen und -wege,
3. das Betreten von Waldflächen und -wegen, in deren Bereich Waldarbeiten durchgeführt werden, insbesondere Holz eingeschlagen oder aufbereitet wird,
4. das Betreten von Flächen, die der Anzucht von Forstpflanzen dienen (Saat- und Pflanzkämpen), von Forstkulturen, Forstdickungen und Naturverjüngungen,
5. das Betreten von sonstigen forst-, fischereiwirtschaftlichen oder jagdlichen Einrichtungen,

6. das Fahren, außer mit einem Krankenfahrstuhl auf Waldwegen, das Mitnehmen von nichtangeleinten Hunden, das Zelten und Abstellen von Wohnwagen im Walde,

soweit hierfür nicht eine besondere Erlaubnis des Waldbesitzers vorliegt. Das Fahren mit dem Fahrrad ohne Motorantrieb ist auf eigene Gefahr auf Waldwegen gestattet, sofern es nicht zum Schutze der übrigen Waldbesucher ausdrücklich untersagt ist. Das Reiten ist auf besonders gekennzeichneten Waldwegen gestattet; solche Wege sind insbesondere im Staats- und Körperschaftswald im ausreichenden Maße einzurichten.

§ 7 Sperren von Waldflächen

(1) Der Waldbesitzer kann mit vorheriger Zustimmung durch die Forstbehörde das Betreten bestimmter Waldflächen einschließlich der Waldwege ganz oder teilweise untersagen (Sperren von Waldflächen), wenn und solange

1. eine Sperrung aus wichtigen Gründen des Forstschutzes, des Jagdbetriebes oder zum Schutze freilebender Tiere erforderlich ist,
2. die Waldfläche für die Erhaltung bestimmter freilebender Tierarten von wesentlicher Bedeutung ist,
3. die Waldfläche für andere wichtige, vornehmlich dem Gemeinwohl, dienende Zwecke benötigt wird, die ohne Sperrung nicht erreicht werden können,
4. die Waldfläche für die Erholung der Bevölkerung aufgrund der Beschaffenheit oder wegen der geringen Größe ungeeignet ist oder
5. dies nach anderen Rechtsvorschriften zulässig ist.

(2) Die Forstbehörde hat bei der Entscheidung nach Abs. 1 Nrn. 1 bis 3 zu berücksichtigen, ob die Interessen der erholungssuchenden Bevölkerung durch benachbarte Waldflächen in angemessenem Umfang gewährleistet sind. Die Gemeinden und die Naturschutzbehörden sind zu hören, soweit ihre Belange berührt werden. Die Zustimmung kann widerrufen oder eingeschränkt werden.

(3) Beabsichtigt ein Waldbesitzer, eine Waldfläche in der Zeit von Oktober bis April nicht länger als insgesamt drei Wochen nach Abs. 1 Nr. 1 zu sperren, genügt die vorherige Anzeige bei der Forstbehörde. In der Anzeige sind die Tage, die Größe und Lage der gesperrten Waldflächen anzugeben.

(4) Die Forstbehörde entscheidet außer in den Fällen des Abs. 1 Nr. 5 und Abs. 3 im Einvernehmen mit einem bei ihr gebildeten Ausschuß, der sich zusammensetzt aus

1. einem staatlichen Forstbeamten,
2. einem Vertreter des Kreises oder der kreisfreien Stadt, der weder Jäger noch Waldbesitzer sein darf, aber mit den Belangen des Fremdenverkehrs vertraut sein soll,
3. einem Waldbesitzer, der von der Landwirtschaftskammer auf Vorschlag der Landesorganisation der Privatwaldbesitzer benannt wird.

Kommt ein Einvernehmen nicht zustande, entscheidet die oberste Forstbehörde. Die Mitglieder des Ausschusses wählen aus ihrer Mitte einen Vorsitzenden, der auch die Entscheidung vorzubereiten und mitzuteilen hat.
(5) Wird ein Erholungswald durch Waldbesucher übermäßig stark beansprucht, kann der Minister für Ernährung, Landwirtschaft und Forsten nach Anhörung der betroffenen Waldbesitzer, Gemeinden und Kreise durch Verordnung das Betreten des Waldes auf Waldwege, bestimmte Flächen des Erholungswaldes, oder auf eine bestimmte Tageszeit beschränken, wenn dies im öffentlichen Interesse, insbesondere zur Erhaltung des Erholungswaldes, oder im Interesse bestimmter erholungsbedürftiger Personenkreise geboten ist.
(6) Liegen die Voraussetzungen für ein Sperren von Waldflächen und -wegen nicht oder nicht mehr vor, so hat der Waldbesitz er die Sperrung unverzüglich zu beseitigen; anderenfalls ordnet die Forstbehörde die Beseitigung der Sperrung an.

§ 8 Erholungswald

(1) Geeignete Waldflächen in Erholungsgebieten sowie im Nahbereich der Städte und der Heil, Kur- oder Erholungsorte sollen durch Verordnung zu Erholungswald erklärt werden, wenn es das Gemeinwohl erfordert, insbesondere wenn

1. die Regelung nach § 5 Abs. 1 Nr. 1 nicht ausreicht, um das Erholungsbedürfnis der Bevölkerung zu befriedigen,
2. andere Waldflächen im Interesse des Umweltschutzes wirksam entlastet werden können oder
3. ein Wald von der Bevölkerung stark in Anspruch genommen und die Bewirtschaftung dadurch erheblich erschwert wird.

(2) Vorrangig sollen Staats- und Körperschaftswald zu Erholungswald erklärt werden. Die Gemeinden, in deren Nahbereich geeigneter oder ausreichender Staats- und Körperschaftswald nicht vorhanden ist, und die Kreise sollen unter den Voraussetzungen des Abs. 1 mit Besitzern von Privatwald eine Regelung vereinbaren, die der für Erholungswald entspricht (§ 5 Abs. 1 Nr. 2 und § 9). Kommt eine solche Vereinbarung in dem für die jeweiligen Erholungsbedürfnisse erforderlichen Umfang zu angemessenen Bedingungen unter Berücksichtigung des § 14 Abs. 2 und des § 15 Abs. 1 nicht zustande oder ist sie nach den Umständen nicht möglich, soll der Privatwald zu Erholungswald erklärt werden.
(3) Die Verordnung erläßt auf Antrag der Gemeinde, des Kreises, des Waldbesitzers oder bei Wald, dessen Bedeutung für die Erholung der Bevölkerung über die Kreisgrenzen hinausreicht, auch von Amts wegen der Minister für Ernährung, Landwirtschaft und Forsten im Benehmen mit der Landesplanungsbehörde, dem Innenminister und dem Finanzminister. Die betroffenen Waldbesitzer, Gemeinden und Kreise sind zu hören, die sonstigen Nutzungsberechtigten sollen gehört werden. In der Verordnung sind die Grenzen des Erholungswaldes zu beschreiben. Es genügt eine grobe Beschreibung der Grenzen, wenn die Erholungswaldflächen mit hinreichender Klarheit in Karten dargestellt werden, die

1. einen Bestandteil der Verordnung bilden oder
2. bei Behörden eingesehen werden können, die in der Verordnung genannt sind.

§ 9 Einrichtungen und Nutzungsbeschränkungen im Erholungswald

(1) Im Erholungswald sind entsprechend den Bedürfnissen des Erholungsverkehrs Einrichtungen und Anlagen der in Abs. 2 Nr. 3 bezeichneten Art zu schaffen und zu unterhalten. Die Verpflichtung obliegt den Gemeinden. Die betroffenen Waldbesitzer sind zu hören, die sonstigen Nutzungsberechtigten sollen gehört werden.
(2) Soweit es für die Zwecke der Erholung erforderlich ist, kann der Minister für Ernährung, Landwirtschaft und Forsten durch Verordnung für den Erholungswald

1. die Bewirtschaftung des Waldes nach Art und Umfang regeln oder beschränken,
2. den Jagdbetrieb zum Schutze der Waldbesucher vorübergehend beschränken oder von anderen Sicherheitsvorkehrungen abhängig machen,
3. die Waldbesitzer verpflichten, den Bau, die Einrichtung und die Unterhaltung von Wegen, Bänken, Schutzhütten und ähnlichen Anlagen oder Erholungseinrichtungen und die Beseitigung von störenden Anlagen oder Einrichtungen zu dulden,
4. Vorschriften über das Verhalten der Waldbesucher zu erlassen.

§ 10 Zugänge zum Wald und Abstellplätze

(1) Wenn es das Interesse des Gemeinwohls im Hinblick auf das Erholungsbedürfnis der Bevölkerung erfordert, sollen die Gemeinden den Zugang zu den in ihrem Gebiet gelegenen, auf öffentlichen Wegen nicht zugänglichen Wäldern schaffen.
(2) Die Gemeinden sollen in geeigneter Lage zu den Zugängen zu den in ihrem Gebiet gelegenen Wäldern Abstellplätze für Kraftfahrzeuge anlegen, soweit der Erholungsverkehr dies erfordert.
(3) Das Land und die Kreise sind verpflichtet, die in ihrem Eigentum stehenden Grundstücke den Gemeinden kostenlos zur Verfügung zu stellen, soweit dies zur Erfüllung der den Gemeinden nach dieser Vorschrift auferlegten Pflichten erforderlich ist.

§ 11 Freier Zugang

Für das Betreten des Waldes und die Benutzung der Zugänge darf ein Entgelt nicht erhoben werden.

§ 12 Kennzeichnung des Waldes

(1) Wald ist in dem notwendigen Umfange so zu kennzeichnen, daß für den Waldbesucher erkennbar ist, welche Waldflächen

1. als Erholungswald uneingeschränkt oder nur auf Waldwegen (§ 7 Abs. 5) oder
2. überhaupt nicht (§ 6 Nrn. 1 und 2) betreten werden dürfen.

Das gleiche gilt für nichtöffentliche Wege aller Art, die nach § 5 Abs. 2 oder abweichend von § 6 Nr. 6 benutzt oder nach § 6 Satz 2 nicht benutzt werden dürfen.
(2) Der Minister für Ernährung, Landwirtschaft und Forsten wird ermächtigt, durch Verordnung zu bestimmen, wie der Wald im einzelnen zu kennzeichnen ist.

§ 13 Pflichten der Waldbesucher

(1) Die Waldbesucher haben sich so zu verhalten, daß die Ruhe und Ordnung des Waldes nicht gestört wird. Insbesondere ist es verboten, in die natürliche Lebensgemeinschaft des Waldes einzugreifen, Tiere zu beunruhigen (z.B. durch Hetzen, Beschädigen von Bauen und Gelegen), den Wald zu verunreinigen oder die Erholung anderer Waldbesucher zu beeinträchtigen. Weitergehende Rechtsvorschriften bleiben unberührt.
(2) Der Minister für Ernährung, Landwirtschaft und Forsten kann durch Verordnung nähere Vorschriften zur Wahrung der Ruhe und Ordnung des Waldes erlassen.

§ 14 Ersatz von Schäden und Aufwendungen im Privatwald

(1) Das Land erstattet Privatwaldbesitzern bis zu 50 v.H. der Kosten für eine angemessene Waldbrandversicherung. Bei der Bemessung des Zuschusses kann unterschieden werden, ob der Wald unbeschränkt oder nur auf den Waldwegen betreten werden darf. Einzelheiten regelt der Minister für Ernährung, Landwirtschaft und Forsten im Einvernehmen mit dem Finanzminister durch Richtlinien.
(2) Aufwendungen der Privatwaldbesitzer für die Beseitigung von

1. erheblichen Verunreinigungen des Waldes,
2. durch den Erholungsverkehr entstandenen Schäden an forstwirtschaftlichen, fischereiwirtschaftlichen und jagdlichen Einrichtungen, mit Ausnahme von Brand und Bagatellschäden,

werden vom Land ersetzt, wenn die Forstbehörde oder die Gemeinde die Beseitigung nicht auf eigene Kosten vornimmt.
(3) Ersatz für Aufwendungen wird nur auf Antrag geleistet und soweit die Forstbehörde die Aufwendungen dem Grunde und der Höhe nach als erforderlich anerkennt. Steht dem Waldbesitzer ein Anspruch auf Schadenersatz gegen einen Dritten zu, geht der Anspruch auf das Land über, soweit das Land den Waldbesitzern die Aufwendungen ersetzt hat.

§ 15 Entschädigung und Übernahme bei Erklärung zu Erholungswald

(1) Wird Privatwald zu Erholungswald erklärt, ist der Waldbesitzer oder sonstige Nutzungsberechtigte für die dadurch entstehende Wertminderung des Grundstücks oder eines Rechts sowie für Ertragseinbußen gegenüber der uneingeschränkten forstlichen Nutzung des Waldes vom Land angemessen in Geld zu entschädigen; im übrigen gilt § 190 des Landesverwaltungsgesetzes sinngemäß.
(2) Wird Privatwald zu Erholungswald erklärt, ist die Fläche auf Verlangen des Waldeigentümers vom Land zum Verkehrswert zu übernehmen. Die Verpflichtung

kann an Stelle des Landes auch von einer Gemeinde, einem Kreis oder einer sonstigen juristischen Person des öffentlichen Rechts erfüllt werden. Der Anspruch ist vom Waldeigentümer binnen zwei Jahren nach der Erklärung geltend zu machen.

§ 16 Entlastung der Kostenträger

(1) Den Gemeinden werden vom Land 50 v.H. und von den Kreisen 30 v.H. der Aufwendungen für die Schaffung und Unterhaltung der Einrichtungen und Anlagen im Erholungswald (§ 8 Abs. 2 und § 9 Abs. 1), für die Schaffung der Wege und der Abstellplätze (§ 10) erstattet.
(2) Soweit vom Land, von den Kreisen und Gemeinden Grundstücke im Rahmen des § 10 zur Verfügung gestellt werden, bleiben sie bei der Berechnung der Aufwendungen nach Abs. 1 unberücksichtigt.
(3) Wird mit Besitzern von Privatwald eine dem Erholungswald entsprechende Regelung nach § 8 Abs. 2 vereinbart, kann das Land anstelle der Kreise und Gemeinden eine Ersatzleistung und Entschädigung übernehmen, die dem § 14 Abs. 2 und dem § 15 Abs. 1 entsprechen. Soweit die Kreise die Vereinbarung treffen, gilt Abs. 1 mit der Maßgabe, daß den Kreisen die Aufwendungen nach § 9 Abs. 1 erstattet werden.
(4) Anderweitige Vereinbarungen über die Kosten werden durch diese Vorschrift nicht ausgeschlossen.

Abschnitt III
Waldpflege und Bewirtschaftung

§ 17 Bewirtschaftung des Waldes

(1) Der Waldbesitzer ist verpflichtet, seinen Wald nach anerkannten forstlichen Grundsätzen zu bewirtschaften und zu pflegen.
(2) Zur Bewirtschaftung und Pflege nach anerkannten forstlichen Grundsätzen im Sinne dieser Vorschrift gehört:

1. Kahlschläge in angemessener Frist wiederaufzuforsten,
2. Forstkulturen und Naturverjüngungen ausreichend zu ergänzen, zu schützen und zu pflegen,
3. die Bestände zu läutern und zu durchforsten und
4. verlichtete Bestände zu unterpflanzen.

Eine bestimmte forstliche Bewirtschaftung darf außer in Erholungswaldgebieten nicht angeordnet werden.
(3) Im Rahmen einer ordnungsmäßigen Waldbewirtschaftung sind die Aufgaben der Landschaftspflege und die Erhaltung der heimischen Tierwelt nach Art und Zahl zu beachten. Das Landschaftsbild ist zu wahren.

§ 18 Nachbarrechte und -pflichten

(1) Die Waldbesitzer haben bei der Bewirtschaftung ihres Waldes auf die Bewirtschaftung benachbarter Grundstücke angemessene Rücksicht zu nehmen, soweit dies im Rahmen einer ordnungsmäßigen Waldbewirtschaftung ohne unbillige

Härten möglich ist. Sie haben ihre Wirtschaftsmaßnahmen in der Nähe der Grenzen aufeinander abzustimmen und insbesondere ohne vorbeugende Sicherungen Maßnahmen zu unterlassen, durch die benachbarte Waldflächen offensichtlich der Gefahr des Windwurfs, der Aushagerung oder des Rindenbrandes ausgesetzt werden.
(2) Ist die Holzfällung, die Abfuhr von Walderzeugnissen oder eine sonstige Maßnahme im Rahmen einer ordnungsmäßigen Bewirtschaftung des Waldes ohne Benutzung eines fremden Grundstücks nicht oder nur mit unverhältnismäßig großen Nachteilen möglich, so ist der Eigentümer oder Nutzungsberechtigte des fremden Grundstücks verpflichtet, auf Antrag des Waldbesitzers die Benutzung im notwendigen Umfange zu gestatten. Der Waldbesitzer hat den dadurch entstehenden Schaden zu ersetzen. Für die Benutzung nicht öffentlicher Wege kann eine angemessene Vergütung verlangt werden.
(3) Werden Grundstücke neu oder Kahlflächen wiederaufgeforstet, ist für die Baumpflanzungen ein Abstand von vier Metern zur Grundstücksgrenze einzuhalten.

Abschnitt IV
Walderhaltung

§ 19 Abholzung von Wald

(1) Wer eine Waldfläche ganz oder teilweise abholzen will, bedarf hierzu der vorherigen Zustimmung der Forstbehörde.
(2) Die Zustimmung soll unbeschadet weitergehender Rechtsvorschriften nur erteilt werden, wenn

1. die Gewähr besteht, daß der Wald in angemessener Frist wieder aufgeforstet wird (§ 20),
2. eine Umwandlung in eine andere Nutzungsart beantragt wird und die Voraussetzungen nach § 21 Abs. 2 gegeben sind oder
3. die Abholzung für die Verbesserung des Waldschutzes, der Waldbewirtschaftung oder der Lebensgrundlagen der freilebenden Tierwelt notwendig ist.

(3) Die Zustimmung kann unter Auflagen und Bedingungen erteilt werden. Sie gilt als erteilt, wenn binnen eines Monats seit Eingang des Antrages kein Bescheid ergangen ist.
(4) Waldbesitzer können auf Antrag von der Verpflichtung nach Abs. 1 befreit werden, wenn sie ihren Wald nach einem von der obersten Forstbehörde anerkannten Plan bewirtschaften. Anerkannte forstwirtschaftliche Zusammenschlüsse nach dem Gesetz über forstwirtschaftliche Zusammenschlüsse vom 1. September 1969 (Bundesgesetzbl. I S. 1543) können ebenfalls auf Antrag widerruflich von dieser Verpflichtung befreit werden.
(5) Abholzungen im Sinne dieses Gesetzes sind

1. Kahlschläge von Waldflächen oder
2. Eingriffe in einen Baumbestand, die die Bestockung einer Waldfläche auf weniger als 60 v.H. des normalen Vollbestandes der betreffenden Holzart bei gleichem Alter und gleicher Ertragsklasse herabsetzen.

§ 20 Pflicht zur Wiederaufforstung

(1) Abgeholzte Waldflächen sind wiederaufzuforsten, wenn nicht die Forstbehörde die Zustimmung zur Abholzung nach § 19 Abs. 2 ohne diese Verpflichtung erteilt hat.
(2) Die Forstbehörde kann die Wiederaufforstung von unbestockten oder unvollständig bestockten Flächen ohne Rücksicht auf die Ursache ihrer Entstehung anordnen, wenn die Flächen Wald im Sinne dieses Gesetzes sind oder gewesen sind.
(3) Die Pflicht zur Wiederaufforstung umfaßt außer dem ersten Anbau auch die Ergänzung durch spätere Nachpflanzungen und die nach den anerkannten forstlichen Grundsätzen notwendige Pflege der Kultur.
(4) Die Forstbehörde hat für die Wiederaufforstung eine angemessene Frist zu setzen.
(5) Zur Sicherung der Wiederaufforstung kann von dem Waldbesitzer Sicherheit in der Höhe verlangt werden, die den voraussichtlichen Kostenaufwand für die Wiederaufforstung deckt.
(6) Die Zwangsmittel für den Vollzug der Anordnung zur Wiederaufforstung beschränken sich auf das Zwangsgeld und die Ersatzvornahme. Die Forstbehörde kann im Falle der Ersatzvornahme die vom Waldbesitzer für die Wiederaufforstung hinterlegte Sicherheit verwenden.

§ 21 Umwandlung von Waldflächen

(1) Jede Umwandlung von Waldflächen in eine andere Nutzungsart bedarf der vorherigen Zustimmung durch die Forstbehörde.
(2) Die Zustimmung soll erteilt werden, wenn die Fläche nach der Umwandlung auf die Dauer
1. mit erheblich größerem Vorteil für die Allgemeinheit zu anderen als forstlichen Zwecken genutzt werden kann oder
2. sich nach Lage und Bodenbeschaffenheit zur landwirtschaftlichen Nutzung im Betrieb des Waldbesitzers besser eignet.

Sie kann auch erteilt werden, wenn eine andere Fläche, die nicht Wald im Sinne dieses Gesetzes ist, aber nach Lage, Größe und Ausformung der umzuwandelnden Fläche gleichwertig ist (Ersatzfläche), aufgeforstet wird. § 19 Abs. 3 Satz 1 ist anzuwenden.
(3) Die Zustimmung nach Abs. 2 Satz 1 Nr. 2 und Satz 2 darf nicht erteilt werden, wenn

1. wesentliche Interessen der Allgemeinheit, insbesondere der Landespflege oder des Erholungsbedürfnisses der Bevölkerung entgegenstehen oder benachbarte Waldbestände gefährdet werden,
2. durch die Umwandlung, die Erhaltung oder Bildung geschlossener Waldbestände erheblich beeinträchtigt wird oder
3. der Wald zu Erholungswald (§ 8) oder zu Schutzwald (§ 24) erklärt worden ist und die nachteiligen Wirkungen der Umwandlung nicht durch Bedingungen oder Auflagen abgewendet werden können.

(4) Bei der Entscheidung der Forstbehörde sind die Belange der Raumordnung und der Landesplanung zu berücksichtigen.

(5) Die Zustimmung zu einer befristeten Umwandlung kann erteilt werden, wenn ein besonderes wirtschaftliches Interesse des Waldbesitzers an einer vorübergehenden anderweitigen Nutzung der Fläche besteht und Belange nach Abs. 3 einer vorübergehenden anderweitigen Nutzung nicht entgegenstehen.

(6) Die Forstbehörde hat eine Frist zu bestimmen, innerhalb derer die Waldfläche umzuwandeln ist. Erfolgt die Umwandlung nicht innerhalb der gesetzten Frist, so kann die Forstbehörde die Wiederaufforstung der Fläche anordnen. Im übrigen gilt § 20 Abs. 3 bis 6 sinngemäß.

(7) Die Zustimmung wird unbeschadet privater Rechte Dritter erteilt. Sie läßt aufgrund anderer Vorschriften bestehende Verpflichtungen zum Einholen von Genehmigungen, Bewilligungen, Erlaubnissen und Zustimmungen oder zum Erstatten von Anzeigen unberührt. Der Antragsteller soll bei der Erteilung der Zustimmung zur Umwandlung hierauf hingewiesen werden.

§ 22 Übernahmeverlangen

(1) Wird eine Zustimmung zur Umwandlung von Privatwald versagt und würde dies für den Waldbesitzer eine unzumutbare Härte bedeuten, so ist die Fläche auf Verlangen des Waldeigentümers zum Verkehrswert vom Land zu übernehmen.

(2) Die Verpflichtung nach Abs. 1 kann an Stelle des Landes auch von einer Gemeinde, einem Kreis oder einer sonstigen juristischen Person des öffentlichen Rechts erfüllt werden.

§ 23 Aufforstung von Ödland, Grenzertragsböden und Brachland

(1) Im Rahmen der fachlichen Förderung der Forstwirtschaft ist auf die Aufforstung von Ödland, Grenzertragsböden und Brachland durch die Grundstückseigentümer hinzuwirken, wenn sich dieses Land für eine dauernde forstliche Nutzung eignet, die Aufforstung für die Landespflege bedeutsam ist und sich in das natürliche Landschaftsbild einfügt.

(2) Das Land, die Kreise und Gemeinden sollen Ödland, Grenzertragsböden und Brachland von verkaufsbereiten Grundstückseigentümern aufkaufen und unter Berücksichtigung des Landschaftsbildes aufforsten, wenn diese Grundstücke geeignet sind, ihren Wald abzurunden oder größere Waldbestände zu bilden und der

Ankauf für die Verbesserung der landwirtschaftlichen Betriebs- oder Agrarstruktur vorteilhaft ist.

§ 24 Schutzwald

(1) Wald kann durch Verordnung zu Schutzwald erklärt werden, wenn es zur Abwehr oder Verhütung wesentlicher Gefahren für das Gemeinwohl erforderlich ist, bestimmte Maßnahmen durchzuführen, zu unterlassen oder zu dulden. Die Erklärung zu Schutzwald kommt insbesondere in Betracht zum Schutze gegen Immissionen, Bodenabschwemmungen, Abbruch, Austrocknung, Sand- oder Schneeverwehungen.
(2) Die Verordnung erläßt der Minister für Ernährung, Landwirtschaft und Forsten nach Anhörung der betroffenen Waldbesitzer, Gemeinden und Kreise sowie des in § 25 Abs. 3 genannten Personenkreises im Benehmen mit der Landesplanungsbehörde. § 8 Abs. 3 Satz 3 und 4 gilt sinngemäß.

§ 25 Entschädigung und Ersatz von Aufwendungen

(1) Wird Wald zu Schutzwald erklärt, ist der Waldbesitzer oder sonstige Nutzungsberechtigte für die dadurch entstehende Wertminderung des Grundstücks oder eines Rechts sowie für Ertragseinbußen gegenüber der uneingeschränkten forstlichen Nutzung des Waldes vom Land angemessen in Geld zu entschädigen; im übrigen gilt § 190 des Landesverwaltungsgesetzes sinngemäß.
(2) Aufwendungen für Maßnahmen, die einem Waldbesitzer im Rahmen des § 24 Abs. 1 zusätzlich auferlegt werden, werden erstattet.
(3) In der zu erlassenden Verordnung kann bestimmt werden, daß die Eigentümer, Nutzungsberechtigten oder Unterhaltpflichtigen gefährdeter Grundstücke, Gebäude, Gewässer oder sonstiger Anlagen nach dem Verhältnis und bis zur Höhe ihrer Vorteile dem Land Ersatz für geleistete Entschädigungen oder von Aufwendungen zu leisten haben.

Abschnitt V
Forstschutz

§ 26 Schutzmaßnahmen gegen Waldbrände

(1) Zur Verhütung von Waldbränden kann die Forstbehörde gegenüber den Waldbesitzern die notwendigen Schutzmaßnahmen anordnen. Sie ist berechtigt, dem Waldbesitzer die Herstellung technischer Einrichtungen und die Durchführung technischer Maßnahmen im Rahmen seines Leistungsvermögens aufzuerlegen, soweit dies zur Verhütung und Bekämpfung von Waldbränden erforderlich ist.
(2) Die Forstbehörde kann nach Anhörung der betroffenen Waldbesitzer Schutzmaßnahmen, die ihrer Art nach nur für mehrere Waldbesitzer gemeinsam getroffen werden können, selbst durchführen. Die Anhörung kann unterbleiben, wenn es zur Abwehr einer drohenden Gefahr erforderlich ist.

(3) Ist eine zur Waldbrandverhütung angeordnete oder von der Forstbehörde durchgeführte Maßnahme überwiegend durch die Inanspruchnahme eines Privatwaldes für die Erholung der Bevölkerung geboten, so trägt die Kosten das Land.
(4) Der Minister für Ernährung, Landwirtschaft und Forsten wird ermächtigt, durch Verordnung besondere Vorschriften für die Bekämpfung und Verhütung von Bränden zum Schutze der Wälder, Moore und Heiden zu erlassen. Dabei kann er insbesondere

1. den Umfang der zumutbaren Hilfeleistung regeln,
2. den Gebrauch von offenem Feuer und Licht sowie die Errichtung von Anlagen, mit denen die Unterhaltung einer Feuerstelle verbunden ist, regeln und von einer Genehmigung der Forstbehörde abhängig machen sowie das Rauchen zeitweise verbieten.

§ 27 Bekämpfung forstschädlicher Insekten

(1) Wird der Wald von forstschädlichen Insekten befallen, ist der Waldbesitzer verpflichtet, anerkannt wirksame Bekämpfungsmaßnahmen durchzuführen. Die oberste Forstbehörde bestimmt durch Richtlinien, welche Bekämpfungsmaßnahmen anerkannt wirksam sind. Sie ist ermächtigt, bei stark zunehmendem überörtlichen Befall besondere Anordnungen zur Bekämpfung zu treffen.
(2) In der Zeit vom 1. Mai bis zum 30. September eines jeden Jahres darf gefälltes Nadelholz unentrindet weder im Walde noch innerhalb drei Kilometer Entfernung von der Grenze des nächsten mit Nadelholz bestockten Waldes gelagert werden. Dies gilt nicht, wenn der Eigentümer des Holzes das aufgearbeitete, in Rinde liegende Nadelderbholz unverzüglich mit anerkannt wirksamen Bekämpfungsmitteln vorbeugend gegen den Befall mit forstschädlichen Insekten sachgemäß behandelt. Abs. 1 Satz 2 gilt entsprechend.
(3) Kommen die in Abs. 1 und 2 genannten Personen den ihnen obliegenden Verpflichtungen nicht nach, so kann die Forstbehörde die entsprechenden Maßnahmen anordnen. Die Zwangsmittel für den Vollzug der Anordnungen beschränken sich auf das Zwangsgeld und die Ersatzvornahme.

Abschnitt VI
Förderung der Forstwirtschaft

§ 28 Grundsatz

Die Forstwirtschaft soll wegen der Bedeutung des Waldes für die Bevölkerung und wegen ihres volkswirtschaftlichen Nutzens fachlich und durch Finanzhilfen gefördert sowie durch Maßnahmen der Strukturverbesserung gestärkt werden.

§ 29 Fachliche Förderung

(1) Die fachliche Förderung der nichtstaatlichen Wälder ist Aufgabe der Landwirtschaftskammer.

(2) Diese Aufgabe umfaßt die Verpflichtung, die Waldbesitzer sachkundig zu beraten und auf Verlangen zu betreuen. Durch die Beratung sollen die Waldbesitzer in der sachkundigen Bewirtschaftung ihres Waldes unterstützt, aus- und fortgebildet werden. Die Betreuung besteht in der entgeltlichen Übernahme von über die Beratung hinausgehenden, im privatwirtschaftlichen Interesse des einzelnen Waldbesitzers liegenden betriebstechnischen Hilfeleistungen, insbesondere der Anfertigung von Betriebsgutachten, Waldwertberechnungen, Holzvermessungen oder der Auszeichnung von Durchforstungen.
(3) Einzelheiten regelt die Landwirtschaftskammer.

§ 30 Finanzielle Förderung

Das Land gewährt den Privatwaldbesitzern nach Maßgabe des Landeshaushalts Finanzhilfen zur Förderung vordringlicher forstlicher Maßnahmen, die die Leistungsfähigkeit der Forstwirtschaft überschreiten.

Abschnitt VII
Forstaufsicht und Forstbehörden

§ 31 Forstaufsicht

(1) Das Land übt die Forstaufsicht über den Wald aus.
(2) Oberste Forstbehörde ist der Minister für Ernährung, Landwirtschaft und Forsten.
(3) Die Landesregierung wird ermächtigt, durch Verordnung die untere Forstbehörde zu errichten oder zu bestimmen.

§ 32 Aufgaben und Befugnisse der Forstbehörden

(1) Die Forstbehörden haben die Durchführung dieses Gesetzes und anderer auf die Erhaltung des Waldbestandes und die Abwehr von Waldschäden gerichteter Rechtsvorschriften sicherzustellen und die erforderlichen Maßnahmen zu treffen, wenn die nach diesen Rechtsvorschritten auferlegten Gebote und Verbote nicht befolgt werden.
(2) Die Forstaufsicht ist so zu handhaben, daß das Verständnis der Bevölkerung für die Bedeutung des Waldes vertieft und der Wille des Waldbesitzers zu verantwortungsbewußter Mitarbeit an der Verwirklichung des Zwecks des Gesetzes geweckt und gefördert wird.
(3) Die Forstbehörden sollen aufgrund ihrer Sachkunde die Gemeinden und Kreise, die Flurbereinigungsbehörden, Naturschutzbehörden sowie die übrigen mit der Pflege und Gestaltung der Landschaft befaßten Stellen und Behörden in Fragen der Landschaftsgestaltung und Landespflege beraten und unterstützen.
(4) Die Bediensteten der Forstbehörden sind befugt, zur Wahrnehmung ihrer Aufgaben Wald zu betreten. Soweit es möglich ist, ist der Waldbesitzer oder dessen Beauftragter hinzuzuziehen. Die Waldbesitzer haben die zur Durchführung dieses Gesetzes erforderlichen Auskünfte zu erteilen und die Einsichtnahme in die Unterlagen zu ermöglichen.

§ 33 Beteiligung der Forstbehörden

Die Forstbehörden sind von allen behördlichen Planungen oder Verfahren über Vorhaben, von denen Waldflächen betroffen werden, rechtzeitig zu unterrichten. Sie sind zu diesen Planungen oder Verfahren zu hören, soweit nicht eine andere Form der Beteiligung gesetzlich vorgeschrieben ist.

§ 34 Sachliche und örtliche Zuständigkeit

(1) Soweit in diesem Gesetz und in den Verordnungen zu diesem Gesetz nichts anderes bestimmt ist, ist die untere Forstbehörde sachlich zuständig.
(2) In den Fällen der §§ 14, 17 bis 21, 26 und 27 ist die oberste Forstbehörde zuständig, wenn Wald von einem Beamten des höheren Forstdienstes oder von einem Angestellten mit der Befähigung für den höheren Forstdienst verwaltet wird.
(3) Die örtliche Zuständigkeit der unteren Forstbehörden wird durch die nach § 31 Abs. 3 zu erlassende Verordnung bestimmt.

§ 35 Gebühren

Alle Amtshandlungen der Forstbehörden, die der Ausführung dieses Gesetzes und der zu diesem Gesetz ergehenden Landesverordnungen dienen, sind, mit Ausnahme derjenigen im Vollzugsverfahren, gebührenfrei.

Abschnitt VIII
Schluß- und Ahndungsvorschriften

§ 36 Ermächtigung zur Regelung der Berufsbezeichnung und Berufskleidung für Angestellte im Forstdienst

(1) Der Minister für Ernährung, Landwirtschaft und Forsten erläßt nach Anhörung der Landwirtschaftskammer durch Verordnung Vorschriften über Berufsbezeichnungen von Angestellten der Landesforstverwaltung sowie des Körperschafts- und Privatforstdienstes. Eine Berufsbezeichnung kann nur verliehen werden, wenn der Angestellte eine forstliche Fachausbildung besitzt, die der für Beamte im Staatsforstdienst vorgeschriebenen Ausbildung gleichzusetzen ist. Im Körperschafts- und Privatforstdienst werden die Berufsbezeichnungen auf Antrag des Waldbesitzers verliehen. Die Angestellten müssen eine Einstellung im Forstdienst nachweisen, die nach Art und Umfang der Tätigkeit der Beamten im Staatsforstdienst entspricht oder ihr gleichzuachten ist. Die Berufsbezeichnungen sollen sich an die Amtsbezeichnungen der staatlichen Forstbeamten anlehnen.
(2) Die Angestellten des Forstdienstes, denen eine Berufsbezeichnung nach Abs. 1 verliehen worden ist, sind berechtigt, für die Dauer ihrer Einstellung im Forstdienst eine Berufskleidung zu tragen. Der Minister für Ernährung, Landwirtschaft und Forsten wird ermächtigt, durch Verordnung Vorschriften über die Berufskleidung der Angestellten im Forstdienst zu erlassen.
(3) In den Verordnungen nach Abs. 1 und 2 ist auch zu bestimmen, unter welchen Voraussetzungen Angestellte des Forstdienstes nach Beendigung des

Beschäftigungsverhältnisses die verliehene Berufsbezeichnung weiterführen und die Berufskleidung weitertragen dürfen.

§ 37 Ordnungswidrigkeiten

(1) Ordnungswidrig handelt, wer

1. entgegen § 5 Abs. 1 Waldflächen, die nicht zu einem Erholungswald (§ 8) gehören, außerhalb der Waldwege betritt,
2. entgegen § 6 Nr. 1 Wald, dessen Grundfläche weniger als 5 ha beträgt und der nicht, zu Erholungswald (§ 8) erklärt worden ist, oder entgegen § 6 Nr. 2 bis 5 gesperrte Waldflächen, Forstkulturen, Forstdickungen, Naturverjüngungen, sonstige forstwirtschaftliche, fischereiwirtschaftliche oder jagdliche Einrichtungen im Walde oder Flächen betritt, die der Anzucht von Forstpflanzen dienen oder in deren Bereich Waldarbeiten durchgeführt werden,
3. entgegen dem Betretungsrecht des § 5 Abs. 2 Privatwege, die den einzigen Zugang zu einem Wald bilden, sperrt,
4. entgegen § 5 Abs. 2 auf den dort genannten Privatwegen oder entgegen § 6 Nr. 6 im Wald unbefugt fährt, nichtangeleinte Hunde mitnimmt, zeltet, Wohnwagen abstellt oder außerhalb der hierfür gekennzeichneten Waldwege reitet,
5. entgegen § 13 Abs. 1 die Ruhe und Ordnung des Waldes stört,
6. einer aufgrund dieses Gesetzes erlassenen Rechtsverordnung oder Satzung zuwiderhandelt, sofern die Verordnung oder Satzung für einen bestimmten Tatbestand auf diese Bußgeldvorschrift verweist,

als Waldbesitzer vorsätzlich oder fahrlässig

7. eine Waldfläche ohne die nach § 7 erforderliche Zustimmung oder Anzeige sperrt,
8. der Vorschrift des § 17 Abs. 2 über die Bewirtschaftung und Pflege des Waldes nach anerkannten forstlichen Grundsätzen zuwiderhandelt oder entgegen § 18 Abs. 3 Grenzabstände nicht einhält,
9. eine Waldfläche ohne die nach § 19 Abs. 1 erforderliche Zustimmung abholzt,
10. entgegen § 20 Abs. 1 und 4 abgeholzte Waldflächen oder entgegen § 20 Abs. 2 und 4 unbestockte oder unvollständig bestockte Flächen nicht fristgemäß wieder aufforstet,
11. eine Waldfläche ohne die nach § 21 Abs. 1 erforderliche Zustimmung in eine andere Nutzungsart umwandelt,
12. entgegen § 27 es unterläßt, anerkannt wirksame Bekämpfungsmaßnahmen durchzuführen,
13. eine vollziehbare Anordnung nach §§ 7 Abs. 6, 21 Abs. 6, 26 Abs. 1 oder 27 Abs.1 Satz 3 nicht befolgt,
14. eine Auflage nach §§ 19 Abs. 3 oder 21 Abs. 2 nicht erfüllt.

(2) Die Ordnungswidrigkeit nach Abs. 1 Nrn. 1, 2, 3, 4, 5, 6 und 7 kann mit einer Geldbuße bis zu tausend Deutsche Mark, die Ordnungswidrigkeit nach Abs. 1 Nrn. 8, 9, 10, 11, 12, 13 und 14 mit einer Geldbuße bis zu zehntausend Deutsche Mark geahndet werden.
(3) Zuständige Verwaltungsbehörden im Sinne des § 36 Abs. 1 Nr. 1 des Gesetzes über Ordnungswidrigkeiten vom 24. Mai 1968 (Bundesgesetzbl. I S. 481) für die Verfolgung und Ahndung von Ordnungswidrigkeiten sind die Landräte und Oberbürgermeister der kreisfreien Städte.

§ 38 Aufhebung bestehender Vorschriften

Mit dem Inkrafttreten dieses Gesetzes treten folgende Vorschriften außer Kraft:

1. Gesetz über Schutzwaldungen und Waldgenossenschaften vom 6. Juli 1875 (GS. S. 416),
2. Gesetz über gemeinschaftliche Holzungen vom 14. März 1881 (GS. S. 261),
3. Verordnung zur Verhütung und Bekämpfung von Waldbränden in den nicht im Eigentum des Reiches oder der Länder stehenden Waldungen vom 18. Juni 1937 (RGBl. I S. 721),
4. Gesetz zur Walderhaltung vom 30. Mai 1950 (GVOBl. SH. S. 199),
5. Verordnung zur Bekämpfung forstschädlicher Insekten vom 19. Juni 1962 (GVOBl. SH S. 236).

§ 39 Verweisung

Soweit in anderen Rechtsvorschriften auf die durch dieses Gesetz aufgehobenen Vorschriften verwiesen ist, treten die entsprechenden Vorschriften dieses Gesetzes an ihre Stelle.

§ 40 Inkrafttreten

Dieses Gesetz tritt am 1. Mai 1971 in Kraft.

Das vorstehende Gesetz wird hiermit verkündet.

Kiel, den 18. März 1971

Der Ministerpräsident
Dr. Lemke
Der Finanzminister
Qualen
Der Innenminister
Dr. Schlegelberger
Der Minister für Ernährung, Landwirtschaft und Forsten
Engelbrecht-Greve

II. Entwurf eines Bundesforstgesetzes vom 3. Juni 1955

Erster Referentenentwurf des BMELF vom 3. Juni 1955, BArch B 116/9397

§ 1

(1) Alle Waldungen sind so zu bewirtschaften, daß bei angemessener Berücksichtigung der Wirtschaftsziele des Waldeigentümers oder Nutzungsberechtigten (Waldbesitzer) die Aufgaben des Waldes für die Allgemeinheit, insbesondere die nachhaltige Erzeugung möglichst großer Mengen hochwertigen Holzes und die Wohlfahrtswirkungen des Waldes, gefördert werden. Die Bestrebungen der Landschaftspflege und des Naturschutzes sind dabei zu unterstützen.

(2) Wohlfahrtswirkungen des Waldes sind

1. seine Auswirkungen für die Volksgesundheit und seine Bedeutung als Erholungsstätte der Bevölkerung,
2. seine Wirkungen auf den Wasserhaushalt,
3. seine Schutzwirkung für Grundstücke, Gebäude und Anlagen gegen Schädigungen durch Wasser, Eis, Bodenbewegung, Wind, Frost und Austrocknung.

(3) Zur Verwirklichung der vorgenannten Ziele sind die Waldungen pfleglich (§ 2), nachhaltig (§ 3), sachkundig (§ 4) und planmäßig (§ 5) zu bewirtschaften.

§ 2

Zur pfleglichen Wirtschaft gehört die Förderung der Erzeugungskraft des Standorts und des Wasserhaushalts des Waldes sowie die Pflege der Holzbestände.

§ 3

Die nachhaltige Wirtschaft umfaßt die Nachhaltigkeit der Holzerzeugung. Eine jährliche Nachhaltigkeit des Holzertrages ist anzustreben.

§ 4

(1) Für die ordnungsmäßige Bewirtschaftung des Waldes ist der Waldbesitzer verantwortlich. Fehlt ihm dazu die nötige Ausbildung oder Befähigung, hat er geeignete Kräfte zuzuziehen.

(2) Die Länder sollen die Belehrung, Beratung und Ausbildung der Waldbesitzer tatkräftig fördern und die hierzu notwendigen Einrichtungen schaffen.

(3) Gehören Waldgrundstücke und landwirtschaftliche Grundstücke zu einem Betrieb, ist ihre Zusammengehörigkeit zu wahren, die wirtschaftliche Kraft des Betriebes zu stärken und sein Bestand zu festigen.

§ 5

(1) Die Waldungen des Staates und der Körperschaften des öffentlichen Rechts sind nach periodischen Wirtschaftsplänen zu bewirtschaften. Die Pläne bedürfen der Genehmigung der Forstbehörde. Sie kann Körperschaften in begründeten Einzelfällen von der Aufstellung der Wirtschaftspläne befreien.

(2) Die Länder werden ermächtigt, durch Rechtsvorschriften die Aufstellung von Wirtschaftsplänen für sonstige Waldungen vorzuschreiben, die sich nach Größe, Lage, Zusammenhang und Waldzustand zu selbstständiger, ordnungsmäßiger Bewirtschaftung eignen.

§ 6

(1) Kahlflächen, verlichtete Waldflächen und Räumden sind unverzüglich sachgemäß aufzuforsten, soweit nicht die Umwandlung in eine andere Benutzungsart nach § 12 genehmigt ist.
(2) Die Aufforstung umfaßt auch die Nachbesserung, den Schutz und die Pflege der Verjüngungen.

§ 7

(1) Waldverwüstung ist verboten.
(2) Waldverwüstung liegt vor, wenn
1. Nadelholzbestände unter 50 Jahren abgeholzt werden,
2. Waldbestände unter die Hälfte des normalen Vollbestandes der betreffenden Holzart bei gleichem Alter und gleichem Standort herabgesetzt werden oder
3. in Waldungen ab 10 ha mehr als 1/20
„ ab 50 ha mehr als 1/30
„ ab 100 ha mehr als 1/40
der zu einer Betriebseinheit gehörenden Hochwaldfläche jährlich abgeholzt wird.
(3) Die Forstbehörde kann in begründeten Einzelfällen Ausnahmen zulassen.

§ 8

Der Waldbesitzer darf die nachhaltige und pflegliche Bewirtschaftung des Waldes durch Nebennutzungen, insbesondere Waldstreunutzung und Waldweide, nicht gefährden.

§ 9

(1) Forstnutzungsrechte dürfen weder neu bestellt noch erweitert werden
(2) Die Umwandlung, die Einschränkung und die Ablösung von Forstnutzungsrechten richtet sich nach Landesrecht.
(3) Bei Ablösung in Wald sind die einzelnen Waldgrundstücke, sofern sie infolge geringer Größe, Besitzzersplitterung oder Gemengelage einzeln nicht ordnungsgemäß bewirtschaftet werden können, zu gemeinsamer Bewirtschaftung zusammenzuschließen.

§ 10

Die Länder sollen die Aufschließung der Waldungen durch Holzabfuhrwege fördern.

§ 11

Rohholz, das zur Verwendung als Nutzholz geeignet ist, darf weder als Brennholz aufgearbeitet noch als solches veräußert oder verwendet werden. Die Forstbehörde kann in begründeten Einzelfällen Ausnahmen zulassen.

§ 12

(1) Die Umwandlung von Wald in eine andere Bodenbenutzungsart bedarf der Genehmigung der Forstbehörde.
(2) Die Genehmigung darf nur versagt werden, wenn durch die Umwandlung erhebliche Nachteile für die Allgemeinheit entstehen würden.
(3) Die Genehmigung ist zu befristen. Die Frist kann verlängert werden, wenn die Umwandlung aus triftigen Gründen nicht rechtzeitig durchgeführt werden konnte.

§ 13

(1) Die Teilung eines Waldgrundstücks bedarf der Genehmigung der Forstbehörde.
(2) Bei der Teilung sollen selbstständige Waldgrundstücke unter 3 ha in der Regel nicht gebildet werden.

§ 14

Die Länder sollen die Aufforstung von Ödland, das sich für eine forstwirtschaftliche Nutzung eignet, fördern.

§ 15

(1) Die Waldbesitzer haben

1. Gefahren, die dem Bestand ihrer Waldungen durch Krankheiten, durch tierische oder pflanzliche Schädlinge, durch Feuer oder durch Naturereignisse drohen, zu verhüten und zu bekämpfen und
2. Anordnungen der zuständigen Behörde zur Verhütung und Bekämpfung dieser Gefahren durchzuführen,

soweit dies erforderlich und zumutbar ist.
(2) Die Waldbesitzer haben unbeschadet des Absatzes 1

1. die Durchführung der zum Schutze des Waldbestandes erforderlichen Verhütungs- und Bekämpfungsmaßnahmen der zuständigen Behörde zu dulden;
2. Gefahren, die auf Waldungen anderer Waldbesitzer überzugreifen drohen, der zuständigen Behörde anzuzeigen.

(3) Die Vorschriften des Gesetzes zum Schutze der Kulturpflanzen in der Fassung vom 26. August 1949 (WiGBl. S. 272) bleiben unberührt.

§ 16

Die zuständige Behörde kann diejenigen Waldbesitzer, die infolge der Durchführung behördlich angeordneter Verhütungs- und Bekämpfungsmaßnahmen (§ 15 Abs. 2 Nr. 1) vor Schäden bewahrt werden, zur Deckung der durch die notwendigen Maßnahmen entstandenen Kosten heranziehen; die zuständige Behörde setzt die Höhe der Unkosten fest und verteilt sie anteilmäßig auf die Betroffenen.

§ 17

(1) Tritt infolge der Durchführung behördlich angeordneter Verhütungs- und Bekämpfungsmaßnahmen (§ 15 Abs. 2 Nr. 1) ein Schaden ein, so ist im Falle unbilliger Härte, im besonderen bei unverschuldeter erheblicher wirtschaftlicher Schädigung aus öffentlichen Mitteln eine angemessene Entschädigung zu gewähren, wenn gesunde Pflanzen oder Pflanzenerzeugnisse vernichtet werden oder der Wert der Pflanzen oder Pflanzenerzeugnisse oder der Ertrag des Bodens durch die Maßnahme gemindert wird. Eine Entschädigung darf nicht gewährt werden, wenn die Vernichtung gesunder Pflanzen oder Pflanzenerzeugnisse notwendig geworden ist, weil der Betroffene oder sein Rechtsvorgänger behördliche Anordnungen nicht befolgt hat.
(2) Das Entschädigungsverfahren bestimmt sich nach Landesrecht.

§ 18

Die Forstbehörde hat Waldungen zu Schutzwaldungen zu erklären, wenn dies zur Erhaltung der Wohlfahrtswirkungen (§ 1 Abs. 2) des Waldes erforderlich ist. Der Waldbesitzer hat die zur Erreichung des Schutzzwecks erforderlichen und ihm zumutbaren Maßnahmen vorzunehmen oder zu dulden und alles zu unterlassen, was dem Schutzzweck entgegenwirkt.

§ 19

Können einzelne Waldbesitzer infolge geringer Größe, unwirtschaftlicher Besitzverhältnisse oder Gemengelage ihrer Waldungen die Vorschriften dieses Gesetzes nicht durchführen oder seine Ziele nicht verwirklichen, so haben die Länder die Bildung freiwilliger Waldwirtschaftsgemeinschaften unter Mitwirkung der forstlichen Berufsvertretung zu fördern.

§ 20

Kommt ein Zusammenschluß nach § 19 innerhalb einer angemessenen Frist nicht zustande und sind die Ziele des Gesetzes auf andere Weise nicht zu erreichen, so kann nach Anhörung der forstlichen Berufsvertretung der Zusammenschluss zu Forstverbänden und Waldgenossenschaften angeordnet werden. Das Nähere bestimmt sich nach Landesrecht.

§ 21

Zur Durchführung der im Gesetz genannten Aufgaben sowie zur Förderung leistungsschwacher Forstbetriebe kann der Bund Zuschüsse und Darlehen gewähren, wenn auch die Länder für diese Zwecke angemessene Mittel bereitstellen.

§ 22

Werden in einem Wald wiederholt grobe Verstöße gegen forstgesetzliche Vorschriften festgestellt, oder kommt der Waldbesitzer den erforderlichen Anordnungen der zuständigen Behörde vorsätzlich oder grob fahrlässig nicht nach, so kann der Wald bis zur Dauer von 5 Jahren unter die Betriebsaufsicht der Forstbehörde gestellt oder zur Bewirtschaftung einem Treuhänder übertragen werden. Die Betriebsaufsicht umfaßt die Anordnung und Überwachung aller Maßnahmen für die Bewirtschaftung des Waldes.

§ 23

Ordnungswidrigkeiten

§ 24

(1) Die Länder können die Vorschriften dieses Gesetzes erweitern und Ausführungsvorschriften erlassen.
(2) Die Bestimmungen dieses Gesetzes gelten als Mindestforderungen.

§ 25

Berlinklausel

§ 26

Das Gesetz tritt am ... . in Kraft.
Mit dem gleichen Zeitpunkt treten außer Kraft.

1. die Verordnung zur Förderung der Forst- und Weidewirtschaft vom 7.2.1924 (ReichsGBl. I S. 50)
2. das Gesetz gegen Waldverwüstung vom 18.1.1934 (ReichsGBl. I S. 37)
3. die Verordnung zur Förderung der Nutzholzgewinnung vom 30.7.1937 (ReichsGBl. I S. 876)
4. die Verordnung über die Bildung wirtschaftlicher Zusammenschlüsse in der Forstwirtschaft vom 7.5.1943 (ReichsGBl. I S. 298)
5. die Verordnung über die Bildung von Forstverbänden vom 7.5.1943 (ReichsGBl. I S. 298).

III. Entwurf eines Gesetzes zur Erhaltung und Bewirtschaftung des Waldes vom 1. März 1963

Referentenentwurf des BMELF vom 1. März 1963, BArch B 116/9397.

Der Bundestag hat mit Zustimmung des Bundesrates das folgende Gesetz beschlossen:

§ 1 Begriffsbestimmung

(1) Wald im Sinne dieses Gesetzes ist jede Grundfläche, die vorwiegend der Erzeugung von Holz dient, mit Ausnahme von Parkanlagen, Baumgruppen und Baumreihen. Als Wald gelten Waldblößen, Räumden, Waldfeldbauflächen, Waldwege, Sicherungsstreifen und Wildäsungsflächen.
(2) Waldbesitzer im Sinne dieses Gesetzes sind die Waldeigentümer und die sonst zur Nutzung des Waldes Berechtigten.

§ 2 Grundsätze zur Walderhaltung

(1) Wald ist in seinem Bestand dort zu erhalten, wo seine Schutzwirkungen nicht entbehrt werden können:

1. Zur Sicherung und Gestaltung von Erholungsgebieten insbesondere in Räumen mit großer Bevölkerungsdichte
2. Zum Schutz von Quellen und Gewässern
3. Zur Verhinderung von Erosionsschäden aller Art
4. Zum Schutz landwirtschaftlicher Kulturen

(2) Die Länder bestimmen im Einzelfall Art und Umfang der Maßnahmen zur Erhaltung des Waldes.

§ 3 Grundsätze zur Waldbewirtschaftung

(1) Bei der Bewirtschaftung des Waldes sind zur Förderung der forstwirtschaftlichen Erzeugung folgende Grundsätze zu beachten:

1. Wald ist pfleglich zu bewirtschaften. Die pflegliche Bewirtschaftung umfaßt die sachgemäße Behandlung des Bodens, die ordnungsmäßige Holznutzung und den Schutz der Bestände gegen Schäden durch Naturereignisse, Feuer, tierische und pflanzliche Schädlinge sowie Krankheiten. Nebennutzungen, insbesondere Waldstreunutzung und Waldweide, dürfen die pflegliche Bewirtschaftung nicht beeinträchtigen.
2. Hoch- und Mittelwald sind nachhaltig zu bewirtschaften. Die Bewirtschaftung ist nachhaltig, wenn sie der stetigen Holzerzeugung dient.
3. Wald im Eigentum von juristischen Personen des öffentlichen Rechts und geschlossener Wald von 100 ha an im Privateigentum sind planmäßig zu bewirtschaften. Die Bewirtschaftung ist planmäßig, wenn sie auf Grund eines Planes für mindestens zehn und höchstens zwanzig Jahre erfolgt. Der Plan muß den Waldzustand übersichtlich darstellen, die Wirtschaftsziele

festlegen und die erforderlichen Wirtschaftsmaßnahmen sowie die für die Laufzeit geplanten Nutzungen angeben.

(2) Wird die Bewirtschaftung des Waldes dadurch eingeschränkt, daß der Wald für Schutzfunktionen gem. § 2 Abs. 1 in Anspruch genommen und besonderen Auflagen unterworfen wird, sind dem Waldbesitzer die durch die Wirtschaftsbeschränkung entstandenen nachgewiesenen Kosten von demjenigen zu erstatten, der die Auflagen gemacht hat oder dem die Schutzwirkung zu Gute kommt.

§ 4 Wirkung der Grundsätze

Die Grundsätze der §§ 2 und 3 bilden den Rahmen für die Gesetzgebung der Länder über die Erhaltung und Bewirtschaftung des Waldes. Sie gelten gegenüber dem Waldbesitzer unmittelbar, solange sie nicht von Landesgesetzen übernommen worden sind.

§ 5 Freigabe der Gesetzgebungskompetenz

Durch Landesgesetz können geändert, ergänzt oder aufgehoben werden:

1. Die Verordnung zur Förderung der Forst- und Weidewirtschaft vom 7.2.1924 (RGBl. I S. 50)
2. Das Gesetz gegen Waldverwüstung vom 18.1.1934 (RGBl. I S. 37)
3. Die Verordnung zur Verhütung und Bekämpfung von Waldbränden in den nicht im Eigentum des Reichs oder der Länder stehenden Waldungen vom 18.6.1937 (RGBl. I S. 721)
4. Die Verordnung zum Schutz der Wälder, Moore und Heiden vom 25. Juni 1938 (RGBl. I S. 700)
5. Die §§ 1, 2, 9 und 30 der Verordnung zur Förderung der Nutzholzgewinnung vom 30.7.1937 (RGBl. I S. 876)
6. Die Verordnung über die Bildung wirtschaftlicher Zusammenschlüsse in der Forstwirtschaft vom 7.5.1943 (RGBl. I S. 298)
7. Die Verordnung über die Bildung von Forstverbänden vom 7.5.1943 (RGBl. I S. 298).

IV. Regierungsentwurf eines Gesetzes zur Erhaltung des Waldes und zur Förderung der Forstwirtschaft von 1973

Entwurf der Bundesregierung eines Gesetzes zur Erhaltung des Waldes und zur Förderung der Forstwirtschaft (Bundeswaldgesetz) BT-Drs. 7/889 vom 9. Juli 1973.

[unter Auslassung des Dritten Kapitels über Forstwirtschaftliche Zusammenschlüsse]

Der Bundestag hat mit Zustimmung des Bundesrates das folgende Gesetz beschlossen:

Erstes Kapitel
Allgemeine Vorschriften

§ 1 Gesetzeszweck

Zweck dieses Gesetzes ist insbesondere,

1. den Wald wegen seines wirtschaftlichen Nutzens (Nutzfunktion) und wegen seiner Bedeutung für den Naturhaushalt, die Nutzungsfähigkeit von Naturgütern, die Agrar- und Infrastruktur sowie die Erholung der Bevölkerung (Schutz- und Erholungsfunktion) zu erhalten, erforderlichenfalls zu mehren und seine geordnete Bewirtschaftung nachhaltig zu sichern,
2. die Forstwirtschaft zu fördern und
3. einen Ausgleich zwischen dem Interesse der Allgemeinheit und den Belangen der Waldbesitzer herbeizuführen.

§ 2 Wald

(1) Wald im Sinne dieses Gesetzes ist jede mit Forstpflanzen bestockte Grundfläche. Als Wald gelten auch kahlgeschlagene oder verlichtete Grundflächen, Waldwege, Waldeinteilungs- und Sicherungsstreifen, Waldblößen und Lichtungen, Waldwiesen, Wildäsungsplätze, Holzlagerplätze sowie weitere mit dem Wald verbundene und ihm dienende Flächen.

(2) In der Flur oder im bebauten Gebiet gelegene kleinere Flächen, die mit einzelnen Baumgruppen, Baumreihen, Hecken, Weihnachtsbaum- oder Schmuckreisigkulturen bestockt sind oder als Baumschulen verwendet werden, sowie mit Forstpflanzen bestockte, zum Wohnbereich gehörende Parkanlagen sind nicht Wald im Sinne dieses Gesetzes.

(3) Wald sind ferner sonstige Grundflächen, die nach Landesrecht als Wald angesehen werden oder ihm gleichstehen.

§ 3 Waldeigentumsarten

(1) Staatswald im Sinne dieses Gesetzes ist Wald, der im Alleineigentum des Bundes oder eines Landes steht, sowie Wald im Miteigentum eines Landes, soweit er nach landesrechtlichen Vorschriften als Staatswald angesehen wird.

(2) Körperschaftswald im Sinne dieses Gesetzes ist Wald, der im Alleineigentum der Gemeinden, der Gemeindeverbände, der Zweckverbände und der Anstalten, Stiftungen und sonstigen Körperschaften des öffentlichen Rechts steht; ausgenommen ist der Wald von Religionsgemeinschaften sowie von Hauberggenossenschaften, Markgenossenschaften, Gehöferschaften und ähnlichen Gemeinschaften, soweit er nicht nach landesrechtlichen Vorschriften als Körperschaftswald angesehen wird.

(3) Privatwald im Sinne dieses Gesetzes ist Wald, der weder Staatswald noch Körperschaftswald ist.

§ 4 Waldbesitzer

Waldbesitzer im Sinne dieses Gesetzes sind der Waldeigentümer und der Nutzungsberechtigte, sofern dieser unmittelbarer Besitzer des Waldes ist.

Zweites Kapitel
Erhaltung des Waldes

ABSCHNITT I
Forstliche Rahmenplanung und Sicherung der Funktionen des Waldes bei Planungen und Maßnahmen von Trägern öffentlicher Vorhaben

§ 5 Aufgaben und Grundsätze der forstlichen Rahmenplanung

(1) Die forstliche Rahmenplanung im Sinne dieses Gesetzes dient der Ordnung und Verbesserung der Forststruktur und ist darauf gerichtet, die für die Entwicklung der Lebens- und Wirtschaftsverhältnisse notwendigen Funktionen des Waldes nach § 1 Nr. 1 zu sichern.

(2) Die Ziele der Raumordnung und Landesplanung sind bei der forstlichen Rahmenplanung zu beachten.

(3) Für die forstliche Rahmenplanung gelten insbesondere folgende Grundsätze:

1. Wald ist nach seiner Fläche und räumlichen Verteilung so zu erhalten oder zu gestalten, daß er die Leistungsfähigkeit des Naturhaushaltes möglichst günstig beeinflußt, dem Schutz vor natürlichen oder zivilisatorischen Gefahren dient und der Bevölkerung möglichst weitgehend für die Erholung zur Verfügung steht; zugleich sollen die natürlichen Gegebenheiten, die wirtschaftlichen und sozialen Erfordernisse in den an das Bundesgebiet angrenzenden Räumen soweit wie möglich berücksichtigt werden.
2. Der Aufbau des Waldes soll so beschaffen sein, daß seine Funktionen entsprechend den tatsächlichen Erfordernissen auf die Dauer gewährleistet sind.
3. Auf geeigneten Standorten soll eine nachhaltige, möglichst hohe und hochwertige Holzerzeugung unter Erhaltung oder Verbesserung der Bodenfruchtbarkeit angestrebt werden, sofern nicht anderen Erfordernissen der Vorrang einzuräumen ist.
4. In Gebieten, in denen die Schutz- und Erholungsfunktion des Waldes von besonderem Gewicht ist, soll Wald für Schutz- oder Erholungszwecke in entsprechender räumlicher Ausdehnung und Gliederung unter Beachtung wirtschaftlicher Belange ausgewiesen werden.
5. Landwirtschaftliche Grenzertragsböden, Brachflächen oder Ödland sollen aufgeforstet werden, wenn dies wirtschaftlich und agrarstrukturell zweckmäßig ist und die Leistungsfähigkeit des Naturhaushaltes verbessert wird. In Gebieten mit hohem Waldanteil sollen ausreichende Flächen von der Aufforstung ausgenommen werden.

6. Wenn geringe Grundstücksgrößen oder die Gemengelage von Grundstücken verschiedener Besitzer einer rationellen forstwirtschaftlichen Bodennutzung entgegenstehen, sollen forstwirtschaftliche Zusammenschlüsse gebildet oder die Zusammenlegung von Grundstücken angestrebt werden.

§ 6 Forstliche Rahmenpläne

(1) Zur Sicherung der für die Entwicklung der Lebens- und Wirtschaftsverhältnisse notwendigen forstlichen Voraussetzungen sollen die nach Landesrecht zuständigen Behörden forstliche Rahmenpläne für einzelne Waldgebiete oder das Landesgebiet oder Teile davon aufstellen. Dabei sind die nach Landesrecht zuständigen Behörden für Naturschutz und Landschaftspflege sowie andere Träger öffentlicher Belange, deren Interessen durch die forstliche Rahmenplanung berührt werden, rechtzeitig zu unterrichten und anzuhören, soweit nicht nach sonstigen Vorschriften eine andere Form der Beteiligung vorgeschrieben ist. Dies gilt entsprechend für die beteiligten Wald- und sonstigen Grundbesitzer.
(2) Ein forstlicher Rahmenplan muß die Sachverhalte und Erfordernisse, welche die Forststruktur sowie die Funktionen des Waldes gemäß § 1 Nr. 1 betreffen, berücksichtigen.
(3) Die forstlichen Rahmenpläne sollen nach Abstimmung mit den Erfordernissen und Maßnahmen des Naturschutzes und der Landschaftspflege in die Programme und Pläne nach §§ 5 Abs. 1, 6 Abs. 1 und 7 Abs. 1 des Gesetzes über Naturschutz und Landschaftspflege vom ... ... (Bundesgesetzbl. I S. ... . .) aufgenommen werden, soweit ihr Inhalt sich hierfür eignet.

§ 7 Sicherung der Funktionen des Waldes bei Planungen und Maßnahmen von Trägern öffentlicher Vorhaben

Die Träger öffentlicher Vorhaben haben bei Planungen und Maßnahmen, die eine Inanspruchnahme von Waldflächen vorsehen oder die in ihren Auswirkungen Waldflächen betreffen können,

1. die Funktionen des Waldes nach § 1 Nr. 1 angemessen zu berücksichtigen;
2. die für die Forstwirtschaft zuständigen Behörden rechtzeitig zu unterrichten und anzuhören, soweit nicht nach diesem Gesetz und sonstigen Vorschriften eine andere Form der Beteiligung vorgeschrieben ist.

ABSCHNITT II
Erhaltung und Bewirtschaftung des Waldes, Erstaufforstung

§ 8 Erhaltung des Waldes

(1) Wald darf nur mit Genehmigung der nach Landesrecht zuständigen Behörde gerodet und in eine andere Nutzungsart umgewandelt werden (Umwandlung). Bei der Entscheidung über einen Umwandlungsantrag sind die Rechte, Pflichten und wirtschaftlichen Interessen des Waldbesitzers sowie die Belange der Allgemeinheit

gegeneinander und untereinander abzuwägen. Die Genehmigung soll versagt werden, wenn die Erhaltung des Waldes überwiegend im öffentlichen Interesse liegt, insbesondere wenn der Wald für die Leistungsfähigkeit des Naturhaushaltes, die forstwirtschaftliche Erzeugung oder die Erholung der Bevölkerung von wesentlicher Bedeutung ist und wenn die nachteiligen Wirkungen der Umwandlung nicht durch Bedingungen oder Auflagen abgewendet oder auf ein erträgliches Maß gemildert werden können. Wird die Umwandlung genehmigt, so ist eine angemessene Frist für ihre Durchführung zu setzen; die Genehmigung erlischt, wenn das Grundstück nach Ablauf der Frist nicht in die andere Nutzungsart umgewandelt ist.
(2) Eine Umwandlung von Wald kann auch für einen bestimmten Zeitraum genehmigt werden; durch Auflagen ist dabei sicherzustellen, daß das Grundstück innerhalb einer angemessenen Frist ordnungsgemäß wieder aufgeforstet wird.
(3) Einer Umwandlungsgenehmigung nach Absatz 1 bedarf es nicht bei Flächen, für die

1. in einem Bebauungsplan auf Grund des Bundesbaugesetzes,
2. auf Grund des Flurbereinigungsgesetzes,
3. auf Grund wasserrechtlicher Vorschriften oder
4. in einem Planfeststellungsverfahren

rechtsverbindlich eine andere Nutzungsart festgesetzt worden ist.
(4) Das Nähere regeln die Länder.

§ 9 Erstaufforstung

(1) Die Erstaufforstung von Flächen bedarf der Genehmigung der nach Landesrecht zuständigen Behörde. Die Genehmigung darf nur versagt werden, wenn Erfordernisse der Raumordnung und Landesplanung der Aufforstung entgegenstehen und ihnen nicht durch Auflagen entsprochen werden kann. § 8 Abs. 1 Satz 2 und 4 sowie Abs. 3 gilt entsprechend.
(2) Einer Genehmigung nach Absatz 1 bedarf es nicht bei Flächen, deren Erstaufforstung in rechtsverbindlichen Plänen zugelassen ist oder die in nach Landesrecht ausgewiesenen Aufforstungsgewannen liegen.
(3) Das Nähere regeln die Länder.

§ 10 Bewirtschaftung des Waldes

(1) Der Waldbesitzer ist verpflichtet, seinen Wald im Rahmen der Zweckbestimmung ordnungsgemäß und nachhaltig zu bewirtschaften. Diese Bewirtschaftung umfaßt die zur Erhaltung des Waldes erforderliche Pflege, die Nutzung sowie die Wiederaufforstung.
(2) Kahlgeschlagene Waldflächen oder verlichtete Waldbestände sind, falls nicht die Umwandlung in eine andere Nutzungsart genehmigt worden oder sonst zulässig ist, in angemessener Frist wieder aufzuforsten oder zu ergänzen, soweit die natürliche Wiederbestockung unvollständig bleibt.

(3) Das Nähere regeln die Länder. Sie können weitergehende Vorschriften über die Verpflichtung des Waldbesitzers zur Bewirtschaftung des Waldes erlassen.

§ 11 Schutzwald

(1) Wald kann zu Schutzwald erklärt werden, wenn es zur Abwehr oder Verhütung von Gefahren, erheblichen Nachteilen oder erheblichen Belästigungen für das Wohl der Allgemeinheit erforderlich ist. Die Erklärung zu Schutzwald kommt insbesondere in Betracht zum Schutz gegen schädliche Umwelteinwirkungen im Sinne des Bundes-Immissionsschutzgesetzes vom ... . (Bundesgesetzbl. I S. ...), Erosion durch Wasser und Wind, Austrocknung, schädliches Abfließen von Niederschlagswasser und Lawinen. § 10 des Bundesfernstraßengesetzes, § 19 Abs. 1 Nr. 3 des Wasserhaushaltgesetzes und § 13 und § 14 Abs. 2 des Gesetzes über Naturschutz und Landschaftspflege vom ... (Bundesgesetzbl. I S. ...) bleiben unberührt.
(2) Die Erklärung zu Schutzwald findet im förmlichen Verfahren nach den §§ 50 bis 58 des Verwaltungsverfahrensgesetzes statt.
(3) Einer Erklärung zu Schutzwald nach den Absätzen 1 und 2 bedarf es nicht, wenn die Schutzwaldeigenschaft unmittelbar auf Grund landesrechtlicher Vorschriften gegeben ist.
(4) Ein Kahlhieb oder eine diesem in der Wirkung gleichkommende Lichthauung bedarf im Schutzwald der Genehmigung der nach Landesrecht zuständigen Behörde. Die Genehmigung kann mit Auflagen verbunden werden, soweit dies zur Erhaltung der Funktionen des Waldes erforderlich ist.
(5) Das Nähere zu Absatz 4 regeln die Länder. Sie können durch weitergehende Vorschriften den Waldbesitzer verpflichten, bestimmte Maßnahmen im Schutzwald zu unterlassen oder durchzuführen.

§ 12 Betreten des Waldes

(1) Das Betreten des Waldes zum Zwecke der Erholung ist auf eigene Gefahr gestattet. Ausgenommen sind Forstkulturen, Forstdickungen, Saatkämpe, Pflanzgärten, Naturverjüngungen, forst- und jagdwirtschaftliche Einrichtungen.
(2) Reiten, Fahren, Zelten und Abstellen von Wohnwagen sind im Wald nur gestattet, soweit hierfür eine besondere Befugnis vorliegt oder Wege und sonstige Flächen dazu besonders bestimmt sind.
(3) Die nach Landesrecht zuständige Behörde kann, soweit es zur Waldbrandverhütung oder zum Schutz der wildlebenden Tiere erforderlich ist, für bestimmte Waldgebiete die Befugnis zum Betreten des Waldes nach Absatz 1 einschränken.
(4) Der Waldbesitzer kann den Zutritt zu bestimmten Waldflächen aus wichtigen Gründen des Forstschutzes, der Wald- oder Wildbewirtschaftung oder zum Schutz der Waldbesucher ausschließen oder beschränken. Er bedarf hierfür der Genehmigung der nach Landesrecht zuständigen Behörde. Die Genehmigung darf nur befristet erteilt werden. Maßnahmen, die zum Schutz der Waldbesucher oder des Waldes sofort getroffen werden müssen, bedürfen keiner Genehmigung.

(5) Andere Vorschriften des öffentlichen Rechts, die das Betreten des Waldes gestatten, dieses Betreten einschränken oder solche Einschränkungen zulassen, bleiben unberührt.

Drittes Kapitel
Forstwirtschaftliche Zusammenschlüsse

[ausgelassen]

Viertes Kapitel
Förderung der Forstwirtschaft, Entschädigung, Aufwendungsersatz, Auskunftspflicht

§ 39 Förderung

(1) Die Forstwirtschaft soll wegen der Nutz-, Schutz- und Erholungsfunktionen des Waldes nach § 1 öffentlich gefördert werden.
(2) Die Förderung soll insbesondere auf die Sicherung der allgemeinen Bedingungen für die Wirtschaftlichkeit von Investitionen zur Erhaltung und nachhaltigen Bewirtschaftung des Waldes gerichtet sein. Zu diesem Zweck ist die Forstwirtschaft unter Berücksichtigung ihrer naturbedingten und wirtschaftlichen Besonderheiten vor allem mit den Mitteln der Wirtschafts-, Agrar- und Steuerpolitik in den Stand zu setzen, den Wald unter wirtschaftlich angemessenen Bedingungen zu nutzen und zu erhalten.
(3) Die Bundesregierung berichtet dem Deutschen Bundestag in dem Bericht nach § 4 des Landwirtschaftsgesetzes vom 5. September 1955 (Bundesgesetzbl. I S. 565) auf Grund der Wirtschaftsergebnisse der Staatsforstverwaltungen und der Forstbetriebsstatistik über die Lage und Entwicklung der Forstwirtschaft des Bundesgebietes sowie über die zur Förderung der Forstwirtschaft erforderlichen Maßnahmen.
(4) Der Bund beteiligt sich an der finanziellen Förderung der Forstwirtschaft nach dem Gesetz über die Gemeinschaftsaufgabe „Verbesserung der Agrarstruktur und des Küstenschutzes“ vom 3. September 1969 (Bundesgesetzbl. I S. 1573), geändert durch das Gesetz zur Änderung der Gesetze über die Gemeinschaftsaufgaben vom 23. Dezember 1971 (Bundesgesetzbl. I S. 2140).
(5) Staatliche Zuwendungen auf Grund des in Absatz 4 genannten Gesetzes können erhalten:

1. forstwirtschaftliche Zusammenschlüsse im Sinne dieses Gesetzes und nach § 37 gleichgestellte sonstige Zusammenschlüsse in der Forstwirtschaft sowie die nach Landesrecht gebildeten öffentlich-rechtlichen Waldwirtschaftsgenossenschaften und ähnliche Zusammenschlüsse einschließlich der Gemeinschaftsforsten, sofern ihre Aufgabe sich auf die Verbesserung der forstwirtschaftlichen Erzeugung oder die Förderung des Absatzes von Forsterzeugnissen erstreckt und sie einen wesentlichen Wettbewerb auf dem Holzmarkt bestehen lassen;

2. Inhaber land- oder forstwirtschaftlicher Betriebe oder Grundbesitzer, soweit ihre forstlichen Vorhaben nicht über forstwirtschaftliche Zusammenschlüsse gefördert werden.

§ 40 Entschädigung

(1) Soweit durch Versagung einer Umwandlungsgenehmigung nach § 8 oder einer Genehmigung zur Erstaufforstung nach § 9 oder durch Erklärung von Wald zu Schutzwald nach § 11 eine bisher zulässige Nutzung aufgehoben oder eingeschränkt wird, eine wesentliche Wertminderung eines Grundstückes eintritt, besondere Aufwendungen notwendig sind, die über das bei ordnungsgemäßer Nutzung eines Grundstückes erforderliche Maß hinausgehen, oder ein anderer nicht nur unwesentlicher Vermögensnachteil verursacht wird, ist vom Land oder der nach Landesrecht zuständigen Stelle eine Entschädigung in Geld zu leisten.
(2) Der Eigentümer des Grundstückes kann an Stelle der Entschädigung nach Absatz 1 vom Land oder von der nach Landesrecht zuständigen Stelle die Übernahme des Grundstückes verlangen, wenn es ihm mit Rücksicht auf die zugefügten Vermögensnachteile wirtschaftlich nicht mehr zuzumuten ist, das Grundstück zu behalten. Kommt eine Einigung über die Übernahme nicht zustande, so kann der Eigentümer die Entziehung des Eigentums an dem Grundstück verlangen. Hinsichtlich des Enteignungsverfahrens sind die §§ 104, 107 bis 122 des Bundesbaugesetzes entsprechend anzuwenden. Für die Bemessung der Entschädigung gelten § 93 Abs. 2 bis 4, § 94 Abs. 1 und die §§ 95 bis 103 des Bundesbaugesetzes entsprechend.
(3) Für die Bemessung der Entschädigung nach Absatz 1 gelten § 93 Abs. 3 und 4 und § 99 des Bundesbaugesetzes entsprechend.

§ 41 Aufwendungsersatz

Aufwendungen für den Schutz des Waldes und für Zwecke der Erholung, die nicht auf der Verpflichtung des Waldbesitzers zu einer ordnungsgemäßen Bewirtschaftung des Waldes nach § 10 beruhen, werden von der nach Landesrecht zuständigen Behörde ganz oder teilweise erstattet, wenn die Erstattung der Aufwendungen von ihr vorher zugesichert worden ist. § 93 Abs. 3 des Bundesbaugesetzes gilt entsprechend.

§ 42 Auskunftspflicht

(1) Natürliche und juristische Personen und nicht rechtsfähige Personenvereinigungen haben den zuständigen Behörden auf Verlangen die Auskünfte zu erteilen, die zur Durchführung der den Behörden durch dieses Gesetz oder auf Grund dieses Gesetzes übertragenen Aufgaben erforderlich sind.
(2) Der Auskunftspflichtige kann die Auskunft auf solche Fragen verweigern, deren Beantwortung ihn selbst oder einen der in § 383 Abs. 1 bis 3 der Zivilprozeßordnung bezeichneten Angehörigen der Gefahr strafgerichtlicher Verfolgung oder eines Verfahrens nach dem Gesetz über Ordnungswidrigkeiten aussetzen würde.

(3) Auf die nach Absatz 1 erlangten Kenntnisse und Unterlagen ist § 179 der Reichsabgabenordnung über die Auskunftspflicht der öffentlichen Behörden und Beamten gegenüber den Finanzämtern nicht anzuwenden. Dies gilt nicht für solche Tatsachen, die in Zusammenhang mit der Gewährung von Zuwendungen nach § 39 bekannt geworden sind.

§ 43 Verletzung der Auskunftspflicht

(1) Ordnungswidrig handelt, wer vorsätzlich oder fahrlässig entgegen § 42 Abs. 1 eine Auskunft nicht, nicht richtig, nicht vollständig oder nicht rechtzeitig erteilt.
(2) Die Ordnungswidrigkeit kann mit einer Geldbuße bis zu zwanzigtausend Deutsche Mark geahndet werden.

Fünftes Kapitel
Schlußvorschriften

§ 44 Allgemeine Verwaltungsvorschriften

Der Bundesminister für Ernährung, Landwirtschaft und Forsten erläßt mit Zustimmung des Bundesrates die zur Durchführung dieses Gesetzes erforderlichen allgemeinen Verwaltungsvorschriften.

§ 45 Anwendung des Gesetzes in besonderen Fällen

(1) Auf Flächen, die Zwecken

1. der Verteidigung einschließlich des Schutzes der Zivilbevölkerung,
2. des Bundesgrenzschutzes oder
3. des zivilen Luftverkehrs

dienen, sind die §§ 5, 6 und 8 bis 11 dieses Gesetzes und die in Ergänzung hierzu erlassenen Vorschriften nur anzuwenden, soweit dadurch die bestimmungsgemäße Nutzung nicht beeinträchtigt wird.
(2) Soll bei Vorhaben, die den in Absatz 1 Nr. 1 und 2 genannten Zwecken dienen, Wald in eine andere Nutzungsart umgewandelt werden (§ 8), eine Fläche erstmals aufgeforstet (§ 9) oder Schutzwald (§ 11) für die in Absatz 1 Nr. 1 und 2 genannten Zwecke verwendet werden, so ist die höhere Forstbehörde zu hören. Ist es erforderlich, von der Stellungnahme dieser Behörde abzuweichen, so entscheidet hierüber der zuständige Bundesminister im Einvernehmen mit den beteiligten Bundesministern und im Benehmen mit der nach Landesrecht zuständigen obersten Landesbehörde. Findet ein Anhörungsverfahren nach § 1 Landbeschaffungsgesetz, § 1 Schutzbereichsgesetz oder § 30 Abs. 3 Luftverkehrsgesetz statt, so sind die forstlichen Erfordernisse in diesem Verfahren abschließend zu erörtern.
(3) Die Absätze 1 und 2 gelten nicht im Land Berlin.

§ 46 Änderung von Vorschriften

Das Bundesbaugesetz vom 23. Juni 1960 (Bundesgesetzbl. I S. 341), zuletzt geändert durch das Kostenermächtigungs-Änderungsgesetz wird wie folgt geändert:

1. In § 1 Abs. 5 Satz 1 wird das Wort „Landwirtschaft“ durch die Worte „Land- und Forstwirtschaft“ ersetzt;
2. in § 1 Abs. 5 Satz 2 wird das Wort „Landwirtschaftliche“ durch die Worte „Land- und forstwirtschaftliche“ ersetzt.

§ 47 Berlin-Klausel

Dieses Gesetz gilt nach Maßgabe des § 13 Abs. 1 des Dritten Überleitungsgesetzes vom 4. Januar 1952 (Bundesgesetzbl. I S. 1) auch im Land Berlin.

§ 48 Inkrafttreten, Aufhebung von Vorschriften

(1) Dieses Gesetz tritt am 1. Januar 1974 in Kraft; § 44 tritt am Tage nach der Verkündung in Kraft.

(2) Gleichzeitig treten folgende Vorschriften außer Kraft:

1. das Gesetz über forstwirtschaftliche Zusammenschlüsse vom 1. September 1969 (Bundesgesetzbl. I S. 1543);
2. die Verordnung zur Förderung der Forst- und der Weidewirtschaft vom 7. Februar 1924 (Reichsgesetzbl. I S. 50);
3. das Gesetz gegen Waldverwüstung vom 18. Januar 1934 (Reichsgesetzbl. I S. 37);
4. die Verordnung zur Verhütung und Bekämpfung von Waldbränden in den nicht im Eigentum des Reichs oder der Länder stehenden Waldungen vom 18. Juni 1937 (Reichsgesetzbl. I S. 721);
5. die Verordnung zur Förderung der Nutzholzgewinnung vom 30. Juli 1937 (Reichsgesetzbl. 1937 I S. 876).

V. Gesetz zur Erhaltung des Waldes und zur Förderung der Forstwirtschaft (Bundeswaldgesetz) vom 2. Mai 1975

BGBl. I 1975, S. 1037 ff.

[unter Auslassung des Dritten Kapitels über Forstwirtschaftliche Zusammenschlüsse]

Der Bundestag hat mit Zustimmung des Bundesrates das folgende Gesetz beschlossen:

Erstes Kapitel
Allgemeine Vorschriften

§ 1 Gesetzeszweck

Zweck dieses Gesetzes ist insbesondere,

1. den Wald wegen seines wirtschaftlichen Nutzens (Nutzfunktion) und wegen seiner Bedeutung für die Umwelt, insbesondere für die dauernde Leistungsfähigkeit des Naturhaushaltes, das Klima, den Wasserhaushalt, die Reinhaltung der Luft, die Bodenfruchtbarkeit, das Landschaftsbild, die

Agrar- und Infrastruktur und die Erholung der Bevölkerung (Schutz- und Erholungsfunktion) zu erhalten, erforderlichenfalls zu mehren und seine ordnungsgemäße Bewirtschaftung nachhaltig zu sichern,
2. die Forstwirtschaft zu fördern und
3. einen Ausgleich zwischen dem Interesse der Allgemeinheit und den Belangen der Waldbesitzer herbeizuführen.

§ 2 Wald

(1) Wald im Sinne dieses Gesetzes ist jede mit Forstpflanzen bestockte Grundfläche. Als Wald gelten auch kahlgeschlagene oder verlichtete Grundflächen, Waldwege, Waldeinteilungs- und Sicherungsstreifen, Waldblößen und Lichtungen, Waldwiesen, Wildäsungsplätze, Holzlagerplätze sowie weitere mit dem Wald verbundene und ihm dienende Flächen.
(2) In der Flur oder im bebauten Gebiet gelegene kleinere Flächen, die mit einzelnen Baumgruppen, Baumreihen oder mit Hecken bestockt sind oder als Baumschulen verwendet werden, sind nicht Wald im Sinne dieses Gesetzes.
(3) Die Länder können andere Grundflächen dem Wald zurechnen und Weihnachtsbaum- und Schmuckreisigkulturen sowie zum Wohnbereich gehörende Parkanlagen vom Waldbegriff ausnehmen.

§ 3 Waldeigentumsarten

(1) Staatswald im Sinne dieses Gesetzes ist Wald, der im Alleineigentum des Bundes oder eines Landes steht, sowie Wald im Miteigentum eines Landes, soweit er nach landesrechtlichen Vorschriften als Staatswald angesehen wird.
(2) Körperschaftswald im Sinne dieses Gesetzes ist Wald, der im Alleineigentum der Gemeinden, der Gemeindeverbände, der Zweckverbände sowie sonstiger Körperschaften, Anstalten und Stiftungen des öffentlichen Rechts steht; ausgenommen ist der Wald von Religionsgemeinschaften und deren Einrichtungen, sowie von Realverbänden, Hauberggenossenschaften, Markgenossenschaften, Gehöferschaften und ähnlichen Gemeinschaften (Gemeinschaftsforsten), soweit er nicht nach landesrechtlichen Vorschriften als Körperschaftswald angesehen wird.
(3) Privatwald im Sinne dieses Gesetzes ist Wald, der weder Staatswald noch Körperschaftswald ist.

§ 4 Waldbesitzer

Waldbesitzer im Sinne dieses Gesetzes sind der Waldeigentümer und der Nutzungsberechtigte, sofern dieser unmittelbarer Besitzer des Waldes ist.

Zweites Kapitel
Erhaltung des Waldes

§ 5 Vorschriften für die Landesgesetzgebung

Die Vorschriften dieses Kapitels sind Rahmenvorschriften für die Landesgesetzgebung. Die Länder sollen innerhalb von zwei Jahren nach dem Inkrafttreten dieses Gesetzes den Bestimmungen dieses Kapitels entsprechende Vorschriften einschließlich geeigneter Entschädigungsregelungen erlassen oder bestehende Vorschriften anpassen.

Abschnitt I
Forstliche Rahmenplanung und Sicherung der Funktionen des Waldes bei Planungen und Maßnahmen von Trägern öffentlicher Vorhaben

§ 6 Aufgaben und Grundsätze der forstlichen Rahmenplanung

(1) Die forstliche Rahmenplanung im Sinne dieses Gesetzes dient der Ordnung und Verbesserung der Forststruktur und ist darauf gerichtet, die für die Entwicklung der Lebens- und Wirtschaftsverhältnisse notwendigen Funktionen des Waldes nach § 1 Nr. 1 zu sichern.

(2) Die Ziele der Raumordnung und Landesplanung sind bei der forstlichen Rahmenplanung zu beachten.

(3) Für die forstliche Rahmenplanung gelten insbesondere folgende Grundsätze:

1. Wald ist nach seiner Fläche und räumlichen Verteilung so zu erhalten oder zu gestalten, daß er die Leistungsfähigkeit des Naturhaushalts möglichst günstig beeinflußt, dem Schutz vor natürlichen oder zivilisatorischen Gefahren dient und der Bevölkerung möglichst weitgehend für die Erholung zur Verfügung steht; zugleich sollen die natürlichen Gegebenheiten, die wirtschaftlichen und sozialen Erfordernisse in den an das Bundesgebiet angrenzenden Räumen soweit wie möglich berücksichtigt werden.
2. Der Aufbau des Waldes soll so beschaffen sein, daß seine Funktionen entsprechend den tatsächlichen Erfordernissen auf die Dauer gewährleistet sind.
3. Auf geeigneten Standorten soll eine nachhaltige, möglichst hohe und hochwertige Holzerzeugung unter Erhaltung oder Verbesserung der Bodenfruchtbarkeit angestrebt werden, sofern nicht anderen Erfordernissen der Vorrang einzuräumen ist.
4. In Gebieten, in denen die Schutz- und Erholungsfunktion des Waldes von besonderem Gewicht ist, soll Wald für Schutz- oder Erholungszwecke in entsprechender räumlicher Ausdehnung und Gliederung unter Beachtung wirtschaftlicher Belange ausgewiesen werden. Hierbei sollen geeignete Anlagen und Einrichtungen insbesondere der erholungsgerechten Freizeitgestaltung sowie sonstige Maßnahmen vorgesehen werden.
5. Landwirtschaftliche Grenzertragsböden, Brachflächen oder Ödland sollen aufgeforstet werden, wenn dies wirtschaftlich und agrarstrukturell zweckmäßig ist und die Leistungsfähigkeit des Naturhaushalts verbessert wird.

In Gebieten mit hohem Waldanteil sollen ausreichende Flächen von der Aufforstung ausgenommen werden.

6. Wenn geringe Grundstücksgrößen oder die Gemengelage von Grundstücken verschiedener Besitzer einer rationellen forstwirtschaftlichen Bodennutzung entgegenstehen, sollen forstwirtschaftliche Zusammenschlüsse gebildet und, soweit erforderlich, die Zusammenlegung von Grundstücken angestrebt werden.

§ 7 Forstliche Rahmenpläne

(1) Zur Sicherung der für die Entwicklung der Lebens- und Wirtschaftsverhältnisse notwendigen forstlichen Voraussetzungen sollen die nach Landesrecht zuständigen Behörden forstliche Rahmenpläne für einzelne Waldgebiete oder das Landesgebiet oder Teile davon aufstellen. Dabei sind die Träger öffentlicher Belange, deren Interessen durch die forstliche Rahmenplanung berührt werden, rechtzeitig zu unterrichten und anzuhören, soweit nicht nach sonstigen Vorschriften eine andere Form der Beteiligung vorgeschrieben ist. Dies gilt entsprechend für die beteiligten Wald- und sonstigen Grundbesitzer und deren Zusammenschlüsse.
(2) Ein forstlicher Rahmenplan muß die Sachverhalte und Erfordernisse, welche die Forststruktur sowie die Funktionen des Waldes gemäß § 1 Nr. 1 betreffen, berücksichtigen.
(3) Die raumbedeutsamen Erfordernisse und Maßnahmen der forstlichen Rahmenpläne werden unter Abwägung mit den anderen raumbedeutsamen Planungen und Maßnahmen nach Maßgabe der landesplanungsrechtlichen Vorschriften der Länder in die Programme oder Pläne des § 5 Abs. 1 Satz 1 und 2 und Absatz 3 des Raumordnungsgesetzes aufgenommen.

§ 8 Sicherung der Funktionen des Waldes bei Planungen und Maßnahmen von Trägern öffentlicher Vorhaben

Die Träger öffentlicher Vorhaben haben bei Planungen und Maßnahmen, die eine Inanspruchnahme von Waldflächen vorsehen oder die in ihren Auswirkungen Waldflächen betreffen können,

1. die Funktionen des Waldes nach § 1 Nr. 1 angemessen zu berücksichtigen;
2. die für die Forstwirtschaft zuständigen Behörden bereits bei der Vorbereitung der Planungen und Maßnahmen zu unterrichten und anzuhören, soweit nicht nach diesem Gesetz und sonstigen Vorschriften eine andere Form der Beteiligung vorgeschrieben ist.

Abschnitt II
Erhaltung und Bewirtschaftung des Waldes, Erstaufforstung

§ 9 Erhaltung des Waldes

(1) Wald darf nur mit Genehmigung der nach Landesrecht zuständigen Behörde gerodet und in eine andere Nutzungsart umgewandelt werden (Umwandlung). Bei der Entscheidung über einen Umwandlungsantrag sind die Rechte, Pflichten und wirtschaftlichen Interessen des Waldbesitzers sowie die Belange der Allgemeinheit gegeneinander und untereinander abzuwägen. Die Genehmigung soll versagt werden, wenn die Erhaltung des Waldes überwiegend im öffentlichen Interesse liegt, insbesondere wenn der Wald für die Leistungsfähigkeit des Naturhaushalts, die forstwirtschaftliche Erzeugung oder die Erholung der Bevölkerung von wesentlicher Bedeutung ist.

(2) Eine Umwandlung von Wald kann auch für einen bestimmten Zeitraum genehmigt werden; durch Auflagen ist dabei sicherzustellen, daß das Grundstück innerhalb einer angemessenen Frist ordnungsgemäß wieder aufgeforstet wird.

(3) Die Länder können bestimmen, daß die Umwandlung

1. keiner Genehmigung nach Absatz 1 bedarf, wenn für die Waldfläche auf Grund anderer öffentlich-rechtlicher Vorschriften rechtsverbindlich eine andere Nutzungsart festgestellt worden ist;
2. weiteren Einschränkungen unterworfen oder, insbesondere bei Schutz- und Erholungswald, untersagt wird.

§ 10 Erstaufforstung

(1) Die Erstaufforstung von Flächen bedarf der Genehmigung der nach Landesrecht zuständigen Behörde. Die Genehmigung darf nur versagt werden, wenn Erfordernisse der Raumordnung und Landesplanung der Aufforstung entgegenstehen und ihnen nicht durch Auflagen entsprochen werden kann. § 9 Abs. 1 Satz 2 gilt entsprechend.

(2) Die Länder können bestimmen, daß die Erstaufforstung

1. keiner Genehmigung bedarf, wenn für eine Fläche auf Grund anderer öffentlich-rechtlicher Vorschriften die Aufforstung rechtsverbindlich festgesetzt worden ist oder Erfordernisse der Raumordnung und Landesplanung nicht berührt werden;
2. weiteren Einschränkungen unterworfen oder auch untersagt wird.

§ 11 Bewirtschaftung des Waldes

Der Wald soll im Rahmen seiner Zweckbestimmung ordnungsgemäß und nachhaltig bewirtschaftet werden. Durch Landesgesetz ist mindestens die Verpflichtung für alle Waldbesitzer zu regeln, kahlgeschlagene Waldflächen oder verlichtete Waldbestände in angemessener Frist

1. wieder aufzuforsten oder
2. zu ergänzen, soweit die natürliche Wiederbestockung unvollständig bleibt,

falls nicht die Umwandlung in eine andere Nutzungsart genehmigt worden oder sonst zulässig ist.

§ 12 Schutzwald

(1) Wald kann zu Schutzwald erklärt werden, wenn es zur Abwehr oder Verhütung von Gefahren, erheblichen Nachteilen oder erheblichen Belästigungen für die Allgemeinheit notwendig ist, bestimmte forstliche Maßnahmen durchzuführen oder zu unterlassen. Die Erklärung zu Schutzwald kommt insbesondere in Betracht zum Schutz gegen schädliche Umwelteinwirkungen im Sinne des Bundes-Immissionsschutzgesetzes vom 15. März 1974 (Bundesgesetzbl. I S. 721), Erosion durch Wasser und Wind, Austrocknung, schädliches Abfließen von Niederschlagswasser und Lawinen. § 10 des Bundesfernstraßengesetzes und § 19 Abs. 1 Nr. 3 des Wasserhaushaltsgesetzes bleiben unberührt.
(2) Einer Erklärung zu Schutzwald nach Absatz 1 bedarf es nicht, wenn die Schutzwaldeigenschaft unmittelbar auf Grund landesrechtlicher Vorschriften gegeben ist.
(3) Ein Kahlhieb oder eine diesem in der Wirkung gleichkommende Lichthauung bedarf im Schutzwald der Genehmigung der nach Landesrecht zuständigen Behörde. Die Genehmigung kann mit Auflagen verbunden werden, soweit dies zur Erhaltung der Funktionen des Waldes erforderlich ist.
(4) Das Nähere regeln die Länder. Sie können durch weitergehende Vorschriften den Waldbesitzer verpflichten, bestimmte Maßnahmen im Schutzwald zu unterlassen oder durchzuführen.

§ 13 Erholungswald

(1) Wald kann zu Erholungswald erklärt werden, wenn es das Wohl der Allgemeinheit erfordert, Waldflächen für Zwecke der Erholung zu schützen, zu pflegen oder zu gestalten.
(2) Das Nähere regeln die Länder. Sie können insbesondere Vorschriften erlassen über

1. die Bewirtschaftung des Waldes nach Art und Umfang;
2. die Beschränkung der Jagdausübung zum Schutz der Waldbesucher;
3. die Verpflichtung der Waldbesitzer, den Bau, die Errichtung und die Unterhaltung von Wegen, Bänken, Schutzhütten und ähnlichen Anlagen oder Einrichtungen und die Beseitigung von störenden Anlagen oder Einrichtungen zu dulden;
4. das Verhalten der Waldbesucher.

§ 14 Betreten des Waldes

(1) Das Betreten des Waldes zum Zwecke der Erholung ist gestattet. Das Radfahren, das Fahren mit Krankenfahrstühlen und das Reiten im Walde ist nur auf Straßen und Wegen gestattet. Die Benutzung geschieht auf eigene Gefahr.

(2) Die Länder regeln die Einzelheiten. Sie können das Betreten des Waldes aus wichtigem Grund, insbesondere des Forstschutzes, der Wald- oder Wildbewirtschaftung, zum Schutz der Waldbesucher oder zur Vermeidung erheblicher Schäden oder zur Wahrung anderer schutzwürdiger Interessen des Waldbesitzers, einschränken und andere Benutzungsarten ganz oder teilweise dem Betreten gleichstellen.

Drittes Kapitel
Forstwirtschaftliche Zusammenschlüsse

[ausgelassen]

Viertes Kapitel
Förderung der Forstwirtschaft, Auskunftspflicht

§ 41 Förderung

(1) Die Forstwirtschaft soll wegen der Nutz-, Schutz- und Erholungsfunktionen des Waldes nach § 1 öffentlich gefördert werden.
(2) Die Förderung soll insbesondere auf die Sicherung der allgemeinen Bedingungen für die Wirtschaftlichkeit von Investitionen zur Erhaltung und nachhaltigen Bewirtschaftung des Waldes gerichtet sein. Zu diesem Zweck ist die Forstwirtschaft unter Berücksichtigung ihrer naturbedingten und wirtschaftlichen Besonderheiten vor allem mit den Mitteln der Wirtschafts-, Verkehrs-, Agrar-, Sozial- und Steuerpolitik in den Stand zu setzen, den Wald unter wirtschaftlich angemessenen Bedingungen zu nutzen und zu erhalten.
(3) Die Bundesregierung berichtet dem Deutschen Bundestag in dem Bericht nach § 4 des Landwirtschaftsgesetzes vom 5. September 1955 (Bundesgesetzbl. I S. 565) auf Grund der Wirtschaftsergebnisse der Staatsforstverwaltungen und der Forstbetriebsstatistik über die Lage und Entwicklung der Forstwirtschaft und der Struktur der Holzwirtschaft des Bundesgebiets sowie über die zur Förderung der Forstwirtschaft erforderlichen Maßnahmen. Dieser Bericht erstreckt sich auch auf die Belastungen aus der Schutz- und Erholungsfunktion.
(4) Der Bund beteiligt sich an der finanziellen Förderung der Forstwirtschaft nach dem Gesetz über die Gemeinschaftsaufgabe „Verbesserung der Agrarstruktur und des Küstenschutzes" vom 3. September 1969 (Bundesgesetzbl. I S. 1573), geändert durch das Gesetz zur Änderung der Gesetze über die Gemeinschaftsaufgaben vom 23. Dezember 1971 (Bundesgesetzbl. I S. 2140).
(5) Staatliche Zuwendungen auf Grund des in Absatz 4 genannten Gesetzes können erhalten:

1. forstwirtschaftliche Zusammenschlüsse im Sinne dieses Gesetzes und nach § 39 gleichgestellte sonstige Zusammenschlüsse in der Forstwirtschaft sowie die nach Landesrecht gebildeten öffentlich-rechtlichen Waldwirtschaftsgenossenschaften und ähnliche Zusammenschlüsse einschließlich der Gemeinschaftsforsten, sofern ihre Aufgabe sich auf die Verbesserung der forstwirtschaftlichen Erzeugung oder die Förderung des Absatzes von

Forsterzeugnissen erstreckt und sie einen wesentlichen Wettbewerb auf dem Holzmarkt bestehen lassen;

2. Inhaber land- oder forstwirtschaftlicher Betriebe oder Grundbesitzer, soweit ihre forstlichen Vorhaben nicht über forstwirtschaftliche Zusammenschlüsse gefördert werden.

§ 42 Auskunftspflicht

(1) Natürliche und juristische Personen und nicht rechtsfähige Personenvereinigungen haben den zuständigen Behörden auf Verlangen die Auskünfte zu erteilen, die zur Durchführung der den Behörden durch dieses Gesetz oder auf Grund dieses Gesetzes übertragenen Aufgaben erforderlich sind.
(2) Der Auskunftspflichtige kann die Auskunft auf solche Fragen verweigern, deren Beantwortung ihn selbst oder einen der in § 383 Abs. 1 bis 3 der Zivilprozeßordnung bezeichneten Angehörigen der Gefahr strafgerichtlicher Verfolgung oder eines Verfahrens nach dem Gesetz über Ordnungswidrigkeiten aussetzen würde.

§ 43 Verletzung der Auskunftspflicht

(1) Ordnungswidrig handelt, wer vorsätzlich oder fahrlässig entgegen § 42 Abs. 1 eine Auskunft nicht, nicht richtig, nicht vollständig oder nicht rechtzeitig erteilt.
(2) Die Ordnungswidrigkeit kann mit einer Geldbuße bis zu zwanzigtausend Deutsche Mark geahndet werden.

Fünftes Kapitel
Schlußvorschriften

§ 44 Allgemeine Verwaltungsvorschriften

Der Bundesminister für Ernährung, Landwirtschaft und Forsten erläßt mit Zustimmung des Bundesrates die zur Durchführung der §§ 15 bis 40 erforderlichen allgemeinen Verwaltungsvorschriften.

§ 45 Anwendung des Gesetzes in besonderen Fällen

(1) Auf Flächen, die Zwecken

1. der Verteidigung einschließlich des Schutzes der Zivilbevölkerung,
2. des Bundesgrenzschutzes oder
3. des zivilen Luftverkehrs

dienen, sind die nach den §§ 6, 7 und 9 bis 13 dieses Gesetzes erlassenen Landesvorschriften nur anzuwenden, soweit dadurch die bestimmungsgemäße Nutzung nicht beeinträchtigt wird.
(2) Soll bei Vorhaben, die den in Absatz 1 Nr. 1 und 2 genannten Zwecken dienen, Wald in eine andere Nutzungsart umgewandelt werden (§ 9), eine Fläche erstmals aufgeforstet (§ 10), Schutzwald (§ 12) oder Erholungswald (§ 13) für die in Absatz 1 Nr. 1 und 2 genannten Zwecke verwendet werden, so ist die höhere Forstbehörde

zu hören. Ist es erforderlich, von der Stellungnahme dieser Behörde abzuweichen, so entscheidet hierüber der zuständige Bundesminister im Einvernehmen mit den beteiligten Bundesministern und im Benehmen mit der nach Landesrecht zuständigen obersten Landesbehörde. Findet ein Anhörungsverfahren nach § 1 Landbeschaffungsgesetz, § 1 Schutzbereichsgesetz oder § 30 Abs. 3 Luftverkehrsgesetz statt, so sind die forstlichen Erfordernisse in diesem Verfahren abschließend zu erörtern.
(3) Behörden des Bundes und der bundesunmittelbaren Körperschaften, Anstalten und Stiftungen des öffentlichen Rechts haben bei Planungen und Maßnahmen, die eine Inanspruchnahme von Waldflächen vorsehen oder die in ihren Auswirkungen Waldflächen betreffen können, die Vorschriften des § 8 zu beachten.
(4) Die Absätze 1 und 2 gelten nicht im Land Berlin.

§ 46 Änderung von Vorschriften

Das Bundesbaugesetz vom 23. Juni 1960 (Bundesgesetzbl.I S. 341), zuletzt geändert durch das Gesetz zur Erleichterung der Verwaltungsreform in den Ländern (Zuständigkeitslockerungsgesetz) vom 10. März 1975 (Bundesgesetzbl. I S. 685) wird wie folgt geändert:

1. In § 1 Abs. 5 Satz 1 wird das Wort „Landwirtschaft“ durch die Worte „Land- und Forstwirtschaft“ ersetzt;
2. in § 1 Abs. 5 Satz 2 wird das Wort „Landwirtschaftliche“ durch die Worte „Land- und forstwirtschaftliche“ ersetzt.

§ 47 Berlin-Klausel

Dieses Gesetz gilt nach Maßgabe des § 13 Abs. 1 des Dritten Überleitungsgesetzes vom 4. Januar 1952 (Bundesgesetzbl. I S. 1) auch im Land Berlin.
§ 48 Inkrafttreten, Aufhebung von Vorschriften
(1) Dieses Gesetz tritt am Tage nach der Verkündung in Kraft.
(2) Gleichzeitig treten folgende Vorschriften außer Kraft:

1. das Gesetz über forstwirtschaftliche Zusammenschlüsse vom 1. September 1969 (Bundesgesetzblatt I S. 1543), zuletzt geändert durch das Einführungsgesetz zum Strafgesetzbuch vom 2. März 1974 (Bundesgesetzbl. I S. 469);
2. die Verordnung zur Förderung der Forst- und der Weidewirtschaft vom 7. Februar 1924 (Reichsgesetzbl. I S. 50);
3. das Gesetz gegen Waldverwüstung vom 18. Januar 1934 (Reichsgesetzbl. I S. 37), geändert durch das Einführungsgesetz zum Gesetz über Ordnungswidrigkeiten vom 24. Mai 1968 (Bundesgesetzbl. I S. 503);
4. die Verordnung zur Verhütung und Bekämpfung von Waldbränden in den nicht im Eigentum des Reichs oder der Länder stehenden Waldungen vom 18. Juni 1937 (Reichsgesetzbl. I S. 721);
5. die Verordnung zur Förderung der Nutzholzgewinnung vom 30. Juli 1937 (Reichsgesetzbl. I S. 876).

Das vorstehende Gesetz wird hiermit verkündet.
Bonn, den 2. Mai 1975
Der Bundespräsident
Scheel
Der Bundeskanzler
Schmidt
Der Bundesminister für Ernährung, Landwirtschaft und Forsten
J. Ertl
Der Bundesminister der Finanzen
Hans Apel

VI. Waldgesetz für das Land Schleswig-Holstein (Landeswaldgesetz) vom 5. Dezember 2004

GVOBl. SH 2004, S. 461 ff.

Der Landtag hat das folgende Gesetz beschlossen:

Abschnitt I
Allgemeine Vorschriften

§ 1 Grundsatz, Gesetzeszweck

(1) Der Wald in Schleswig-Holstein gehört zu den Naturreichtümern des Landes, ist eine unverzichtbare Lebensgrundlage der Menschen und bietet unersetzbaren Lebensraum für Pflanzen und Tiere. Nach Maßgabe dieses Gesetzes ist der Wald in seiner Gesamtheit zu schützen und in seiner Lebens- und Funktionsfähigkeit dauerhaft zu erhalten.

(2) Zweck dieses Gesetzes ist es

1. den Wald
   a) wegen seines wirtschaftlichen Nutzens, insbesondere als Ressource des nachwachsenden Rohstoffes Holz (Nutzfunktion),
   b) wegen seiner Bedeutung für die Umwelt, insbesondere für die dauernde Leistungsfähigkeit des Naturhaushalts, die wild lebenden Tiere und Pflanzen und deren genetische Vielfalt, den Boden, den Wasserhaushalt, das Klima, die Luft und die Atmosphäre sowie das Landschaftsbild (Schutzfunktion) und
   c) wegen seiner Bedeutung für die Erholung der Bevölkerung (Erholungsfunktion)

   zu erhalten, naturnah zu entwickeln, zu mehren und seine nachhaltige Bewirtschaftung zu sichern;
2. die nachhaltige Forstwirtschaft zu fördern und die Waldbesitzenden bei der Erfüllung ihrer Aufgaben nach diesem Gesetz zu unterstützen;

3. einen Ausgleich zwischen den Rechten, Pflichten und wirtschaftlichen Interessen der Waldbesitzenden und den Interessen der Allgemeinheit zu gewährleisten.

(3) Der nachhaltigen Forstwirtschaft kommt für die Erhaltung und Gestaltung einer vielfältigen, artenreichen und funktionsfähigen Kultur- und Erholungslandschaft große Bedeutung zu. Kennzeichen nachhaltiger Forstwirtschaft ist, dass die biologische Vielfalt, die Produktivität, die Bodenfruchtbarkeit und Verjüngungsfähigkeit, die Vitalität und die Fähigkeit, gegenwärtig und in Zukunft die in Absatz 2 Nr. 1 genannten Waldfunktionen zu erfüllen, erhalten bleiben.

§ 2 Begriffsbestimmungen

(1) Wald im Sinne dieses Gesetzes ist jede mit Waldgehölzen bestockte Grundfläche. Als Wald gelten auch

1. kahl geschlagene oder durch Brand oder Naturereignisse entstandene Waldkahlflächen und verlichtete Grundflächen,
2. Waldwege, Waldschneisen, Waldblößen, Waldwiesen, Waldeinteilungsstreifen sowie mit dem Wald verbundene Wildäsungsflächen und Sicherungsstreifen,
3. im und am Wald gelegene Knicks,
4. Holzlagerplätze und sonstige mit dem Wald verbundene und ihm dienende Flächen wie Pflanzgärten, Parkplätze, Spielplätze und Liegewiesen,
5. Kleingewässer, Moore, Heiden und sonstige ungenutzte Ländereien von untergeordneter Bedeutung, sofern und solange diese mit Wald verbunden und natürliche Bestandteile der Waldlandschaft sind, unbeschadet anderer Rechtsvorschriften,
6. gemäß § 9 Abs. 4 Satz 2 für die natürliche Neuwaldbildung vorgesehene, als Ersatzaufforstung zugelassene Flächen.

Wald sind nicht

1. in der Flur oder im bebauten Gebiet gelegene kleinere Flächen, die nur mit einzelnen Baumgruppen, Baumreihen oder Hecken bestockt sind,
2. Baumschulen,
3. Weihnachtsbaum- und Schmuckreisigkulturen,
4. Schnellwuchsplantagen sowie
5. zum Wohnbereich gehörende Parkanlagen und mit Waldgehölzen bestandene Friedhöfe.

(2) Waldwege im Sinne dieses Gesetzes sind nicht dem öffentlichen Verkehr gewidmete dauerhaft angelegte oder naturfeste forstliche Wirtschaftswege, die von zweispurigen Fahrzeugen ganzjährig befahren werden können (Fahrwege), sowie besonders gekennzeichnete Wanderwege, Radwege und Reitwege. Rückegassen und Gliederungslinien der Betriebsplanung sind keine Waldwege. Die Bestimmungen der § 3 Abs. 1 Nr. 4 Buchst. a und § 15 Abs. 2 und 3 des Straßen- und Wegegesetzes

in der Fassung der Bekanntmachung vom 25. November 2003 (GVOBI. Schl.-H. S. 631, ber. 2004 S. 140) bleiben unberührt.
(3) Waldgehölze im Sinne dieses Gesetzes sind alle Waldbaum- und Waldstraucharten ohne Rücksicht auf Alter und Zustand. Bestockung ist der flächenhafte Bewuchs mit Waldgehölzen ohne Rücksicht auf Verteilung und Art der Entstehung. Standortheimisch und der natürlichen Waldgesellschaft zugehörig ist eine Baumart, wenn sich ihr jeweiliger Wuchsstandort im natürlichen Verbreitungsgebiet der betreffenden Art befindet oder in der Nacheiszeit befand.
(4) Waldeigentumsarten im Sinne dieses Gesetzes sind

1. Staatswald: der Wald im Allein- oder Miteigentum des Landes (Landeswald), insbesondere der zum Sondervermögen „Landeswald Schleswig-Holstein" gehörende Wald, und Wald im Alleineigentum des Bundes oder eines anderen Bundeslandes;
2. Körperschaftswald: der Wald im Eigentum der Gemeinden, Kreise, Zweckverbände oder der Körperschaften, Stiftungen und Anstalten des öffentlichen Rechtes, ausgenommen Wälder von Religionsgemeinschaften und deren Einrichtungen sowie Gemeinschaftsforsten;
3. Privatwald: alle übrigen Wälder.

(5) Waldbesitzende im Sinne dieses Gesetzes sind die Waldeigentümerinnen und Waldeigentümer und Nutzungsberechtigte, sofern diese den Wald unmittelbar besitzen, als natürliche oder juristische Personen. Waldbesitzender des zum Sondervermögen „Landeswald Schleswig-Holstein" gehörenden Waldes ist das Sondervermögen, vertreten durch das Ministerium für Umwelt, Naturschutz und Landwirtschaft des Landes Schleswig-Holstein.

Abschnitt II
Forstliche Rahmenplanung

§ 3 Forstliche Rahmenplanung

(1) Zur Sicherung der für die Entwicklung der Lebens- und Wirtschaftsverhältnisse notwendigen forstlichen Voraussetzungen sollen von der obersten Forstbehörde oder der von ihr bestimmten Stelle unter Beachtung der Aufgaben und Grundsätze nach § 6 des Bundeswaldgesetzes vom 2. Mai 1975 (BGBl. I S. 1037), zuletzt geändert durch Artikel 204 der Verordnung vom 29. Oktober 2001 (BGBI. I S. 2785), forstliche Rahmenpläne erstellt und fortgeschrieben werden. Dabei sind die Ziele der Raumordnung, insbesondere die angestrebte Erhöhung des Waldanteils, und anderer raumbedeutsamer Fachplanungen welche die Forststruktur und die Waldfunktionen beeinflussen können, zu beachten; die Grundsätze und sonstigen Erfordernisse der Raumordnung sind zu berücksichtigen,
(2) Die forstlichen Rahmenpläne enthalten eine Darstellung

1. des aktuellen Waldzustandes,
2. der Nutz-, Schutz und Erholungsfunktion des Waldes,

3. der raumbedeutsamen waldbezogenen Ziele,
4. der Gebiete mit besonderer Bedeutung für die Neuwaldbildung,
5. des angestrebten Waldzustandes sowie
6. der zur Erreichung des angestrebten Zustands erforderlichen Maßnahmen.

(3) Zum Entwurf der forstlichen Rahmenpläne erhalten
1. die betroffenen Kreise, Gemeinden und Ämter,
2. die Landwirtschaftskammer,
3. die nach § 51 des Landesnaturschutzgesetzes sowie § 58 des Bundesnaturschutzgesetzes anerkannten Vereine,
4. die übrigen betroffenen regionalen Träger öffentlicher Belange, Vereine und Verbände,
5. die betroffenen Waldbesitzenden und sonstigen Grundbesitzenden sowie
6. die forstwirtschaftlichen Zusammenschlüsse

Gelegenheit zur Stellungnahme, indem der Planentwurf nach öffentlicher Bekanntmachung einen Monat in den amtsfreien Gemeinden und Ämtern ausgelegt wird, auf deren Gebiet er sich erstreckt; § 140 Abs. 2 bis 5 und 8 des Landesverwaltungsgesetzes ist entsprechend anzuwenden.

(4) Die forstlichen Rahmenpläne werden von der obersten Forstbehörde festgestellt und im Amtsblatt für Schleswig-Holstein veröffentlicht. Die raumbedeutsamen Inhalte der forstlichen Rahmenpläne sind nach Maßgabe des Landesplanungsgesetzes in die Regionalpläne zu übernehmen.

§ 4 Sicherung der Waldfunktionen bei Planungen und Maßnahmen von Trägern öffentlicher Vorhaben

Die Träger öffentlicher Vorhaben haben bei Planungen und Maßnahmen, die eine Inanspruchnahme von Waldflächen vorsehen oder die in ihren Auswirkungen Waldflächen betreffen können,
1. die Funktionen des Waldes nach § 1 Abs. 2 Nr. 1 angemessen zu berücksichtigen; sie sollen Wald nur in Anspruch nehmen, soweit der Planungszweck nicht auf anderen Flächen verwirklicht werden kann, und
2. die Forstbehörden bereits bei der Vorbereitung der Planungen und Maßnahmen zu unterrichten und anzuhören, soweit nicht nach § 45 Abs. 2 des Bundeswaldgesetzes und sonstigen Rechtsvorschriften eine andere Form der Beteiligung vorgeschrieben ist.

Abschnitt III
Waldbewirtschaftung, Walderhaltung, Neuwaldbildung

§ 5 Bewirtschaftung des Waldes

(1) Die Bewirtschaftung des Waldes hat im Rahmen seiner Zweckbestimmung ordnungsgemäß, nachhaltig und naturnah nach den Grundsätzen der guten fachlichen

Praxis zu erfolgen. Sie soll die Nutz-, Schutz- und Erholungsfunktion des Waldes stetig und auf Dauer gewährleisten.
(2) Grundsätze der guten fachlichen Praxis sind insbesondere:

1. Langfristigkeit der forstlichen Produktion und Sicherung einer nachhaltigen Holzerzeugung nach Menge und Güte;
2. Erhaltung der Waldökosysteme als Lebensraum einer artenreichen heimischen Pflanzen- und Tierwelt;
3. Aufbau naturnaher Wälder mit hinreichendem Anteil standortheimischer Baumarten unter Ausnutzung geeigneter Naturverjüngung und Verwendung geeigneten forstlichen Vermehrungsgutes bei Erhaltung der genetischen Vielfalt;
4. bedarfsgerechte Walderschließung unter größtmöglicher Schonung von Landschaft, Waldboden und -bestand;
5. Anwendung von bestandes- und bodenschonenden Techniken, insbesondere bei Verjüngungsmaßnahmen, Holznutzung und -transport;
6. Verzicht auf Entwässerungsmaßnahmen, die über das bisherige Maß hinausgehen;
7. Beschränkung des Einsatzes von Pflanzennährstoffen auf die Behebung anthropogener Nährstoffmängel und Bekämpfung immissionsbedingter Bodenversauerung;
8. Nutzung der Möglichkeiten des integrierten Pflanzenschutzes unter weitestgehendem Verzicht auf Pflanzenschutzmittel;
9. Verzicht auf Einbringung gentechnisch modifizierter Organismen in den Wald;
10. Anpassung der Wilddichten an die natürliche Biotopkapazität der Waldökosysteme;
11. Erhaltung von Alt- und Totholz.

(3) Kahlschläge sind verboten, sofern sie nicht nach § 7 zugelassen sind. Kahlschläge sind alle Hiebsmaßnahmen, die freilandähnliche Verhältnisse bewirken und damit mindestens zeitweilig zu einer erheblichen Beeinträchtigung von Schutzfunktionen des Waldes führen. Ein Kahlschlag liegt regelmäßig dann vor, wenn der Holzvorrat auf einer zusammenhängenden Fläche von über 0,3 Hektar auf weniger als 60 % des nach gebräuchlichen Ertragstafeln oder bekannter standörtlicher Wuchsleistung üblichen Holzvorrats abgesenkt wird. Nicht als Kahlschläge gelten Hiebsmaßnahmen, die

1. einer gesicherten Verjüngung dienen,
2. aus Gründen der Verkehrssicherung oder
3. auf Grund von Brand oder Naturereignissen wie Sturmschäden oder Schädlingsbefall

notwendig sind.

(4) Die oberste Forstbehörde kann zu Absatz 2 Nr. 3, 4, 5, 8 und 11 Näheres im Rahmen einer Rechtsverordnung regeln.
(5) Eine Ausnahme von den Vorschriften nach Absatz 1 und 2 kann auf Antrag zugelassen werden, wenn die waldbesitzende Person sich in dem Antrag verpflichtet, die Bewirtschaftung nicht vor Ablauf von zwanzig Jahren wieder aufzunehmen und das Aussetzen der Bewirtschaftung dem Zweck dieses Gesetzes nicht entgegensteht. Absatz 2 Nr. 6 bis 10, Absatz 3 sowie die §§ 8, 12, 22 und 23 gelten auch während der Aussetzung der Bewirtschaftung. § 33 bleibt unberührt. Die Wiederaufnahme der Bewirtschaftung ist der Forstbehörde vorher anzuzeigen. Maßnahmen zur Wiederaufnahme der Bewirtschaftung sind finanziell nicht förderungsfähig.
(6) Für alle Wälder sind eine forstliche Standortkartierung und eine Waldfunktionenkartierung nach einheitlichen Grundsätzen durchzuführen. Staatswald sowie Körperschaftswald mit einer Fläche über 50 Hektar ist nach periodischen Betriebsplänen für zehnjährige Zeiträume zu bewirtschaften. In diesen sind alle wesentlichen Maßnahmen gemäß Absatz 2 festzulegen oder zu bestätigen.
(7) Weitergehende Anforderungen auf Grund des Landesnaturschutzgesetzes bleiben unberührt.

§ 6 Zielsetzungen für den Staats- und Körperschaftswald

(1) Der Staats- und Körperschaftswald dient in besonderem Maße dem Allgemeinwohl. Er ist unter besonderer Berücksichtigung der Schutz- und Erholungsfunktion zu bewirtschaften, zu entwickeln und zu vermehren.
(2) Der Landeswald ist fachkundig zu bewirtschaften. Dabei sind über die Grundsätze der guten fachlichen Praxis hinaus insbesondere folgende Ziele und Grundsätze zu beachten:

1. Orientierung aller waldbaulichen Maßnahmen an der natürlichen Eigendynamik der Wälder und Minimierung der Eingriffe;
2. Vorrang der Naturverjüngung standortheimischer Baumarten vor anderen Verjüngungsformen und Einbeziehung natürlicher Sukzessionen in die Waldentwicklung;
3. Einzelstamm- bis gruppenweise Holznutzung;
4. Verzicht auf chemische Pflanzenschutzmittel;
5. Anpassung der Wilddichten an die natürliche Biotopkapazität der Waldökosysteme, so dass die Verjüngung standortheimischer Baumarten in größeren Wäldern ohne Maßnahmen zur Wildschadensverhütung möglich wird:
6. Erhöhung des Alt- und Totholzanteils insbesondere in den von Laubbäumen geprägten Beständen auf bis zu 10 % des Gesamtholzvorrats abhängig vom Bestandesalter;
7. schrittweise Herausnahme von 10 % der Waldfläche aus der Bewirtschaftung zur Schaffung eines repräsentativen Netzes von Naturwäldern;
8. Waldpädagogik und Öffentlichkeitsarbeit über den Wald und die nachhaltige Forstwirtschaft im Rahmen der Bildung für nachhaltige Entwicklung.

Bei der Bewirtschaftung des Körperschaftswaldes sollen die Ziele und Grundsätze nach Satz 2 im Rahmen der betrieblichen Möglichkeiten beachtet werden.

§ 7 Ausnahmen vom Kahlschlagsverbot

(1) Die Forstbehörde kann vom Verbot des § 5 Abs. 3 Ausnahmen für Kahlschläge bis zu zwei Hektar zulassen.
(2) Die Ausnahme soll unbeschadet weitergehender Rechtsvorschriften, insbesondere des Landesnaturschutzgesetzes, nur zugelassen werden, wenn der Kahlschlag

1. der Entwicklung eines Waldbestandes mit überwiegendem Anteil an standortheimischen Baumarten dient und
   a) die Gewähr besteht, dass die Fläche in angemessener Frist wieder aufgeforstet wird oder sich natürlich wiederbewaldet (§ 8) und
   b) die natürlichen Bodenfunktionen, der Wasserhaushalt oder sonstige Waldfunktionen, auch auf benachbarten Flächen, nicht erheblich oder dauerhaft beeinträchtigt werden können,
2. die Lebensgrundlagen und Entwicklungsmöglichkeiten wild lebender gefährdeter oder geschützter Tier- oder Pflanzenarten erheblich verbessert oder
3. der Erhaltung kulturhistorischer Waldnutzungsformen dient.

In den Fällen des Satzes 1 Nr. 2 entscheidet die Forstbehörde im Einvernehmen mit der unteren Naturschutzbehörde.
(3) Der Kahlschlag kann von der Forstbehörde flächenmäßig begrenzt werden. Mit seiner Durchführung darf erst nach seiner Zulassung begonnen werden.

§ 8 Wiederaufforstung und natürliche Wiederbewaldung

(1) Die waldbesitzende Person hat Waldkahlflächen außerhalb von Naturwäldern unabhängig von der Ursache ihrer Entstehung

1. in angemessener Frist mit Waldbäumen wieder aufzuforsten (Wiederaufforstung) oder
2. einer natürlichen Verjüngung zu überlassen, sofern diese mit einem hinreichenden Anteil an standortheimischen Waldbäumen und -sträuchern innerhalb von fünf Jahren nach Entstehung der Kahlfläche auf wesentlichen Teilen der Fläche zu erwarten ist (natürliche Wiederbewaldung),

es sei denn, die Forstbehörde bestimmt etwas anderes. Ist im Fall des Satzes 1 Nr. 2 eine solche Verjüngung nach fünf Jahren nicht entstanden und gesichert, hat die waldbesitzende Person die Flächen unverzüglich wieder aufzuforsten.
(2) Verlichtete Waldbestände außerhalb von Naturwäldern hat die waldbesitzende Person unabhängig von der Ursache ihrer Entstehung in angemessener Frist zu unterpflanzen oder zu ergänzen, soweit diese sich nicht ausreichend natürlich verjüngen.

(3) Die Forstbehörde kann die Wiederaufforstung von unbestockten oder unvollständig bestockten Flächen unabhängig von der Ursache ihrer Entstehung anordnen, wenn die Flächen Wald im Sinne dieses Gesetzes sind oder gewesen sind.
(4) Zur Sicherung der Wiederaufforstung oder natürlichen Wiederbewaldung kann von der waldbesitzenden Person Sicherheit in der Höhe verlangt werden, die die voraussichtlichen Kosten für die Wiederaufforstung oder natürliche Wiederbewaldung einschließlich der Nachbesserung sowie für die erforderliche Sicherung der Kultur oder natürlichen Verjüngung bis längstens fünf Jahre nach ihrer Begründung deckt.

§ 9 Umwandlung von Wald

(1) Wald darf nur mit vorheriger Genehmigung der Forstbehörde abgeholzt, gerodet oder auf sonstige Weise in eine andere Nutzungsart umgewandelt werden (Umwandlung).
(2) Die Genehmigung schließt die Genehmigung nach § 7a des Landesnaturschutzgesetzes ein. Die Forstbehörde entscheidet insoweit im Einvernehmen mit der zuständigen Naturschutzbehörde. Versagt die Naturschutzbehörde ihr Einvernehmen, erlässt diese unter Benachrichtigung der Forstbehörde den Ablehnungsbescheid. Für Vorhaben, die in Anlage 1 des Landes-UVP-Gesetzes vom 13. Mai 2003 (GVOBl. Schl.-H. S. 246) aufgeführt sind, kann die Genehmigung nur in einem Verfahren erteilt werden, das den Anforderungen des Landes-UVP-Gesetzes entspricht.
(3) Die Genehmigung ist zu versagen, wenn die beabsichtigte Umwandlung

1. Schutz- oder Naturwald beeinträchtigen würde,
2. benachbarten Wald gefährden oder die Erhaltung oder Bildung geschlossener Waldbestände beeinträchtigen würde,

oder wenn die Erhaltung des Waldes aus anderen Gründen im überwiegenden öffentlichen Interesse liegt.
(4) Wird die Umwandlung genehmigt, ist die waldbesitzende Person verpflichtet, eine Fläche, die nicht Wald ist und dem umzuwandelnden Wald nach naturräumlicher Lage, Beschaffenheit und künftiger Funktion gleichwertig ist oder werden kann, aufzuforsten (Ersatzaufforstung), es sei denn, die Forstbehörde bestimmt etwas anderes. Im Einzelfall kann die Forstbehörde auch eine durch natürliche Gehölzsukzession entstehende Neuwaldfläche (natürliche Neuwaldbildung) als Ersatzaufforstung zulassen; § 8 Abs. 1 Satz 1 Nr. 2 und Satz 2 gelten entsprechend. Ist die Ersatzaufforstung nicht möglich, legt die Forstbehörde eine Ausgleichszahlung fest und entscheidet über ihre Verwendung. Die Höhe der Ausgleichszahlungen bemisst sich nach den Kosten, die die waldbesitzende Person für eine Ersatzaufforstung hätte aufwenden müssen. Um die Erfüllung der Ersatzaufforstungsverpflichtung oder anderer Nebenbestimmungen zu gewährleisten, kann die Forstbehörde eine Sicherheitsleistung verlangen; § 8 Abs. 4 gilt entsprechend.
(5) Die waldbesitzende Person kann die Anrechnung einer von ihr oder einem Dritten ohne rechtliche Verpflichtung und ohne finanzielle Förderung durchgeführten Erstaufforstung oder einer natürlichen Neuwaldbildung als Ersatzaufforstung für

künftige Waldumwandlungen verlangen, wenn die Forstbehörde der Anrechnung der Maßnahme vorher zugestimmt hat und die Anrechenbarkeit zum Zeitpunkt der Umwandlung feststellt.
(6) Die Genehmigung ist zu befristen; die Frist darf fünf Jahre nicht überschreiten. Die Waldfläche darf erst unmittelbar vor der Verwirklichung der anderen Nutzung abgeholzt oder gerodet werden. Bis dahin bleibt die waldbesitzende Person zur Einhaltung der Vorschriften zur Bewirtschaftung des Waldes und zum Waldschutz verpflichtet.
(7) Die Absätze 1 bis 6 gelten entsprechend, wenn Wald in eine halboffene Weidelandschaft nach § 1 Abs. 2 Nr. 17 des Landesnaturschutzgesetzes einbezogen wird. Soweit waldähnlicher Bewuchs erst während der Nutzung einer Fläche als halboffene Weidelandschaft entsteht, gilt dieser für die Dauer der Nutzung nicht als Wald im Sinne von § 2.

§ 10 Erstaufforstung

(1) Nicht als Wald genutzte Grundflächen dürfen nur mit vorheriger Genehmigung der Forstbehörde aufgeforstet werden (Erstaufforstung).
(2) Die Genehmigung schließt die Genehmigung nach § 7a des Landesnaturschutzgesetzes ein. Die Forstbehörde entscheidet insoweit im Einvernehmen mit der zuständigen Naturschutzbehörde. Versagt die Naturschutzbehörde ihr Einvernehmen, erlässt diese unter Benachrichtigung der Forstbehörde den Ablehnungsbescheid. Für Vorhaben, die in Anlage 1 des Landes-UVP-Gesetzes aufgeführt sind, kann die Genehmigung nur in einem Verfahren erteilt werden, das den Anforderungen des Landes-UVP- Gesetzes entspricht.
(3) Die Genehmigung ist zu versagen, wenn

1. die Grundfläche öffentlich-rechtlich verbindlich für andere Zwecke vorgesehen ist oder
2. der Erstaufforstung ein anderes überwiegendes öffentliches Interesse entgegensteht.

(4) Für Erstaufforstungen auf landeseigenen Grundstücken gelten die Absätze 1 bis 3 entsprechend; der Erteilung einer Genehmigung bedarf es nicht.

§ 11 Teilung von Waldgrundstücken

(1) Die Teilung von Waldgrundstücken bedarf der vorherigen Genehmigung der Forstbehörde, wenn eines der dadurch entstehenden Teilgrundstücke kleiner als drei Hektar ist. Die Genehmigung darf nur erteilt werden, wenn gewährleistet ist, dass die geteilten Waldgrundstücke weiterhin gemäß § 5 bewirtschaftet werden können.
(2) Die Genehmigung der Umwandlung eines Waldgrundstückes schließt die Genehmigung seiner Teilung nach Absatz 1 ein.
(3) Das Grundbuchamt darf auf Grund eines nach Absatz 1 genehmigungsbedürftigen Rechtsvorganges eine Eintragung im Grundbuch erst vornehmen, wenn der Genehmigungsbescheid vorgelegt wird.

(4) Ist auf Grund eines nicht genehmigten Rechtsvorganges eine Eintragung im Grundbuch vorgenommen worden, kann die Forstbehörde, falls die Genehmigung erforderlich war, das Grundbuchamt um die Eintragung eines Widerspruchs ersuchen. Der Widerspruch ist zu löschen, wenn die Forstbehörde darum ersucht oder wenn dem Grundbuchamt die Genehmigung nachgewiesen wird.
(5) Besteht die auf Grund eines nicht genehmigten Rechtsvorganges vorgenommene Eintragung einer Grundstücksteilung ein Jahr, gilt die Teilung als genehmigt, es sei denn, dass vor Ablauf dieser Zeit ein Widerspruch der Forstbehörde im Grundbuch eingetragen oder seine Eintragung beantragt worden ist.
(6) Ist zu einem Rechtsvorgang eine Genehmigung nicht erforderlich, hat die Genehmigungsbehörde auf Antrag einer oder eines Beteiligten darüber ein Zeugnis auszustellen. Das Zeugnis steht der Genehmigung gleich.

§ 12 Nachbarrechte und Nachbarpflichten

(1) Waldbesitzende haben bei der Bewirtschaftung ihres Waldes und sonstigen Maßnahmen auf Grund dieses Gesetzes auf die schutzwürdigen Interessen der Eigentümerinnen oder Eigentümer oder Nutzungsberechtigten benachbarter Grundstücke angemessene Rücksicht zu nehmen, soweit dies im Rahmen der Vorschriften dieses Gesetzes möglich und zumutbar ist. Sie haben ihre Maßnahmen in der Nähe der Grenzen aufeinander abzustimmen und insbesondere Maßnahmen zu unterlassen, durch die benachbarte Waldflächen offensichtlich der Gefahr des Windwurfs, der Aushagerung oder des Rindenbrandes ausgesetzt werden.
(2) Ist die Bewirtschaftung einer Waldfläche, insbesondere die Holzfällung oder die Abfuhr von Walderzeugnissen, ohne Benutzung eines fremden Grundstückes nicht oder nur mit unverhältnismäßig großen Nachteilen möglich, sind die Eigentümerinnen oder Eigentümer oder Nutzungsberechtigten des fremden Grundstücks verpflichtet, auf Antrag der Waldbesitzenden die Benutzung im notwendigen Umfang zu gestatten. Die Waldbesitzenden haben den dadurch entstehenden Schaden zu ersetzen. Für die Benutzung nicht öffentlicher Wege kann eine angemessene Vergütung verlangt werden.
(3) Wird eine Grundfläche erstmalig aufgeforstet oder eine Kahlfläche an landwirtschaftlich oder erwerbsgärtnerisch genutzten Nachbargrundstücken wieder aufgeforstet, gilt § 37 des Nachbarrechtsgesetzes für das Land Schleswig-Holstein vom 24. Februar 1971 (GVOBI. Schl.-H. S. 54), zuletzt geändert durch Artikel 4 des Gesetzes vom 19. November 1982 (GVOBI. Schl.-H. S. 256), mit der Maßgabe, dass die dort ausgesprochenen Verpflichtungen für die Waldbesitzenden nur für Waldbäume bestehen, deren Stämme näher als vier Meter zum Nachbargrundstück stehen.

Abschnitt IV
Besonders geschützte Waldgebiete

§ 13 Schutzwald

(1) Wald kann durch Verordnung zu Schutzwald erklärt werden, wenn es zur Abwehr oder Verhütung von Gefahren, erheblichen Nachteilen oder erheblichen

Belästigungen für die Allgemeinheit notwendig ist, einen Wald zu erhalten oder bestimmte forstliche Maßnahmen durchzuführen, zu unterlassen oder zu dulden. Schutzwälder dienen insbesondere folgenden Zwecken:

1. Schutz vor schädlichen Umwelteinwirkungen im Sinne des Bundes-Immissionsschutzgesetzes, Erosion durch Wasser und Wind, Austrocknung, schädlichem Abfließen von Niederschlagswasser, Überflutung, Uferabbruch, Schneeverwehung und Windgefährdung von Verkehrswegen,
2. Schutz der Quellgebiete und Oberflächengewässer, Sicherung der Wasservorräte und Regulierung des Wasserhaushaltes oder
3. Schutz des Bodens auf erosionsgefährdeten Standorten.

§ 10 des Bundesfernstraßengesetzes in der Fassung der Bekanntmachung vom 20. Februar 2003 (BGBl. I S. 286) und § 19 Abs. 1 Nr. 3 des Wasserhaushaltsgesetzes in der Fassung der Bekanntmachung vom 19. August 2003 (BGBI. I S. 3245) bleiben unberührt.

(2) Zu Schutzwald kann auch Wald erklärt werden, in dem schutzwürdige und schutzbedürftige Lebensgemeinschaften oder Waldnutzungsformen von erheblicher kulturhistorischer Bedeutung durch forstliche Maßnahmen erhalten oder wieder hergestellt werden sollen. § 15a des Landesnaturschutzgesetzes bleibt unberührt.

(3) Die Eigentümerinnen und Eigentümer, Nutzungsberechtigten oder Unterhaltungspflichtigen von Grundstücken, Gebäuden, Gewässern oder sonstigen Anlagen, von denen eine Gefährdung ausgeht, die eine Erklärung zum Schutzwald erforderlich macht oder die durch die Bildung von Schutzwald herabgesetzt oder beseitigt wird, können zum Ersatz der entstehenden Aufwendungen oder zu leistender Entschädigungen angemessen herangezogen werden.

§ 14 Naturwald

(1) Wald, der unter Verzicht auf Bewirtschaftungsmaßnahmen dauerhaft sich selbst überlassen werden soll, kann durch Verordnung zu Naturwald erklärt werden. Naturwälder dienen insbesondere folgenden Zwecken:

1. Sicherung einer ungestörten natürlichen Entwicklung standortspezifischer Lebensräume für Tiere und Pflanzen,
2. waldökologische Forschung,
3. Dauerbeobachtung von Waldlebensgemeinschaften sowie
4. Sicherung genetischer Informationen.

(2) Handlungen, die zu einer Zerstörung, Beschädigung oder Veränderung des Naturwaldes oder seiner Bestandteile oder zu einer erheblichen oder dauerhaften Störung der Lebensgemeinschaften führen können, sind verboten.

§ 15 Erlass von Schutz- und Naturwaldverordnungen

(1) Verordnungen nach den §§ 13 und 14 erlässt die oberste Forstbehörde.

(2) Vor dem Erlass einer Verordnung sind

1. die betroffenen waldbesitzenden Personen,
2. die Behörden und öffentlichen Planungsträger, deren Aufgabenbereich durch die Verordnung berührt wird, sowie
3. die nach § 51 des Landesnaturschutzgesetzes sowie § 58 des Bundesnaturschutzgesetzes anerkannten Vereine

zu hören. Bei Schutzwald gegen schädliche Umwelteinwirkungen sind auch die in § 13 Abs. 3 Satz 1 genannten Personen und bei Naturwald die Eigentümerinnen und Eigentümer, Nutzungsberechtigten und Unterhaltungspflichtigen angrenzender Waldgrundstücke zu hören.

(3) Der Entwurf der Verordnung und die dazugehörenden Karten sind für die Dauer eines Monats in den Städten, amtsfreien Gemeinden und Ämtern, in denen sich das Vorhaben auswirken kann, öffentlich auszulegen. Ort und Dauer der Auslegung sind mindestens eine Woche vorher ortsüblich bekannt zu machen mit dem Hinweis darauf, dass Bedenken und Anregungen bis zwei Wochen nach Ablauf der Auslegungsfrist bei der obersten Forstbehörde vorgebracht werden können.

(4) In der Verordnung sollen

1. der Schutzgegenstand,
2. der Schutzzweck,
3. die zur Erreichung des Schutzzweckes notwendigen Ge- und Verbote und
4. die unter Berücksichtigung des Schutzzweckes vertretbaren Ausnahmen von den Ge- und Verboten

geregelt werden, bei Schutzwäldern außerdem die forstlichen Maßnahmen gemäß § 13 Abs. 1 Satz 1 und Abs. 2 Satz 1. Die Abgrenzung des Schutz- oder Naturwaldes ist grob zu beschreiben und in einer Karte hinreichend genau darzustellen. Die Karte ist mit der Verordnung zu verkünden oder bei der in der Verordnung zu bestimmenden Behörde auf Dauer zur Einsicht für jedermann bereitzuhalten.

§ 16 Vorkaufsrecht

(1) Dem Land steht ein Vorkaufsrecht an einem Grundstück zu, das ganz oder teilweise in einem Schutz- oder Naturwald liegt.

(2) Das Vorkaufsrecht des Landes wird durch Verwaltungsakt der obersten Forstbehörde gegenüber der veräußernden Person ausgeübt; das Land darf sein Vorkaufsrecht nicht ausüben, wenn das Grundstück an Familienangehörige im Sinne von § 8 Nr. 2 des Grundstückverkehrsgesetzes vom 28. Juli 1961 (BGBl. I S. 1091, 1652, 2000), zuletzt geändert durch Artikel 2 Nr. 22 des Gesetzes vom 8. Dezember 1986 (BGBl. I S. 2191) verkauft wird.

(3) Das Vorkaufsrecht des Landes bedarf nicht der Eintragung im Grundbuch. Es geht rechtsgeschäftlichen Vorkaufsrechten im Rang vor und tritt hinter öffentlich-rechtlichen Vorkaufsrechten auf Grund Bundesrechts zurück. Die §§ 463 bis 469, 471, 1098 Abs. 2 und die §§ 1099 bis 1102 des Bürgerlichen Gesetzbuches gelten entsprechend.

(4) Das Land kann sein Vorkaufsrecht zu Gunsten eines Kreises, einer Gemeinde, einer sonstigen der Aufsicht des Landes unterstehenden Körperschaft, Anstalt oder Stiftung des öffentlichen Rechts, einer sonstigen Naturschutzstiftung oder eines Naturschutzvereins ausüben, wenn die begünstigte Person zustimmt. In diesem Fall tritt die begünstigte Person an die Stelle des Landes. Für die Verpflichtungen aus dem Kaufvertrag haftet das Land neben der oder dem Begünstigten.

Abschnitt V
Betreten des Waldes

§ 17 Betreten des Waldes

(1) Jeder Mensch darf den Wald zum Zwecke der naturverträglichen Erholung auf eigene Gefahr betreten. Das Betreten in der Zeit von einer Stunde nach Sonnenuntergang bis zu einer Stunde vor Sonnenaufgang (Nachtzeit) ist auf Waldwege beschränkt. Auch bei Tage auf Waldwege beschränkt ist das Radfahren, das Fahren mit Krankenfahrstühlen, das Skilaufen und das nicht durch Motorkraft oder Zugtiere bewirkte Schlittenfahren.

(2) Nicht gestattet sind

1. das Betreten von Waldflächen und -wegen, in deren Bereich Holz eingeschlagen, aufbereitet, gerückt oder gelagert wird oder Wegebaumaßnahmen durchgeführt werden,
2. das Betreten von Forstkulturen, Pflanzgärten, Wildäckern sowie sonstigen forstwirtschaftlichen, fischereiwirtschaftlichen oder jagdlichen Einrichtungen und Anlagen,
3. sonstige Benutzungsarten des Waldes wie, das Fahren, ausgenommen nach Absatz 1, das Abstellen von Fahrzeugen und Wohnwagen, das Zelten sowie die Mitnahme von gezähmten Wildtieren und Haustieren mit Ausnahme angeleinter Hunde auf Waldwegen sowie
4. die Durchführung organisierter Veranstaltungen im Wald,

es sei denn, dass hierfür eine Zustimmung der waldbesitzenden Person vorliegt. Die Waldfunktionen und sonstige Rechtsgüter dürfen auf Grund dieser Zustimmung nicht beeinträchtigt werden. § 20 und andere Vorschriften des öffentlichen Rechts, die die Regelungen der Absätze 1 bis 3 einschränken oder solche Einschränkungen zulassen, bleiben unberührt.

(3) Wer sich im Wald befindet, hat sich so zu verhalten, dass die Lebensgemeinschaft Wald nicht mehr als unvermeidbar beeinträchtigt, die Bewirtschaftung des Waldes nicht behindert, der Wald und darin gelegene Einrichtungen und Anlagen nicht gefährdet, geschädigt oder verunreinigt und die Erholung oder sonstige schutzwürdige Interessen anderer nicht beeinträchtigt werden. Weitergehende Rechtsvorschriften bleiben unberührt.

§ 18 Reiten im Wald

(1) Das Reiten ist im Wald auf eigene Gefahr gestattet

1. auf besonders gekennzeichneten Waldwegen (Reitwegen),
2. auf Fahrwegen, sofern hierfür eine Zustimmung der waldbesitzenden Person vorliegt,
3. auf privaten Straßen mit Bitumen-, Beton- oder vergleichbarer Decke,
4. auf allen dem öffentlichem Verkehr gewidmeten Straßen und Wegen.

Weitergehende Befugnisse und Absprachen mit der waldbesitzenden Person und der betroffenen Gemeinde bleiben unberührt. § 17 Abs. 2 Satz 2 gilt entsprechend.

(2) Geeignete und zusammenhängende Reitwege im Verbund mit sonstigen Straßen, Wegen und Flächen, auf denen das Reiten zulässig ist, sind in ausreichendem Umfang einzurichten.

(3) Gemeinden oder Kreise, auf deren Gebiet keine dem Bedarf entsprechenden Möglichkeiten zum Reiten im Wald vorhanden sind, sollen für eine Absatz 2 entsprechende Regelung sorgen, indem sie auf das Zustandekommen von entsprechenden Vereinbarungen zwischen den Waldbesitzenden und den Reitervereinigungen, Reitstallbesitzenden oder ähnlichen Unternehmungen (Reitsportunternehmen) hinwirken, die den Bedarf an Reitwegen auslösen. Das gilt auch, wenn Absprachen der Waldbesitzenden mit Reiterinnen und Reitern den schutzwürdigen Interessen der übrigen Waldbesuchenden nicht mehr gerecht werden.

(4) Kommt eine Regelung nach Absatz 3 nicht zu Stande, soll die Forstbehörde auf Antrag eines Reitsportunternehmens, einer Gemeinde oder eines Kreises einen Reitweg in dem notwendigen und gegenüber den übrigen Waldbesuchenden vertretbaren Umfang ausweisen. Die Ausweisung setzt voraus, dass

1. die Antragstellenden sich ernsthaft um eine Vereinbarung nach Absatz 3 zu angemessenen Bedingungen vergeblich bemüht haben und
2. die Antragstellenden oder Dritte den Waldbesitzenden Ersatz für erhebliche durch das Reiten verursachte Wegeschäden, im Falle eines unzumutbaren Nachteils, der nicht durch anderweitige Maßnahmen ausgeglichen werden kann, eine angemessene Entschädigung in Geld leisten. § 28 Abs. 2 Satz 1 ist im Falle einer Entschädigung entsprechend anzuwenden.

Die Forstbehörde entscheidet nach Erörterung der beabsichtigten Ausweisung mit den nach Absatz 3 Beteiligten im Einvernehmen mit dem Forstausschuss (§ 20 Abs. 4). Die Ausweisung ist jederzeit widerruflich und steht unter dem Vorbehalt der nachträglichen Aufnahme, Änderung oder Ergänzung von Nebenbestimmungen einschließlich erforderlicher Sicherheitsleistungen.

(5) Die oberste Forstbehörde kann durch Rechtsverordnung Näheres über das Reiten im Walde und über die Heranziehung der Reitenden zu Abgaben für die Anlage und Unterhaltung von Reitwegen sowie für die Beseitigung von Reitschäden nach § 30 Abs. 1 Nr. 2 regeln.

§ 19 Haftung

Durch das Betreten und sonstige Benutzungsarten des Waldes werden keine besonderen Sorgfalts- und Verkehrssicherungspflichten der Waldbesitzenden begründet. Die Waldbesitzenden und sonstigen Grundbesitzenden haften insbesondere regelmäßig nicht für

1. typische sich aus dem Wald und der Bewirtschaftung des Waldes (§ 5), den Zielsetzungen für den Staats- und Körperschaftswald (§ 6) und den Regelungen für Naturwald (§ 14) ergebende Gefahren, insbesondere durch Bäume oder Teile von Bäumen und den Zustand von Wegen,
2. Gefahren, die dadurch entstehen, dass beim Betreten oder bei sonstigen Benutzungsarten des Waldes (§§ 17 und 18) schlechte Witterungs- oder Sichtverhältnisse nicht berücksichtigt werden sowie
3. Gefahren abseits von Waldwegen, insbesondere durch waldtypische Geländeverhältnisse, Gruben, Gräben und Rohrdurchlässe.

§ 20 Sperren von Wald

(1) Die waldbesitzende Person kann mit vorheriger Genehmigung der Forstbehörde das Betreten oder sonstige Benutzungsarten des Waldes nach § 17 Abs. 1 ganz oder teilweise untersagen und entsprechende Einrichtungen anbringen (Sperren des Waldes), wenn und solange

1. die Sperrung aus wichtigen Gründen des Waldschutzes, der Wald- und Wildbewirtschaftung, der Verkehrssicherung oder zur Vermeidung erheblicher Schäden am Wald erforderlich ist,
2. Störungen die Erhaltung bestimmter wildlebender Tier- und Pflanzenarten wesentlich beeinträchtigen können,
3. dies nach anderen landesrechtlichen Vorschriften zulässig ist oder
4. ein anderer wichtiger Grund die Sperrung im Einzelfall erfordert

und wesentliche Belange der Allgemeinheit, insbesondere die Erholung der Bevölkerung nicht entgegenstehen. Eine Sperrung kann von der Forstbehörde auch von Amts wegen angeordnet werden. Sperrungen sind zu befristen; sie können widerrufen oder eingeschränkt werden. Weitergehende Rechtsvorschriften bleiben unberührt.

(2) Die Forstbehörde hat bei den Entscheidungen nach Absatz 1 zu berücksichtigen, ob die Interessen der erholungsuchenden Bevölkerung durch benachbarte Waldflächen in angemessenem Umfang gewährleistet sind. Die Gemeinden sind zu hören, soweit ihre Belange berührt werden.

(3) Beabsichtigt eine waldbesitzende Person, eine Waldfläche in der Zeit vom 1. September bis zum 30. April nicht länger als insgesamt drei Wochen nach Absatz 1 Satz 1 Nr. 1 zu sperren, genügt die vorherige Anzeige bei der Forstbehörde. In der Anzeige sind die Tage, die Größe und Lage der gesperrten Waldflächen anzugeben.

(4) Die Forstbehörde entscheidet außer in den Fällen des Absatzes 1 Satz 1 Nr. 2 und 3 und des Absatzes 3 im Einvernehmen mit einem bei ihr gebildeten Forstausschuss, der sich zusammensetzt aus

1. einer Vertreterin oder einem Vertreter des Staats- oder Körperschaftswaldes,
2. einer Vertreterin oder einem Vertreter der unteren Naturschutzbehörde, die oder der mit den Belangen des Fremdenverkehrs vertraut sein soll,
3. einer oder einem Waldbesitzenden, die oder der von der Landwirtschaftskammer auf Vorschlag der Landesorganisation der Privatwaldbesitzenden benannt wird.

Kommt ein Einvernehmen nicht zu Stande, entscheidet die oberste Forstbehörde. Die Mitglieder des Forstausschusses wählen aus ihrer Mitte eine vorsitzende Person, die auch die Entscheidung vorzubereiten und mitzuteilen hat.
(5) Wird ein Wald durch Erholungsuchende übermäßig stark beansprucht oder in seiner Funktionsfähigkeit beeinträchtigt, kann die oberste Forstbehörde nach Anhörung der betroffenen Waldbesitzenden den Wald sperren, wenn dies im öffentlichen Interesse geboten ist.
(6) Liegen die Voraussetzungen für ein Sperren des Waldes nicht oder nicht mehr vor, hat die waldbesitzende Person die Sperrung unverzüglich zu beseitigen.

§ 21 Kennzeichnung des Waldes

(1) Wald ist von der waldbesitzenden Person in dem notwendigen Umfang so zu kennzeichnen, dass für die Waldbesuchenden erkennbar ist, welche Waldwege und sonstigen Waldflächen

1. nach § 20 ganz oder teilweise gesperrt oder
2. nach § 18 als Reitwege eingerichtet sind.

Die Kennzeichnung der in Satz 1 genannten Waldflächen und -wege von Amts wegen hat die waldbesitzende Person zu dulden,
(2) Die oberste Forstbehörde kann durch Verordnung nähere Vorschriften über die Kennzeichnung des Waldes erlassen.

Abschnitt VI
Waldschutz

§ 22 Schutzmaßnahmen gegen Schadorganismen

(1) Wird der Wald in erheblichem Umfang von Schadorganismen bedroht oder befallen, ist die waldbesitzende Person verpflichtet, in erforderlichem Umfang nach den Grundsätzen des integrierten Pflanzenschutzes anerkannt wirksame Gegenmaßnahmen zu ergreifen. Dabei ist präventiven Waldbaumaßnahmen der Vorrang einzuräumen. Die Forstbehörde ist ermächtigt, bei stark zunehmendem, auf benachbarte Flächen anderer waldbesitzender Personen übergreifendem oder überörtlichem Befall mit Schadorganismen besondere Anordnungen zu treffen.

(2) In der Zeit vom 1. Mai bis zum 30. September darf gefälltes Nadelholz unentrindet weder im Wald noch innerhalb von drei Kilometern Entfernung von der Grenze des nächsten mit Nadelbäumen bestockten Waldes gelagert werden. Kann das aufgearbeitete Nadelderbholz im Einzelfall nicht unverzüglich entrindet oder aus dem Wald abtransportiert werden, ist eine vorbeugende, sachgemäße Behandlung des an zentraler Stelle zu lagernden Holzes mit anerkannt wirksamen Mitteln gegen den Befall mit Schadorganismen zulässig. Absatz 1 Satz 2 gilt entsprechend.

§ 23 Schutzmaßnahmen gegen Waldbrände

(1) Zur Verhütung von Waldbränden kann die Forstbehörde gegenüber Waldbesitzenden die notwendigen Schutzmaßnahmen anordnen. Sie ist berechtigt, Waldbesitzenden die Herstellung technischer Einrichtungen und die Durchführung technischer Maßnahmen im Rahmen ihres Leistungsvermögens aufzuerlegen, soweit dies zur Verhütung und Bekämpfung von Waldbränden erforderlich ist.
(2) Die Forstbehörde kann nach Anhörung der betroffenen Waldbesitzenden Schutzmaßnahmen, die ihrer Art nach nur für mehrere Waldbesitzende gemeinsam getroffen werden können, auf deren Kosten selbst durchführen. Bei Gefahr im Verzug kann die Anhörung unterbleiben.
(3) Die oberste Forstbehörde kann durch Verordnung besondere Vorschriften für die Verhütung und Bekämpfung von Waldbränden erlassen. Dabei kann sie insbesondere

1. den Umfang der für jede Person zumutbaren Hilfeleistung beim Löschen und Melden von Wald-, Moor- und Heidebränden regeln,
2. den Gebrauch von Feuer und Licht regeln und das Rauchen ganz oder teilweise verbieten.

§ 24 Waldschutzstreifen

(1) Zur Verhütung von Waldbränden, zur Sicherung der Waldbewirtschaftung und der Walderhaltung, wegen der besonderen Bedeutung von Waldrändern für den Naturschutz sowie zur Sicherung von baulichen Anlagen vor Gefahren durch Windwurf oder Waldbrand ist es verboten, Vorhaben im Sinne des § 29 des Baugesetzbuches in einem Abstand von weniger als 30 m vom Wald (Waldschutzstreifen) durchzuführen. Satz 1 gilt nicht für genehmigungs- und anzeigefreie Vorhaben gemäß § 69 der Landesbauordnung sowie für Anlagen des öffentlichen Verkehrs, jeweils mit Ausnahme von Gebäuden.
(2) Der Waldschutzstreifen ist nachrichtlich in die Bebauungspläne oder Satzungen nach § 34 Abs. 4 Satz 1 Nr. 2 und 3 des Baugesetzbuches aufzunehmen. Die zuständige Bauaufsichtsbehörde kann Unterschreitungen des Abstandes im Einvernehmen mit der Forstbehörde zulassen, wenn eine Gefährdung nach Absatz 1 Satz 1 nicht zu besorgen ist. Ist die Unterschreitung Voraussetzung für die Zulässigkeit eines Vorhabens in Gebieten mit Bebauungsplänen oder Satzungen nach § 34 Abs. 4 Satz 1 Nr. 2 und 3 des Baugesetzbuches, erfolgt die Entscheidung bei der Aufstellung, Änderung oder Ergänzung des Bebauungsplanes oder der Satzung.

Abschnitt VII
Förderung der Forstwirtschaft

§ 25 Grundsatz

Waldbesitzende sollen zur Aufrechterhaltung und Weiterentwicklung einer nachhaltigen Forstwirtschaft (§ 1 Abs. 3), die sowohl die wirtschaftliche als auch die ökologische und soziale Leistungsfähigkeit der Forstbetriebe sicherstellt, fachlich und finanziell gefördert werden.

§ 26 Fachliche Förderung

(1) Die fachliche Förderung umfasst die unentgeltliche Beratung und bei Bedarf die Betreuung des Privat- und Körperschaftswaldes. Durch die Beratung sollen insbesondere die Besitzenden des kleineren und mittleren Privat- und Körperschaftswaldes in der Bewirtschaftung ihres Waldes nach den Vorschriften dieses Gesetzes unterstützt, aus- und fortgebildet werden. Die Betreuung besteht in der entgeltlichen Übernahme von über die Beratung hinausgehenden, im privatwirtschaftlichen Interesse der einzelnen Waldbesitzenden liegenden forstbetrieblichen Dienstleistungen, insbesondere bei der Waldbegründung und -pflege, bei der Holzernte, beim Unternehmereinsatz und beim Holzverkauf.
(2) Die Beratung ist Aufgabe der Landwirtschaftskammer. Die Betreuung im Rahmen des Absatzes 1 Satz 3 können Waldbesitzende, die kein ausreichendes eigenes Fachpersonal einsetzen, mit der Landwirtschaftskammer oder einer anderen fachkundigen öffentlich-rechtlichen Körperschaft sowie mit fachkundigen privaten Unternehmen oder Einzelpersonen vereinbaren.

§ 27 Finanzielle Förderung

(1) Das Land gewährt den Privatwaldbesitzenden und forstwirtschaftlichen Zusammenschlüssen nach Maßgabe des Landeshaushalts Finanzhilfen zur Förderung

1. vordringlicher forstlicher Maßnahmen, die die wirtschaftliche, ökologische und soziale Leistungsfähigkeit der Forstbetriebe sicherstellen sollen,
2. einer angemessenen Waldbrandversicherung in Höhe von bis zu 50 % der anfallenden Kosten.

(2) Einzelheiten regelt die oberste Forstbehörde im Einvernehmen mit dem Finanzministerium durch Richtlinien.

Abschnitt VIII
Entschädigung, Erstattung von Aufwendungen

§ 28 Entschädigung

(1) Wird die Genehmigung einer Umwandlung von Wald oder einer Erstaufforstung versagt, Wald zu Schutz- oder Naturwald erklärt oder haben sonstige Maßnahmen und Entscheidungen auf Grund dieses Gesetzes enteignende Wirkung und entstehen der waldbesitzenden Person, sonstigen Nutzungsberechtigten oder

grundbesitzenden Personen dadurch erhebliche, nicht zumutbare Nachteile, leistet das Land auf Verlangen eine angemessene Entschädigung in Geld, sofern und soweit die Beschränkung der wirtschaftlichen Nutzbarkeit nicht durch anderweitige Maßnahmen vollständig oder teilweise ausgeglichen werden kann.
(2) Über den Anspruch auf Entschädigung ist zumindest dem Grunde nach in Verbindung mit der Versagung oder der Erklärung nach Absatz 1 Satz 1 von der zuständigen Forstbehörde zu entscheiden. Die Höhe der Entschädigung setzt die oberste Forstbehörde nach den für die Enteignung von Grundeigentum geltenden landesrechtlichen Vorschriften fest.
(3) Soll die Versagung der Genehmigung oder die Erklärung nach Absatz 1 Satz 1 zum Schutz einer Siedlung oder eines anderen, öffentlichen Aufgaben dienenden Grundstücks erfolgen, können beim Schutz der Siedlung die Gemeinde, im Übrigen der Träger der öffentlichen Aufgabe unbeschadet des § 13 Abs. 3 angemessen zum Ersatz der zu leistenden Entschädigungen herangezogen werden. § 421 BGB ist entsprechend anzuwenden. An den Verfahren nach Absatz 1 Satz 1 ist die Gemeinde zu beteiligen.

§ 29 Übernahmeverlangen

(1) Die Eigentümerin oder der Eigentümer des Grundstücks kann anstelle einer Entschädigung vom Land die Übernahme des Grundstücks zum Verkehrswert verlangen, wenn es ihr oder ihm mit Rücksicht auf die in § 28 Abs. 1 genannten Nutzungsbeschränkungen wirtschaftlich nicht mehr zuzumuten ist, das Grundstück in der bisherigen oder einer anderen zulässigen Art zu nutzen. Der Anspruch nach Satz 1 ist binnen zwei Jahren nach der den Entschädigungsanspruch auslösenden Versagung oder Erklärung bei der zuständigen Forstbehörde geltend zu machen.
(2) Kommt eine Einigung über die Übernahme nicht zu Stande, kann die Eigentümerin oder der Eigentümer den Antrag auf Entziehung des Eigentums an dem Grundstück bei der Enteignungsbehörde des Landes stellen. Auf die Entziehung des Eigentums und die Entschädigung sind die für die Enteignung geltenden landesrechtlichen Vorschriften anzuwenden.

§ 30 Erstattung von Aufwendungen

(1) Aufwendungen für Maßnahmen im Privatwald, die über die Vorschriften dieses Gesetzes hinausgehen, können vom Land nach Maßgabe des Landeshaushalts erstattet werden, sofern und soweit sie nicht vertraglich geregelt sind oder finanziell gefördert werden. Dies gilt insbesondere für Maßnahmen

1. auf Grund einer Schutz- oder Naturwaldverordnung,
2. zur Beseitigung von Schäden an forstwirtschaftlichen, fischereiwirtschaftlichen und jagdlichen Einrichtungen oder Anlagen sowie an Waldwegen, die durch den Erholungsverkehr entstanden sind, mit Ausnahme von Brand- und Bagatellschäden sowie von Schäden, deren Entstehung die Privatwaldbesitzenden durch ihre Zustimmung nach § 17 Abs. 2 ermöglicht haben oder

3. der Waldbrandverhütung, sofern diese überwiegend durch die Inanspruchnahme des Waldes für die Erholung der Bevölkerung geboten sind.

Satz 2 Nr. 1 gilt entsprechend auch für Körperschaftswald.

(2) Aufwendungen nach Absatz 1 werden nur auf Antrag erstattet und soweit die Forstbehörde die Aufwendungen dem Grund und der Höhe nach als erforderlich anerkennt und kein Anspruch auf Schadenersatz gegen Dritte besteht.

§ 31 Härteausgleich

Wird durch Maßnahmen auf Grund dieses Gesetzes der waldbesitzenden oder einer anderen berechtigten Person ein wirtschaftlicher Nachteil zugefügt, der für die betroffene Person in ihren persönlichen Lebensumständen, insbesondere im wirtschaftlichen und sozialen Bereich, eine besondere Härte bedeutet, ohne dass nach § 28 eine Entschädigung zu leisten, nach § 29 das Grundstück zu übernehmen oder nach § 30 entstandene Aufwendungen zu erstatten sind, kann der betroffenen Person auf Antrag ein Härteausgleich in Geld gewährt werden, soweit dies zur Vermeidung oder zum Ausgleich der besonderen Härte geboten erscheint. § 28 Abs. 1 gilt entsprechend.

Abschnitt IX
Forstverwaltung, Forstaufsicht

§ 32 Forstbehörden

(1) Oberste Forstbehörde ist das Ministerium für Umwelt, Naturschutz und Landwirtschaft. Es nimmt auch die Befugnisse der höheren Forstbehörde nach § 45 Abs. 2 des Bundeswaldgesetzes wahr.

(2) Untere Forstbehörden sind die Forstämter.

§ 33 Aufgaben und Befugnisse der Forstbehörden, Auskunftserteilung

(1) Die Forstbehörden haben

1. darüber zu wachen, dass die Bestimmungen nach diesem Gesetz oder anderen auf die Erhaltung des Waldes und die Sicherung der ordnungsgemäßen, nachhaltigen und naturnahen Bewirtschaftung des Waldes gerichteten Vorschriften erfüllt werden,
2. Zuwiderhandlungen gegen diese Rechtsvorschriften zu verhüten und zu verfolgen oder bei deren Verfolgung mitzuwirken

und zu diesem Zweck die nach pflichtgemäßem Ermessen notwendigen Anordnungen zu treffen. Die Zwangsmittel gemäß § 235 Landesverwaltungsgesetz für den Vollzug der Anordnungen gegenüber einer waldbesitzenden Person beschränken sich auf das Zwangsgeld und die Ersatzvornahme.

(2) Die Beauftragten der Forstbehörde sind befugt, zur Wahrnehmung ihrer Aufgaben nach Absatz 1 den Wald und angrenzende Grundstücke zu betreten. Die Waldbesitzenden können verlangen, dass vor einer daraufhin beabsichtigten Anordnung

nach Absatz 1 eine gemeinsame Besichtigung mit dem Beauftragten der Forstbehörde durchgeführt wird,
(3) Die Waldbesitzenden haben die zur Durchführung dieses Gesetzes erforderlichen Auskünfte zu erteilen und die Einsichtnahme in die Unterlagen zu ermöglichen.

§ 34 Sachliche und örtliche Zuständigkeit

(1) Soweit in diesem Gesetz und in den Verordnungen auf Grund dieses Gesetzes nichts anderes bestimmt ist, ist die untere Forstbehörde sachlich zuständig.
(2) Die örtliche Zuständigkeit der unteren Forstbehörden wird durch Verordnung der obersten Forstbehörde bestimmt.

§ 35 Waldkataster

(1) Die Forstbehörden sind berechtigt, ein Waldkataster zu führen und dafür Sachdaten und personenbezogene Daten zu Grundstücken und deren Verfügungsberechtigten zu verarbeiten, insbesondere als Grundlage der

1. Wahrnehmung von Aufgaben als Träger öffentlicher Belange,
2. nach Eigentumsarten getrennten Erfassung von Waldflächen,
3. Anrechnung von Ersatzaufforstungen für künftige Waldumwandlungen,
4. Erklärung von Wald zu Schutz- oder Naturwald,
5. Durchführung von Waldschutzmaßnahmen,
6. Förderung der Neuwaldbildung.

(2) Das Waldkataster umfasst Sachdaten und personenbezogene Daten zu Grundstücken im Zuständigkeitsbereich der Forstbehörde, soweit diese für ein flurstückbezogenes Basisinformationssystem der Forstbehörde erforderlich sind. Die Grundlage der Daten ist das Liegenschaftskataster gemäß Abschnitt 111 des Vermessungs- und. Katastergesetzes in der Fassung vom 12. Mai 2004 (GVOBI. Schl.-H. S. 128) in Verbindung mit dem Grundbuch.
(3) Die Daten werden gemäß § 13 Abs. 3 Nr. 4 des Vermessungs- und Katastergesetzes von den Forstbehörden bei den Katasterämtern erhoben. Sie werden auf Antrag der Forstbehörde mindestens einmal pro Jahr auf Datenträgern übergeben oder automatisiert übermittelt. Die Forstbehörden dürfen den Katasterämtern für deren Zwecke fortgeführte Daten zu Waldgrundstücken auf Datenträgern übergeben oder automatisiert übermitteln.
(4) Die Forstbehörden dürfen personenbezogene Daten, die gemäß § 33 Abs. 3 erhoben wurden, für die Zwecke des Waldkatasters verarbeiten.
(5) Die zu den Waldgrundstücken gespeicherten Daten sind fortzuführen. Personenbezogene Daten sind zu löschen, wenn sie zur Wahrnehmung der Aufgaben nach diesem Gesetz nicht mehr erforderlich sind.

§ 36 Gebührenfreiheit

Alle Amtshandlungen der Forstbehörden, die der Ausführung dieses Gesetzes und der zu diesem Gesetz ergehenden Verordnungen dienen, sind, mit Ausnahme der

Umwandlungsgenehmigung und der Amtshandlungen im Vollzugsverfahren, gebührenfrei.

§ 37 Sondervermögen „Landeswald Schleswig-Holstein" und Landesbetrieb „Erlebniswald Trappenkamp"

(1) Das Sondervermögen „Landeswald Schleswig-Holstein" wurde durch Gesetz vom 5. Dezember 2004 (GVOBl. Schl.-H. S. 461) als rechtlich unselbstständiger Teil des Landesvermögens errichtet. Es wird im Sinne des Gesetzes vom Ministerium für Umwelt, Naturschutz und Landwirtschaft verwaltet.
(2) Der Landesbetrieb „Erlebniswald Trappenkamp" ist das Pädagogische Zentrum Wald des Landes Schleswig-Holstein. Er ist ein rechtlich unselbstständiger Teil der Landesforstverwaltung und dem Ministerium für Umwelt, Naturschutz und Landwirtschaft nachgeordnet.

Abschnitt X
Schlussbestimmungen

§ 38 Ordnungswidrigkeiten

(1) Ordnungswidrig handelt, wer vorsätzlich oder fahrlässig

1. entgegen § 14 Abs. 2 Handlungen vornimmt, die zu einer Zerstörung, Beschädigung oder Veränderung des Naturwaldes oder seiner Bestandteile oder zu einer erheblichen oder dauerhaften Störung der Lebensgemeinschaften führen können;
2. als waldbesitzende Person
   a) einer auf Grund dieses Gesetzes erlassenen vollziehbaren schriftlichen Anordnung, die auf diese Bußgeldvorschrift verweist, zuwiderhandelt oder einer auf Grund dieses Gesetzes erlassenen Verordnung zuwiderhandelt, soweit sie für bestimmte Tatbestände auf diese Bußgeldvorschrift verweist,
   b) entgegen § 5 Abs. 5 die Bewirtschaftung vor Ablauf von zwanzig Jahren wieder aufnimmt,
   c) entgegen § 5 Abs. 3 Satz 1 Kahlschläge durchführt, ohne dass sie nach § 7 zugelassen sind,
   d) entgegen § 8 Abs. 1 Satz 2 eine Waldkahlfläche außerhalb von Naturwäldern unabhängig von der Ursache ihrer Entstehung nicht unverzüglich wieder aufforstet,
   e) entgegen § 9 Abs. 1 Wald ohne vorherige Genehmigung der Forstbehörde abholzt, rodet oder auf sonstige Weise in eine andere Nutzungsart umwandelt,
   f) entgegen § 9 Abs. 6 Satz 2 eine Waldfläche nicht erst unmittelbar vor der Verwirklichung der anderen Nutzung abholzt oder rodet;
3. ohne waldbesitzende Person zu sein,
   a) Kahlschläge durchführt, ohne dass sie nach § 7 zugelassen sind,

b) Wald in eine andere Nutzungsart umwandelt, ohne dass die Umwandlung nach § 9 Abs. 1 vorher genehmigt war,
c) entgegen § 9 Abs. 6 Satz 2 eine Waldfläche nicht erst unmittelbar vor der Verwirklichung der anderen Nutzung abgeholzt oder rodet.

(2) Ordnungswidrig handelt auch, wer vorsätzlich oder fahrlässig

1. als waldbesitzende Person
   a) entgegen § 8 Abs. 1 Waldkahlflächen außerhalb von Naturwäldern unabhängig von der Ursache ihrer Entstehung nicht in angemessener Frist mit Waldbaumarten wieder aufforstet oder einer natürlichen Verjüngung überlässt, sofern diese mit einem hinreichenden Anteil an standortheimischen Waldbäumen und -sträuchern innerhalb von fünf Jahren nach Entstehung der Kahlfläche auf wesentlichen Teilen der Fläche zu erwarten ist, es sei denn, die Forstbehörde hat etwas anderes bestimmt,
   b) entgegen § 8 Abs. 2 verlichtete Waldbestände außerhalb von Naturwäldern nicht in angemessener Frist unterpflanzt oder ergänzt, soweit diese sich nicht ausreichend natürlich verjüngen,
   c) entgegen § 9 Abs. 4 Satz 1 keine Ersatzaufforstung vornimmt, es sei denn, dass die Forstbehörde gemäß § 9 Abs. 4 Satz 2 eine natürliche Neuwaldbildung als Ersatzaufforstung zugelassen oder etwas anderes bestimmt hat,
   d) eine Waldfläche ohne die nach § 20 erforderliche vorherige Genehmigung oder Anzeige sperrt;
2. entgegen § 10 Abs. 1 eine nicht als Wald genutzte Grundfläche ohne vorherige Genehmigung der Forstbehörde aufforstet;
3. entgegen § 17 Abs. 1 Satz 2 den Wald zur Nachtzeit abseits der Waldwege betritt;
4. entgegen § 17 Abs. 1 Satz 3 abseits der Waldwege Rad fährt, mit Krankenfahrstühlen fährt, Ski läuft oder Schlitten fährt;
5. entgegen § 17 Abs. 2 ohne Zustimmung der waldbesitzenden Person
   a) Waldflächen und -wege betritt, in deren Bereich Holz eingeschlagen, aufbereitet, gerückt oder gelagert wird oder Wegebaumaßnahmen durchgeführt werden,
   b) Forstkulturen, Pflanzgärten, Wildäcker sowie sonstige forstwirtschaftliche, fischereiwirtschaftliche oder jagdliche Einrichtungen und Anlagen betritt,
   c) sonstige Benutzungsarten des Waldes wie das Fahren, ausgenommen nach § 17 Abs. 1, das Abstellen von Fahrzeugen und Wohnwagen, das Zelten sowie die Mitnahme von gezähmten Wildtieren und Haustieren mit Ausnahme angeleinter Hunde auf Waldwegen vornimmt,
   d) organisierte Veranstaltungen im Wald durchführt;
6. entgegen § 17 Abs. 3 sich im Wald so verhält, dass die Lebensgemeinschaft Wald mehr als unvermeidbar beeinträchtigt, die Bewirtschaftung des Waldes behindert, der Wald und die darin gelegenen Einrichtungen oder Anlagen

gefährdet, geschädigt oder verunreinigt oder die Erholung oder sonstige schutzwürdige Interessen anderer beeinträchtigt werden;

7. entgegen § 18 Abs. 1 unbefugt im Wald außerhalb der besonders gekennzeichneten Waldwege (Reitwege), der privaten Straßen mit Bitumen-, Beton- oder vergleichbarer Decke, dem öffentlichen Verkehr gewidmeten Straßen und Wegen oder auf Fahrwegen ohne Zustimmung des Waldbesitzenden reitet.

(3) Ordnungswidrig handelt ferner, wer vorsätzlich oder fahrlässig unbefugt im Wald

1. Waldgehölze oder die zu ihrem Schutz dienenden Vorrichtungen,
2. Waldwege, Bestandteile oder Zubehör der Waldwege, Dämme, Böschungen oder Gewässer,
3. Vorrichtungen oder Warnschilder, die zur Verhütung von Unfällen angebracht sind,
4. Zeichen oder Vorrichtungen, die zur Abgrenzung, Vermessung, Sperrung, zur Kennzeichnung von kennzeichnungsbedürftigen Waldflächen, von Versuchsflächen oder von Walderzeugnissen oder als Wegweiser dienen, insbesondere Einfriedungen, Hecken, Geländer, Tore, Schlagbäume, Abteilungssteine oder Schilder oder
5. forstwirtschaftliche, fischereiwirtschaftliche, jagdbetriebliche oder der Erholung dienende Einrichtungen oder Anlagen sowie ihr Zubehör entfernt, beschädigt, zerstört oder auf andere- Weise unbrauchbar macht.

(4) Ordnungswidrig handelt außerdem, wer vorsätzlich, oder fahrlässig unbefugt

1. im Wald aufgeschichtete oder gebündelte Holzstöße oder angehäufte Bodenerzeugnisse von ihrem Standort entfernt, umwirft, in Unordnung bringt oder der Stützen beraubt,
2. Wildgattertore, Schlagbäume oder ähnliche Vorrichtungen, die zum Schutz von Forstkulturen, Naturverjüngungen, Dickungen, Pflanzgärten oder Wildäckern oder zur Sperrung dienen, öffnet oder befugterweise geöffnete nicht wieder schließt,
3. das zur Bewässerung einer Waldfläche dienende Wasser ableitet und dadurch diese Fläche oder ein anderes Grundstück nachteilig beeinflusst oder Gräben, Wälle oder sonstige Anlagen, die der Be- oder Entwässerung von Waldflächen dienen, verändert, beschädigt oder beseitigt,
4. den Wald mit Abfällen oder anderen Stoffen verunreinigt.

(5) Die Ordnungswidrigkeit kann geahndet werden

1. in den Fällen des Absatzes 1 mit einer Geldbuße von bis zu 50.000 Euro,
2. in den Fällen der Absätze 2 bis 4 mit einer Geldbuße von bis zu 2.500 Euro.

(6) Gegenstände, auf die sich die Ordnungswidrigkeit bezieht oder die zu ihrer Begehung oder Vorbereitung gebraucht worden oder bestimmt gewesen sind, können eingezogen werden. § 23 des Gesetzes über Ordnungswidrigkeiten ist anzuwenden.

§ 39 Anwendung des Gesetzes in besonderen Fällen

Auf Flächen, die Zwecken

1. der Landesverteidigung einschließlich des Schutzes der Zivilbevölkerung,
2. des Bundesgrenzschutzes oder
3. des zivilen Luftverkehrs dienen, sind die §§ 3 bis 10, 13 und 14 nur anzuwenden, soweit dadurch die bestimmungsgemäße Nutzung nicht beeinträchtigt wird. Das Verfahren richtet sich in diesen Fällen nach § 45 Abs. 2 des Bundeswaldgesetzes.

§ 40 Waldbericht

Die Landesregierung legt dem Landtag jeweils zur Mitte seiner Wahlperiode einen Waldbericht vor, aus dem insbesondere hervorgehen

1. die Entwicklung der Waldfläche des Landes und die Inanspruchnahme von Wald für andere Zwecke,
2. besondere Schadensereignisse,
3. die wirtschaftliche Lage der Forst- und Holzwirtschaft,
4. Belastungen aus der Schutz- und Erholungsfunktion des Waldes,
5. Aufgaben, Umfang und Belastungen der Forstverwaltung,
6. Maßnahmen zur Förderung der Forstwirtschaft.

§ 41 Ausnahmen und Befreiungen

(1) Von Soll- oder Regelvorschriften in diesem Gesetz oder auf Grund dieses Gesetzes erlassenen Verordnungen kann die zuständige Forstbehörde Ausnahmen zulassen, wenn sich dies mit dem Zweck dieses Gesetzes, insbesondere mit den Belangen der nachhaltigen Bewirtschaftung des Waldes, vereinbaren lässt und auch keine sonstigen öffentlichen Belange entgegen stehen. Das Gleiche gilt, wenn in diesen Rechtsvorschriften Ausnahmen vorgesehen sind, ohne dass die Voraussetzungen für die Erteilung näher festgelegt sind.

(2) Die zuständige Forstbehörde kann auf Antrag von den Verboten und Geboten der im Absatz 1 genannten Vorschriften eine Befreiung gewähren, wenn

1. die Durchführung der Vorschrift im Einzelfall zu einer nicht beabsichtigten Härte führen würde und keine überwiegenden öffentlichen Belange entgegenstehen oder
2. ein überwiegendes öffentliches Interesse die Befreiung erfordert.

§ 42 Übergangsregelungen

(1) Verordnungen, durch die Wald zu Erholungswald erklärt worden ist, treten mit Inkrafttreten dieses Gesetzes außer Kraft. Gleichzeitig erlöschen alle Ansprüche auf Entschädigung sowie auf sonstige Zahlungen, Zuschüsse oder Erstattungen, die auf Grund der Erklärung zu Erholungswald entstanden und noch nicht geltend gemacht worden sind. Für die entsprechend den Bedürfnissen des Erholungsverkehrs

geschaffenen und erhaltungswürdigen Wege, Bänke, Schutzhütten und ähnlichen Anlagen oder Erholungseinrichtungen bleiben die Gemeinden unterhaltspflichtig, soweit die Unterhaltung nicht freiwillig von Dritten übernommen wurde.
(2) Bei Inkrafttreten dieses Gesetzes bestehende Betreuungsverhältnisse gelten als privatrechtliche Betreuungsverhältnisse nach Maßgabe des § 26 fort.

§ 43 Inkrafttreten

Dieses Gesetz tritt am 1. Januar 2005 in Kraft. Gleichzeitig tritt das Landeswaldgesetz in der Fassung der Bekanntmachung vom 11. August 1994 (GVOBI. Schl.-H. S. 438), zuletzt geändert durch Gesetz vom 13. Mai 2003 (GVOBI. Schl.-H. S. 246) außer Kraft.

Das vorstehende Gesetz wird hiermit ausgefertigt und ist zu verkünden.

Kiel, 5. Dezember 2004

Heide Simonis
Ministerpräsidentin

Klaus Müller
Minister für Umwelt, Naturschutz und Landwirtschaft

Quellenverzeichnis

I. Amtsdruckschriften und Parlamentaria

(Einzelfundstellen sind im Text nachgewiesen)

ABl. AHK	Amtsblatt der Alliierten Hohen Kommission für Deutschland (1949–1955)
ABl. EG	Amtsblatt der Europäischen Gemeinschaften (1978–2002)
ABl. KR	Amtsblatt des Kontrollrats in Deutschland (1945–1948)
ABl. MRD-BK	Amtsblatt der Militärregierung Deutschland – Britisches Kontrollgebiet (1944–1949)
ABl. SH	Amtsblatt für Schleswig-Holstein
BGBl.	Bundesgesetzblatt
BR-Drs.	Drucksachen des Deutschen Bundesrates
BR-PlPr.	Verhandlungen des Bundesrates: Stenographische Berichte
BT-Drs.	Drucksachen des Deutschen Bundestages
BT-PlPr.	Verhandlungen des Deutschen Bundestages: Plenarprotokolle
CS	Chronologische Sammlung der im Jahre (...) ergangenen Verordnungen und Verfügungen für die Herzogthümer Schleswig und Holstein, die Herrschaft Pinneberg, Grafschaft Ranzau und Stadt Altona
GS	Gesetz-Sammlung für die Königlichen Preußischen Staaten (1810–1906; dann Preußische Gesetzsammlung PrGS)
GVOBl. BY	Bayerisches Gesetz- und Verordnungsblatt
GVOBl. NRW	Gesetz- und Verordnungsblatt für das Land Nordrhein-Westfalen
GVOBl. RP	Gesetz- und Verordnungsblatt für das Land Rheinland-Pfalz
GVOBl. SH	Gesetz- und Verordnungsblatt für Schleswig-Holstein
GVOBl. WRVW	Gesetz- und Verordnungsblatt des Wirtschaftsrates des Vereinigten Wirtschaftsgebietes (1947–1949)
Niederschr. RR	Niederschriften über die Verhandlungen des Reichsrats (1919–1921),
RR	Niederschriften über die Vollsitzungen des Reichsrats (1922–1934)
PrGS	Preußische Gesetzsammlung (1907–1945; vorher Gesetz-Sammlung für die Königlichen Preußischen Staaten)
RAnz.	Deutscher Reichsanzeiger und (bis 1918: Kgl.) Preußischer Staatsanzeiger (1871–1945)
RGBl.	Reichsgesetzblatt (1871–1921; 1922–1945 aufgeteilt in Teil I und II)
RMBl. Fv.	Reichsministerialblatt der Forstverwaltung (1937–1945)
SchlHA	Schleswig-Holsteinische Anzeigen – Justizministerialblatt für Schleswig-Holstein
SHLT-Drs.	Drucksachen des Schleswig-Holsteinischen Landtages
SHLT-PlPr.	Wortprotokoll über die Tagung des Schleswig-Holsteinischen Landtages (1946–1950); Stenographischer Bericht über die Tagungen des

	Schleswig-Holsteinischen Landtages (1950–1971); Plenarprotokoll des Schleswig-Holsteinischen Landtages (seit 1971)
VA-Prot.	Kurzprotokoll der ... Sitzung des Vermittlungsausschusses des Deutschen Bundestages und des Bundesrates
Verh. d. RT	Verhandlungen des Reichstages / Stenographische Berichte (1871–1942)

II. Ungedruckte Quellen

BArch **Bundesarchiv:**

Berlin Lichterfelde:

R 2 – Reichsfinanzministerium

.../4724	Entstehung und Durchführung des Reichsforstgesetzes, Bd. 2, Laufzeit 1942–1943, 1945.

R 401 – Vorläufiger Reichswirtschaftsrat

.../1730	Unterausschuss für Holz- und Forstwirtschaft – Tagungsmaterial, Bd. 2, u.a. Grundzüge zu einem Reichsforstgesetz vom 14. Juli 1920, Laufzeit: 1920–1930.

Koblenz:

B 116 – Bundesministerium für Ernährung, Landwirtschaft und Forsten

.../9397	Bundeswaldgesetz 1954–1966 Bd. 1
.../9399	Bundeswaldgesetz 1954–1966 Bd. 3
.../25948	Gesetz zur Erhaltung des Waldes und zur Förderung der Forstwirtschaft (Bundeswaldgesetz) – Entwurf, Gesamtlaufzeit 1966–1971, Bd. 2
.../37540	Gesetz zur Erhaltung des Waldes und zur Förderung der Forstwirtschaft (Bundeswaldgesetz, BWG), Gesamtlaufzeit 1972–1976, Bd. 4.

BT-PArch **Parlamentsarchiv des Deutschen Bundestages**

V/1092	Entwurf eines Gesetzes zur Erhaltung und zur Förderung des Waldes – BT-Drucksache V/4233 – Materialien –
VII/276	Gesetz zur Erhaltung des Waldes und zur Förderung der Forstwirtschaft (Bundeswaldgesetz) vom 2. Mai 1975 BGBl. I S. 1037 – Gesetzesmaterialien

RFAGÖ	**Akten aus dem Reichsforstamt** – Dienstlicher Nachlass von Prof. Heinrich Eberts – Archiv der Abteilung Forst- und Naturschutzpolitik und Forstgeschichte der Fakultät für Forstwissenschaften und Waldökologie, Georg-August-Universität Göttingen	
	RFAGÖ 93, REI, A 24	Allg. Schriftwechsel über das Reichsforstgesetz
	RFAGÖ 93, REI, A 25	Stellungnahmen der Reichsministerien
	RFAGÖ 93, VER, A 73	Verhandlungen mit dem Reichsinnenministerium
	RFAGÖ 93, VER, A 75	Verhandlungen mit sonstigen Stellen
	RFAGÖ 93, STE, A 83	Letzte Stellungnahmen
	RFAGÖ 93, STE, A 84	Zustimmende Stellungnahmen
	RFAGÖ 93, STE, A 85	Aufforderung zu letzten Stellungnahmen
	RFAGÖ 93, REI, A 87	Schriftwechsel mit dem Reichsinnenministerium
	RFAGÖ 93, VER, A 88	Verhandlungen mit Ministerialrat Dr. Mitzschke 1942 (Reichsjustizministerium)
	RFAGÖ 93, VER, A 90	Gemeinschaftliche Verhandlungen
LArch SH	**Landesarchiv Schleswig-Holstein**	
	Abt. 605: Ministerpräsident und Staatskanzlei	
	.../2738 (Tierzucht-, Tierschutz, Landschafts- und Naturschutz; Landwirtschaft und Forsten: Verschiedenes 1950–1960)	
	.../5518 Waldgesetz 1973–1978	
	Abt. 786: Justizministerium	
	.../3590 (Forstwirtschaft im Allgemeinen, hier Waldgesetz 1970–1976)	
SHLT-Arch	**Archiv des Schleswig-Holsteinischen Landtages**	
	Bd. Nr. XIII F 199	Dokumentation zum Waldgesetz für das Land Schleswig-Holstein vom 18. März 1971
	Bd. Nr. XIII F 425	Dokumentation zu den Änderungen des Landeswaldgesetzes vom 3. November 1977 und 19. November 1982
	Bd. Nr. XIII F 665	Dokumentation zum Waldgesetz für das Land Schleswig-Holstein vom 5. Dezember 2004
SUB-HH	**Staats- und Universitätsbibliothek Hamburg Carl von Ossietzky** Sondersammlungen, Signatur: 11 in A / 27189: 1 – *„Fürstliche Schleßwig-Holsteinische Holtz-Ordnung“* vom 22. Oktober 1695	

III. Online-Quellen

Beratende Versammlung des Europarates: Empfehlung 579 (1970) über die Lage der Forstwirtschaft in Europa vom 23. Januar 1970: [zuletzt abgerufen am 16. Juli 2016]. http://assembly.coe.int/nw/xml/XRef/Xref-XML2HTML-en.asp?fileid=16553&lang=en

Bundesarchiv: Kabinettsprotokolle der Bundesregierung online: [zuletzt abgerufen am 16. Juli 2016].

128. Kabinettssitzung am 24. Juni 1968, TOP 1: Entwurf eines Arbeitsprogramms für die Agrarpolitik der Bundesregierung (Agrarprogramm) http://www.bundesarchiv.de/cocoon/barch/0000/k/k1968k/kap1_2/kap2_23/para3_1.html

40. Kabinettssitzung am 17. September 1970, TOP 5: Sofortprogramm für den Umweltschutz http://www.bundesarchiv.de/cocoon/barch/0000/k/k1970k/kap1_1/kap2_40/para3_5.html

112. Kabinettssitzung am 24. Mai 1972, TOP 4: Entwurf eines Gesetzes zur Erhaltung des Waldes und zur Förderung der Forstwirtschaft (Bundeswaldgesetz) http://www.bundesarchiv.de/cocoon/barch/0000/k/k1972k/kap1_1/kap2_19/para3_4.html

9. Kabinettssitzung am 28. Februar 1973, TOP 7: Entwurf eines Gesetzes zur Erhaltung des Waldes und zur Förderung der Forstwirtschaft (Bundeswaldgesetz) http://www.bundesarchiv.de/cocoon/barch/0000/k/k1973k/kap1_1/kap2_10/para3_8.html

Johann Heinrich von Thünen-Institut, Bundesforschungsinstitut für Ländliche Räume, Wald und Fischerei: Ergebnisdatenbank der Dritten Bundeswaldinventur (2012): [zuletzt abgerufen am 16. Juli 2016]. https://bwi.info

Munzinger Online/Personen – Internationales Biographisches Archiv: Eintrag *„Logemann, Fritz“*, abrufbar unter URL [Zugang erforderlich]: http://www.munzinger.de/document/00000012577 [zuletzt abgerufen von Staats- und Universitätsbibliothek Hamburg am 16. Juli 2016]

Schleswig-Holsteinische Landesregierung: Siebter Waldbericht der Landesregierung Schleswig-Holstein, abrufbar unter URL: [zuletzt abgerufen am 16. Juli 2016]. http://www.schleswig-holstein.de/DE/Fachinhalte/W/wald/Downloads/siebterWaldschadensbericht.html

Schleswig-Holsteinische Landesregierung: Waldzustandsberichte der Schleswig-Holsteinischen Landesregierung, abrufbar unter URL: [zuletzt abgerufen am 16. Juli 2016]. https://www.schleswig-holstein.de/DE/Fachinhalte/W/wald/wald_01_Allg_03_Zustand_02.html

Schleswig-Holsteinischer Landtag: Landtagsinformationssystem Schleswig-Holstein – Kein Direktlink verfügbar: [zuletzt abgerufen am 16. Juli 2016]. http://lissh.lvn.parlanet.de

Amts- und Mandatsträger:

- Dr. Engelbrecht-Greve
- Kurt Hamer
- Fritz Latendorf

Schröder, Valentin: (2015): Bundesrat – Stimmenverteilung und Mehrheitsverhältnisse seit 1945, abrufbar unter URL: [zuletzt abgerufen am 16. Juli 2016]. http://www.wahlen-in-deutschland.de/bBundesrat.htm

Statistisches Amt für Hamburg und Schleswig-Holstein: Wahlergebnisse der Landtagswahlen in Schleswig-Holstein [zuletzt abgerufen am 16. Juli 2016]. http://www.statistik-nord.de/wahlen/wahlen-in-schleswig-holstein/wahlen-seit-1947/

Wagner, Karola: Bundesarchiv, Reichsforstamt (R 3701) 1934–1945, Koblenz 2012 abrufbar unter URL: [zuletzt abgerufen am 16. Juli 2016]. http://www.argus.bstu.bundesarchiv.de/R3701-74120/index.htm

Literaturverzeichnis

Abetz, Karl: Ministerialdirektor Prof. Dr. h.c. Heinrich Eberts 80 Jahre. In: Allgemeine Forst- und Jagdzeitung (AFJZ), 1963, S. 199–200.

Abramowski, Günther: Akten der Reichskanzlei – Weimarer Republik, Die Kabinette Marx I und II, 30. November 1923 bis 3. Juni 1924, 3. Juni 1924 bis 15. Januar 1925, Bd. 1, Boppard am Rhein 1973.

Agena, Carl-August Louis, Hans Walter: Das naturschutz- und waldrechtliche Betretensrecht. In: Natur und Recht (NuR) 2015, S. 10–17 und S. 90–97.

Agena, Carl-August: Verkehrssicherungspflicht bei Waldbäumen. In: Natur und Recht (NuR) 2007, S. 707–719.

Anonymus: Bericht über die Ausschußsitzung des Reichsverbandes Deutscher Waldbesitzerverbände am 28. Januar 1922 in Berlin. In: Der Deutsche Forstwirt (DDF), 1922, S. 41–45.

Anonymus: Die neuen Gesetzentwürfe des Reichsministeriums für Ernährung und Landwirtschaft. In: Der Deutsche Forstwirt (DDF), 1922, S. 1–2.

Anonymus: Zur Geschichte der Wissenschaft vom Holz. In: Holz als Roh- und Werkstoff (HRW), 1973, S. 175–176.

Arnswaldt, [Vorname unbekannt] von: Bemerkungen zu dem Entwurf eines Reichsgesetzes zur Förderung der Forst- und Weidewirtschaft. In: Der Deutsche Forstwirt (DDF), 1923, S. 959.

Assmann, Ernst: Karl Abetz †. In: Forstwissenschaftliches Centralblatt (FwCbl.), 1964, S. 118–121.

Badura, Peter: Grenzen der Sozialpflichtigkeit des Waldeigentums. In: Der Forst- und Holzwirt (DFuH), 1976, S. 237–245.

Baltz, C.: Gesetz zur Aufhebung veralteter Polizei- und Strafgesetze vom 23. März 1931 und sein Einfluß auf die Schleswig-Holsteinischen Bondenholzungen. In: Deutsche Forst-Zeitung (DFZ) 1931, S. 501.

Beier, Käthe: Reiten im Walde in Schleswig-Holstein. In: Agrarrecht (AgrarR) 1974, S. 123–124.

Bergius, Johann Heinrich Ludwig(Hrsg.): Sammlung auserlesener teutschen Landesgesetze welche das Policey-und Cameralwesen zum Gegenstand haben, Sechstes Alphabet, Frankfurt am Main 1784.
Digitale Version abrufbar im Internet bei: Bayerische Staatsbibliothek, unter URL: [zuletzt abgerufen am 16. Juli 2016]http://www.mdz-nbn-resolving.de/urn/resolver.pl?urn=urn:nbn:de:bvb:12-bsb10687566-1.

Bittner, Ralf: Haftung des Waldbesitzers für waldtypische Gefahren. In: Natur und Recht (NuR) 2013, S. 537–548.

BMELF (Hrsg.): Die Forsterhebung 1948 im Vereinigten Wirtschaftsgebiet, Bonn 1951.

Böhling, Johann: Die Geschichte der Landesforsten in Schleswig-Holstein – Von der Forstverwaltung zum Unternehmen. In: Bauernblatt Schleswig-Holstein und Hamburg vom 3. November 2012, S. 52–53.

Bohn, Robert: Geschichte Schleswig-Holsteins, München 2006.

Brandt, Wilfried: Die Neuordnung der landwirtschaftlichen Staats- und Selbstverwaltung in Schleswig-Holstein. In: Agrarrecht (AgrarR) 1974, S. 114–118.

Buchwaldt, Christian von: Das neue Waldgesetz für das Land Schleswig-Holstein. In: Allgemeine Forstzeitschrift (AFZ) 1971, S. 593–594.

Buchwaldt, Christian von: Der Erholungsgedanke im Schleswig-Holsteinischen Landeswaldgesetz. In: Der Forst- und Holzwirt (DFuH), 1971, S. 257–258.

Bülow, Wolf-Dieter von: Rechtsfragen zur Forstlichen Rahmenplanung nach §§ 6 und 7 Bundeswaldgesetz – Funktionen und Steuerungsleistungen einer forstrechtlich initiierten Umweltplanung im Gefüge raumbedeutsamer Planungen und Maßnahmen – (Diss. iur. Univ. Heidelberg), Münster-Hiltrup 1991 (zit. Rechtsfragen zur Forstlichen Rahmenplanung nach §§ 6 und 7 Bundeswaldgesetz).

Carlsen, Claus: Verwaltungsmäßige Möglichkeiten zum Schutz und zur Pflege der Landschaft nach dem schleswig-holsteinischen Landeswaldgesetz, dem Landeswassergesetz und dem Landschaftspflegegesetz. In: Agrarrecht (AgrarR) 1974, S. 118–123.

Carlsen, Claus: Zur Entstehungsgeschichte der Betretungs- und Reitregelung im Bundeswaldgesetz. In: Natur und Recht (NuR), 1979, S. 60–62.

Cronhelm, Friedrich Detlef Carl von (Hrsg.): Corpus Constitutionum Regio-Holsaticarum, oder Allerhöchst-autorisirte Sammlung der in dem Herzogthum Holstein, Königl. Antheils, samt incorporirten Landen, wie auch der Herrschaft Pinneberg, Stadt Altona und Grafschaft Rantzau, in Kraft eines beständigen Gesetzes, ergangenen Constitutionen, Edicten, Mandaten, Decreten, Resolutionen, Privilegien, Consessionen und anderen Verfügungen, Bd. 1, Altona 1749.
Digitale Version abrufbar im Internet bei: Bayerische Staatsbibliothek, unter URL: [zuletzt abgerufen am 16. Juli 2016] http://www.mdz-nbn-resolving.de/urn/resolver.pl?urn= urn:nbn:de:bvb:12-bsb10509294-1.

Decker, Paul: Das Recht zum Betreten von Wald und Feld außerhalb der Wege (Diss. iur. Univ. Köln), Köln 1965.

Deutsche Reiterliche Vereinigung e.V.: Stellungnahme der Deutschen Reiterlichen Vereinigung e.V. (FN) zu dem Artikel von G. Tesmer „Das Reiten im Walde, ein Rechtsproblem“ (AgrarR 1978, S. 246 ff.). In: Agrarrecht (AgrarR) 1979, S. 45.

Deutscher Forstwirtschafsrat: 5. Vollversammlung am 15. Juni 1955 in Boppard – Hauptthema: Brauchen wir ein Bundesforstgesetz?“ (Tonbandnachdruck), Rheinbach bei Bonn 1955.

Deutscher Forstwirtschaftsrat: Der Deutsche Forstwirtschaftsrat 1953–1956 Dreijahresbericht, Rheinbach bei Bonn 1956.

Deutscher Forstwirtschaftsrat: Der Deutsche Forstwirtschaftsrat 1956–1959 Dreijahresbericht, Rheinbach bei Bonn 1959.

Deutscher Forstwirtschaftsrat: Der Deutsche Forstwirtschaftsrat 1962–1965 Dreijahresbericht, Rheinbach bei Bonn 1965.

Deutscher Forstwirtschaftsrat: Der Deutsche Forstwirtschaftsrat 1965–1968 Dreijahresbericht, Rheinbach bei Bonn 1969.

Deutscher Forstwirtschaftsrat: Der Deutsche Forstwirtschaftsrat 1968–1971 Dreijahresbericht, Rheinbach bei Bonn 1972.

Deutscher Forstwirtschaftsrat: Der Deutsche Forstwirtschaftsrat 1971–1974 Dreijahresbericht, Rheinbach bei Bonn 1975.

Dieterich, Victor: Forstwirtschaftspolitik, Hamburg u.a. 1953.

Duhme, Eike-Heinrich: Verkehrssicherungspflichten für waldtypische Gefahren. In: Neue Juristische Wochenschrift (NJW) 2013, S. 17–19.

Ebersbach, Harry: Eigentumsbeschränkungen im Hinblick auf die Sozialfunktion des Waldes. In: Agrarrecht (AgrarR) 1972, S. 129–134.

Eberts, Heinrich: Deutsche Forstgesetzgebung. In: Intersylva, Zeitschrift der internationalen Forstzentrale, 1942 S. 167–231.

Eberts, Heinrich: Die Neuordnung des Forstwesens in Deutschland. In: Zeitschrift für Weltforstwirtschaft (ZfW), Bd. III 1935/36, S. 667–677, Neudamm u.a. 1935/1936.

Eberts, Heinrich: Forstrecht. In: Müller, Rudolf (Hrsg.) – Grundlagen der Forstwirtschaft. In Übersicht, Zahl, Tabelle, Regel, Vorschrift, Gesetz, S. 63–397, Hannover 1959 (zit. Grundlagen der Forstwirtschaft).

Eberts, Heinrich: Grundgedanken des Entwurfs eines Reichsforstgesetzes. In: Mitteilungen der Hermann-Göring-Akademie der Deutschen Forstwissenschaft (Mitt. H.-G.-A. Deutsch. Forstwiss.), Bd. 1, 1941, S. 44–66.

Endres, Ewald: BWaldG – Bundeswaldgesetz Kommentar, Berlin 2014 (zit. BWaldG).

Endres, Max: Handbuch der Forstpolitik mit besonderer Berücksichtigung der Gesetzgebung und Statistik, 2. Aufl., Berlin 1922.

Franz, Thorsten: Betretensrecht und Verkehrssicherung. In: Depenheuer, Otto und Möhring, Bernhard (Hrsg.), Waldeigentum – Dimensionen und Perspektiven, S. 217–227, Heidelberg u.a. 2010 (zit. Waldeigentum).

Franz, Thorsten: Forstrecht: Lehrbuch und Vorschriftensammlung, 2. Aufl., Remagen-Oberwinter 2011 (zit. Forstrecht).

Gebhard, Hugo: „Auf eigene Gefahr" – Relevanz des § 14 Abs. 1 Satz 3 Bundeswaldgesetz für die Verkehrssicherungspflicht im Wald. In: Natur und Recht (NuR) 2008, S. 754–764.

Gebhard, Hugo: Relevanz des Art. 2 Abs. 2 Satz 1 GG für die Verkehrssicherungspflicht bei Bäumen in Wald und Flur. In: Natur und Recht (NuR) 2015, S. 361–374.

Gudme, Andreas Christopher: Schleswig-Holstein: Eine statistisch-geographisch-topographische Darstellung dieser Herzogthümer nach gedruckten und ungedruckten Quellen, Bd. 1, Kiel 1833.

Hagen, Otto von / Donner, Karl: Die forstlichen Verhältnisse Preußens, Bd. 1 und Bd. 2, 3. Aufl., Berlin 1894.

Hamann, Andreas Lenz, Helmut: Das Grundgesetz für die Bundesrepublik Deutschland vom 23. Mai 1949 – Ein Kommentar für Wissenschaft und Praxis, 3. Aufl., Neuwied u.a. 1970 (zit. Grundgesetz Kommentar).

Hartmannsgruber, Friedrich: Akten der Reichskanzlei: Regierung Hitler 1933–1945, Bd. 7 (1940), Berlin u.a. 2015 (zit. Akten der Reichskanzlei 1940).

Hartmannsgruber, Friedrich: Akten der Reichskanzlei: Regierung Hitler 1933–1945, Bd. 6 (1939), München 2012 (zit. Akten der Reichskanzlei 1939).

Hase, Walter: Abriß der Wald- und Forstgeschichte Schleswig-Holsteins im letzten Jahrtausend. In: Schriften des Naturwissenschaftlichen Vereins für Schleswig-Holstein, Bd. 53, S. 83–124, Kiel 1983.

Hase, Walter: Beitrag zur Geschichte der Forstverwaltung in Schleswig-Holstein, Kiel 1981.

Hase, Walter: Die Holz- und Forst-Ordnungen in Schleswig-Holstein. In: Forstarchiv: forstwissenschaftliche Fachzeitschrift (FA), 1988, S. 20–24 (1. Teil) und S. 150–154 (2 Teil).

Hase, Walter: Schleswig-Holsteins Forstwirtschaft nach dem Zweiten Weltkrieg. In: Forstarchiv: forstwissenschaftliche Fachzeitschrift (FA), 1989, S. 27–34.

Hase, Walter: Wald- und Forstchronologie Schleswig-Holsteins seit der Nacheiszeit, Eutin 1997 (zit. Wald- und Forstchronologie Schleswig-Holsteins).

Hase, Walter: Waldeigentum und Forstaufsicht in Schleswig-Holstein, Berlin 1953.

Hasel, Karl: Die Auswirkungen der neuesten Rechtsentwicklung auf das Forstrecht. In: Forstwissenschaftliches Centralblatt (FwCbl.), 1963, S. 100–126.

Hasel, Karl / Zundel, Rolf: Forstgesetzgebung in der Bundesrepublik Deutschland, Hamburg u.a. 1981.

Hasel, Karl: Gedanken zum Bundeswaldgesetz. In: Recht der Landwirtschaft (RdL) 1975, S. 197–201.

Hasel, Karl: Heinrich Eberts – Zugleich ein Beitrag zur Forstpolitik des Reichsforstamts 1933–1945. In: Forstarchiv: forstwissenschaftliche Fachzeitschrift (FA), 1977, S. 188–192.

Hasel, Karl: Waldwirtschaft und Umwelt – Eine Einführung in die forstwirtschaftspolitischen Probleme der Industriegesellschaft, Hamburg u.a. 1971 (zit. Waldwirtschaft und Umwelt).

Hasel, Karl: Zum Gedenken an Professor Dr. Dr. h.c. Karl Abetz. In: Allgemeine Forstzeitschrift (AFZ), 1987, S. 1051–1054.

Hasel, Karl: Zur Geschichte der Forstgesetzgebung in Preußen, Frankfurt a.M. 1974.

Hasel, Karl / Schwartz, Ekkehard: Forstgeschichte – Ein Grundriß für Studium und Praxis, 3. Aufl., Remagen 2006 (zit. Forstgeschichte).

Hildebrandt, Gerd: Professor Dr. Dr. h.c. Karl Abetz † In: Forstarchiv: forstwissenschaftliche Fachzeitschrift (FA), 1964, S. 124–129.

Jacobs, Hans: Waldgesetz für das Land Schleswig-Holstein (Landeswaldgesetz – LWaldG), Kommentar [Stand: 9/2005], (zit. LWaldG SH, Kommentar). In: Praxis der Kommunalverwaltung / Landesausgabe Schleswig-Holstein, D 5 SH, CD-ROM: Version 2.27 [Stand: 6/2015].

Kahl, [Vorname unbekannt]: Zum Reichsforstgesetz. In: Der Deutsche Forstwirt (DDF), 1924, S. 241–242.

Kimminich, Otto: Die forstwirtschaftlichen Zusammenschlüsse: Ihre verfassungsrechtliche und verfassungspolitische Bedeutung. In: Agrarrecht (AgrarR) 1977, S. 343–347.

Kimminich, Otto: Grenzen der Sozialbindung des Eigentums Agrarrecht (AgrarR) 1980, S. 177–183.

Klose, Franz: Der dreißigjährige Parcours zum Bundeswaldgesetz. In: Allgemeine Forstzeitschrift (AFZ) 1979, S. 493–496.

Klose, Franz: Forstpolitische Entscheidungen seit 1945 auf Bundesebene. In: Berichte über Landwirtschaft (BüL) Zeitschrift für Agrarpolitik und Landwirtschaft, Bd. 54, 1976, S. 305–324.

Klose, Franz / Orf, Siegfried: Forstrecht – Kommentar zum Waldrecht des Bundes und der Länder, 2. Aufl., Münster u.a. 1998 (zit.: Forstrecht).

Klose, Franz: Grundsätzliche Überlegungen zu einem bundeseinheitlichen Forstrecht. In: Der Forst- und Holzwirt (DFuH) 1965, S. 325–328.

Klose, Franz: Vorgeschichte, Inhalt und Beurteilung des Bundeswaldgesetzes. In: Der Forst- und Holzwirt (DFuH), 1975 S. 379–382.

Klueting, Edeltraud: Die gesetzlichen Regelungen der nationalsozialistischen Reichsregierung für den Tierschutz, den Naturschutz und den Umweltschutz. In: Radkau, Joachim / Uekötter, Frank (Hrsg.) Naturschutz und Nationalsozialismus, S. 77–105, Frankfurt am Main 2003.

Kohler, Volker: Forstliche Rahmenplanung. In: Natur und Recht (NuR) 1984, S. 121–127.

Kollmann, Franz: Ministerialdirektor a.D. Heinrich Eberts 75 Jahre. In: Holz als Roh- und Werkstoff (HRW), 1958, S. 319.

Kolodziejcok, Karl-Günther / Recken, Josef / Apfelbacher, Dieter / Iven, Klaus: Naturschutz, Landschaftspflege und einschlägige Regelungen des Jagd- und Forstrechts,

Bd. 2, Stand: Ergänzungslieferung 4/14, [zit. Naturschutz, Landschaftspflege, Bd. 2, *(Bearbeiter)*, Tz.__, Rn. __.].

Kragh, Lisa: „Zweibeinige Holzwürmer?" Die Bauern und der Waldrückgang in Schleswig-Holstein in Mittelalter und Früher Neuzeit. In: Zeitschrift der Gesellschaft für Schleswig-Holsteinische Geschichte (ZSHG) Bd. 139, 2014, S. 23–48.

Leisner, Walter: Entschädigung für enteignende Eingriffe in das Waldeigentum unter besonderer Berücksichtigung des Verkehrswertprinzips. In: Agrarrecht (AgrarR) 1977, S. 356–359.

Mantel, Kurt: Bundeswaldgesetz. In: Der Forst- und Holzwirt (DFuH), 1965, S. 1–3.

Mantel, Kurt: Die deutsche Forst- und Holzwirtschaftsgesetzgebung. In: Zeitschrift für Weltforstwirtschaft (ZfW) Bd. III, 1935/36, S. 711–742, Neudamm u.a. 1935/36.

Mantel, Kurt: Forstliche Rechtslehre, Melsungen 1964.

Mantel, Kurt: Forstpolitik. In: Rubner, Konrad (Hrsg.): Neudammer Forstliches Lehrbuch, Ein Handbuch für Unterricht und Praxis, 10. Aufl., Bd. 2, S. 421–588, Neudamm 1942.

Mantel, Kurt: Heinrich Eberts †. In: Der Forst- und Holzwirt (DFuH), 1979, S. 233 ff.

Mantel, Kurt: Wald und Forst in der Geschichte: Ein Lehr- und Handbuch, Alfeld 1990.

Menkeberenshemke, Lothar: Das Recht zum Betreten des Waldes (Diss. iur.), Freiburg im Breisgau 1978.

Neuschäffer, Hubertus: Geschichte von Wald und Forst in Schleswig-Holstein und der alte Rendsburger Wald mit dem Forstamt Barlohe, Rendsburg 1986.

Niejahr, Horstdieter: Zur Zielsetzung und rechtlichen Problematik eines Bundesforstgesetzes (Diss. Univ. München, Staatswirtsch. Fak.), Hamburg u.a. 1967.

Niemann, August: Forststatistik der dänischen Staaten, Altona 1809.

Nießlein, Erwin: Waldeigentum und Gesellschaft – Eine Studie zur Sozialbindung des Eigentums, Hamburg u.a. 1980.

Orf, Siegfried: Gedanken zur Erstaufforstung. In: Natur und Recht (NuR) 1984, S. 225–232.

Orf, Siegfried: Neue Entwicklungen im Bereich Waldbetretensrecht – Haftung. In: Recht der Landwirtschaft (RdL) 2008, S. 281–285 (Teil 1), S. 311–316 (Teil 2).

Orf, Siegfried: Neue Entwicklungen im Forstrecht: Gesetzgebung, Verwaltung und insbes. Rechtsprechung (Hrsg.: Fakultät für Forst- und Umweltwissenschaften, Albert-Ludwigs-Universität Freiburg, Forstliche Versuchs- und Forschungsanstalt Baden-Württemberg), Freiburg 2006 (zit. Neue Entwicklungen im Forstrecht).

Ortegel, Robert: Die Forstwirtschaft – Stand und Aufgaben im Rahmen der deutschen Volkswirtschaft (zit. Die Forstwirtschaft), Neudamm 1922.

Petry, Werner: Forstwirtschaftliche Zusammenschlüsse in Schleswig-Holstein. In: Forstwirtschaftliche Zusammenschlüsse in der Bundesrepublik Deutschland, (Hrsg. Deutscher Forstwirtschaftsrat; zusammengestellt von Prof. Dr. Karl Hasel), S. 289–315, Rheinbach bei Bonn, 1968.

Petry, Werner: Von der Aufforstung zur Waldbildung. In: Wald und Wild in Schleswig-Holstein – Ein Überblick über Forstwirtschaft und das Jagdwesen des Landes (Hrsg. Schleswig-Holsteinisches MELF / Landesjagdverband Schleswig-Holstein), Kiel 1958.

Pflug, Wolfram: Stellungnahme zum Entwurf eines Gesetzes zur Erhaltung des Waldes und zur Förderung der Forstwirtschaft. In: Natur und Landschaft (NuL) 1974, S. 9–12.

Pielow, Ludger: Das Reiten in Wald und Flur nach Bundes- und Landesrecht. In: Natur und Recht (NuR) 1980, S. 53–60.

Plochmann, Richard: Anmerkungen zum Reiten im Wald aus forstpolitischer Sicht. In: Forstwissenschaftliches Centralblatt (FwCbl.) 1979, S. 172–178.

Plochmann, Richard: Landespflege – Waldpflege, Bemerkungen zu ihrer gesetzlichen Gestaltung und Abgrenzung. In: Forstwissenschaftliches Centralblatt (FwCbl.) 1975, S. 224–233.

Preußisches Ministerium für Landwirtschaft, Domänen und Forsten: Vorbereitender Entwurf eines Forstkulturgesetzes für Preußen. In: Der Deutsche Forstwirt (DDF), Nr. 21/22 v. 20. November 1920, S. 157–162.

Pukall, Klaus: Mögliche Entwicklungslinien für das Bundeswaldgesetz. In: Natur und Recht (NuR) 2014, S 171–176.

Rehbock, Norbert: Zur wirtschaftlichen Lage der Forstwirtschaft. In: Bulletin des Presse- und Informationsamtes der Bundesregierung, 1963, Nr. 61, S. 543–544.

Reichsforstamt: Begründung zum Entwurf eines Reichsforstgesetzes, Berlin 1940 [zit. Begründung E-RForstG (1940)].

Reichsforstamt: Entwurf eines Reichsforstgesetzes, Berlin 1940 [zit. E-RForstG (1940)].

Reichsforstwirtschaftsrat: Mitteilungen des Reichsforstwirtschaftsrates.
Nr. 1 vom 23. Februar 1920; Nr. 2 vom 15. März 1920; Nr. 3 vom 20. April 1920; Nr. 4 vom 11. Juni 1920; Nr. 5 vom 28. August 1920; Nr. 6 vom 11. Dezember 1920; Nr. 8 vom 18. Juli 1921; Nr. 10 vom 10. Februar 1922.

Riebold, Peter: Die forstwirtschaftlichen Zusammenschlüsse des Gesetzes über forstwirtschaftliche Zusammenschlüsse vom 1. September 1969 – unter besonderer Berücksichtigung ihrer öffentlichen Aufgaben (Diss. iur. Univ. Göttingen), Göttingen, 1974.

Ries, Ludwig-Wilhelm (Hrsg.): Pareys Landwirtschafts-Lexikon.
Bd. 1, 7. Auflage, Hamburg (u.a.) 1956.
Bd. 2, 7. Auflage, Hamburg (u.a.) 1957.

Rosenstock, Hans-Alfred: Zur Geschichte der preussischen Staatsforstverwaltung (Diss. forest. Univ. Göttingen), Göttingen 1975.

Rozsnyay, Zoltán / Schulte, Uta: Der Reichsforstgesetzentwurf von 1942 und seine Auswirkungen auf die neuere Forstgesetzgebung, Frankfurt am Main 1978.

Rubner, Heinrich: Deutsche Forstgeschichte 1933–1945, Forstwirtschaft, Jagd und Umwelt im NS-Staat, 2. Aufl., St. Katharinen 1997 (zit. Deutsche Forstgeschichte 1933–1945).

Rubner, Heinrich / Gadow, Friederike von: Forst, Forstrecht. In: Cordes, Albrecht / Lück, Heiner / Werkmüller, Dieter (Hrsg.), Handwörterbuch zur deutschen Rechtsgeschichte, Bd. I, 2. Aufl., Spalten 1630–1638, Berlin 2008.

Schalburg, Robert von: Der Entwurf eines Bundeswaldgesetzes in der Sicht der Eigentumsgarantie. In: Der Forst- und Holzwirt (DFuH), 1969, S. 451–454.

Scharff, Alexander / Jessen-Klingenberg, Manfred: Schleswig-Holsteinische Geschichte: Ein Überblick, 3. Aufl., Freiburg 1982.

Schindler, Peter: Datenhandbuch zur Geschichte des Deutschen Bundestages: 1949 bis 1999; eine Veröffentlichung der Wissenschaftlichen Dienste des Deutschen Bundestages (Hrsg.: Verwaltung des Deutschen Bundestages, Abteilung Wissenschaftliche Dienste / Referat Parlamentsgeschichtliche Dokumentation). – Gesamtausgabe in drei Bänden., Bd. 1 und Bd. 3, Baden-Baden 1999.

Schlessmann, Hein: Reiten im Wald – ein schwieriger Ritt. In: Allgemeine Forstzeitschrift (AFZ), 1981, S. 620–622 und S. 630.

Schleusener, Jan: Eigentumspolitik im NS-Staat. Der staatliche Umgang mit Handlungs- und Verfügungsrechten über privates Eigentum 1933–1939 (Diss. phil.), Frankfurt am Main 2009.

Schmidt, Uwe Eduard: Geschichte des Waldeigentums und der Forstwirtschaft. In: Depenheuer, Otto und Möhring, Bernhard (Hrsg.), Waldeigentum – Dimensionen und Perspektiven, S. 23–42, Heidelberg u.a. 2010 (zit. Waldeigentum).

Schröder, Hans Werner: Rechtsprobleme privater Wege der Waldeigentümer. In: Der Forst- und Holzwirt (DFuH) 1976, S. 320–322.

Schubert, Werner: Zur Entwicklung des Enteignungsrechts von 1919–1945 und zu den Plänen des NS-Staates für ein Reichsenteignungsgesetz. In: Zeitschrift der Savigny-Stiftung für Rechtsgeschichte (ZRG), Germanistische Abteilung, Bd. 111, 1994, S. 482–524.

Schuler, Hans-Karl: Grundzüge der Forstgeschichte, Rottenburg am Neckar 2001.

Selle, Herbert: Ministerialdirigent Franz Klose im Ruhestand. In: Wild und Hund (WuH), 1969, S. 642.

SH MELF (Hrsg.): Wald und Forstwirtschaft in Schleswig-Holstein, Kiel 1982.

SH MUNF (Hrsg.): Landschaftsprogramm Schleswig-Holstein 1999, Kiel 1999.

Siebenbaum, Hans: Die Betreuung des Privatwaldes in Schleswig-Holstein im Wandel der letzten Jahrhunderte. In: Der Forst- und Holzwirt (DFuH), 1969, S. 414–418.

Siebenbaum, Hans: Zur Geschichte und Entwicklung der Forstabteilung. In: Festschrift zum 50 jährigen Bestehen der Forstabteilung der Landwirtschaftskammer Schleswig-Holstein, S. 13–33, Kiel 1969.

Statistisches Landesamt Schleswig-Holstein (Hrsg.): Die Forsten Schleswig-Holsteins – Ergebnisse der Forsterhebung 1961, Kiel 1964.

Steinsiek, Peter-Michael: Abetz, Karl, Prof. Dr. In: Jarck, Horst-Rüdiger / Scheel, Günter (Hrsg.), Braunschweigisches Biographisches Lexikon: 19. und 20. Jahrhundert, S. 19 f., Hannover 1996.

Steinsiek, Peter-Michael: Die Forstliche Fakultät der Universität Göttingen im Nationalsozialismus – Eine Erinnerung an ihre ehemaligen jüdischen Angehörigen, Göttingen 2015.

Steinsiek, Peter-Michael: Forst- und Holzforschung im „Dritten Reich", Remagen 2008.

Steinsiek, Peter-Michael / Rozsnyay, Zoltán: Grundzüge der deutschen Forstgeschichte 1933–1950 unter besonderer Berücksichtigung Niedersachsens, Hannover 1994.

Steinsiek, Peter-Michael: Zu den Auswirkungen von Nationalsozialismus und früher Nachkriegszeit auf Wald und Forstwirtschaft in Niedersachsen und Schleswig-Holstein. In: Forst und Holz (FuH), 1995, S. 375–382.

Stinglwagner, Gerhard / Haseder, Ilse / Erlbeck, Reinhold: Das Kosmos Wald- und Forstlexikon, 4. Aufl., Stuttgart 2009 (zit. Wald- und Forstlexikon).

Stuhr, G.: Waldbildung im „Programm Nord". In: Festschrift zum 50 jährigen Bestehen der Forstabteilung der Landwirtschaftskammer Schleswig-Holstein, S. 55–61, Kiel 1969.

Tesmer, Günter: Das Reiten im Walde, ein Rechtsproblem. In: Agrarrecht (AgrarR) 1978, S. 246–248.

Tesmer, Günter: Der freie Zugang (Betreten, Fahren, Reiten) zum Wald nach dem Bundeswaldgesetz. In: Der Forst- und Holzwirt (DFuH) 1976, S. 177–179.

Tesmer, Günter: Gegenäußerung Agrarrecht (AgrarR) 1979, S. 46.

Thomas, Klaus: Bundeswaldgesetz Kommentar, 2. Aufl., Wiesbaden 2015 (zit. BWaldG).

Thomas, Klaus: Das Bundeswaldgesetz in der Wechselbeziehung zu anderen Normen. In: Natur und Recht (NuR) 2013, S. 855–861.

Thomas, Klaus: Ist das Bundeswaldgesetz noch zeitgemäß? In: Natur und Recht (NuR) 2013, S. 559–562.

Thomas, Klaus: Verschiedene Waldbegriffe und tatsächlich verschiedene Wälder. In: Natur und Recht (NuR) 2013, S. 622–627.

Wahl, Otto von: Die Kriegs- und Nachkriegsauswirkungen auf die deutsche Forstwirtschaft unter besonderer Berücksichtigung von Schleswig-Holstein, 1979. [Unveröffentlichte Diplomarbeit – Fachbereich Forstwiss. Univ. Göttingen. Ausleihmöglichkeit: Staats- und Universitätsbibliothek Göttingen, Bereichsbibliothek Forstwiss. und Waldökologie, Signatur: 1980 Wah].

Weber, Heinrich: Die deutsche Waldwirtschaft und die Reichsgesetzgebung. In: Der Deutsche Forstwirt (DDF), 1922, S. 121–123 u. 130–133.

Weber, Heinrich: Handbuch der Forstwissenschaft, Vierter Band: Forstgeschichte, Forstliche Rechtskunde, Forstpolitik, 4. Aufl. (Begründer: Lorey, Tuisko*)*, Tübingen 1927 (zit. Handbuch der Forstwissenschaft, Bd. 4).

Weismann, Alfred: Bundeswaldgesetz endgültig beschlossen. In: Der Forst- und Holzwirt (DFuH) 1975, S. 83–84.

Weismann, Alfred: Zum Gesetz über forstwirtschaftliche Zusammenschlüsse. In: Der Forst- und Holzwirt (DFuH) 1969, S. 289–293.

Zimmermann, Günther: Vor Bundeswaldgesetz und neuen Einheitswerten. In: Allgemeine Forstzeitschrift (AFZ) 1965, S. 79–80.

Zundel, Rolf / Schwartz, Ekkehard: 50 Jahre Forstpolitik in Deutschland (1945–1994). In: Berichte über Landwirtschaft (BüL): Zeitschrift für Agrarpolitik und Landwirtschaft, 211. Sonderheft, Münster-Hiltrup 1996.

Zundel, Rolf: Die neue Forstgesetzgebung in Hessen, Niedersachsen und Schleswig-Holstein. In: Der Forst- und Holzwirt (DFuH) 1979, S. 31–35.

RECHTSHISTORISCHE REIHE

Die nachfolgende Liste führt die Titel der "Rechtshistorischen Reihe" ab Band 300 auf.
Eine vollständige Übersicht aller bisher in der Reihe erschienenen Bücher
finden Sie auf www.peterlang.com

Band 300 Jan Kohlmann: Der Marsch zu den Gräbern von Karl und Rosa. Geschichte eines Gedenktages. 2004.

Band 301 Christian Rainer Schlicht: Die kumulative Schuldübernahme in der Rechtsprechung des Reichsgerichts und in der zeitgenössischen Literatur. 2004.

Band 302 Hans Peter Glöckner: Positive Vertragsverletzung. Die Geburt eines Rechtsinstituts. 2006.

Band 303 João Manuel Azevedo Alexandrino Fernandes: Die Theorie der Interpretation des Gesetzes bei Francisco Suárez. 2005.

Band 304 René Funk: Die Wahlprüfung der volksgewählten Abgeordneten der Volksvertretungen im Frühkonstitutionalismus. Eine Untersuchung der Wahlprüfung in den Kammern der Abgeordneten des Großherzogtums Baden, des Königreichs Württemberg und des Großherzogtums Hessen. 2005.

Band 305 Carolin O'Sullivan. Die Ahndung von Rechtsbrüchen der Seeleute im mittelalterlichen hamburgischen und hansischen Seerecht (1301-1482). 2005.

Band 306 Martin Jürgens: Staat und Reich bei Ernst Rudolf Huber. Sein Leben und Werk bis 1945 aus rechtsgeschichtlicher Sicht. 2005.

Band 307 Florian G. Dürselen: Franz Beyerle (1885-1977). Leben, Ära und Werk eines Rechtshistorikers. 2005.

Band 308 Kai Bandilla: Urheberrecht im Kaiserreich. Der Weg zum Gesetz betreffend das Urheberrecht an Werken der Literatur und Tonkunst vom 19. Juni 1901. 2005.

Band 309 Stefan Mieth: Die Entwicklung des Denkmalrechts in Preußen 1701-1947. 2005.

Band 310 Catharina Lodemann: Die Geschichte des französischen *acte de gouvernement*. 2005.

Band 311 Christina Wicke: Kodifikationsbestrebungen und Wissenschaft in Hessen-Darmstadt im vorkonstitutionellen Zeitalter. Zu der Beteiligung der Gießener Rechtsprofessoren an den Gesetzgebungsarbeiten in Hessen-Darmstadt in der Zeit zwischen 1769 und 1820. 2005.

Band 312 Christiane Chlosta: Nur dem Gesetz unterworfen? Eine rechtsgeschichtliche Untersuchung zu Idee und Wirklichkeit richterlicher Gesetzestreue unter besonderer Berücksichtigung der Aufwertungsrechtsprechung und des richterlichen Prüfungsrechts. 2005.

Band 313 Kathrin Dirr: Hoheitsrechtliche Streitigkeiten zwischen den Kölner Erzbischöfen und der Stadt Köln auf Grundlage reichskammergerichtlicher Verfahren des 16. und 17. Jahrhunderts. 2005.

Band 314 Michael Racky: Die Diskussion über Gewaltenteilung und Gewaltentrennung im Vormärz. 2005.

Band 315 Petra Thiemrodt: Die Entstehung des Staatshaftungsgesetzes der DDR. Eine Untersuchung auf der Grundlage von Materialien der DDR-Gesetzgebungsorgane mit zeitgeschichtlichen Bezügen. 2005.

Band 316 Julius F. Reiter: Entstehung und staatsrechtliche Theorie der italienischen *Carta del Lavoro*. 2005.

Band 317 André Book: Die Justizreform in der Frühzeit der Bundesrepublik. Die Beratungen der Kommission zur Vorbereitung einer Reform der Zivilgerichtsbarkeit in den Jahren 1955 bis 1961. 2005.

Band 318 Frank Zentz: Das amerikanische Strafverfahren als Element der Besatzungspolitik in Deutschland. Erziehung zur Demokratie durch den *Court of Appeals* 1948-1955. 2005.

Band 319 Friederike Quaisser: Mietrecht im 19. Jahrhundert. Ein Vergleich der mietrechtlichen Konzeptionen im Allgemeinen Landrecht für die Preußischen Staaten von 1794 und dem gemeinen Recht. 2005.

Band 320 Stefan Burghard: Professor Dr. Wilhelm Kahl – Leben zwischen Wissenschaft und Politik. 2005.

Band 321 Günter Baranowski: Die *Russkaja Pravda* – ein mittelalterliches Rechtsdenkmal. 2005.

Band 322 Christina Schneider: Die SS und das „Recht". Eine Untersuchung anhand ausgewählter Beispiele. 2005.

Band 323 Werner Schubert (Hrsg.): Zivilprozessreform in der Weimarer Zeit. Quellen zur Emminger-Zivilprozessverordnung vom 13.2.1924 und zu den Arbeiten der Zivilprozesskommission des Reichsjustizministeriums (1922-1930). Eingeleitet und herausgegeben von Werner Schubert. 2005.

Band 324 Felix Gaul: Der Jurist Rudolf Isay (1886-1956). Ein verantwortungsbewusster Vermittler im Spannungsfeld zwischen dynamischer Rechtsschöpfung, ökonomischem Wandel und technischem Fortschritt. 2005.

Band 325 Konstanze Braun: Dr. Otto Georg Thierack (1889-1946). 2005.

Band 326 Eckart Klein / Stefan Chr. Saar / Carola Schulze (Hrsg.): Zwischen Rechtsstaat und Diktatur. Deutsche Juristen im 20. Jahrhundert. 2006.

Band 327 Stefan Botor: Das *Berliner Sühneverfahren* – Die letzte Phase der Entnazifizierung. 2006.

Band 328 Andreas Köhler: Die Sorgerechtsregelungen bei Ehescheidung seit 1945. Scheidungsstrafe und verordnete Gemeinsamkeit. 2006

Band 329 Lars Düwel: Die Nichtigkeit und Anfechtbarkeit der Ehe in der Rechtsprechung des Reichsgerichts zwischen 1900 und 1945. 2006.

Band 330 Katalin Polgar: Das Oberappellationsgericht der vier freien Städte Deutschlands (1820-1879) und seine Richterpersönlichkeiten. 2007.

Band 331 Julia Schweitzer: Schiffer und Schiffsmann in den Rôles d'Oléron und im Llibre del Consolat de Mar. Ein Vergleich zweier mittelalterlicher Seerechtsquellen. 2007.

Band 332 Diana-Catharina Kurtz: Das Institut der Adoption im preußischen Allgemeinen Landrecht und im französischen Code civil zwischen Rezeption römisch-rechtlicher Prinzipien und verändertem Familienverständnis. 2006.

Band 333 Dino Joakim Duderstadt: Spiel, Wette und Differenzgeschäft (§§ 762-764 BGB) in der Rechtsprechung des Reichsgerichts und in der zeitgenössischen Literatur. 2007.

Band 334 Ronald Hoffmann: Die Domänenfrage in Thüringen. Über die vermögensrechtlichen Auseinandersetzungen mit den ehemaligen Landesherren in Thüringen nach dem Ersten Weltkrieg. 2006.

Band 335 Joachim Windmüller: *Ohne Zwang kann der Humanismus nicht existieren...* – „Asoziale" in der DDR. 2006.

Band 336 Sven Christian Gläser: Die Mediatisierung der Grafschaft Wertheim. Der juristische Kampf eines kleinen Reichsstandes gegen den Verlust der Landesherrschaft und seine Folgen. 2006.

Band 337 Benjamin Schleyer: Friedrich Wilhelm Bornemann (1798-1864). Eine Juristenkarriere im Preußen des 19. Jahrhunderts. 2006.

Band 338 Die Reform des Ehescheidungsrechts von 1976. Quellen zum Ersten Gesetz vom 14.6.1976 zur Reform des Ehe- und Familienrechts (Parlamentarische Ausschussprotokolle – Anglikanische Denkschrift von 1966 zur Scheidungsrechtsreform – Schlussabstimmung 1969 in der Eherechtskommission des Bundesministeriums der Justiz). Eingeleitet und herausgegeben von Werner Schubert. 2006.

Band 339 Andreas Feld: Das Bayerische Gesetz zum Schutz des Eigentums an Erzeugnissen der Literatur und Kunst gegen Nachdruck vom 15.04.1840. Vorgeschichte und Zustandekommen. 2007.

Band 340 Bernd Wörner: Adelbert Düringers Einfluß als Richter am Reichsgericht in Leipzig auf dem Gebiet des Personengesellschaftsrechts. 2007.

Band 341 Jan Jelle Kähler: Französisches Zivilrecht und französische Justizverfassung in den Hansestädten Hamburg, Lübeck und Bremen (1806-1815). 2007.

Band 342 Jörn Eckert / Pia Letto-Vanamo / Kjell Modéer (Hrsg.): Juristen im Ostseeraum. Dritter Rechtshistorikertag im Ostseeraum 20.-22. Mai 2004. 2007.

Band 343 Ferdinand von Weyhe: A.E. Wassermann. Eine rechtshistorische Fallstudie zur „Arisierung" zweier Privatbanken. 2007.

Band 344 Martin Klaus Römermann: Kündigungen und Kündigungsschutz im Franquismus. 2007.

Band 345 Thomas Hoffmann: Der Landrechtsentwurf David Hilchens von 1599. Ein livländisches Rechtszeugnis polnischer Herrschaft. 2007.

Band 346 Ingo Ullmann: Die rechtliche Behandlung holsteinischer Leibeigener um die Mitte des 18. Jahrhunderts. Dargestellt unter besonderer Berücksichtigung der Schmoeler Leibeigenschaftsprozesse von 1738 bis 1743 sowie von 1767 bis 1777. 2007.

Band 347 Petra Fischer-Langosch: Die Entstehungsgeschichte des Familiengesetzbuches der DDR von 1965. 2007.

Band 348 Lasse O. Johannsen: Die rechtliche Behandlung ausreisewilliger Staatsbürger in der DDR. 2007.

Band 349 Ralf Schlottau: Deutsche Kolonialrechtspflege. Strafrecht und Strafmacht in den deutschen Schutzgebieten 1884 bis 1914. 2007.

Band 350 Hartwig Brandt / Ewald Grothe (Hrsg.): Rheinbündischer Konstitutionalismus. 2007.

Band 351 Nora Lutze: Der Verwandtenunterhalt nach den §§ 1601 bis 1603 und §§ 1610 bis 1612 BGB in der Rechtsprechung des Reichsgerichts. Unter Berücksichtigung der Entstehung des BGB. 2007.

Band 352 Frank Thiäner: Das Verhältnis von Aufsichtsrat und Abschlussprüfern in der rechtshistorischen Entwicklung bis 1937. 2007.

Band 353 Britta Heymann: Ernst Melsheimer (1897-1960). Eine juristische Karriere in verschiedenen staatlichen Systemen. Mitarbeiter im Preußischen Justizministerium in der Weimarer Republik, im Justizministerium Preußens und des Reiches sowie Richter am Kammergericht in der NS-Zeit und Erster Generalstaatsanwalt der Deutschen Demokratischen Republik. 2007.

Band 354 Susanne Adlberger: Wilhelm Kisch – Leben und Wirken (1874-1952). Von der Kaiser-Wilhelms-Universität Straßburg bis zur nationalsozialistischen Akademie für Deutsches Recht. 2007.

Band 355 Moritz Waibel: Josef Berchtold (1833-1894). Ein Leben gegen den Ultramontanismus. 2007.

Band 356 Aline Levin: Erinnerung? Verantwortung? Zukunft? Die Beweggründe für die gemeinsame Entschädigung durch den deutschen Staat und die deutsche Industrie für historisches Unrecht. 2007.

Band 357 Ferdinand Krause: Die hergebrachten Grundsätze des Berufsbeamtentums. Eine rechtshistorische Analyse. 2008.

Band 358 André Tiebel: Die Entstehung der Schutztruppengesetze für die deutschen Schutzgebiete Deutsch-Ostafrika, Deutsch-Südwestafrika und Kamerun (1884-1898). 2008.

Band 359 Holger Ruff: Sittenwidrige Rechtsgeschäfte in der späten Kaiserzeit. Die Entwicklung der reichsgerichtlichen Rechtsprechung zu § 138 BGB von 1900 bis 1914. 2007.

Band 360 Frank Rohrer: Strafjustiz im Dritten Reich und in der SBZ/DDR. Die personelle und organisatorische Neuordnung des Justizapparates in den totalitären Diktaturen (1933-1955) mit ihren Auswirkungen auf die Rechtsprechung zum politischen Strafrecht. 2007.

Band 361 Hans-Georg Knothe / Marc Liebmann (Hrsg.): Gerichtskultur im Ostseeraum. Vierter Rechtshistorikertag im Ostseeraum. 18.-20. Mai 2006 in Greifswald. 2007.

Band 362 Christina Meß: Das Vertragsrecht bei Adam Smith. 2008.

Band 363 Quellen zur dänischen Rechts- und Verfassungsgeschichte (12.-20. Jahrhundert). Herausgegeben von Ditlev Tamm, Werner Schubert und Jens Ulf Jørgensen. 2008.

Band 364 Günter Baranowski: Die Gerichtsurkunde von Pskov. 2008.

Band 365 Mark Spengler: Die Entstehung des Scheckgesetzes vom 11. März 1908. 2008.

Band 366 Ivan Biliarsky / Radu G. Păun (eds./éds.): The Biblical Models of Power and Law. Les modèles bibliques du pouvoir et du droit. Papers of the International Conference, Bucharest, New Europe College 2005. Actes du colloque international, Bucarest, New Europe College 2005. 2008.

Band 367 Thomas A. Roth: Ausgestaltungen der Rechtsfähigkeit im 19. und 20. Jahrhundert. Zur Rechtspersönlichkeit natürlicher Personen in den bedeutenden deutschen Zivilrechtsordnungen. 2008.

Band 368 Björn Alexander Rautenberg: Der Fiskal am Reichskammergericht. Überblick und exemplarische Untersuchungen vorwiegend zum 16. Jahrhundert. 2008.

Band 369 Thorsten Miederhoff: *Man erspare es mir, mein Juristenherz auszuschütten.* Dr. iur. Kurt Tucholsky (1890-1935). Sein juristischer Werdegang und seine Auseinandersetzung mit der Weimarer Strafrechtsreformdebatte am Beispiel der Rechtsprechung durch Laienrichter. 2008.

Band 370 Philipp Nordloh: Kölner Zunftprozesse vor dem Reichskammergericht. 2008.

Band 371 Judith Freund: Die Wechselverpflichtung im 19. Jahrhundert. 2008.

Band 372 Hans-Michael Empell: Gutenberg vor Gericht. Der Mainzer Prozess um die erste gedruckte Bibel. 2008.

Band 373 Rainer Schröder: Die DDR-Ziviljustiz im Gespräch – 26 Zeitzeugeninterviews. 2008.

Band 374 Christian Neschwara: Ein österreichischer Jurist im Vormärz. „Selbstbiographische Skizzen" des Freiherrn Karl Josef Pratobevera (1769-1853). 2009.

Band 375 Stefan Ullrich: Untersuchungen zum Einfluss des lübischen Rechts auf die Rechte von Bergen, Stockholm und Visby. 2008.

Band 376 Johanna Gertrude Schmitzberger: Das nationalsozialistische Nebenstrafrecht 1933 bis 1945. 2008.

Band 377 Christian Brom: Urteilsbegründungen im „Hoge Raad van Holland, Zeeland en West-Friesland" am Beispiel des Kaufrechts im Zeitraum 1704-1787. 2008.

Band 378 Christian Böse: Die Entstehung und Fortbildung des Reichserbhofgesetzes. 2008.

Band 379 Tobias Röhnelt: Timm Kröger. Leben und Werk. 2009.

Band 380 Andrea Elisabeth Sebald: Der Kriminalbiologe Franz Exner (1881-1947). Gratwanderung eines Wissenschaftlers durch die Zeit des Nationalsozialismus. 2008.

Band 381 Angela Kriebisch: Die Spruchkörper Juristenfakultät und Schöppenstuhl zu Jena. Strukturen, Tätigkeit, Bedeutung und eine Analyse ausgewählter Spruchakten. 2008.

Band 382 Nana Ozawa: Louis Adolphe Bridel – Ein Schweizer Professor an der juristischen Fakultät der Tokyo Imperial University. Die geschichtliche Bedeutung der Yatoi zur späten Meijizeit. 2010.

Band 383 Christian Weißhuhn: Alfred Hueck 1889-1975. Sein Leben, sein Wirken, seine Zeit. 2009.

Band 384 Andreas Hunkel: Eduard Dietz (1866-1940) – Richter, Rechtsanwalt und Verfassungsschöpfer. 2009.

Band 385 Meike Guskow: Entstehung und Geschichte der Europäischen Charta der Regional- oder Minderheitensprachen. 2009.

Band 386 Markus J. Jahnel: Das Bodenrecht in „Neudeutschland über See". Erwerb, Vergabe und Nutzung von Land in der Kolonie Deutsch-Südwestafrika 1884-1915. 2009.

Band 387 Matthias Günter Steiner: Die Klöster und ihr Wirken – eine der Wurzeln des Stiftungswesens? 2009.

Band 388 Cornelia Staats: Die Entstehung des Bundes-Immissionsschutzgesetzes vom 15. März 1974. 2009.

Band 389 Cai Niklaas E. Harders: Das Bundesjagdgesetz von 1952 sowie die Novellen von 1961 und 1976. Vorgeschichte, Entstehung des Gesetzes sowie Problemfelder. 2009.

Band 390 Matthias Pohlkamp: Die Entstehung des modernen Wucherrechts und die Wucherrechtsprechung des Reichsgerichts zwischen 1880 und 1933. 2009.

Band 391 Sebastian Baur: *Vor vier Höllenrichtern...* Die Lizentiats- und Doktorpromotionen an der Juristischen Fakultät der Universität Heidelberg. 2009.

Band 392 Christoph Salmen-Everinghoff: Zur *cautio damni infecti*: Die Rückkehr eines römischrechtlichen Rechtsinstituts in das moderne Zivilrecht. 2009.

Band 393 Till Meno Sellschopp: Der Weg zum Revokationsrecht der Ehegatten nach § 1368 BGB. Zugleich ein Beitrag zur Geschichte des ehelichen Güterrechts. 2009.

Band 394 Marc Biermann: Das Staatseigentum an öffentlichen Sachen im Gemeingebrauch in der ersten Hälfte des 19. Jahrhunderts. Die Theorie des reinen Hoheitsrechts an den öffentlichen Sachen von Rudolph von Jhering und Friedrich Ludwig Keller im Zusammenhang mit dem Baseler Schanzenstreit von 1859/62. 2009.

Band 395 Markus Tüxen: Kollegialprinzip oder Einzelrichter. Die Entwicklung des zivilrechtlichen Spruchkörpers bei den Landgerichten sowie den Oberlandesgerichten seit 1879 unter besonderer Berücksichtigung der Reformen von 1974 und 1976. 2009.

Band 396 Adam Polkowski: Die polnische Zivilprozessordnung von 1930/33. Unter Berücksichtigung des deutschen, österreichischen, russischen und französischen Rechts. 2009.

Band 397 Barbara Riedi: Die Porten der Unteren Strasse, ihr Ladungsrecht und der Strassenunterhalt. Rechtshistorische Betrachtungen zur Verkehrs- und Wirtschaftsgeschichte Graubündens. 2009.

Band 398 Stefanie Jessica Loroch: Zeitungsrubrik: Gerichtssaal. Strafprozessberichterstattung in Münster im 19. Jahrhundert (1848-1890). 2009.

Band 399 Dirk Henning Hofer: Karl Konrad Werner Wedemeyer (1870-1934). Ein Juristen- und Gelehrtenleben in drei Reichen. Eine Biographie. 2010.

Band 400 Thomas Simon (Hrsg.): Hundert Jahre allgemeines und gleiches Wahlrecht in Österreich. Modernes Wahlrecht unter den Bedingungen eines Vielvölkerstaates. 2010.

Band 401 Dörte Mentz: Die Beweislastumkehr in der Rechtsprechung des Reichsgerichts. 2010.

Band 402 Werner Schubert (Hrsg.): Oberster Gerichtshof für die Britische Zone (1948-1950). Nachschlagewerk Strafsachen – Nachschlagewerk Zivilsachen. Präjudizienbuch der Zivilsenate. Eingeleitet und herausgegeben von Werner Schubert. 2010.

Band 403 Yong Lei: Auf der Suche nach dem modernen Staat. Die Einflüsse der allgemeinen Staatslehre Johann Caspar Bluntschlis auf das Staatsdenken Liang Qichaos. 2010.

Band 404 Andreas Schwenk: Die Formbestimmung des § 313 BGB a. F. (§ 311 b Abs. 1 BGB n. F.) bei Verträgen über Grundstücke in der Rechtsprechung des Reichsgerichts. 2010

Band 405 René Schorsch: Eberhard Georg Otto Freiherr von Künßberg (1881-1941). Vom Wirken eines Rechtshistorikers. 2010.

Band 406 Ulrike Köbler: Werden, Wandel und Wesen des deutschen Privatrechtswortschatzes. 2010.

Band 407 Björn Florian Faulenbach: Rolle und Bedeutung der Lehre in der Rechtsprechung der Internationalen Gerichtshöfe im zwanzigsten Jahrhundert. 2010.

Band 408 Guangyu Fu: Das Causaproblem im deutschen Bereicherungsrecht. Eine rechtshistorische Untersuchung. 2010.

Band 409 Andreas Kimmelmann: Die Folter im Beweisverfahren der Leges Visigothorum. Chindasvinths Gesetzgebung im Spiegel der westgotischen Rechtsentwicklung. 2010.

Band 410 Jacqueline Schmaltz: Die Entwicklung der Industrie- und Handelskammern. Zwischen Pflicht und Kür. 2010.

Band 411 Hermann Nehlsen: Bayerische Rechtsgeschichte vom frühen Mittelalter bis zum 20. Jahrhundert. 2011.

Band 412 Kathrin Spoerr: Recht und Revolution. Deutsche Ökonomen und ihr Einfluss auf das Recht der Weimarer Republik – eine Zeitschriftenschau 1917-1920. 2011.

Band 413 Moritz von Köckritz: Die deutschen Oberlandesgerichtspräsidenten im Nationalsozialismus (1933-1945). 2011.

Band 414 Annika Lillemor Lara Rabaa: Die Ehe als Rechtsinstitut im Badischen Landrecht von 1810. Unter besonderer Berücksichtigung der gesellschaftlichen Entwicklungen im 19. Jahrhundert. 2011.

Band 415 Christian Hattenhauer / Klaus-Peter Schroeder (Hrsg.): 200 Jahre Badisches Landrecht von 1809/1810. Jubiläumssymposium des Instituts für geschichtliche Rechtswissenschaft der Ruprechts-Karls-Universität Heidelberg und der Heidelberger Rechtshistorischen Gesellschaft vom 23. bis 26. September 2009. 2011.

Band 416 Tobias Alexander Krammerbauer: Die Ministerverantwortlichkeit und die Vorformen sonstiger Verfassungsgerichtsbarkeit in Württemberg zwischen 1815 und 1918. 2011.

Band 417 Werner Schubert (Hrsg.): Quellen zur GmbH-Reform von 1958 bis zum GmbH-Änderungsgesetz von 1980. Eingeleitet und herausgegeben von Werner Schubert. 2011.

Band 418 Gisela Emling: Johannes Heckel. Leben und Wirken (1889-1963). 2011.

Band 419 Jochen Kirschbaum: Die Etablierung der Historischen Rechtsschule an der Ludoviciana (1814-1824). 2011.

Band 420 Sören Koch: Unaufgeforderte Hilfeleistung in Notsituationen. Eine rechtshistorische und rechtsvergleichende Studie zu den zivilrechtlichen Aspekten der Nothilfe mit besonderer Berücksichtigung des Rechts der Geschäftsführung ohne Auftrag. 2011.

Band 421 Friedrich Carl von Savigny: Die Prinzipienfragen in Beziehung auf eine neue Strafprozeß-Ordnung. Ausgearbeitet im Justizministerium für die Gesetzrevision. Eingeleitet und herausgeben von Werner Schubert. 2011.

Band 422 Stephan Faulwetter: Von der Zunft zur Handelskammer. Zur Entwicklung des Gewerberechts in thüringischen Staaten. 2011.

Band 423 Moritz Eisenhardt: Sanierung statt Liquidation. Die Geschichte des Vergleichs zur Abwendung des Konkurses unter besonderer Berücksichtigung der Vergleichsordnung von 1927 und 1935. 2011.

Band 424 Gerd Kleinheyer: Beiträge zur Strafrechtsgeschichte. Herausgeben von Franz Dorn, Mathias Schmoeckel und Jan Schröder. 2011.

Band 425 Ralf Maertens: Das Landgericht Altona (1879-1937) und die Anfänge des Landgerichts Itzehoe (1937-1945). Unter besonderer Berücksichtigung ihrer Tätigkeitsberichte und rechtspolitischen Stellungnahmen. 2011.

Band 426 Mark Friedrich: Ferdinand von Martitz (1839-1921). Rechtshistoriker, Staatsrechtler und Völkerrechtler zwischen dem Ende des Deutschen Bundes und dem Beginn der Weimarer Republik. 2012.

Band 427 Sebastian Krusche: Die Bundesrechtsanwaltsordnung vom 1. August 1959. Vorgeschichte und Entstehung. 2012.

Band 428 Marju Luts-Sootak / Sanita Osipova / Frank L. Schäfer (Hrsg./eds.): Einheit und Vielfalt in der Rechtsgeschichte im Ostseeraum. Unity and Plurality in the Legal History of the Baltic Sea Area. Sechster Rechtshistorikertag im Ostseeraum, 3.-5. Juni 2010 in Tartu (Estland) / Riga (Lettland). 6th Conference in Legal History in the Baltic Sea Area, 3rd-5rd June 2010 Tartu (Estonia) / Riga (Latvia). 2012.

Band 429 Margret R. I. Bootz: Die Hamburger Rechtsprechung zum Arbeitsrecht im Nationalsozialismus bis zum Beginn des 2. Weltkriegs. 2012.

Band 430 Heiko Zech: Die soziale Frage im Konkursrecht 1879-1900. 2012.

Band 431 Jan C. Lorenzen: Das Bundesnaturschutzgesetz vom 20. Dezember 1976. Die Entwicklung des Naturschutzrechtes in Deutschland von den Anfängen bis zur Neukodifikation des Bundesnaturschutzgesetzes von 1976. 2012.

Band 432 Ulrike Ingrid Bernhardt: Geschichte des Weinrechts im Deutschen Kaiserreich (1871-1918). Mit einem Überblick zur Vorgeschichte und Weiterentwicklung bis zur Gegenwart. 2012.

Band 433 Elisabeth Otto: Das Verwaltungsrecht in der SBZ / DDR bis zur Verwaltungsneugliederung im Jahr 1952. 2012.

Band 434 Werner Schubert: Zur Geschichte der Justizverfassung in Schleswig-Holstein im 19. und 20. Jahrhundert. Quellen und Studien. 2012.

Band 435 Stefan Ellenberg: Herrschaft und Reform. Zur Diskussion um die Aktienrechtsreform und den Konzern in der Weimarer Zeit. 2012.

Band 436 Jasmin Sonntag: Gesetzgebung und Verwaltung im Dalbergstaat 1802-1810. 2012.

Band 437 Martin Komusiewicz: Die Diskussion um das Verhältnis von Rechtsanwaltschaft und Notariat seit dem Ende des 18. Jahrhunderts bis zum Erlass der Bundesnotarordnung. 2012.

Band 438 Henriette von Breitenbuch: Karl Neumeyer – Leben und Werk (1869-1941). 2013.

Band 439 Günter Baranowski: Russische Rechtsgeschichte: Texte und Erläuterungen. Teil 1: Von den Anfängen bis 1612/13. 2013.

Band 440 Werner Schubert (Hrsg.): Staatsanwaltschaftsrecht (1934-1982). Quellen zu den Reformprojekten (Organisation – Innerer Dienstbetrieb – Ermittlungsverfahren – Verhältnis der Staatsanwaltschaft zur Polizei) und zur Anordnung über Organisation und Dienstbetrieb der Staatsanwaltschaft (OrgStA). Eingeleitet und herausgegeben von Werner Schubert. 2013.

Band 441 York Zieren: Das Schiedsverfahrensrecht der ZPO (1877-1933) unter Berücksichtigung der Genfer Übereinkommen von 1923 und 1927 sowie der Rechtsprechung des Reichsgerichts. 2013.

Band 442 Stefan Wolf: Das Jenaer Studium der Rechte im Dritten Reich. Zwischen Tradition und nationalsozialistischer Ideologie. 2013.

Band 443 Bernhard Klose: Das Verblassen eines Makels. Das Nichtehelichenrecht der DDR als Teil der gesamtdeutschen Entwicklung. 2013.

Band 444 Peter Opitz-von Bardeleben: Das Generalgouvernement Niederrhein. 2013.

Band 445 Nadine Göppner: Vorgeschichte und Entstehung des Atomgesetzes vom 23.12.1959. 2013.

Band 446 Frank L. Schäfer / Werner Schubert (Hrsg./eds.): Justiz und Justizverfassung / Judiciary and Judical System. Siebter Rechtshistorikertag im Ostseeraum, 3.-5. Mai 2012 Schleswig-Holstein / 7th Conference in Legal History in the Baltic Sea Area, 3rd-5th May 2012 Schleswig-Holstein. 2013.

Band 447 Sandy Schenker: Gegen Täuschungen und Gesundheitsgefährdungen durch schlechte Nahrung. Zur Entwicklung des Nahrungsmittelrechts durch Rechtsprechung und Gesetzgebung zwischen 1871 und 1927. 2013.

Band 448 Youn Seok Choi: Der Besitzerwerb des Erben. Historische Entwicklungen, die Lösung des § 857 BGB und ihre Anwendungsprobleme. 2013.

Band 449 Johannes Kalb: Die innerstädtische Auseinandersetzung in Regensburg am Ende der Reichsunmittelbarkeit. Eine historische und rechtliche Untersuchung. 2014.

Band 450 Thomas Habbe: Lastenausgleich. Die rechtliche Behandlung von Kriegsschäden in Deutschland seit dem 30jährigen Krieg. 2014.

Band 451 Günter Baranowski: Russische Rechtsgeschichte: Texte und Erläuterungen. Teil 2: Von 1613 bis 1682. 2015.

Band 452 Wilhelm Brauneder (Hrsg): Landrechtsentwurf für Österreich unter der Enns 1526. 2015.

Band 453 Maximilian Elsner von der Malsburg: „Arisierung" von Privatbanken am Beispiel des Bankhauses E. J. Meyer in Berlin. 2015.

Band 454 Tanja Claussen: Johann Julius Wilhelm Planck (1817-1900). Leben und Werk. 2015.

Band 455 Werner Schubert (Hrsg.): Das Reichsjustizministerium und die höheren Justizbehörden in der NS-Zeit (1935-1944). Protokolle und Mitschriften der Arbeitstagungen der Reichsjustizminister mit den Präsidenten der Oberlandesgerichte, des Volksgerichtshofs, des Reichsgerichts sowie mit den Generalstaatsanwälten. Eingeleitet und herausgeben von Werner Schubert. 2015.

Band 456 Christian Vahl: Die gesetzliche Regelung des Seefrachtvertrags im deutschen Recht. Eine rechtshistorische Betrachtung unter besonderer Berücksichtigung der Beratungen des Seerechtsausschusses der Akademie für Deutsches Recht (1934-1942). 2015.

Band 457 Ruomeng Yang: Die Rezeption der europäischen Privatrechte in China und die konfuzianische Tradition. Das Beispiel des Deliktsrechts im frühen 20. Jahrhundert. 2015.

Band 458 Piotr Wittmann: „Der da sein Practic auß Teutschen Tractaten will lernen". Rechtspraktiker in deutschsprachiger Praktikerliteratur des 16. Jahrhunderts. 2015.

Band 459 Georg Rasche: Richter, Sachverständige, Handelskammern. Preußische Justizverwaltung und kaufmännische Interessen zwischen 1879 und 1907. 2015.

Band 460 Daniel Hupe: Von der Hierarchie zur Egalität in den Zivilrechtskodifikationen des 19. Jahrhunderts vor dem BGB. 2015.

Band 461 Wilhelm Brauneder (Hrsg.): Landrechtsentwurf für Österreich unter der Enns 1573. 2015.

Band 462 Tunay Sürek: Die Verfassungsbestrebungen der Tanzimât-Periode. Das *Kanun-i Esasî* – Die osmanische Verfassung von 1876. 2016.

Band 463 Takashi Izumo: Die Gesetzgebungslehre im Bereich des Privatrechts bei Christian Thomasius. 2016.

Band 464 Werner Schubert (Hrsg.): Quellen zum Bau- und Enteignungsrecht (1940-1958). Entwürfe zu einem Reichsbaugesetz (1940/41) – Vorentwurf zu einem Deutschen Baugesetzbuch von 1942 – Entwürfe zu einem Baugesetzbuch (1949/50) – Baulandbeschaffungsgesetz vom 3.8.1953 – Entwurf zu einem Bundesenteignungsgesetz von 1958. Eingeleitet und herausgegeben von Werner Schubert. 2016.

Band 465 Daniel Bischof: Geschichte der Wald- und Forstgesetzgebung im Bundesland Schleswig-Holstein. Unter Einbeziehung der Entwürfe zu einem Reichsforstgesetz von 1940/42 und der Entstehung des Bundeswaldgesetzes von 1975. 2016.

www.peterlang.com

www.ingramcontent.com/pod-product-compliance
Ingram Content Group UK Ltd.
Pitfield, Milton Keynes, MK11 3LW, UK
UKHW021827290926
8980IPUK00004B/307

9 783631 679289